THE DAWN OF EVERYTHING
A NEW HISTORY OF HUMANITY

一次改写人类命运的尝试

人类新史

[美] DAVID GRAEBER 大卫·格雷伯

[英] DAVID WENGROW 大卫·温格罗

张帆 张雨欣 译

九州出版社
JIUZHOUPRESS

目　录

致我们的中国读者　　　　　　　　　　　　　　　　　　　　　i
前言与献词　　　　　　　　　　　　　　　　　　　　　　　　ii
致　谢　　　　　　　　　　　　　　　　　　　　　　　　　　iv

第一章　　告别人类的童年　　　　　　　　　　　　　　　　001
　　　　　　或言，为什么这不是一本关于不平等起源的书

第二章　　邪恶的自由　　　　　　　　　　　　　　　　　　024
　　　　　　原住民批评与进步神话

第三章　　解封冰河时代　　　　　　　　　　　　　　　　　068
　　　　　　锁链内外：人类政治的多重可能

第四章　　自由民、文化的起源和私有财产的出现　　　　　　104
　　　　　　（未必循此顺序）

第五章　　多季以前　　　　　　　　　　　　　　　　　　　142
　　　　　　为何加拿大觅食者蓄奴而他们的加利福尼亚邻居却没有；
　　　　　　或言，"生产方式"问题

第六章　　阿多尼斯的花园　　　　　　　　　　　　　　　　182
　　　　　　从未发生的革命：新石器时代的人们如何避开农业

第七章　　自由生态　　　　　　　　　　　　　　　　　　　216
　　　　　　农耕最初是如何跌跌撞撞、虚张声势地走向世界的

第八章	想象的城市	239
	亚欧大陆第一批城市居民（分布于美索不达米亚、印度河流域、乌克兰和中国），以及他们如何在没有国王的情况下建起城市	

第九章	视而不见	284
	社会住房和民主在美洲的本土起源	

第十章	为何国家没有起源	312
	主权、官僚制和政治不起眼的开端	

第十一章	回到起点	381
	论原住民批评的历史根基	

第十二章	结　论	426
	万物的黎明	

注　释	453
参考文献	507
译后记	547
出版后记	549

致我们的中国读者

2011 年夏天,在时代广场旁边吃拉面时,大卫·格雷伯给了我一本他的书《债:5000 年债务史》(*Debt: The First 5000 Years*)。书里有一句献词:"献给大卫·温格罗,我不记得还有谁能够像他一样激起我对过去的兴趣。"由此,我们开启了接下来耗时十年的项目。在那段时间里,我们结合人类学和考古学专业技能,复兴了在我们的学科中一度很常见的那种有关人类历史的宏大对话:不过这一次,对话基于现代科学证据。我们的写作没有规则或期限,新的发现和辩论能一直持续到深夜,就这样从动笔到完稿。大卫·格雷伯不仅仅是一位才华横溢的知识分子:他真正致力于践行自己关于社会正义和解放的理念,哪怕这些理念以及他本人似乎常常遭遇这个世界的阻力。于我而言,这本书是一个长久的见证,不仅见证着一段无可取代的友谊,也见证着这些理念的力量及其持久的影响力。现在,摆在你们面前的就是我们改变人类历史进程(至少是已经发生的那部分)的一次小小尝试。

大卫·温格罗
2023 年 10 月 14 日于伦敦

前言与献词

大卫·温格罗

大卫·罗尔夫·格雷伯于2020年9月2日去世，终年59岁，而三周前，我们才刚刚写完这本耗时十年多的书。这本书最初是我们在更加"严肃"的学术职责之余的消遣：可以说是一次试验、一场游戏，其中一个人类学家和一个考古学家尝试重构有关人类历史的宏大对话，那种对话在我们各自的领域内曾经很常见，不过这次我们佐之以现代证据。我们没有条条框框，没有交稿日期，只在想写的时候动笔，后来写作逐渐成为日常惯例。在完稿前的最后几年中，随着工程量越来越大，一天讨论两三次的情况也时有出现。我们常常忘记是谁提出什么想法或拿出什么新事实和例证；这些都被归"档"，材料很快就超过了一本书的容量。最终的成果并非拼拼凑凑，而是真正的融会贯通。我们可以感受到彼此的文风和思想逐渐交融，最终汇集成流。我们舍不得结束这趟智识之旅，况且进一步的阐发和例证会使这本书中引入的许多概念增益不少，因此我们计划续写：不少于三部。然而第一本书总是要适时搁笔，于是8月6日晚上9点18分，大卫·格雷伯以他个性鲜明的推特推文宣布完稿（化用吉姆·莫里森的歌词）："我感觉大脑被惊诧钝击，瘀伤累累。"*这本书始于对话，也在对话中完成。我们来来回回不断交换草稿，阅读、分享并讨论同样的文献，直至夜深。大卫远不只是一位人类学家。

---

* 吉姆·莫里森是大门乐队（The Doors）的主唱，这里改用了其歌曲《灵魂厨房》（"Soul Kitchen"）中的一句歌词"你的大脑像被惊诧钝击，瘀伤累累"（Your brain seems bruised with numb surprise）。——译者注

他是国际闻名的活动家和公共知识分子，亲身践行自己关于社会正义和解放的理念，给被压迫者带来希望，激励着不计其数的人去追随他的脚步。谨以此书深切缅怀大卫·格雷伯（1961—2020）；如他所愿，这本书献给他的父母，露丝·鲁宾斯坦·格雷伯（Ruth Rubinstein Graeber，1917—2006）和肯尼斯·格雷伯（Kenneth Graeber，1914—1996）。愿他们共同安息。

致 谢

鉴于令人痛心的情况，我（大卫·温格罗）不得不在大卫·格雷伯缺席的情况下写致谢。他留下了遗孀，也是他的亲密伴侣，妮卡·杜布罗夫斯基。大卫的去世引发了汹涌而至的哀伤，哀伤团结起世界各地不同阶级的人，跨越了意识形态的边界。十年的共同写作和思考历时太久，我无法揣测大卫在这个特殊的场合原本想感谢的是哪些人。那些在成就本书的道路上与他同行的人想必会明白他们正是格雷伯想感谢的人，也会明白格雷伯多么珍视他们的支持、关怀和建议。有一件事我十分笃定，就是如果没有智慧的写作顾问 Melissa Flashman 随时随地给予的启发和能量，这本书将无法完成，或至少会与现在的样子相去甚远。在法勒、斯特劳斯和吉鲁出版社（Farrar, Straus and Giroux）的 Eric Chinski 和英国企鹅出版社（Penguin UK）的 Thomas Penn 那里，我们收获了一支优秀的编辑队伍和真正的智识伙伴。衷心感谢 Debbie Bookchin、Alpa Shah、Erhard Schüttpelz 和 Andrea Luka Zimmerman 在多年间始终充满激情地参与和介入我们的思考。感谢以下诸位在不同方面给予本书慷慨、专业的指导：Manuel Arroyo-Kalin、Elizabeth Baquedano、Nora Bateson、Stephen Berquist、Nurit Bird-David、Maurice Bloch、David Carballo、John Chapman、Luiz Costa、Philippe Descola、Aleksandr Diachenko、Kevan Edinborough、Dorian Fuller、Bisserka Gaydarska、Colin Grier、Thomas Grisaffi、Chris Hann、Wendy James、Megan Laws、Patricia McAnany、Barbara Alice Mann、Simon Martin、Jens Notroff、José R. Oliver、Mike Parker Pearson、Timothy Pauketat、Matthew Pope、Karen Radner、Natasha Reynolds、Marshall Sahlins、

James C. Scott、Stephen Shennan 和 Michele Wollstonecroft。

本书中的若干论述最初曾在冠名讲座或学术期刊中出现：第二章的早期版本曾作为法语文章《坎迪亚洪克的智慧：原住民批评、进步神话和左派的诞生》("La sagesse de Kandiaronk: la critique indigène, le mythe du progrès et la naissance de la Gauche")在《反功利主义社会科学运动期刊》(*La Revue du MAUSS*)上发表；第三章的部分内容最早以《告别人类童年：仪式、季节性和不平等的起源》("Farewell to the childhood of man: Ritual, seasonality, and the origins of inequality")为题出现在2014年的亨利·迈尔斯讲座（Henry Myers Lecture）上，并发表于《皇家人类学学会期刊》(*Journal of the Royal Anthropological Institute*)；第四章曾以《多季之前：奴隶制以及北美太平洋沿岸觅食者对奴隶制的拒斥》("Many seasons ago: Slavery and its rejection among foragers on the Pacific Coast of North America")为题发表在《美国人类学家》(*American Anthropologist*)上；第八章曾以《早期亚欧大陆国家诞生之前的城市》("Cities before the state in early Eurasia")为题出现在马克斯·普朗克社会人类学研究所2015年的杰克·古迪讲座（Jack Goody Lecture）上。

感谢各个学术机构和研究团体邀请我们围绕本书相关主题进行演讲和论辩，尤其感谢 Enzo Rossi 和 Philippe Descola 为我们创造了阿姆斯特丹大学和法兰西学院的难忘经历。在其他出版机构避之唯恐不及的时候，感谢 James Thomson［《欧洲文化网络期刊》(*Eurozine*)前主编］笃定地接收并帮我们发表了文章《如何改变人类历史进程（至少是已经发生的那部分）》["How to change the course of human history (at least, the part that's already happened)"]，使我们的想法首次呈现在更加广阔的世界面前；也感谢大量译者，为本书收获了更多读者；感谢《拉帕姆季刊》(*Lapham's Quarterly*)的 Kelly Burdick 邀请我们为一期以民主为主题的特刊撰文，此文中提出的一些观点出现在第九章中。

大卫和我从一开始就将本书的研究工作融入我们各自在伦敦政治经济学院人类学系和伦敦大学学院考古所的教学之中，因此我想代表我们两个感谢过去十年间学生们为我们带来的洞见和反思。感谢 Martin、

Judy、Abigail 和 Jack Wengrow 陪伴我一路走来。最后，我把最深切的感谢献给埃娃·多马拉兹卡，感谢你作为伴侣所给予我的最犀利的批评和最深情的陪伴。你走入了我的生命，就像大卫和本书一样："骤雨破空而出，击碎阳光虚幕……雨，落入干涸大地！"*

---

* 这里引用了英国剧作家和诗人克里斯托弗·弗莱（Christopher Fry）在剧本《推车男孩》（*The Boy with a Cart*）中的台词。——译者注

第一章

告别人类的童年

或言,为什么这不是一本关于不平等起源的书

> 这种情绪蔓延到了政治、社会、哲学及其他一切地方。我们正生活在基本原则与象征发生巨大转变的"诸神蜕变(metamorphosis)"的关头,恰逢希腊人所说的凯若斯(καιρός)——对的时机。
>
> ——荣格,《未发现的自我》(1958)

大部分人类历史对我们来说已经不可挽回地遗失了。我们智人(*Homo sapiens*)已经存在了至少 20 万年,但我们对这 20 万年间发生的一切所知甚少。例如,大约在公元前 25000 年到公元前 15000 年的这 1 万年间,西班牙北部的阿尔塔米拉(Altamira)洞窟中不断有人画画刻刻。在这期间想必发生过很多戏剧性的事件,但其中的大部分我们都无从知晓了。

这对大多数人来说无关紧要,反正大多数人很少想到去综观人类历史。他们无缘无故不会思考这些,除非是要反思为什么世界看起来如此混乱,为什么人类常常恶意相向,或者说,是什么导致了战争、贪婪、剥削和对他人苦难的系统性漠视。我们是向来如此,还是在某些时刻走上了歧途?

这基本是一场神学辩论,问题本质上是:人性本善还是人性本恶?但仔细想想,用这些措辞表述的这一问题其实没什么意义。"善"和"恶"是纯粹人为的概念。谁也不会争论一条鱼或一棵树是善还是恶,因为"善"和"恶"是人类为了彼此比较而造出来的概念。因此,争论人

类是性本善还是性本恶，不比争论人类本质上是胖是瘦来得有意义。

尽管如此，当人们真正反思起史前的经验教训时，他们几乎总是会回到这一类问题上来。我们都熟悉基督徒的回答：人们曾经生活在无邪状态中，却被原罪玷污。我们渴望像神一样，却因此受到惩罚；现在我们生活在堕落状态中，祈盼着未来的救赎。今天，这个故事的流行版本通常是某种基于让-雅克·卢梭写于1754年的《论人与人之间不平等的起因和基础》（后文简称《论不平等》）的升级变体。故事是这样的：从前，我们是狩猎-采集者，常年生活在孩童般天真无邪的状态中，组成极小的游群（band）。这些游群之中人人平等；可能正是因为它们规模很小，所以才能实现平等。只是在"农业革命"之后，加之再后来的城市兴起，这种幸福状态才结束；我们迎来了"文明"与"国家"，这意味着出现了书面文字、科学和哲学，但一同到来的还有人类生活中几乎一切糟糕的事物——父权制、常备军、大屠杀，以及要求我们耗费大量生命来填表的恼人官僚。

当然，这是一种非常粗略的简化；可是从工业心理学家到革命理论家，每当有谁说出"但当然了，人类在进化史上的大部分时间里都生活在一二十人的群体中"或"农业也许是人类最大的错误"云云，这套底层叙事便呼之欲出。正如我们所见，很多畅销作家言之凿凿地提出过这样的论点。问题在于，任何寻求其他解释来替代这一相当令人沮丧的历史观的人都会很快发现，唯一的可选项甚至更糟糕：如果不是卢梭，那就只能是托马斯·霍布斯。

霍布斯的《利维坦》于1651年出版，在很多方面都是现代政治理论的奠基文本。这本书认为：人类是自私的生物，在原初自然状态（State of Nature）下的生活绝非纯真无邪的；相反，它必定是"孤独、穷困、龌龊、野蛮和短寿的"——基本就是一种战争状态，是所有人对所有人的战争。一个霍布斯主义者会主张，任何摆脱这种愚昧状态的进步，主要都归功于卢梭所抱怨的那些镇压机制：政府、法院、官僚机构和警察。这种看待事物的观念也由来已久。在英语中，"政治"（politics）、"礼貌"（polite）和"警察"（police）这些词听起来那么相像可不是巧合——它们都源自希腊语中的 polis，即城市（city），其对应的拉丁语单词 *civitas* 也为我们带来了"礼仪"（civility）、"公民的"（civic），以及对"文明"（civilization）的某种现代理解。

根据这种观念，人类社会建立在对我们卑劣本能的集体压制之上；当人群大规模聚居一处时，这种集体压制就更显必要。那个当代霍布斯主义者紧接着会主张：的确，我们在进化史上的大部分时间中都生活在小游群里，之所以能够和睦相处，主要是基于在后代存续方面的共同利益〔进化生物学家称之为"亲代投资"（parental investment）〕。但是，即便是这些小游群也绝非建立于平等之上。在这一版故事中，总会出现某种"雄性头领"（alpha-male）。等级和支配，还有犬儒式的自利，向来是人类社会的基础。只不过我们集体认识到，将长期利益置于短期本能之上对我们更有利；或者，最好是通过制定法律来迫使我们将最糟糕的冲动限定在经济等对社会有用的领域，而在其他领域禁止冲动。

读者可能会从我们的语气中发现，我们不太喜欢这样的二选一。我们的反对理由可以分为三大类。这些故事作为对人类历史普遍进程的叙述：

1. 根本不是真的；
2. 暗含了可怕的政治影响；
3. 让过去变得不必要地乏味。

这本书试图着手讲述另一个故事，它更具希望、更有趣，同时也更好地吸纳了近几十年的研究成果。在某种程度上，这本书所做的就是汇总考古学、人类学和其他兄弟学科中积累的证据；这些证据指向一个对人类社会在过去 3 万年中如何发展的全新解释。这番调研的所得几乎全部与熟悉的那套叙事背道而驰，但太常见的情况是，最惊人的发现始终局限于专家们的工作范畴内，或者必须从科学出版物的弦外之音中领会出来。

可以先感受一下新浮现的图景有多么不同：现已明确，农耕出现前的人类社会并不局限于人人平等的小游群。相反，农业出现前的狩猎-

采集者世界充斥着大胆的社会实验，就像各种政治形态在上演一场狂欢节巡游，远不止进化理论中单调的抽象简化。反过来，农业也并不意味着私有财产的诞生，或标志着向不平等迈出了不可逆转的一步。实际上，很多最早的农业社区相对而言并没有等级和阶序。数量惊人的早期城市完全没有固化的阶级差异，而是按照强有力的平等主义原则组织起来的，并不需要独揽大权的统治者、野心勃勃的武夫政客，甚至不需要颐指气使的管理者。

与此相关的信息在世界各地大量涌现。因此，世界各地的研究者也已经在用新的视角分析民族志材料与历史学材料了。这些现存的碎片足以创造一部完全不同的世界历史——然而到目前为止，它们始终不为人所见，除了少数享有特权的专家（而即便是这些专家，往往也会由于不愿跳出细分研究领域去与他人交流碰撞，从而弃置了自己手中的那一小块拼图）。我们写作本书的目的就是着手拼合其中一些碎片，同时充分意识到迄今尚无人掌握一套完整的拼图。这项任务非常艰巨，这些问题又是如此重要，以至于要历经数年的调研与论辩才能开始理解我们逐渐看到的图景的真正含义。但重要的是，我们启动了这一进程。有件事情很快会变得一目了然：霍布斯和卢梭的当代拥趸所共享的那幅盛行一时的历史"大图景"，基本上与事实毫无关联。不过，要开始理解摆在我们面前的新信息，仅仅靠汇编和筛选大量资料是不够的。还需要概念上的转变。

要实现这一转变，就意味着要回溯我们怎样开始一步步形成了现代意义上的社会进化概念，即认为人类社会可以按照发展阶段来排列，每个阶段都有自己典型的技术和组织形态（狩猎-采集者、农民、城市-工业社会等）。我们会看到，这些概念根源于某种保守派的抵抗，抵抗的是 18 世纪早期风头渐劲的对欧洲文明的批评。不过，这种批评并不来自启蒙哲学家（尽管他们起初赞赏并效仿过这种批评），而是来自观察和评论欧洲社会的原住民，比如美洲原住民［休伦-温达特人（Huron-Wendat）］政治家坎迪亚洪克（Kandiaronk）。我们将在下一章更多地了解他。

重新审视我们所说的"原住民批评"意味着认真对待来自欧洲正典

之外的社会思想贡献，尤其是那些被西方哲学家塑造为历史的天使或魔鬼的原住民做出的贡献。无论是天使还是魔鬼，这两种看待他人的立场都排除了思想交流甚或对话的可能性：与被妖魔化的人和被神化的人辩论都很困难，因为他们的任何所思所述都可能被视作无关紧要的或高深莫测的。本书将要论及的大部分人早已作古，再也不可能与他们展开任何形式的对话了。即便如此，我们仍然决定把史前史写成仿佛由尚在人世并能与之对话的人构成的历史——这些人并不只是作为某种不可抗的历史法则的典范、标本、傀儡或玩物而存在。

诚然，历史存在着一些趋势。其中有的强大有力，潮流汹涌到绝难逆势而行（尽管似乎总有人设法做成了）。但唯一的"法则"是由我们自己制定的。这就引出了我们的第二条反对理由。

为什么霍布斯与卢梭版本的人类历史都暗含了可怕的政治影响？

霍布斯模型的政治影响无须赘言。我们经济体系的一个基本假设就是人类归根结底是卑鄙和自私的生物，做决定时基于犬儒式的利己算计而非利他主义或合作；在这种情况下，我们充其量只能寄希望于对不断积累和自我膨胀的固有冲动施加更加精密的内部和外部控制。卢梭关于人类如何从原初人人平等的纯真状态堕入不平等的故事看上去更乐观（至少堕落前的状态要更好），可是如今它主要被用来说服我们：或许我们生活其间的体制是不公正的，但从现实角度来看，我们最多只能对它做一些小修小补。在这点上，"不平等"这个词本身就很能说明问题。

自从2008年的金融风暴和后续的动荡以来，不平等问题，以及与之相伴的不平等的长期历史，已成为辩论的重大主题。在知识分子中，甚至一定程度上在政治阶层中形成了某种共识：社会不平等的程度已经失控，而世界上大部分的问题多少都是由富人和穷人之间不断扩大的鸿沟造成的。指出这一点本身是在挑战全球权力结构；但与此同时，这样一种表述问题的方式到头来还是能让那些从结构中渔利的人放宽心，因为它暗含的意思是，针对这个问题不可能找到有意义的解决方案。

毕竟，想象一下我们以不同的方式表述这个问题，用50年前或100年前可能的方式：问题在于资本集中，或者寡头垄断，或者阶级权力。相比之下，"不平等"这样的词听起来几乎就是在鼓励折中和妥协。我们可以想象推翻资本主义或打破国家权力，但是并不清楚消除不平等意味着什么。（哪种不平等？财富？机会？人们得达到多平等，才能说我们已经"消除了不平等"？）用"不平等"一词来界定社会问题适用于一个技术官僚改良者（technocratic reformer）的时代，这些人从一开始就假定了真正的社会转型是不可能实现的。

关于不平等的辩论促使人们去摆弄数据，争论基尼系数和社会失衡的临界点，重新调整税收制度或社会福利机制，甚至通过展示情况已经糟糕到了何种地步的数据来震撼公众（"你能想象吗？世界上最富有的1%的人口拥有世界上44%的财富！"）——可与此同时，这种辩论并不会触及这些"不平等"的社会安排之所以引人反对的实际致因：比如，一些人设法将他们的财富转变为对他人的权力；另一些人则最终被告知他们的需求并不重要，他们的生命本身没有价值。最后，我们只好相信，这些只是不平等难免会造成的结果；而不平等，是生活在任何大型、复杂、城市化、技术先进的社会之中无法规避的后果。它将永远伴随我们，只有程度上的差异。

如今，对不平等的思考迎来了一次真正的热潮：从2011年以来，"全球不平等"已经固定成为达沃斯世界经济论坛的一个头号辩论议题。不平等指数和研究不平等的学术机构出现了，还有源源不断的成果发表，试图将当前对财产分配的执念投射回石器时代。甚至有人试图计算旧石器时代猛犸象猎人的收入水平和基尼系数（结果这两个数据都很低）。[1]我们好像觉得有必要搬出数学公式来证明在卢梭时代就已经流行的说法，即在这样的社会中"人人平等，因为人人都同等贫穷"。

所有这些关于纯真与平等的原初状态的故事，其终极影响就像对"不平等"一词的使用一样，把对人类境遇的悲观认知变得就像一种常识：这是透过历史的广角镜头审视我们自身得出的自然结果。不错，如果你是俾格米人（Pygmy）或是卡拉哈里的布须曼人（Bushman）*，那么生活在一个真正的平等主义的社会或许是可能的。但是如果你想在今天创建一个真正平等的社会，那你只能想办法回到没多少个人财产的觅食者（forager）**小游群。由于觅食者需要相当广阔的地盘以供觅食，这意味着需要减少99.9%的世界人口。否则，我们最多只能指望给永远踏在我们脸上的那只靴子调调尺码；又或许多争取一点回旋空间，让我们中的一些人可以暂时躲开它。

通往一个更准确、更富希望的世界历史图景的第一步，可能就是彻底放弃"伊甸园"，并摒弃这样的观念：千百年间，地球上人人都曾共享同一种恬淡纯朴的社会组织形式。不过奇怪的是，这样做往往被看作一种反动。"所以你是在说真正的平等从来没有实现过？所以它是不可能的啰？"在我们看来，这种反对意见并无建设性，而且老实说也与实际不符。

首先，如果说大约1万年前（也有说2万年前），就是人们在阿尔塔米拉洞壁上作画的时代，在阿尔塔米拉乃至地球上的任何地方都没人尝试过其他形式的社会组织，未免有些匪夷所思了。这样的可能性大吗？其次，有能力尝试不同的社会组织形式，这本身不就体现了人之为人的精髓吗？人不就是有能力自我创造乃至自由的生物吗？正如我们后面会看到的，尽管土地、热量、生产资料的重要性不言而喻，但人类历史的终极问题不在于我们怎样平等地去获取这些物质资源，而在于我们怎样平等地发挥能力去参与如何共同生活的决策。当然，要行使这种能力，意味着首先应该有什么值得决策的事。

---

* 布须曼人即桑人（San），是非洲南部从事狩猎采集的原住民族群，主要生活在卡拉哈里沙漠和其周边地区，包括博茨瓦纳、纳米比亚等国。——编者注

** 觅食是一种自然的能量获取方式，主要指猎取野生动物、采集野生植物以及捕鱼，因此习惯上使用"狩猎-采集者"一词作为"觅食者"的同义词（这两个词在本书中也常被互替使用）。觅食者主要利用现成的野生资源，被认为并未刻意改变所开发资源的基因库。具体而言，觅食存在多种形式，觅食者也有很多类别，不过人类学家依然压倒性地认为"觅食者"（狩猎-采集者）是个界定相当清晰的分析类别。按通常的观点，大约2万年前，人人都是觅食者，而今天，人类中只有一小部分仍然是觅食者。（脚注内容主要参考［美］伊恩·莫里斯：《人类的演变：采集者、农夫与大工业时代》，马睿译，中信出版集团，2016，第二章）——编者注

如果按照许多人的意思，如今，我们这个物种的未来取决于我们创造新事物的能力（比如，创造一个新体制，其中财富不能自由转化为权力，一些人不会被告知他们的需求不重要，或他们的生命本身没有价值），那么归根结底，最重要的是我们能否重新发现起初使人成其为人的诸种自由。早在1936年，史前史学家戈登·柴尔德（V. Gordon Childe）就写过一本书，叫《人类创造了自身》（*Man Makes Himself*）。刨除其男性中心的措辞，这就是我们希望唤起的精神。我们是集体自我创造的产物。我们何不试着以这种方式看待人类历史？我们何不试着从一开始就把人类当作富有想象力、智慧又爱玩的生物（他们值得被这样理解）？我们何不试着抛开人类物种从恬淡纯朴的平等状态中堕落的故事，转而自问，我们是怎么被上述概念牢牢禁锢，乃至无法再想象重新创造自我的可能性了？

以一些简短的例子来说明为什么通行的对人类历史大脉络的理解大多是错的（或言，让-雅克·卢梭的永恒回归）

刚着手写这本书时，我们的初衷是为社会不平等的起源问题寻求新答案。没过多久，我们就意识到这根本不是一个好的切入路径。以这种方式来建构人类历史——必然要假定人类曾生活在一种恬淡纯朴的状态中，并且假定可以找到一个特定的转折点，一切就从这里开始出了差错——使得我们几乎提不出任何我们认为真正有趣的问题。似乎所有人都落入了同样的陷阱。专家们拒绝笼统地概括历史。那些尝试概括的人则几乎无一例外地再造了某个卢梭思想的变体。

让我们从这些概述中相当随机地选一例探讨：弗朗西斯·福山（Francis Fukuyama）的《政治秩序的起源：从前人类时代到法国大革命》（*The Origins of Political Order: From Prehuman Times to the French Revolution*, 2011）。以下是福山总结的对早期人类社会的通行看法："在早期阶段，人类政治组织类似于在黑猩猩等高等灵长目中所能观察到的游群社会（band-level society）",这可以被视为"社会组织的一种默认设置"。他继而断言,卢梭指出政治不平等的起源在于农业的发展,这在很大程度上是正确的,因为狩猎-采集社会（根据福山的说法）没有私有财产的概念,并且几乎没有动机去圈起一块土地并说"这是我的"。他认为这种游群社会是"高度平等主义的"。[2]

贾雷德·戴蒙德（Jared Diamond）在《昨日之前的世界：我们能从传统社会学到什么》(*The World Until Yesterday: What Can We Learn from Traditional Societies?*, 2012) 中提出,这种游群（他认为人类"直至1.1万年前"还在以这种形式生活）由"仅仅数十个人"组成,成员大都存在血缘关系。这些小群体过着相当贫乏的生活,"猎取着一小片森林中可得的无论什么野生动植物"。据戴蒙德所言,这种小群体的社会生活简单得令人称羡：通过"面对面的讨论"来决策,"几乎没有个人财产",也"没有正式的政治领袖或高度的经济专业化"。[3] 戴蒙德总结称,不幸的是,只有在这样的原始群体中,人类才实现过很大程度的社会平等。

对戴蒙德和福山来说,就像几个世纪之前对卢梭来说一样,无论何时何地,终结这种平等的总是农业的发明以及农业所维持的更高的人口水平。农业带来了从"游群"到"部落"(tribe)的转变。粮食盈余的积累促进了人口的增长,使一些"部落"发展成被称为"酋邦"(chiefdom)的分层社会。关于这一进程,福山描绘了一幅酷似《圣经》中离开伊甸园的图景："随着人类小游群迁至不同的环境并适应下来,他们开始发展新的社会制度,就此退出自然状态。"[4] 他们为争夺资源而战。这些社会就像瘦条条的青春期少年,显然是要惹点麻烦的。

是时候成长起来,去任命一些合适的领导者了。等级制开始出现。抵抗是无谓的,因为根据戴蒙德和福山的观点,一旦人类采用了大型、复杂的组织形式,等级制就不可避免。哪怕这些新领导开始作恶多端——榨取农业盈余以擢升其亲信,固化自身地位并世袭罔替,猎取头颅作为战利品,掠夺女奴充填后宫,或是用黑曜石刀挖出敌人的心脏——也没有回头路了。不久之后,酋长们成功说服其他人称自己为"国王",甚至

"皇帝"。正如戴蒙德向我们悉心解释的那样：

> 如果没有做出决定的领导，没有执行这些决定的行政人员，没有管理这些决议和法律的官僚，那么庞大的人口就无法运转起来。至于那些无政府主义立场的读者，梦想着生活在没有任何国家政府的环境中。很遗憾，你们的梦想是不现实的：因为你们必须找到一些愿意接受你们的小游群或部落，那里没有陌生人，也就不需要国王、总统和官僚。[5]

这是个令人沮丧的结论，不仅对于无政府主义者，也对于任何曾经想过是否有一个可行的替代方案能取代现状的人。尽管如此，这些观点真正值得注意的地方在于，它们除自信满满的语气之外，并没有科学依据。我们很快就会发现，根本没有理由相信小规模群体里最可能人人平等——或者反过来说，也没有理由相信大规模群体就必须有国王、总统甚至官僚制度。像这样的主张，不过是大量伪装成事实乃至历史规律的偏见而已。[6]

关于追求幸福

正如我们所说，这一切只是卢梭在 1754 年第一次讲出的故事的无尽重复。许多当代学者会一本正经地表示，卢梭的远见已经被证明是正确的。如果这属实，那可真是一个奇特的巧合。因为卢梭本人从来没有暗示过纯真无邪的自然状态真的发生过。相反，卢梭坚称自己是在进行一场思想实验："切莫把我们在这个问题上阐述的论点看作是历史的真实，而只能把它们看作是假设的和有条件的推论，是用来阐明事物的性质，而不是用来陈述它们真实的来源……"[7]

卢梭对自然状态以及它如何被农业的到来所推翻的描述，绝不是像斯密（Adam Smith）、弗格森（Adam Ferguson）或米勒（John Millar）等苏格兰哲学家［以及后来的路易斯·亨利·摩尔根（Lewis Henry Morgan）］

在提到"蒙昧"(Savagery)与"野蛮"(Barbarism)时那样,是为了拿它构成一系列进化阶段的基础。卢梭在任何意义上都没有把这些不同的存在状态想象为社会和道德发展的不同水平,对应着生产方式的历史变化:觅食、畜牧、农耕、工业。相反,卢梭呈现的更像是一则寓言,借以探究人类政治的一个基本悖论:为什么我们与生俱来的对自由的追求却总是一次又一次地引导我们"自发地走向不平等"?[8]

在描述农业的发明是如何首先导致了私有财产,而财产又继而导致了对公民政府保护财产的需要时,卢梭是这样说的:"他们争相向锁链那里走去,还以为这样就可使他们的自由得到保障。尽管他们有足够的理由感到一种政治制度的好处,但他们没有足够的经验觉察其中的危害。"[9] 他引入想象中的自然状态,主要是用来阐明这一点的。事实上,"自然状态"不是卢梭发明的概念;它作为一种修辞手段,已经在欧洲哲学中被使用了一个世纪了。这一概念被自然法理论家广泛运用,实际上使得每个对政府起源感兴趣的思想家[洛克(John Locke)、格劳秀斯(Hugo Grotius)等]都能扮演上帝,各自提出人类原初境况的不同版本,作为理论推演的跳板。

当霍布斯在《利维坦》中写道,人类社会的原初状态必然是一场"*Bellum omnium contra omnes*"(所有人对所有人的战争),只有建立一种绝对主权权力才能克服它时,他基本是在做同样的事情。霍布斯并不是在说实际上真的有过一个时代,那时每个人都生活在这样的原初状态中。有些人怀疑霍布斯的战争状态实际上是一则寓言,影射他的故乡英格兰在17世纪中期陷入内战,正是这场内战使得这位保王派作家流亡到巴黎。不管事实如何,霍布斯本人最接近暗示这种状态真实存在的时候,就是当他指出,唯一不处于某个国王最高权威之下的人就是国王们自己,而那些国王似乎总在彼此交战。

尽管如此,许多现代作家对待《利维坦》还是像其他人对待卢梭的《论不平等》一样,仿佛它为一项历史演化研究奠定了基础;尽管二者的出发点完全不同,造成的结果却颇为相似。[10]

"当我们谈到前国家（pre-state）时期人群的暴力时，"心理学家史蒂芬·平克（Steven Pinker）写道，"霍布斯和卢梭纯粹是一派胡言：他们都对文明出现之前的生活一无所知。"在这一点上，平克完全正确。但同时，他又要我们相信霍布斯在1651年（明显的一派胡言）不知怎的蒙对了，给出的对人类历史上的暴力及其成因的分析"分毫不输任何今天的（分析）"。[11] 如果事实恰巧如此，那将是对几个世纪以来的实证研究的一次惊人且羞辱性的裁决。正如我们将看到的，这远非事实。[12]

我们可以把平克作为典型的现代霍布斯主义者。在他的巨作《人性中的善良天使：暴力为什么会减少》(*The Better Angels of Our Nature: Why Violence Has Declined*，2011）中，及其后续著作，如《当下的启蒙：为理性、科学、人文主义和进步辩护》(*Enlightenment Now: The Case for Reason, Science, Humanism, and Progress*，2018）中，他认为我们今日生活的世界中的暴力和残酷，总体上要远远少于我们祖先所经历过的。[13]

如今，哪怕不太了解20世纪历史的人，只要多看些新闻，可能都会觉得这种说法是反直觉的。不过，平克很自信的一点是，不带情绪的客观统计分析显示，我们生活在一个前所未有的和平与安全的时代。他认为，这是生活在主权国家的自然结果，每个国家都垄断了在其境内合法使用暴力的权力，不同于我们进化史上过去的"无政府社会"（他如此称呼那些社会）。在那些社会中，大多数人的生命通常都是"龌龊、野蛮和短寿的"。

和霍布斯一样，平克关注国家的起源，因此他所认为的关键转折点不是农业的兴起，而是城市的出现。他写道："考古学家告诉我们，人类一直生活在无政府状态中，直至大约5 000年前文明出现，彼时，定居的农民开始聚集起来形成城市与国家，并发展出最早的政府。"[14] 接下来的内容，坦白说，就是一个现代心理学家顺势编造的。或许在你的期待中，一名科学的忠实倡导者会科学地切入这个主题，即通过对证据的广泛评估，可这种研究人类史前史的方法似乎正是平克不感兴趣的。相反，他依据的是逸事、图像和个别轰动性的发现，比如1991年登上新闻头条的"蒂罗尔的冰人奥茨"*。

平克一度发问："古人到底是怎么回事？他们就不能在不诉诸暴力的情况下为我们留下一具有意思的尸体吗？"对此有个显而易见的回应：这难道不首先取决于你认为哪具尸体是有意思的吗？是的，5 000多年前，有个人在穿越阿尔卑斯山的途中撒手人寰，身侧中了一箭；但并没有特别的理由将奥茨视为代表人类原始状态的典型人物，除了一种可能，就是奥茨的例子契合了平克的论点。如果只凭喜好挑选例子即可，那我们大可以选择年代更早的被考古学家称为罗米托二号（Romito 2）的墓穴（得名于它的发现地，卡拉布里亚的一处岩棚）。让我们花点时间来想想这么选意味着什么。

罗米托二号是一个有着1万年历史的男性墓穴，墓穴里的男性患有罕见的遗传性疾病（肢端-肢中部发育不良）：一种严重的侏儒症，这种病在生活中既会使他在社区中显得异常，也会使他无法参与赖以生存的高海拔狩猎。对他的病理研究表明，尽管他的健康和营养水平总体上较低，但同一社区的狩猎-采集者仍然不遗余力地将其从婴儿养育成人，给予他与社区中其他人一样的肉食份额，并最终为他精心安排了遮风避雨的墓葬。[15]

罗米托二号并非孤例。考古学家综合评估了旧石器时代的狩猎-采集者墓穴，发现影响健康的残疾出现频率非常高，但他们也惊讶于亡者生前受到的高规格照护（甚至是死后，因为有些葬礼极其奢侈）。[16]如果我们真的想基于古代墓葬中健康指标的统计频率来得到关于人类社会最初形态的普遍结论，我们必将得出与霍布斯（以及平克）相反的结论：可以说，我们这一物种起初就是一个能够给予养育和照护的物种，根本无须过着龌龊、野蛮或短寿的生活。

我们并不是真的要下这样的论断。因为有理由认为在旧石器时代，只有那些不同寻常的人才会得到安葬。我们只是想指出：把同样的游戏

---

* 1991年9月在意大利与奥地利交界处的南蒂罗尔附近发现的一具被命名为"奥茨"的生活于公元前3000多年前的冰冻木乃伊。——编者注

反过来玩有多么简单——虽然简单，但老实说没什么启发性。[17] 随着对实际证据的掌握，我们总是会发现，早期人类社会生活的现实情况远比任何当代"自然状态"理论家能猜想到的要复杂和有趣得多。

每到要挑选人类学研究案例作为我们的"当代祖先"代表，也就是"自然状态"下的人类可能的参照模板时，那些在卢梭传统下开展研究的人往往偏好非洲觅食者，比如哈扎人（Hadza）、俾格米人或昆人（!Kung）*，而追随霍布斯传统的人则偏好亚诺玛米人（Yanomami）。

亚诺玛米人是一群主要以种植大蕉和木薯为生的南美原住民，世代生活在亚马孙雨林，处在委内瑞拉南部和巴西北部的交界地带。自 20 世纪 70 年代以来，亚诺玛米人就成了著名的暴力野蛮人典范："暴烈之人"，一如他们最著名的民族志撰写者拿破仑·夏依（Napoleon Chagnon）所称。这显然对亚诺玛米人不公平。因为实际上，数据显示他们并不是特别暴力——与其他美洲原住民相比，亚诺玛米人的凶杀率低于平均值。[18] 不过还是同样的情况，真实的统计数字终究不敌戏剧性的影像和逸事。亚诺玛米人之所以如此出名，有如此鲜明的形象，与夏依本人有很大的关系：他 1968 年出版的书《亚诺玛米人：暴烈之人》（*Yanomamö: The Fierce People*）卖出了数百万册；他还拍了一系列影片，如《斧战》（*The Ax Fight*），为观众呈现了部落战争的生动瞬间。所有这些使夏依一时间成为世界上最著名的人类学家，在此过程中，亚诺玛米人也变成了原始暴力研究中臭名昭著的个案，并确立了他们在新兴的社会生物学领域的科学重要性。

我们应该对夏依公允一点（这不是人人都能做到的）。他从未声称亚诺玛米人应该被视为石器时代的活化石；事实上，他经常指出亚诺玛米人显然不是这样。同时，他多少有点一反人类学家的惯常做法，倾向于主要以亚诺玛米人所缺乏的东西（如书面语言、警察部队和正式的司法机构）而非其文化中的积极特征来定义他们，这样做的效果又无异于将他们树立为原始人典范。[19] 夏依的中心论点是：亚诺玛米成年男子通过杀

---

* 昆人又称昆桑人，是前文提到的桑人（布须曼人）中的一支。——编者注

害其他成年男子来获得文化和生殖上的优势；而这种暴力与生物适应性之间的反馈——如果代表了早期人类的普遍状况——可能曾影响了我们整个物种的进化。[20]

这不仅仅是个大胆的假设——这简直是口出妄言。其他人类学家开始投来雨点般的质疑，且往往不太友好。[21] 职业行为不端的指控对准了夏侬（大都围绕着田野中的伦理标准），每个人都站了队。其中一些指控似乎毫无依据，但夏侬的辩护者逐渐言辞激进，以至于［正如另一位著名人类学家克利福德·格尔茨（Clifford Geertz）所说］不仅奉夏侬为严谨、科学的人类学楷模，而且将所有质疑他或他的社会达尔文主义的人都称为"马克思主义者""骗子""学术左派的文化人类学家""阿亚图拉"（ayatollah）*和"政治正确的滥好人"。时至今日，要想让人类学家们开始互相谴责对方为极端分子，没什么方法比提到拿破仑·夏侬的名字更容易的了。[22]

这里的重点是，作为一个"非国家"族群，亚诺玛米人应该是平克所说的"霍布斯陷阱"的典范，即部落中的每个个体都身陷突袭与战争的反复循环之中，活得忧心忡忡，距离由锋利武器或复仇棍棒导致的暴力死亡总是只有一步距离。平克告诉我们，这就是进化为我们设定的可怕命运。摆脱这一命运的方式只能是自愿置身于民族国家、法院和警察部队的共同保护之下，以及拥抱理性论辩和自我控制的美德，这些美德在平克看来是造就启蒙时代的欧洲"文明进程"的独有遗产（换言之，要是没有伏尔泰和警察，围绕夏侬学术发现的刀光剑影就不只是学术论战，而可能是物理攻击了）。

这种说法问题很多。让我们从最明显的开始。把我们当前关于自由、平等和民主的理想都视作某种"西方传统"的产物，这种看法实际上可能会让伏尔泰这样的人大吃一惊。我们很快会看到，提出这些观念的启蒙思想家几乎总是让这些观念从外国人口中说出来，甚至是从像亚诺玛米人这样的"野蛮人"口中。这并不奇怪，因为在西方传统中，从柏拉

---

* 对伊朗等国伊斯兰教什叶派领袖的尊称，泛指宗教领袖。——译者注

图到马可·奥勒留（Marcus Aurelius）再到伊拉斯谟（Erasmus），几乎所有著书立说者都曾明确反对过这样的观念。"民主"这个词或许是在欧洲发明的（只能勉强这么说，因为当时的希腊在文化上更接近北非和中东，而不是英格兰之类的地方），但在 19 世纪之前，几乎没有一个欧洲作者不认为民主会是一种糟糕的治理形式。[23]

出于显而易见的原因，霍布斯的立场往往受到政治光谱中右派的青睐，而卢梭的立场则受到左派的支持。平克站在理性的中间派立场，谴责两派当中他认为的极端分子们。可他为什么又要坚称，20 世纪以前一切重要的人类进步形式都只能归功于一个曾自称为"白种人"的群体（现在该群体通常用公众接受度更高的同义词"西方文明"来自称）？根本没有理由这样做。很容易（其实相当容易）就能在全世界范围内另找一些事物并将其认定为理性主义、合法律性（legality）、审议民主等的最初萌芽，然后再讲一个它们如何汇聚并形成当前全球体系的故事。[24]

反之，一个人若坚持认为所有好东西只来自欧洲，就是在确保他的作品可以被解读为对种族灭绝的事后申辩，因为（很明显，对于平克来说）欧洲列强对世界其他角落的文明所整体施加的奴役、掠夺、大规模谋杀和毁灭，只是人类一贯的所作所为的又一例证而已；这绝不是不同寻常的。顺着这种观点往下，可以说真正重要的是，这些行为使得自由、法律面前的平等、人权等平克心目中"纯粹"的欧洲概念有可能被传播给那些幸存者。

平克向我们保证，不论过去有什么不愉快，都有理由对我们这个物种所走的总路线感到乐观，甚至是幸福。诚然，他也承认在减少贫困、收入不平等或者是和平与安全领域还存在一些改进的空间；但是总的来说——相对于今天生活在地球上的人数而言——我们现在所拥有的，是人类历史上迄今所获中最令人叹为观止的成就（除非你是黑人，或生活在叙利亚这样的国家）。对于平克而言，现代生活几乎在任何方面都优于以前的生活；这里他提供了详细的统计数据，旨在表明每天，在每个方面——不论是健康、安全、教育、舒适以及几乎任何其他能想到的因素——一切实际上都在变得越来越好。

我们很难挑战这些数据，但是正如任何统计学家会告诉你的，数据的好坏取决于它们所基于的前提。"西方文明"真的让每个人的生活变得更好了吗？这最终要看人们如何衡量幸福，而众所周知这是一个非常困难的问题。唯一可靠的方法似乎是，倘要决定一种生活方式是否真正更令人满意、更充实、更幸福或更可取，那就应该让人们去充分体验两种不同的生活，给他们选择权，然后观察他们是如何做的。比如，如果平克是对的，那么任何心智健全的人在①人类发展的"部落"阶段的暴力混乱和极端贫困与②西方文明的相对安全与繁荣之间做选择时，会毫不犹豫地选择后者。[25]

但是，现在确有一些实证数据，证明平克的结论有很大问题。

在过去的几个世纪中，多次有人发现自己恰好处于可以做出这一选择的位置上——而他们几乎从来没有走平克所预测的道路。有些人为我们留下了清晰合理的解释，来说明他们为什么做出这样的选择。让我们看一下海伦娜·瓦莱罗（Helena Valero）的例子。她是一个出生在西班牙裔家庭的巴西女人，平克提到她是一个"白人女孩"，在1932年随父母沿着偏远的迪米提河（Rio Dimití）旅行时被亚诺玛米人绑架了。

在20年里，瓦莱罗都与亚诺玛米家庭生活在一起，结了两次婚，最终在她所处的社区中获得了重要的地位。平克简短地引用了瓦莱罗后来对自己生活的讲述，她在其中描述了一次亚诺玛米人突袭的暴行。[26]他忽略不提的是，在1956年，她离开亚诺玛米人去寻找她的原生家庭，重新生活在"西方文明"里，却发现自己处于一种偶尔饥渴、持续沮丧和孤独的状态之中。过了一段时间后，在有能力做出更明智的决定时，海伦娜·瓦莱罗认为她更喜欢生活在亚诺玛米人中，并返回他们之中生活。[27]

她的故事并非个例。南北美洲的殖民史中充满了这样的记述：殖民者被原住民社会俘虏或收养后，在有机会选择自己希望生活的地方时，几乎无一例外地选择留在原住民社会那里。[28]这甚至也适用于被绑架的儿童。当他们再次面对自己的亲生父母时，大多数人却会跑回收养他们的亲属那里寻求保护。[29]相比之下，通过收养或通婚融入欧洲社会的美洲印第安人,包括那些——不同于不幸的海伦娜·瓦莱罗——享受了大量财富和学校教育的人,几乎无一例外地做出了相反的决定:要么尽早逃离,要么在竭力适应但最终失败后,返回原住民社会安度余生。

对这一现象最雄辩的评论之一可见于本杰明·富兰克林写给一位朋友的私人信件:

> 当一个印第安人的孩子在我们中被抚养长大,学会了我们的语言,习惯了我们的习俗,结果一旦他回去走亲访友,并和他们一起做一次印第安漫游(Indian Ramble),那就再也无法劝说他回来了。这并不仅仅是作为印第安人的天性,而且显然是作为人的天性——当白人,不论男女,在年轻时被印第安人俘虏,并在他们中间生活一段时间后,即便被朋友赎回并受到极尽温柔的对待以说服他留在英格兰人中间,但很快,他们就会厌恶我们的生活方式以及支撑这种生活方式所必需的忧虑与痛苦,并抓住下一次机会逃回林中,再也无法被找回。我记得曾听说过这样一个例子:一个人被带回家,并拥有了大笔产业;可当他发现要费神守住这些财产时,就把产业交给了一个弟弟,只带了一把枪和一件印第安斗篷重返荒野。[30]

许多发现自己卷入这种文明竞赛——如果可以这么称呼——的人能够明确解释自己为何决定留在昔日的俘掠者身边。一些人强调他们在美洲原住民那里发现了自由的品质,既包括性自由,也包括不必无尽辛劳地追求土地和财富的自由。[31] 其他人则指出,"印第安人"不愿让任何人陷入贫穷、饥饿或匮乏的状态中。这并不意味着他们害怕自己受穷,而是他们发现,生活在一个无人陷入绝望痛苦处境的社会中会愉快得多(也许就像奥斯卡·王尔德宣称自己是社会主义的倡导者,因为他不喜欢免不了要看着穷人或听到穷人的故事一样)。对于任何一个在充满露宿者与乞讨者的城市中长大的人来说——很不幸,也就是对于我们大多数人来说——发现这一切并非不可避免时,总还是有一点吃惊的。

还有一些人注意到,被"印第安"家庭收养的外来者在其社区中很容易被接纳并获得重要地位，成为酋长家户中的成员，甚至直接成为酋长。[32]西方的宣传家们无休止地谈论机会平等，而这些社会则似乎是机会平等真正存在之处。不过，到目前为止，选择加入美洲原住民社区最常见的原因是人们在其中体验到的强烈的社会纽带：相互关怀、爱，以及最重要的幸福，这些品质一旦回到欧洲都无法复刻。"安全"有很多种形式。有一种安全是知道自己中箭的概率极小；也有一种安全是知道一旦中箭，总会有人深切地照护自己。

人类历史的传统叙事不仅有误，而且大可不必如此无聊

我们可以感觉到，粗略而言，原住民的生活比"西方"村镇或城市的生活有趣得多，尤其考虑到城市生活包含着长时间的单调、重复、空乏的活动。我们已经很难想象另一种极尽迷人且有趣的生活了，而这一事实反映的与其说是生活本身的局限，不如说是我们想象力的局限。

标准的世界历史叙事最有害的一面就在于它们把一切都搞得干巴巴的，把人概括为扁平的刻板印象，将问题简化（我们是天生自私并且暴力，还是天生善良并且乐于合作？），以至于损害甚至可能毁掉我们对人类可能性的认识。"高贵"的野蛮人归根结底和野蛮的野蛮人一样无聊；更重要的是，二者实际上都不存在。海伦娜·瓦莱罗在这一点上非常坚定。她坚持认为，亚诺玛米人既不是魔鬼，也不是天使。他们和我们其他人一样，是人。

这里，我们应该明确一下：社会理论总是必然地包含一些简化。比如，几乎任何人类行为都可以说存在政治层面、经济层面、性心理层面，以此类推。社会理论在很大程度上是一个假装游戏，在其中，为了便于讨论，我们假装只有一个层面在运作：基本上，我们把一切都还原为简笔画，以便发现本不可见的模式。因此，社会科学中所有真正的进步就源于有勇气说出那些归根到底有些荒谬的事情：卡尔·马克思、西格蒙德·弗洛伊德或克洛德-列维-斯特劳斯的研究成果只是其中一些最突

出的例子。人们必须简化世界才能发现关于它的新知。但问题在于，在发现之后的很长一段时间里，人们仍然在继续简化。

霍布斯与卢梭向同时代的人揭示了一些惊人的、深刻的东西，为他们打开了新的想象之门。现在，这些理念却只是令人腻烦的常识。这些常识之中没有任何东西可以证明继续简化人类事务是合理的。如果今天的社会科学家还在将过去的世代人类化约为扁平的简笔画，这可不是在向我们展示什么独具创见的东西，而只是因为他们觉得这是社会科学家为了显得"科学"而应该做的。其实际后果就是使历史变得贫乏，从而导致我们对可能性的感知变得贫乏。在进入正题之前，让我们用一个例子来结束这篇导言。

自亚当·斯密以来，那些试图证明当代形式的竞争性市场交换根植于人类本性的人，指出了他们所谓的"原始贸易"的存在。早在数万年前，人们就可以找到物品被远距离转运的证据，这些物品通常是宝石、贝壳或其他装饰品。这些往往正是人类学家后来发现在世界各地被用作"原始货币"的物品。这必然证明了资本主义以某种形式一直存在吗？

这种逻辑完全是循环论证。如果贵重物品被远距离运输，这就是"贸易"的证据；如果贸易发生了，就必定采取了某种商业形式；因此，如果3 000年前在地中海地区发现了来自波罗的海一带的琥珀，或者墨西哥湾的贝壳被运到了俄亥俄州，这些事实便足以证明我们发现了某种市场经济的萌芽形态。市场是普遍的。因此，一定存在过一个市场。因此，市场是普遍的。如此循环往复。

所有这些作者实际上在说的是，他们自己无法想象贵重物品能以其他方式移动。但是，缺乏想象力本身并不构成一个论点。这些作者就好像不敢提出任何独创性的东西，或者一旦提出了，就觉得有必要使用听起来很科学但含糊其词的语言（"跨区域交互作用圈""多阶交换网络"），这样就不用再去细究那些东西可能是什么。实际上，人类学提供了不胜枚举的例子可供说明，当不存在任何与市场经济沾边的事物时，有价值的物品是如何长途跋涉的。

20 世纪民族志的奠基之作，马林诺夫斯基出版于 1922 年的《西太平洋上的航海者》，描述了在巴布亚新几内亚附近马辛群岛（Massim Islands）的"库拉链"中，人们如何乘独木舟在危险的大海上大胆探险，只为交换作为传家宝的臂镯和项链（每个重要的臂镯和项链都有自己的名字，也承载着前任主人的历史）。他们只是短暂地拥有它，然后把它再一次传给来自另一个岛的不同探险队。传家宝跨越数百公里的海洋，在岛链上循环不绝，臂镯和项链的传递方向相反。对于外人来说，这似乎毫无意义。但是对于马辛人来说，这是终极探险，没有比以这种方式将自己的名字传递到从未见过的地方更重要的事情了。

这是"贸易"吗？也许吧，但如果是，它将打破我们对这个词的惯有理解。实际上，有大量的民族志文献是关于这种长距离交换在没有市场的社会中是如何运作的。以物易物的情况的确发生着：不同的群体可能会发展出自己的专长（一个群体因羽毛制品而闻名，另一个则提供盐，第三个群体中每个妇女都是制陶匠），以此来获得他们自己无法生产的东西；有时一个群体会专门从事人与物的运输。但我们经常发现，这类地区性网络的发展往往是为了建立彼此间的友好关系，或是创造一个时常互相拜访的理由。[33] 此外，还有很多完全不像是"贸易"的可能性。

我们举几个北美洲的例子，让读者了解一下，当人们谈论历史上的"远距离交互作用圈"时，指的可能是：

1. **追寻梦境或灵境**：在 16 世纪和 17 世纪讲易洛魁语（Iroquoian）的民族中，实现自己的梦被认为是极其重要的。许多欧洲观察者都讶异于印第安人甘愿旅行数日，只为带回他们梦中得到过的物品：战利品、水晶，甚至是动物，比如说一只狗。人们如果梦到了邻居或亲戚的财物（水壶、饰物、面具等），通常都可以要求得到它。因此，这些物品往往会逐渐沿着某种路线在村镇间移动。在北美大平原上，决定长途跋涉寻找稀有的或异域的物品，可能是寻梦之旅的一部分。[34]

2. **游医与流浪艺人**：1528 年，遭遇船难的西班牙人阿尔瓦尔·努涅斯·卡韦萨·德巴卡（Álvar Núñez Cabeza de Vaca）从佛罗里达穿越现在的得克萨斯州抵达墨西哥，其间，他发现他可以通过提供巫师和疗愈师的服务，从而在村庄之间（甚至是交战村庄之间）轻松通行。在北美洲大部分地区，疗愈师也是艺人，而且往往会发展出大量追随者；那些认为自己的生命因表演得到拯救的人，通常会献出他们所有的物质财富供戏班内部分配。[35] 通过这种方式，珍贵物品可以轻易跨越很远的距离。

3. **女性赌博**：许多北美洲原住民社会的女性都是不折不扣的赌徒；相邻村庄的女性经常在一起掷骰子或梅花石*，并通常会用贝珠或个人饰品作为赌注。精通民族志文献的考古学家沃伦·德博尔（Warren DeBoer）估计，在跨越半个北美大陆的遗迹中发现的许多贝壳和其他珍宝，都是在这种村际游戏中不断下注并输掉的赌注，它们在很长时间里不断以这种方式流散开来。[36]

我们还能举出更多的例子，但估计说到这里，读者已经明白了我们的宏旨。当我们仅是猜测处于其他时间与地点的人类可能在做什么时，我们的猜测几乎总是不够有趣、不够新奇，总之，远远不如实际情况富有人情味。

关于接下来的内容

在这本书中，我们不仅要展示一部新的人类历史，还要邀请读者进入一门新的历史科学，这门历史科学会恢复我们祖先全部的人性。在开头，我们不打算问人类是如何落入不平等的境地的，而是要首先探问"不平等"最初是如何成为一个问题的，然后逐渐建立起一个更贴近我们当前知识水平的替代叙事。如果人类进化过程中 95% 的时间不是以小规

---

* 掷梅花石游戏是一种在北美洲原住民部落广泛流行的游戏，通常由妇女两两对垒，游戏中以碗或篮子摇晃 5 块刻有不同分值的梅花石，摇出碗外则不计分，以分值大者为胜。——译者注

模的狩猎-采集游群的形式度过,那他们都在做什么?如果农业和城市不意味着陷入等级制与支配统治,那它意味着什么?在我们通常认为出现了"国家"的那些时期,到底发生了什么?答案往往出人意料,并透露出人类历史的进程可能并没有我们惯常假定的那样一成不变,而是充满更多有趣的可能性。

因此,从某种意义上来说,这本书只是试图为一部新的世界史打下基础,就像戈登·柴尔德在 20 世纪 30 年代发明"新石器革命"或"城市革命"之类的术语时一样。这样一来,它必然是不平衡和不完整的。同时,这本书也是一场追寻真问题的探险。如果"不平等的起源是什么?"并非我们最该关心的历史问题,那么那个问题应该是什么?正如曾经的俘虏又逃回森林的故事所表明的,卢梭并不完全是错的。有些东西的确已经失落了。他只是对失落的是什么有一个别具一格的(而且终究是错误的)见解。那么,我们该如何描述失落之物呢?它到底失掉了多少?它对今日社会变革的可能性来说意味着什么?

大约 10 年以来,我们两位笔者就这些问题展开了旷日持久的对话。正因为此,这本书在结构上有点不同寻常。对话从探究那个问题("社会不平等的起源是什么?")的历史根源开始,将其追溯到 17 世纪欧洲殖民者与美洲本土知识分子的一系列接触。这些接触影响了我们现在所称的启蒙运动,也影响了我们对人类历史的基本理解,其影响比我们通常所愿意承认的要更加微妙和深刻。我们发现,重新审视它们将以惊人的方式影响今天我们对人类过去的理解,包括农业、财产、城市、民主、奴隶制和文明自身的起源。最终,我们决定写一本书,它至少在某种程度上反映着我们自己思想的演进。在那些对话中,当我们决定完全远离像卢梭这样的欧洲思想家,转而考虑那些从根本上启发了他们的原住民思想家的观点时,真正的突破时刻到来了。

就让我们从这里开始。

第二章

邪恶的自由

原住民批评与进步神话

让-雅克·卢梭给我们留下了一个关于社会不平等之起源的故事，这个故事至今仍以无尽的变体被不断重述。这个故事讲的是，人类最初是纯真无邪的，然后在不知不觉中离开了原始的简单状态，踏上了技术探索的旅程，这一旅程最终使我们具有"复杂性"，同时也使我们被奴役。这个关于文明的矛盾故事是如何产生的？

思想史学家从未真正放弃"伟人"史观。在他们的记述下，好像一个特定时代所有重要的思想都可以追溯到某一个或一些了不起的个体身上——无论是柏拉图、孔子、亚当·斯密还是卡尔·马克思——而不是将这些人的写作视为那些已然在酒馆、晚宴或公园（或者讲堂）上演的辩论中的精彩发言，只是得益于他们才有机会被记录下来。这有点像假设威廉·莎士比亚在某种意义上发明了英语这门语言，而事实上，莎士比亚作品中许多最为精彩的措辞不过是当时的惯用表达，任何一个伊丽莎白时代的英国人都可能会在闲谈中随意使用这些短语，其创造者就像那些敲敲门游戏（knock-knock jokes）*的发明者一样模糊不明，尽管若不是因为莎士比亚，这些短语很可能在很久之前就被淘汰和遗忘了。

这一切都适用于卢梭。思想史学家有时写得好像卢梭借着1754年发表的《论人与人之间不平等的起因和基础》，以一己之力掀起了关于社会

---

* 敲敲门游戏主要是一种孩童间玩的游戏，一个人以"咚咚咚"（Knock knock!）开始游戏，另一个人问"是谁？"（Who's there?），敲门的人做出一个回答，提问的人在回答之后加上"哪位"（who），然后敲门的人用幽默妙语结束这一轮敲门问答。——译者注

不平等的辩论。而事实上，他写这篇文章是要参加相应主题的征文比赛。

对欧洲中心主义的批评如何适得其反，并最终将原住民思想家变成了"傀儡"

1754年3月，第戎科学、艺术与文学学院（后文简称第戎学院）组织了一场全国范围的征文比赛，主题是："人与人之间**不平等***的起因是什么，这种现象是否为自然法所容许？"我们想在本章中探问：为什么在旧制度时期（Ancien Régime）的法国，当一群学者在举办全国性征文比赛的时候，会首先觉得这是一个合适的题目？毕竟，这个问题的问法假定社会不平等的确**有**一个起源；也就是说，它理所应当地认为有过一个人与人之间平等的时代，然后发生了一些事情，改变了这种平等的状况。

对于生活在像路易十五时期这样的绝对君主制下的人们来说，这其实相当惊世骇俗。毕竟，在当时的法国，似乎没什么人有过生活在平等社会中的个人经验。在那个文化中，人际互动的几乎各个方面——无论是吃、喝、工作还是社交——都以严密的尊卑秩序和繁文缛节为特征。那些向这次征文比赛提交论文的作者，终生都有仆人服侍左右，靠公爵和大主教的赞助生活，基本不会在不确定屋内众人的地位高下时就贸然拜访。卢梭正是其中之一，作为一个雄心勃勃的年轻哲学家，他当时正处心积虑地试图借女性上位，提升自己在宫廷中的影响力。也许他自己最接近体验到社会平等的时候，就是在晚宴上和别人分到一样大的蛋糕切块的时候。然而当时的人们同样一致认为，这种状况不太自然，事情并非向来如此。

要想理解那种不自然的感觉缘何而来，我们不仅要着眼于法国，还要看法国在更大的世界中所处的位置。

在18世纪，对社会不平等问题的着迷是个相对新鲜的现象。它与欧洲突然被纳入了一种全球经济之后体验到的冲击与困惑息息相关；在这

---

* 原文为斜体，表强调，本书中均用黑体表示，后文同。——编者注

一全球经济中,欧洲长期以来只是一个非常小的角色。

在中世纪,世界其他地方听说过西欧的人,大多会认为那是一个偏远无趣的落后地区,满是宗教狂热分子,他们除了偶尔攻击邻居("十字军运动"),对全球贸易和世界政治基本上没什么影响。[1]那个时代的欧洲知识分子刚刚重新发现亚里士多德和古代世界,对于其他地方的人们在思考和争辩什么还所知甚少。随着15世纪晚期葡萄牙舰队开始绕过非洲,挺进印度洋,特别是随着西班牙征服美洲,这一切都发生了变化。突然间,个别相对强大一点的欧洲王国发现自己控制了全球的大片土地,而欧洲知识分子发现自己不仅接触到了中国和印度的文明,还有大量之前根本想象不到的社会、科学与政治观念。这些新观念构成的洪流最终催生了我们后来所知的"启蒙运动"。

当然,思想史学家通常不是这样讲述这个故事的。我们学到的是将思想史在很大程度上看作那些写就伟大著作或者提出伟大思想的个体的产物,不仅如此,这些"伟大思想家"的写作和思考也被看作他们内部互相借鉴的结果。因此,即便在启蒙思想家们宣称其观点来自国外的情况下(就比如德国哲学家莱布尼茨,他曾敦促同胞采纳中国的国家管理模式),当代思想史学家们也倾向于相信他们不过是说笑而已,或者认为他们声称采纳的中国、波斯或美洲原住民思想其实根本不属于中国人、波斯人或美洲原住民,而是他们自己编造的,不过是假托于异域的他者。[2]

这些都是非常傲慢的假设,就好像"西方思想"(后来才有的称呼)是如此强大和铁板一块的观念体系,以至于没有其他人可以对它产生任何有意义的影响。这显然不是真的。只要看一下莱布尼茨的例子:在18世纪和19世纪,欧洲政府逐渐采纳了莱布尼茨的想法,认为每个政府都应该以适当的方式来管理语言和文化上基本一致的人口,由受过文科训练且通过竞争性考试选拔出的官僚群体来执行。它们的做法令人惊讶,因为在欧洲从前历史上的任何时期都不存在这样的情况。而这恰是在中国已经存在了许多个世纪的制度。

我们是不是还要坚持认为,莱布尼茨及其盟友和追随者对中国国家管理方式的倡导，与欧洲人实际采用了与中国酷似的国家治理模式的事实**毫无关联**？这个例子中真正的非同寻常之处，是莱布尼茨对自己的思想渊源表达出的坦诚。在他生活的时代，欧洲大部分地区的教会仍手握重权，任何主张非基督教的做法更优越的人都可能面临无神论的指控，而这类指控的潜台词即死刑。³

在不平等问题上也是如此。如果我们要问的不是"社会不平等的起因是什么？"而是"关于社会不平等起因的**问题**的起因是什么？"（换言之，为什么在1754年，第戎学院会认为这是一个该问的问题？），我们将立即面对欧洲人关于遥远社会的性质的漫长争论史，其中最多的是关于北美东部林地社会的争论。此外，这些对话很多都参考了欧洲人和美洲原住民之间关于自由和平等之本质的争论，或就此而言，还有关于理性和启示宗教之本质的争论。实际上，其中大多数主题后来成为启蒙运动政治思想的核心。

许多有影响力的启蒙思想家确实曾声称，他们在这个话题上的一些观点直接取材自美洲原住民。尽管如此，如今的思想史学者们还是不出所料地咬定这不可能属实。原住民被认为生活在一个完全不同的宇宙中，甚至栖身在一个完全不同的现实里；欧洲人关于他们的任何说法都不过是皮影戏般的投射，来自欧洲自身传统中对"高贵的野蛮人"的幻想。⁴

当然，这类思想史学者往往声称自己是在批判西式傲慢（"你怎么能暗示说种族灭绝的帝国主义者真的倾听过他们正在消灭的社会的声音？"），但他们的批判本身同样可以被视为一种西式傲慢。毋庸置疑的是，欧洲商人、传教士与殖民者确实与所谓新大陆（New World）中邂逅的人有过持续的对话，且常常会在那些人之中长时间生活，即使他们同时也是毁灭那些人的共谋。我们也知道，许多开始接受自由和平等原则的欧洲长居者（在他们的国土上，这些原则在几代人之前几乎不存在）均声称这些邂逅纪实深刻影响了他们的思想。拒不承认这种可能性，就相当于一口咬定原住民不可能对历史产生真正的影响。事实上，这是在将非西方人当作幼儿对待，这正是这些作者自己所谴责的。

近些年来，越来越多的美洲学者——大多数自己就是原住民的后代——对这些假设提出了挑战。[5]在这里，我们打算追随他们的脚步，重述这个故事。我们首先要假设参与对话的双方，包括欧洲殖民者和与其对谈的原住民都是成年人，且至少偶尔会真正倾听对方的话。这样一来，即便是熟悉的历史也会突然显得十分不同。实际上，我们将看到，美洲原住民在面对陌生异乡人的过程中逐渐发展出对欧洲制度惊人一致的批评，不仅如此，这些批评在欧洲本土也得到了非常严肃的对待。

这种严肃性怎么强调都不过分。对于欧洲人来说，来自原住民的批评将冲击整个系统，揭示出人类解放的可能性，而这种可能性一经揭示就很难再被忽视。实际上，这种批评传递出的观念被认为威胁到了欧洲的社会结构，由此催生了一整套专用于驳斥它们的理论体系。我们很快就会看到，我们在上一章概述的整个故事——关于人类文明矛盾的进步历程的标准史学元叙事，其中自由随着社会的扩大化和复杂化而不复存在——主要是为了消除原住民批判的威胁而被发明出来的。

首先要强调，"社会不平等的起源"对于中世纪的人来说很可能是一个毫无意义的问题。阶级和等级制度被公认从一开始就存在了。即便在伊甸园里，正如13世纪哲学家托马斯·阿奎那（Thomas Aquinas）所观察到的，亚当的地位很明显高于夏娃。"社会平等"及其反面"不平等"是不存在的概念。最近两位意大利学者研究了中世纪文献，发现没有证据显示在哥伦布时代之前，拉丁词语 *aequalitas*（平等）或 *inaequalitas*（不平等）或它们对应的英语、法语、西班牙语、德语或意大利语同源词，曾被用来描述社会关系。所以，我们甚至不能说中世纪的思想家拒绝社会平等的概念；他们似乎根本没想过社会平等可能存在。[6]

事实上，"平等"和"不平等"这两个术语，直到17世纪早期在自然法理论的影响下才开始通行起来。而自然法理论的产生，又主要源自欧洲发现新大陆后人们围绕其中涉及的道德和法律问题而展开的争论。

别忘了，像科尔特斯（Cortés）和皮萨罗（Pizarro）这样的西班牙探险家，基本是在未经更高权威许可的情况下展开征服的，这很快在西班牙国内引发了激烈辩论，争论这种赤裸裸的侵略是否真的正当，毕竟那些被侵略的人对欧洲毫无威胁。[7]关键问题在于，不同于旧大陆（Old World）那些有机会学习耶稣的教义却主动拒绝的非基督徒，很显然，新大陆居民根本没有接触过基督教思想，所以也不能被归为异教徒。

为了灵活处理这个问题，征服者们往往会在进攻印第安人之前宣读一则拉丁文声明，号召他们改变信仰。西班牙萨拉曼卡等大学的法学家们对这种权宜之计嗤之以鼻。另一种策略是把美洲居民描述为完全不像人的异类，以便像对待动物一样对待他们，这种策略也不太有人买账。法学家们指出，即便是食人族，也有自己的政府、社会和法律，且有能力论证并捍卫其（食人族式）社会安排的正当性。因此，他们显然是人类，被上帝赋予了理性的力量。

这一法律和哲学问题因此就演变成了：生而为人本身赋予了人类什么权利？也即是说，即便在自然状态下，没有哲学文献和启示宗教的教导，也没有成文的法律，人能够"天然地"拥有什么权利？这个问题引起了激烈的争论。这里无须赘言自然法理论家得出的精确结论（只需指出，他们的确承认美洲人拥有自然权利，但最后还是会为征服辩护，只要征服之后的种种举措没有太过暴力或高压），此处真正重要的在于他们打开了一扇概念之门，使托马斯·霍布斯、胡果·格劳秀斯或约翰·洛克这样的作家可以跳过曾经人人惯常作为开头的圣经叙事，而从这样的问题开始讨论：在自然状态下，只拥有最原初的人性时，人类是什么样子的？

这些作者把那些西半球已知的他们认为最简单的社会代入"自然状态"，继而得出结论：人类的原始状态是自由和平等的，无论那是好是坏（比如霍布斯肯定觉得它不好）。这里我们要先停一下，想想他们为什么会得出这种定论，因为这绝不是一个显而易见或不可避免的结论。

首先，被17世纪的自然法理论家当作原始时代范例的明显都是些简单社会，例如北美东部林地的阿尔冈昆人（Algonkian），或是加勒比人和亚马孙人，而不是阿兹特克人（Aztec）或印加人（Inca）这样的城市文明。这一点我们如今会觉得显而易见，但放到当时却并非一目了然。

面对没有国王、只使用石器的森林居民，更早的作者是不太可能将他们看作一群原始人的。16世纪的学者，比如西班牙传教士何塞·德阿科斯塔（José de Acosta），更可能认为他们所看到的是某种没落古代文明的残余，或者是在流亡中遗忘了冶金与治理技艺的难民。对那个时代的人而言，这种结论是再明白不过的常识，因为他们相信所有真正重要的知识在上帝创世之时就已经被完全揭示，相信城市在大洪水之前就已经存在，并认为他们自己的精神生活很大程度上就是在尝试恢复失落的古希腊和古罗马智慧。

在15—16世纪文艺复兴时期的欧洲，历史并不是一个关于进步的故事。历史基本上是一系列灾难。引入"自然状态"的概念并没有完全颠覆这种看法，至少没有立即颠覆，却让17世纪之后的政治哲学家得以把那些不具备文明外在特征的人想象成退化的野蛮人之外的形象，比如一种"未开化"（in the raw）的人类。这转而又会让他们提出一系列新问题，讨论人之为人意味着什么。即使是在那些没有可辨的法律或政府的人群中，什么样的社会形式仍然会存在？婚姻会存在吗？会采取什么样的形式？"自然人"（Natural Man）会倾向于自然聚居还是彼此躲避？是否存在自然宗教这种东西？

但那个问题仍未解决：为什么到了18世纪，欧洲知识分子会聚焦于原初自由，尤其是原初平等的概念，以至于十分自然地问出像"人与人之间**不平等**的起因是什么"这样的问题？如果考虑到在这之前，大多数人甚至不认为社会平等是可能的，这种状况就尤显奇怪。

首先需要做一个限定说明。在中世纪，某种民间的平等主义已经存在，突出体现在狂欢节、五朔节（May Day）或圣诞节等大众节日中。在这些场合，社会中的大部分人都沉浸在"颠转世界"的想法之中，一切权力与权威都被打倒在地或嘲弄。节庆活动往往被表述为回归某种原初的"平等时代"——克洛诺斯［Cronus，或称萨图恩（Saturn）］时代*或是安乐乡（land of Cockaygne）**。有时，民变也以这些理想为名而发动。

---

* 克洛诺斯是希腊神话中的二代神王，他的统治时期据说是一个和平与繁荣的"黄金时代"。克洛诺斯在罗马神话中对应的名字是萨图恩。——编者注

** 中世纪欧洲传说常提及的一个乌托邦，是个充满奢华、美食与安逸的幻想之地。——编者注

诚然，我们永远无法确知，这种平等主义的理想在多大程度上只是平日里等级化社会安排的副产品。例如，我们关于法律面前人人平等的概念，最初可以追溯到国王或皇帝面前人人平等的想法，因为如果一个人被赋予了绝对权力，那么相较而言，显然所有其他人都是平等的。早期基督教同样认为，在被他们称为"主"（the Lord）的上帝面前，所有信徒（在某种终极意义上）都是平等的。正如这个例子所表明的，至上权力之下的凡人事实上都是平等的，而这一至上权力的拥有者无须是真正的血肉之躯；创造一个"狂欢节国王"（carnival king）或"五月女王"（May Queen）的一大精髓就在于将其推下王座。[8]

学习过古典文本的欧洲人一定也熟知希腊罗马材料中推测存在于遥远过去的幸福平等的秩序；而平等的概念，至少在基督教国家，可以在 res publica（拉丁语字面含义为"公共事务"，英语通常译作 commonwealth）的概念中找到，它同样诉诸了古代先例。说这些只是想表明，在 18 世纪以前，平等状态对于欧洲知识分子来说并非完全不可想象。然而，所有这些都无法解释，**为什么他们几乎无一例外地假定那些未经文明沾染的人就生活在这种状态中**。诚然，这种想法有经典的先例，但同样也有经典的反例。[9] 为了寻找答案，我们必须回过头去看看那些认为美洲居民本就是人类同胞的论证，即主张无论美洲原住民的习俗看起来多么奇异甚至反常，他们都有能力通过逻辑论证来为自己辩护。

我们要指出的是，美洲知识分子实际上在这场概念革命中发挥了作用（此处，我们遵循当时的用法，以"美洲"一词来指代西半球的本土居民；至于"知识分子"一词指的则是有争论抽象概念的习惯的人）。这本算不得什么特别激进的观点，但奇怪的是，对今天主流的思想史学家而言，这种观点几近异端邪说。

尤为奇怪的是，没有人否认大量欧洲探险者、传教士、商人、殖民者和其他暂居美洲的人花了很多年学习本土语言、完善与当地人交流的技巧；美洲原住民也一样，费力学习西班牙语、英语、荷兰语或法语。我们认为，任何学习过一种真正意义上的外语的人都不会否认，学习语言需要动用大量想象去尝试把握不熟悉的概念。我们还知道，传教士通常会进行长时间的哲学辩论，这是他们职责的一部分；还有许多其他参与辩论的人，欧洲人和美洲人都有，他们要么纯粹出于好奇，要么是出于一些迫切的实际理由要去理解对方的观点。最后，旅行文学和传教士纪事是无可否认的流行文学体裁，受到有教养的欧洲人的热烈追捧，其中往往包含了对上述你来我往的辩论的总结乃至摘录。18世纪阿姆斯特丹或格勒诺布尔的任何一个中产阶级家中的书架上，可能至少都摆放着一部《新法兰西耶稣会报道》（*Jesuit Relations of New France*，后文简称《耶稣会报道》，"新法兰西"是当时对法国在北美洲殖民地的统称），以及一两本远行者见闻录。这一类书多半是因为包含了令人惊讶和前所未有的观点才广受欢迎。[10]

思想史学家清楚这一切。但他们中的绝大多数仍然断定，即便欧洲作者明说自己借鉴了原住民思想家的观点、概念和论点，人们也不该把这种说法当真。这一切都应该是某种误解、捏造，或最多不过是对先前就已存在的欧洲观念的天真投射而已。当美洲知识分子在欧洲人的记述中出现时，他们仅被视作"高贵的野蛮人"这一西方原型的代表，或是作者的傀儡，作者假借他们之口来提出颠覆性观点（例如自然神论，或理性唯物主义，或非传统的婚姻观），以防自己陷入麻烦。[11]

当然，如果人们在一篇欧洲文本中读到一个"野蛮人"发表的论点，这一论点哪怕只是稍有一点类似于西塞罗或伊拉斯谟的手笔，人们就会自动假定"野蛮人"不可能说过这话，甚至认为根本未曾有过相关对话。[12] 抛开别的不谈，这种思维习惯对于西方经典的学习者来说非常省事，他们本身已经修习过西塞罗和伊拉斯谟；如果不这样想，他们就不得不脚踏实地去理解原住民对于世界的看法，尤其是对欧洲人的看法。

我们打算反其道而行之。

我们将研究有关新法兰西——尤其是大湖区——的早期传教士纪事和旅行者见闻，因为这些是卢梭本人最熟悉的记述。通过研究这些文本，我们得以了解原住民到底是如何看待法国社会的，以及他们如何由此形成对自身社会的不同看法。我们将论证，美洲原住民的确针对入侵者的制度发展出了非常强烈的批判性观点，先是集中于批评这些制度中没有自由，后来，随着他们更加熟悉欧洲的社会安排，才集中于批评平等问题。

传教士文学与旅行文学如此风靡欧洲的一大原因就在于它们使读者接触到这种批评，同时感到社会有不同的可能性：明白自己所熟悉的行事方式不是唯一的方式，因为正如这些书中所展现的，显然存在着情况完全不同的社会。我们将指出，这么多重要的启蒙思想家坚称他们关于个体自由与政治平等的理想受到了美洲原住民的启发，这是有原因的。因为这就是事实。

新法兰西居民如何看待欧洲入侵者，尤其涉及慷慨、社交、物质财富、犯罪、惩罚和自由

"理性时代"是一个论辩的年代。启蒙运动根植于闲谈，而闲谈主要发生在咖啡馆和沙龙中。许多经典的启蒙运动文本都采用对话的形式，大部分文本渐成一种轻松、直白、闲谈式的风格，显然是受到了沙龙的启发（那时候爱用晦涩文风写作的是德国人，后来法国知识分子才以此闻名）。诉诸"理性"首先是一种辩论风格。法国大革命的理想——自由、平等和博爱——就是在这样一系列漫长的辩论和对话中形成的。我们在这里要提出的是，这些对话可以追溯到比启蒙历史学家所设想的还要久远的地方。

让我们首先抛出一个问题：新法兰西地区的居民如何评价那些在16世纪登陆当地的欧洲人？

当时，被称为新法兰西的区域主要居住着讲蒙塔格奈-纳斯卡皮语（Montagnais-Naskapi）、阿尔冈昆语和易洛魁语的人。靠近海岸的是渔民、森林人和猎人，尽管他们中的大多数也从事园耕；温达特人（休伦人）[13]集中在更深入内陆的主要河谷，在设防村镇周边种植玉米、南瓜和豆子。有趣的是，早期的法国观察者不怎么重视这种经济上的差异，主要是因为采集和耕作这两种不同的经济方式都主要是女性的工作。这些观察者注意到，男人主要从事狩猎，偶尔还有战争，这意味着他们在某

种意义上可以被视为天然的贵族。"高贵的野蛮人"概念可以追溯到这些判断。起初，它指的并不是性格上的高贵，而仅仅指向印第安男性投身于狩猎和战斗的事实，而这在法国主要是贵族做的事。

但是，如果说法国人对"野蛮人"性格的评价往往褒贬不一，那么原住民对法国人性格的评价则相对一致。例如，神父皮埃尔·比亚尔（Pierre Biard）曾是一名神学教授，于 1608 年被派往新斯科舍（Nova Scotia），向讲阿尔冈昆语的米克马克人（Mi'kmaq）传福音，那些人曾在一个法国堡垒旁生活过一段时间。比亚尔不太看得上米克马克人，但在报告里表示这种感受是相互的："他们认为自己比法国人更好。'因为，'据他们说，'你们总是和自己人打架和争吵，我们却和平地生活。你们嫉妒，并且总是在互相诋毁；你们是盗贼和骗子；你们贪婪，既不慷慨也不善良；而我们，即便只有一丁点面包，也会与近邻分享。'他们不住地发表类似的言论。"[14] 最让比亚尔恼怒的是，米克马克人因而不断宣称他们比法国人"更富有"。虽说米克马克人也承认法国人有更多物质财富，但是他们认为自己有更重要的财产：悠闲、舒适与时间。

20 年后，改革派修士（Recollect Friar）[15] 加布里埃尔·萨加尔德（Gabriel Sagard）对温达特民族也有类似的描写。萨加尔德起初严厉批评了温达特人的生活，认为这种生活本质上是罪恶的（他深信温达特女人都想勾引他）。但在旅途结束时，他得出结论，温达特人的社会安排在很多方面都优于法国的。在随后的文字中，他清楚反映了温达特人的观点："他们没有诉讼，也不怎么汲汲于此世之物，而我们基督徒却为了得到此世之物如此折磨自己，并表现出无度和贪得无厌，相较于他们平静的生活和安宁的性情，被指责也合情合理。"[16] 就像比亚尔笔下的米克马克人一样，温达特人尤其反感法国人之间的吝啬："他们相互款待、相互帮助，所有人的必要需求都得到了满足，城镇与乡村中完全没有陷于贫困的乞丐；当听说法国有大量缺乏生活必需品的乞丐时，他们感到非常糟糕，认为这是因为我们缺少仁爱，并为此严厉指责我们。"[17]

温达特人对法国人的交谈习惯同样嗤之以鼻。萨加尔德惊讶于其温达特东道主的口才和理性论证的能力，这些技能是在围绕公共事务的公开讨论中日复一日磨炼出来的；相反，当他的东道主看到一群法国人聚在一起时，总是评论说，法国人交谈起来像在你争我抢，频繁打断对方的话，论证羸弱无力，总之，看起来不太聪明（至少潜台词是这样）。那些试图抢话头、打断别人论述的人，其行为方式与那些抢夺物质生活资料并拒绝分享的人相差无几；我们很难不得出这种印象，就是美洲人眼中的法国人生活在一种霍布斯式的"所有人对所有人的战争"状态之中。（或许值得一提的是，尤其在早期接触中，美洲人主要是通过传教士、猎手、商人和士兵来了解欧洲人的，也就是说，这些群体几乎完全由男性组成。起初，殖民地几乎没有法国妇女，儿童更少，这可能使欧洲人之中的竞争和冷漠更显极端。）

萨加尔德关于他在温达特人中那段日子的记述，成为在法国和全欧洲颇具影响的畅销书：《休伦地的漫长旅程》（*Le grand voyage du pays des Hurons*），洛克和伏尔泰都引用过它，并将之作为描述美洲社会最主要的素材来源。由多位作者完成的内容更广泛的《耶稣会报道》于 1633 年至 1673 年面世，同样在欧洲被广为阅读和讨论，书中包括许多温达特观察者对法国人的类似非议。在这部 71 卷的传教士田野报告中，最引人注目的一点在于，不管是美洲人还是他们的法国对话者，似乎没人特别讨论过"平等"本身，例如 égal（平等的）或 égalité（平等）这两个词几乎没有出现，偶尔出现时也总是关涉"两性平等"（耶稣会士认为这尤为可耻）。

这似乎是普遍的情况，无论那些耶稣会士的辩论对手是在人类学意义上并不算平等主义的温达特人（因为他们有正式的政治职位和一个被耶稣会士称为"奴隶"的战俘阶层），还是按照后世人类学家标准下平等主义的狩猎-采集者游群组织起来的米克马克人或蒙塔格奈-纳斯卡皮人。反而，我们听到大量美洲人的声音，都在抱怨法国人的争强好胜和自私自利，甚至法国人对自由的敌意。

辩论双方似乎从未有过异议的共识是：美洲原住民生活在普遍自由的社会中，而欧洲人却不然。他们的分歧在于，个体自由是否可取。

这也是早期传教士或旅行者对美洲的描述中，真正在概念上挑战着今天大部分读者的地方。我们中的大多数只是想当然将那些17世纪的"西方"观察者当作我们自己的早期版本，而美洲原住民则代表着一个根本上异质甚至是不可知的他者。但实际上，这些文本的作者在很多方面与我们完全不同。当谈及个人自由、男女平等、性道德、主权在民，甚至包括精神分析理论时，[18] 美洲原住民的态度可能远比17世纪欧洲人的态度更接近读者自身。

有关个体自由的观念分歧尤其引人注目。如今，任何生活在自由民主制中的人几乎不可能说他们反对自由，至少在理论上不会（当然，在实践中，我们的看法往往会更微妙）。这是启蒙运动以及美国革命和法国革命最持久的遗产之一。我们倾向于相信，个人自由本质上是好的（尽管我们中的一些人也认为，一个建基于完全的个体自由，乃至消除了警察、监狱或任何种类的强制机构的社会，会立即溃于暴乱）。17世纪的耶稣会士一定不同意这个预设。他们倾向于将个体自由视作兽性。1642年，耶稣会传教士勒热纳（Le Jeune）就蒙塔格奈-纳斯卡皮人写道：

> 他们认为，他们天生有权利去享受野驴驹般的自由，除非他们乐意，否则无须向任何人表达敬意。他们曾上百次地责骂我，只因我们害怕我们的首领，而他们则嘲笑和愚弄自己的首领。他们首长的权威在于口舌，因其权力大小取决于其能言善辩程度；即便如此，如果他不能取悦这些野蛮人，就算他拼了命地滔滔不绝、高谈阔论，也没人服从他。[19]

相反，在蒙塔格奈-纳斯卡皮人眼中，法国人一直生活在对上级的恐惧中，比奴隶好不了多少。这一类批评经常出现在耶稣会士的记述中。而且，这种批评不仅来自生活在游群中的人，也来自温达特人这样的村镇居民。传教士们也承认，这并不仅是美洲人逞口舌之快。即便是温达特政治家也不能强迫任何人做他们不愿意做的事。正如神父拉勒芒（Lallemant，他的信件为《耶稣会报道》提供了初始模板）在1644年就温达特人评论道：

> 我相信世上没人比他们更自由，没人比他们更不愿臣服于权力，以至于在这里，父亲无法控制自己的孩子，首领无法控制自己的臣民，地区法律无法约束任何人，除非每个人都乐意服从。他们不惩罚犯罪，罪犯都确信自己的生命和财产无虞……[20]

拉勒芒的记述足以使人了解到，《耶稣会报道》中的一些材料对于当时的欧洲受众来说该多么具有政治挑战性，以及为什么有这么多人为之着迷。在充分表达了对谋杀犯竟能逍遥法外的反感后，这位好神父也承认，作为一种维持和平的手段，温达特司法系统并非不奏效。实际上，它效果奇佳。温达特人并不惩罚罪犯，而是勒令罪犯的整个宗族或氏族赔偿。这导致每个人都有责任管好自己的亲属。"承受惩罚的并不是罪犯"，拉勒芒解释说，而是"必须弥补个人罪行的公众"。如果一个休伦人杀死了一个阿尔冈昆人或是另一个休伦人，全体乡民都会聚在一起商量给悲痛的死者家属多少赔偿金，"来防止他们可能采取的复仇行动"。

拉勒芒紧接着写道，温达特"'首领'敦促臣民向他提供所需要的东西；没有人被强迫，但是总有人愿意公开带来他们想献出的东西；就好像他们靠财富的多寡互相比拼，而且，渴望获得荣誉并彰显对公共福利的关心也促使他们在类似的场合这么做"。更不同寻常的是，他承认尽管这是"非常温和的程序，使个体处于一种自由精神中，既不服从任何法律，也不受自身意志之外的驱使"，但"这种司法形式约束了所有人，而且看上去比法国对罪犯的个人惩罚更有效地抑制了混乱"。[21]

这里有很多值得注意的地方。首先，很显然一些人的确是富有的，从这个意义上来说，温达特社会不属于"经济上的平等主义"。然而，我们所认为的经济资源和这里提到的"财富"不同：我们认为的经济资源，举例而言，是归家庭所有、由女性耕种、出产物主要由女性集体分配的土地；而这里被视为财富的，举例而言，是瓦朋（wampum，这个词指珠串和珠带，由长岛的圆蛤壳制作而成）或其他珍宝，主要用于政治目的。

富裕的温达特人囤积这些珍贵之物，主要是为了能在这样的重大场合把它们送出去。无论是土地还是农产品，或者是瓦朋之类的贵重之物，对这些物质资源的占有都无法转化为权力，至少不是那种可以让他人为你效劳的权力，或是强迫他们做任何违心之事的权力。财富的积累和灵活分配至多不过使一个人更可能去追求政治职位（成为"酋长"或"首领"，法语资料中往往会混用这两个术语）；但正如耶稣会士不断强调的那样，仅仅担任政治职务并不赋予人对别人发号施令的权利。或者准确地说，当职人员可以下达任何命令，但是没人有特别的义务去遵从。

对于耶稣会士来说，所有这些显然骇人听闻。实际上，他们看待原住民自由理想的态度，与今天大部分法国人或加拿大人的态度迥异：今天，大家往往认为自由在原则上是一个完全值得赞赏的理想。拉勒芒神父虽然也承认，这样的体系在实践中运行得相当好，使当地的"混乱比法国少得多"，但是，正如他指出的，耶稣会士在原则上反对自由：

> 毫无疑问，这种禀性与信仰的精神背道而驰，信仰要求我们不仅要使自己的意志，还要使自己的思想、判断和所有人类情感都服从于一个超越感官的力量，一套超尘脱俗的律法，此律法截然对立于堕落本性下的行为准则与情感。不仅如此，在他们看来最公正的地区法律，却以无数种方式摧毁着基督徒生活的纯洁性，尤其是在婚姻方面……[22]

《耶稣会报道》中充满了这些内容：义愤填膺的传教士经常报告说，美洲妇女可以完全掌控自己的身体，因此，未婚女性有性自由，已婚女性则可以随意离婚。这对耶稣会士来说简直骇人听闻。他们认为，这种有罪的行径不过是一种更普遍的自由原则的延伸，根植于在他们看来危害重重的自然禀性。有人坚持认为，这种"野蛮人邪恶的自由"是他们"服从上帝律法管束"的最大阻碍。[23] 仅仅是将"主""诫命"或"服从"这类概念翻译为原住民语言就已经困难重重，解释背后的神学概念更是几乎不可能的。

欧洲人是如何从美洲（原住民）那里了解到
理性论辩、个人自由与拒斥专制权力之间的关联的

所以说，在政治方面，法国人与美洲人争论的焦点不是平等，而是自由。大概是唯一一次对政治平等的提及出现在71卷的《耶稣会报道》中，基本就是记述1648年的一个事件时的题外话。事件发生在魁北克（Quebec）镇附近的一个基督教化的温达特人定居点。一船走私酒被运入该社区并引发骚乱，随后总督劝说温达特领导人同意禁酒，并为此颁布了一道禁令。总督认为，关键在于要以惩罚相威胁来保障禁令收效。这个故事的记录者还是拉勒芒神父。对他而言，这是一个划时代的事件：

> 从鸿蒙初开直至法国人到来，野蛮人还从没有见识过自己的人民被严令禁止做什么事，并因违禁而受到处罚，无论力度多么轻微。他们是自由民（free people），每个人都认为自己和其他人同等重要；他们只在自己情愿时才会服从他们的酋长。[24]

这里的平等是自由的直接延伸；事实上，它是自由的表达。这种平等完全不同于我们更熟悉的（欧亚式的）"法律面前人人平等"概念，后者归根结底是主权者面前人人平等，再次说明，是在共同的屈服中平等。相较而言，美洲人的平等，是有同等的自由去随心所欲地遵从或忤逆命令。后来给欧洲读者留下深刻印象的温达特人和长屋五族联盟（Five Nations of the Haudenosaunee）*的民主治理，也是同一种原则的表达：如果不允许强制，那么很显然，现存的社会团结必然是通过理性论辩、有说服力的论证和构建社会共识而创造出来的。

这就回到了一开始的问题：欧洲启蒙运动是公开且理性的辩论这一

---

* 北美洲使用易洛魁语的几个原住民部族在17世纪之前结成的同盟，又称易洛魁联盟，也音译作"豪德诺硕尼"（这是他们的自称，意即"长屋居住者"，长屋是他们传统的住房样式）。同盟最初包括莫霍克人（Mohawk）、奥内达加人（Onondaga）、奥奈达人（Oneida）、卡尤加人（Cayuga）和塞内卡人（Seneca），故名"五族联盟"，后来又于1772年加入了图斯卡罗拉人（Tuscarora），成为"六族联盟"。——编者注

原则的巅峰。我们已经提到，萨加尔德虽不情愿，但依然尊重温达特人的逻辑论证能力（这一主题也贯穿于大部分耶稣会士的记述）。在这一点上，务必要考虑到耶稣会士是天主教世界的知识分子。他们接受过古典修辞和辩论技巧的训练，学习美洲人的语言主要就是为了与之争论，最终劝之相信基督教信仰的优越性。但是他们频频震惊并折服于对方高水准的驳论。

这些对瓦罗（Varro）和昆体良（Quintilian）的作品一无所知的人为什么会有如此高超的修辞技巧？在思考这一问题时，耶稣会士几乎都注意到了当地公共事务的公开性。因此，加拿大耶稣会会长勒热纳神父在 17 世纪 30 年代说："他们中几乎没有人不能顺畅地交谈或说理，就自己知识范围内的事物侃侃而谈。议事会几乎每天在村落里上演，几乎无所不涉，这提高了他们的谈吐能力。"或者用拉勒芒的话来说："实话实说，就智力而言，他们丝毫不逊色于欧洲人和定居法国的人。我本不会相信，未经引导，人天生就有现成的有力口才，但我在很多休伦人身上都领教到了。在公共事务上，他们头脑更明晰，在惯常的事项上，他们管理更周到。"[25]一些耶稣会士更进一步，不无沮丧地表示新大陆的野蛮人总体上似乎要比他们在故土打交道的人更为聪明（比如，"他们在经商、演讲、礼仪、交际、耍花招和玩弄细节方面，几乎都比法国最机敏的公民和商人还更高一筹"）。[26]

耶稣会士显然意识到，对专制权力的拒斥、开放且包容的政治论辩、对理性论证的爱好，这三者之间存在内在联系。虽然美洲原住民的政治领袖在大多数情况下没有任何办法强迫任何人做不愿意做的事情，但他们的修辞能力出了名地好。即便是对原住民展开种族灭绝行动的铁石心肠的欧洲将军也经常报告说，他们有力的演说催人泪下。不过，说服力未必要采取逻辑论证的形式，也可以很容易地通过诉诸情绪（煽动激情，运用诗意隐喻，借助神话或谚语智慧，采取讽刺、暗示、幽默、冒犯等方式）或诉诸预言或启示来实现。在何种程度上青睐何种方式，取决于演讲者所属的修辞传统及其对听众脾性的推测。

看上去格外重视理性论辩的主要是讲易洛魁语的群体，比如温达特人或是他们南边的长屋五族联盟,他们甚至认为那本身就是一种悦人的娱乐形式。单是这一事实就造成了巨大的历史反响。因为看起来,正是这种理性的、怀疑的、经验性的、谈话性的辩论形式,不久后也出现在启蒙运动中。并且,正如耶稣会士一样,启蒙思想家和民主革命者也认为,这种辩论形式与对专制权威的拒斥,特别是对神职人员长久以来所享有的权威的拒斥,有着内在的关联。

让我们汇总一下到目前为止的论述线索。

到 17 世纪中叶,欧洲的法律与政治思想家们开始琢磨起一种人人平等的自然状态;它至少可能是一些社会在最低限度上共有的一种初始状态,这些社会在他们看来不具备政府、文字、宗教、私有财产或其他重要的分化人群的手段。"平等"和"不平等"这样的术语刚刚开始在知识界得到普遍使用,时间差不多就是在第一批法国传教士开赴现在的新斯科舍省和魁北克省向当地居民传教的时候。[27] 欧洲读者越来越好奇这些原始社会究竟是什么样的。但他们不太会将自然状态中的男男女女想象得特别"高贵",更不会把他们看作富有理性的怀疑者和个体自由的捍卫者。[28] 后一种看法是双方相遇并对话后的产物。

正如我们所看到的,起初不论是新法兰西的殖民者,还是他们的原住民对话者,双方都没怎么谈及"平等"。争论的焦点是自由(liberty)和互助(mutual aid),或者不妨说是自由(freedom)和共产主义(communism)。有必要明确一下最后一个术语的含义。自 19 世纪早期以来,就是否存在过一种可以被合理地称为"原始共产主义"的东西,曾上演过激烈的争论。弗里德里希·恩格斯在《家庭、私有制与国家的起源》(1884)中把易洛魁人当作原始共产主义的主要案例,自那以后,这些争论便总是围绕东北林地的原住民社会展开。这里的"共产主义"往往是指公社所有制(communal ownership),尤其针对生产资料的所有权而言。正如我们已经观察到的,许多美洲社会在这个意义上有些模棱两可:女性个体拥有并耕种自己的土地,但她们共同储存并集体分配出产物;男性个体拥有自己的工具与武器,但他们通常平分猎物与战利品。

然而，"共产主义"一词也有其他用法，不是用作一种财产制度，而是在"各尽其能、各取所需"的原初意义上使用。还有某种最低限度的、适用于所有社会的"底线"共产主义；那是一种心态，觉得如果他人的需求足够重要（比方说他们在溺水），且满足这些需求的成本足够低（比方说他们要你扔来一根绳子），那么显然任何正派的人都会施以援手。这种底线共产主义堪称人类社交的基础，因为人只有面对死敌时才不会据此行事。只不过对于这种底线共产主义应该扩展到多远才算合适，不同的社会有着不同的理解。

在许多社会中，似乎就包括当时的美洲社会，拒绝乞食之人是非常不可思议的。对于17世纪在北美洲的法国人来说，情况显然并非如此，他们的底线共产主义的应用范围似乎相当有限，并没有扩展到食物和住所，这让美洲人深感震惊。但是，正如我们先前所见证的两种完全不同的平等概念的对立一样，我们在这里见证了两种完全不同的个人主义概念的冲突：欧洲人不断地争夺利益；相形之下，东北林地社会则保障了每个人都有办法自主生活，或至少保证男男女女都无须屈居人下。就我们所说的共产主义而言，它的存在并不对立于个体自由，而是支持了个体自由。

欧洲人在北美五大湖区接触到的许多原住民政治制度也是如此。一切事务的运作都是为了确保没有人的意志会屈服于其他任何人的。只是随着时间的推移，美洲人对欧洲有了更多了解，而欧洲人开始思考将美洲人的个体自由理想转换到自己的社会之中意味着什么，"平等"一词才开始在他们的话语中占据一席之地。

介绍温达特哲学家-政治家坎迪亚洪克，并解释他关于人性和社会的观点是如何在欧洲启蒙时代的沙龙中获得新生的（宕开一笔介绍"分裂演化"概念）

从17世纪开始，美洲本土观察者广泛而一致地表达出对欧洲社会道德和思想的攻击。为了理解这种原住民批评是如何演变的，及其对欧洲思想产生的重大影响，我们首先需要理解两个人的角色：一位破落法国贵族，拉翁唐男爵路易-阿尔芒·德隆达斯（Louis-Armand de Lom d'Arce, Baron de la Hontan），以及一位极其出色的温达特政治家，坎迪亚洪克。

1683年，时年17岁的拉翁唐（这是他后来为人所知的称谓）加入了法国军队并被派往加拿大。在接下来的十年里，他参与了许多战役和探险，最终坐上了总督弗隆特纳克伯爵（Comte de Frontenac）的副手职位。在这个过程中，他逐渐精通了阿尔冈昆人和温达特人的语言。而且，至少根据他自己的说法，他与一些原住民政治人物成为好友。拉翁唐后来声称，由于他在宗教问题上是个怀疑论者，因而成为耶稣会的政敌，这使得那些原住民政治人物愿意与他分享自己对于基督教教义的真实观点。坎迪亚洪克就是其中之一。

作为温达特联盟（Wendat Confederacy）——四个讲易洛魁语的部族的同盟——的关键战略家，坎迪亚洪克（他名字的字面意思是麝鼠，法国人往往直接叫他"老鼠"）当时正身处一个复杂的地缘政治博弈中，尝试让英国、法国和长屋五族联盟之间彼此对抗。他的初始目标是避免长屋人对温达特人的灾难性攻击，长期目标则是建立一个广泛的原住民联盟来抵御这些殖民者的进攻。[29] 所有见过他的人，无论是朋友还是敌人，都承认他是一个真正了不起的人：勇敢的战士、出色的演说家、技艺非凡的政治家。而且直到生命的最后时刻，他仍是基督教的坚定反对者。[30]

拉翁唐的职业生涯没能善终。尽管他成功地抵御了一支英国舰队的攻击，保卫了新斯科舍，但他与新斯科舍的地方长官发生了冲突，被迫逃离法国领土。他被缺席判处抗命罪，接下来十年的大部分时间里都处于流亡中，在欧洲四处游荡，试图通过协商谈判来重返法国故土，但没能成功。到1702年，拉翁唐流落至阿姆斯特丹，郁郁不得志，那些见到他的人把他说成身无分文的流浪汉和自由间谍。在他出版了一系列书讲述他在加拿大的奇遇后，这一切都改变了。

其中有两本是他在美洲奇遇的回忆录。第三本名为《与一个游历过且有头脑的野蛮人之间的奇异对话》(*Curious Dialogues with a Savage of*

Good Sense Who Has Travelled，1703；后文简称《与野蛮人的对话》），由拉翁唐和坎迪亚洪克之间的四轮对话组成。在这些对话中，这位温达特贤哲基于他在蒙特利尔、纽约和巴黎所做的民族志式观察，极具批判性地审视了欧洲在宗教、政治、健康和性生活方面的风俗和观念。这些书赢得了广泛的读者，不久后，拉翁唐就算是小有名气了。他在汉诺威定居，这里也是莱布尼茨的大本营。莱布尼茨在拉翁唐生病去世前（大约1715 年）一直与之为友，并给予他支持。

大多数对拉翁唐作品的批评都只是想当然地认为这些对话是编造的，那些归于阿达里奥（Adario，书中为坎迪亚洪克起的名字）名下的论点都是拉翁唐本人的观点。[31] 在某种程度上，这种结论并不出人意料。书中的阿达里奥不仅声称到过法国，而且针对从修道院政治到法律事务的一切都表达了看法。在关于宗教的论辩中，他听起来常常像是自然神论的倡导者，认为灵性真理应该在理性而非启示中去寻求。他所拥抱的正是当时在欧洲更大胆的知识界中开始流行的理性怀疑主义。此外，拉翁唐的对话录文风似乎在一定程度上受到了（古罗马时代）希腊语讽刺作家琉善的启发。而且，鉴于当时法国流行教会审查制度，一个自由思想者要想公开攻击基督教又不获罪，最简单的方式就是撰写一篇对话录，假装在一个虚构的外国怀疑者面前为信仰辩护，然后确保自己输掉所有论证。

然而，近几十年来，原住民学者根据对坎迪亚洪克的现有了解重新审视这一材料，得出了完全不同的结论。[32] 现实中的阿达里奥之所以出名，不仅因其雄辩的口才，而且因其与欧洲人展开的辩论——正是拉翁唐书中所记录的那种辩论。正如芭芭拉·艾丽斯·曼（Barbara Alice Mann）所说，尽管大多数西方学者坚称这些对话是虚构的，但是"有充分理由相信它们是真实的"。首先，确有第一手材料佐证坎迪亚洪克的演说技巧和耀眼智慧。神父皮埃尔·德沙勒瓦（Pierre de Charlevoix）形容坎迪亚洪克是"天生的雄辩家"，以至于"没有人能够在智力上超过他"。他是一位出色的议事会发言人，"他在私下的闲谈中同样出色，（议事会成员和谈判者）经常以刺激他为乐，只为听到那一贯生动、充满智慧且通常无从回应的巧辩。他是加拿大唯一一个可以与（总督）弗隆特纳克伯爵相匹敌的人，后者总是邀请他一起用餐，好让他的官员们享受这种乐趣"。[33]

换言之，在17世纪90年代，驻蒙特利尔的总督和手下官员（大概包括他曾经的副手拉翁唐）主办过一个原始版的启蒙沙龙，他们邀请坎迪亚洪克参与辩论，围绕的话题正是《与野蛮人的对话》中出现的那一类，而且在辩论中，是坎迪亚洪克持理性怀疑论的立场。

更重要的是，有理由相信坎迪亚洪克实际上去过法国，因为我们知道温达特联盟的确在1691年派遣了一位大使出使路易十四的宫廷，而坎迪亚洪克当时的职务是议事会发言人，这意味着他是出使的合理人选。尽管阿达里奥表达出的对欧洲事务的熟稔和对欧洲心理的理解看似不太可能，但坎迪亚洪克是一个多年来一直致力于与欧洲人进行政治谈判的人，并且能够预测他们的逻辑、利益、盲点和反应，把他们耍得团团转。最后，许多出自阿达里奥之口的对基督教的批评，或者更普遍的对欧洲的批评，基本上暗合了文献记载中同一时期其他讲易洛魁语的人的批评。[34]

拉翁唐自己声称，他与坎迪亚洪克在位于休伦湖与密歇根湖之间的密奇利麦基诺（Michilimackinac）有过多次谈话，《与野蛮人的对话》就是基于谈话中或谈话后的笔记写成的；他后来在总督的帮助下重新整理了笔记，无疑又增补进了对两人在弗隆特纳克餐桌上展开的类似辩论的回忆。在这一过程中，拉翁唐无疑对文本进行了扩充和润色。当他在阿姆斯特丹出版定稿时，可能又有所调整。不过，有充分的理由相信基本论点都是坎迪亚洪克自己的。

拉翁唐在他的《回忆录》（*Memoirs*）中先行使用了其中一些论点。他提到那些真正去过欧洲的美洲人——这里他想到的很可能就是坎迪亚洪克本人以及大量被抓去划桨帆船的前俘虏——回来之后如何蔑视欧洲人号称的文化优越性。他写道，那些曾去过法国的美洲原住民，

……不断取笑我们，说看到在我们的城镇中，金钱引起了各种问题和混乱。如果试图反驳并告诉他们，通过财产多寡来区分人群对于社会来说意义重大，这是无谓的：他们会把你说的都当作笑话。

简而言之，他们既不争吵也不打架，更不彼此诽谤；他们嘲笑艺术与科学，也嘲笑在我们这里观察到的等级差异。他们给我们打上奴隶的烙印，称我们是可悲的灵魂，这种生活不值得拥有，同时断言我们在自我贬损，因为我们屈从于一个人（国王），让他拥有一切权力，随心所欲而不受任何法律的约束。

换言之，我们在这里看到了熟悉的对欧洲社会的批评，也就是最早一批传教士不得不面对的那些，包括彼此争吵、缺乏互助、盲目服从权威，但现在又增加了一项：私有财产的组织。拉翁唐继续说："他们认为难以理解，为什么有人比他人拥有得更多，为什么富人比穷人更受尊重。简而言之，他们说，我们为他们冠以的野蛮人之名其实更适用于我们自己，因为我们的行为中毫无智慧可言。"

有机会近距离观察法国社会的美洲原住民开始意识到，法国与他们自己的社会有一个关键区别，这个区别在其他情况下可能并不显著。在他们自己的社会中，不存在什么明显的手段可以将财富转变为对他人的权力（其结果是财富的差异对个体自由没有什么影响），而在法国，情况就完全不同了，对财产的权力可以直接转化为对其他人的权力。

这里，还是让我们把发言权交还坎迪亚洪克本人。在《与野蛮人的对话》的第一篇，关于宗教事务的讨论中，拉翁唐让自己的对手冷静地指出基督教关于原罪与救赎的教义中存在的逻辑矛盾和不自洽之处，尤其关注地狱的概念。除了对《圣经》的历史真实性表示怀疑，坎迪亚洪克还不断强调这样一个事实：基督徒被分为无穷无尽的教派，每一个教派都坚信自己是完全正确的，而其他教派都是要下地狱的。让我们感受一下他的腔调：

（坎＝坎迪亚洪克，拉＝拉翁唐）

坎　得了，我的兄弟，别发火了……基督徒对《圣经》有信仰这很自然，因为他们从婴儿时期起就听了很多关于《圣经》的东西。不过，对于那些生来没有这些偏见的人，比如温达特人，更仔细地检视这些事情就非常合情合理。

然而,任何一个温达特人,如果长期深入地思考过耶稣会士这十年来对于圣子的生与死所发表的言论,都可以给出二十条反对理由。就我自己而言,我一直认为,如果神真的有可能屈尊降临俗世,那他必定是在所有人的注目下以胜利的姿态降临,当着大庭广众,气派又威严……他将在国与国间游走,展现非凡神迹,给所有人制定同样的律法。于是我们所有人将享有同一个宗教,它在世界各个角落广为流传,从那时起直至千秋万代,向我们的子子孙孙证明其中的真理。然而,现实中有五六百个宗教,彼此之间完全不同,你却说其中只有法国的宗教是好的、神圣的、真的。[35]

最后一段或许反映了坎迪亚洪克最具说服力的观点:耶稣会信仰认为,一个全知全能的存在自愿选择困于肉体并历经磨难,全都是为了某个注定不完美的物种,其中只有部分成员将从诅咒中得救,这种想法过于自命不凡。[36]

接下来的一章关于法律,此处坎迪亚洪克的立场是,欧洲式的惩罚性法律,就像宗教中永恒诅咒的教义一样,并非因人类堕落的本性而不可或缺,而是为了维持一种鼓励自私自利和贪得无厌行为的社会组织。拉翁唐反驳称:所有人固然都有理性,但是法官和惩罚的存在本身就表明,并非每个人都有能力遵循理性的规定。

拉　这就是为什么需要惩罚恶人、奖励好人。否则,谋杀、抢劫和诽谤将到处蔓延,总之,我们会成为地球上最悲惨的人。

坎　在我看来,你不会比现在更惨了。欧洲人到底是什么人?是哪种生物?以致他们需要被逼着行善,且只有因为害怕惩罚才会克制内心的邪恶?……

你看到了,我们没有法官,这是为什么呢?我们彼此从不打官司,这是为什么呢?因为我们决定不接受也不使用金钱。为什么我们拒绝让金钱流入我们的社区？原因就是：我们决定不要法律。因为自从世界创生以来，我们的祖先就能在没有法律的情况下幸福生活。

鉴于温达特人无疑是有一部法典的，因此坎迪亚洪克的这部分陈述似乎不太真诚。不过他所说的法律显然指具有强制性或惩罚性的法律。他接着剖析了法国法律体系的缺陷，特别强调了司法迫害、伪证、酷刑、巫术指控和根据贫富实行差别公正。结尾时，他回归最初的观察：如果法国没有一套鼓励人们行为不端的机制，例如金钱、产权和由此产生的对物质利益的追求，那么也就没有必要设立任何强制人们端正行为的机制了：

坎　我花了六年时间反思欧洲社会的状况，仍然想不出他们有哪种做法不是非人道的，而且我真的认为，只要坚持区分"我的"和"你的"，事情就只能如此。我敢肯定，你们口中的钱是魔鬼中的魔鬼，是法国人的暴君，是一切罪恶的源头，是灵魂的毒药，是活人的屠宰场。想象一个人在金钱的国度中保全自己的灵魂，就像想象一个人在湖底能保全自己的生命一样。金钱是奢侈、淫乱、阴谋、诡计、谎言、背叛、伪善等一切世间恶行之父。父亲卖掉孩子，丈夫卖掉妻子，妻子背叛丈夫，兄弟之间相互残杀，朋友之间虚情假意，这全都是因为钱。鉴于此，告诉我，我们温达特人拒绝触碰，甚至看都不愿看一眼银子，这难道不对吗？

对于1703年的欧洲人来说，这种说法引人入胜。

在随后的交流中，法国人尝试说服坎迪亚洪克相信采纳欧洲文明会有的种种好处，而坎迪亚洪克则反驳说，法国人最好采纳温达特人的生活方式。他说，你真的可以想象我乐意像巴黎人那样，每天早上花两个小时穿衣打扮，在街上遇到继承了丰厚遗产的烦人蠢货时卑躬屈膝？你真的可以想象在看到那些饥肠辘辘之人的时候，我虽腰缠万贯却没有立即施以援手？真的可以想象在看到一伙暴徒围捕穷人以强迫他们加入海军时，我虽手握利刃却没有当即拔刀相向？另一方面，坎迪亚洪克告诉拉翁唐，如果拉翁唐采取美洲人的生活方式，也许需要一段时间来适应，但是最终他会幸福得多（正如我们在上一章所看到的，坎迪亚洪克说得很有道理，被原住民社会接纳的殖民者几乎从未想要回去）。

坎迪亚洪克甚至进一步建议，欧洲最好是取消它的整个社会体系：

拉　试着在你生命中真正倾听一次吧，我亲爱的朋友。难道你看不到，欧洲各国如果没有金银或者类似的珍宝，就无法存活。没有它，贵族、神父、商人这类没有力气耕种土地的人就会直接饿死。没有它，国王将不再是国王，我们还会有什么兵？谁会为国王或他人服务？……这会使欧洲陷入混乱，造成世人所能想象的最可怕的骚乱。

坎　你真的认为你能通过诉诸贵族、商人和神父的需求来动摇我吗？如果你放弃了"我的"和"你的"这两个概念，人与人之间的区别会消失，但是会有一种像温达特人现在这样的均化的平等取而代之。在抛弃自我利益的前三十年里，你们毫无疑问会看到某种荒芜，因为那些只会吃喝拉撒的人将饱受折磨而死。但是他们的后代会适应我们的生活方式。我反复阐述过我们温达特人认为的能够定义人类的那些品质——智慧、理性、公正等，也证明了个人物质利益的存在会毁掉这些品质。一个受利益驱使的人是不可能成为一个有理性的人的。

这里终于提到了"平等"，作为一种自觉的理想，不过这完全是美洲和欧洲之间的制度与价值长期对抗的结果，并且是一种刻意的挑衅，借助欧洲文明的话语颠覆其自身。

现代评论家之所以很容易就将坎迪亚洪克视为最后一个"高贵的野蛮人"（也因此仅仅视之为欧洲人幻想的投射）而抛诸脑后，是因为他的许多论断明显被夸大了。温达特人以及其他美洲社会没有法律、从不争吵、不存在财富不平等，这些都不完全属实。与此同时，如我们所见，坎迪亚洪克的基本论点完全吻合了北美洲的法国传教士和殖民者从其他美洲原住民那里听到的内容。声称《与野蛮人的对话》因浪漫化而不真实，就是在假设人们没有将自己浪漫化的能力，但这是任何能言善辩者在类似情况下都会做的事，并且各种资料来源都显示，坎迪亚洪克也许是执笔者们见过的最能言善辩的人。

早在 20 世纪 30 年代，人类学家格雷戈里·贝特森（Gregory Bateson）就发明了"分裂演化"（schismogenesis）*这一术语，来描述人们通过强调自己与别人的不同来定义自己的倾向。[37]假设两个人因为一些小的政治分歧而陷入争论，一个小时后，小分歧会演化成强硬立场，以至于两人最终走入意识形态分歧的极端对立面，甚至采取在一般情况下绝不会接受的极端立场来彻底驳斥对方的观点。他们开始还只是品味稍有不同的温和的社会民主党人，经过几个小时的慷慨陈词，一个几乎变成了列宁主义者，另一个则成为米尔顿·弗里德曼（Milton Friedman）**的拥趸。我们知道这种事情是有可能在争论中发生的。贝特森认为，这一过程在文化层面上会被制度化。他发问：在巴布亚新几内亚，既然没有人明确指导男孩和女孩应该如何行事，那么男女的行为怎么会如此不同？这不仅是通过模仿长辈，也是因为男孩和女孩都逐渐了解到异性的行为令人反感，从而尽量与之不同。起初微乎其微的习得的差异被逐渐夸大，最终，女性将自己认知为男性所不是的一切，然后越来越实际成为那样的人。当然，男性反过来也一样。

贝特森关注的是社会内部的心理过程，但我们有理由相信，社会之间也同样如此。人们会根据邻居来定义自己：城市人因此变得更像城市

---

* 也译"分裂生成"。贝特森在《纳文》（Naven）中指出两种分裂演化的形式，一种是"互补性分裂演化"（complementary schismogenesis），一种是"对称性分裂演化"（symmetrical schismogenesis）。前者指两个个体或者两个群体形成互补的两种特质，例如一个专横，一个和顺；后者指两个个体或者两个群体形成相同的特质，例如一个爱夸夸其谈，另一个更夸张。——译者注

** 米尔顿·弗里德曼（1912—2006），美国经济学家，以主张自由放任资本主义而闻名。——编者注

人，野蛮人变得更像野蛮人。如果"民族性格"真的存在，那便是这种分裂演化的结果：英国人试图尽量不像法国人，法国人尽力不像德国人，不一而足。不出意外，他们在彼此的争论中无疑会夸大自己的不同。

在历史上的文明对抗中，就像17世纪发生在北美东海岸的那种，不出所料，我们能看到两个相反的过程。一方面，可以预见，对立双方会彼此学习，吸纳对方的思想、习惯和技术（美洲人开始使用欧洲的火枪，欧洲殖民者则开始采用更纵容的美洲方式管教孩子）。另一方面，他们也总会反向而行，挑出一些对立点，然后将之夸大或理想化，最终使他们在一些方面尽可能地与新邻居区别开来。

坎迪亚洪克对金钱的关注就是这种情况的典型反映。时至今日，正如马歇尔·萨林斯（Marshall Sahlins）所说，被纳入全球化经济的原住民社会几乎无一例外地通过反对白人的"向钱而生"来表述自己的传统。[38]

这些原本可能微不足道的关切，却因为拉翁唐的书大获成功而极大冲击了欧洲人的情感。坎迪亚洪克的观点被翻译为德语、英语、荷兰语和意大利语，并在一个多世纪里不断得到加印、再版。18世纪任何自重的知识分子几乎都读过这些作品。这些作品还激发了大量的效仿者。到1721年，巴黎的戏迷争相观看德利勒·德拉德雷夫蒂埃（Delisle de la Drevetière）的喜剧《野蛮人阿勒坎》（*L'Arlequin sauvage*），它讲述了一个温达特人被一个年轻船长带到法国后的故事，其中有一长串愤怒的独白，主人公"将（法国）社会的弊病归咎于私有财产和金钱，尤其归咎于那种使穷人沦为富人奴隶的极端的不平等"。[39]在接下来的20年，这部剧几乎年年重演。[40]

更引人注目的是，几乎每一个主要的法国启蒙运动人物都尝试过从假想的外来者角度对他们的社会进行拉翁唐式的批评。孟德斯鸠选择了一个波斯人，达让松侯爵（Marquis d'Argenson）选择了一个中国人，狄德罗选择了一个塔希提人，夏多布里昂选择了一个纳奇兹人（Natchez），伏尔泰剧作《天真汉》（*L'Ingénu*）中的主角是温达特人和法国人的混血。[41]所有人都继承并发展了借鉴自坎迪亚洪克的主题与论点，并辅以旅行者记述中其他"野蛮人批评家"的言论。[42]事实上，有充分理由认为，这种理性地、号称客观地看待陌生异域文化的方式，也即成为后来欧洲人类学标志的"西方凝视"（Western gaze），其真正的起源不在于旅行者的记述，而恰恰在于欧洲人对这些虚构的有怀疑精神的原住民的记述：他们眉头紧锁，目光向内，凝视他们心目中欧洲自身的异域奇事。

1747年出版的《一个秘鲁女人的来信》（Letters of a Peruvian Woman）也许是这一类型中最受欢迎的作品，作者是著名的沙龙作家德格拉菲尼夫人（Madame de Graffigny）。她通过一个虚构的被绑架的印加公主的眼光来审视法国社会。这本书被视作女性主义的里程碑，因为它很可能是欧洲第一部女主角最终既没有结婚也没有死亡的小说。德格拉菲尼的印加女主人公奇利娅（Zilia）就像批判父权制一样批判欧洲的虚荣和荒谬。到了19世纪，这本小说在某些方面被视作第一部向公众介绍国家社会主义概念的作品，在书中，奇利娅纳闷为什么法国国王收了各种重税，却没有像印加君主一样重新分配财富。[43]

1751年，在准备该书的再版时，德格拉菲尼夫人给各种朋友写信寻求修改建议。其中一位通信者是杜尔哥（A. R. J. Turgot），当时他23岁，是神学院的学生，也是初露头角的经济学家。我们恰好有他回信的复本，这是一篇很长也很严厉的（也许是建设性的）批评。杜尔哥的文章非常重要，因为这标志着他自己思想发展的一个关键时刻，那时起，他开始将物质经济进步的观念发展为一种普遍的历史理论，这是他对人类思想最影响深远的贡献。

杜尔哥的创造力，及其如何将原住民对欧洲文明的批评颠倒乾坤，从而为现代主流的社会进化观奠定了基础（或言，"自由"论是如何演变为"平等"论的）

印加帝国毕竟是一个帝国，很难被形容为"平等主义的"，但是德格拉菲尼夫人把它描述为一个仁慈的专制政权，一个在君王面前人人平等的国度。奇利娅对法国的批判，与所有承袭了坎迪亚洪克传统的虚构外来者主题作品一样，关注法国社会中个人自由的缺乏和极度的不平等。[44]但杜尔哥觉得这种想法令人不安，甚至存在危险。

杜尔哥承认，原则上"我们都爱自由和平等的理念"，但我们必须考虑更大的背景。他大胆表示，在现实中，野蛮人的自由和平等并不彰显他们的优势，反倒标志着他们的劣势，因为只有在一个家家户户都只能基本自足且人人都同样贫穷的社会中，这种自由和平等才可能存在。杜尔哥推断，随着社会的发展，技术也在不断进步，个体之间的天赋和能力差异（这些差异始终存在）变得更为重要，并最终形成更为复杂的劳动分工的基础。我们从温达特人那样的简单社会发展为我们自己复杂的"商业文明"，其中一些人陷入贫穷并被驱逐，这不论多么可悲，都是整个社会繁荣的必要条件。

杜尔哥在给德格拉菲尼夫人的回信中总结说，这种不平等是无法避免的。唯一的出路是印加式的大规模国家干预，以此来保证全社会上下一致，制造一种强制的平等，但其后果是压制了所有的主动性，并因此导致经济与社会层面的灾难。鉴于此，杜尔哥建议德格拉菲尼夫人重写小说，让奇利娅在书的结尾意识到这些可怕的潜在影响。

不出所料，德格拉菲尼夫人无视了他的建议。

几年后，杜尔哥在一系列关于世界历史的演讲中阐述了相同的观点。数年间他一直在强调技术进步的首要地位，因为技术进步是社会整体进步的驱动力。在这些讲座中，他将这一论点阐发为明确的经济发展阶段论。他认为，社会进化总是从狩猎开始，然后进入游牧阶段，再进入农耕阶段，最后才进入现代城市商业文明阶段。[45]那些仍然是狩猎者、牧民或仅是农民的人，只能被理解为我们自身社会发展过程中已经历过的阶段的残余。

就这样，社会进化理论第一次在欧洲被明确提出，作为对原住民批判力量的直接回应。（该理论在今天太过稀松平常，以至于我们很少去推敲它的起源。）几年后，远在格拉斯哥的亚当·斯密作为杜尔哥的朋友和知识界盟友，在讲座中宣扬杜尔哥的社会四阶段论。同时，斯密的同人，如凯姆斯勋爵（Lord Kames）、亚当·弗格森和约翰·米勒等人，逐渐将其加工为一套关于人类历史的普遍理论。这一新范式很快就深刻影响了欧洲思想家和广大公众想象原住民的方式。

那些之前认为北美洲社会的生计方式（mode of subsistence）与劳动分工都无关紧要或者至多次要的观察者，现在开始认为它们是唯一真正重要的事情。所有人据其获取食物的主要方式而被分门别类地排列在同一个进化阶梯上。"平等主义"的社会被放逐到这个进化阶梯的底层，在那个位置上，它们最多只能提供一些关于我们的远祖如何生存的洞察，但肯定不能再被想象为一个平等的对话者，有资格参与探讨富强社会的人们现今应该如何行事。

让我们停下来总结一下。正如我们所看到的，在1703年至1751年，美洲原住民关于欧洲社会的批评对欧洲思想产生过巨大影响。美洲人（在首次接触欧洲风俗时）最初普遍表现出的憎恶，经由从葡萄牙语到俄语等几十种不同语言展开的无数次对话，最终演变为关于权威、礼仪、社会责任以及最为重要的自由之本质的争论。法国观察者清楚意识到，大多数美洲原住民将个体自主性与行动自由视为最高价值，以这些原则组织自己的生活，尽量不让任何人屈居人下，也因此将法国社会视为一个由暴躁的奴隶组成的社会。法国人对此给出了不同反应。

有些人，比如耶稣会士，直接谴责自由原则。另一些人，即殖民者、知识分子和本土读者，则将其视为一个颇具挑衅意味但也富有吸引力的社会主张。（顺便一提，他们对这个问题的结论与他们对原住民群体本身的看法没有什么特别的关联，他们往往很乐意看到原住民被消灭。不过公平地说，知识界持不同立场的两派中，都有公众人物强烈反对侵略异域民族。）实际上，原住民对欧洲制度的批判在时人眼中非常有力，使得任何反对现行知识结构和社会秩序的人都倾向于将其作为首选的武器。正如我们所见，几乎每个伟大的启蒙哲学家都玩过这种把戏。

在这个过程中，自由之争也越来越转变为平等之争，我们已经在拉翁唐和坎迪亚洪克身上看到过这种转变。尽管如此，"野蛮人"的智慧最主要还是被用于挑战既有权威的傲慢，挑战自中世纪以来就确立的信念，即坚持认为掌握基督教正统的教会和它所支持的当权派对事物的判断必然优于世上任何其他人的判断。

杜尔哥的案例揭示出,已被我们视为启蒙思想核心的特定概念,例如文明、进化、进步,在多大程度上是这一批判传统的后来者。最重要的是,它表明,这些概念的发展如何直接回应了原住民的批判力量。事实上,挽救启蒙思想家力图颠覆、撼动、去中心化的那份欧洲优越感,要付出巨大努力。当然,在接下来的一个多世纪里,这些观念成了挽救欧洲优越感非常成功的策略。但它们也制造了一堆矛盾:例如,一个奇特的事实是,不同于历史上的其他帝国,欧洲殖民帝国被迫肯定了自己的短命属性,因其声称自己只是加速其统治对象走向文明的暂时工具——至少是那些还没有像温达特人那样被从地图上大规模抹去的统治对象。

在这点上,我们发现自己绕了一圈又回到了卢梭。

让-雅克·卢梭如何赢得了一场著名的征文比赛,接着却输掉了另一场(因为文章篇幅过长),但最终征服了整个人类历史

德格拉菲尼夫人与杜尔哥之间的交流让我们得以一瞥 18 世纪 50 年代初法国知识分子间的辩论概况,至少,在卢梭所熟悉的沙龙圈子里是这样的。自由和平等是普世的价值吗?还是说它们——至少在抽象层面上——与以私有财产为基础的体制格格不入?艺术与科学的进步带来了对世界的进一步理解,因而也带来了道德上的进步吗?还是说原住民批判得对,法国的财富与权力只是不自然乃至病态的社会秩序荒谬的副产品?这些都是当时每个辩论者挂在嘴边的问题。

我们今天会对这些辩论有所了解,主要是因为它们影响了卢梭那篇文章。在无数个课堂上,《论人与人之间不平等的起因和基础》被拿来教授、辩论、剖析,这很奇怪,因为即便按照当时的标准,它在许多方面也都是一个古怪的异类。

卢梭早年间为人所知的形象主要是个有抱负的作曲家。1750 年开

始,他逐渐成为卓越的社会思想家。当时他参加了由学术团体第戎学院主办的一场比赛,题目是"科学与艺术的复兴是否有助于使风俗日趋淳朴?"[46] 卢梭的文章赢得了一等奖,从而享誉全国。这篇文章热情高涨地论证了科学和艺术并不能够教化风俗。他强调,我们的基本道德直觉从根本上说是得体和可靠的,而文明使我们堕落,因为文明只是鼓励我们重视形式而非内容。在这篇《论科学与艺术》中,几乎所有的例子都来自古希腊和古罗马材料,但在脚注中,卢梭暗示了其他的灵感来源:

> 有一些民族是如此幸福:他们对于那些在我们当中很难消除的罪恶,连听都没有听说过;我不敢多谈他们,我也不敢多谈美洲的野蛮人,对于他们既简单又自然的政治艺术,蒙台涅(蒙田)不惜笔墨大写特写,不仅把它看得比柏拉图的法学还好,而且还把它看得比哲学家所能想象的最完美的人民政府还高明。他举了许多生动的例子,令人惊叹不已。他说:"了不起呀!而他们却是连裤子都不穿的人!"[47]

卢梭夺魁激起了某种公愤。至少可以说,这个结果存在争议,因为一个致力于推动艺术与科学发展的学院却将最高荣誉颁给了一篇声称艺术与科学完全起着反作用的论文。至于卢梭,在接下来的几年里花了很多时间高调地回应相关批评〔他也利用新名气创作了一部喜歌剧《乡村占卜师》(The Village Soothsayer),该剧在法国宫廷大受欢迎〕。1754年,第戎学院宣布就社会不平等的起源举办一场新的征文比赛,他们显然觉得应该让这个狂妄自大的新秀安分下来。

卢梭上钩了。他提交了一篇更为详尽的论文,显然是为了语惊四座。不仅这篇论文没有获奖〔获奖者是一个名叫塔尔贝(Talbert)的神父,身为宗教机构的代表,其论文非常传统,将目前的不平等状况主要归于原罪〕,而且评委们宣布,由于卢梭提交的论文字数远远超过限制,他们甚至没有读完全文。

卢梭的文章无疑非常奇怪,也不完全像它广为人知的那样。事实上,卢梭并没有论证人类社会始于一种恬淡美好的纯真状态；他认为，最初的人类本质上是好的，但是相当令人困惑的是，他们由于害怕暴力而系统性地彼此躲避。因此，自然状态下的人类是独居的生物，这让他能够进而提出"社会"本身，即任何形式的个体间的持续联系，必然是对人类自由的一种限制。甚至语言也标志着一种妥协。但是卢梭带来的真正创新在于人类"堕落"（fall from grace）的关键时刻，他认为这个转折是由财产关系的出现而引发的。

卢梭的人类社会模型包含三个阶段（他反复强调，这三个阶段并不是真实存在的，只是一个思想实验）：一个纯属想象的自然状态，当时人们彼此孤立地生活；一个石器时代的野蛮阶段，此时语言已经被发明出来（他把大多数北美洲的近代居民和其他能在现实生活中看到的"野蛮人"列入其中）；最后是文明，在农业和冶金被发明之后出现。每一个阶段都标志着一次道德衰退。但是，正如卢梭谨慎强调的那样，这整个寓言都是为了理解，是什么导致人类开始接受私有财产这个概念的：

> 谁第一个把一块土地圈起来，硬说"这块土地是我的"并找到一些头脑十分简单的人相信他所说的话，这个人就是文明社会的真正缔造者。但是，如果有人拔掉他插的界桩或填平他挖的界沟，并大声告诉大家："不要听信这个骗子的话，如果你们忘记了地上的出产是大家的，土地不属于任何个人，你们就完了。"——如果有人这么做了，他将使人类少干多少罪恶之事，少发生多少战争和杀戮人的行为，少受多少苦难和恐怖之事的折磨啊！现在，显而易见的是：事情已经发展到不可能再像从前那样继续下去的地步，因为，与以前一个接一个地产生的许多观念密切相关的财产观念，不是一下子就在人的头脑中形成的。[48]

在这里，卢梭提出的问题完全契合了许多美洲原住民的困惑。欧洲人怎么就能把财富转化为权力，把多少存在于任何社会的、仅仅是物质产品的不平等分配转化为对他人颐指气使的能力，雇他人为仆人、工人、士兵，或干脆认为即使这些人流落街头、病得奄奄一息也与己无关？

尽管卢梭没有直接引用拉翁唐或《耶稣会报道》，但他就像当时的任何一位知识分子一样，明显熟知这些典故。[49]他的作品中也有同样的批判：为什么欧洲人如此争强好胜？为什么他们不分享食物？为什么他们要屈从于别人的命令？在关于"怜悯"（pitié）的长篇补论中，卢梭认为，野蛮人对彼此有天然的同情心，这种品质抵挡住了文明第二阶段最恶劣的蹂躏；这样的论述只有参照那些书中原住民不断发出的失望感慨来理解才有意义：欧洲人似乎就是不关心对方，他们"既不慷慨也不善良"。[50]

这篇文章在当时取得惊人成功的原因在于，尽管文风哗众取宠，但它确实在18世纪欧洲最紧迫的社会与道德问题上聪明地调和了两三个相互矛盾的立场。它设法融入了原住民批判的元素，呼应了《圣经》中关于堕落的叙述，也吸纳了一些至少看起来很像当时杜尔哥和苏格兰启蒙思想家刚刚提出的物质发展进化阶段的东西。卢梭在本质上同意坎迪亚洪克的观点，即文明的欧洲人总的来说是残暴的生物，原因正如那位温达特人所言，同时他也认可财产是问题的根源。他们之间的一个重要区别是：卢梭不同于坎迪亚洪克，他无法真正设想社会可以建立在其他基础之上。

将任何原住民批判翻译为法国哲学家可理解的术语时，丢失的恰恰就是这种对社会其他可能性的感知。对坎迪亚洪克这样的美洲人而言，个体自由与共产主义之间并不存在矛盾——这里的"共产主义"取的是我们一直在使用的那层含义，是指一种特定的共享预设（presumption of sharing），即不处于敌对状态的人们照理说应该会响应彼此的需求。在美洲人看来，个体自由的前提是某种"底线共产主义"，因为毕竟，在暴风雪中饥寒交迫、衣不蔽体、无家可归的人们，唯有不惜一切代价地活着，并没有真正的自由。

相较而言，欧洲的个体自由概念不可避免地与私有财产概念挂钩。在法律上，这种联系首先可以追溯到古罗马男性户主的权力，他可以任意处置自己的动产和财产，包括自己的孩子和奴隶。[51]在这种观点中，自由总是被定义为，至少是潜在地被定义为，某人以牺牲他人为代价而行使的东西。此外，古罗马（和现代欧洲）的法律非常强调家庭的自给自足,因此,真正的自由意味着彻底的自主性,不仅是意志自主,而且绝不依赖其他人(除了那些在自己直接控制下的人)。卢梭一直坚持希望不依赖他人的帮助而过活(尽管他自己的所有需求都由情妇和仆人来满足),这个逻辑也体现在他自己的生活行动中。[52]

卢梭写道,当我们的祖先做出这一命运攸关的决定,将土地划分为归个体所有的小块,建立法律体系来保护其财产,并建立政府来推行这些法律时,他们设想自己正在创造保障自身自由的手段,可实际上,他们正"奔向他们的锁链"。这是一个有力的意象,但卢梭心中那失掉的自由原本到底是什么模样,依然不清不楚。尤其是,如果像他所坚持的那样,认为任何持续存在的人际关系,即便是互助,也是对自由的限制,那么自由究竟为何物?无怪乎他最终创造出一个纯属想象的时代,其中每个个体都在树林中独自徘徊。或许更值得惊奇的是,他想象出的那个世界常常限制了我们自己的视野。这又是怎么回事?

原住民批判、进步神话与左派诞生的关系

正如我们之前所提到的,在法国大革命之后,保守派批评家几乎把一切都归咎于卢梭。许多人认为他个人应该对断头台负责。他们认为,梦想恢复古代的自由和平等状态,恰恰导致了杜尔哥所预言的结果:一种只能通过革命恐怖来强制推行的印加式极权主义。

的确,美国革命和法国革命年代的政治激进分子吸纳了卢梭的思想。例如,这里摘录一段据称发表于1776年的宣言,它几乎完美再现了卢梭对进化论与私有财产批判(认为它直接导致了国家的起源)的融合:

> 随着家庭增多,生活资料开始难以为继;游居(或漂泊不定的)生活停止了,**财产**开始出现,人们开始聚居,农业使人群相互融合。语言统一了;由于生活在一起,人们开始参照他人来衡量自己的力量,区分出了弱者与强者。这无疑导致人们产生了共同防御的想法,由一个人管理并联合数个家庭,从而保护他们的人身和土

地不受敌人侵袭；但因此**自由**的基础被毁了，**平等**也消失了。[53]

这些文字据称摘自光明会秘密组织（Secret Order of the Illuminati）宣言，该组织是由巴伐利亚法学教授亚当·魏斯豪普特（Adam Weishaupt）在共济会内组织的一个革命干部网络。该组织在18世纪末确实存在，其目的显然是教化开明的、国际化的甚至是反民族主义的精英，以恢复自由和平等。

保守派第一时间谴责了这一组织，导致它在1785年被取缔，这时距离它成立还不到十年，但右翼阴谋论者坚持认为它还继续存在着，并认为光明会是法国大革命（甚至是后来俄国革命）的幕后推手。这非常愚蠢，但这种想象之所以出现，是因为光明会也许第一个提出：一支受过正确的理论阐释训练的革命先锋队，将能够把握人类历史的总体方向，因而有能力通过干预来加速它的进步。[54]

讽刺的是，卢梭在职业生涯之初采取了我们现在理解中的极端保守主义立场，认为看上去的进步只会导致道德的败坏，但他最终却成为许多保守派的头号眼中钉。[55] 不过，人们对待背叛者总是格外尖刻。

许多保守派思想家认为，卢梭背离了前景光明的起点，最终一路创造出了我们今天所说的政治左派。他们的看法也不完全错误。卢梭的确是左翼思想形成过程中的一个关键人物。18世纪中叶的知识分子之间的辩论在今天看来如此奇怪，其中一个原因就是我们理解中的左右之分在当时尚未成形。在美国革命时期，"左""右"这两个术语并不存在。作为随后十年的产物，它们最初指的是1789年法国国民议会中平民和贵族各自的座位位置。

我们要强调（其实本不必如此），卢梭对人性本善以及对失落的自由与平等年代的溢美，本身无须为法国大革命负责。他并没有将这些思想灌输给无套裤汉（sans culottes）*来让他们起义（正如我们指出的，在欧

---

* 法国大革命时期对革命群众的流行称呼。他们穿粗布长裤，有别于穿丝绒短套裤的贵族富豪，故名。——编者注

洲历史的大部分时间里，知识分子似乎是唯一一类**无法**想象其他世界有可能被创造出来的人）。但我们可以说，卢梭在将原住民批判与本为与之对抗而生的进步学说结合起来时，事实上写就了奠定左派思想基础的文本。

出于同样的原因，从一开始右翼思想就不仅怀疑有关进步的观点，也怀疑原住民批判所衍生的整个传统。如今，我们认为主要是那些政治左派在谈论"高贵的野蛮人神话"，认为早期的欧洲记录中但凡将远方的人理想化，甚至赋予他们强有力的观点，其实都只是欧洲作者自身幻想的浪漫投射，因为他们永远无法真正理解那些人。对野蛮人进行种族主义式的诋毁，和天真地赞美野蛮人的纯真无邪，往往被视作同一枚帝国主义硬币的两面。[56]然而，这最初是一个明显的右翼立场，正如全面研究过这个主题的当代人类学家特尔·埃林森（Ter Ellingson）所解释的那样。埃林森总结称，"高贵的野蛮人"神话从来都不存在，至少不存在简单社会生活在一个幸福原始的纯真年代之中这样的刻板印象。旅行者的叙述反而往往呈现出更加模棱两可的画面，将异乡社会描述为一个复杂的、有时（对旅行者来说）自相矛盾的善恶混合体。因此更有待厘清的反倒是这种"关于高贵的野蛮人神话的神话"：为什么某些欧洲人开始给其他人冠上这样一种天真的立场？答案并不怎么悦耳。"高贵的野蛮人"这个词，事实上是在卢梭之后大约一个世纪，作为一种嘲笑和辱骂用语而流行起来的。使用该词的是一帮彻头彻尾的种族主义者；在1859年，正值大英帝国达到权力巅峰之际，那些人接管了英国民族学学会（British Ethnological Society），并呼吁灭绝劣等民族。

这一概念的首倡者们拿它来指责卢梭。不过很快，文学史研究者们就开始翻阅档案，到处搜罗"高贵的野蛮人"的痕迹。本章讨论的几乎所有文本都被他们审查过，并被一概斥为危险的浪漫幻想。这些贬斥最初来源于政治右派。埃林森专门举了吉尔贝·希纳尔（Gilbert Chinard）的例子，因为他或许是最不羞于展露自己政治意图的那一个，而他在1913年出版的《17世纪和18世纪法国文学中的美洲与异域之梦》（*L'Amérique et le rêve exotique dans la littérature française au XVIIe et au XVIIIe siècle*）一书很大程度上导致了"高贵的野蛮人"概念在美国高校里被确立为一种西方文学修辞手段。

希纳尔把拉翁唐作为这一概念形成过程中的关键人物，认为卢梭从拉翁唐的《回忆录》或他与坎迪亚洪克的对话录中借用了具体的论据。推而广之，他发现了卢梭与拉翁唐在气质上的相近：

> 《与野蛮人的对话》的作者比任何其他作者都更像让-雅克（卢梭）。尽管他有很多缺点，有根本上卑鄙的动机，但他在行文中注入了一种激情，一种唯有《论不平等》可与之匹敌的热情。如卢梭一样，他是一个无政府主义者；如卢梭一样，他缺乏道德感，而且程度更深；如卢梭一样，他将自己想象为人类联盟迫害的对象；如卢梭一样，他对可怜人遭受的苦难感到愤愤不平，甚至比卢梭更为愤慨，以至于要诉诸武器；最重要的是，他也像卢梭一样，将我们遭受的一切罪恶都归咎于财产。如此，他使我们得以在耶稣会传教士与让-雅克之间建立起直接关联。[57]

根据希纳尔的说法，即便是耶稣会士（拉翁唐表面上的敌人）归根结底也在玩同样的把戏，他们摘录美洲报道人愤怒的言论，其动机并不单纯，而是意在暗度陈仓，引入深具颠覆性的概念。埃林森直接评论了上述段落，非常合理地揣测了希纳尔此处的用意：他是否意指一场由拉翁唐、耶稣会士和卢梭挑起的无政府主义运动？一个可解释法国大革命为何发生的阴谋论？的确，埃林森得出结论：他几乎就是这个意思。希纳尔认为，耶稣会士宣传了"危险思想"，给我们留下了"野蛮人"具有良好品质的印象，并且"这种印象似乎有悖于君主制国家和宗教的利益"。事实上，希纳尔对卢梭的基本定性是"一个耶稣会传教士的接班人"（un continuateur des missionnaires Jésuites），他认为是传教士导致了革命精神的高涨，"在阅读他们的报道时被煽动的革命精神将使我们的社会改观，并将我们带回美洲野蛮人的状态"。[58]

对于希纳尔来说，欧洲观察者是否如实报告了原住民对话者的观点，这无关紧要。因为正如希纳尔所说，美洲原住民是"一个与我们自己不同的种族",不可能与他们建立有意义的关系。他暗示,我们还不如记录一个妖精的政治观点。[59] 他强调,真正重要的是这些牵涉其中的白人的动机,这些人显然是不安分子和闹事者。他指责一位研究格陵兰岛因纽特人习俗的早期观察者在其叙述中夹带了社会主义和"光明会主义"(illuminism)的混合私货——后者的意思是,他可能借鉴了光明会秘密组织的视角来看待野蛮人的习俗。[60]

超越"愚蠢的野蛮人神话"
(为什么这一切对本书的课题如此重要)

至于右翼批判是如何演变为左翼批判的,此处不做赘述。在某种程度上,也许可以将它简单归结为那些英法文学史研究者在不得不深入钻研17世纪米克马克人的真实想法时犯了懒。如果说米克马克人的思想不重要,那就是种族主义;但如果说他们的思想不可知,因为资料来源带有种族主义色彩,则能避免非议。

在某种程度上,这种不愿意处理原住民资料的态度也基于一种完全正当的抗议姿态,为那些在历史上被浪漫化的人鸣不平。许多人认为,存在两种浪漫化原住民的方式,都很令人厌恶:将他们归为劣等民族,因此所说的一切都可以被忽略;视之为大自然的天真孩童或古代智慧的化身,因此所说的一切都必须被视为不容置疑的深刻。这两种态度均无法带来任何有意义的对话。

正如我们在第一章指出的,刚开始写这本书时,我们还以为自己将为蓬勃发展的社会不平等起源研究做出一份贡献,只不过我们这次的贡献是基于实际证据的。随着研究的推进,我们逐渐认识到,"社会不平等的起源是什么"是一个非常奇怪的问题。这种提问方式远不是在探寻原初纯真状态意味着什么,而是暗示了某种对社会问题是什么,以及我们对此能做或不能做什么的判断。而且正如我们所见,这样的探究常常罔顾生活在那些我们所谓的"平等主义"社会中的人实际上是怎么理解自己与其他人的不同之处的。

卢梭通过将他的野蛮人简化为纯粹的思想实验规避了这个问题。在法国启蒙运动的主要人物中，他几乎是唯一一个没有通过对话录或其他虚构作品的形式从外部视角来看待欧洲社会的人。实际上，他剥夺了笔下"野蛮人"自身的想象力，认为他们之所以生活幸福，完全是因为他们无以另作他想，甚至无法设想自己的未来。[61]因此，他们也完全缺乏哲学。这大概就是为什么当他们开始标定财产并组建政府来保护它时，无法预见随之而来的灾难；而当人类已经有能力如此深谋远虑时，最严重的破坏已经发生了。

早在20世纪60年代，法国人类学家皮埃尔·克拉斯特（Pierre Clastres）就指出，其实情况恰恰相反。如果说，那些被我们想象为简单天真的人之所以没有统治者、政府、官僚机构、统治阶级等，不是因为他们缺乏想象力，而是因为他们事实上比我们**更**具有想象力呢？我们觉得想象一个真正自由的社会很困难，可或许他们在想象专制权力和支配时并没有这么困难。也许他们不仅能想象，而且能自觉驾驭自己的社会以远离之。正如我们将在下一章所见的，克拉斯特的观点有其局限。但是他坚持认为，被人类学家研究的人和人类学家自己一样有自我意识，一样有想象力，这份主张对于修复既成的破坏发挥了空前绝后的作用。

卢梭被扣上了许多罪名。就其中的大多数而言，他是无辜的。如果说在他留下的遗产中真的有一个毒素，那并非"高贵的野蛮人"形象，这并不是由他传播开来的；但他确实传播了或许可以被称为"愚蠢的野蛮人"的神话，哪怕他认为这种愚蠢状态实属幸福。19世纪的帝国主义者们热情地采纳了这一刻板印象，辅之以各种貌似科学的论证——从达尔文的进化论到"科学的"种族主义——来详细阐述纯真的无知（innocent simplicity）概念，从而找到一个借口，可以把世界上剩下的自由民（或者说随着欧洲持续的帝国主义扩张，越来越多的情况是曾经的自由民）推入一个概念空间，使这些人的意见不再构成威胁。他们所确立的正是我们致力于破除的。

"自由、平等、博爱"是法国大革命的战斗口号。[62]今天，很多学科——哲学、政治学和法学的分支——都将"平等"作为其首要课题。每个人都同意平等是一种价值,却似乎尚未就这个词到底指什么达成一致:机会的平等?条件的平等?法律面前的形式上的平等?

同样,像17世纪的米克马克人、阿尔冈昆人或温达特人这样的社会经常被称为"平等主义社会";要不然就是被称为"游群"或"部落"社会,通常被认为与第一种叫法同义。这个术语到底指的是什么,从来都不完全明确。我们谈论的是一种认为社会中人人**应该**一样的意识形态吗?当然,这并不是指在所有方面一样,而是在某些尤为重要的方面一样。或者说我们谈论的是一种人人实际上**就是**一样的社会?这两种情况在实践中可能意味着什么?意味着所有社会成员都能平等地使用土地,或是彼此能平等地以礼相待,或是在公共集会中能平等地自由发表意见?还是说,我们谈论的仅限于某些由观察者强加的衡量尺度,例如现金收入、政治权力、热量摄入、房屋大小、个人财产的数量和质量?

平等意味着对个体的抹杀,还是对个体的发扬?(毕竟,对于一个外部观察者来说,一个人人完全一样的社会,和一个人人完全不同以至于无从比较的社会,似乎同属"平等主义"。)在一个长者被奉若神明并做出所有重要决定的社会中,如果每一个活过50岁的社会成员最终都会成为长者,这算平等吗?那么性别关系呢?许多被冠以"平等主义"之名的社会,其实只有成年男子之间彼此平等,而男女之间完全不平等。还有其他更加模棱两可的情况。

例如有可能在一个社会中,男女不仅要有不同的劳动分工,而且对劳动为何重要(或哪种类型的劳动更重要)持不同看法,因此他们各自认为自己有更高的地位;又或许他们各自的角色太过不同,以至于没有比较的意义。法国人在北美洲遇到的许多社会都符合这种描述。从一个角度看它们可以被视为母系社会,从另一个角度看则是父系社会。[63]在这种情况下,我们能谈性别平等吗?还是说我们只能根据一些最低限度的外部标准来判断男女是否平等,例如,平等地不受家庭暴力的威胁,或者有平等的机会获取资源,或者在公共事务中拥有平等的发言权?

由于这些问题都没有明确和公认的答案,使用"平等主义"一词导致了无尽的争论。事实上，就连"平等主义"的内涵都还是完全不清晰的。归根结底，使用这个概念并不是因为它具备任何真正的分析实质，而是出于与 17 世纪揣摩自然状态中的平等的自然法理论家相同的原因："平等"是一个初始默认条件，指的是那种人们想象中的剥除了所有文明外衣后剩下的原生质一般的人类群体。"平等主义"的民族是那些没有王公、法官、监督者或世袭祭司的民族，他们通常没有城市或文字，甚至最好没有农业。他们仅在一种意义上属于平等的社会，那就是当所有最明显的不平等标志都缺失的时候。

因此，任何声称是关于社会不平等的起源的历史作品，实际上都是对文明起源的探究；相应地，这样的作品必然隐含着杜尔哥那样的历史观，也就是把"文明"设想为一个维系社会复杂性的系统，一方面保证了更大范围的整体繁荣，但另一方面也必定需要在自由和平等领域做出某些妥协。我们将试着书写一种不同的历史，这势必需要一种对"文明"的不同理解。

首先要澄清，这并不意味着我们认为，在人类历史的某一节点出现王公、法官、监督者或世袭祭司，或出现文字、城市和农耕，这些过程是索然无味或无关紧要的。恰恰相反，理解这些事物最初是如何产生的，对于理解我们作为一个物种目前所处的困境来说至关重要。然而我们也坚持认为，为了做到这一点，应该避免轻率地将我们的远祖当作某种人类的原初基液（primordial soup）*。考古学、人类学和相关领域积累的证据表明，就像 17 世纪的美洲印第安人和法国人一样，史前时代的人们对他们的社会中什么是重要的有非常具体的想法，而这些想法差异很大，因此把这样一些社会统一描述成"平等主义的"几乎无法说明任何问题。

通常情况下，无疑存在着一定程度的默认平等：假定所有人在神面前一样无能为力，或者强烈感觉到任何人都不应永远屈从于他人的意志。一定先在地存在某种程度的默认平等，才能解释为什么人类历史中那么

---

* 原初基液假说，又译原始汤假说。这个理论认为，在大约 40 亿年以前，在原始海洋（原始汤）里的无机物，从闪电等能量源中获取能量，形成了最初的有机物。这些有机物后来发展出更复杂的结构，最终演化为早期的生命形式。——译者注

长的一段时间内不存在永久性的王公、法官、监督者或世袭祭司。但是作为自觉观念的"平等",即,将平等本身当作一种明确的价值提出来(而不是提出一种平等地适用于所有人的有关自由、尊严或政治参与的意识形态),似乎是人类历史上相对晚近才出现的事情。而即便出现了,那些"平等观"也很少适用于所有人。

仅举一例来说明。古代雅典的民主建立在公民——尽管这些公民只占总人口的 10%～20%——之间的政治平等上,这意味着,每个人同等享有参与公共决策的权利。学校和课本告诉我们,这种公民平等参政的概念是政治发展中的一个里程碑,它在 2 000 年之后得到了复兴和扩展(巧的是,在 19 世纪的欧洲被称为"民主"的政治制度与古代雅典之间几乎毫无关系,不过这并非真正的重点)。更重要的是,彼时的雅典知识分子(大多有贵族背景)倾向于认为这整个安排是华而不实的,他们大多更喜欢斯巴达政体——由占总人口比例更小的人统治,统治者全体靠奴隶的劳动过活。

斯巴达公民则反而自称 Homoioi,可译为"平等者"或"全都一样的人"——他们都经历了同样严格的军事训练,都鄙视那些女人气的奢侈品,瞧不起个体主义的习性,在公共食堂共同用餐,并且一生中的大部分时间都在为战争而训练。

因此,这不是一本关于不平等的起源的书。但它旨在以一种不同的方式回答许多相同的问题。无疑,这个世界已经出了很大的问题,其中少数人控制着几乎所有其他人的命运,这种控制方式带来了愈加灾难性的后果。为了理解这种情况是如何发生的,我们应该去追溯最初是什么使得国王、祭司、监督者和法官的出现成为可能。但是,我们不能再心安理得地假定自己已经预先知道确切的答案。我们要在像坎迪亚洪克这样的原住民批评者的指导下,用新的眼光来看待人类过去留下的证据。

第三章

解封冰河时代

锁链内外：人类政治的多重可能

大多数社会都会想象一个神话般的创世时代。故事都是这样说的：在很久之前，世界与现在的截然不同，鱼和鸟可以讲话，动物可以变成人，人也可以变成动物。那是一个有可能诞生全新事物的时代，比如火、烹饪、婚姻制度或宠物饲养，而这样的创造此后再不会真正出现。在此后平淡的日子中，我们只能无休止地重复神话时代的壮举，点燃自己的火、安排自己的婚姻、喂养自己的宠物，却再也无法以同样的方式改变世界。

在某些方面，"人类起源"叙事之于今天的我们，就像神话之于古希腊人或波利尼西亚人，或是"梦创时代"（Dreamtime）之于澳大利亚原住民。这并非要诋毁"人类起源"叙事的科学严谨性及其价值，只是说它们在某种程度上有相似的功能。如果我们以300万年的尺度来思考，就会发现实际上确有一个时代，那时（我们今天所认为的）人兽之间的界限仍模糊不清；那时有人第一次点燃火，第一次烹煮食物，第一次举行结婚仪式。我们知道这些事情发生了，却不知道是如何发生的。我们很难禁得住不去编造可能发生的故事，而这些故事反映出的必然是我们自己的恐惧、欲望、执念与关切。因此，远古时代可以成为我们挥洒集体幻想的广阔画卷。

这一人类史前史的画卷具有鲜明的现代性。著名的文化理论家米切尔（W. J. T. Mitchell）曾说过，恐龙是典型的现代主义动物，因为在莎士比亚时代没有人知道这种生物曾存在过。同样，直到最近，很多基督徒仍然认为，任何有关早期人类的有用信息都可以在《创世记》中找到。

直到 19 世纪早期，"文人们"（men of letters），包括科学家，基本上仍认为，在公元前 4004 年 10 月末之前，宇宙根本就不存在，并且所有人本来说的是同一种语言（希伯来语），直到 16 个世纪后，随着巴别塔倒塌，人类才分散开来。[1]

当时还没有"史前史"，只有历史，尽管有些历史错得离谱。1858 年，在德文郡的布里克瑟姆洞穴（Brixham Cave）被发现后，史前史一词才开始得到普遍使用。那里出土了只有人类才能制造的石斧，以及洞熊、毛犀牛和其他已灭绝物种的遗骸，所有这些被一同封存在岩壳下。这次发现以及后续的考古发现引发了对现有证据的彻底反思。突然间，"人类历史的根基坍塌了"。[2]

问题是，史前时期被证明是一个延续了 300 多万年的极其漫长的时期，其间，我们知道我们的祖先（至少有些时候）在使用石器。但关于这一时期的大部分时间段，证据都极为有限。甚至对于有些延续几千年的时期，我们唯一掌握的古人类活动证据只是一颗牙齿，或是几块打磨过的燧石。尽管我们研究远古时期的技术每 10 年就有飞速进展，但面对这寥寥材料也无能为力。因此，我们禁不住要去填上那些空白，宣称我们知道的比实际上更多。当科学家这么做的时候，结果往往可疑地肖似那些现代科学理应摒弃的圣经叙事。

举个例子，早在 20 世纪 80 年代，"线粒体夏娃"（mitochondrial Eve），人类物种的假想共同祖先，引发了巨大的热议。诚然，没有人声称真的找到了这个祖先的物质遗存；但是对线粒体——我们从母亲那里继承的微型细胞马达——DNA 的测序证明这样一个夏娃一定存在过，也许就在 12 万年前。尽管没有人想过可以找到夏娃本人，但从东非大裂谷（一个旧石器时代遗迹的天然"保护井"，其他处于更暴露环境中的类似遗迹早已被大面积毁坏）发掘出来的各种头骨化石，似乎暗示着夏娃可能的面目及她可能生活的地方。当科学家们还在为复杂细节争论不休时，大众杂志则很快刊登出各种故事，关于一个现代版的伊甸园、人类最初的保育箱、孕育所有人类生命的稀树草原子宫。

我们很多人的脑海中可能仍有类似的关于人类起源的图景。然而，最近的研究表明，这种图景不可能准确。事实上，生物人类学家和遗传学家现在正逐渐对一种全然不同的图景形成共识：与其说起初人人相似，然后在某个"巴别塔时刻"从东非分散开来，成为地球上形形色色的民族与族群，不如说非洲早期人类种群似乎比我们今天所熟悉的任何人群都更具生理上的多样性。

我们现代人倾向于夸大彼此间的差异，而这种夸大的结果往往是灾难性的。在战争、奴隶制、帝国主义和日复一日的种族主义压迫之间，过去的几个世纪见证了太多由人类外表上的细微差异导致的人间苦难，以至于我们很容易忘记这些差异实际上是多么微不足道。参照任何有意义的生物学标准来看，现存的人类之间几乎没什么区别。无论你是去波斯尼亚、日本、卢旺达还是巴芬群岛，都会看到有着同样小巧而精致的脸颊、下巴和球状头骨的人，其体毛分布也大致相同。我们不仅长相类同，而且在很多方面的行为也相近（例如：从澳大利亚内陆到亚马孙流域，翻白眼都意味着："真是个白痴！"）。这同样适用于认知。我们可能认为不同人类群体的认知方式存在极大差异，虽然这在某种程度上也没错，但其实我们以为的大部分差异源于没有找到真正的比较基础：例如，所有人类语言都有名词、动词和形容词；虽然不同人喜欢的歌舞形式各异，但已知的人类中没有完全不喜欢歌舞的族群。

倒回数十万年前，一切几乎肯定**不是**这样的。

在进化史上的大部分时期，我们确实生活在非洲，但并不像之前认为的那样只是生活在东非稀树草原；我们生物学意义上的祖先分布在从摩洛哥到好望角的各个地方。[3] 其中一些种群由于沙漠和雨林的阻挡，在几万年甚至几十万年的时间里彼此失联，相互隔绝。强烈的地域性特征形成了。[4] 这造成的局面可能会让一个现代观察者感到震惊，因为这更像是一个由霍比特人、巨人和精灵共同居住的世界，而非我们当下的或更近期历史上的世界。造就现代人类——上面所提到的相对单一的"我们"——的因素似乎仅仅出现在这个进程的晚期。换言之，如果我们认为人类现如今彼此相异，那多半是幻觉；比起史前大部分时期非洲的人类状况，我们今天即便真的存在差异，也是细微的表面差异。

远古人类不仅彼此之间有很大的不同，还与大脑更小、更像猿类的物种共存，比如纳莱迪人（*Homo naledi*）。这些远古社会是什么样子的？在这一点上，我们至少应该坦承，我们对大多数情况一无所知。你只能从颅骨遗存和燧石的零星碎片中重构远古社会的面貌，这些基本就是所有线索。大多数时间里我们甚至不知道这些祖先颈部以下的样子，更不必说肤色、饮食或其他情况了。我们只知道，我们是这些最初杂居的不同人群混合的产物，这些人群不断互动、杂交、分离和相聚；至于他们如是这般的种种方式，我们目前基本上仍只能靠猜测。[5] 我们似乎可以合理推断，那时不同人群在交配与育儿实践、有没有统治等级、有没有语言和原初语言（proto-language）形式等方面一定存在巨大差异，这些行为上的差异比起不同人群间的体貌差异只多不少。

也许我们唯一可以真正确定的是，就祖源而言，我们都是非洲人。

现代人类首先出现在非洲。当他们开始从非洲向亚欧大陆扩张时，遇到了像尼安德特人与丹尼索瓦人等其他种群并与之杂交。[6] 这些种群与我们的祖先差异较小，但仍然不同。只有在这些种群灭绝后，我们才可以说单一的人属的"我们"栖息在了这个星球上。这一切让我们意识到，远古祖先的社会环境甚至物理环境都与我们今日的大相径庭，至少一直到公元前4万年还是如此。他们周围的动植物种类与今天的完全不同。所有这些都让我们极难在二者间进行类比。在历史和民族志记录中，根本找不到类似这样的内容：不同的人类亚种之间杂交、互动、合作，但有时也互相残杀。即使有这样的记录，考古证据也太过单薄和分散，无法检验史前时期是否的确如此。[7]

我们唯一可以合理推断的是，我们远祖的社会组织可能是非常多样化的。早期人类居住在多种多样的自然环境中，从海岸、热带森林到山区、大草原。他们远比今天的人类具有更大的体貌差异；可想而知，他们的社会差异甚至比体貌差异还要更大。换言之，不存在人类社会的"原始"形态。对它的找寻无非是在制造神话：由此产生的神话叙事，或是在20世纪60年代以"杀手猿"（killer ape）这一假想形象出现，然后被斯坦利·库布里克的《2001：太空漫游》这类电影深深刻入集体意识；

或是以"水猿"(aquatic ape)的形象出现；或是以非常有趣但纯属空想的"迷幻猿"(stoned ape，该理论认为，意识的出现是由于意外摄入致幻蘑菇)的形象出现。类似这样的神话至今还在为优兔(YouTube)上的观众所津津乐道。

需要明确的是，神话并没有错。也许编造关于遥远过去的故事这一倾向，本来就是我们反思自身物种本性的一种方式，就像艺术与诗歌一样，明显是于遥远的史前时代就开始形成的人类特征之一。无疑，有些故事确实向我们透露出现代人类演化的重要信息，比如，女性主义理论明确将人类的社会性追溯到集体育儿实践。[8] 但是如此这般的洞见也只可能是片面的，因为不存在伊甸园，也不存在一个夏娃。

为什么说"智人悖论"是一个障眼法；我们从成为人类开始，就在做人类的事

今天，人类是一个相当统一的物种。从进化的角度来看，这种统一性并不太古老。它的遗传基础大概建立于50万年前。但如果认为我们可以明确找到一个更近的智人"出现"的时间节点，即造就现代人类状况的种种元素汇聚一处的时刻，一个伟大的创造时刻，那几乎必然是一种误导。

目前，关于我们现在所谓复杂的象征性人类行为(也即"文化")的直接证据，最早可以追溯到不超过10万年前。与文化相关的证据到底出现在非洲大陆上的什么地方，主要取决于保护条件如何和目前为止考古研究最容易进入哪个国家。南非海岸周围的岩棚是一个关键来源，那里的史前沉积物中保存的证据显示，大约在公元前8万年，已经出现了有柄工具以及贝壳与赭石的表达性使用(expressive use)。[9] 在非洲其他地区也有相当古老的发现，但直到大概4.5万年前，在我们的物种汲汲于殖民亚欧大陆时，类似的证据才开始更多出现在更广泛的地域上。

20世纪80年代和90年代，人们普遍认为在大约4.5万年前发生了一些重大事件，某种突然的创造力爆发，在文献中被称为"旧石器时代晚期革命"甚至是"人类革命"。[10] 但是在过去的20年里，研究人员越来越

清晰地认识到，这可能是我们证据中的偏差所造成的假象。

原因在于，这场"革命"的大部分证据仅局限于世界的一个部分——欧洲，出现于此的证据与公元前4万年前后尼安德特人被智人取代有关。这些证据包括：更为先进的狩猎和手工艺工具；最早的以骨头、象牙和黏土造像的明确证据，例如著名的雕刻"女俑"[11]；洞穴中密集刻画的动物图案，其准确性往往令人叹为观止；更为精致的衣装打扮方式；最早使用骨笛一类乐器的实证；原材料的远距离频繁交易，以及厚葬这种通常被视为早期社会不平等之明证的习俗。

所有这些都令人印象深刻，让人觉得我们的基因演化和文化发展之间缺乏同步性。这似乎引出一个问题：从人类的生物性起源到典型人类行为的大范围出现，从我们有能力创造文化到我们最终开始创造文化，为什么会隔了这么多万年？在这期间，我们究竟在做什么？许多研究者对此感到困惑，甚至为此创造了一个术语："智人悖论"。[12]少数人甚至走得更远，推测人类大脑在晚期出现过突变，以此来解释旧石器时代晚期欧洲人明显优越的文化能力。不过，这类观点已经不再被严肃对待。

事实上，越来越清楚的是，这整个问题都是一场幻觉。来自欧洲的考古证据之所以如此丰富，是因为欧洲政府往往富有，而且欧洲的专业机构、学术团体和大学院系在自家门口研究史前史的时间远长于世界其他地方的。一年年过去，其他地方也不断出现早期行为复杂性的新证据：不仅是非洲，还有阿拉伯半岛、东南亚和南亚次大陆。[13]就在我们写作的时候，肯尼亚海岸的一个名为潘加-亚-赛迪（Panga ya Saidi）的洞穴遗址，正在出土一系列6万年前贝珠与加工颜料的证据；[14]对婆罗洲（加里曼丹岛）与苏拉威西岛的研究正在打开一个前所未见的洞穴艺术世界，这些洞穴中的图像比亚欧大陆另一边的拉斯科（Lascaux）与阿尔塔米拉的著名岩画要早好几千年。[15]在非洲大陆的某些地方，我们无疑还将发现更古老的复杂图像艺术的例证。

很可能欧洲才是后来者。即使在现代人类从公元前4.5万年前后开始殖民欧洲之后，欧洲大陆仍然人口稀少，而且新来者曾与在此定居已久的尼安德特人（他们自己就会从事各种复杂的文化活动）[16]共存，尽管时间并不长。之所以在现代人类到达后不久突然出现了文化的繁荣，可能与气候和人口数有关。直白地说，随着冰盖的移动，欧洲人群的生活空间比我们这一物种此前所面临的更加严酷和受限。猎物丰富的山谷和大草原被北部的苔原和南部茂密的海岸森林所包围。我们只能想象我们的祖先在相对封闭的环境之间移动与集散，追随着猛犸象、野牛和鹿群的季节性迁徙。虽然人口的绝对数量仍少得惊人，[17]但人类互动的密度大为增长，特别是在一年当中的某些时候。文化表达随之迎来大爆发。[18]

为何即使是高见远识的研究者仍想方设法地坚称社会不平等有一个"起源"

正如我们稍后将看到的，考古学家称之为旧石器时代晚期（约公元前50000—前15000年）的社会有着豪华的墓葬和恢宏的公共建筑，这似乎完全颠覆了我们印象中的那个由平等主义觅食者小游群构成的世界。差距大到一些考古学家已经开始掉转方向，描述冰期的欧洲如何充斥着"等级化的"甚至"分层的"社会。在这一点上，他们与进化心理学家达成了共识，后者坚持认为支配行为在我们基因中如此根深蒂固，以至于当社会超越了小游群时，就必然会形成一些人统治另一些人的形式。

几乎所有更新世考古学家之外的研究者，也就是说，那些没有被迫面对这些证据的人，都直接忽略了这些证据，像之前那样继续推进他们的书写，就好像仍可以假设狩猎-采集者生活在原始的纯真状态中一样。正如克里斯托弗·博姆（Christopher Boehm）所说，我们似乎注定要在"霍布斯式的鹰派和卢梭式的鸽派"之间上演无休无止的循环战：将人类要么视为天生的等级主义者，要么视为天生的平等主义者。

在这方面，博姆的研究很有启发。作为进化人类学家和灵长目研究专家，他认为，虽然人类确实有支配-服从行为的本能倾向，这无疑继承自我们的类人猿祖先，但使社会独具人性的是我们有能力自觉地决定不那么做。博姆仔细研究了关于非洲、南美洲和东南亚现存的平等主义觅食者游群的民族志记录，发现这些游群会采用多种多样的策略来共同压制潜在的吹牛大王和恶霸,包括嘲笑、羞辱、冷落(对于顽固的反社会分子,有时甚至会直接暗杀)[19],这些在其他灵长目中都不存在。

例如,大猩猩不会捶胸脯嘲笑彼此,人类却经常这么做。更惊人的是,虽然欺凌行为也许是本能的,但反欺凌不是:它是一种深思熟虑的策略,会这么做的觅食者社会表现出博姆所称的"算计智慧"(actuarial intelligence)。也就是说,他们知道不同的行事方式会带来不同的社会后果:例如,如果技艺高超的猎人不被有组织地贬低,或者如果大象肉不由随机选出的人(而由实际杀死野兽的人)分发给群体,可能造成什么结果。博姆认为这就是政治的本质:有意识地反思所在社会可能走向的不同方向的能力,以及明确论证为什么该走某一条路而非其他道路的能力。在这个意义上,可以说亚里士多德把人类描述为"政治动物"是对的,因为至少据我们所知,这正是其他灵长目从未做过的事情。

这是一个高明且重要的论点,但是,像许多作者一样,博姆似乎非常奇怪地不愿意充分探究个中深意。现在让我们来想一下。

如果人类的本质在于我们是自觉的政治行动者,因而有能力接受形形色色的社会安排,这难道不意味着人类在漫长的历史过程中其实应该探索过各种各样的社会安排了?结果令人困惑的是,博姆认为,直到晚近,所有人类都选择遵循同一个特定的制度安排——"直至等级制社会出现之前",我们严格来说"世世代代都是平等主义者"——从而草率地将早期人类又抛回伊甸园。他认为,随着农业的产生,我们才集体步入等级制度。博姆坚称,在1.2万年前人类基本上是平等主义的,生活在他称之为"平等的社会中,在家庭之外没有支配者"。[20]

因此,根据博姆的说法,在大约20万年的时间中,"政治动物"纷纷选择同一种生活方式;当然,后来他们开始奔向自己的锁链,猿类般的支配模式重新出现。"霍布斯式的鹰派与卢梭式的鸽派"之争的解决方案变成:我们的遗传天性是霍布斯式的,但我们的政治历史却几乎和卢梭所描述的一致。结果呢?一个奇怪的执念形成了,认为几万年间什么也没有发生。这是一个令人不安的结论,尤其是当我们考虑到有些实际的考古证据显示"旧石器时代政治"的确存在时。

考察冰期社会的宏伟纪念碑、豪华墓葬与其他出人意料的特征如何颠覆了我们设想中的狩猎-采集者形象，并探讨大约 3 万年前存在"社会分层"可能意味着什么

让我们从狩猎-采集者丰富的墓葬开始。在亚欧大陆西部，从多尔多涅河（Dordogne）到顿河（Don）的大部分地区都可以找到相关例证，其中包括在岩洞居所与露天聚落中的发现。一些最早的发现来自像俄罗斯北部的松希尔（Sunghir）遗址与布尔诺以南摩拉维亚盆地的下维斯特尼采（Dolní Věstonice）遗址，年代在 3.4 万至 2.6 万年前。我们在这里发现的不是墓园，而是单独个体或小团体的墓葬，其中尸体常常被摆放成极其引人注目的姿势，而且饰以（有时几乎是覆满了）各种装饰品。在松希尔的这个墓葬中有数以千计的珠子，由猛犸象牙和狐狸牙齿精心加工而成。这种珠子当初应该是被用来装饰毛皮和兽皮制成的衣服的。考古人员在两个男孩的合葬墓中发现了一些极尽奢华的装束，墓主的两侧放置着用拉直的猛犸象牙制成的宏伟长矛。[21]

在下维斯特尼采的一个三人墓葬中，有两个戴着精致头饰的年轻男性被摆放在一个年纪较长的男性两侧，三人共同躺在赭石涂红的土床上。[22] 类似的古代遗迹还有在今意大利和法国边境附近的利古里亚（Liguria）海岸发掘出的一组洞穴墓葬，其中有少年或成年男性的完整尸身，还有一个豪华墓葬，其墓主被考古学家称为"王公"（*Il Principe*）。这些尸体被摆出引人注目的姿势并满饰珠宝，包括海贝和鹿齿制成的珠子和异域燧石制成的刀片。之所以被称为"王公"，是因为他的陪葬品在一个现代人看来就像皇家仪仗：一根燧石权杖，一些驼鹿角棒，还有一个以穿孔贝壳和鹿齿精心制作的华丽头饰。往西到多尔多涅，我们遇到了一个 1.6 万年前的年轻女子，也即所谓的"圣日耳曼-德拉里维埃夫人"（Lady of Saint-Germain-de-la-Rivière）的墓葬，里面有大量用贝壳和鹿齿制成的饰于腹部与骨盆的装饰品，这些牙齿取自在 300 公里外的西班牙巴斯克地区猎杀的雄鹿。[23]

这些发现完全改变了专家对史前人类社会的看法。平等主义小游群

的旧观点滑向了另一个极端，一些考古学家现在认为，在农耕起源前的几千年，人类社会就已经按照地位、阶级和世袭权力进行划分了。正如我们所见，这基本不可能，但这些考古学家搬出的证据却又足够真实：例如，制作随葬品所需的超乎寻常的劳动支出（据一些估计，仅制作松希尔遗址的珠子就需要 1 万工时）；高度先进和标准化的生产方法表明可能有专职工匠；或是存在远距离运输珍稀材料的方式；最能说明问题的是，在少数情况中儿童有大量财富作为陪葬，这也许意味着某种世袭地位。[24]

最近的考古研究还有一个出人意料的发现，那就是纪念性建筑，这使很多人修正了对史前狩猎-采集者的看法。在亚欧大陆，最著名的例子就是土耳其东南部俯瞰着哈兰平原（Harran Plain）的耶尔穆什山脉（Germuş Mountains）上的石筑神殿。20 世纪 90 年代，德国考古学家在该平原的北部边境工作，开始在一个被当地人称为哥贝克力土丘（Göbekli Tepe）的地方发现极为古老的遗迹。[25] 他们的发现后来被视为一桩进化史上的难题，主要的谜团来源于一组 20 个巨石围合的结构，它们始建于公元前 9000 年前后，后来经历了多个世纪的反复翻修。修建这些围场的时候，周围的平原是林地和草原的混合带，布满了野生动植物，这些物种在最后一个冰期即将结束时大量生长于中东地区。

哥贝克力土丘的围场巨大无比。它由高大的 T 形柱子组成，有些柱子高约 5 米，重达 1 吨。这些柱子是从该遗址内的石灰岩岩床或附近的采石场凿出来的。柱子至少共有 200 根，被插入基座，然后用粗糙的石墙连接起来。每一根柱子都是独特的雕塑作品，雕刻着危险的食肉动物、有毒的爬行动物、猎物、水禽和小型食腐动物等形象。这些动物形象呈现为石柱上深深浅浅的浮雕：有些羞怯地徘徊在表面，有些则以立体形式大胆地凸显出来。这些梦魇般的生物朝向不同的方向，有些朝向地平线行进，有些则下到大地深处。在一些地方，柱子本身就像一具站立的身体，有着像人类一样的四肢和衣服。

建造这些非凡的建筑意味着在广大地理范围内严格协调一致的活动，如果多圈石阵是根据一项整体规划同时建造的（这是目前争论的焦点），[26] 情况就更是如此。但更大的问题仍然是：谁制造了它们？虽然当时附近的人类群体已经开始种植农作物，但据我们所知，那些哥贝克力石阵的建造者还没有。他们的确会在不同季节收获并加工野生谷物和其他植物，但是并没有充分的理由将他们视为"原始农民"，也不能证明他们对驯化作物为主的生计方式有任何兴趣。事实上，因为他们的居住地附近就有水果、浆果、坚果和其他可食用的野生动物，所以他们没什么理由专门从事耕作（事实上，我们有充分的理由认为哥贝克力石阵的建造者与附近开始从事农耕的群体有相当惊人的差异，但这要等到下一章才论及；眼下，我们只关心纪念碑）。

对一些人来说，哥贝克力石阵建筑矗立的位置和方向暗示了一种天文或计时功能。每条柱链都对应着一个特定的天体运动周期。考古学家对此仍然持怀疑态度，他们指出，这些建筑可能曾有屋顶，且其布局随着时间的推移发生了许多改变。但是迄今为止，最让各个学科的学者感兴趣的是另一件事：这些巨石显然证明了"狩猎-采集者社会已经进化出支持大型公共工程、项目与纪念性建筑的制度，因此在农业出现之前，这些社会就已经有了复杂的社会等级"。[27]还是那句话，事情没那么简单，因为等级制度和时间测量这两种现象是紧密交织在一起的。

尽管哥贝克力石阵经常被视为一种反常现象，但事实上有大量证据表明，在早期的狩猎-采集者中存在着多种多样的纪念性建筑，并可一直上溯至冰期。

在2.5万到1.2万年前的欧洲，从克拉科夫到基辅的大片区域内，公共工程已经成为人类聚居地的一个特点。沿着这个冰川边缘的横断面，人们发现了多处令人印象深刻的圆形建筑遗迹，它们的规模（最大的直径约12米）、持久性、美学特性以及在更新世景观中的突出位置，都明显区别于普通的营地住所。每个建筑都建立在由猛犸象的牙齿和骨头搭成的框架上，这些骨头取自几十头猛犸象，被交替排列成不同的序列和样式。这超越了单纯的功能性，形成了可能在我们看来都相当惊人的结构，它们对当时的人来说想必更显宏伟。还有长达40米的巨型木制围栏，只有柱洞和下沉的地坪保存了下来。[28]哥贝克力土丘可能也有过这样的木制建筑。

纪念性（monumentality）在某种意义上是一个相对的概念；也就是说，一个建筑或结构只有在对比观看者实际体验过的其他建筑和结构时，才显出其"纪念性"。显然，冰期并没有产生像吉萨金字塔或罗马斗兽场那般规模的建筑，但是按当时人的标准来看，我们所述的这类建筑只能被视为公共工程，要用到复杂精细的设计与规模惊人的劳动协作。对俄罗斯尤季诺沃（Yudinovo）遗址的研究表明，人们常说的"猛犸象房屋"实际上根本不是住宅，而是严格意义上的纪念碑：人们精心规划和建造这类建筑来纪念一次伟大的猛犸象狩猎活动圆满结束（也纪念整个狩猎群体的团结），用的是猎物尸体除去肉皮之后剩下的耐用部分；它们后来被沉积物覆盖，形成这片土地上持久的地标。[29]这里谈到的肉属实数量惊人：就每个建筑结构（在尤季诺沃有5个）来说，需要用到的猛犸象都足够数百人吃大概3个月。[30]在尤季诺沃、梅日里奇（Mezhirich）和科斯捷尼基（Kostenki）这样的露天聚落，矗立着的猛犸象纪念建筑往往成为居民跨越长途交易琥珀、海贝和动物皮毛的中心场所。

那么，我们该如何看待所有这些上溯到遥远冰期的证据，包括石筑神殿、尊贵墓葬、猛犸象纪念建筑以及繁荣的贸易与手工业生产中心？在那个被认为无要事发生的旧石器时代（至少根据某些描述，那时的人类社会和黑猩猩或倭黑猩猩种群差不多），人类在做些什么？毋庸置疑，或许有些人的回应方式是完全放弃平等的黄金时代的想法，得出相反的结论说，这一定是一个由强大领袖统治的社会，甚至是多个王朝，因此，自我扩张和强制权力始终是人类社会进化背后的持久力量。但是这种想法也不太成立。

在冰期的社会中，无论是宏伟墓葬还是纪念性建筑，关于制度性不平等的证据都是零散的。装饰华贵的墓葬彼此间相差了若干世纪，且往往相隔数百公里。即便把这些归结为证据不完整，我们还是要先问问为什么证据如此零散破碎？毕竟，这些冰期的"王公"中但凡有一个表现得像青铜时代的（更不必说文艺复兴时期的意大利）"王公"一样，那我们还会发现集权的各种典型特征：防御工事、仓库、宫殿。然而，在数万年的时间里，我们所看到的只是纪念性建筑和宏伟墓葬，几乎没有其他东西可以证明等级社会的发展，更别提任何些微类似"国家"的存在。要理解为什么关于人类社会生活最早的记录如此怪异且零碎，我们首先需要摈弃一些关于"原始"心智的挥之不去的先入之见。

摈弃"原始"人在某种程度上不能自觉反思这一挥之不去的假设，并强调怪胎的历史重要性

在上一章我们提出，卢梭的遗产中真正隐藏的危险因素，与其说是"高贵的野蛮人"的讲法，不如说是"愚蠢的野蛮人"的想法。我们或许已经克服了，或至少自认克服了大多数19世纪欧洲人堂而皇之的种族主义，但是再成熟的当代思想家也常常认为狩猎-采集者"游群"更像黑猩猩或狒狒，而不是任何他们可能见到的人。来看一下历史学家尤瓦尔·赫拉利（Yuval Noah Harari）的《人类简史》（*Sapiens: A Brief History of Humankind*，2014）中的以下段落。赫拉利以一个完全合理的论述起头：我们对早期人类历史的了解极其有限，不同地方的社会安排也可能差别很大。他的确有点夸大其词（他认为我们对人类早期历史实则一无所知，甚至对冰期的了解也几近于零），但基本观点言之有理。接着我们就读到了这样的话：

> 觅食者的社会政治世界是另一个我们几乎一无所知的领域……学者们甚至不能就基本问题达成一致，例如私有财产、核心家庭和一夫一妻制等是否存在。很可能不同的游群有不同的结构。有些可能像最可恶的黑猩猩群体那样等级森严、紧张和暴力，而另一些则像倭黑猩猩群体那样悠闲、和平且耽于情欲。

也就是说，不但人人都生活在游群中，直至农业出现，而且这些游群在特征上跟猿类大差不离。这样总结貌似对作者不公平，但是想想看，赫拉利大可以写成"像最可恶的飞车党帮派那样紧张和暴力"，以及"像

嬉皮士公社那样悠闲、和平且耽于情欲"。人原本的第一反应就是把一组人类比作……另一组人类。可为什么赫拉利选择黑猩猩而不是飞车党呢？我们很难不认为，主要差别在于机车手**选择**了自己的生活方式，而选择意味着政治意识（political consciousness）：争论和反思合宜生活方式的能力；而这种能力，正如博姆提醒我们的，正是猩猩们不具备的。可赫拉利和其他许多人一样，还是选择将早期人类比作猿类。

这样一来，"智人悖论"又复归了。但它并没有反映什么真实的情况，而不过是我们用奇怪的方式解读证据时的副产品：要么坚持认为我们在无数个千年里有着现代的大脑，但是出于某种原因决意像猴子一样生活；要么认为我们有能力克服我们的猿猴本能，以无数种方式组织自己的社会，但出于某种同样模糊的原因最终只选择了一种组织方式。

也许这里真正的问题在于："自觉（self-conscious）的政治行动者"意味着什么。一方面，哲学家倾向于以自我觉察（self-awareness）来定义人类的意识（consciousness）；另一方面，神经科学家告诉我们，我们实际上绝大多数时间都在自动运转，未经反思地下意识做着习惯性行为。我们能自我觉察的时间通常很短："意识的窗口"开放时间通常为 7 秒钟左右，在这期间我们可以持有一个想法或解答一道问题。然而，神经科学家（必须指出，还有大多数当代哲学家）几乎从未注意到，在这一点上最大的例外是当我们与其他人交谈的时候。我们可以在谈话中保持思考，有时可以连续思考问题几个小时。显然这也是为什么很多时候，即使是我们自己想搞清楚某件事情，我们也会想象在与人争论或向人解释。人类的思想在本质上是对话性的。古代哲学家往往极为敏锐地注意到了这一点：这就是为什么无论在中国、印度还是希腊，古代哲学家都倾向于以对话体来写书。人类只有在彼此争论、试图动摇对方观点或共同解决一个问题时才有充分的自觉。与此同时，真正的个体层面的自觉被想象为少数圣贤通过长期的学习、实践、自律、冥想才有可能得到的东西。

我们现在所称的政治意识，在古代常被认为是最先出现的。在这个意义上，西方哲学传统在过去几个世纪中走向了一个相当不寻常的方向。

差不多就在西方哲学传统放弃将对话体作为典型写作模式的同一时期，它对孤立的、理性的、自觉的个体的看法也有所转变，不再将其想象为一种罕见的成就，通常（乃至只能）靠经年累月地独居在山洞、禅房或沙漠里的立柱顶端才能修炼出来，而是将其想象为无论何地的人类的正常默认状态。

更奇怪的是，在 18 世纪和 19 世纪，欧洲哲学家反倒开始将**政治**自觉视为某种惊人的历史成就，一种只有在启蒙运动以及随后的美国革命和法国革命中才真正出现的现象。欧洲哲学家们认为在此之前，人们只是盲目地遵循传统，或遵循他们所认为的上帝旨意；甚至当农民或民众起义军试图挺身推翻压迫性政权时，他们也认识不到自己是在革命，而是确信自己在恢复"古代习俗"或根据某种神启行事。在维多利亚时代的知识分子看来，在近代之前，人们不可能根据自己的喜好自觉构想一种社会秩序并努力实现它；甚至许多知识分子认为，这在他们自己的时代虽然可能，但并不可取。

所有这些都会震惊到坎迪亚洪克这位 17 世纪的温达特哲学家及政治家，我们在前一章已经讨论过他对欧洲政治思想的影响。和那个时代的大多数北美洲民族一样，坎迪亚洪克所属的温达特部族将自己的社会看作一个基于自觉的协定成立的联盟；人们可以不断地重新协商这些协定。但到了 19 世纪和 20 世纪之交，许多欧洲人与美国人却开始争论起像坎迪亚洪克这样的人有没有可能真正存在过。他们认为，"原始"民族不仅没有政治自觉的能力，而且甚至没有能力在个体层面做完全有意识的思考，或至少是名副其实的有意识思考。也就是说，就像他们假定一个"理性的西方个体"（比如，一个英国火车乘务员或法国殖民地官员）始终拥有充分的自觉一样（这显然是一个荒谬的假设），他们认为任何被归类为"原始"或"野蛮"的人都以"前逻辑心智"行事，或是生活在一个神话般的梦幻世界里。往好了说，那些人不过是盲从者，被传统的桎梏所束缚；往坏了说，则他们没有能力进行任何有充分意识的批判性思考。

这些理论也许可被视为对欧洲社会所面临的原住民批判的极致回应。坎迪亚洪克这类人物提出的论点可以被当作西方"高贵的野蛮人"幻想的简单投射而一笔勾销，因为回应者认为真正的野蛮人生活在一个完全不同的精神世界之中。如今，没有任何一个有声望的学者会提出这样的主张，每个人至少在口头上都支持人类精神的统一性；但在实践中，如我们所见，情况几乎没有什么变化。学者们仍然在如此这般地写作，就好像那些生活在经济发展早期阶段的人，尤其是那些被归类为"平等主义"的人，真的如字面意义那般人人都一样，靠某种群体思维生活：如果他们之间存在任何形式的人类差异，例如不同"游群"之间的差异，那不过和类人猿种群之间的差异差不多罢了。他们是不可能有政治自觉的，当然更不会有我们现在所说的政治远见。

如果某些狩猎-采集者经证明根本不是长期生活在"游群"中，而是云集起来建造宏伟的纪念性景观建筑、储存大量加工食品并将某些人当作皇室一样对待，那么当代学者至多可能会将他们定位到一个新的发展阶段：他们已经从"简单的"狩猎-采集者上升到"复杂的"狩猎-采集者，向着农业和城市文明迈进了一步。但是，他们仍囿于杜尔哥式的进化桎梏。他们在历史上的地位由他们的生计方式界定，他们的角色就是盲目顺应一些我们理解但他们不理解的抽象发展规律。自然也很少有人会问，他们**觉得**自己正在创造什么。[31]

现在应当承认，这条定律的例外情况一直都存在。经年累月地用原住民自身的语言与之交流并观察原住民争论的人类学家往往很清楚：即使是那些以猎杀大象或采集莲芽为生的人，也和那些以开拖拉机、经营餐馆或在大学就任要职的人一样，具有怀疑精神、想象力、思考力和批判分析的能力。极少数人能够像 20 世纪初的学者保罗·拉丁（Paul Radin）一样，在其 1927 年出版的《作为哲学家的原始人》（*Primitive Man as Philosopher*）一书中指出，至少那些他熟知的温尼贝戈人（Winnebago）和其他北美洲原住民，总体而言其实更善于思考。

拉丁本人也被同时代的人视作怪胎（他对正式的学术职务避而远之；传说他曾在芝加哥大学得到一份教职，但是在第一次上课前太过恐慌，以至于冲上附近的一条公路，千方百计地让自己的腿被车撞断，然后待在医院快乐地读书直到学期结束)。也许并非巧合,在他最熟悉的"原始"社会中,真正打动他的是对怪胎的容忍。他认为这是从拒绝强迫的逻辑延伸而来的,这一逻辑也曾令魁北克的耶稣会士印象深刻。他还指出,如果一个温尼贝戈人认为神明或者精怪并不存在且拒绝参加供奉神怪的仪式,甚至如果他宣布长老们的集体智慧是错误的并发明了他个人的宇宙观(这两件事情确实经常发生),这个怀疑论者肯定会遭人取笑,而且他最亲密的朋友和家人会担心神明将以某种方式惩罚他。但是**他们永远不会想到要惩罚他,也不会有人试图强迫他服从,例如,将某次打猎失利怪到他头上,并因此拒绝分给他食物,直到他愿意按常规行事为止**。

我们完全有理由相信,每个人类社会中都存在着怀疑论者和不守规矩的人;区别在于其他人是如何对待这些人的。[32]拉丁感兴趣的是这些不合群的人带来的思想影响,那种他们可能会创造出的倾向于投机冒险的思想体系。其他人则注意到这些人政治上的影响:往往是那些稍显古怪的人成了领导者;真正古怪的人可能会成为宗教人物,不过更重要的是,他们潜在的天赋与洞见可以而且经常被用于应对危机或前所未有的事态转变。例如,托马斯·贝德尔曼(Thomas Beidelman)观察到,在20世纪早期,在努尔人(Nuer)——南苏丹的一个养牛民族,以拒绝任何形式的政府著称——中有玩弄规则的政治家和村里的"公牛"[按我们现在的叫法应该是"权谋家"(operator type)],也有调解地方争端的"土地祭司"(earth priest),还有先知。政治家总是偏离传统的:例如,地方"公牛"中有不少是被父母出于某些社会意图宣称为男人的女人;祭司总是该地区的外来者;但先知是更极端的人物,他可能会流着口水、说着胡话、眼神空洞,像个癫痫病人,或者干一些冗长但是毫无意义的事情,比如花几个小时在灌木丛中把地上的贝壳摆成图案,或者长期在野外生活,或者甚至会吃掉粪便或灰烬。正如贝德尔曼所说,先知们"可能会讲不为人知的语言,出神,禁食,倒立,会在头发上插羽毛,在晚上比白天更活跃,还可能栖息于屋顶上。有些先知坐着时肛门上还拴着楔子"。[33]还有很多先知身体畸形。有些是异装癖,或者偏好非传统的性行为。

换言之,这些人是极其非正统的人物。相关文献给人的印象是,在任何前殖民时代的努尔人聚落，都存在一小片由那些可能被称为极端个体的人构成的灰色地带；那些人在我们自己的社会中可能会被归为极端的怪胎、挑衅的酷儿（queer）、神经多样人士（neurodivergent）或精神病人。通常情况下，人们对先知的态度是一种茫然的尊重，认为他们虽然有病，但是这种疾病是被神触摸的直接后果。因此，当巨大的灾难或史无前例的事件，例如瘟疫、外部入侵等发生时，大家就会在这片灰色地带中寻找具有超凡魅力的领袖来应对危机。结果，一个本可能一辈子在村里被视为白痴的人，突然被发现拥有非凡的远见和说服力，甚至能够在年轻人中激发出新的社会运动，或者能够协调整个努尔地区的长老，使他们放下分歧，围绕共同的目标组织起来，有时甚至能够构想出关于努尔社会未来的完全不同的蓝图。

从南比夸拉人的酋长角色及其社会生活的季节性变化中，克洛德·列维-斯特劳斯学到了什么

克洛德·列维-斯特劳斯是 20 世纪中期少数几个认真对待早期人类与我们智力相当这一观点的人类学家之一。他因此在《野性的思维》（*The Savage Mind*）中提出著名论点，即神话思想与其说是某种前逻辑的蒙昧，不如说是一种与我们的科学一样复杂的"新石器时代的科学"，只是这种科学建立在不同的原则上。但鲜为人知的是他早期的一些政治学作品，这些作品与我们在这里努力解决的问题更为相关。

1944 年，列维-斯特劳斯发表了一篇关于南比夸拉人（Nambikwara）的政治的文章。南比夸拉人是一小群过着半农耕半觅食生活的人，他们居住在巴西马托格罗索州（Mato Grosso）西北部的一片出了名的贫瘠草原上。因为南比夸拉人的物质文化十分简陋，那时的人们就认为他们是极其简单的群体。因此，很多人都把他们当作了解旧石器时代的直接窗口。列维-斯特劳斯指出，这是个错误。像南比夸拉人这类人生活在现代国家的阴影之下，与农民和城里人交易，有时还受雇当工人。他们中

有些人的前辈甚至可能是从城市或种植园逃出来的。不过，他指出，他们组织自己生活的方式可以作为洞察人类状况更普遍特征的一个来源，尤其是在政治方面。

对于列维-斯特劳斯来说，南比夸拉人尤其予人启发的是，尽管他们不喜欢竞争（反正他们也没什么财富可供竞争），但他们的确推举了酋长来领导他们。由此而来的制度安排所呈现出的朴素性，在他看来或许恰恰能揭示政治生活的"一些基本功能"，而这些功能"在更复杂和精致的政府系统中是隐藏起来了的"。他指出，酋长的角色不仅在社会和心理层面上与欧洲社会中的国家政客（politician）或政治家（statesman）极为相似，而且也吸引了类似的人格类型：那些人"与他们的大多数同伴不同，纯粹享受声望本身，感到一种很强的责任感的召唤，而且对他们来说，承担公共事务本身就会带来回报"。[34]

现代政客是投机钻营的角色，在不同的选区或利益集团之间斡旋联盟或谈判折中。在南比夸拉社会，这种情况并不多见，因为财富或地位的差异其实并不大。不过，酋长的确发挥了类似作用，在两个完全不同的社会和道德体系之间斡旋，这两个体系交替出现在一年中的不同时段。让我们解释一下。20世纪40年代，南比夸拉人实际上生活在两个非常不同的社会中：在雨季，他们以数百人的规模居于山顶村庄，从事园耕；而在一年中的其他时间，他们分散成觅食者小游群。酋长们在旱季的"游历冒险"中扮演英雄领袖的角色，成则声名鹊起，败则声名扫地。在此期间，他们发号施令、解决危机，并且会以平时不可接受的威权方式行事。在更为安逸和富足的雨季时期，他们则依靠那些声名在村庄中吸引追随者环拱而居，在那里，他们只通过温言劝说和以身作则，引导追随者建造房屋和打理菜园。在此期间，他们关心病人和穷人，调解争端，也从不将任何观点强加于人。

我们应该如何看待这些酋长？列维-斯特劳斯总结说，他们既不是族长，也不是小暴君（尽管在一段有限的时间内他们被允许这般行事），而且在任何意义上都没有被赋予神秘力量。最重要的是，他们类似于现代政治家，运作着一个处于雏形的小型福利国家，汇集资源并将其分配给有需要的人。最让列维-斯特劳斯印象深刻的是他们的政治成熟度。正是酋长领导旱季的觅食小游群的能力，以及在危机面前快速决断的能力（比如渡过一条河、指挥一次狩猎），使其后来有资格在村庄广场扮演调停者与外交官的角色。但在这个过程中，他们每年实际上来回穿梭于进化人类学家（遵循杜尔哥的传统）所主张的完全不同的社会发展阶段之间：从狩猎者与采集者转换为农民，然后再转换回来。

恰是这种特质使南比夸拉酋长成了一个特别令人熟悉的政治形象：在实质上不同的两种社会体系之间转换自如，镇定老练，其间兼顾个人野心与公共利益。这些酋长在各种意义上都是自觉的政治行动者。而且，正是他们的灵活性和适应性，使他们得以在任何特定的时间对任一种制度保持距离感。

尽管列维-斯特劳斯后来成为世界上最著名的人类学家，也许是法国最著名的知识分子，但是他早期关于南比夸拉领袖特质的文章几乎瞬间石沉大海。时至今日，在亚马孙研究领域之外，几乎没有人听说过这篇文章。其中一个原因是，在战后几十年内，列维-斯特劳斯一直与自己学科中的其他人反向而行。他强调狩猎者、园耕者和现代工业民主国家生活间的相似性，而几乎所有其他人，尤其是对觅食者社会感兴趣的人，都在拥抱杜尔哥理论的各种新变体，只不过换上了一套新话语，并有大量硬科学数据支持。他们抛弃了过时的"蒙昧""野蛮"与"文明"之分，因为这些区分听起来有些过于居高临下；他们确定了一个新的序列，从"游群""部落""酋邦"再到"国家"。这一趋势的高潮是1966年在芝加哥大学举行的"狩猎之人"（Man the Hunter）专题研讨会，它有着里程碑式的意义。它为狩猎-采集者研究搭建了一门新的学科，与会者建议称之为"行为生态学"，首要工作就是对非洲草原和雨林地区的族群，包括卡拉哈里的桑人（布须曼人）、东哈扎人和姆布蒂俾格米人（Mbuti Pygmy），进行严格的定量研究，包括计算热量、研究时间分配，以及获取各种早期研究者根本没有的数据。

这些新兴的研究与大众对这些非洲社会暴涨的热情同时出现。例如马歇尔家族（the Marshalls，一个囊括多位人类学家和电影制片人的美国家族）拍摄的关于卡拉哈里布须曼人的著名短片，它们已经成为世界各地人类学入门课程和教育电视栏目的固定素材；此外还有科林·特恩布尔（Colin Turnbull）的《森林人》(*The Forest People*)这样的畅销书。没过多久，几乎所有人都认为觅食者代表了社会发展的一个独立阶段，他们"生活在小群体中"，"经常迁移"，拒绝年龄和性别之外的任何社会区隔，并且通过"裂变分支"（fission）而非仲裁或暴力解决冲突。[35] 人们偶尔会承认，事实上，这些非洲社会中至少有些是生活在无主之地的难民，又或者民族志记录下来的很多觅食者社会（彼时他们已经被欧洲殖民者的殖民主义消灭殆尽，无法再接受定量分析）与此完全不同。但这样的事实基本都被视作无关紧要。对卢梭遗产下长大的人们来说，平等主义小游群的图景完美符合他们对狩猎-采集者**应该**是什么样子的想象。现在，似乎有了可量化的硬科学数据（还有影像！）来为这一想象背书。

在这个新现实中，列维-斯特劳斯的南比夸拉人根本无足轻重。毕竟，从进化论的角度来说，他们甚至不算真正的觅食者，因为他们每年只有七八个月是游荡觅食的游群。因此，这一明显的悖论——他们更大的村庄聚落是平等主义的，而他们的觅食游群却完全相反——可以被忽略不计，以防它玷污了这幅清晰的图景。南比夸拉酋长身上如此明显的政治自觉，更别提努尔先知众望所归的疯狂即兴发挥，在新修订的人类社会进化框架之中都没有一席之地。

回到史前史，思考一下冰期及更遥远时代的"极端个体"和社会生活季节性变化的证据

20世纪的南比夸拉人、温尼贝戈人和努尔人不能为我们提供了解过去的直接窗口，但他们给出了一些我们原来也许想不到的研究视角。在讨论了他们的社会体系后，似乎会很自然地问出：在早期人类社会中，是否有证据表明社会结构随季节而变化？在旧石器时代，极度反常的个体会不会不仅受到尊重，而且扮演了重要的政治角色？两个答案都是肯定的。事实上，有大量证据证明这两点。

让我们说回那些奢华的旧石器时代晚期墓葬，它们经常被当作"不平等"或某种世袭贵族出现的证据。很奇怪，那些提出这类论点的人似乎从来没有注意到——或者说，即使注意到也没有对这类事实给予多大重视——很多骨架（实际上是大部分骨架）显示出惊人的外形异常，足以使死者在所处的社会环境中明显鹤立鸡群。[36] 例如，松希尔和下维斯特尼采的青少年男孩都有明显的先天畸形；卡拉布里亚的罗米托岩洞中的尸体通常非常矮小，其中至少有一例患有侏儒症；而格里马尔迪岩洞（Grimaldi Cave）里的尸体即便参照我们的标准也过于高大，因此在他们同时代人眼里必然是名副其实的巨人。

这一切似乎不太可能是巧合。事实上，这不禁让人好奇，剩下那些在解剖学上来看正常的骨骼的主人是否在其他方面有异常？毕竟，比如一个白化病患者，或者一个花大把时间倒立或排列组合蜗牛壳的癫痫先知，是无法像上面那样从考古记录中被识别出来的。我们无法详细了解旧石器时代被厚葬的个体的日常生活，只知道他们似乎像其他人一样得到了很好的食物和照料；不过我们至少可以说，他们被视为同辈中极端不同的个体。

关于上个冰期的社会不平等，这一切到底告诉了我们什么？首先，它表明我们可能不得不搁置此前仓促开启的关于世袭精英出现的讨论。旧石器时代的欧洲似乎不太可能产生一个恰好主要由驼背、巨人和侏儒组成的精英阶层。其次，我们不知道这些个体死后的待遇与他们生前的待遇有多大的关系。这里存在另一个重要的问题：摆在我们面前的情况并非一些人被厚葬而另一些人没有被厚葬，而是一些人被厚葬而另外大多数人根本就没有被埋葬。[37] 在旧石器时代晚期，肢体完好、穿戴整齐地下葬似乎相当罕见。大多数尸体得到的处理方式完全不同：去肉、拆解、遴选甚或被加工为珠宝和工艺品（总体来说，旧石器时代的人们明显比我们更熟悉人体的各个部位）。

肢体完好且相连如故的尸体，尤其是穿戴整齐的尸体，显然是不常见的，且人们可能会认为这在本质上很怪异。一些重要的旁证强化了这一论点。在很多例子里，人们努力在旧石器时代死者的尸体上覆以重物，比如猛犸象的肩胛骨、木板、石头或绑得紧紧的捆缚物；也许给尸体堆满衣物、武器和装饰品是这些关切的延伸，在纪念死者的同时防止某种潜藏的危险。这种解释也说得通。民族志记录中有大量关于异常存在的案例，这些或人类或非人的存在被认为既崇高又危险，或者生前崇高而死后危险。

这里很多只是推测。基于证据还可以做出大量不同的解释。尽管如此，认为这些坟墓标志着某种世袭贵族的出现，似乎是所有解释中最不可能的。那些被埋葬的人是异乎寻常的、"极端"的个体。人们对待这些死者的方式——这里我们指的不仅是夸耀性的财富展示，也是他们的尸体能得到装饰、陈列和埋葬的前提——标志着他们在死后同样不寻常。这些墓葬在几乎所有方面都非常反常，因此很难被解释为活人社会结构的反映。不过，它们显然又与同一时期的种种音乐、雕塑、绘画和复杂建筑证据有所关联。我们该如何看待它们？

这里必须引入季节性这个视角。

几乎所有有着非凡墓葬和纪念性建筑的冰期遗址，都是由那些生存方式像列维-斯特劳斯笔下的南比夸拉人的社会创造的，这些社会在一年中的一些时候散作觅食者游群，另一些时候紧密聚集在定居点。事实上，他们并没有聚在一起种植庄稼；相反，旧石器时代晚期的大型遗址关乎迁徙和季节性的狩猎（猎物包括长毛象、西伯利亚野牛或驯鹿），以及周期性的鱼类洄游和坚果收获。这似乎能够解释在东欧发现的活动中心，例如下维斯特尼采等，人们在那里利用丰富的野生资源设宴，主持复杂的仪式和雄心勃勃的艺术工程，同时交易矿物、海贝和动物皮毛。在西欧，与之对应的是法国佩里戈尔地区（Périgord）和西班牙坎塔布里亚海岸（Cantabrian Coast）的大型岩棚遗址，那里深刻记录的人类活动，同样构成了每年一轮的季节性集散的一部分。[38]

考古学研究还表明，季节性变化的模式就藏在哥贝克力石阵背后。围绕这些石筑神殿展开的活动恰好发生在仲夏和秋季之间的年度大丰收时期。在这段时间，成群的瞪羚登上哈兰平原，人们也会聚集于此加工大量坚果和野生禾本科谷物，将其制成节日食品，这些很可能为建造工作提供了补给。[39]有一些证据表明，这些宏伟建筑的寿命都相对较短，一次巨大的盛宴是其终极用途，而在此之后，其墙体迅速被剩菜和其他垃圾填满：等级制度被抬上了天，却很快又被推倒在地。仍在进行的研究可能会使这一图景变得复杂，但应当不会动摇季节性聚集以开展节庆劳动的总体模式。

这种钟摆式的生活模式在农业发明之后长期存在。仅举一例，这种模式可能是理解英格兰索尔兹伯里平原（Salisbury Plain）上著名的新石器时代遗址的关键所在。之所以这么说，并不仅是因为立石的排列方式本身看起来（除别的功能以外）很像当时的巨型日历。巨石阵（Stonehenge）可以框定夏至的日出与冬至的日落，是这类遗址中最著名的一个。事实证明，它是一系列仪式性建筑中的最后一个。在几个世纪的时间里，每到一年中的重要时刻，人们便会从不列颠群岛四面八方远道而来，聚集在平原之上，用木材和石头建造这些仪式性建筑。精细的考古发掘表明，许多这类如今被言之凿凿地解读为新石器时代贵族祖先纪念碑的建筑，在建造后没经历几代人就被拆除了。[40]

更令人震惊的是，建造巨石阵的人并非农民，或者说并非通常意义上的农民。他们一度是农民；但在建造和拆除宏伟纪念碑的实践对应的时期，已经采纳了欧洲大陆传来的新石器时代农业经济的不列颠人群，似乎至少在一个关键的方面背弃了它：他们从大约公元前3300年起放弃了谷物种植，重新以采集榛子作为植物性食物的主要来源。与此同时，他们持续饲养家猪与牛群，在附近的德灵顿垣墙（Durrington Walls）季节性地宰杀享用它们。德灵顿垣墙有着自己的巨木阵（Woodhenge），在冬天是一个有几千人的繁荣小镇，但在夏天则是一片荒无人烟的弃地。巨石阵的建造者似乎既非觅食者也非牧民，而是介于二者之间。[41]

所有这些都至关重要，因为我们很难想象放弃农业不是一个自觉的决定。没有证据表明他们曾被另一群人取代，也没有证据表明他们被强大的觅食者击败而被迫放弃了作物。英格兰的新石器时代居民似乎已经权衡过了谷物种植，然后集体决定选择另一种方式生活。他们是如何做出这样一个决定的？我们永远不会知道，但是巨石阵本身提供了一些暗示，因为它是由非常大的石头建成的，其中一些石头（"蓝石"）是从远至威尔士的地方运过来的，而在德灵顿垣墙所消耗的许多猪和牛则是从其他遥远的地方辛苦赶来的。[42]

换言之，即便在公元前 3 千纪，不列颠群岛的大部分地区显然可以进行某种统筹协调，这看起来非常了不起。如果巨石阵像一些考古学家现在所认为的那样，是为一个统治氏族的杰出先辈们建造的神殿，那么承其血脉的后人似乎很可能通过参与这些活动来彰显自己的重要地位，甚至是宇宙性的角色。但与此同时，季节性集散的模式引出了另一个问题：如果巨石阵这里有国王和王后的话，他们到底是哪种人？毕竟，这些国王的宫廷和王国每年只存在几个月，其他时候就分散为坚果采集者和畜牧者构成的小社区。如果他们拥有组织劳动力、囤积食物资源和供养常备军的种种方法，那么什么样的王室会有意识地选择不做这些？

谈谈"水牛警察"（我们从中重新发现了季节性在人类社会生活与政治生活中的角色）

回想一下，对列维-斯特劳斯来说，社会结构的季节性变化显然与某种政治自由存在关联。一种结构适用于雨季，而另一种适用于旱季，这一事实使南比夸拉酋长得以退一步来看待自己的社会安排，不会将其简单看作"给定"的，是事物的自然秩序，而是至少可以部分地被人为干预。不列颠新石器时代的情况——日常的分散和纪念碑修建期的聚集两个阶段交替出现——表明了这种干预有时可以走多远。

列维-斯特劳斯的文章写于二战期间，他可能并不认为自己在讲什么非同寻常的事情。对于 20 世纪上半叶的人类学家来说，大量从事狩猎、放牧或采集的社会总是存在这样一个"二重形态"的社会安排（正如列维-斯特劳斯的伟大前辈马塞尔·莫斯所言），[43]这是常识。列维-斯特劳斯只是强调了它的一些政治意涵，但是这些非常重要。旧石器时代存在类似的季节性模式，这表明从一开始，或者至少从我们能找到的起点开始，人类就在自觉地试验不同的社会可能性。在此，回顾一下这些列维-斯特劳斯熟知但现已被遗忘的人类学文献，有助于我们了解季节性差异可能有多大。

这里关键的文本是马塞尔·莫斯和亨利·伯谢（Henri Beuchat）的《论爱斯基摩人（因纽特人）社会的季节性变化》（"Seasonal Variations of the Eskimo", 1903）。作者一开始就观察到环北极地区的因纽特人"和许多其他社会一样……有两种社会结构，一种在夏季，一种在冬季，与之相应，他们有两种法律和宗教体系"。在夏季，因纽特人分散为二三十人的游群，去追逐淡水鱼和驯鹿，所有人都处于一个男性长老的权威之下。其间，财产所有人占有性地标示其财产，族长对其亲属行使强制的有时甚至是专横残暴的权力，这比南比夸拉酋长在旱季的权力还要大很多。但是在漫长的冬季，当海豹和海象拥向北极岸边时，情况发生了戏剧性的逆转。因纽特人聚在一起，用木头、鲸鱼肋骨和石头建造巨大的聚居空间，当中平等、利他和集体生活的美德占据了上风。人们分享财富，丈夫们与妻子们在海洋女神赛德娜（Sedna）的庇护下交换伴侣。[44]

莫斯认为因纽特人是一个理想的个案研究，因为他们生活在北极地区，面临着人类可承受范围内最为极端的环境限制。然而，根据莫斯的估计，即便在亚北极区的条件下，物理因素——猎物、建筑材料等的可获得性——最多只能解释40%的状况。（他指出，其他环北极民族，包括因纽特人的近邻，面对着几乎相同的物理条件，却有着截然不同的组织方式。）他总结说，在很大程度上，因纽特人如此这般生活是因为他们认为人类应该这样生活。

几乎就在马塞尔·莫斯梳理法国图书馆中有关因纽特人的所有文献时，德裔民族学家弗朗兹·博厄斯（Franz Boas）对加拿大境内西北海岸[*]

---

[*] 太平洋西北地区（Pacific Northwest）是一个不太精确的地理概念，它通常指的是北美洲西北部靠近太平洋的一片地区，以太平洋为西，大致以落基山脉为东。不同的定义可能会包括不同的州或省，但一般认为它包括美国的俄勒冈州、华盛顿州和爱达荷州，以及加拿大的不列颠哥伦比亚省。有些定义会把它扩展到美国的北加利福尼亚州、阿拉斯加州和蒙大拿州，以及加拿大的育空地区。太平洋西北地区可以分为西北海岸（Northwest Coast）和西北高原（Northwest Plateau）两个子区域，前者是指靠近太平洋的沿海地带，本书第五章将着重提及，后者则指内陆部分。——编者注

的从事狩猎采集的原住民夸扣特尔人（Kwakiutl）*展开了研究。博厄斯发现，这里的社会在冬季而非夏季最讲究等级形式，而且是极尽讲究。在不列颠哥伦比亚省的海岸线上，用木板建造的宫殿盛行一时，世袭的贵族拥有自己的宫廷，统治着被划分为平民和奴隶的同胞，并举办被称为"夸富宴"（potlatch）的大型宴会。然而，这些贵族宫廷在夏季的季节性捕鱼工作中分崩离析，恢复到较小的氏族形态，尽管仍是等级制的，但结构完全不同，也没那么正式。在这种情况下，人们实际在夏季和冬季使用不同的名字——随着一年中的时间变化，变为另外的人。[45]

移民到美国后，博厄斯成为纽约哥伦比亚大学的教授，培养出的众多学生几乎每一个都在接下来半个世纪的美国人类学界占据了一席之地。他的学生之一，出生在维也纳的民族志学者罗伯特·罗维（Robert Lowie，他也是《作为哲学家的原始人》的作者保罗·拉丁的密友），在今天的蒙大拿州和怀俄明州对曼丹-希达察人（Mandan-Hidatsa）与克劳人（Crow）做田野调查，投入大半职业生涯研究19世纪北美大平原部落联盟季节性变化的政治含义。

生活在大平原上的各部族曾经一度是农民，但是在重新驯养逃逸的西班牙马并过上了一种以游猎为主的生活后，他们基本上放弃了谷物农业。在夏末秋初，规模小、流动性高的夏安人（Cheyenne）和拉科塔人（Lakota）游群会聚集在大型定居点，为狩猎水牛做后勤准备。在这一年中最需要谨慎行事的时候，他们会组建一支警察队伍，由该队伍行使完全的强制力，包括有权对任何危及后勤准备过程的人处以监禁、鞭打或罚款。以罗维的观察，这种"明确的威权主义"以严格的季节性和暂时性为基础。一旦狩猎季和紧随其后的集体仪式"太阳舞"（Sun Dance）结束，这种威权主义就会让位于他称之为"无政府"的组织形式，社会再次分裂为高流动性的小游群。罗维的观察结果令人印象深刻：

> 为了确保最大限度的杀伤力，一支警察队伍——或是由一个军

---

* 夸扣特尔人又名夸夸嘉夸人（Kwakwaka'wakw）。——编者注

事团体构成，或是被临时任命，或是由氏族联盟组建——发布命令并约束不服从的人。在大多数部落中，他们不仅没收私自偷猎的猎物，而且还鞭打偷猎者、毁坏其财产，如遇抵抗则将其杀死。同一个组织，平常处理谋杀案时仅使用道德劝说，而在水牛狩猎期则摇身一变，成为一个无情的国家机构。然而……强制措施大大超出了狩猎范畴：如果有勇士想发动战争，而酋长认为不合时宜，士兵们会强行予以制止；士兵们会指挥大规模的迁徙；在重大节日监督人群；也可能会以其他方式维持法律和秩序。[46]

罗维继续道："在一年中的大部分时间，部落根本不像这样存在；家族或几家联手共谋生路，并不需要特别的纪律性组织。所以说，士兵只是人群大量聚集带来的伴生事物，因此只是间歇性而非持续性地发挥作用。"但他强调，士兵主权的暂时性不会有损于其真实性。因此，罗维坚持认为，平原印第安人实际上见识过国家权力，即便他们从未真正发展出一个国家来。

二十世纪五六十年代的新进化论者对这些田野观察遗产束手无策，这很容易理解。他们主张政治组织存在分立的发展阶段，依次为游群、部落、酋邦、国家，并且认为政治发展阶段至少大体呼应着类似的经济发展阶段：狩猎-采集者、园耕者、农耕者、工业文明。像南比夸拉人这样在一年的不同时间跳转至不同的经济类别，这太令人迷惑了。夏安人、克劳人、阿西尼博因人（Assiniboine）或拉科塔人则有规律地在政治发展阶段的两极来回跳跃。他们是游群和国家的混合体。换言之，他们把一切都搞乱套了。

不过，罗维在这一点上说得很清楚，而且他也绝不是唯一一个观察到这一点的人类学家。[47]在我们看来最有趣的是，他也强调平原印第安人是有意识的政治行动者，敏锐地意识到了威权的可能性与危险性。他们不仅在仪式季结束时解除掉所有行使强制性权威的手段，还小心翼翼地让不同的氏族或战士团体轮流来掌权：任何当年掌握主权的团体都必须在下一年服从于他人的权威。[48]

学术研究并不总是进步的，有时候也会后退。一百年前，大多数社会科学家都明白，那些主要靠野生资源生活的人通常不会被局限在小"游群"之中。正如我们所见，认为他们局限于小游群的观念到20世纪60年代才盛行起来。就这一点而言，我们先前提到飞车党帮派和嬉皮士公社并不完全是异想天开。这些形象在当时的大众想象中反复出现，并在关于人性的辩论中常被援引。这当然并非巧合：战后最流行的民族志电影要么聚焦卡拉哈里的布须曼人和姆布蒂俾格米人（"游群"社会，可以大致被想象为嬉皮士公社），要么关注亚诺玛米人或者说"暴烈之人"（亚马孙园耕者，在拿破仑·夏侬的呈现下就像"地狱天使"*一样令人惶恐，不过让我们回想一下，他们在海伦娜·瓦莱罗的描述中并非如此）。

在这个新的进化论叙事中，"国家"的首要定义是垄断"强制力的合法使用"。照这样看，19世纪的夏安人或拉科塔人差不多每年11月从"游群"阶段进化到"国家"阶段，来年春天再退化回去。这明显很愚蠢，谁也不会真的这样立论。但我们有必要提一下，因为它暴露出"社会发展必须经由一系列进化阶段"这个初始假设更深层的愚蠢。如果把那些习惯于在这些阶段之间自由移动的群体作为起点，就无法谈论从游群、部落、酋邦到国家的进化了。

季节二元论也动摇了最近种种将狩猎-采集者分为"简单"类型或"复杂"类型的努力，因为那些标志着"复杂性"的特征，比如领土性、社会等级、物质财富或竞争性炫耀，只在一年中的某些季节出现，而在其他季节则被完全相同的人群弃置一旁。我们必须承认，如今大多数专业人类学家已经认识到这种分类是无可救药的，但这只让他们或是转变研究主题，或是放弃思考人类历史大脉络。至今没有人提出过替代方案。

与此同时，正如我们所见，考古证据还在不断累积，这些证据指出，在上个冰期季节性变化明显的环境中，我们远祖的行为非常像因纽特人、南比夸拉人或克劳人。他们在不同的社会安排之间来回切换，建造纪念性建筑再将其毁弃，允许一年中某些时候出现专制结构再将其打破。所

---

* 著名飞车党帮派，成员遍布全球，被美国和加拿大列为非法组织。——编者注

有这些似乎都基于这样的理解：没有哪种社会秩序是固定或恒常的。同一个人经历的生活在我们看来有时像游群，有时像部落，而有时至少具备某些我们当前定义中的国家特征。

拥有这样的制度灵活性，意味着有能力跳出任何既定结构的界限，并进行反思；也意味着有能力建造或废除我们居于其中的政治世界。不出意外，这就解释了上一个冰期中的男女"王公"，他们在如此孤绝的环境中出现，仿佛童话故事或古装戏剧中的人物。或许他们确实如此。如果他们真的掌权过，可能也只是像巨石阵的统治氏族一样，只掌权一个季节。[49]

为什么说真正的问题不是
"社会不平等的起源是什么"，
而是"我们是如何陷入僵局的"？

如果我们是对的，如果人类真的在过去约4万年中的大部分时间都穿梭于不同的社会组织形式，建立起等级制度然后将其毁弃，那么其影响是十分深远的。首先它表明，当皮埃尔·克拉斯特提出，无国家社会的人们在政治自觉方面非但不逊于当今的人们，反而可能高得多时，他是相当正确的。

克拉斯特是另一个20世纪60年代的产物。作为列维-斯特劳斯的学生，他将导师的观点铭记于心：亚马孙酋长是成熟的政治行动者。但克拉斯特同时也是一个无政府主义者（他最终被踢出列维-斯特劳斯的研究组，理由是未经授权就使用了官方信笺），他的主张还要更进一步。他认为亚马孙酋长不仅是精于算计的政治家，而且被迫在一种特定的社会环境中周旋，这种社会环境显然是为了确保他们不能永久行使真正的政治权力而设计的。在冬天，他们领导的是无足轻重的超小团体；而在夏天，他们根本就没在"领导"。的确，他们的房子也许类似于现代福利国家的社会服务发放站，不过就物质财富而言，他们实际上是村子里最穷的人，因为人们期望酋长不断施予物品，同时也期待酋长比其他所有人都更努力地工作以树立模范。即便在某些地方他们确实有特权，比如图皮人（Tupi）和南比夸拉人的酋长是所在村子里唯一被允许有多个妻子的男人，但这种特权也明显是把双刃剑。这些妻子需要为村庄准备宴席。如果这些妻子中的任何一个看上了其他情人（这似乎是常有的事），酋长也对此束手无策，因为他必须保持自己在其他人那里的声誉才能保住自己的身份。

克拉斯特认为，酋长们身陷如此境地，是因为他们并非唯一成熟而有洞见的政治行动者；几乎每个人都是。人们并非被困于某种卢梭式的纯真状态，无法想象更为复杂的组织形式，而是普遍比我们更能想象其他社会秩序，因此才创造了"反国家的社会"。他们以这种方式自觉地组织起来，以避免我们心目中"先进政治制度"伴随的那些专制权力和支配形式。

可以想象，克拉斯特的论点争议很大。有些对他的批评是完全合理的（比如在性别问题方面的巨大盲点）。但是，大部分批评都建立在坚定的卢梭主义基础上，坚持认为克拉斯特把太多的想象力赋予了"原始"人或"古代"人，而根据定义，他们不该有任何想象力。这些批评认为，无国家社会怎么可能自觉地组织起来以防止他们从未经历过的事物出现？

有很多方式可供回应这种反对意见。例如，几个世纪以来，亚马孙人难道真的对西面安第斯山区的大帝国毫不知情？曾经的人们四处游走，不太可能完全不知道该大陆邻近地区的发展情况。正如我们将在第七章看到的，现在也有大量证据表明，在更早的时期，亚马孙地区本身就存在着大型政治体。后来的亚马孙人也许就是逃离甚至推翻那些古代王国的叛乱者后代。但最明显的异议在于那些亚马孙人是不是真的与南比夸拉人一样，在以觅食者游群形式进行的年度"冒险"中确实经历过专制指挥之下的关系。不过奇怪的是，克拉斯特从未指明这一点。事实上，他根本没有真正谈论过季节性。

这是一个奇怪的疏漏。它也是个重大的疏漏，因为这实际上使得克拉斯特终结了早先从马塞尔·莫斯到罗伯特·罗维一脉相承的传统；这个传统认为"原始"社会是内在灵活的，其典型特征是拥有多种组织形式。现在，无论是将"原始"人群视为卢梭式天真汉的新进化论者，还是坚持认为他们是自觉的平等主义者的激进派，都理所当然地认为他们被困在单一的简单社会存在模式中。

克拉斯特的情况格外令人惊讶。因为他在1962年发表了最初的关于印第安酋长无权力的论证，其中他很坦率地承认自己的观点几乎都是从罗维那里偷来的。早在14年前，罗维就提出，从蒙特利尔到火地岛的大多数美洲原住民社会实际上都是无政府主义的。[50] 他认为"典型的印第安酋长不是一个立法者、执法者或是法官，而是一个安抚者、穷人布施者和唠叨的波洛涅斯*"。（也就是说，酋长这一职位的实际功能就是：①调解争端；②供养穷人；③用精彩的演讲来娱乐大家。）这几点在克拉斯特的论述中能逐一找到对应。罗维的结论是，由于酋长职位被有效地设计过以避免它成为一种强制手段，因此类似于国家的权威只可能来自各种形式的宗教先知。上述结论在克拉斯特那里也有对应。

不过回顾罗维的原作，有个附录讲到自上而下的权威的"进化萌芽阶段"，其中详细描述了大平原社会的季节性"警察"与"士兵"。对此克拉斯特直接略过，这是为什么？

答案可能很简单：季节性令人困惑。实际上，它是某种未知数。大平原社会创造了强制性权威的结构，这种结构在整个狩猎季和随后的仪式中持续存在，又在他们分散为更小的群体时消失。但对于巴西中部的社会而言，分散为觅食游群是强化政治权威的一种方式，而这种政治权威在村庄环境中是不起作用的。在因纽特人中，父亲在夏季统治，但是在冬季聚会中，父权权威甚至性规范都受到挑战、颠覆或直接消失。夸扣特尔人在一年中的两个时期都有等级制度，但各自的形式不同，他们将事实上的警察权赋予仲冬仪式中的表演者（"熊舞者"和"傻瓜舞者"），但这一权力只能在仪式表演过程中行使；在其他时候，贵族们掌握着大量财富，却不能直接向他们的追随者下达命令。很多中非的觅食者社会全年都是平等主义的，但是似乎每个月会在由男性主导的仪式秩序和由女性主导的仪式秩序之间轮替。[51]

---

* 波洛涅斯是莎士比亚悲剧《哈姆雷特》中的人物，好长篇大论说教。——编者注

换言之，不存在唯一的模式。唯一一致的现象就是变动的事实本身，以及随之而来的对不同社会可能性的认识。所有这些都证实了，寻找"社会不平等的起源"确实是在问错误的问题。

如果人类在我们的大部分历史中，都在不同的社会安排之间来回穿梭，有规律地建立和取消等级制度，那么，也许真正的问题应该是："我们是如何陷入僵局的？"我们是如何最终落入一种单一模式的？政治自觉曾如此典型地存在于我们这个物种中间，我们是如何失去这种自觉的？我们从何时开始不再把显赫与屈从看作暂时的权宜之计或者某种盛大的季节性戏剧中的仪式排场，而将它们视为人类状况中不可避免的要素？如果我们一开始只是在玩游戏，那么从什么时候起我们忘记了自己在游戏？

我们将在接下来的章节中解决这些问题。目前主要强调的是，这种灵活性和政治自觉的潜能从未完全消失。莫斯也指出了这一点。季节性仍然与我们同在，尽管和从前相比，它的影响变得暗淡了。例如，在基督教世界中，仍然有仲冬"假日季"（holiday season），在这个阶段里，价值观和组织形式出现了有限程度的逆转：同样的媒体和广告商在一年中的大部分时间内都在狂热兜售消费至上的个人主义，而此时突然开始宣布，社会关系才是真正重要的，给予比接受更好。［像莫斯所处的法国这样的开明国家中也有夏日长假（grandes vacances），在这一个月内每个人都放下工作、逃离城市。］

这里有一个直接的历史联系。我们已经看到，在因纽特人或夸扣特尔人这样的社会中，季节性聚集的时期也是充满着舞蹈、仪式和戏剧的仪式季。在仪式季期间，有时也需要设立临时国王甚至是真正握有强制权力的仪式警察（不过，奇怪的是，这些仪式警察往往兼任小丑）。[52] 在其他地方，这样的仪式季时需要打破等级与礼仪规范，就像在因纽特人的仲冬狂欢中一样。这种二分法在几乎所有节庆生活中都能被观察到。让我们举一个大家都熟悉的例子，在欧洲中世纪，纪念圣徒的节日在庄严的庆典与疯狂的狂欢之间交替进行。在庆典中，封建生活的繁复头衔和等级均得以体现（这目前仍然可以看到，例如在大学毕业典礼上，我们会暂时穿回中世纪的装束）；而在狂欢中，每个人都在玩"颠转世界"的游戏：女性也许会统治男性，儿童也许会管理政府，仆人可以要求主人为其工作，祖先可以起死回生，"狂欢节国王"可以先被加冕，再被废黜，像柳条龙这样的巨大纪念性设施被建造然后被放火烧掉，所有正式的等级也许会瓦解在各种酒神式的混乱之中。[53]

像季节性一样，仪式也没有一致的模式。比起普通生活，仪式场合既可以更为僵化和正式，也可以更为狂野和嬉闹。就像葬礼与守灵一样，仪式可以在这两者之间交替穿梭。无论是在秘鲁、贝宁还是中国，大多数地方的节庆生活都是如此。这就是为什么人类学家在定义"仪式"时总是会遇到麻烦。如果你从庄严的仪式入手，那么仪式就关涉礼仪和礼节，比如高教会派（High Church）仪式实际上只是餐桌礼仪的精致版本。有些人甚至认为，我们所谓的"社会结构"只有在仪式期间才真正存在，想想那些只有在婚礼和葬礼期间才作为一个有形团体而存在的家族，在此时，等级和优先级的问题就体现在谁坐在哪张桌子，谁先说话，谁能得到被祭杀的水牛背部最上端的肉或是第一块婚礼蛋糕。

但有时，节庆期由完全不同的社会结构来接管，例如似乎存在于整个中世纪欧洲的"青年修道院"（youth abbey），其中有"男孩主教"（Boy Bishop）、"五月女王"、"混乱之王"（Lord of Misrule）、"非理性神父"（Abbot of Unreason）和"醉鬼王公"（Prince of Sots），这些人在圣诞节、五朔节或狂欢节期间暂时接管了政府的许多职能，并以下流拙劣的方式戏仿政府的日常行政。因此，另有一派观点认为仪式恰好相反，真正有力量的仪式时刻是那些集体混乱、欢腾（effervescence）、阈限状态（liminality）或创造性游戏发生的时刻，社会以此得到新生。[54]

还有一场长达几个世纪但坦率来说不怎么具有启发性的辩论，有关那些看起来最具颠覆性的大众节庆是否真的像它看起来那样具有颠覆性；或者它们是否其实是保守的，使普通民众有个机会发泄不满、释放本能，然后再回到服从的日常习惯中。[55] 我们认为，这些讨论都忽略了重点。

这种节日真正重要的是，它们保存了政治自觉的古老火花。它们允许人们去想象其他的安排是可行的，甚至对整个社会而言都是可行的，因为人们总是有可能幻想狂欢节冲破边界、成为新的现实。在流行的巴比伦故事《塞米勒米斯》（Semiramis）中，同名女仆说服亚述国王让她在某个年度节日中做了"一日女王"，接着迅速将国王逮捕，宣布自己为女王，带领她的新军队征服了世界。五朔节（五一节）被选为国际工人的节日，很大程度上也是因为历史上有太多英国农民起义开始于这个骚乱的节日。那些玩"颠转世界"游戏的村民偶尔会决定，他们实际上更喜欢被颠转后的世界，并且采取措施来维护这个世界。

中世纪的农民往往比知识分子更容易想象一个平等的社会。现在，也许我们开始理解为何如此了。季节性节日或许是古老的季节变化模式的微弱回声，但是，至少在人类历史最近的几千年里，它们似乎在培养政治自觉以及试验不同的社会可能性方面发挥了同样的作用。最初的国王很可能是在玩国王扮演（play kings），然后成了真正的国王。现在大多数（但并非全部）尚存的国王都已经再次沦为扮演的国王，主要发挥仪式性功能而不再拥有实权。但是，即便所有的君主制，包括仪式性的君主制都消失，一些人仍然会玩国王扮演。

即便在欧洲中世纪，在那些视君主制为合法政府模式的地方，"非理性神父"、尤尔节国王（Yuletide Kings）等角色往往是通过选举或抽签选出的，而这些正是在启蒙运动中（貌似凭空）再现的集体决策形式。（更重要的是，这些人物行使权力的方式往往类似于美洲原住民酋长：要么只能在有限的范围内行使权力，就像战时酋长只能在军事远征期间发号施令；要么像村庄酋长一样，享有正式的荣誉，但不能指挥任何人。）对于许多社会来说，节庆年历可以被作为一部真正的、关于可能的政治形式的百科全书来参阅。

身为智人的真正含义

让我们从开始之处结束这一章。长久以来，我们一直在制造神话。结果是，我们多半问错了问题：节日仪式是权威的表达，还是社会创造力的载体？它们是反动的还是进步的？我们最早的祖先是简单而平等的，还是复杂而分层的？人类本性是纯真的还是堕落的？作为一个物种，我们本质上是合作的还是竞争的，善良的还是自私的，善的还是恶的？

也许所有这些问题都让我们忽略了起初真正使我们成其为人类的东西，那就是我们作为道德的和社会的存在，在这些选择中穿梭协调的能力。正如我们已经观察到的，对一条鱼或一只刺猬提出任何此类问题都是没有意义的。动物生活在一种"超善恶"的状态中，这正是尼采梦想中人类也该追求的状态。也许我们注定要一直为这些事情争论不休。但当然，更有趣的是开始问其他问题。长久以来，一种钟摆式运动牢牢牵制住了一代又一代的哲学家、历史学家和社会科学家，将他们的目光从霍布斯引向卢梭，从卢梭引向霍布斯，如此反复——是时候让钟摆停一停了。我们在讲述人类故事的开端时，不用再在平等主义和等级制之间艰难抉择。让我们告别"人类的童年"，承认（正如列维-斯特劳斯强调的）我们的早期祖先不仅在认知上与我们不相上下，也在智识上与我们相匹敌。很可能他们和我们一样，都在努力解决社会秩序和创造力之间的悖论；而且他们——至少他们中最具反思性的人——对这些悖论的理解与我们的同样多，也就意味着同样少。他们也许对有些事情认识更清楚，对另一些则不那么清楚。他们既不是无知的野蛮人，也不是大自然的聪慧儿女。正如海伦娜·瓦莱罗在谈到亚诺玛米人时所说，同我们一样，他们只是人；有同样的感知力，也有同样的困惑。

尽管如此，越来越清楚的是，已知的人类社会生活最早的证据，更像一场政治形态的狂欢节巡游，远不止进化理论中单调的抽象简化。如果其中有什么待解之谜，那就是：为什么在经过几千年对等级制形式的构建和拆解后，智人——据说是最聪明的猿人——允许永久而顽固的不平等制度扎下了根？这真的是接受农业的后果吗？是在固定村落以及后来在城镇中定居下来的后果吗？我们是否应该寻找一个类似卢梭所设想的时刻——当有人第一次圈出一片土地，宣布"这是我的而且永远都将是我的！"的时候？还是说，这又是一项徒劳的工作？

这些就是我们现在要讨论的问题。

第四章

自由民、文化的起源和私有财产的出现

（未必循此顺序）

随季节变换改变社会身份也许听起来是个很棒的想法，但这并非本书读者会亲历之事。不过直到目前，欧洲大陆仍充斥着种种民俗实践，这些实践呼应着社会结构古老的节律性摆动。长久以来，民俗学家们对那些乔装为动物和植物的小纵队感到困惑：每年春秋两季，"稻草熊"（Straw Bear）和"绿叶人"（Green Man）纵队尽职尽责地游行至村庄广场，这一现象遍及从英格兰乡村到保加利亚南部罗多彼山脉（Rhodope Mountains）的各个地方。这是名副其实的古代实践的遗存，还是最近的复兴与再造？是遗存的复兴还是复兴的遗存，这往往无法分辨。

这类仪式大多数已经逐渐被作为异教迷信而抛弃，或被重新包装为吸引观光客的旅游项目（或二者兼有）。在大多数情况下，我们在世俗生活中仅剩的替代选项就是"法定节假日"：这是充塞于工作间隙的疯狂的过度消费期；而在工作中我们则严守禁令，认为消费并非生活中真正重要的事。正如我们所见，我们遥远的觅食者祖先是更大胆的社会形式实验者，他们将社会拆散，又在一年中的不同时期将之以不同的规模重组，常常呈现出迥异的形态和价值体系。欧亚、非洲和美洲的伟大农业文明的节庆日历，其实不过是曾经那个世界及其蕴含的政治自由的遥远回响。

然而，仅凭物质证据，我们永远也无法理出头绪。如果我们有的只是俄罗斯大草原上旧石器时代的"猛犸象建筑"，或是利古里亚冰期的王公墓葬及相关的物质遗存，学者们无疑会抓耳挠腮，永远得不出任何结论。人类可能是（我们认为他们事实上就是）本质上富有想象力的生物，但是没有一个人**那么**具有想象力。如果你认为有谁能够单凭逻辑就推理明白这样的难题，那你要么极度天真，要么极度傲慢。（即使有人真的推理出了像努尔人的先知、夸扣特尔人的小丑警察或因纽特人的季节性换妻狂欢这样的人或事，仅以逻辑推断为凭很可能会使他们立即被贬斥为疯子。）

这正说明了民族志记录为何如此重要。努尔人和因纽特人绝不该被视为"通向我们过去祖先的窗口"。他们和我们一样是现代的造物。但是他们的确向我们展现了我们从未想过的可能性，并且证明了人确实有能力实现这些可能性，甚至围绕它们建立起整套的社会体系与价值体系。简而言之，他们提醒我们，人类远比（其他）人类有时想象的更为有趣。

在本章中，我们要做两件事。首先，我们将从旧石器时代起继续我们的故事，看看在我们的祖先开始务农之前，世界各地出现的各种不同凡响的文化安排。其次，我们要着手回答上一章提出的问题：我们是如何陷入僵局的？一些人类社会是如何开始脱离我们早期祖先标志性的灵活多变的安排，以至于某些个体或群体能够宣称具有凌驾于其他人之上的恒久权力：男人对女人的权力、长者对青年的权力，以及最终出现的祭司阶层、战士贵族和实际意义上的统治者？

人类历史的总体进程意味着，随着人口增加，大多数人生活的规模更小了

要想做成这些事，首先得处理好很多其他因素。其中一个问题是我们从一开始就出于直觉地认为存在离散的"社会"。像谈论欧洲民族那样，或者可以说，像谈论莫霍克人（Mohawk）、温达特人、蒙塔格奈-纳斯卡皮人等加拿大第一民族（First Nations）那样，将旧石器时代晚期的猛犸象狩猎者们描述为一个个彼此独立、边界分明的社会，这种做法可能根本没有道理可言。

虽然我们对旧石器时代晚期人们的语言、神话、成人礼或灵魂概念几乎都一无所知，但我们知道，从瑞士阿尔卑斯山到蒙古，他们都经常使用非常类似的工具，[1] 演奏非常相似的乐器，雕刻类似的女性雕像，佩

戴着形似的首饰，举行差不多的丧葬仪式。更重要的是我们有理由相信，他们在一生中的某些阶段，往往会独自进行远途旅行。[2] 令人惊讶的是，目前关于狩猎–采集者的研究表明这并非偶然。

对东非哈扎人或澳大利亚马尔图人（Martu）等群体的研究表明，虽然如今的觅食者社会人数少，但从构成上来看极具世界主义特点。当觅食者游群聚合为较大的定居群体时，这些群体在任何意义上都不是由近亲构成的紧密单元；事实上，生物学关联平均只占总体成员关系的 10%。大多数成员是来历五花八门的个体，很多人来自遥远的地方，甚至可能说不同的母语。[3] 即使对那些囿于有限的领地内、与农民和牧民为邻的现代觅食者群体来说，情况也是如此。

在之前的几百年中，区域组织甚至会延伸数千公里。例如，澳大利亚原住民可以穿越半个大陆，在讲着完全不同语言的人群间流动，并仍能发现被划分为与家乡相同的图腾制半偶族（moiety）的营地。这意味着其中的一半居民应该款待他们，但必须以"兄弟"和"姐妹"相待（因此性关系是严格禁止的）；而另一半居民既是潜在的敌人，也是可以结婚的对象。同样，500 年前的一个北美人从五大湖的岸边旅行到路易斯安那的河汊，还是可以找到自己所属的熊氏族、驼鹿氏族或河狸氏族成员的定居点，那些成员操着八竿子打不着的语言，却有义务接待他，并以食物款待他。[4]

几个世纪前，这种远距离组织的运作方式被欧洲殖民者的到来摧毁了，要重建这些已经极其困难，更不用说那些 4 万年前的类似系统了，我们只能猜测它们是如何运作的。但是，考古学家在相距遥远的地方发现了惊人的物质一致性，从而佐证了这种体系的存在。我们可以认为，在那个时代，"社会"横跨大洲。

这在很大程度上似乎是反直觉的。我们习惯于假设技术进步正不断使世界变得更小。当然，从纯粹物理的意义上来说确乎如此：仅以马的驯化和航海技术的逐步改进为例，这二者无疑使人们的四处流动变得更容易了。但与此同时，人口数量的增加似乎起到了相反的作用，在人类历史的大部分时间里，真正迈上旅途的人口比例不断缩减，至少长途跋涉与离家远行的人所占比例减少了。如果我们考察历史变化，就会发现社会关系运作的规模并没有变得越来越大，实际上反而变得越来越小。

世界主义的旧石器时代晚期之后，迎来了一个复杂时期，这个时期大约从公元前 12000 年开始，延续了数千年。在这一时期，不同"文化"终于显出轮廓，不再仅仅以石器为标志。此后，有些觅食者继续追捕大型哺乳动物群；还有些则定居于海岸并成为渔民，或是在森林中采集橡子。史前史专家使用"中石器时代"（Mesolithic）这一术语来形容这些冰期之后的人群。在非洲和东亚的大部分地区出现了技术创新，包括陶器、"细石器"工具组和石磨工具，这些新工具标志着烹饪和食用野生谷物、根茎和其他蔬菜的新方法：剁、切、擦、磨、浸、沥、煮，以及储存、熏制和其他保存肉类、植物性食物和鱼类的方法。[5]

不久之后，这些技术就传遍各地，为我们现在称之为烹饪（我们今天所熟悉的汤、粥、炖菜、肉汤和发酵饮料）的创造铺平了道路。但是几乎在所有地方，烹饪也是差异的标志。那些每天早上闻着炖鱼香醒来的人，往往会认为自己与那些早餐喝野生燕麦浆果粥的人并非同类。这种区分无疑伴随着其他难以复原的平行发展历程：对服装、舞蹈、药品、发型、求偶行为的不同偏好，不同形式的亲属组织和不同风格的修辞规范。这些中石器时代觅食者的"文化区"（culture area）依旧非常大。诚然，不久后与它们并行发展起来的新石器时代文化区（与最初的农业人口有关）通常较小，但在大多数情况下，它们覆盖的区域仍比大多数现代民族国家大得多。

在很久之后，我们才开始遇到对于亚马孙或巴布亚新几内亚的人类学家来说熟悉的那种情况，即一个河谷可能容纳着六种语言的使用者，他们各自有着完全不同的经济体系与宇宙观信仰。当然，随着英语或汉语这类帝国语言的传播，有时这种走向微观分化的趋势会发生逆转。但是历史的总体方向，至少直到最近，似乎与全球化截然相反。它走向的是一种日益地方化的忠诚：人们有着非凡的文化创造力，但大部分被都用于寻找彼此对立的新方式。尽管较大的区域性好客网络在一些地方仍存在，[6]但总的来说，我们所观察到的不是作为整体的世界逐渐变小，而是大多数人的社会世界变得越来越狭隘，他们的生命与激情越来越囿于文化、阶级和语言的边界。

我们也许会问，这一切为什么会发生，是什么机制导致人类费尽周折去证明他们独异于其邻人？关于这一重要问题的论述详见下章。

目前，我们只是想指出：彼此独立的社会文化世界（局限于一定空间，且边界相对分明）的大量涌现，必定以种种方式催生出了更加持久和强硬的支配形式。如此之多的觅食者社会人口构成混杂，这清楚地表明个体曾经常四处迁移，其原因多种多样，包括当个体的自由在家乡受到威胁时，第一时间从最可行的路线出走。文化的疏透度（cultural porosity）对于那种季节性的人口变动也非常必要，使社会得以在不同的政治安排之间周期性地轮替，在一年中的某些时候完成大规模聚集，然后在其余时间分散为众多小单位。

这就是旧石器时代的"王公"墓葬乃至巨石阵的盛景似乎从未超越如剧场展演一般的逢场作戏而走得更远的原因之一。简而言之，很难在1月的时候对一个你将在7月平等相待的人施以强权。不断固化并大量增加的文化边界只会减少这种可能性。

我们要追问，在一个"平等主义"社会中，究竟什么是平等的？

中石器时代地方文化世界的出现，使得一个相对自足的社会更有可能放弃季节性的分散，定居下来并形成某种从始而终、自上而下的等级制安排。用我们的话来说，就是陷入僵局了。不过，这本身显然还是很难解释为什么任何一个特定的社会会实际陷入这种安排。我们回到了某种多少类似于"社会不平等的起源"的问题，但现在，我们至少可以更精准地聚焦于问题的真正所在。

正如我们反复观察到的那样，"不平等"是一个模棱两可的术语，事实上，它的模棱两可致使"平等主义社会"这个术语的内涵并不完全清晰。通常，平等主义被否定性地定义为：没有等级制（认为某些人或某些类型的人比其他人要更优越的信仰），或没有支配与剥削关系。这已经相当复杂了，而当我们试图用肯定性的方式来定义平等主义时，事情就变得更为复杂。

一方面，"平等主义"（区别于"平等"，更不必说对照"统一性"或"同质性"来看）似乎指的是某种理想的存在。它并非仅指外部观察者倾向于认为的，比如将一个塞芒人（Semang）狩猎队伍中的所有成员视为几乎可以彼此取代的（interchangeable），就像科幻电影中某个外星霸主的炮灰小兵们一样（事实上这相当无礼）；而更多是指塞芒人自己觉得他们应该是一样的——不是在所有方面都一样，否则就太荒谬了，而是说在某些关键方面一样。同时，它也意味着这一理想在很大程度上得到了实现。所以，初步来说，如果①在一个给定的社会中，大多数人都觉得他们在公认的极其重要的某个或某些方面理应是一样的，②这个理想在实践中大致达成了，那么我们可以说这是一个平等主义的社会。

另一种界定方式是这样的。如果所有社会都是围绕着某些核心价值（财富、虔诚、美、自由、知识、战斗力）组织起来的，那么"平等主义社会"就意味着其中的每个人（或几乎每个人）都同意，这些最高价值应当被均等分配，并且通常来说它们确实实现了均等分配。如果财富被视为生活中最重要的东西，那么每个人都差不多同等富有。如果学习最受重视，那么每个人都能有平等的机会获得知识。如果最重要的是人与神的关系，那么一个没有祭司、每个人都可以平等地踏入祭拜场所的社会就是平等主义的。

你可能已经注意到这里有一个明显的问题。不同社会有时有着完全不同的价值体系，在一个社会中最为重要的东西，或至少所有人号称最为重要的东西，也许在另一个社会中不怎么重要。假设有这样一个社会，每个人在神面前都是平等的，但 50% 的人是没有财产因而也没有法律权利或政治权利的佃农。即便包括这些佃农在内的每个人都坚持认为人与神的关系才是最重要的，将该社会称为"平等主义社会"真的有意义吗？

摆脱这种困境的唯一办法就是：建立某种普遍的、客观的标准来衡量平等。自让-雅克·卢梭和亚当·斯密的时代以来，这几乎总是意味着关注财产制度。正如我们所见,正是从这时,也就是18世纪中晚期,欧洲哲学家们才开始提出,要根据生计手段来给人类社会评级,并据此认为狩猎-采集者应该被视为一种独特的人类类别。也正如我们所见,这种想法依然萦绕着我们。但同样流传至今的还有卢梭的观点,即只有农业的发明才引入了真正的不平等,因为农业允许土地财产权的出现。很大程度上这就是为什么今天的著书立说者们仍然在假定觅食者一开始生活在平等主义的游群中——因为这种观点还假定,如果没有农业带来的生产资料(土地、牲畜)与可储存的盈余(谷物、羊毛、乳制品等),就不存在让任何人支配其他人的物质基础。

传统认识还告诉我们,一旦出现物质盈余,就会有全职的匠人、战士和祭司染指部分盈余并以之为生(或者,就战士而言,他们会花大部分时间千方百计地尝试从彼此身上窃取盈余);商人、律师和政治家随即也将不可避免地纷纷效仿。这些新精英将如卢梭所强调的那样,联合起来保护自己的财产,因此私有财产的出现将不可避免地伴随着"国家"的兴起。

之后我们将更详细地审视这种传统认识。目前我们只需指出,尽管它道出了一点宽泛的真理,但那实在是宽泛到没什么解释力。确实,只有谷物种植和粮食储存才能使法老埃及、孔雀帝国或汉代中国这样的官僚体制成为可能。但是说谷物种植便是这些国家兴起的原因,就有点像说中世纪波斯对微积分的发展是原子弹发明的原因一样。没有微积分的确不可能出现原子武器,人们甚至可以认为微积分的发明引发的连锁反应导致某个地方的某人最终制造出核武器。但断言艾德丁·图西(Al-Tusi)在12世纪对多项式的研究**导致**了广岛和长崎的原子弹事件,这显然是荒谬的。在农业的问题上同样如此。从第一批农民在中东出现到我们习惯上所说的早期国家的兴起,中间相隔了差不多有6 000年的时间;而在世界上很多地方,农业从来没有导致近似于国家的东西出现。[7]

在这个关头,我们需要关注盈余的概念本身,以及它所引发的更广泛的问题,这几乎是个存在主义的问题。正如哲学家们很早就意识到的那样,这一概念提出了关于人之为人意味着什么的根本问题。我们与非人的动物的一大区别在于，动物只生产它们所需要的东西，人类却总是生产更多的东西。我们是过剩的生物，这也使我们同时成为最具创造力又最具毁灭性的物种。统治阶级不过是那些以特定方式组织社会来为自己榨取大部分盈余的人，无论是通过贡品、奴隶制、封建义务，还是通过操纵貌似自由的市场安排。

在 19 世纪，马克思和他的许多激进的同志确实认为有可能以公平的方式集体管理这些盈余（这就是他设想的"原始共产主义"下的常态，他认为这将在革命性的未来再度成为可能），但当代思想家往往持更怀疑的态度。事实上，当今人类学家的主流观点是，维持一个真正的平等主义社会的唯一方法就是彻底消除积累任何形式盈余的可能。

英国人类学家詹姆斯·伍德伯恩（James Woodburn），是公认研究狩猎-采集者平等主义这一领域最伟大的现代权威。在战后几十年里，伍德伯恩在坦桑尼亚的一个哈扎人的觅食者社会中开展研究。他还将他们对比布须曼人和姆布蒂俾格米人，以及非洲之外的其他小规模、流动的觅食者社会［如南印度的旁达兰人（Pandaram）或马来西亚的巴特克人（Batek）］。[8] 伍德伯恩认为，这些社会是我们所知仅剩的真正平等主义的社会，因为只有它们将平等扩展到性别关系，并尽可能扩展到长幼关系。

关注这样的社会使伍德伯恩得以规避什么平等、什么不平等的问题，因为像哈扎人这样的群体似乎将平等原则运用于一切可用之处：不仅包括被持续分享或传递的物质财富，还有草药、神圣知识、声望（天赋异禀的猎人被有组织地嘲弄和贬低）等。伍德伯恩坚持认为，所有这些行为都基于一种自觉的道德意识，即任何人都不该与他人保持持续的依赖关系。这种说法呼应了我们上一章提到的克里斯托弗·博姆关于平等主义狩猎-采集者的"算计智慧"，但伍德伯恩话锋一转，认为这种社会真正的决定性特征恰恰在于不存在任何物质盈余。

在伍德伯恩看来，真正的平等主义社会有着"即时回报"（immediate return）的经济：带回家的食物将在当日或次日被吃掉；多余之物从不被保存或储藏，而是被分享出去。所有这些都与大多数觅食者、所有牧民或农民形成鲜明对比，后面这些社会可以被描述为有着"延迟回报"（delayed return）经济，有规律地将精力投入在未来某个时候才会产生成果的项目中。他认为，这种投入不可避免地会导致持续的关系，而这种关系可能会成为一些个体对他人行使权力的基础。更重要的是，伍德伯恩认为存在一种特定的"算计智慧"，也就是说，哈扎人和其他平等主义觅食者对上述道理心知肚明，因此自觉地避免储存资源或参与任何长期项目。

伍德伯恩笔下的"即时回报的狩猎-采集者"远不像卢梭的野蛮人那样盲目地奔向自己的锁链，而是准确地知晓囚禁的锁链从何处逼近，并尽量让他们的生活远离这些枷锁。这听起来好像带着希望与乐观的底色。但事实上并非如此。它再一次暗示，除了这些最简单的觅食者群体，任何真正的平等实质上都是不可能的。那我们还能指望什么样的未来呢？我们最多也许可以想象（随着《星际迷航》复制器*或其他即时满足装置的发明），在遥远未来的某个时刻，有可能再次创造出一个平等社会。但在那之前，我们无疑陷入了僵局。换言之，这不过是又一个伊甸园式的叙事，只不过这一次，天堂的门槛被设得更高了。

伍德伯恩的观点中真正引人注目的是，他所聚焦的觅食者们似乎得出了与坎迪亚洪克及他之前几代原住民批评者截然不同的结论，后者甚至很难想象财富的差异可以转化为系统性的权力不平等。回顾一下我们在第二章中描述过的美洲原住民批评，它们最初指向完全不同的问题：认为欧洲社会在促进互助和保护个人自由方面是失败的。直到后来，当原住民知识分子更多地接触到英法社会的运作方式时，才开始关注财产不平等的问题。我们或许应该遵循他们最初的思路。

很少有人类学家特别满意"平等主义社会"这一术语，原因已显而易见；但这一术语仍然存在，因为没有人提出一个令人信服的替代方案。据我们所知，最接近的是女性主义人类学家埃莉诺·利科克（Eleanor Leacock）的建议，她指出，所谓平等主义社会的大多数成员似乎对平等

---

* 在《星际迷航》系列科幻片中，复制器是一项重要发明，是一个可以复制物品的机器，能够回收旧物，并在原子层面上重新组合形成新物，从而满足各种需求，因此不再需要市场，不再存在供需关系，形成一个不需要钱的世界。——译者注

本身不怎么感兴趣，而是对她称之为"自主性"（autonomy）的东西感兴趣。例如，对于蒙塔格奈-纳斯卡皮女人来说，重要的不是男人和女人是否被视为地位平等，而是女人能否在没有男性干预的情况下单独或集体生活并做出自己的决定。[9]

换言之，如果这些女性真的认为存在什么应当被平等分配的价值，那正是我们所称的"自由"。那么也许最好的做法是将这些社会称为"自由社会"；或者按照耶稣会神父拉勒芒对蒙塔格奈-纳斯卡皮人的邻居温达特人的判断，称这些社会为"自由民"，他们中的每个人"都认为自己和其他人一样重要；他们只在自己情愿时才会服从他们的酋长"。[10] 初看起来，温达特社会有着由首领、发言人和其他公职人员构成的严密制度结构，似乎不应该跻身"平等主义"社会的名单。但是，如果"酋长"没有执行命令的手段，就算不上真正的首领。在温达特人这样的社会中，平等是个体自由的直接结果。当然，反过来说也一样：如果一个人无法采取行动，那么自由就不是真正的自由。如今，大多数人也相信自己生活在自由社会中（事实上，他们常常力主这是他们的社会最重要的特质，至少在政治上如此），但构成像美国这种国家道德基础的自由，主要是**形式上的**（formal）自由。

美国公民有权利去任何想去的地方旅行，当然前提是他们能付得起交通费和住宿费。他们永远不必听从上级的专断命令，除非他们必须要找份工作。在此意义上，几乎可以说温达特人有着虚假的首领[11]和真正的自由，而我们今天则大多不得不忍受着真正的首领和虚假的自由。或者说得更学术一点：哈扎人、温达特人或像努尔人一样的"平等主义"人群所关心的不是**形式上的**自由，而更多是**实质上的**自由。[12]他们对旅行的权利不感兴趣，而对实际旅行的可能性感兴趣（因此，此事往往被表述为向陌生人提供招待的义务）。互助——同时代的欧洲观察者总是称之为"共产主义"——被认为是个体自主性的必要条件。

这也许可以帮我们解释平等主义这一术语明显令人困惑的一些地方：即使出现明确的等级制，平等主义仍是可能的，只要等级制是逢场作戏，或者只限于社会生活中非常有限的方面。让我们再看看苏丹努尔人的情况。自从 20 世纪 40 年代，牛津大学社会人类学家埃文斯-普里查德（E. E. Evans-Pritchard）出版了他的经典民族志以来，努尔人就被视为非洲"平等主义"社会的典范。他们没有任何形似政府机构的东西，并且因高度重视个人独立性而声名远播。但到了 20 世纪 60 年代，凯瑟琳·高夫（Kathleen Gough）等女性主义人类学家表明，在努尔人这里谈不上真正的地位平等：社区中的男性被区分为"贵族"（与他们生活的领地有祖传的联系）、"陌生人"，以及在袭击其他社区时强行带走的地位卑微的战俘。这些都不只是形式上的区分。虽然埃文斯-普里查德将这种差异写得无足轻重，但实际上，正如高夫所指出的，等级差异意味着获取女性的机会存在差别。只有贵族才可以轻易为一场"体面"的婚姻赶来足够多的牛，这意味着，他们可以声称自己是孩子的父亲，并因此在死后被当作祖先纪念。[13]

那么，埃文斯-普里查德错了吗？并非如此。事实上，虽然等级高低和牛群多寡在结亲时关系重大，但在其他情况下都无足轻重。即便在像舞蹈或祭祀这样的正式场合中，它们也不可能使谁"凌驾于"其他人之上。更重要的是，财富（牛）的差异从来没有转化为发号施令或使人屈从的能力。在一段经常被引用的篇章中，埃文斯-普里查德写道：

> 每个努尔人都认为自己和邻居一样好，这在他们的一举一动中都很明显。他们像地球的主人一样昂首阔步，事实上，他们的确认为自己是地球的主人。在他们的社会中没有主仆，只有平等的人，都视自己为神最高贵的造物……即便是一点点命令也会激怒一个人，他要么不执行命令，要么以一种随意和拖延的方式执行命令，而这比拒绝更具侮辱性。[14]

埃文斯-普里查德这里写的是男性，那么女性呢？

高夫发现，虽然在日常事务中女性与男性基本有着同样的独立性，但是婚姻制度的确一定程度上削弱了女性的自由。如果一个男人按惯例付出了 40 头牛的彩礼，这首先意味着他不仅有权要求成为女人所有孩子的父亲，而且还获得了排他的性生活，这转而又意味着他有权在其他方面干涉妻子的事务。然而，大多数努尔女性并没有"体面地"缔结婚姻。事实上，由于婚姻制度太过复杂，很多人甚至发现自己明媒正娶地嫁给了鬼魂或者其他女人（为了传宗接代而对外宣称为男性的女性），在这种情况下，她们如何怀孕又如何养育子女全由自己做主。甚至在性生活方面，如无特殊情况，女人和男人一样享有自由。

知道自己在远方会受到款待而选择背井离乡的自由，在一年中的不同时间切换不同社会结构的自由，毫无后顾之忧地违抗权威的自由——这一切在我们的远祖那里似乎是理所当然的，即便它们放到今天显得不可思议。人类或许并非在一种原始的纯真状态中开启了历史，而是从一开始就有意识地反感听命于人。[15]如果是这样，我们至少可以改进一下最初的问题：真正的待解之谜，不是什么时候第一次出现了酋长甚或国王与女王，而是什么时候人们不再能够对他们一笑置之。

纵观历史，毫无疑问我们会发现，随着定居人群越来越庞大，生产力越来越强，物质盈余越来越多，人们听命于他人的时间越来越长。似乎有理由认为，这些趋势之间存在着某种联系。但这种联系的性质和实际的机制却还完全不清楚。在当代社会中，我们认为自己是自由人，主要是因为没有政治上的霸主。至于我们所谓的"经济"，则以完全不同的方式运作，不是基于自由，而是基于"效率"，所以我们通常按照一系列严格的指挥链管理办公室和车间。因此，无怪乎大多目前关于不平等起源的推测都集中于经济变化上，尤其是工作领域。

但此处我们同样认为，很多现有的证据受到了广泛的误解。

如果人们试图理解对财产的控制最初是如何转化为发号施令的权力的，那么工作领域显然是值得关注的对象，但是对工作的关注并不完全意味着对财产的关注。依据人们获取食物的方式来构筑人类发展阶段，使得亚当·斯密和杜尔哥等人不可避免地将工作——以前多少被认为是庶民之忧——推到舞台中央。原因很简单，这使他们能够声称自己的社会具有不证自明的优越性，而当时，如果他们采用生产性劳动之外的标准，就很难支撑这一主张。[16]

杜尔哥和斯密是在18世纪50年代开始以这种方式写作的。他们把发展的顶点称为"商业社会"，在这种社会中，复杂的劳动分工要求牺牲原始的自由以保证总体财富与繁荣的惊人增长。在接下来的几十年内，珍妮纺纱机和阿克赖特织布机，还有后来的蒸汽和煤炭动力相继被发明，最终出现了一个固定的（也日益自觉的）产业工人阶级，这些彻底改变了辩论方式。突然之间出现了此前从未梦想过的生产力量，但与此同时，人们的工作时间也有了惊人的增长。在新工厂中，每天工作12~15小时、每周工作6天被认为是标准工作时间；假期非常少。[约翰·穆勒（John Stuart Mill）抗议说："迄今为止所有被发明出的节约劳动力的机器没能减轻哪怕一个人的辛劳。"]

因此，在整个19世纪，几乎每个参与争论人类文明总体方向的人都想当然地认为，技术进步是历史的主要推动力；他们还认为，如果进步是关乎人类解放的叙事，则必然意味着从"不必要的劳作"中解放出来：在未来某个时间，科学最终会使我们至少从最低下、最繁重和最摧残灵魂的工作形式中解放出来。事实上，到维多利亚时代，很多人开始认为这种愿景正在被实现。他们声称，工业化的农业与节约劳动力的新设备已经将我们引向一个人人都能享受休闲与富足的世界——在那里，我们不必成日忙于听令、疲于奔命。

当然，对于芝加哥激进的工会成员来说，这一定是一个听起来非常奇怪的主张，因为迟至19世纪80年代，这些工会成员还得与警察和公司派来的间谍抗争，以赢得八小时工作制，也即有权获得一种连普通中世纪男爵都会觉得不合理的日常工作制度，他们可不会让自己的农奴每天工作这么久。[17]然而，也许是为了反击这种运动，维多利亚时代的知识分子们开始争辩称事实恰恰相反：他们认为，"原始人"为了谋求生存而不断挣扎；早期人类社会的生活就是终生连续的繁重苦役。古代的欧洲、中国或埃及的农民从黎明操劳到黄昏，只为了勉强维持生活。因此，即便是狄更斯时代可怕的工作制度，也已经是对此前状况的改进了。他们坚持认为，我们所争论的一切只不过在于改进的速度而已。到20世纪初，这种论证思路已经被普遍接受为常识。

　　这就是为什么马歇尔·萨林斯1968年的文章《原初丰裕社会》（"The Original Affluent Society"）是一个划时代的事件，也是为什么我们现在必须同时思考这篇文章的影响和局限。它也许是有史以来最具影响力的人类学论文，颠覆了20世纪60年代仍盛行的维多利亚时代的旧常识，当即引发了讨论与辩论，启发了从社会主义者到嬉皮士的所有人。如果没有这篇文章，整个思想流派［原始主义（Primitivism）、去增长（Degrowth）］都不会出现。但在萨林斯写作的时代，至少相较于我们今天所知而言，考古学家对农业出现之前的人类仍知之甚少。因此我们最好先看看他的论点，再转向我们如今掌握的证据，看这篇文章与之形成了怎样的对照。

讨论马歇尔·萨林斯的《原初丰裕社会》，并反思在缺乏实际证据的情况下，极具洞见之人会如何书写史前史

　　在20世纪50年代末，马歇尔·萨林斯开始了他作为一名新进化论派学者的职业生涯。当《原初丰裕社会》发表时，他早已凭借与埃尔曼·塞维斯（Elman Service）合著的作品而声名远播。这部作品提出了人类政治发展的四个阶段：从游群到部落、酋邦，再到国家。所有这些术语到今天仍然被广泛使用。1968年，萨林斯受到列维-斯特劳斯的人类学实验室邀请，在巴黎待了一年，他后来说，在那里他几乎每天都和皮埃尔·克拉斯特（就是后来写《反国家的社会》的那位）在餐厅共进午饭，讨论民族志材料以及社会革命是否时机成熟。

　　在那些激情四射的日子里，法国的大学校园充斥着学生运动与街头斗争，最终导致了1968年5月的学生/工人暴动（在这期间，列维-斯特劳斯保持着一种傲慢的中立，萨林斯和克拉斯特则成为热忱的参与者）。在所有这些政治动荡中，工作的性质、工作的必要性、对工作的拒绝以及逐步取消工作的可能性，都是政治界与知识界激烈辩论的主题。

萨林斯的文章首先出现在让-保罗·萨特的杂志《现代》(Les Temps modernes)上，[18]也许是卢梭发明的"臆想史前史"体裁中最后一个真正伟大的范例。这篇文章的论点是，至少在工作时长方面，维多利亚时代关于持续改进的叙事是一种完全的倒退。技术进步并没有把人们从物质需要中解放出来。人们并没有工作得更少。他指出，所有证据都表明，在人类历史的进程中，大多数人花在工作上的总时长反而趋于增长。更具挑衅意味的是，他坚持认为，早期人类未必就比现代消费者更穷。他认为，事实上，很容易想象在我们早期历史的大部分时间中，人类过着物质极度丰裕的生活。

的确，按照我们的标准，一个觅食者看起来或许非常贫穷，但是采取我们的标准显然是非常荒谬的。"丰裕"(abundance)不是一个绝对的衡量标准。它意味着一个人能够轻松获得他认为要过上幸福舒适的生活所需的一切。萨林斯认为，按照这些标准，大多数已知的觅食者都很富足。许多狩猎-采集者乃至园耕者，似乎每天只花费2~4个小时从事一些可以被视为"工作"的事情，这个事实本身就证明了他们的需求是多么易于满足。

在下一步讨论之前，必须要说萨林斯提出的观点基本是正确的。正如我们在上文指出的，受压迫的中世纪农奴的平均工作时长都比一个现代朝九晚五的普通办公室职员或普通工厂工人的要少，而拖着大石块建造巨石阵的榛子采集者和牧牛人的平均工作时间肯定也少于此。只是在最近，最富裕的国家才开始扭转这种局面（尽管工作时间的总体减少可能并不如我们想象的那么显著，但显然我们大多数人工作的时间不再像维多利亚时代的码头工那么长了）。而对于世界上大部分人来说，局面仍在变得越来越糟，而非越来越好。

萨林斯的文章中不太经得起时间的考验的是它给很多读者的这种印象：无忧无虑的狩猎-采集者们大部分时间都在树荫下闲逛、调情、围圈击鼓或者讲故事。形成这种印象是因为萨林斯借鉴的民族志例子主要来自桑人、姆布蒂人和哈扎人。

在上一章中，我们解释了为什么在 20 世纪 60 年代，卡拉哈里沙漠边缘的昆桑人（布须曼人）以及塞伦盖蒂高原（Serengeti Plateau）上的哈扎人被视为早期人类社会的典范（尽管作为觅食者来说他们其实很不寻常），备受瞩目。其中一个原因只不过是材料的可获得性：到 20 世纪 60 年代时，他们是仅存的仍保持着传统生活方式的觅食者群体。也正是在这十年中，人类学家开始研究时间分配，系统记录下了不同社会的成员在日常一天中所做的事情，以及做这些事情所花费的时间。[19] 对非洲觅食者的这种研究似乎也呼应了路易斯·利基（Louis Leakey）和玛丽·利基（Mary Leakey）当时在非洲其他地区〔如坦桑尼亚的奥杜瓦伊峡谷（Olduvai Gorge）〕发现的著名古人类化石。由于有些现代狩猎-采集者生活在类似稀树草原的环境中，与现在看来我们人类进化史上所处的环境没有什么不同，所以人们不禁想到，从这些还存活着的群体中可能会瞥见人类社会的某种原始状态。

此外，早期对于时间分配的研究也是一个巨大的惊喜。值得注意的是，在战后的几十年内，大多数人类学家和考古学家仍然将 19 世纪关于原始人类"生存斗争"的陈旧叙事视为理所当然。当时许多常见的言辞，即便有些出自思想深刻的学者之口，在我们今天听来都带着居高临下的口吻。"一个人终其一生都在追捕动物，只为猎杀它们为食，"史前史学家罗伯特·布雷德伍德（Robert Braidwood）在 1957 年写道，"或者毕生在浆果丛之间忙忙碌碌，像只真正的动物一样活着。"[20] 最早的定量研究却全面推翻了这些说法。这些研究表明，即便是在纳米比亚或博茨瓦纳等地相当荒凉的沙漠环境中，觅食者们也可以轻轻松松地养活群体中的每个人，而且每周还有三到五天可以投入闲谈、争论、游戏、跳舞或旅行这些舒展人性的娱乐活动中。

20 世纪 60 年代的研究人员也开始意识到，农业远非某种了不起的科学进步，觅食者（毕竟他们往往对食用植物生长周期的方方面面了如指掌）完全知道如何去种植和收获谷物和蔬菜。他们只是不觉得有什么理由要这么做。一位昆人报道人问："全世界明明有那么多蒙刚果（mongongo nut），我们为什么还要种植？"这句话被无数关于农业起源的论文所引用。萨林斯总结说，一些史前史学家所认为的技术无知其实是一种自觉的社会决定：这些觅食者"为了保障休闲时光而拒绝了新石器革命"。[21] 当人类学家们还在努力接受这一切的时候，萨林斯已经迈向更宏大的结论。

古代觅食者的休闲之风（"迈向丰裕的修禅路"）在人们不管出于什么原因开始择地而居并接受农业劳作时即走向衰败，至少萨林斯是这么推测的。他们为之付出了可怕的代价。随之而来的不仅仅是不断增加的劳作时间，更是对大多数人来说的贫穷、疾病、战争和奴役，推动这一切的是无休无止的竞争和对新的娱乐、新的权力与新的财富形式的盲目追求。萨林斯的《原初丰裕社会》巧妙利用了对时间分配的研究成果，釜底抽薪般颠覆了人类文明的传统故事。正如伍德伯恩一样，萨林斯将卢梭版本的堕落说（卢梭认为，人们由于太过愚蠢而无法思考集资、囤产和守财等行为可能带来的后果，于是"盲目地奔向自己的锁链"）[22] 弃置一旁，但不一样的是，萨林斯把我们直接带回了伊甸园。如果拒绝农业是一个有意识的选择，那么接受农业也同样是有意为之的行为。我们选择食用知识树上的果实，为此饱受惩罚。正如圣奥古斯丁所说，我们背叛了上帝，而上帝的审判是使我们的欲望背离理性判断；对我们原罪的惩罚是无休止的新欲望。[23]

如果说这里的论述与《圣经》故事之间有什么根本的不同，那就是"堕落"（根据萨林斯的说法）发生过不止一次。我们并不是跌倒一次后重新慢慢爬起来；在劳动和丰裕方面，每一次新的技术突破似乎都使我们跌得更重。

萨林斯的文章是一个精彩的道德故事，只不过其中存在一个明显的缺陷。整个"原初丰裕社会"的论点建基于一个脆弱的前提：大多数史前人类的生活方式的确类似于非洲觅食者。但萨林斯也坦然承认，这仅仅是一种猜测。在文章最后，他问道，"像卡拉哈里的布须曼人这种边缘狩猎者"是否真的比加利福尼亚或西北海岸的觅食者（加利福尼亚觅食者非常重视勤劳工作，西北海岸的觅食者则拥有等级社会与财富积蓄）更能代表旧石器时代的状况？萨林斯承认，也许不能。[24] 这条经常被忽视的评注至关重要。萨林斯并非暗示他自己的"原初丰裕社会"这一说法是错误的。相反,他深知,正如自由民有各种各样通向自由的道路,(原始)丰裕社会通向富足的道路也可能不止一条。

并不是所有的现代狩猎-采集者都把闲暇看得比勤劳工作更有价值,正如并非所有人都像昆人或哈扎人那样视个人财产为身外之物。比如,加利福尼亚西北部的觅食者出了名地贪婪,他们整日沉迷于攒贝币和神圣珍宝,并为此坚守着严格的行为准则。另一方面,加拿大西北海岸的渔猎-采集者生活在高度分层的社会之中,那里的平民与奴隶都非常勤劳。根据他们自己的民族志学者所说,温哥华岛的夸扣特尔人不仅鲜衣美食,而且富足有余:"每个家庭都制作并拥有许多垫子、盒子、雪松树皮和动物毛皮做的毯子、木制餐具、牛角汤勺和独木舟。好像在手工制造与食物生产中,人们一点也不觉得进一步花费精力去生产更多同类的物品是多余的。"[25] 夸扣特尔人不仅使自己被无穷无尽的财物围绕,还以无休无止的创造力来设计和制作它们,其产品是如此引人注目、繁复美丽,使他们成为全世界民族学博物馆的骄傲。(列维-斯特劳斯认为,19世纪与20世纪之交的夸扣特尔人社会就像是有十几个毕加索在同时工作。)这当然是一种丰裕。但它与昆人或姆布蒂人的丰裕完全不同。

那么,哪种社会更接近人类的原始状态?是随遇而安的哈扎人,还是加利福尼亚西北部勤劳的觅食者?看到现在的读者应该明白,我们恰恰**不该**这么问。真正"原始"的状态并不存在。任何坚持认为存在唯一原始状态的人,本质上都是在编造神话(至少萨林斯在这方面相当诚实)。在一些人转向农业之前,人类已经用了几万年的时间来试验不同的生活方式。因此,我们最好是考察变化的整体方向,看看它如何帮助理解我们的那个问题:灵活和自由似乎一度是我们社会制度的基本特点,人类是如何几乎完全失去了它们,并最终陷入永恒的支配与从属关系之中的?

要做到这一点意味着继续第三章开启的故事,跟随着我们的觅食祖先走出冰期(或更新世),进入一个被称为全新世的全球气候变暖的时代。这也将把我们带到欧洲以外的遥远地方,比如日本和北美洲的加勒比海岸,在这些地方开始浮现出全新的、未曾料想的过去;尽管一些学者固执地要将这些新现象塞进严整的进化论盒子，但这些社会已经和人们想象中小型的、流动的、平等主义的"游群"相去甚远。

对北美洲和日本古代狩猎-采集者的新发现如何颠覆了社会进化论

在如今的路易斯安那州，有一个名字很颓废的地方——"波弗蒂角"（Poverty Point）*。在这里你仍然可以看到美洲原住民在公元前1600年前后修建的巨大土方工程的遗址。如今这个地方有着郁郁葱葱的草坪和修剪良好的灌木丛，看起来介于野生动物园和高尔夫俱乐部之间。[26] 被草皮覆盖的小丘和山脊从精心打理过的草地上整齐地隆起，形成同心圆，然后在梅肯湾（Bayou Macon，bayou 来自路易斯安那法语中吸收的乔克托语词汇 bayuk，指从密西西比主河道中分流开去的沼泽小溪）侵蚀之处突然消失。尽管大自然力图冲毁这些土方工程，尽管早期欧洲殖民者力图否认其明显的重要性（他们猜想：这些也许是古代巨人族或者是失落的古犹太部落的住所？），但是它们仍然存在着：既是密西西比下游古代文明的证据，也是其辉煌成就的见证。

考古学家认为，波弗蒂角的各种结构形成了一个曾广至200公顷的纪念性区域，其两侧矗立着南北对峙的巨大土丘［所谓的莫特利和下杰克逊土丘（Motley and Lower Jackson Mounds）］。为了说明这意味着什么，需要指出最早的亚欧大陆城市，像伊拉克南部的乌鲁克（Uruk）或印度旁遮普邦的哈拉帕（Harappa）这类早期市民生活中心，都始于总占地面积约200公顷的聚落。也就是说，这类城市轻轻松松就能被整体放入波弗蒂角的仪式性区域。像那些早期亚欧大陆城市一样，波弗蒂角也源于一条大河，因为在早期，水运比陆运要容易得多，尤其是在大宗货物的运输上。也和早期亚欧大陆城市一样，波弗蒂角成了一个更大的文化交互圈的中心。北至五大湖区、南至墨西哥湾，人和资源千里迢

---

* 该地名的字面意思为"贫困点"。——编者注

迢聚集于此。

从空中看，或者从"上帝视角"看，波弗蒂角存留的遗迹看起来就像某个下沉的巨大圆形剧场；这是一个人群和权力聚集之处，可媲美任何一个伟大的农业文明。将近 100 万立方米的土壤被移走，以便建造这里的仪式性设施，它们很可能朝向天空而建，因为有些土丘呈巨大的鸟形，邀请着上天来见证它们的存在。但波弗蒂角的人不是农民。他们也不使用文字。他们是猎人、渔民和采集者，开发着密西西比河下游丰富的野生资源（鱼、鹿、坚果和水禽）。在这个地区，营造公共建筑的传统并不是他们这群狩猎-采集者开创的，这些传统可以追溯到波弗蒂角出现之前的遥远过去，大约公元前 3500 年，大致也是城市首次出现在亚欧大陆上的时间。

正如考古学家经常指出的那样，波弗蒂角是"在一个没有石头的地方的石器时代遗址"，所以在这里发现的数量惊人的石器、武器、容器和宝石装饰物最初一定都是从其他地方运来的。[27] 庞大的土方工程规模意味着成千上万的人在一年中的特定时间聚集于此，数量超过了历史上已知的任何狩猎-采集种群。但不太清楚的是，是什么吸引着这些人带着当地的铜、燧石、石英晶体、皂石等矿物来到这里；或者他们多长时间来一次？每次停留多长时间？我们根本不知道答案。

我们只知道，波弗蒂角的箭矢与矛头色彩丰富，由红色、黑色、黄色甚至蓝色的石头制成，而且这些还只是我们能够辨别出来的颜色而已。古代的颜色分类无疑更为精细。如果连挑选石头都如此精心，可想而知他们会更细致地对待诸如绳索、织物、药物和这片土地上任何可能成为食物或毒药的生物。另一件我们可以非常确定的事情是，"贸易"并不足以描述这里所发生的一切。首先，贸易是双向的，而波弗蒂角没有出口的明确证据，也没有真正意义上的商品。这种证据的缺失对于研究过乌鲁克和哈拉帕等早期亚欧大陆城市遗迹的人来说显得尤为直观；那些城市似乎确实处于活跃的贸易关系之中，因其遗址内堆满了数量庞大、打包好的陶瓷制品，其都市风格的工艺品远销外地，在很多地方都曾出土过。

尽管波弗蒂角的文化影响范围很广，但这里根本没有上述商品文化的影子。事实上，还不清楚有过什么物质产品从该遗址流出，除了某些被称为"料理球"（cooking ball）的神秘黏土制品，而这些很难称得上商品。织物和布料可能很重要，但我们也不能否认，或许波弗蒂角最伟大的资产是无形的。今天大多数专家将这里的纪念性建筑视为神圣几何学的表达，与日历计数和天体运动有关。如果波弗蒂角曾储存过什么，那很可能是知识：关于仪式、寻梦、歌曲、舞蹈和图像等的知识财产。[28]

我们无从得知个中细节。但若说古代觅食者在这整个地区以高度控制的方式交换着复杂信息，也并非只是推测。对土方纪念性建筑的细致研究提供了物质证明。在密西西比河的大河谷以及更遥远的区域，还存在同一时期的其他小遗址。遗址内土丘与土埂的多种布局都遵循着惊人统一的几何原则，它们所依据的标准测量单位和比例，显然是美洲大部分地区的早期民族所共有的。基本的测算系统似乎基于等边三角形的转换特性，借助绳与线来测定，然后用于巨大土方工程的规划中。

2004年，研究前哥伦布时期的中部美洲（Mesoamerica）社会的权威学者、考古学家约翰·克拉克（John E. Clark）发表了这项非凡的发现。[29] 尽管学术界没有人站出来反驳，但他的研究反响平平，人们或冷淡地接受，或毫不遮掩地怀疑。克拉克本人似乎也对自己的研究结果感到惊讶。我们将在第十一章继续讨论这一发现的广泛影响，但是现在我们只要指出，该领域的两位专家评估了克拉克的发现，承认他提出的证据"并非仅是一个标准测量单位而已，它也体现出从路易斯安那州到墨西哥再到秘鲁的早期土丘群的几何布局与间隔，其中包含了这一标准的倍数"。往高了说，在如此之远的范围内发现同一个测量体系可谓"当代考古学最具挑战性的发现之一"；往低了说，这说明"建造这些工程的人不是简单、普通的觅食者"。[30]

抛开"简单、普通的觅食者"这一概念（现在已经无关紧要），不得不说，尽管克拉克的理论仅仅适用于密西西比河下游和东部林地周边地区，[31] 它仍然非常了不起。因为除非我们面临的是某种惊人的宇宙级巧合，否则这就意味着为了进行精确的空间测量，一定有人在非常长的距离内传播关于几何和算术技术的知识以及相关的劳动组织形式。如果是这样的话,他们也有可能分享其他形式的知识:宇宙学、地质学、哲学、医学、伦理学、动物群、植物群、财产观、社会结构以及美学。

就波弗蒂角而言,这是否应该被视为一种以知识换取物质产品的形式?不无可能。但是物品和观念的流动也可能以其他很多方式进行。我们唯一可以肯定的是,缺乏农业基础似乎并没有阻止那些聚集在波弗蒂角的人创造出在我们看来非常像小城市的东西,至少在一年中的某些时候,它们承载着一种丰富多彩且影响深远的智识生活。

今天,波弗蒂角是一个国家公园,也是一座纪念馆,并被联合国教科文组织列入世界遗产名录。尽管有着这些驰名国际的称号,它对世界历史的影响基本仍未得到探索。作为一个规模堪比美索不达米亚城邦的狩猎-采集者大都会,波弗蒂角衬得安纳托利亚的哥贝克力土丘就像个"大肚山"(其实这就是 Göbekli Tepe 在土耳其语中的意思)。然而,除了一小群学术专家和当地的居民与游客,几乎没什么人听说过它。

一个显而易见的问题来了:为什么波弗蒂角没有被全世界的人们所熟知?为什么它在关于城市生活和中央集权的起源及其对人类历史的影响的讨论中没有占据更突出的位置(或者说根本没有位置)?

毫无疑问,原因之一是波弗蒂角和它的前身〔比如附近沃希托盆地(Ouachita basin)的沃森布雷克(Watson's Brake)遗址更古老的土丘群〕被划入了美洲史前史的一个阶段,被称为"古风时代"(Archaic)。该阶段时间跨度极大,从公元前 8000 年前后白令陆桥(曾连接着亚欧大陆与美洲)被淹没,一直到大约公元前 1000 年北美洲一些地区最初开始采用和传播玉米种植技术时。总之,它涵盖了 7 000 年的原住民历史。最初给这一时期命名的考古学家们基本就是在宣称,"这是一个任何重大事件都尚未发生的时期",这样的命名实际上是在等着自扇耳光。所以当不可否认的证据开始出现,表明这一时期的的确确发生了很多重大事件,而且不只发生在密西西比河流域时,这几乎让考古学家尴尬得下不来台。

在大西洋沿岸和墨西哥湾周围，有一些神秘的建筑物：它们和波弗蒂角一样引人注目，却更不为人所知。它们由大量贝壳堆积而成，有的呈小圆环状，有的则是巨大的马蹄形"露天剧场"（发现地为佛罗里达州东北部的圣约翰河谷）。这些都不是自然形成的，而是人工建造的能容纳成千上万狩猎-采集者的空间。在遥远的西北方，北美大陆另一端的不列颠哥伦比亚省的风蚀海岸上暗藏着更多惊喜：这里有规模惊人的定居点和防御工事，面朝着早已见惯了战争场面和远距离商业活动的太平洋，最早可以追溯到公元前2000年。[32]

关于狩猎-采集者的历史，北美洲并非世界上唯一一个进化论预期与考古学发现之间发生巨大冲突的地方。在日本及其相邻岛屿，另一个被打上单一文化标签的时代——绳纹时代（Jōmon）——横跨从公元前14000年到公元前300年这1万多年的觅食者历史。日本考古学家们投入了很多时间来对绳纹时代进行细分，就像北美洲的先驱学者们如今对他们的"古风时代"所做的一样。然而其他所有人，不论是博物馆的观众还是高中教科书的读者，仍然面对着"绳纹时代"这个单一的术语，它涵盖了水稻种植传入日本之前的漫长岁月，留给我们一种单调保守的印象，就好像这是一个无事发生的年代。现在，考古学的新发现揭示了这种看法是多么荒唐错谬。

创造一个新的日本国族历史，在某种意义上是现代化进程中一个充满矛盾的副产品。自20世纪60年代日本经济腾飞以来，成千上万的考古遗迹被发现、发掘并精心记录，这一井喷式的发现要么来自公路、铁路、住房或核电站建设项目，要么源于2011年东日本大地震这类生态灾难过后的部分大型赈灾工程。一个庞大的考古信息档案库由此诞生了。从这个材料迷宫中逐渐浮现出一幅完全不同的画卷，描绘出灌溉水稻种植从朝鲜半岛传入日本之前的出人意料的社会面貌。

在整个日本群岛，从公元前14000年到公元前300年，人们以百年为周期不断从聚集定居到四散分居，如此循环往复；木制与石制的纪念性建筑拔地而起又被推倒毁弃；包括奢华葬礼在内的复杂仪式传统兴盛一时又转而衰败；在陶艺、木艺和漆艺等方面造诣非凡的专职手工业也时兴时衰。就取食于自然的手段而言,地区间的差异显而易见,生计方式包括了从出海捕捞到采摘橡子,但都使用大型储存设施来收集食物资源。大麻开始被使用,用于织物或用于消遣。一些大型村落有着巨大的仓库以及类似仪式场所的区域,比如在三内丸山(Sannai Maruyama)的发现。[33]

整个被遗忘的日本前农业时期的社会史正在重新浮现,目前主要体现为大量的数据点和国家遗产档案。未来,随着这些碎片被重新拼合,谁知道会出现什么呢?

欧洲也见证了冰期以后非农业人口活跃而复杂的历史。例如芬兰语中被称为Jätinkirkko,即"巨人教堂"的纪念性建筑,那是些位于瑞典和芬兰之间波的尼亚湾(Bothnian Sea)一带的大型石垒,有数十个之多,其中一些长至60米,是沿海的觅食者在公元前3000年至公元前2000年之间建造的。又如"大神像"(Big Idol),一根5米高、雕有精致图案的图腾柱,发掘自中乌拉尔山脉(the Central Urals)东坡的希吉尔斯克湖(Lake Shigirskoe)的泥炭沼泽。这个"神像"的历史可以追溯到公元前8000年前后,它是觅食者失传已久的大型木制技艺传统的唯一幸存,这种技艺传统曾经创造出直指整个北方天空的纪念碑。再如卡累利阿(Karelia)和斯堪的纳维亚南部堆满琥珀的墓葬,里面有精心制作的随葬品,且尸体被摆出表意的动作,呼应着某些中石器时代失落的礼仪。[34]而且,正如我们所见,一直以来,人们认为巨石阵的主要兴建期与早期农民有关,现在却发现,在这个时期不列颠群岛的人们放弃了谷物种植,再次过上了榛子采集辅以牲畜放牧的生活。

说回北美洲,一些研究人员开始略显别扭地谈论起"新古风时代"(New Archaic),一个迄今未知的"有纪念碑但没有国王"的时代。[35]但事实是,现在几乎在全球各处都发现过觅食者打造的纪念性建筑,可关于这一现象背后的政治制度,我们堪称一无所知,或者说,我们不知道这些纪念性工程中是否有一些确实与国王或其他类型的领袖有关。我们只知道,这些发现从本质上改变了对社会进化的讨论,不仅针对美洲、日本、欧洲，无疑还包括世界上其他大多数地方。显然，在最后一个冰期结束之时，觅食者并没有在后台坐立不安，等待着新石器时代的农民来重新打开历史的舞台。那么，为什么这些新知识很少被纳入我们对人类历史的解释中呢？为什么每一个人（至少每一个并非专业研究北美洲古风时代或日本绳纹时代的人）都还在如此这般书写，就好像这些事情在农业到来之前都是不可能的？

当然，我们当中没有机会看到考古报告的人情有可原。更广为传播的信息往往限于零散的、有时耸人听闻的新闻摘要，这些碎片很难被拼成一张完整图景。但另一方面，学者和专业研究人员虽然掌握信息，却费尽心机视而不见。让我们来看一下这种奇特的故作无知的智力游戏怎么玩。

觅食者生活在孩童般的简单状态中，这个神话是如何延续至今的（或言，非形式谬误）

让我们先问一下，为什么连一些专家都明显难以摆脱那种观念，即认为觅食者游群都无忧无虑、无所事事，并且也无法摆脱与之伴生的那种假设，以为所谓"文明"——市镇、专职工匠和掌握密识的专家——没有农业就不可能实现？为什么人们在书写历史的时候从来没有想过像波弗蒂角这样的地方？这不可能只是空洞的学术术语（"古风时代""绳纹时代"等）偶然造成的后果。我们认为，真正的答案关系到欧洲殖民扩张的遗产，特别是殖民扩张对原住民和欧洲这两种思想体系的影响，尤其是在土地所有权的主张方面。

让我们回顾一下，早在萨林斯"原初丰裕社会"概念之前，批判欧洲文明的原住民就已经指出，狩猎-采集者的确优于其他人，因为他们可以轻易获得所想所需之物。这种观点早在16世纪就存在，比如，米克马克人坚持认为自己比法国人更富有，并因此惹怒了皮埃尔·比亚尔神父。坎迪亚洪克也提出过类似的观点，坚持认为"加拿大的野蛮人虽然穷，但是比你们更富有，你们斤斤计较'我的'和'你的'从而犯下各种罪行"。[36]

正如我们所见，像坎迪亚洪克这样的原住民批评家，在修辞时会经常夸大自身情况，甚至迎合他们是大自然幸福纯真的孩子这种观点。他们这么做是为了揭示他们眼中的欧洲生活方式如何怪诞堕落。讽刺的是，这么做恰恰落入了陷阱，因为其对手指出，既然他们是大自然幸福纯真的孩子，那么他们对土地就没有自然权利。

这里我们有必要了解一下，欧洲殖民者凭什么将那些不幸生活在被他们觊觎的土地上的原住民赶出家园。他们所倚仗的法律基础，几乎都是被19世纪法学家称为"农业论证"（Agricultural Argument）的原则，在它的推波助澜下，居住在澳大利亚、新西兰、撒哈拉以南非洲和美洲的成千上万的原住民被赶出世居的土地，过程中通常还伴随着强暴、酷刑和大屠杀，也往往伴随着对整个文明的破坏。

殖民者对原住民土地的侵占往往始于某种似是而非的主张，即觅食者生活在自然状态中，这意味着他们是土地的一部分，但并不合法拥有土地。而将其从土地上驱逐的理由是，当前生活在这片土地上的居民没有**真正**在土地上耕作。这一论点可以追溯到约翰·洛克的《政府论（下篇）》（*Second Treatise of Government*，1690），在这本书中他认为，财产权必然来自劳动。在耕种土地时，人们"将自己的劳动（与土地）混合在一起"；因此土地成为人自身的延伸。洛克的信徒们认为，懒惰的原住民没有这么做。洛克主义者声称，那些人不是"不断精进的土地拥有者"，而只是以最小的努力利用土地来满足他们的基本需求。作为原住民权利的研究权威，詹姆斯·塔利（James Tully）阐述了上述观点的历史影响：用于狩猎和采集的土地被认为是闲置的，而且"如果原住民试图让欧洲人遵守他们的法律和习俗，或试图捍卫他们几千年来误以为是自己财产的土地，那么违反自然法的就是他们，因此要像野兽一样被惩罚甚至'毁灭'"。[37] 就这样，原住民被塑造成了无忧无虑、无所事事、胸无大志地闲庭信步的刻板印象，而亚洲、非洲、拉丁美洲和大洋洲成千上万的欧洲征服者、种植园监工和殖民官员以此为借口，动用制度武器胁迫当地人工作：其形式从直接奴役、惩罚性税收制度、徭役到债役，无所不包。

正如原住民法律学者多年来一直指出的那样，"农业论证"本身毫无道理。除了欧洲式的耕种，还有很多方法可以打理土地并提高其生产力。殖民者眼中的蛮荒往往是原住民们成千上万年积极经营的景观，通过有控制的烧荒、除草、砍树、施肥和修剪，也通过在河口土地修建阶地来扩展特定野生植物的生长环境，在潮间地带建造蛤园来促进贝类的繁殖，或是修坝来捕捉鲑鱼、鲈鱼和鲟鱼，等等。这些过程往往是劳动密集型的，并且由当地法律规定谁可以进入小树林、沼泽地、根床、草原和渔场，谁有权在一年中的特定时间利用什么物种为生产资料。根据最近的一项研究，在澳大利亚部分地区，原住民经营土地的这些技术纯熟到我们甚至不该再统称之为"觅食"，而应代之以一种不同的务农方式。[38]

这类社会也许不承认罗马法或英国普通法意义上的私有产权，但如果认为他们没有产权就太荒谬了。他们只是对财产有着不同的概念。顺便一提，即使哈扎人或昆人也是如此；而且正如我们所见，许多其他觅食者民族其实有着极为复杂和精微的所有权概念。有时这些原住民的财产制度构成了资源获取差异的基础，导致出现了类似社会阶层的东西。[39] 通常这种情况不会发生，因为人们设法确保它不会发生，就像他们确保酋长不会发展出强制性权力一样。

尽管如此，我们还是应该认识到，至少有些觅食者社会的经济基础能够支持祭司阶层乃至拥有常备军的王室阶层。让我们举一个戏剧性的例子来说明这一点。

卡卢萨人（Calusa）是16世纪欧洲探险家首次描述的北美洲社会之一。他们居住在佛罗里达州西海岸，位于坦帕湾（Tampa Bay）到佛罗里达礁岛（Keys）之间，是非农业民族。卡卢萨人在那里建立了一个小王国，以首都卡洛斯（Calos）为中心对王国进行统治，如今当地有一处占地30公顷的高大贝丘群，被称为"丘岛"（Mound Key）。卡卢萨人主要以鱼、贝类与较大的海洋生物为食，此外还有鹿、浣熊和各种鸟类。

卡卢萨人还有一支独木舟舰队,凭借这支舰队对邻近人口发起军事袭击,并获得作为贡品的加工食物、皮毛、武器、琥珀、金属和奴隶。1513年6月4日,胡安·庞塞·德莱昂(Juan Ponce de León)进入夏洛特港(Charlotte Harbor)时,就遇到了一支由全副武装的狩猎-采集者构成的组织严密的独木舟舰队。

一些历史学家不愿意将卡卢萨人的领袖称为"国王",而倾向于称之为"最高酋长"(paramount chief)。但一手资料显示,这位领袖的地位毋庸置疑极其尊贵。被称为"卡洛斯"(Carlos)的人,是首都卡洛斯的统治者。在欧洲人初次到来时,他看起来甚至像个欧洲国王:戴着金头饰和串珠腿带,坐在木制的王座上。关键是,他是唯一一个可以这么做的卡卢萨人。他的权力似乎是绝对的。"他的意志就是法律,违背他意志的人要被处以死刑。"[40] 他也负责举行秘密仪式,以确保自然界更新。他的臣民在遇见他时需要跪地并举手行礼,他身边往往跟着由战士贵族和祭司组成的统治阶级代表,他们和他一样主要投身于统治事务。他还拥有专职工匠为他服务,包括那些加工金银铜的宫廷冶金专家。

西班牙观察者记录了一种传统做法:当卡卢萨人的统治者或他的正妻死亡时,会从其治下臣民的儿女中抽出一定比例陪葬。根据大多数定义,这些都使得卡洛斯不仅是一个国王而已,还是一个神圣国王,甚至是神。[41] 我们对这些安排背后的经济基础知之甚少,但是支持宫廷生活运转的似乎不仅有调控沿海渔场的复杂体系(这些渔场的渔获极为丰富),也有从沿海沼泽挖出的运河和人工池塘。后者进而又支持了永久性的而非季节性的定居(尽管大多数卡卢萨人仍然在一年中的某些时候分散到捕鱼点和采集点,届时大城镇的规模明显变小)。[42]

从各方面来看,卡卢萨人都确实"陷入"了一种单一的政治经济模式,从而使极端的不平等得以出现。但与此同时,他们并没有播下任何一粒种子或拴住任何一只动物。面对这种情况,坚持认为农业是持久不平等的必要基础的人们有两个选择:忽视他们,或声称他们所代表的只是无关轻重的异常现象。人们会说,很显然,那些会突袭邻人、储存财富、创造繁复的宫廷礼仪、保卫领土的觅食者,并不是觅食者,至少不是**真正的**觅食者。显然他们已经通过其他方式成了农民,实际从事着耕作(仅限于打理野生作物)。或者说,也许他们正处于过渡时期,正处于成为农民的"半途"中,只不过还没有完全抵达?

所有这些都是安东尼·弗卢(Antony Flew)所称的"并非真正的苏格兰人"式论证[也被逻辑学家称为"临时补救"(ad hoc rescue)]的绝佳例证。对于那些不熟悉此道的人来说,它是这样运作的:

> 假设哈米什·麦克唐纳(Hamish McDonald),一个苏格兰人,坐下读《格拉斯哥先驱晨报》,看到一篇关于"布莱顿淫魔再犯案"的文章。哈米什很震惊,宣称"没有一个苏格兰人会做这种事情"。第二天他又坐下读《格拉斯哥先驱晨报》,这一次,报上的一篇文章讲述了一个阿伯丁人的残暴行径。相形之下,布莱顿淫魔都算得上有绅士风度的。这一事实表明,哈米什的看法是错误的,但是他会承认吗?不见得。这一次他说:"没有一个**真正的**苏格兰人会做这种事情。"[43]

哲学家们对这种论证方式不屑一顾,认为这是典型的"非形式谬误",或者说循环论证的一种。你只是申明了一个命题(比如"狩猎-采集者没有贵族"),然后通过不断地改变定义来保证它免受任何可能的反例的冲击。我们更倾向于采取前后一致的论证方法。

觅食者是不依赖被驯化的动植物为主要食物来源的人群。以这种定义为准,那么即使他们中的不少人实际上拥有复杂的土地所有体系,或者拥有备受崇拜的国王,或者精于运用奴隶制,这些不同于典型印象的活动并不会将他们神奇地变为"早期农民",也无法合理化对他们无穷无尽的细分,诸如"复杂的""丰裕的"或"延迟回报的"狩猎-采集者,这些标签只是以另一种方式将他们困于海地人类学家米歇尔-罗尔夫·特鲁约(Michel-Rolph Trouillot)所称的"野蛮夹缝"(savage slot)中,以生计方式来限定他们的历史——就好像他们本该是整天闲逛的人,但不知何故做出了超前的事情。[44]相反,这仅仅意味着那个初始论断是错误的，就像杜撰人物哈米什·麦克唐纳的话一样。

在适合觅食的地方定居的觅食者
在某种程度上是不寻常的——
我们要破除这个极度愚蠢的观点

在学术界，有另一种支持"农业革命"神话的流行观点，这种观点将卡卢萨人这样的群体描摹为进化过程中的奇事或异常，声称他们之所以行为不寻常，只是因为生活在"非典型"的环境之中。通常，"非典型"意味着各种湿地——海岸和河谷——而不是热带森林或沙漠边缘的偏远角落，这些偏远角落被认为是狩猎-采集者真正应该生活的地方，因为当下他们中的大多数人就生活在这些地方。这是一个非常奇怪的论点，但是很多重磅人物都这么认为，所以我们不得不简要地讨论一下它。

任何在20世纪早期到中期仍主要靠猎杀动物和采集野生食材为生的人，几乎必然生活在没有其他人想要的土地上。这就是为什么如此之多关于觅食者最细致的描述都来自卡拉哈里沙漠或北极圈等地方。1万年之前，情况显然不是这样。那时每个人都是觅食者，而且总体人口密度很低。因此，觅食者可以自由地生活在他们看上的任何地方。在所有条件相同的情况下，那些靠野生资源生活的人往往会聚集在资源丰富的地方。你也许会认为这不言自明，但事实显然并非如此。

因为卡卢萨人有极为丰富的资源基础，所以如今有些学者将他们描述为"非典型"的觅食者。这些学者是希望我们相信，古代觅食者主动避开了这样的地方，避开了河流和海岸（这也为迁移和交流提供了天然动脉），只为心甘情愿帮助后来的研究者，所以选择去模仿20世纪的狩猎-采集者（对于这类人今天仍可获得详细的科学数据）。我们被迫相信，他们是在耗尽沙漠、山脉和雨林的资源后，才开始不情不愿地移居更富足舒适的环境。我们可以将这称为"所有坏地方都被占完了！"论点。

实际上，卡卢萨人没什么不典型的。他们只是生活在佛罗里达海峡周围的众多渔猎人群之一，这些群体还包括德贵斯塔人（Tequesta）、波乔伊人（Pojoy）、杰亚加人（Jeaga）、乔布人（Jobe）和艾斯人（Ais）（有些显然有自己的王朝），卡卢萨人经常与他们交易、征战和联姻。但这些群体也是最早一批被摧毁的美洲原住民社会，因为很明显，海岸和河口是西班牙殖民者最先登陆的地方，他们带来了流行病、神父、礼物，最终定居在此。从美洲到大洋洲，这种模式在每块大陆上不断复现。最具吸引力的港口、海港、渔场和周围的土地首先被英国、法国、葡萄牙、西班牙、荷兰或俄国的殖民者抢走，他们还排干潮汐盐沼和沿海潟湖，以种植谷物和经济作物。[45]

这就是卡卢萨人及其古老的渔场和猎场的命运。18世纪中期，当佛罗里达被割让给英国时，卡洛斯王国里最后几位幸存的臣民被他们的西班牙主人运送到了加勒比海。

在人类历史的大多数时间内，渔民、猎人和采集者不必对抗庞大的帝国；因此，他们自己往往是水域环境中最为活跃的人类移殖者。考古学证据越来越证明了这一点，例如，长期以来人们都认为，最初在美洲大陆定居的人是沿陆路迁徙而来的［所谓的"克洛维斯人"（Clovis people）］。大约1.3万年前，他们历经千辛万苦，跨越了彼时位于俄罗斯与阿拉斯加之间的白令陆桥，又向南穿越了陆地冰川，翻过了冰雪覆盖的山脉。这些艰辛都源于他们中从没有人想过要造一艘船沿着海岸航行。

最近的证据揭示出一幅迥然不同的图景。［或者，正如一位纳瓦霍（Navajo）报道人在面对一张绘着途经白令陆桥的考古线路图时所言："也许有其他家伙是这么过来的，但我们纳瓦霍人走的是另一条路。"］[46]

事实上，大约在1.7万年前，欧亚人早就进入了当时真正的"新大陆"。更重要的是，他们的确想到了造船，沿着环太平洋海岸线航行，循着近海岛屿与巨藻丛之间的水道，最终抵达智利南部海岸的某处。早期的东渡也发生过。[47]当然，也有可能这些最早到来的美洲人刚踏足如此丰饶的沿海生境后，就迅速放弃了它们，不知何故主动选择将余生都用来翻越群山、在森林中开辟道路、在无尽单调的草原上长途跋涉。但更合乎情理的假设是，他们中的大部分人仍然留在海岸上，并在这里形成密集和稳定的定居点。

问题是，直到最近，这一直是一个沉寂的论点，因为上升的海平面早已淹没了世界上大部分地区关于海岸线定居的最早记录。考古学家倾向于抵制这样的结论：尽管缺乏物理遗迹，但这样的定居点一定存在过。然而随着对水下环境的调查逐步展开，这一结论的可能性越来越强。在早期人类分散与定居这个问题上，一个明显更慢热的（坦率地说也是更符合常识的）解释最终将出现。[48]

最后回到财产问题，并探索它与神圣之物的关系

所有这一切意味着，在早全新世阶段世界各地形成的诸多独特的文化世界中，大多数人可能集中在丰饶而非匮乏的环境中：其情形更像卡卢萨人而非昆人。这是否也意味着他们可能有着与卡卢萨人相似的政治制度？这里我们需要谨慎对待。

卡卢萨人设法维持了足够的经济盈余来支持一个我们眼中的微型王国，但这并非意味着只要一个社会储备了足够数量的渔获就必然会产生王国。毕竟，卡卢萨人是航海者，因此他们无疑非常熟悉周边那些像路易斯安那的纳奇兹人的"大太阳"（Great Sun）等神圣君主统治的王国，甚至可能知道中美洲的帝国。他们可能只是在模仿这些强大的邻居，也可能只是与众不同。最后，我们并不知道像卡洛斯这样的神圣国王究竟有多少权力，因此与纳奇兹人比照一下是有益的：后者是一个农业群体，比起卡卢萨人有着更多的文字记录，而且据说有一个位高权重的拥有绝对权力的君主。

这位已知的君主"纳奇兹太阳"住在一个村庄中，在村子里他可以施展无限权力。对于他的一举一动，人们都会以一整套卑躬屈膝的礼节来回应；他可以处决人命，夺人财产，随心所欲。不过，这种权力被他自己的肉身存在（physical presence）严格限制，而他的存在很大程度上又被限制在王家村庄之内。大多数纳奇兹人并不住在王家村庄中（事实

上为避免惹祸上身，大多数人都倾向于避开这个村庄）；在王家村庄之外，国王代表并不会比蒙塔格奈-纳斯卡皮人的酋长更受礼遇。如果臣民不愿意服从这些代表的命令，就会嘲笑他们。换言之，纳奇兹太阳的宫廷并不是完全空洞的剧场——那些被"大太阳"处决的人可以肯定是真的死掉了，也不是苏莱曼大帝或奥朗则布的宫廷，而是一个几乎介于二者之间的存在。

卡卢萨人的王权类似于此吗？西班牙观察者显然不这么认为（他们认为它或多或少是一种绝对君主制）。不过，鉴于这种致命的戏剧场面通常多半是为了震慑外人，所以这本身并不能说明什么。[49]

目前为止我们了解到了什么？

最明显的是，我们现在可以给主流观点以最后一击，这种观点认为，在农业发明前，人们多多少少像卡拉哈里的布须曼人一样生活，直到农业的发明让一切开始改变。就算能把更新世的猛犸象猎人当作某种可以忽略的异常，但是，在随后而来的冰消期，当资源丰富的海岸、河口与河谷开始形成许多新的社会，人们聚集于大型的永久居住地，创造出全新的产业，遵循数学原理建造纪念性建筑并发展出地区性饮食时，显然不能再将之视为异常。

我们还了解到，至少有一些社会发展出了丰富的物质基础，足以支撑王家宫廷和常备军——尽管我们尚未找到明确证据表明他们的确这么做过。例如，建设波弗蒂角的土方工程肯定需要大量劳动力和一套精心策划的工作制度，但我们仍不清楚这些劳动力是如何组织起来的。日本考古学家在勘查了数千年跨度的绳纹遗址后，发现了各种各样的珍宝，但他们还没有找到确凿证据以证明这些珍宝被任何贵族或统治精英所垄断。

我们也许不能彻底搞清楚在这些社会中存在着哪些形式的所有权。但我们能够指出，同时也有大量证据支持的是，所有这些地方，包括波弗蒂角、三内丸山、芬兰卡斯泰利（Kastelli）的巨人教堂，或是更早的旧石器时代晚期大人物的安息之地，在某种意义上都算神圣之所。这似乎没说什么，但这非常重要：它比我们以为的更有助于理解私有财产的

"起源"。在这番讨论的最后,我们将尝试解释其原因。

让我们再来看看人类学家詹姆斯·伍德伯恩,在他关于"即时回报"的狩猎-采集者的研究中,有一个不那么出名的见解。他指出,即便在那些显然以平等主义著称的觅食者群体中,"任何成年人都不应该妄图直接命令他人,且任何个人也不该对财产提出私有主张"这项规则也存在一个引人注目的例外。它出现在仪式的、神圣的领域。在哈扎宗教和许多俾格米群体的宗教中,男性(有时是女性)的成人礼构成了主张绝对所有权的基础,通常是对仪式特权的绝对所有权,这与日常世俗生活中几乎不存在绝对所有权这一状况形成强烈反差。伍德伯恩观察到,各种形式的仪式与知识产权,通常通过保密、欺骗与暴力威胁而得到保护。[50]

此处伍德伯恩以神圣号角为例。在某些俾格米群体中,参加过成人礼的男性把它们藏在森林中的秘密地点,妇女和儿童不仅不应该知道这些神圣的宝藏,而且如果尾随并尝试偷窥,还会遭到攻击甚至强暴。[51]在巴布亚新几内亚和亚马孙的一些当代社会中存在非常相似且极为常见的做法,涉及神圣号角、神圣笛子或其他相当明显的阳具象征物。通常而言会有一个复杂的神秘游戏,在游戏中,这些乐器会被人定期从藏匿之地拿出来演奏,男人们假装这是神灵之声,或将乐器作为化装舞会的一部分,在舞会上他们扮为神灵来吓唬妇女和儿童。[52]

现在,在很多情况下,这些神圣物品是一类社会中唯一重要且排他的财产形式;那类社会视个人自主性为最高价值,我们也可以简单称它们为"自由社会"。不单命令关系被严格局限于神圣场合甚或是人扮作神灵的场合;绝对财产,或者今天所说的"私有"财产也是如此。在这类社会中,私有财产的概念与神圣的概念之间有着深层的形式相似性,二者从本质上来说都是排他结构。

尽管从未得到明确表述或展开,这种看法早已隐现于涂尔干对"神圣之物"(the sacred)的经典定义中,即神圣之物是"被分离出来的"(set apart):从尘世被移出并高高供起(有时是真实意义上的,有时是象征意义上的),因为它与更高的力量或存在有着难以察觉的联系。涂尔干认为，对神圣之物最清晰的表达是波利尼西亚语中的"塔布"（tabu），意即"不可触碰"。但当我们谈起绝对私有的财产时，我们难道不是在谈论非常相似的东西吗？实际上，二者在底层逻辑和社会影响方面几乎完全相同。

正如英国法理学者喜欢说的那样，至少在理论上，个人财产权是"对抗整个世界的"（against the whole world）。如果你拥有一辆车，那么你就有权阻止全世界的任何人进入或使用它。（仔细想想，这是你对自己的车所能行使的唯一真正绝对的权利。你能对车所做的其他事情都被严格规定着：你能在哪里驾驶、以何种方式驾驶、在什么地方停车等。但是你绝对可以阻止世界上其他任何人进入车内。）在这种情况下，此物被分离出来，被可见或不可见的屏障围了起来，但不是因为它与某种超自然存在有联系，而是因为它对一个特定的、活着的人类个体来说是神圣的。除此以外，在其他方面二者的逻辑相当类似。

认识到私有财产与神圣之物这两个概念间的密切相似之处，也就认识到了欧洲社会思想在历史上的怪异之处——完全不同于自由社会，我们将私有财产中这种神圣而不可侵犯的性质作为**一切人权和自由的范式**。这就是政治科学家麦克弗森（C. B. Macpherson）所说的"占有型个人主义"。正如每个人的家都是他的城堡一样，你之所以有权不被杀害、折磨或任意监禁，是建立在你**拥有**自己的身体这个信念之上；就像你拥有自己的动产与财物，因此你就在法律上有权制止他人进入你的土地、房屋、汽车等。[53]正如我们所见，那些不认同欧洲这种对神圣之物的特殊理解的人确实可能被杀害、折磨或任意监禁。从亚马孙到大洋洲，人们常罹此难。[54]

对于大多数美洲原住民社会来说，这种态度非常陌生。它唯一可能适用的地方就是神圣对象，或人类学家罗伯特·罗维所说的"圣物"（sacra），他在很久前指出原住民的很多最重要的财产形式是非物质的或无形的：魔法程式、故事、医疗知识、某种舞蹈的表演权或者是在自己的斗篷上缝制某种图案的权利。通常，武器、工具甚至猎场都可以拿来自由分享，但是用以确保猎物从一季到下一季的繁衍，或保证狩猎过程中的好运气的这类秘术，却是为个人所有且受到谨慎守护的。[55]

很多时候，圣物同时包括物质元素和非物质元素；比如在夸扣特尔人中，拥有一个传家木餐盘也就意味着拥有在某片土地上采摘浆果来填满它的权利；这又使得其主人有权在某一次宴会上一边高歌一边展示这些浆果，等等。[56]这种神圣财产的形式极为复杂和多变。例如，在北美洲的平原社会中，圣物束（sacred bundle，通常不仅包括实物，还包括与之相配的舞蹈、仪式和歌曲）往往是该社会中唯一被视为私有财产的物品：不仅为个体绝对所有，还可以被继承和买卖。[57]

通常，人们认为土地或其他自然资源的真正"所有者"是神灵；凡人只是霸占者、窃取者或最多是看护者。对待资源时，人们有时采取掠夺者的姿态，如占有真正属于神的东西的猎人；有时采取看护者的姿态（只有当一个人承担着维护和照看一个村庄、一间房子或一片土地的终极责任时，他才算是它的"所有者"或"主人"）；有时两种姿态并存，比如在亚马孙地区，典型的所有权［或者"掌控权"（mastery），这二者往往是同一个词］的范例包括捕捉野生动物然后将其养作宠物，也就是把对自然世界的暴力占有转化为对自然世界的养育或"照顾"。[58]

在亚马孙原住民社会中开展民族志工作的学者们会发现这并不罕见：从山岳湖泊到作物、藤蔓树林和动物，人们周围几乎每个东西都有一个所有者，或者存在被拥有的潜在可能。正如民族志学者们指出的，这样的所有权往往带有支配和照看的双重含义。没有所有者就意味着被暴露在不受保护的境况中。[59]在人类学家所说的图腾制度中，就像我们讨论过的澳大利亚和北美洲的那种图腾制度，照看的责任采取了一种非常极端的形式。据说每个氏族都"拥有"某个动物物种，从而成为"熊氏族""驼鹿氏族""鹰氏族"等，但这同时意味着这些氏族成员不能猎捕、杀死、伤害或以其他方式消费该物种。事实上，参与促进该物种存在与繁衍的仪式才是符合期望之举。

罗马法的财产概念是今天几乎所有法律体系的基础，其独特之处在于：照看和分享的责任被缩减到最低限度，甚至被完全抹除。在罗马法中有三种与占有相关的基本权利：使用权（usus）；收益权（fructus，享有一件财产之产物的权利，比如一棵树上的果实）；处分权（abusus，损害或破坏的权利）。如果一个人只拥有前两项权利，就被称为拥有用益权（usufruct），这在法律中不被认定为真正的占有。那么，真正的财产权在法律层面的决定性特征就是：人们可以选择**不去**照看它，甚至可以随意毁坏它。

现在我们终于接近有关私有财产的一般性结论了，让我们用最后一个引人注目的例子来加以说明：澳大利亚西部沙漠著名的成人礼。在这里每个氏族的成年男性都是特定领地的守护人或监护人。存在一些被阿兰达人（Aranda）称为"储灵珈"（churinga 或 tsurinja）的圣物，它们是开辟出每个氏族领地的古代祖先的遗物。大多数情况下，它们是刻有图腾标志的磨光的木块或石块。它们也承载了对这些土地的合法所有权。涂尔干认为它们是典型的神圣之物：这些物品从日常世界中被分离出来，受到虔诚崇拜；实际上它们就是"氏族的约柜*"。[60]

在定期举办的成人礼上，新一批阿兰达男青年将学习土地的历史及其资源的性质。他们也被赋予了照看土地的责任，这尤其意味着维护储灵珈和与之有关的圣所的责任，而这些只有已经通过成人礼的人才能彻底掌握。20世纪初，人类学家、路德宗传教士之子施特雷洛（T. G. H. Strehlow）在阿兰达人中待了很多年，成了这一专题下除阿兰达人之外最重要的权威。正如他所观察到的那样，这一责任的重要性是通过恐吓、酷刑和身体残害来传达的：

> 新人在接受割礼一两个月后，紧跟着就是第二个主要的成人礼仪式，即下割礼（sub-incision）……新人现在已经接受了所有必要的身体手术，好使他有资格继承男人的资产，而且他已经学会了毫

---

* 在《圣经》中指存放《约书》（核心内容为"十诫"）的柜子，是以色列人最神圣的圣物。——编者注

无保留地遵守长者的命令。他新确立的盲目服从特质与童年时期肆无忌惮的蛮横与无法无天的脾气形成了鲜明对比。原住民小孩往往被父母惯坏了。母亲们会满足儿女每一个心血来潮的要求,父亲们则不会花费时间采取任何惩戒措施。因此在孩子年龄更大时举行的传统成人礼上,那些故意为之的残酷是为了惩罚那些肆无忌惮和无法无天的男孩过去的无礼,并将他们训导为忠顺尽职的"公民",这些公民将毫无怨言地服从长辈,成为本民族古老神圣传统合格的继承人。[61]

这是另一个痛苦但清晰的例证,表明在仪式场合中观察到的行为如何一反日常生活中自由且平等的关系。只有在这样的场合中,排他性的(神圣的)财产形式才存在,严格的、自上而下的等级制度才得以实施,发出的命令才会得到尽职尽责的服从。[62]

再回头来看史前史,正如我们已经指出的,我们不可能准确知道在哥贝克力石阵、波弗蒂角、三内丸山或巨石阵这些地方存在哪些形式的财产权或所有权,就像我们不可能知道与旧石器时代晚期的"王公们"一起埋葬的华贵衣饰是否为他们的个人财产。但是,从更大的方面来看,我们现在可以提出的是,很可能正是在这种精心调度的、通常遵循精确几何学原则布局的仪式性剧场,对财产权利的排他性主张,伴随着对无条件服从的严格要求,出现在了自由民当中。如果私有财产有一个"起源",那么它就与神圣之物的概念一样古老,也就是与人类自身的存在一样古老。与其问这一切是何时发生的,不如问它如何最终控制了人类事务中许多其他的方面。

第五章

多季以前

为何加拿大觅食者蓄奴而他们的加利福尼亚邻居却没有；
或言，"生产方式"问题

在农业出现之前，我们的世界绝非由漂泊不定的狩猎-采集者游群构成的。那时，许多地方有着定居的村庄与城镇，其中一些已有相当悠久的历史，也有宏伟圣殿和累累财富，这很大程度上要归功于仪式专家、技术纯熟的工匠与建筑师。

一谈到历史大脉络，大部分学者要么完全忽略这个前农业世界，要么将其轻描淡写成某种奇特的反常现象：文明的错误开端。旧石器时代的猎人和中石器时代的渔民也许已经像贵族一样埋葬死者了，但是很多学者仍要从更晚近的时期中寻找阶级分层的"起源"。路易斯安那州的波弗蒂角规模相当于一个古代城市，至少拥有古代城市的某些功能，但它并未被大多数关于北美洲城市化的历史提及，更不用说城市化通史了；就如同1万年的日本文明，有时只被写成稻作与冶金出现的前奏。甚至佛罗里达礁岛的卡卢萨人也经常被称为"初期酋邦"（incipient chiefdom）。大家理所当然认为，重点不在于那些是什么，而在于它们可能正处于转型期这一事实：大概是要转型为一个臣民以农作物纳贡的"正经的"王国。

这种奇怪的思维习惯要求我们，要么将整个"复杂的狩猎-采集者"群体视为偏离了进化高速路的异类，要么认为他们徘徊在从未真正发生过的"农业革命"的边缘。这种逻辑用到卡卢萨人这样的民族身上已经够糟糕了，不过卡卢萨人毕竟人数相对较少，且生活在复杂的历史环境中。

然而，同样的逻辑也常常被应用到北美洲太平洋沿岸全部原住民群体的历史中，这片地区覆盖了从今天的大洛杉矶地区直至温哥华周边区域。

1492 年，当克里斯托弗·哥伦布从帕洛斯-德拉弗龙特拉（Palos de la Frontera）起航时，上述地区居住着数十万乃至数百万的居民。[1] 他们是觅食者，但与哈扎人、姆布蒂人或昆人迥然不同。例如，加利福尼亚的原住民生活在一个极其富饶的环境中，通常全年都待在村庄中，他们因勤恳而闻名，在很多情况下，他们近乎痴迷于财富积累。考古学家经常把他们的土地管理技术描述为一种初期农业；一些人甚至以加利福尼亚原住民为模型来理解肥沃新月地带的史前居民，后者 1 万年前在中东地区最先开始驯化小麦和大麦。

客观地说，对于考古学家而言，二者确实具有明显可比性，因为在生态学意义上加利福尼亚与中东西侧（例如，从今加沙或安曼向北到贝鲁特和大马士革的那片地区）非常相像，都有着"地中海"气候，土壤肥沃，各种微环境（沙漠、森林、河谷、海岸和山脉）密集地排布在一起。然而，从加利福尼亚原住民的角度来看，与农业发明者做比较没什么意义，因为他们很难不注意到附近——尤其是在他们西南方的邻居中——热带作物的存在，其中包括在 4 000 年前就从中部美洲首次传入的玉米。[2] 虽然北美洲东海岸的自由民们几乎都多少种过粮食作物，西海岸的自由民却一致拒绝了它们。加利福尼亚的原住民并不是前农业的。不如说，他们是反农业的。

首先讨论文化分化的问题

这种对农业的拒斥所呈现出的系统性，本身就是一个引人入胜的现象。如今，大多数试图解释这一现象的人几乎完全诉诸环境因素：加利福尼亚的人群以橡子或松子为主食，而更北边的人依赖水生资源；在生态意义上，这些比北美洲其他地区的玉米农业效率更高。这总体而言无疑是正确的，但要说在跨越几千公里距离和多种生态系统的地区内，玉米农业无论在哪里都没有优势，似乎也不太可能。如果效率是唯一的考量，那么可以想象，一定有人会在沿海的某些地方发现值得培育的农作物，比如豆子、西葫芦、南瓜、西瓜或任何一种叶类蔬菜。

但许多加利福尼亚和西北海岸民族的确种植烟草和其他植物，比如春岸车轴草（springbank clover）和太平洋蕨麻（Pacific silverweed），用于仪式目的，或者作为唯有特殊宴会上才得以享用的奢侈品。认识到这一点时，人们会更加震惊于他们对**所有**驯化食物的系统性拒绝。[3] 换言之，他们完全熟悉种植和打理农作物的技术。但他们完全拒绝了种植日常食物或把作物当成主食的主意。

这种拒绝的一个重要意义在于，它提供了一条线索，有助于回答我们在第四章开端提出后又搁置的更广泛的问题：是什么导致人们殚精竭虑来证明自己与邻居不同？回顾一下，在上个冰期结束后，考古学记录中越来越常见的特征是"文化区"：也就是说，拥有自己的服装、烹饪和建筑风格的地方化了的人群；而且他们无疑也有自己的宇宙起源故事、表亲通婚规矩等。自中石器时代以来，人类的大趋势是进一步细分，竭尽所能地将自己与邻居区分开来。

奇特的是，极少有人类学家去推测为什么会发生细分过程。它通常被视为人类存在不可避免且不言而喻的事实。仅有的解释认为是语言的影响。部落或部族往往被认为是"民族-语言"（ethno-linguistic）群体；也就是说，真正重要的是他们共享同一语言这一事实。在其他条件相同的情况下，那些共享同一语言的人也被认为拥有相同的习俗、情感和家庭生活传统。而语言，一般认为是通过某种类似自然过程的方式从彼此中分支衍生出来的。

在这种论证思路下，一个关键的突破是认识到希腊语、拉丁语和梵语似乎都有着共同的根源。这一发现通常被归功于18世纪末驻孟加拉地区的英国殖民官员威廉·琼斯爵士（Sir William Jones）。不久后，语言学家确定凯尔特语、日耳曼语和斯拉夫语，以及波斯语、亚美尼亚语、库尔德语等，都同属"印欧"语系。而其他语言，比如闪米特语、突厥语和东亚诸语言则不属于这一语系。对不同语言群体之间关系的研究最终孕育出语言年代学（glottochronology），即探究不同的语言是如何从一个共同的源头分化出来的。因为所有的语言都在持续变化，而且因为这种变化以一种相对稳定的速度发生，因此有可能追溯突厥语在何时以何种方式从蒙古语中分离出来，也有可能重建西班牙语和法语、芬兰语和爱沙尼亚语、夏威夷语和马达加斯加语之间的关系，等等。其结果是建构出一系列语言谱系树，并最终试图将几乎所有的欧亚语言追溯至一个被称为诺斯特拉语系（Nostratic）的假想祖先。诺斯特拉语系被认为存在于旧石器时代晚期的某个时段，甚至被认为是所有人类语言之源。对此至今仍有很大争议。

语言漂移（linguistic drift）使得单单一种方言演变为英语、汉语和阿帕奇语等完全不同的语言，想想好像很奇怪；但鉴于这里所考察的时段极长，即便是微小的代际变化逐渐积累，最终似乎也可以彻底改变一种语言的词汇、发音结构乃至语法。

如果文化差异与语言差异大致相符，那么推而广之，不同的人类文化一定诞生自类似的逐渐漂移的过程：随着人口迁移或是彼此隔绝，他们不仅形成了自己的特色语言，而且形成了自己的传统习俗。所有这些都涉及一些基本未经审视的假设，比如为什么语言总是先发生变化？但主要的问题是下面这个：即便我们把这种解释接受为既定事实，它也不能真正解释我们实地观察到的情况。

细看一下 20 世纪早期加利福尼亚北部的民族-语言地图，把它放在当时民族学家所定义的北美洲"文化区"的大地图中（见下页图）。

我们在这里看到的是一群大致有着相似文化习俗的人，却说着各种不尽相同的语言，其中许多语言来自完全不同的语系，就像阿拉伯语、泰米尔语和葡萄牙语一样彼此搭不上关系。这些群体在食物的采集和加工、最重视的宗教仪式、政治生活的组织等方面有许多相似之处。但他们之间也有或大或小的区别，使每个群体的成员都将自己视为完全不同的人：尤罗克人（Yurok）、胡帕人（Hupa）、卡鲁克人（Karok / Karuk）等。

这些地方身份认同的确与语言差异相吻合。然而，讲着不同语系语言［阿萨巴斯卡语系（Athabascan）、纳-德内语系（Na-Dene）、乌托-

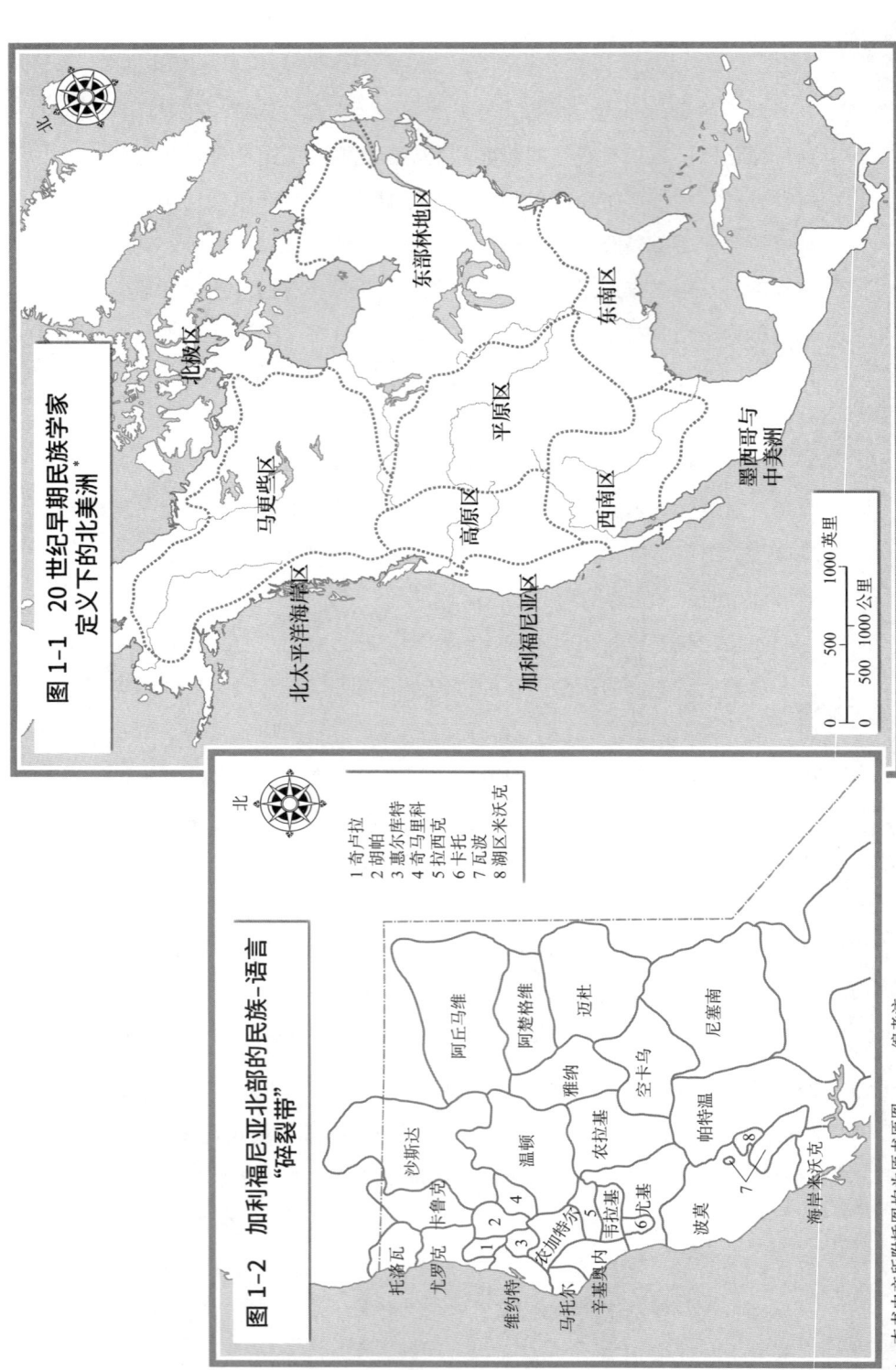

图1-1 20世纪早期民族学家定义下的北美洲*

北极区
东部林地区
马更些区
东南区
北太平洋海岸区
高原区
平原区
加利福尼亚区
西南区
墨西哥与中美洲

0　　500　　1000公里
0　　500　　1000英里

图1-2 加利福尼亚北部的民族-语言"碎裂带"

1 奇卢拉
2 胡帕
3 惠尔库特
4 奇马里科
5 拉西克
6 卡托
7 瓦波
8 湖区米沃克

托洛瓦
尤罗克
卡鲁克
阿丘马维
阿楚格维
迈杜
维约特
沙斯达
温顿
维纳
尼塞南
马托尔
辛基奥内
农加特戈
空卡乌
依拉基
帕特温
波莫
尤基
米沃克
海岸米沃克

* 本书内文所附插图均为原书原图。——编者注阿兹特克语系（Uto-Aztecan）等］的邻近人群，实际上在几乎所有其他方面都比生活在北美洲其他地区的讲同一语系语言的人有着更多共同点。加拿大西北海岸的"第一民族"也是如此。他们也讲着彼此毫无关系的语言，但在其他方面的相似性远超过西北海岸以外地区（包括加利福尼亚）讲同一语言的人。

当然，欧洲殖民对于美洲原住民的分布产生了深刻且灾难性的影响，但我们在这里看到的也反映了文化-历史发展更深层的连续性，这一过程往往发生在人类历史的不同节点，那时还没有现代民族国家，人口也没被划分为整齐的民族-语言群体。可以说，现代民族国家及其追溯自身领土的历史延续性的欲望，很大程度上是导致把世界划分为不同同质单元、每个单元有自己的历史这种想法的罪魁祸首。最起码，在将这种统一性套到人类历史的遥远过去之前，我们应该三思，因为甚至不存在直接证据可供了解当时的语言分布情况。

本章我们想要探讨，在人类历史的大部分时间里，是什么**真正**推动了文化分化的进程。这些进程对于理解曾被视为理所当然的人类自由如何又最终失落非常关键。在探讨中，我们将聚焦于那些居住在北美洲西海岸的非农业民族的历史。正如他们对农业的拒绝所表明的，这些进程可能比学者们惯常想象的要自觉得多。我们将见到，在一些案例中，他们似乎对自由本身的性质有过明确的反思与争论。

思量从前那些对"文化区"问题
极不充分、时有冒犯但偶有启发的讨论

早几代学者是如何描述这些社会的区域集群的？直到 20 世纪中叶，人们最常用的术语是"文化区"［或"文化圈"（culture circle）］，这已是一个如今弃置不用乃至名声扫地的概念。

"文化区"的概念最初出现在 19 世纪末和 20 世纪初的几十年里。自文艺复兴以来，人类历史很大程度上被看作一个大迁徙的故事：人类从恩典中堕落之后开始流浪，越来越远离伊甸园。展现印欧语系或闪米特

语系传播方式的语言谱系树完全无助于阻止这种想法。但是人类进步的概念却指向恰恰相反的方向：它鼓励研究者们将"原始"人群想象为小型的、孤立的社区，既彼此隔离，也与更大的世界隔绝。当然，正是基于这种想法，才能将"原始"人群当作人类发展早期阶段的标本；若人们总是彼此接触，这种进化论的分析就会失效。[4]

"文化区"的概念相较而言主要来自博物馆，尤其是北美的博物馆。馆长们在布置艺术品和手工艺品的陈列顺序时不得不做出抉择：自己的布展是要反映人类适应的不同阶段〔低级蒙昧（Lower Savagery）、高级蒙昧（Upper Savagery）、低级野蛮（Lower Barbarism）等〕，还是要勾勒出古代迁移史，不论那是真实的还是想象的（在美国，这意味着要按照语系来组织材料，然后在缺乏恰当理由的情况下假定它们对应着"种族"群体），抑或只是按照区域集群来组织材料。[5]尽管最后一种方法显得最随意，但事实证明它最有效。例如，东部林地不同部落的艺术和技术，似乎比来自所有讲阿萨巴斯卡语系的人，或是所有主要靠捕鱼或种植玉米为生的人的材料有更多的共性。经证实，用这种方法整理考古材料也相当有效。比如澳大利亚史前史学家戈登·柴尔德在跨越中欧的诸多新石器时代村庄中观察到了相似的模式，形成了与家庭生活、艺术和仪式有关的区域性证据集群。

起初，文化区研究法最重要的拥护者是弗朗兹·博厄斯。前文已经介绍过，博厄斯是一位德裔民族学家。[6] 1899年，他成了纽约哥伦比亚大学的人类学教授。他还在美国自然历史博物馆负责民族志资料馆藏，在那里，他专门为东部林地和西北海岸打造的展厅在一个世纪后仍广受欢迎。博厄斯的学生及其在博物馆职位的继任者克拉克·威斯勒（Clark Wissler）试图将博厄斯的想法系统化。他将美洲作为一个整体，从纽芬兰岛到火地岛，共分为15个不同的区域系统，每个系统都有自己的特色习俗、审美风格、获取与处理食物的方式以及社会组织的形式。不久后，其他民族学家也开展了类似的项目，绘制了从欧洲到大洋洲的区域地图。

博厄斯是一个坚定的反种族主义者。身为德裔犹太人，看到美国人沉迷于风行德国的种族论和优生学,他感到格外不安。[7]当威斯勒开始接受某些优生学的思想时,他们两人发生了激烈的争吵。但是文化区概念的最初动力确切来说就是为了找到一种讨论人类历史的方式,可以避免以**任何**理由将人类分出高低优劣,无论是声称一些人的遗传基因更优越,还是声称一些人达到了更先进的道德和技术进化水平。博厄斯和他的学生建议人类学家重建"文化特质"[culture trait,例如陶制品、发汗房(sweat lodges)*、将年轻男性组织为彼此竞争的战士团体的做法]的传播路径,并且试图理解威斯勒所提出的那个问题,即为什么某个地区的诸多部落会共享"同一个文化特质网"。[8]

这掀起了一阵重建特定习俗或观念的历史运动或者说"传播"路径的奇特风潮。翻阅20世纪之交的人类学刊物,你会发现其中大部分文章都属于这个类型。它们特别关注比如在今非洲或大洋洲的不同地区人们所做的游戏与演奏的乐器,也许是因为在所有的文化特质中,这些似乎最不容易被实际操作中的顾虑或限制所影响,因此它们的分布可能揭示出历史上接触与影响的模式。围绕翻花绳(cat's cradles)游戏就曾展开过特别热烈的讨论。1898年,当时英国人类学的领军人物,阿尔弗雷德·哈登(Alfred Haddon)教授和里弗斯(W. H. R. Rivers)教授,在托雷斯海峡(Torres Strait)考察期间发展出一套统一的方法来将儿童游戏中的翻绳花样图式化,这使得系统的比较成为可能。不久后,《皇家人类学学会期刊》和类似的学术期刊中便充斥着关于特定翻绳花样(棕榈树式、巴戈博钻石式)在不同社会中起源与传播的不同理论。[9]

那么显而易见的问题是:为什么文化特质会聚集在一起?它们最开始是如何被"网罗"在区域模式中的?博厄斯本人确信,虽然地理环境可能将思想的流通限制在特定区域内(山脉和沙漠形成自然屏障),但那些区域内部发生的事情实际上缘于历史的偶然。另一些人则针对给定区域内占据主导地位的精神气质或组织形式提出假设,或者梦想创造出一

---

* 美洲印第安人用来进行治疗或举行某种净化仪式的场所,类似于桑拿房,通过产生水蒸气调节温度使人发汗。——译者注

套自然科学，有朝一日用以解释甚或预测风格、习惯与社会形式的消长。如今几乎没有人再读这种文献了。就像翻花绳一样，如今它最多会被认为是这门学科童年时期一个有趣的象征。

不过，此处还是提出了至今都没有人能真正解决的重要问题。比如，为什么加利福尼亚族群彼此之间如此相似，却与其美国西南部或加拿大西北海岸的邻居如此不同？最具洞察力的贡献也许来自马塞尔·莫斯，他在 1910 年至 1930 年写就的一系列关于民族主义与文明的文章中探讨了"文化区"的概念。[10]莫斯认为文化"传播"观基本上是一派胡言；不是出于现在大多数人类学家所认为的原因（认为它无意义且无趣），[11]而是因为他觉得这基于一个错误的假设：人、技术和观念的流动是不同寻常的。

莫斯认为事实恰恰相反。他写道，过去的人似乎比今天的人旅行得更频繁，因此，如果人们旅行一两个月就能抵达周边频繁使用篮子、羽毛枕头或轮子的地区，则很难想象他们对这些事物一无所知；至于祖先崇拜或切分音鼓点节奏也是同理。莫斯走得更远。他相信整个环太平洋地区曾属于同一个文化交流区，航行者定期在这里穿梭往来。他也对这整个地区的游戏分布非常感兴趣。他一度在大学开设了一门名为"太平洋沿岸的滑杆游戏（greasy pole）、球类游戏以及其他游戏"的课程。他提出，至少当谈到游戏时，所有毗邻太平洋的地区，从日本到新西兰再到加利福尼亚，都可以被视为同一个文化区。[12]传说当莫斯访问位于纽约的美国自然历史博物馆时，在博厄斯的西北海岸展区看到了著名的夸扣特尔战斗独木舟，他的第一反应是说，他现在确切地知道古代中国是什么样了。

尽管莫斯夸大了自己的论点，但他的夸大以一种有趣的方式重构了关于"文化区"的整个问题。[13]因为如果每个人都大致清楚周围的人在做什么，如果关于异域习俗、艺术和技术的知识广为流传，或至少非常容易获取，那么问题就不在于为什么某些文化特质会传播，而在于为什么其他文化特质没有传播开来。莫斯认为，传播与否取决于文化如何通过比照其邻居来界定自我。文化实际上是拒绝的结构（structures of refusal）。中国人使用筷子但不使用刀叉，泰国人使用勺子却不使用筷子，等等。从美学表达中，例如艺术、音乐或是餐桌礼仪的风格，很容易就能看到这种结构。但令人惊讶的是，莫斯发现，即使是在技术这种能够带来明显适应性或功利性收益的东西上，也能看到拒绝的结构。例如，他对一件事感到十分好奇：阿拉斯加的阿萨巴斯卡人拒不使用因纽特人的皮划艇，尽管这些皮划艇确实比他们自己的船更适合其所处环境；与之相对，因纽特人则拒绝穿阿萨巴斯卡人的雪鞋。

特定文化如此，文化区亦如此；或者正如莫斯喜欢的说法，"文明"也是如此。由于几乎所有既存的风格、形式或技术对于任何人来说都可以获得，所以文化区或文明必定产生于某种借鉴和拒绝的组合。关键的是，莫斯指出这个过程往往相当自觉。他尤其喜欢举中国宫廷中关于是否采纳异域风格与习俗的辩论为例。比如，一位周代君王的幕僚和封臣们拒绝穿匈奴（蛮族）的衣服、用骑兵来代替战车，于是他发表一番远见卓识，煞费苦心地向他们呈现礼仪与风俗之间、艺术与时尚之间的区别。莫斯写道："社会通过互相借鉴而生存，但它们通过拒绝而非接受借鉴来自我界定。"[14]

这种反思也不限于历史学家所认为的"高级"（也就是有文字的）文明。当因纽特人第一次遇到穿雪鞋的人时，他们并不只是表现出本能的反感然后拒绝改变观念。他们会思考采不采用雪鞋将如何影响他们的自我界定。事实上，莫斯的结论是，正是在将自己与邻居比较的过程中，人们开始意识到自己是与众不同的群体。

以这种方式来看，"文化区"如何形成的问题必然是个政治问题。它提出了这样一种可能：是否采用农业不仅取决于对热量优势的计算，也不是碰巧的文化品位的问题，这背后反映了价值观，关乎人类到底是什么（以及认为自己是什么）以及他们应该如何相处。实际上，这正是我们自己的后启蒙知识传统倾向于通过自由、责任、权威、平等、团结和正义这类术语来表述的问题。

将莫斯的洞察应用至太平洋海岸，并讨论为什么高斯密对加利福尼亚原住民"清教徒觅食者"的描述虽然在很多方面都很荒谬，但仍有启发

那么让我们回到太平洋地区。大约20世纪初以来，人类学家们已经将北美洲西部沿海地区的原住民大致分为两个文化区："加利福尼亚"文化区和"西北海岸"文化区。自19世纪开始，毛皮贸易和接踵而来的淘金热对原住民群体造成了极大破坏，许多群体都被灭绝了，而在此之前，这些人形成了一个几乎纵贯北美洲西海岸的连绵的觅食者社会群，也许是当时世界上最大的连续分布的觅食者群体。基本可以说，这是一种高效的生活方式：比起附近的美国大盆地（Great Basin）和美国西南部种植玉米、豆类和南瓜的人们来说，西北海岸和加利福尼亚的群体都保持着更高的人口密度。

在其他方面，这南北两个区域在生态与文化上有着深刻的不同。加拿大西北海岸的居民高度依赖捕鱼，尤其是捕捞溯河鱼类，比如从海里洄游产卵的鲑鱼和蜡鱼；他们也依赖各种各样海洋哺乳动物和陆生动植物资源。正如我们在前几章所看到的，这些群体在一年中分为两种形态，在冬季是举办复杂仪式的大规模沿海村庄，在春夏季则是更务实的专注于觅食的小型社会单元。作为技术精湛的木工，他们还将当地的针叶树（冷杉、云杉、红杉、紫杉和雪松）做成鬼斧神工的雕绘面具、容器、部落徽章、图腾柱、精心装饰的房屋和独木舟等物质文化产品，在世界上最引人注目的艺术传统中占有一席之地。

南面加利福尼亚的原住民社会所生活的环境是世界上最多样化的栖息地之一。他们利用了种类繁多的陆地资源，通过烧荒、清理和修剪等技术精心管理这些资源。该地区的"地中海"气候和由山岳、沙漠、丘陵、河谷及海岸线紧凑组成的地形滋养了种类丰富的动植物，这些动植物会被拿到部落间的集市上交易。大多数加利福尼亚人都是熟练的渔夫和猎人，但很多人也遵循古老传统，以木本作物为主食，尤其是坚果和橡子。他们的艺术传统与西北海岸的不同，房屋外观一般而言都朴素简

单，几乎没有什么能像西北海岸的面具或纪念性雕塑那样让博物馆馆长们为之兴奋的东西；相反，审美活动集中于编织图案高度规则化的篮子，这些篮子被用来储粮和盛放食品。[15]

在这两个分布广泛的社会群体之间还有一个更为重要的区别，不知何故，如今的学者很少注意到这个区别。克拉马斯河（Klamath River）以北，分布着由经常相互掠夺的战士贵族所主导的社会，这些社会在传统上有很大一部分人口都由动产奴隶（chattel slave）构成。显然，在当地人的记忆中，这种情况存在已久。但再往南，情况就完全不是这样了。这究竟是如何发生的？这两个觅食者社会的扩展"家庭"，一个习惯于为获取奴隶而相互袭掠，另一个则完全没有奴隶，二者的边界是如何产生的？

你也许会以为学者们对此展开过激烈的辩论，但事实上并没有。相反，大多数人认为这种差异无足轻重，宁可将所有加利福尼亚和西北海岸的社会都归入同一类别，比如"丰裕的觅食者"或"复杂的狩猎-采集者"。[16] 即便谈及它们之间的差异，这些差异通常也会被理解为对不同生计方式的机械反应：有人认为，水生（以鱼为基础）经济有利于培养好战的社会，而陆生（以橡子为基础）的觅食经济在某种意义上不利于培养出这种社会。[17] 我们很快就会讨论这些近年来的论点的优势与局限，但在此之前，回顾一下前几代人所做的一些民族志工作也是大有裨益的。

关于加利福尼亚原住民的一些最引人注目的研究来自 20 世纪的人类学家沃尔特·高斯密（Walter Goldschmidt）。他的主要论著之一有着不显眼的标题，"一项对知识社会学的民族志贡献"（"an ethnological contribution to the sociology of knowledge"），涉及尤罗克人及其他相关群体，这些群体居住在加利福尼亚西北角，在作为俄勒冈州起点的山脉以南。[18] 对于高斯密和他的人类学圈子的成员来说，尤罗克人最有名的特点是，金钱在其社会生活的方方面面都起着核心作用，他们的钱是成串的白色角贝和由鲜红的啄木鸟头皮做成的头饰。

这里值得一提的是，北美洲不同地区的殖民者将各种不同的东西统称为"印第安人的钱"。这些东西往往是贝珠或真正的贝壳。但不管这些东西是什么,这个术语基本是欧洲人自己的钱的范畴的投射,将那些看起来像钱但实际上不是钱的东西称作钱。其中最有名的可能是"瓦朋",它最终成为殖民者和东北部原住民交易的货币,甚至成为美国几个州殖民者之间交易的货币(例如在马萨诸塞州和纽约州,瓦朋是商店中使用的法定货币)。然而,在原住民之间它从来没有被用于买卖,而是被用来支付罚款,并作为一种缔结和铭记契约与协议的方式。这些也适用于加利福尼亚。但是在那里,钱同样会被用于和我们设想中差不多的用途:购买、租赁和借贷。一般而言在加利福尼亚,尤其是在西北角,钱在原住民社会中的核心作用结合了一种强调节俭和简朴的文化,人们不赞成挥霍享乐,而是颂扬辛苦工作。根据高斯密的说法,这与马克斯·韦伯在 1905 年的著名论著《新教伦理与资本主义精神》(*The Protestant Ethic and the Spirit of Capitalism*)中所描述的清教徒态度有着惊人的相似之处。

这个类比也许看起来有些牵强,在很多方面也确实牵强,但重要的是要理解高斯密做比较的真正意义。韦伯的这本书对于任何上过社会科学课程的人而言都很熟悉,但也常常被误解。韦伯尝试回答一个非常具体的问题:为什么资本主义出现在西欧,而不是其他地方。正如韦伯所定义的,资本主义本身就是一种道德要求。他强调,几乎在世界上所有地方,也当然包括在中国、印度和伊斯兰世界,人们都能找到商业、富商和确实可以被称为"资本家"的人。但是几乎在所有地方,获得巨量财富的人最终会将其兑为实物。他们要么为自己买一座宫殿来享受生活,要么迫于社区的巨大道德压力,将利润用于宗教和公共事业,或众人豪饮的公共庆典(通常他们两项都做)。

至于资本主义,却意味着持续不断的再投资,将一个人的财富转变为创造更多财富、提高生产、扩大经营等的发动机。但是,韦伯建议我们想象一下,成为社区中第一个这么做的人意味着什么。这样做意味着违背所有的社会期待,被逐渐成为你雇员的邻居所鄙视。韦伯认为,任何能够以如此挑战性的姿态坚定行事的人,都"必然是某种英雄"。他说,这就是为什么基督教中的清教派别,如加尔文主义,使资本主义成为可能，因为清教徒不仅认为任何花费他们利润的事物都是罪恶的，而且，加入清教会众意味着一个人拥有了一整个道德社区的支持，使他得以忍受来自终将下地狱的邻居的敌意。

显然，这些都不适用于一个18世纪的尤罗克村庄。加利福尼亚原住民并没有聘彼此为雇佣劳动者（wage labourer），没有放贷收利息，也没有把商业活动的利润用于扩大生产。这里没有通常定义中的"资本家"。然而，这里在文化上有一种对私有财产显著的重视。正如高斯密所注意到的，所有财产，不论是自然资源、金钱还是财货，都是"私有的（且大部分为个人所有）"，包括捕鱼、狩猎和采集的场地。个人拥有完整的所有权和充分的转让权。高斯密指出，这种高度发达的财产概念依托于钱来实现，导致在加利福尼亚西北部，"钱可以买到一切——财富、资源、食物、荣誉和妻子"。[19]

这种极不寻常的财产制度对应于一种普遍的风气，高斯密将其比作韦伯的资本主义"精神"（不过有人可能会反对说，它对应的更像是资本家想象中的世界，而非资本主义实际的运作）。尤罗克人正是我们所称的"占有型个人主义者"，他们将人人生而平等视为理所应当，也认为每个人都该通过自律、克己与勤劳工作来成就自我。更重要的是，这种风气似乎在很大程度上被付诸实践了。

正如我们所见，西北海岸的原住民与加利福尼亚的原住民一样勤劳，而且在这两个地方一旦有人积累了财富，大家就会期待他们把其中一大部分拿出来赞助集体节日。然而，这二者背后的社会风气却不尽相同。富裕的尤罗克人应当保持谦虚，而夸扣特尔的首领则夸夸其谈、自命不凡，以致一位人类学家将他们比作偏执型精神分裂患者。富裕的尤罗克人并不看重家世，而西北海岸的家屋则很像中世纪欧洲的贵族世家和王朝庄园，他们中的贵族阶层通过举办令人目眩神迷的宴会来提高声誉，并借此确保他们有权占有那些可以追溯到太初之年的尊贵头衔和家传宝物，以此来争夺世袭特权等级中的地位。[20]

在相邻的人群间存在如此惊人的文化差异，很难想象这纯属巧合，但也很难找到任何相关研究，哪怕只是初步探究这种反差是如何产生的。[21]

能否认为加利福尼亚原住民和西北海岸原住民通过不断与彼此区分来界定自我，就像如今的加利福尼亚人和纽约人那样？若是如此，那么他们的生活方式中有多少真的可以被解释为是由于想要与其他人群不同而发展出来的？在这里，我们需要回顾一下前文对分裂演化的讨论，之前我们曾引入这一现象来帮助理解17世纪法国殖民者与北美东部林地的温达特人之间的智识交锋。

你一定还记得，分裂演化描述了相互接触的社会如何最终聚合在一个共同的差异系统之中，即便它们试图彼此区分。也许经典的历史例证（在"经典"一词的双重意义上）是公元前5世纪的古希腊城邦雅典和斯巴达。正如马歇尔·萨林斯所说：

> 由于动态地相互联系，它们因而相互构成……雅典之于斯巴达，犹如海洋之于陆地，世界主义之于排外心理，商业贸易之于自给自足，奢华之于节俭，民主政治之于寡头政治，城市之于乡村，本地人之于移民，逻辑繁复之于言简意赅：这些二分法不胜枚举……雅典和斯巴达是一对相反类型（antitype）。[22]

每个社会都在表现着另一个社会的镜像。在这么做的过程中，他者成为不可或缺的另一重自我，成为自己永远不希望成为的那个必不可少的、总能信手拈来的反例。类似的逻辑会体现在加利福尼亚和西北海岸的觅食者社会的历史中吗？

为什么我们认为"清教徒觅食者"与"渔王"之间存在分裂演化

让我们深入看看，在韦伯的意义上，加利福尼亚北部觅食者的"精神"可以被描述为什么。它根本上是一系列道德律令，用高斯密的话来说："工作和由此延伸出的追求收益的道德要求、克己的道德要求以及道德责任的个体化。"[23] 其中包含着一种对个体自主性的热情，在绝对程度上不亚于任何卡拉哈里的布须曼人,尽管在形式上完全不同。尤罗克男人会谨慎地避免落入对他人负有债务或持续性义务的处境。他们甚至不屑于集体管理资源;觅食场所归个人所有,可以在资金短缺时被出租出去。

财产是神圣的,这不仅体现在法律层面上,比如偷猎者可以被射杀。财产的神圣性也有精神层面上的价值。尤罗克男人们往往会花费大量时间沉思金钱之事,而最有价值的财富就是最至高无上的圣物,例如只有节庆时才得以示众的珍贵兽皮和黑曜石刃。以通常定义来看,尤罗克人也无愧于清教徒一称,正如高斯密所报告的那样,雄心勃勃的尤罗克男性被"劝诫弃绝任何形式的放纵——进食、性满足、玩乐或怠惰"。大胃王被视为"粗俗之人"。年轻男女被教导要缓慢适度地饮食,以保持身体的苗条与轻盈。富裕的尤罗克男人每天都聚集在发汗房中,在这里他们几乎每天都要纵身爬过一个超重者不可能通过的缝隙,来测试对这些禁欲价值的执行情况。饮食要保持清淡简朴,装饰要简单,舞蹈也要庄重克制。不存在世袭等级或头衔。即便是那些的的确确继承了财富的人也坚持强调自身的勤劳、节俭与成就;尽管人们期待富人对贫苦者慷慨解囊,并照看自己拥有的土地和财产,但比起任何其他地方的觅食者社会而言,富人们分享与照顾的责任都更少。

与此相反,西北海岸社会在外部观察者眼中因乐于炫耀而久负盛名。欧洲民族学家最熟悉的是被称为"夸富宴"的节日,通常由获得某种新贵族头衔的贵族来举行(贵族们终其一生往往会积累很多这样的头衔)。在这些宴会上,他们上演慷慨的壮举,用大量蜡鱼油、浆果和肥腻的鱼来压倒对手,力图展现自己的高贵显赫以及对普通世俗财富的蔑视。这种宴会是戏剧性竞争的场合,有时会在大肆破坏传家铜盾和其他宝物之际达到高潮,而在殖民接触的早期阶段即18、19世纪之交,宴会有时以祭杀奴隶作为高潮。每件宝物都是独一无二的,与钱完全不同。夸富宴是一个暴食与放纵的场合,"油脂盛宴"(grease feast)旨在让身体变得锃亮肥胖。贵族们经常自比为山,他们赠出的礼物像山上滚落的巨石,以此碾压和击垮他们的对手。

我们最了解的西北海岸群体是夸夸嘉夸人(夸扣特尔人),博厄斯在他们中间做过田野调查。他们因繁复华丽的艺术装饰而闻名于世，热爱面具中的面具，也因在仪式中采用的舞台效果而声名远播，包括假血、活板门和暴力的小丑警察。所有周边的社会，包括努特卡（Nootka）、海达（Haida）和钦西安（Tsimshian）社会，似乎都共享这种风尚：从阿拉斯加州南部到华盛顿州，都可以发现相似的令人目眩神迷的物质文化与表演。他们也有着相同的基本社会结构，由贵族、平民和奴隶这三个世袭等级构成。在整个地区，从科珀河（Copper River）三角洲至门多西诺角（Cape Mendocino）横亘2 400公里的土地上，群体间掠夺奴隶的现象相当普遍，而且从人们有记忆时起就已经如此。

在西北海岸所有这些社会中，只有贵族享有与守护神建立关联的仪式特权，正是这些守护神赋予了他们贵族头衔，并使他们有权保有在突袭中捕获的奴隶。平民，包括杰出艺术家和工匠，基本上可以自由决定他们希望与哪个贵族家屋结盟。酋长们则通过赞助宴会、娱乐活动和间接参与平民的英雄冒险来争夺平民的忠诚拥戴。"好好照看你的族人，"这是长老对年轻的努查努阿特（Nuu-chah-nulth，也即努特卡）酋长的建议，"如果你的族人不喜欢你，那你就什么都不是。"[24]

西北海岸贵族的行为在很多方面都与黑手党头目相似，他们有严格的荣誉准则和庇护关系；他们的行为也像是社会学家所称的"宫廷社会"，这种安排通常能在封建时代的西西里看到，也即大部分黑手党文化的源头。[25] 但这显然不是我们所受教育中的典型觅食者形象。诚然，任何一个"渔王"的追随者很少超过一二百人，规模并不比加利福尼亚的村庄大多少；不论是西北海岸文化区还是加利福尼亚文化区，都没有任何统领性的政治、经济或宗教组织。但在两个地区实际存在的小社区中，人们确实奉行着截然不同的社会生活准则。

人类学家习惯于将尤罗克显贵和夸扣特尔艺术家混为一谈，将他们一并称为"丰裕的觅食者"或"复杂的狩猎-采集者"，而上述这一切开始令这种归类习惯显得相当愚蠢；这相当于说，得克萨斯州的石油业高管和中世纪的埃及诗人都是"复杂的农业者"，只因为他们都吃了很多小麦。

但是我们该如何解释这两个文化区之间的差异？我们是否要从制度结构入手（在西北海岸是等级制度与夸富宴的重要性，在加利福尼亚则为金钱与私有财产的角色），然后尝试理解主导每个社会的风气如何从中产生？还是说先有了风气——对人类本性及其在宇宙中的角色的某种理解——然后制度性结构才由此产生？或者说这二者都只是对于环境的不同技术性适应的结果？

这些都是关于社会之本质的基本问题。理论家们几个世纪以来一直在讨论这些问题，未来几个世纪大概还会继续。以更专业一点的方式，我们可以这样问，是什么最终决定了一个社会的形态：经济因素、组织要求抑或是文化意义与文化观念？跟随莫斯的脚步，我们还可以提出第四种可能：社会是否实际上是自我决定的，主要通过彼此参照来建构，并自我再生产？

在这个特定案例中，我们给出的答案意义重大。太平洋海岸的原住民也许无法为大约1万年前肥沃新月地带的第一批"原始农民"（proto-farmer）提供很好的模板，但他们的确为其他类型的文化过程提供了独一无二的启发。如前所述，这些文化过程延续了至少同样长的时间：正是经由这样的文化过程，在特定的时间与地点，某些觅食者族群接受了永久性的不平等、支配结构和自由的丧失。

现在让我们来逐一看看可能的解释。

加利福尼亚的原住民社会与西北海岸的原住民社会之间最显著的区别在于，在加利福尼亚没有正式的等级，也没有夸富宴制度。夸富宴其实由等级制而生。可以肯定，在加利福尼亚也有宴会和节日，但是因为没有头衔制度，这些宴会几乎不具备夸富宴的任何特征：没有"高级"和"低级"菜肴之别，没有等级化的座次和服务设施，没有对油腻食物的强制食用、竞争性馈赠、自吹自擂的演讲，或其他任何贵族公然对垒、争抢头衔特权的表现。[26]

在许多方面，加利福尼亚部落的季节性聚会似乎正好与夸富宴的原则相反。人们吃主食而非奢侈的食物；仪式性的舞蹈是嬉戏玩乐的，而非队列整齐或具威胁性的，这些舞蹈总是包含一些对男女、长幼间社会界限的幽默侵犯（这似乎是尤罗克人为数不多的娱乐场合，在其他场合下他们通常是呆板枯燥的）。黑曜石刃和鹿皮等贵重物品从来不作为一种挑战或侮辱献给或送给敌人，而是被小心翼翼地从包裹中取出，交给临时的"领舞"保管，仿佛在强调它们的主人们有多么希望避免引起过度的关注。[27]

加利福尼亚当地的头人肯定也会从主办这种场合中获益：他们建立了社会关系，提升了声誉，而那往往意味着提升了日后赚钱的机会。[28]但在宴会赞助者可能被视为自吹自擂的情况下，他们会不遗余力地淡化自己的角色。而且无论如何，认为他们主办宴会只是想要暗中获益，这种归因可能过于简单，甚至堪称侮辱，因为加利福尼亚贸易宴会和"鹿皮舞"进行了实际的资源再分配，同时在促进邻近村庄间的团结上发挥了重要作用。[29]

那么，我们谈论的到底是本着两种完全不同的精神实施的同一基本制度（"再分配盛宴"），还是两个完全不同的制度，甚至是夸富宴与反夸富宴的对立？我们应该如何分辨？显然，这牵涉到更大的问题，触及了"文化区"的本质，以及是什么真正构成了它们之间的边界。我们正在寻找解答问题的关键，而关键就在于奴隶制。正如我们已经指出的，奴隶制在西北海岸非常常见，而在加利福尼亚的克拉马斯河以南地区却难觅其踪。

西北海岸的奴隶是伐木者与汲水者，但他们尤其常参与鲑鱼和其他溯河鱼类的大规模收获、清洗与加工过程。然而，关于原住民的奴隶制实践究竟可以追溯到多远的过去，人们尚无共识。18世纪晚期，欧洲人在针对该地区的第一批报道中谈及了奴隶制，并对这种实践表达了几分意外，因为成熟的动产奴隶制在其他北美洲原住民地区相当不寻常。根据这些记载，约有四分之一的西北海岸原住民生活在奴役之中，这与罗马帝国、古代雅典或美国南方棉花种植园的奴隶比例相当。更重要的是，西北海岸的奴隶身份是世袭的：如果你是一个奴隶，那你的孩子注定也是奴隶。[30]

鉴于我们资料来源的局限，也许这些欧洲人的记录只是在描述一种当时才出现的新事物。不过，目前的考古学和民族史研究表明，在西北海岸，奴隶制的确可以追溯到很久之前，比欧洲船只开始停靠努特卡湾进行水獭皮和毛毯交易还要早数个世纪。

更加广泛地考察奴隶制的性质与"生产方式"

在没有书面记录的情况下，要在考古记录中"发现奴隶制"是非常困难的。但是在北美洲西海岸，我们至少可以观察到有多少后来导致奴隶制的因素大约出现在同一时期，即大约开始于公元前1850年的所谓的中太平洋时代。在这一时期，我们第一次观察到被大量捕获的溯河鱼类，这种资源丰富到令人难以置信——据后来的旅行者们叙述，鲑鱼多到根本看不见水——然而捕获它们也需要大量劳动力。在同一时期，我们也看到了战争、防御工事以及贸易网络扩大的早期迹象，这大抵不是巧合。[31] 此外还有其他一些迹象。

中太平洋时代的墓地（大致建于公元前1850年至公元200年之间）显示出死者极大的待遇差别，这种差异在更早的时期见所未见。在"顶层"，最尊贵的墓葬向人们展示了如何系统且正式地装饰尸身，并以多少有点恐怖的风格示人——尸体被摆放为坐姿、卧姿或其他固定姿势，这大概对应着对活人之中仪式性体态举止的严格等级制度。而在"底层"，我们看到了另一个极端：某些死者的尸体被肢解，以便回收其骨骼来制作工具和容器，以及将人作为陪葬品来"献祭"（即人祭）。给人的总体印象是，存在着千差万别的正式身份地位，从高等级的人到生死都无关紧要的人。[32]

现在让我们转向加利福尼亚，我们可以立即发现，在相应的早期阶段并不存在这些特征。在门多西诺角以南，我们似乎面对着一个不同的中太平洋时代，它更名副其实地"太平"。但是我们不能把这些差异归结为这两个群体之间缺乏接触。相反，考古学和语言学证据表明，人员与货物在西海岸沿线的大部分地区广为流动。一个充满活力的、以独木舟为载体的海上贸易已经将沿海地区与岛屿社会联系起来，在太平洋沿岸的不同生态环境中运送着贝珠、铜、黑曜石等贵重物品和大量有机商品。各种证据也表明，俘虏的流动是群体间战争和贸易的一大特征。早在公元前1500年，萨利什海（Salish Sea）沿岸的一些地区已经配置了防御工事与庇护所，显然是为了应对袭掠。[33]

到目前为止，我们一直在谈论奴隶制，却没有真正定义这个词。这不太明智，因为美洲原住民的奴隶制有着某些特殊的特征，使其与古希腊或古罗马的家庭奴隶制非常不同，更别提加勒比海或美国南方腹地的种植园奴隶制了。虽然对美洲原住民来说，任何一种奴隶制都相当不寻常，但其中一些独特的美洲原住民特征在美洲大陆的大部分区域都是共有的，至少轮廓大致相似，包括在热带地区——根据最早的西班牙文资料记载，那里本地形式的奴隶制可以追溯到15世纪。巴西人类学家费尔南多·桑托斯-格拉内罗（Fernando Santos-Granero）为拥有这些特征的美洲印第安人社会创造了一个术语，称其为"俘获社会"（capturing society）。[34]

在探索他的意图之前，让我们先定义一下奴隶制本身。奴隶与农奴、苦力（peon）*、俘虏或囚犯的不同之处，就在于他们缺乏社会联结。至少在法律的意义上，奴隶没有家庭、没有亲属、没有社区；他们不能做出任何承诺，也不能与其他人建立持续的联系。这就是为什么英语中的"自由"（free）一词其实来自"朋友"（friend）的词根。奴隶不可能有朋友，由于完全处于他人的权力之下，他们不能对别人做出承诺，他们唯一的义务就是完全遵循主人的指示。如果一个罗马军团成员在战斗中被俘并成为奴隶，然后他设法逃脱并返回家中，他必须要经历一套复杂的过程来恢复他所有的社会关系，包括重新与妻子结婚，因为人们认为他被奴役的行为已经切断了先前的一切关系。西印度群岛社会学家奥兰多·帕特森（Orlando Patterson）将此看作一种"社会性死亡"。[35]

---

* 被强制劳役偿债的工人。——译者注

典型的奴隶往往是战俘，这并不令人感到意外。他们通常远离家乡，身处对他们不负任何义务的人之中。把战俘变为奴隶还有另一个实际原因。奴隶主有责任保持奴隶身体康健以胜任工作，而大多数人类都需要大量的照料与资源，可以说在12岁或15岁之前都是净经济亏损，因此一代代豢养奴隶几乎没有经济价值。这就是为什么在全球范围内，奴隶往往都是军事侵略的产物（尽管也有很多奴隶是债务陷阱、惩罚性司法裁决以及盗匪活动的产物）。从某种意义上来说，掠夺奴隶者是在窃取另一个社会为了创造一个有工作能力的人而付出的多年照料性劳动。[36]

那么，美洲印第安人的"俘获社会"有什么样的共同点，使他们区别于其他保有奴隶的社会？从表面上看似乎没有什么共同点，尤其考虑到他们多样到超出想象的生计方式。正如桑托斯-格拉内罗所说，在亚马孙流域西北部，占支配地位的人群是定居于最大河流沿岸的园耕者和渔民，他们掠夺内陆地区流动的狩猎-采集者游群。与此相反，在巴拉圭河（Paraguay River）流域，却是半流动的狩猎-采集者掠夺或征服村庄中的农业者。在佛罗里达州南部的支配群体是渔猎-采集者（也就是卡卢萨人），他们生活在大型的永久性村庄中，但会季节性地移动到捕鱼和采集的地点，袭击捕鱼社区和农业社区。[37]

根据他们耕种、捕鱼或狩猎的程度来划分这些群体，无助于理解他们的实际历史。从权力和资源的消长来看，真正重要的是他们通过有组织的暴力来"吞食"（feed off）其他人口。有时觅食人群，如巴拉圭棕榈草原的瓜伊库鲁人（Guaicurú）或佛罗里达礁岛的卡卢萨人，在军事上往往比他们从事农业的邻居更有优势。在这种情况下，役使奴隶和征收贡品使支配社会中的部分人远离了基本的生存琐务，支持了有闲精英的存在。这同样支持了对职业战士阶层的训练，反过来为进一步掠夺和征贡创造了条件。

在这里，按照"生计方式"来划分人类社会的想法又一次显得十分幼稚。例如，对于消耗大量驯化作物（从附近农业人口那里征收的贡品）的觅食者，我们该如何归类？马克思主义者们在论述"生产方式"的时候，也确实考虑了"朝贡模式"（Tributary Mode），但是追溯到《资本论》第三卷，可以发现对朝贡的讨论总是与农业国家和帝国的发展有关。[38] 此处真正需要理论化的不仅仅是**被掠夺者**的生产方式，还有那些掠夺他们的非生产者的生产方式。等一下，一种非生产性的生产方式？这听起来似乎语义矛盾。但是只有当我们将"生产"的含义严格限制在创造食物与物品时才会如此。而我们也许不该如此狭隘。

美洲的"俘获社会"认为捕获奴隶本身就自成一种生计方式，但不是在通常的生产热量的意义上。掠夺者们似乎毫无例外地坚持认为，捕获奴隶是因为他们有生命力或"活力"（vitality），征服者们会汲取他们的活力。[39] 你会说这当然是正确的：如果你直接或间接地剥削另一个人的劳动，你就是靠他们的能量或生命力在生活；如果他们为你提供了食物，那你实际上就是以他人的生命力为食。但是这里的情况还更为复杂一点。

让我们回顾一下亚马孙人的所有权概念。你从自然界占有一些东西，将其杀死或连根拔起，但是最初的暴力行为紧接着就会转化为一种照料关系，因为你要维护和照顾你所捕获的东西。人们用狩猎（传统上是男性的工作）的术语谈论奴隶袭掠，将俘虏比作猎物。经历了社会性死亡的俘虏会被认为更像"宠物"。当俘虏在主人家中经历再社会化时，主人必须养育奴隶，为他们烧饭、喂养他们，并教导他们得体的文明规范；简而言之，驯化他们（这些任务则往往是女性的工作）。如果社会化完成，俘虏就不再是奴隶。然而，俘虏有时会被持续悬置于社会性死亡状态，永久地作为牺牲品储备中的一分子，等待着真正的肉身死亡。他们往往会在由专职仪式人员主持的集体宴会（类似于西北海岸的夸富宴）上被杀死，而这有时会引发食用敌人肉体的局面。[40]

所有这些看起来可能很奇怪。然而，它呼应了有史以来世界各地的被剥削者对自己处境的感受：他们的老板、地主或上级都是吸血鬼，而他们最好不过被当作宠物，最差则被当作牲口。只不过在美洲，个别社会以一种极其直白的方式演绎了这种关系。更重要的是，就"生产方式"或"生计方式"而言，这种剥削往往表现为社会*之间*持续存在的关系。奴隶制几乎总是存在于社会之间而非内部，因为如果你把"社会性死亡"强加给一些人，而他们的血缘亲属和你说相同语言，并且很容易就能找到你的所在地，那么就总是会产生麻烦。

让我们回想一下，一些最早前往美洲的欧洲旅行者是如何将"野蛮人"男性与其家乡的贵族相提并论的——因为野蛮人像这些贵族一样，几乎将所有时间都用于政治、狩猎、袭掠和向周边群体发起战争。1548年，一个来自德国的观察者将巴拉圭大查科地区（Grand Chaco）的阿拉瓦克（Arawakan）村民称为瓜伊库鲁觅食者的农奴，"就像德国乡下人之于他们的领主一样"。这意味着，瓜伊库鲁的战士与施瓦本的（Swabian）封建男爵没什么区别，后者可能在家中说法语，总是吃野味大餐，靠说德语的农民的劳动而生活，尽管他自己从没碰过犁。那么我们可能会问，生活在成堆的玉米、木薯和其他进贡来的农产品之中，且通过袭掠更遥远的社会而获得奴隶的瓜伊库鲁人，究竟什么时候才不再只是"狩猎-采集者"（尤其如果他们狩猎和采集的对象也包括其他人类的话）？

的确，附近被征服的村庄会送来农作物贡品，但这些村庄也会送来仆从，而对更远村庄的袭掠往往主要是为了奴役妇女，她们可以充作侍妾、保姆和家仆，好让瓜伊库鲁人的"公主"过上悠闲的日子，每天家仆会在她们身上画满复杂的文身和螺旋形图案。早期的西班牙评论家总是说起，瓜伊库鲁人关心他们的奴隶，甚至对他们很温柔，几乎和对待自己的宠物鹦鹉和宠物狗一样。[41] 但这里到底发生了什么？如果奴隶制是窃取其他社会在抚养儿童方面投入的劳动，而奴隶的主要用途是照料儿童、照顾或打扮闲暇阶层，那么，矛盾来了：对于"俘获社会"来说，捕获奴隶似乎主要是为了补充自身的照料性劳动力。在瓜伊库鲁社会中，最终被生产出来的是特定类型的人：贵族、公主、战士、平民、仆从等。[42]

需要强调的是这些照料关系的深层矛盾性，或者说两面性。随着我们叙述的深入，这将变得极为重要。美洲印第安人社会通常用可被粗略地译为"人类"的词语来指代自己。那些欧洲人惯常用来指称他们的部落名称，都是他们的邻居所使用的贬义词（比如"爱斯基摩人"意味着"不烹饪鱼的人"，而"易洛魁人"则来自阿尔冈昆语，意为"邪恶杀手"）。几乎所有这些社会都为自己有能力收养儿童或俘虏而感到自豪，有时被收养者甚至来自他们认为最蒙昧的邻居；他们通过照顾和教育，把这些儿童或俘虏变为得体的人类。由此可见,奴隶是很反常的:他们既没有被杀害,也没有被收养,而是徘徊在二者之间;他们被突兀而粗暴地悬置在从猎物到宠物再到家庭成员的正常进程中间。因此,作为奴隶的俘虏被困于"照护他人"的角色之中,以非人的身份从事使其他人成为人的工作,允许他们成为战士、公主、特别有价值且特殊的"人类"。

正如这些例子所示,如果我们想要了解人类社会中暴力支配的起源,这正是我们需要关注之处。单纯的暴力行为会成为过去,但转换为照护关系的暴力行为往往会持续存在。现在,我们对美洲原住民奴隶制的实际内涵已经有了更为清晰的认识,让我们返回北美洲太平洋沿岸,尝试理解是哪些具体条件使动产奴隶制在西北海岸如此盛行,而在加利福尼亚则显得不同寻常。我们将从一段口述历史、一个古老的故事开始。

谈谈"乌吉的故事"——一则原住民警世故事,提醒人们通过奴役他人快速致富具有危险性(并宕开一笔讨论"枪炮、病菌与钢铁")

我们要讲述的故事由地理学家蔡斯(A. W. Chase)在1873年首次见证并记录。蔡斯称,这个故事是由俄勒冈州的切特克人(Chetco)告诉他的。它涉及"乌吉"(Wogies,发音为"Wâgeh")一词的起源,在沿海的大部分地区,这个词是原住民用来指涉白人殖民者的一个术语。这个故事没有引起多少学者的注意;在之后的半个世纪里,它被重述过几次,仅此而已。然而这个长期被忽略的故事包含了一些珍贵的信息,尤其关于原住民对奴隶制的态度,且故事发生地恰是我们一直在探究的加利福尼亚和西北海岸的交界地带。

今天几乎没有几个切特克人还活着。他们最初是俄勒冈州南部海岸线上的主要居民,但大部分都死于19世纪中期入侵的殖民者展开的种族灭绝大屠杀。到19世纪70年代,少数幸存者生活在西莱茨保留地(Siletz Reservation),位于现在的林肯县(Lincoln County)。下面的故事正是他们祖先所告诉蔡斯的,讲述了切特克人的起源与来历:

切特克人说，多季以前，他们的祖先乘坐着独木舟从遥远的北方来到这里，在河口登陆。他们发现有两个部落在此盘踞，一个是与他们自己相似的好战种族，他们很快就征服并消灭了这个部落；另一个则是性情温和、皮肤偏白的矮小种族。这些人自称"乌吉"，也可能是被新来者冠以这一称呼。他们善于制造篮子、长袍和独木舟，并掌握了许多入侵者不知道的狩猎与捕鱼方法。乌吉人因为拒绝战争而沦为奴隶。他们不停地工作，为那好战的种族提供食物、住所和各种用品，而那好战种族则变得十分肥胖而懒惰。一天晚上，在一场盛大的宴会后，乌吉人收拾好东西逃走了，再也没有人看到他们。当第一批白人出现时，切特克人以为是乌吉人回来了。尽管他们很快就发现自己错了，但还是对白人保留了这一称呼——附近所有海岸上的部落都将白人称为乌吉人。[43]

这个故事也许看起来平平无奇，但其中蕴含了很多内容。俄勒冈州海岸上一个觅食者群体的幸存者，将欧美人的殖民行为叙述为一种历史性的复仇，这不是什么骇人听闻之事。[44]在遥远的年代，一个蓄奴的原住民社会由海路向南迁移至新的土地，征服或杀死该地原来的居民，这也没有什么不合情理的。[45]

与瓜伊库鲁人的情况类似，侵略者似乎也是有意要征服那些具备他们自己所缺乏的技能的人。"原始切特克人"所获得的不只是体力（"乌吉劳动力"）或是照料，而是才智（savoir-faire），由与他们不太一样的乌吉狩猎-捕鱼-采集者世代积累而来。至少从这个故事来看，乌吉人在许多方面都更有能力。

这个故事的另一个有趣之处在于其背景。切特克人生活在我们讨论的两大文化区的中间地带，可想而知这里发生过大量关于奴隶制的明确辩论与争议。事实上，这个故事具有明显的伦理色彩，就像一个警世故事，用以警告那些试图奴役他人或者通过掠夺获得财富与闲暇的人。切特克人强迫其受害者变为奴隶，从中获益并变得"肥胖而懒惰"，正是这种新养成的懒散习气使他们无法追击逃跑的乌吉人。乌吉人凭借自身的和平主义、勤勉辛劳、手艺技能和创新能力在整个故事中脱颖而出；后来他们以一种致命的方式回归（至少在精神上如此），以携带"枪炮、病菌与钢铁"的欧美殖民者的形象出现。[46]

考虑到这一点，乌吉人的故事指出了一些耐人寻味的可能性。最重要的是，它表明生活在加利福尼亚与西北海岸之间地区的群体中，对奴隶制的拒绝有着强烈的伦理和政治意涵。实际上，一旦我们开始寻找，并不难发现进一步的证据。例如，尤罗克人确实保有少量奴隶，主要是债务苦力或尚未被亲属赎回的俘虏。但他们的传说却显示出对蓄奴行为的强烈否定。举个例子，传说有个名叫勒梅克威罗梅（Le'mekwelolmei）的海上冒险家，经常抢劫和奴役过路旅行者；一个英勇的主人公打败了他，因而一举成名。我们的英雄在战斗中击败这个冒险家后，拒绝了他联手的请求：

"不，我不想像你一样，把船召到岸边，夺船抢物，变人为奴。只要你活着，你就再也不能暴虐，而要像其他人一样。"

"我会的。"勒梅克威罗梅说。

"如果你重操旧业，我就会杀了你。也许现在我应该把你俘为奴隶，但我不会。待在你家里，留着你的东西，不要打扰别人。"他也对那些几乎站满河岸的奴隶说："回你们的家吧。你们现在自由了。"

那些曾被奴役的人环绕着他，声泪俱下地感谢他，想帮他把船拖回到水中去。"不，我自己来拖我的船。"他说，然后用一只手把船挪到河里。于是，获得自由的人们都散去了，有的人顺流而下，有的则溯流而上，回到各自的家。[47]

至少可以说，西北海岸式的海上袭掠绝不是什么为人称道之举。

然而，有人也许会问：对于奴隶制在西北海岸普遍盛行而在更南面则难觅其踪，难道没有更直接的解释吗？如果某种实践无论如何都没有多少经济利益可图，人们便很容易对其表达道德不满。一个生态决定论者几乎必然会提出这样的观点。事实上，的确有大量文献从这样的角度分析过太平洋海岸，差不多也只有这些文献真正探讨过究竟为什么不同的海岸社会看起来如此不同。这是行为生态学的一个分支，称为"最优觅食理论"（optimal foraging theory）。该理论的支持者提出了一些有趣的观点。所以在继续我们的论述之前，先来看一下这些观点。

你更愿意捕鱼还是采集橡子？

最优觅食理论是一种预测模型，起源于对如椋鸟、蜜蜂或鱼类等非人类物种的研究。当应用到人身上时，它通常从经济理性的角度来解释行为，即"觅食者会设计他们的狩猎和采集策略，为了以最小的劳动支出获取最大的热量回报"。这就是行为生态学家所说的"成本-收益"计算。首先你要弄清楚，如果觅食者试图尽可能地提高效率，他们应该如何行动；然后你要检视他们实际是如何行动的。如果这不符合最优觅食策略，那一定是有其他事情发生了。

从这个角度来看，加利福尼亚原住民的行为远非最优。正如我们已经指出的，他们主要依靠采集橡子和松子为主食。在加利福尼亚这样一个富饶的地区，他们没有明显的理由这么做。橡子和松子只能提供少量的食物，却需要花大量的劳动来加工。很多坚果类食物都需要耗时耗力的过滤与研磨工作，来去除毒素并释放出营养物质，好让它们宜于食用。而且，坚果的产量从这一季到下一季变化很大，呈现出一种时丰时歉的高风险模式。同时，从太平洋沿岸向内陆，至少到萨克拉门托河（Sacramento River）和圣华金河（San Joaquin River）的交汇处，都能找到大量的鱼。鱼类比坚果更有营养，也更可靠。尽管如此，在加利福尼亚人的饮食中，鲑鱼与其他水生食物往往排在树木作物后，而且在欧洲人到来前就早已如此。[48]

那么，从"最优觅食理论"的角度看，加利福尼亚人的行为毫无道理，他们本可以每年大量收获和加工鲑鱼，从中获取油、脂肪和蛋白质。在成本收益计算方面，西北海岸人显然比加利福尼亚人更为明智，而且几百年甚至几千年来都是如此。⁴⁹ 当然，他们也没什么选择，因为在西北海岸不太可能以采集坚果为生（那里主要的森林物种是针叶树*）。此外，西北海岸人的确比加利福尼亚人享有更多种类的鱼类，包括因其油而被密集捕捞的蜡鱼，它既是一种主食，也是"油脂盛宴"上的一种核心用料，在这些盛宴上，贵族们会将大量蜡鱼油浇在燃烧的火炉上，偶尔也浇在彼此身上。即便如此，加利福尼亚人依然有更好的选择。

加利福尼亚就这样成了一个生态学谜团。大多数加利福尼亚居民都为自己的辛勤劳作、目的明确的务实性以及对金钱事务的谨慎性而感到自豪，这完全不同于西北海岸酋长们狂野与放纵的自我形象，后者喜欢吹嘘自己"不在乎任何事"。但是事实证明，加利福尼亚人才是将他们的整个区域经济建立在明显非理性选择之上的人。既然如此丰富的鱼类资源唾手可得，为什么他们还是不厌其烦地在橡树上大费周章？

生态决定论者有时试图通过诉诸食品安全来解决这个谜团。他们认为，虽然像勒梅克威罗梅这样的强盗至少在有些地区被视为恶棍，但这种人永远会存在。对于小偷与掠夺者来说，还有什么比加工完毕、易于运输的食物储备更有吸引力？显而易见，死鱼不能久放，要么得迅速吃完，要么必须加以清洗、切片、晒干和熏制以防菌虫滋生。在西北海岸，这些任务需要在春夏两季准时完成，因为这对群体的存活来说非常重要，也对他们在冬季竞争性宴请中的社会性生存来说至关重要。⁵⁰

用行为生态学的技术语言来说，鱼是"前期投入"型（front-loaded）。你必须立即完成大部分制作工序。因此可以说，决定严重依赖鱼类也是在作茧自缚，尽管单论营养，这无疑是合理的。这意味着要花大量心血加工和打包食物（不仅是腌肉，还有脂肪和油），制成耐贮存的储粮，同时也对强盗形成了难以抵抗的诱惑。⁵¹ 反观橡子和松子，既没有这样的风险，也没有这样的诱惑。它们是"后期投入"型（back-loaded）。收获橡子和松子是简单且相当悠闲的事，⁵² 而且关键是，它们在储存前不需要加工。相反，大多数费事的工作只需要在食用前做：将它们过滤研

---

*　针叶树是裸子植物，其种子不能形成果实。——译者注

磨来制作粥、糕与饼干（这与烟熏鱼截然相反，后者甚至可以不加烹饪直接吃）。

所以打劫生橡子的仓储点没有什么意义。因此，人们也没有动力思考如何有组织地抵御可能的袭掠者、保卫这些仓储点。可以开始看到这里的逻辑了。鲑鱼捕捞和橡子采集在实际操作上有着非常不同的特性，长远来看会产生两种非常不同的社会：一个好战且时常发动袭掠（抢过了食物，也就离抢人不远了），而另一个基本上是和平的。[53]因此西北海岸的社会之所以好战，只因他们无法选择一种不会引发战争的主食赖以为生。

这当然是一个精致的理论，就其自身的逻辑而言，非常聪明且令人信服。[54]问题是它似乎并不符合历史现实。第一个也是最明显的问题是，抢夺鱼干或任何种类的食物，从来不是西北海岸群体间袭掠的主要目的。说白了，一艘战斗独木舟能装下的熏鱼数量有限，而从陆路运输大宗产品则更为困难，因为在美洲大陆的这个地区完全没有驮畜，所有东西都靠人力运输，而在长途跋涉中，奴隶吃掉的东西也许和他们可以运输的东西一样多。袭掠的主要目的始终是为了抢人，从来不是为了抢食物。[55]但这里也是北美人口最稠密的地区之一，那么，这种对人的渴求从何而来？而这些正是"最优觅食理论"和其他"理性选择"分析法似乎完全无法回答的。

事实上，奴隶制的终极致因不在于环境或人口条件，而在于西北海岸对于社会正当秩序的理解，而这种理解又是社会内部不同阶层之间政治角力的结果——和任何其他地方一样，不同阶层必然对理想社会有着不同的看法。一个简单的事实是，西北海岸的家庭并不缺劳动力。但这些人中有很大一部分属于有贵族头衔的人，他们强烈认为自己应该免除琐碎的工作。他们可以猎杀海牛或是虎鲸，却无法想象自己建造鱼梁或给鱼开膛破肚。第一手资料显示，这在春夏之交常常造成麻烦，此时的渔获上限完全取决于有多少人手来处理和保存捕获的鱼。礼仪规范阻止了贵族加入其中，而低等级的平民（一位民族志学者称他们为"永远的过客"）[56]在被逼得太紧或驱使得太频繁时，转头便会叛逃到敌对家屋。

换言之，贵族们可能确实觉得平民们应该像奴隶一样为他们工作，但平民不以为然。很多平民乐意长时间投入艺术创作，却不愿意花精力捕鱼。事实上，有头衔的贵族一直在与他们的依附者进行协商。有时都分不清是谁在服务谁：

> 虽然贵族生来就有很高的社会地位，但他不能坐享其成。他必须通过慷慨的宴请、夸富宴和大方的赠予来"保持"自己的名声。否则他不仅会有丢掉脸面的风险，而且在极端情况下还会失去地位，甚至失去生命。斯瓦迪士（Swadesh）讲述了一个专制的（努特卡）酋长的故事，这个酋长要求他的渔民上缴全部渔获，而不是通常进贡的份额，这无异于"抢劫"，他因此被谋杀。他的继任者则在慷慨方面更胜一筹，当他捕到一条鲸鱼的时候说："你们把它切开，每个人拿一块；只把小背鳍的部分留给我就行。"[57]

结果，从贵族的角度来看，问题其实是在一年中的关键时期缺少**可调遣的**劳动力，而非缺少劳动力本身。这就是奴隶制要解决的问题。这种情况直接导致，在西北海岸原住民经济中，从邻近氏族"收获人口"的重要性不亚于建造围堰、蛤蜊园或梯田。[58]

因此我们必然得出结论，生态学并不能解释西北海岸存在的奴隶制。自由可以解释。拥有头衔的贵族们在相互竞争中僵持不下，根本没有手段强迫自己的属民支持他们无休无止的华丽游戏。他们被迫放眼域外。

那么，加利福尼亚呢？

回顾前文"乌吉的故事"，一个合乎逻辑的切入点正是这两个文化区之间的边界地带。事实证明，即便以加利福尼亚的标准来看，加利福尼亚北部的尤罗克人和其他"清教徒觅食者"也是怪异的，我们有必要了解其原因。

太平洋"碎裂带"对差异性的培育

阿尔弗雷德·克鲁伯（Alfred Kroeber）是加利福尼亚原住民民族

志研究的先驱，他将加利福尼亚的西北部地区描述为"碎裂带"（shatter zone），这个区域有着不同寻常的多样性，连接着太平洋海岸的两大文化区。这里族群和语族的分布就像压紧的手风琴风箱——密集地分布着尤罗克、卡鲁克、胡帕、托洛瓦（Tolowa）以及十几个还要更小的社会。这些微型部族中，有讲阿萨巴斯卡语系语言的群体，还有从其家庭结构与建筑中保留的贵族痕迹判断应该起源于西北海岸某处的群体。不过除极少数特例外，没有一个群体践行动产奴隶制。[59]

为了突显这种对比，我们必须指出，在任何真正的西北海岸聚落，世袭奴隶可能占到人口的四分之一。这个数据十分惊人。正如我们前面所指出的，这个比例几乎等同于美国南方殖民地在棉花种植园繁荣时期奴隶的比例，也堪比古代雅典的家庭奴隶制中奴隶的比例。[60]若是如此，这些都可算得上是成熟的"奴隶社会"，其中失去自由的劳动力支撑着域内经济，维持着贵族与平民的繁荣生活。假设许多群体像语言学证据和其他证据显示的那样，从西北海岸南下而来，且至少其中一些迁徙发生在大约公元前1800年（当时奴隶制最有可能被制度化）之后，那么问题就变为了："碎裂带"的觅食者是在何时，又是如何失去了蓄奴的习惯？

"何时"的问题要留待未来研究了，而"如何"的问题更容易回答。在许多此类社会中，我们可以观察到一些习俗，这些习俗似乎明确被用来避免俘虏地位的固化。例如，尤罗克人要求战胜者为每条被俘的生命支付赔偿金，金额与谋杀罪的赔偿金额相同。这似乎是一种非常有效的方式，使群体间的袭掠成为毫无收益、道德沦丧的行动。从财务角度来看，军事优势成为胜利方的债务。正如克鲁伯所说："文明中'哀哉败者'（vae victis）的说法，在尤罗克人这里，至少从财务意义上，很可能已经被'哀哉胜者'的箴言取代了。"[61]

切特克人关于乌吉人的警世故事进一步提供了线索。它表明，与加利福尼亚"碎裂带"直接毗邻的人们了解自己的北方邻居，知道他们好战且倾向于过一种奢侈的生活，这种生活是以剥削他们所征服的劳动力为基础的。它还表明，人们意识到自己的社会也能选择这种剥削，但仍拒绝了这种可能，因为奴役他人会破坏重要的社会价值（他们会变得

"肥胖而懒惰")。向南再看加利福尼亚碎裂带本身,我们发现有证据表明,在社会生活中的很多关键领域,这一地区的觅食者的确在以分裂演化的方式将自己的社区建设为西北海岸社区的镜像,有意识地颠转了西北海岸的生活方式。接下来我们举一些例子。

线索来自最简单、最明显的实用性细节,仅列举一二。从来不会有人看到西北海岸家庭的任何自由成员去砍伐或搬运木材。[62]这样做有损于自己的地位,让自己看来像个奴隶。相比之下,加利福尼亚酋长似乎将同样的活动上升为庄严的公共义务,并将其纳入发汗房的核心仪式中。正如高斯密所观察到的:

> 所有人,尤其是年轻人,都被劝说去采伐木材,因为发汗房需要燃料来加热。这不是剥削童工,而是一种重要的宗教行为,具有重要意义。特殊的木材从山脊运来,被用于重要的净化仪式。采伐行为本身就是一种宗教行为,因为它是获得"运气"的一种方式。人们必须在恰当的心境中进行采伐,要点是克制举止并不断想着获得财富。这项工作于是成为一种道德目的,而不再是达到目的的手段,同时涉及宗教和经济因素。[63]

同样,随之而来的仪式性发汗——通过排出加利福尼亚男性身体中多余的液体——颠转了西北海岸象征着男性地位的对于脂肪、鲸脂和油脂的过度消耗。为了提高自己的地位并给祖先留下深刻印象,西北海岸的贵族在夸富宴的竞赛场上把蜡鱼油浇在火上;而加利福尼亚酋长则相反,在封闭的发汗房内燃烧热量。

加利福尼亚原住民似乎很清楚他们拒绝的是哪种价值。他们甚至通过小丑的形象把拒斥的价值制度化。[64]小丑在公众面前的懒惰、贪食和自大的滑稽行为,既提供了一个批评当地问题并发泄不满的平台,也通过模仿嘲讽了邻近文明奉若圭臬的价值。更多的反转发生在精神和审美生活的领域。西北海岸的艺术传统都关乎奇观与欺骗,例如在戏剧表演中的各种花招,把面具忽而戴上、忽而取下,或者由串场人物将注意力吸引到反方向上去。在大多数西北海岸的语言中,指代"仪式"的词实际上可以译作"欺骗"或"幻觉"。[65] 加利福尼亚的精神生活则提供了一个绝对的反例,其中重要的是通过纪律、认真训练和勤加劳作来修炼内在自我。加利福尼亚艺术完全避免了使用面具。

此外,加利福尼亚的歌曲和诗歌表明,人能够通过有纪律的训练和工作与生活中的本真事物建立联系。因此,虽然西北海岸的群体可以通过在盛大的命名仪式上赐予欧洲人姓名而收养他们,但是要成为加利福尼亚人,比如像罗伯特·弗兰克那样在19世纪晚期被尤罗克人收养,则更可能需要亦步亦"泣"地从山上搬运木材,以此在"真正的人"中赢得一席之地。[66]

如果我们接受所谓"社会"指的是人类的相互造就,而"价值"指的是这个过程中最有意识追求的方面,那么真的很难不将西北海岸和加利福尼亚视为对立面。这两个地区的人们都有着超乎寻常的劳动支出,但劳动的形式和功能天差地别。在西北海岸,大量涌现的家具、徽章、柱子、面具、斗篷和盒子是与奢侈且戏剧化的夸富宴相匹配的。然而,所有这些工作和仪式创造最终是为了给贵族竞争者"系上"名号和头衔,为了塑造特定类型的人。其结果是,西北海岸的艺术传统被公认为全世界有史以来最令人心醉神迷的艺术传统之一,对外在性的强烈关注造就了其极高的辨识度——一个由面具、幻觉和表象构成的世界。[67]

加利福尼亚碎裂带的社会也以自己的方式挥霍无度。不过,如果说他们在"夸耀"(potlatching)什么,那一定是劳动本身。正如一位民族志学者在谈到另一个尤罗克人的邻居阿苏格维人(Atsugewi)时写道:"理想的个体是既富有又勤劳的。在黎明第一缕昏暗的薄雾中,他起床开始一天的工作,直到夜深都不停止。早起和熬夜的能力是极高的品德。说'他不知如何入睡'是极度的恭维。"[68] 富有的男性——须指出,所有这些社会都是父权制社会——通常被认为能够凭借夫妇二人的自律和勤劳来救济更贫穷的投靠者、今朝有酒今朝醉的乡民以及愚蠢的流浪汉。

加利福尼亚的精神世界强调"新教徒"式的内在性与内省,这是西北海岸镜花水月的仪式世界的完美对反。尤罗克人认为,按部就班地工作是一种与真正的现实建立联系的方式，而像角贝和蜂鸟头皮这种珍贵物品则只是现实的外在表现。一位当代民族志学者解释道：

> 随着他不断"积累"自我并变得更纯净，修炼的人觉得自己越来越"真实"，觉得世界越来越"美好"：世界成了一个被真实体验到的地方，而不仅仅是"故事"或知识的背景……例如，在1865年，斯波特船长（Captain Spott）修炼了好几个星期，帮助亚医筹备在克拉马斯河口举行的首次鲑鱼仪式……"老的（巫医）派他上山采伐发汗房所需木材。一路上，他几乎边走边哭，因为现在他亲眼看到了这是如何完成的。"……泪水、哭泣在尤罗克人的精神修炼中有着至关重要的意义，是个体渴望、真诚、谦逊和开放的表现。[69]

通过这样的努力，人们得以发现自己真正的天职和目标，因此，这位民族志学者被告知，如果"有人生活的目的就是干扰你"，"必须阻止那个人，以免你成为他的奴隶，他的'宠物'"。

把遵从清规戒律、极端看重工作与金钱的尤罗克人作为反奴隶制的英雄来颂扬，这似乎很奇怪（尽管许多加尔文主义的废奴主义者差不多如此）。我们自然不是将他们作为英雄来介绍，就像我们也不希望将他们的西北海岸邻居塑造为恶棍一样。我们介绍他们是为了说明，各种文化彼此对照来界定自己的过程从根本上来说始终是政治性的，因为这关涉对何为正确生活方式的自觉的论争。有启发的一点在于，这些争论似乎正是在人类学意义上的"文化区"之间的边界地带最为激烈。

正如我们提到的，尤罗克人及其近邻即便以加利福尼亚标准来看也有些不同寻常。然而他们的不同寻常之处显得自相矛盾。一方面，他们确实有奴隶，尽管数量上很少。而几乎所有加利福尼亚中部和南部的人群，比如迈杜人（Maidu）、温顿人（Wintu）、波莫人（Pomo）等，都完全拒斥奴隶制。[70]这似乎至少有两个原因。首先，在西北部之外的所有地方，男人或女人死之后金银财宝都要被仪式性地烧掉，这是一种有效的平衡贫富差距的机制，[71]而尤罗克-卡鲁克-胡帕地区是为数不多的可以继承角贝的地方。其次，在这里从争吵到战争的升级也比其他地方频繁。结合来看，会发现这是一种缩约或弱化版本的西北海岸等级制度，划分出富裕家庭、平民和穷人三层。[72]

另一方面，俘虏不是奴隶，所有资料都强调他们很快就会被赎回，所有的杀戮者都必须支付赔偿金；但所有这些都需要钱。这意味着那些经常挑起战争的大人物可以通过放贷给无力偿付者来获得丰厚利润，而后者则会因此沦为债务苦力，或是退居到树林里孤苦度日。[73]因此，人们可能会同时看到挣钱的重要性以及由此产生的清教主义，还有对袭掠奴隶强烈的道德反对，这是生活在两个地区之间这个混乱不定的缓冲带造成的张力。在加利福尼亚的其他地方有正式的酋长或头人，虽然他们没有强制力，但他们通过集体筹资赔偿的方式来化解冲突，而且在他们的文化生活中，核心不在于积累财富，而在于组织年度世界更新仪式。

至此人们也许会说，怎么兜兜转转回到了原点。西北海岸夸富宴上的炫耀以及在财富与世袭头衔上的壮观竞赛，其表面目的是最终在盛大的冬至假面舞会上获得重要角色，而这些舞会其实也是为了焕新自然的力量。归根究底，加利福尼亚酋长们同样关心在毁灭将近时使世界重焕新生的冬至假面舞会——虽然作为加利福尼亚人，他们没有真的使用面具，不过，就像在夸扣特尔人的冬至仪式中一样，神灵会通过乔装打扮的舞者降临凡间。当然不同之处在于，在没有奴役劳动力或任何世袭头衔的情况下，加利福尼亚的波莫或迈杜酋长不得不以完全不同的方式来组织这些仪式。

一些结论

环境决定论者有一种可悲的倾向，将人类仅仅视作自动装置，按照某些经济学家幻想中的理性计算来生活。公允地说，他们并没有否认人类是奇怪而具有想象力的生物，他们只是争辩说，从长远看这一事实并没有什么意义。那些不遵循资源利用最优方案的人注定要成为历史的灰烬。

反对这种决定论的人类学家往往会诉诸文化，但最终，这无非使他们坚持认为不可能给出解释：英国人以那种方式行事因为他们是英国人，尤罗克人以这种方式行事因为他们是尤罗克人；至于为什么他们是英国人或是尤罗克人，则不是我们可以置喙的。从这个角度来看——这个角度和它反对的角度同样极端——人类充其量只是文化元素的任意集合，也许是根据某种普遍的精神、符码或风尚来组合的，而哪个社会最终拥有哪种精神气质则被视为是无法解释的，和随机掷骰子的性质差不多。

把事情说得如此尖锐并不意味着这两种立场完全没有道理。环境与技术的叠加的确会造成影响，而且往往有巨大的影响。在某种程度上，文化差异真的是任意掷出的骰子：无法"解释"为什么中文是一种声调语言而芬兰语是黏着语言，事情就这么发生了。但是，如果我们把语言差异的任意性当作所有社会理论的基础，其实这基本就是结构主义所做的，并由后结构主义继续推进的事情，那么其结果也不过是一种机械决定论，和最为极端的环境决定论一样。"语言诉说着我们。"（Language speaks us.）我们注定要无休止地执行并不是由我们自己创造的行为模式（实际上，它们不是任何人创造的），直到文化板块发生了地壳运动般的剧变，使我们置身于一个崭新却同样无法解释的制度安排中。

换言之，这两种研究路径都假定我们实际上已经陷入僵局了。这就是为什么我们如此强调自我决定（self-determination）的概念。正如我们可以合理假设的，更新世的猛犸象猎人既然在不同季节以不同的方式组织社会生活，想必已经发展出了某种程度的政治自觉，也就是思考过不同的群体生活方式各有什么优点；同样，在上个冰期结束后，塑造了不同人类社会的错综复杂的文化差异网络，想必也涉及了一定程度上的政治反省。还是那句话，我们只是想要将那些创造了这些文化形式的人视为智慧的成年人，有能力反思自己正在建立或拒斥什么样的社会世界。

显然，这种研究路径和其他的一样，也有可能被推向荒谬的极端。短暂说回韦伯的《新教伦理与资本主义精神》，在某些圈子中很流行的说法是，"民族做出了选择"（nations make choices），有些选择了新教，有些选择了天主教，这就是美国或德国有那么多富人，而巴西或意大利有那么多穷人的主要原因。其荒谬不亚于说，既然每个人都是自由地做出自己的决定的，那么一些人最终成为金融咨询师而另一些人做了保安，完全是他们自己造成的（通常会说出这两番话的是同一种人）。也许马克思说得最好：我们创造了自己的历史，但不是在我们自己选择的条件下创造的。

事实上，社会理论家们在这个问题上争论不休的一个原因是，我们无法真正知晓"人类能动性"（human agency）——该术语目前被用来替代过去所谓的"自由意志"——到底能产生多大的影响。历史事件按照定义来说就只能发生一次，所以没办法知道它们是否"可能"有其他走向（如果西班牙没有征服过墨西哥可能会怎样？如果蒸汽机在托勒密时代的埃及被发明出来并引发古代的工业革命可能会怎样？），甚至不能确定问这样的问题有什么意义。这似乎就是人类境况的一部分：我们既无法预测未来，而一旦有事发生，我们又很难不视之为不可避免的。一切都无从知晓。所以如果希望在自由与决定论之间为人类能动性找到一个合理的位置，这个位置在哪基本上取决于个人品位。

因为这本书主要关乎自由，所以似乎有理由将那个位置设定得比通常的更靠左一点，并探讨这样一种可能性，即人类比通常以为的更有可能集体决定自身命运。我们没有将北美太平洋海岸的原住民定义为"初期"的农民或"初现"的复杂性的例证——这实际上只是在以一种新方式说他们都"奔向自己的锁链"。相反，我们探讨了他们（或多或少）不是在盲目前进的可能性，并找到了大量证据来支撑这一可能。

我们认为，奴隶制之所以在西北海岸很普遍，主要是因为野心勃勃的贵族发现自己无法将自由的属民变为可靠的劳动力。随之而来的暴力似乎一直蔓延到加利福尼亚北部被我们称为"碎裂带"的区域，在这里人们逐渐发现自己有必要建立各种制度以远离暴力，至少远离穷凶极恶的暴力。分裂演化的过程接踵而至，沿海的不同人群逐渐参照他人反过来界定自己。这绝不仅体现为围绕奴隶制的对立立场，而是在一切事情上的对立立场，从家庭、法律、仪式和艺术的形态，到身为一个值得尊敬的人意味着什么的理念，尤其明显的是对待工作、食物和物质财富的迥异态度。[74]

所有这一切都极大塑造了外界对每个"文化区"的总体感性认识——一个文化区浮华奢侈，另一个文化区则朴素简单。但这同样导致加利福尼亚的角角落落，除最西北的一角外，都全面抵制奴隶制及其带来的阶级制度，而即便在西北角，奴隶制也受到严格的限制。

这个例子可以帮我们了解类似的支配形式是如何在人类早期历史中出现的吗？显然，确切的了解是不可能的。我们很难确知那些至少表面上和加拿大西北海岸的原住民类似的社会，诸如波罗的海或布列塔尼海岸的中石器时代社会，是否真的也是按照相似的原则运作的。劳动协作或精密仪式系统中反映出的"复杂性"并不一定意味着支配。但首先我们可以说，在世界的某些地区，在某些时空中，似乎确实出现了类似的支配形式，而且当它们出现时并非没有争议。越来越多的证据表明，上个冰期结束后出现的区域性文化分化过程，很可能与后来时代中的一样具有政治性，包括我们在本章中讨论的那些。

其次，我们现在可以更清楚地看到，支配起始于家庭。这些支配性制度安排成为政治论争的主题，本身并不意味着它们在起源上就是政治性的。奴隶制起源于战争。但是无论在哪里，我们看到的奴隶制首先都是一种家庭制度。等级制和财产或许来自神圣之物的概念，但最残酷的剥削形式源自最为亲密的社会关系：作为被扭曲的养育、爱与照护。当然了，这些都不起源于政府。西北海岸的社会缺乏任何哪怕能被勉强描述为统领性政治组织的东西，最接近的也就是年度假面舞会的组织委员会了。反之，人们会发现绵延不绝的大木屋，每个都是一个小宫廷，以一个有头衔的家庭为核心，环绕着依附于他们的平民和他们的私有奴隶。即便是等级制度也指向家屋内部的划分。在其他非农业的社会中，很可能也是如此。

最后，所有这些都表明，从历史上来看，等级制和平等往往是一起出现、互为补充的。西北海岸的特林吉特（Tlingit）或海达平民实际上是平等的，因为他们都被平等地排除在头衔持有者的等级之外，因此，与拥有独特身份的贵族相比，他们形成了一种无差别的大众群体。考虑到加利福尼亚社会完全拒绝了这一整套制度，他们可以被描述为自觉的平等主义者，不过是在完全不同的意义上。说来奇怪，但是这种平等主义很明显建立在他们对金钱的热情追求上，这里再度将他们与其北方邻居进行比较会很有启发。对于西北海岸社会来说，财富（各种意义上的神圣之物）中最重要的就是传家宝物，其价值就建立在它们每一件都独一无二、举世无双的事实之上。有头衔的人之间的平等根本无法想象，而他们也会为地位高低争执不休。反观加利福尼亚，最重要的财富形式是货币，其价值在于每一串角贝或每一片啄木鸟头皮都完全相同从而可以被计数。而且，一般而言，这种财富不被继承，而是在所有者死亡时被一并销毁。

随着我们故事的继续，我们将反复遇到这种动态相互作用。也许可以将之称为"自下而上的不平等"。支配首先出现在最为亲密的家庭层面。自觉的平等主义政治而后出现，以防止支配关系从这些小世界延伸至公共领域（在这一过程中，公共领域往往被想象为成年男性的专属领域）。这种动态相互作用在古雅典民主制这类现象中达到顶峰，但是其根源也许可以上溯到更久远的年代，远在种植与农业社会出现之前。

第六章

阿多尼斯*的花园

从未发生的革命：新石器时代的人们如何避开农业

接下来我们谈谈农业的起源。

柏拉图式偏见，及其如何遮蔽了我们对发明农业的看法

"我请问你，"柏拉图写道，

> 如果一位聪明的农人有了种子，是他所珍视的而且希望它们是结实的，他是否趁大热天把它们种在阿多尼斯的小花园里，看它们到了第八天就长得顶茂盛呢？若是他这样做，是不是只因为逢到祭典，当作一种娱乐活动来玩呢？若是他认真耕种，他是否要应用园艺的知识，把它们种在合宜的土壤里，安心等到第八月才看它们成熟呢？[1]

柏拉图在这里提到的阿多尼斯的花园，是一种不生产食物的、节庆

---

* 阿多尼斯"是一位美少年，女爱神阿佛洛狄忒爱他。打猎时他被野兽撞死，女爱神甚哀恸，下界神们怜悯他，让阿多尼斯每年复活六个月。他象征植物的生死循环，古代农业社会所以特别看重他的祭典。在这祭典中，农人用人工在盆里培养一些花木，几天之内就茂盛起来，但死得也很快"。(引自柏拉图：《文艺对话集》，朱光潜译，人民文学出版社，1963，第171页脚注) ——译者注

式的速成农业。对这位哲学家来说,这些花园为所有早熟、诱人但最终一无所获的事物提供了一个称手的比喻。夏日三伏天,寸草不生之际,古雅典的女人们在篮子和盆子中培育着这样的小花园。每个小花园中混植着快速生长的谷物和芳草。这些临时苗床被顺着梯子搬上平坦的屋顶,然后在阳光下枯萎:人们用园艺重演着阿多尼斯的早逝——这位猎人年纪轻轻就遭野猪杀死。然后,在男人和民政权威的视线之外,屋顶仪式开始了。这些仪式向包括妓女在内的雅典社会各阶层女性开放,其中有悼念仪式,也有酩酊大醉,无疑还伴随着其他狂乱行为。

历史学家一致认为,这种女性仪典根源于美索不达米亚平原上为杜木兹或称塔木兹(Dumuzi / Tammuz)举办的丰产仪式,这位神是牧神,也是人格化的植物生命,人们在每年夏天悼念他的死亡。对阿多尼斯——杜木兹的古希腊化身——的崇拜,很可能是在公元前7世纪随着亚述的扩张从腓尼基向西传播到希腊的。如今,一些学者将这一仪式视为对父权价值的狂欢颠覆,它所对立的是国家主办的古板得体的地母节(Thesmophoria:纪念希腊丰产女神得墨忒耳的秋季节日),后者由雅典公民的妻子参与庆祝,致敬着城邦赖以生存的严肃农业。其他人则反向解读阿多尼斯的故事,认为这是在追思原始的严肃狩猎场景,它被笼罩在农业出现的阴影中,但并没有被遗忘——这是已逝的阳刚之气的遥遥回响。[2]

都很有道理。你也许会说。但这与农耕的起源有什么关系?阿多尼斯的花园与比柏拉图早大约8 000年的新石器时代农业萌芽有什么关系?从某种意义上来说,它们有着千丝万缕的关系。因为这些学术论争恰恰概括了这一关键主题下的任何现代研究都绕不开的问题。农耕从一开始就是为了生产更多食物来供给不断增长的人口的严肃事务吗?大多数学者理所当然地认为,这一定是发明它的首要原因。但或许耕作始于一种更玩乐性的乃至颠覆性的过程,或者甚至可能是其他关注点的副产品,比如想要在某些以狩猎与贸易为主的地方驻留得更久。在这两种观念中,哪一种真正承载了第一批农学家的精神?是庄重务实的地母节,还是纵情玩乐的阿多尼斯花园?

新石器时代的人们，也就是世界上最早的农民，无疑也花了大量时间来辩论类似的问题。至于我们为什么这么说，可以先来看看也许是世界上最著名的新石器时代遗址，加泰土丘（Çatalhöyük）。

加泰土丘，世界上最古老的城，如何有了新的历史

加泰土丘位于土耳其中部的科尼亚平原（Konya Plain），公元前7400年前后第一次有人在此定居，定居持续了大约1 500年［时间跨度大致相当于我们的时代到阿玛拉弗里达（Amalafrida）的时代，这位汪达尔女王在公元523年前后达到影响力的巅峰］。该遗址的名声部分来自它惊人的规模。13公顷的占地面积和5 000左右的居住人口使它更像是城镇而非村庄。然而这座城镇却没有明显的中心或公共设施，甚至没有街道：只是一个又一个家户组成的密集聚落，每户的规模和格局都差不多，都由屋顶的梯子进入。

如果说加泰土丘的整体规划显示出一种沉闷的统一性，像一座由相同的泥墙筑就的迷宫，那么其建筑内部的生活则完全相反。事实上，该遗址成名的另一个原因是其居民将房屋内部设计得明显阴森可怖。如果你曾瞥见一眼加泰土丘房屋的内部，那么你将永生难忘：宽不过5米的中央客厅里，牛和其他生物的头骨与角从墙上直伸向内，有时也从家用设备或家具上戳出来。许多屋内还有生动的壁画和形象的装饰线条，以及下方安置着部分本户死者尸骨的平台——每间屋子中都有6到60人不等的遗骸，逝者支撑着生者。我们不禁想起莫里斯·桑达克（Maurice Sendak）笔下的神奇房屋，屋子的"墙壁变成了环绕的世界"。[3]

几代考古学家都想将加泰土丘视为"农耕起源"的纪念碑。原因当然很容易理解。它是已知最早的从事农业的大型定居点之一，其居民的大部分营养来源是驯化的谷物、豆类、绵羊和山羊。那么，似乎有理由认为他们开创了所谓的"农业革命"，这一提法始自戈登·柴尔德时代，这位史前史学家也是《人类创造了自身》（1936）和《历史发生了什么》

(*What Happened in History*，1942）的作者。当 20 世纪 60 年代加泰土丘非凡的物质文化首次被发掘出来时，人们就是这样解读的。泥塑女性坐像，包括一尊两侧伴有猫科动物的著名坐像，被理解为描绘了一位主司女性生育与作物丰产的母神（Mother Goddess）。挂在墙上的牛头骨（bucrania）被认为是家畜的头骨，献给一位掌管牛群平安和繁殖的牛神。某些建筑被鉴定为"圣所"。所有这些仪式生活都被认为关乎严肃的农耕——在精神上更接近得墨忒耳而非阿多尼斯的新石器时代盛会。[4]

但最近的发掘表明，我们太急于与阿多尼斯撇清关系了。[5] 20 世纪 90 年代以来，在加泰土丘使用的新田野方法带来了一系列惊喜，迫使我们重新书写这个世界上最古老城镇的历史，以及我们对农耕起源的一般看法。事实证明，牛并不是驯养的：那些令人印象深刻的头骨属于凶猛的野牛。圣所也并不是什么圣所，而是人们日常做饭、吃饭、做手工等等的房屋，和其他地方无异，只不过恰巧容纳了更多仪式用品。就连母神的意义也模糊不清了。这并不是说没有再发掘出丰满女性的雕像，只不过新发现的雕像并没有出现在圣所里或宝座上，而是头部被打掉出现在屋外的垃圾堆中，这不太像宗教崇拜对象应有的待遇。[6]

今天，大多数考古学家认为将史前的丰满女性造像解读为"丰产女神"是非常站不住脚的。这种解读源于早已过时的维多利亚时代对"原始母权制"（primitive matriarchy）的想象。在 19 世纪，母权制的确曾被视作新石器时代社会默认的政治组织模式（与随后青铜时代压迫性的父权制相对）。因此，几乎所有看起来能生育的女性形象都被解读为母神。如今，考古学家更有可能指出，许多小雕像或许只相当于当地人的芭比娃娃（那个社会对女性有着迥然不同的审美标准）；或者，不同的小雕像或许服务于完全不同的目的（正确无疑）；一些考古学家则否定整个辩论，坚持认为我们不知道也永远不会知道人们为什么创造这么多女性形象，所以任何解释都更可能只投射了我们自己对女性、性别或生殖力的假设，而不是一个新石器时代的安纳托利亚居民心目中真正有意义的东西。

所有这些讨论或许显得有点学究气，但是正如我们将看到的，这种吹毛求疵其实事关重大。

涉足学术禁区，并讨论新石器时代母权制的可能性

如今，不仅"原始母权制"的观点被妖魔化，就连暗示妇女在早期农耕社区中地位极为突出也会招来学术界的指责。这或许不那么值得惊讶。就像20世纪60年代以来的社会反叛者倾向于把狩猎-采集者游群理想化一样，早几代的诗人、无政府主义者和颓废派文人（bohemian）也倾向于把新石器时代理想化，将其想象为由大女神（the Great Goddess）的女祭司统治的仁慈神权政治——大女神是伊南娜（Inanna）、伊什塔尔（Ishtar）、阿斯塔蒂（Astarte）以及得墨忒耳一众女神无所不能的远祖。他们想象，这些社会一直存在，直至被暴力的、父权制的、讲印欧语的草原骑马民族所征服，或者就中东的情况而言，被讲闪米特语的沙漠游牧民族所征服。如何看待这种想象中的对抗，成为19世纪晚期和20世纪早期一个重大政治分歧的根源。

为了对此有更多了解，让我们看看马蒂尔达·乔斯琳·盖奇（Matilda Joslyn Gage，1826—1898），她在有生之年被认为是美国最杰出的女性主义者之一。盖奇也是一个反基督教者，她被长屋人的"女家长制"（matriarchate）所吸引，认为那是新石器时代社会组织为数不多的活例证。她还坚决捍卫原住民权利，以至于她自己最终被接纳为一名莫霍克氏族的女家长。[她生命的最后岁月在忠实的女婿弗兰克·鲍姆（L. Frank Baum）家中度过，后者著有《绿野仙踪》系列图书，其中正如许多人指出的，有女王、善良女巫和公主，但是没有一个合法的男性权威人物。]在《女性、教会与国家》（Woman, Church, and State，1893）中，盖奇假定了一种普遍存在的早期社会形式，"叫作女家长制或母治（Mother-rule）"，其中政府机构和宗教机构都以家庭中的母子关系为模板。

或者想想弗洛伊德的两大得意门生之一奥托·格罗斯（Otto Gross）。身为无政府主义者的他在第一次世界大战前几年里提出了一个理论，即

超我（superego）实则是父权制，需要被摧毁，以释放出仁慈的母权集体无意识——他认为这是隐匿但尚存于世的新石器时代遗存。（他主要通过药物使用和多角性关系来实现这一目标；如今格罗斯被人记住，主要因为他的作品对弗洛伊德的另一个得意门生卡尔·荣格的影响。荣格保留了集体无意识的概念，但拒绝了格罗斯的政治结论。）在"一战"结束后，纳粹开始从完全相反的视角讲述同一个"雅利安"入侵故事，将想象中的父权制入侵者视为他们优等人种的祖先。

这种明显空想出的史前史解读却被如此强烈地政治化，无怪乎"原始母权制"话题对于后世来说如此尴尬，成了知识分子的禁区。但这难免给人一种另有隐情的印象。因为知识分子们对"原始母权制"的讳莫如深，程度远远超出了对一个夸大或过时的理论的单纯怀疑。在今天的学术界，相信原始母权制堪称某种思想罪，几乎可与"科学种族主义"相提并论，而其倡导者已经从历史上被抹去：盖奇退出了女性主义的历史，格罗斯退出了心理学的历史［尽管他发明了内向性（introversion）与外向性（extroversion）这样的概念，并与弗兰茨·卡夫卡、柏林的达达主义者和马克斯·韦伯等人过往密切］。

这很奇怪。毕竟，一个世纪左右的时间似乎足以让一切尘埃落定。为什么这件事情仍然笼罩在禁忌之中？

如今的这种敏感，很大程度上源于对一位名叫玛利亚·金布塔斯（Marija Gimbutas）的立陶宛裔美国考古学家的遗产的反击。在二十世纪六七十年代，金布塔斯是研究东欧晚期史前史的主要权威。如今，她经常被视为像奥托·格罗斯等精神病学反叛者一样的怪胎，妄图披着现代外衣复辟维多利亚时代最荒谬的古老幻想。这种指控不仅与事实不符（否定她作品的人几乎没几个真正读过她的作品），而且造成了这样一种局面：学者们甚至很难推测等级制和剥削是如何开始在家庭领域中生根的——除非你想回到卢梭那里，回归那种最简化的概念，即定居农业以某种方式自动产生了丈夫对妻子、父亲对孩子的权力。

事实上，但凡读了金布塔斯的书，比如《旧欧洲的女神与神》（*The Goddesses and Gods of Old Europe*，1982），你很快就会意识到作者在尝试一件此前只有男性才被允许做的事：为欧亚文明的起源编织一个宏大叙事。她以我们在上一章讨论的"文化区"为基石，并利用它们来论证：在某些方面（但肯定不是全部），维多利亚时代关于崇拜女神的农民和雅利安入侵者的古老故事实际上是真的。

金布塔斯着重尝试勾勒出她称之为"旧欧洲"的文化传统，这是一个以巴尔干半岛和地中海东岸为中心（但也向北延伸）的新石器时代定居村庄的世界。在金布塔斯看来，其中男人和女人受到同等的重视，财富和地位的差异被严格限定。据她估计，旧欧洲大概从公元前7000年持续到公元前3500年，这又是一段可观的时期。她相信这些社会基本上是和平的，并主张它们共享同一套众神谱系，诸神之上是一位至尊女神，对她的信仰可以由从中东到巴尔干半岛的新石器时代定居点发现的上百个女性塑像（其中有些戴着面具）佐证。[7]

根据金布塔斯的说法，"旧欧洲"在公元前3千纪迎来了灾难性的终点，当时巴尔干半岛被来自黑海以北的黑海大草原（Pontic steppe）的牧牛民族——所谓的"库尔干"（kurgan）人——移民所侵占。"库尔干"指的是这些群体在考古学上最容易识别的特征：坟墓上堆起的土丘，这些属于战士（往往是男性）的丘冢中随葬有武器、黄金饰品和奢侈的动物祭品，偶尔也有人类"仆从"。种种特征证明他们的价值观与旧欧洲的社群主义精神截然相反。新来的群体是贵族制的和"男权制的"（androcratic，意同父权制的），且极其好战。金布塔斯认为是他们导致了印欧语的西传，确立了以女性的根本从属地位为基础的新型社会，并将战士群体提升至一个统治阶级。

可以注意到，所有这些都与维多利亚时代的旧幻想有一定的相似之处，但也有关键的区别。早前根植于进化人类学的看法认为，母权制是人类的初始状态，因为一开始，人们并不理解生理上的父子关系，而认为生孩子是女性单方面完成的。这当然意味着，在他们之前的狩猎-采集者社群至少应该和早期农民一样，都是母系的和母权的——确实有很多人基于第一性原则（first principles）做出了这样的论证，即使完全缺乏证据。不过金布塔斯并没有提出任何这类论点。她要论证的是新石器时代中东与欧洲妇女的自主权与仪式特权。到了20世纪90年代，她的许多观点已经被生态女性主义者、新世纪宗教和其他一众社会运动奉为圭臬；这些运动进而又启发了一系列畅销书，有的深富哲理，有的荒唐可笑。在这个过程中，她的观点被混入了某些不切实际的维多利亚时代旧观念。

有鉴于此，许多考古学家和历史学家断定金布塔斯是在科学研究与通俗写作之间搅浑水。不久后，她就遭到学术界火力全开的攻击：从挑选对自己有利的证据到未能跟上方法论的进展，涉嫌反向性别歧视，或者说她沉迷于"制造神话"。她甚至遭受了被公开精神分析的奇耻大辱；主流学术期刊发表文章指出，她关于旧欧洲被取代的理论基本就是她自己动荡生平的虚幻投射——金布塔斯在二战末期外敌入侵之际逃离了祖国立陶宛。[8]

万幸的是，金布塔斯本人于1994年去世，没有看到这一切。但是这也意味着她永远无法回应。在这些批评中，有些甚或大部分确实有其道理，尽管类似的批评无疑适用于几乎任何试图提出宏大历史论证的考古学家。金布塔斯的观点涉及某种神话制造，这在一定程度上解释了学术界对她作品的全盘否定。但是当男性学者从事类似的神话制造时——如我们所见，他们经常这么做——他们不仅没有受到挑战，而且经常赢得有威望的写作奖项，收获以他们之名设立的荣誉讲席。可以说金布塔斯被认为插手了，而且相当有意识地颠覆了一种宏大叙事类型，而这类叙事过去一直（且现在仍然）完全由男性写作者主导，就比如我们自己。然而，回报她的不是写作奖项，甚至不是在受人尊敬的考古学前辈中占据一席之地，而是身后满世界的骂名，甚至成了他人嗤之以鼻的对象。

至少直到最近都是如此。

近些年来，对古代DNA的分析——在金布塔斯时代是无法做到的——已经使一些一流的考古学家承认，她的重建中至少有一个重要部分很可能是正确的。如果这些基于人口遗传学提出的新论点大体站得住脚，那么在金布塔斯推定的公元前3千纪，确实发生过一次游牧民族从黑海以北草原开始的扩张。一些学者甚至认为，当时从亚欧大草原迁出的大规模移民导致了人口更替,也许也导致了印欧语跨越欧洲中部的大范围传播,正如金布塔斯所设想的那样。另一些学者则谨慎得多;但是无论如何,这都意味着在十几年的缄默之后,人们突然又开始谈论这些问题,也因此重新谈论起金布塔斯的研究。[9]

那么该如何看待金布塔斯的另一半论点,即早期新石器时代社会相对而言没有阶级和等级?在开始回答这个问题之前,我们需要澄清一些错误的观念。其实金布塔斯从来没有直接主张新石器时代存在母权制。实际上,这个术语在不同的作者那里似乎有着非常不同的意涵。如果"母权制"被用于形容这样一种社会,其中女性支配着正式的政治职位,那当然可以说它在人类历史上极为罕见。女性个体掌握真正的行政权力、领导军队或创制法律,这类个例有很多;但是通常只让女性掌握行政权力、领导军队或创制法律的社会则几乎不存在。即便是像英国的伊丽莎白一世、中国的慈禧太后或马达加斯加的拉娜瓦罗娜一世(Ranavalona I of Madagascar)这样强大的女王或王后,也并没有首选女性来担任自己的首席顾问、指挥官、法官和幕僚。

无论如何,有另一个术语"女权制"(gynarchy 或 gynaecocracy)专用于形容女性的政治统治。"母权制"一词的含义则相当不同。逻辑是这样的:毕竟,"父权制"(patriarchy)指的主要也不是男性掌握公职的事实,而首先是父权权威,也就是男性家长的权威,这种权威继而为男性权力在社会生活的其他领域提供了象征范本和经济基础。母权制指的或许是一种类似的情况,即母亲在家庭中的角色同样为女性权威在生活的其他方面提供了一种范本与经济基础(这并不必然意味着某种暴力的或排他性的支配地位),使得女性在总体的日常权力中占据优势。

从这个角度来看,母权制社会足够真实。坎迪亚洪克本人可以说就生活在母权制社会中。在他的时代,像温达特这样讲易洛魁语的群体生活在由五六个家族的长屋构成的村镇中。每个长屋都由一个女性议事会管理,其成员控制着衣服、工具和食物等一切关键储备,而居住于此的男性则没有自己相应的议事会。坎迪亚洪克本人所处的政治环境也许是温达特社会中绝无仅有的妇女不占主导地位的政治环境,即便如此,其中也存在着对一切男性议事会的决定有否决权的女性议事会。根据这一定义，霍皮人（Hopi）和祖尼人（Zuñi）这样的普韦布洛（Pueblo）民族亦可算作母权制社会，而苏门答腊岛的一个穆斯林民族，米南加保人（Minangkabau），是以同样的标准形容自己为母权制的。[10]

诚然，这种母权式制度安排多少有些不寻常，至少在涵盖了过去约200年时间的民族志记录中是如此。但是，一旦明确了这种制度安排有可能存在，我们就没有特别的理由去认定它们在新石器时代不可能更常见，也没有理由认定金布塔斯寻找这种可能性不过是在空想或误入歧途。和一切假设一样，这个假设也无非有待权衡证据充分与否。

这里就要说回加泰土丘。

世界上最著名的新石器时代城镇中的生活可能是什么样的

近期，大量加泰土丘微型艺术品表明，女性形象是仪式的关注焦点，是娴熟工艺的表现对象，并象征性地反映了对生死的思考。其中一个泥塑像，正面是典型的丰满女性，通过一双细瘦的胳膊过渡到背面精心制作的骨架。塑像的头原先被固定在顶部的孔眼中，现已遗失。另一个女性小塑像的背部中央有一个小洞，里面放着一粒野生植物的种子。在屋内一个用于安置尸骨的平台内，发掘者发现了一个格外有启发意义的精美石灰岩女性雕像。它精细的雕琢为更常见的泥塑造像澄清了一个问题：松垂的乳房、下坠的腹部和一团团脂肪，似乎并不像人们曾认为的那样代表着怀孕，而是代表着年龄。[11]

这些发现表明，更普遍的女性小塑像，虽然明显不都是崇拜的对象，但也未必都是娃娃或玩具。女神？大概不是。但很有可能是某种女家长，其形象透露出对年长女性的兴趣。而相应的年长男性造像还没有被发现。当然，这并非意味着我们应该忽略其他许多新石器时代的小塑像，它们可能体现了阳具崇拜，或是混合了男女性征，抑或是形象过度简化到男女莫辨，甚至无法确定是否为人类。同样地，新石器时代的小塑像和面具之间偶尔的联系——在中东和东欧均被证实[12]——可能涉及这种范畴区隔被故意模糊乃至颠倒的场合或表演（这与北美太平洋沿岸的假面舞会不无相似，在这种舞会上，神灵与扮演神灵的人几乎始终是男性）。

没有证据表明加泰土丘的女性居民在生活水准上高于男性居民。针对人类牙齿和骨骼的细致研究显示，男女在饮食与健康方面基本上是平等的，对男女尸体的仪式性处理也是如此。[13]但还是那个问题：在加泰土丘的器具艺术（portable art）中，并不存在对男性形象同等精雕细琢的描绘。墙面艺术则是另一回事。现存壁画中呈现出的连贯场景主要关于猎捕和戏弄野猪、鹿、熊和公牛等猎物。参与者是男人与男孩，他们明显被描绘为处于不同的人生阶段，又或许正在通过狩猎这种成人礼进入这些人生阶段。其中一些生气勃勃的人物形象穿着豹皮；在一个猎鹿场景中，所有人都蓄着胡子。

在对加泰土丘的新调查中有一点突出的发现，那就是家庭组织几乎渗透到社会生活的方方面面。尽管该建筑区的规模与密度相当大，但并没有证据表明存在中央权威。每个家户多少都自成一个世界，一个独立的储存、生产和消费中心。各户似乎也对自己的仪式享有很大程度的主导权，尤其是对待死者的仪式，当然，也不排除有仪式专家在各户之间流动。虽然目前还不清楚这种家户自主性靠什么样的社会规则和习惯维系，但似乎很明显的是，这些规则主要在家庭内部传袭；不仅通过仪式，也通过烹饪、清洁地面、用灰泥重抹墙壁等日常生活细节。[14]这一切都让人隐约想起西北海岸，那里的社会是大房屋的集合；只不过这些新石器时代房屋中的居住者并没有等级分化的迹象。

加泰土丘的居民似乎非常重视因循惯例。这一点最清楚地表现在他们世世代代一丝不苟原样重建的房屋格局中。单个房屋通常能用50年到100年，之后则被小心翼翼地拆除、填埋，作为后继房屋的地基。一个世纪接一个世纪，直至千年过去，黏土墙就在同样的位置上一道垒过一道。更令人惊讶的是，像泥制的灶、烤炉、储物仓和平台这样更小的构件，往往也在同样长的时间段内按同样的模式被重建。甚至有些特定的形象和仪式设施会一再重现，以不同的表现形式出现在同样的位置，通常年代相隔甚远。

那么，加泰土丘是一个"平等主义"社会吗？没有迹象表明这里有过任何自觉的平等主义理想，例如注重艺术、建筑或物质文化方面的统一性；但这里同样未见明显的等级迹象。尽管如此，随着单个房屋建立起各自的历史，它们似乎也积累了一定程度的威望。这反映在房屋中积存的狩猎战利品、墓葬平台和黑曜石——一种取自北面约200公里之外卡帕多西亚（Cappadocia）高地的深色火山玻璃。这些世代长存的房屋的权威似乎呼应着长者，尤其是女性长者占据的有影响力的地位。然而，声望高的家户散布在声望低的家户之间，并没有聚集为精英社区。就性别关系而言，我们可以承认存在一定程度的对称性，或者至少是互补性。在图像艺术方面，男性主题中不包含女性，反之亦然。可以说，这两个领域在居所的方方面面都截然分开。

在加泰土丘，社会生活与劳动的底层事实是什么？也许最引人注目的是，在所有的艺术和仪式中几乎没有任何对农业的表现。正如我们所指出的，驯化谷物（小麦和大麦）和牲畜（绵羊和山羊）在营养供给方面比野生资源重要得多。在每间房屋中都能找到大量的有机物遗存，说明了这一点。然而一千年来，社区的文化生活仍然顽固地围绕着狩猎和采集的世界展开。这一点令人不得不发问：我们对加泰土丘生活图景的刻画究竟有多完整？最大的偏差又在哪里？

早期农业社区中社会生活的季节性可能怎样运作

新石器时代的加泰土丘目前只被发掘了大约5%。[15]探测与调查倒没有显示该城的其他区域存在什么本质上的不同，但这提醒我们，我们真正知道的东西如此寥寥，也提醒我们必须去思考考古记录中缺失了什么。例如，房屋的地面很明显被定期清扫，所以其周围手工艺品的分布远不能直接反映过去的活动。要想可靠地追踪过去的活动，只能借助嵌在灰泥中的小碎片和残留物。[16]在起居地面和家具上还发现了芦苇垫子覆盖过的痕迹，这进一步干扰了对原始图景的复原。我们未必知道房间里发生的所有活动，甚至连其中的一半也不得而知，或者说事实上，我们根本不知道人们实际到底有多长时间生活在这些狭窄而奇怪的结构中。

考虑这个问题时，有必要站在更广阔的视角，看看加泰土丘与其古代周边环境的关联，这些环境可以借助考古科学至少粗略地复原。加泰土丘坐落于一片湿地（所有的泥土与黏土都来源于此），进入科尼亚平原后改道的恰尔尚巴河（Çarşamba River）在这里季节性地泛滥。在一年中的大部分时间里，此地被沼泽包围，沼泽间点缀着凸起的旱地。这里冬天寒冷潮湿，夏天闷热难耐。从春天到秋天，绵羊和山羊在平原上的牧区之间移动，有时会进入更远的高地。农作物最有可能在晚春时分被播种在退水后的恰尔尚巴河泛滥平原上，在那里，它们短短三个月就能成熟，在夏末被收割和加工——在阿多尼斯的季节速成的谷物。[17]

这些工作尽管全都在城镇附近完成，但不免要涉及工作安排和一般社会事务周期性的分散与重组。而且，正如阿多尼斯仪式提醒我们的，屋顶之上还可能存在另一重社会生活。事实上，我们在加泰土丘建筑环境遗迹中所见到的很可能是冬季盛行的社会安排，围绕狩猎和敬奉死者展开严肃又独特的仪式生活。在每年的这个时候，伴随着收获，农业劳动所需的组织会让位于一种不同类型的社会现实，社群生活缩回房屋之中，一如羊群退回围栏之中。

社会结构的季节性变化[18]在加泰土丘是如此鲜活，而这些精心平衡的转换似乎是理解该城镇何以存续的核心。在家庭生活的日常交换中，一房之内和各房之间存在着程度惊人的物质平等。而与此同时，等级制度发展得较为缓慢，主要在联结生者与死者的仪式场合发挥作用。畜牧和耕作想必涉及了严格的劳动分工，以便保护畜群、保障每年的收成。但即便如此，这种分工基本没有体现在家庭仪式生活中。仪式生活有着更加古老的源泉，更贴近阿多尼斯而非得墨忒耳。

然而，关于加泰土丘人在哪里种植作物的问题存在一定争议。起初，对谷物遗存的显微分析表明种植地点为旱地。考虑到科尼亚盆地中已知的古代沼泽的范围,这意味着可耕地距离城镇至少有 13 公里,这在没有驴子或牛车的情况下很难讲得通(须记得,彼时这一地区的牛尚未被驯化,更别提被套上什么)。后继的分析则更支持本地的种植环境,也就是在恰尔尚巴河泛滥平原的冲积土上。[19] 这种差别在很多方面都很重要,不仅在生态方面,也在历史乃至政治方面,因为我们如何描绘种植环境的实际情况,直接影响了我们如何看待新石器时代农耕造成的社会后果。

要理解为何如此,我们必须采用一个比先前还要广阔的视角。

分割肥沃新月地带

20 世纪 60 年代首次调研加泰土丘时,对嵌有牛头骨的房屋的惊人发现使很多人不无道理地料想,科尼亚平原是一处动物驯化的早期发源地。如今人们知道,牛(和野猪)最初被驯化是在加泰土丘建立前 1 000 年,而且完全是在另一个地方:底格里斯河和幼发拉底河上游的河谷附近,更往东深入亚洲,在被称为肥沃新月(Fertile Crescent)的区域内。加泰土丘的创建者差不多就是从那边获取了农耕经济的基础,包括驯化了的谷物、豆类、绵羊和山羊。但是他们却没有饲养驯化的牛或猪。为什么不呢?

鉴于没有环境障碍,人们只得假设这是出于文化上的拒斥。最盛行的解释也是最直观的:加泰土丘的艺术和仪式表明,野牛和野猪是受到高度重视的猎物,而且可能在人们的记忆中向来如此。若是让这些猛兽被温顺的驯养品种包围,会使威望大打折扣,尤其是对男人而言。只允许牛保持古老的野生形态,作为一种大型野兽,以精瘦、迅捷、摄人心魄的形象示人,也意味着保持某种人类社会的完整性。因此,直到公元前 6000 年前后,牛仍然是野生且富于魅力的。[20]

那么,肥沃新月究竟是什么,或者说曾经是什么?首先需要注意,它是一个完全现代的概念,不仅源于环境,也源于地缘政治。肥沃新月这个术语发明于 19 世纪,当时欧洲列强正在根据自身的战略利益瓜分中东。部分出于考古学、古代史和现代帝国制度之间的紧密联系,这个术语开始被研究者广泛应用于描述从地中海东岸（今巴勒斯坦、以色列和黎巴嫩）穿过叙利亚、土耳其和伊拉克部分地区直至扎格罗斯（Zagros）山脉山麓（大致是伊朗和伊拉克边境）的这片区域。现在只有史前史学者还在使用这个术语，用以指称农耕的起源地：一个以沙漠和山脉为边界、大致上呈新月形的可耕种地带。[21]

然而从生态学的角度来说，它实际上不是一个新月形，而是两个——甚至很可能更多，这取决于你看得多细。在上一个冰期结束时，即大约公元前10000年，该地区向两个明显不同的方向发展。循着地形，我们可以看出一个"高地新月"和一个"低地新月"。高地新月沿着托罗斯（Taurus）山脉与扎格罗斯山脉的山麓，向北延伸至今叙利亚和土耳其边境。对于上一个冰期结束时的觅食者来说，这里应该是一片开放边疆，绵延着橡树与开心果树森林，以及河谷交错、猎物丰富的草原。[22]南面的低地新月分布着标志性的黄连木属（Pistacia）林地，以及大片肥沃土地，与河道网或者湖岸和自流泉紧密相连，在这些之外则是沙漠和贫瘠的高原。[23]

在公元前10000年至公元前8000年间，肥沃新月地带的"高地"和"低地"片区的觅食社会经历了明显的转型，但方向完全不同。这些差异不能被简单表述为生计方式或居住方式之别。事实上，在这两个地区，我们都发现了多种人类居住环境的复杂交织：乡村、小村落、季节性营地，还有以气势磅礴的公共建筑为标志的庆典与仪式中心。在多样的狩猎与采集活动中，两个区域也都留下了不同程度的植物栽培与牲畜管理的证据。然而这两个地区也存在着文化差异，有些差异明显到让人联想起我们上一章描述过的分裂演化过程。甚至可以说，在上一个冰期之后，肥沃新月的"低地"和"高地"之间的生态边界也成了一道文化边界，两边区域各自内部相对一致，彼此的区别则几乎与太平洋沿岸的"清教徒觅食者"和"渔王"一样显著。

在高地区，定居的狩猎-采集者中出现了一次惊人的等级制转向，最引人注目的佐证是哥贝克力土丘的巨石阵中心及其附近的遗址，比如近期发现的卡拉汉土丘（Karahan Tepe）遗址。相反，幼发拉底河和约旦河河谷的低地区则没有这样的巨石纪念碑，当地的新石器文化社群遵循了一条独特但同样早熟的变革之路，稍后我们会解释这一点。更重要的是，这两个相邻的社会群体，姑且称之为"低地人"与"高地人"，彼此非常熟悉。我们知道这一点，是因为他们彼此远距离交易耐用材料，事实上，我们发现其中有些也是在北美西海岸作为贵重物品流通的材料：山区的黑曜石和矿石，以及海滨的软体动物外壳。来自土耳其高地的黑曜石向南方流动，而贝壳（或许被用作货币）则从红海海岸向北方流动，这确保着高地人与低地人之间的联系。[24]

这个史前贸易圈的路线在向南进入人口分布没那么均匀的地区时开始收缩，从幼发拉底河的叙利亚段转弯处开始，蜿蜒穿过大马士革盆地并向下进入约旦河河谷。这条路线形成了所谓的"黎凡特走廊"（Levantine Corridor）。生活在这里的低地人是专注的手工艺专家和商人。每个小村落似乎都发展出了自己的专长（打磨石头、雕刻珠子、加工贝壳等），而这些行当往往与特殊的"宗教建筑"或季节性住所有关，这意味着这些技能受同业公会或秘密社团控制。到公元前9千纪，贸易主路线上已经发展出较大的定居点。低地觅食者在约旦河谷的出水处占据了肥沃的小块土地，并利用贸易财富来支持越来越多的定居人口。在这些得天独厚的地点涌现出规模惊人的遗址，其中像杰里科（Jericho）和巴斯塔（Basta）这样的遗址规模接近10公顷。[25]

要理解贸易在这一过程中的重要性，就必须认识到低地新月的景观由对比强烈又紧密相连的多种微观生态环境构成（这方面与加利福尼亚非常相似）。本地野生资源的生长周期因气候和地形的巨大差异而彼此错开，因此觅食者们总有机会交换各种互补产品，包括食物、药品、瘾品和化妆品。[26] 农业本身似乎正是这样开始的，作为众多"细分市场"活动或地方专业化生产形式之一。早期农业的创始作物，包括二粒小麦（emmer wheat）、单粒小麦（einkorn）、大麦和黑麦，并不是在单个"核心"区域被驯化的（像人们一度认为的那样），而是在黎凡特走廊沿线的不同地点，散布于约旦河谷到幼发拉底河一带，兴许还包括更北的地方。[27]

在海拔较高的高地新月，我们则发现了一些最早的牲畜驯化证据

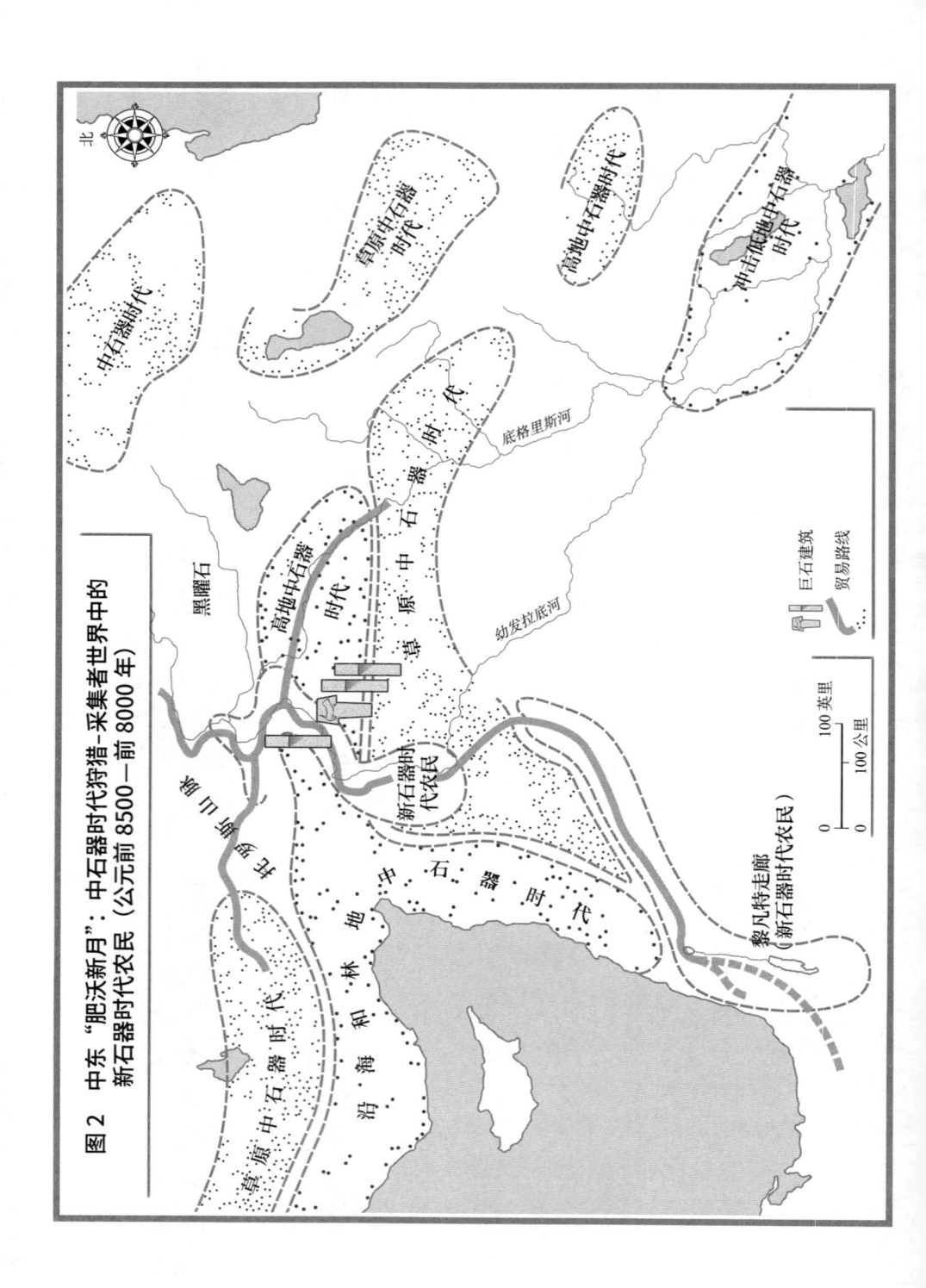

图2 中东"肥沃新月":中石器时代狩猎-采集者世界中的新石器时代农民(公元前8500—前8000年)

（伊朗西部有绵羊与山羊，安纳托利亚东部同时还有牛），这项活动被结合进了季节性的狩猎与觅食活动。[28] 谷物种植也是以类似的方式开始的，作为对采集经济微不足道的补充，后者主要基于野生资源——坚果、浆果、豆类和其他易得食物。不过，种植并不仅仅关乎热量供给。谷物生产也以新的方式将人们聚集在一起，完成集体任务，这些任务大多是重复的、劳动密集型的，而且无疑充满象征意义；由此产生的食物被纳入了他们的仪式生活。位于叙利亚幼发拉底河沿岸的杰夫艾哈迈尔（Jerf el-Ahmar）遗址，地处肥沃新月高地区与低地区的交界处，这里的谷物储存与加工并不在普通住所进行，而是在地下住所，这些地下住所要从屋顶开口进入，常和仪式相关。[29]

在进一步探讨低地人与高地人的对比前，似乎有必要更仔细地想想这些最早的耕作方式究竟是什么样子的。为此我们必须深入了解驯化的过程。

论行动迟缓的小麦，以及我们如何成为农民的种种流行理论

对农作物而言，驯化意味着栽培的植物失去了能够野外繁殖的性状。其中最重要的就是在不借助人类的情况下散播种子的能力。以小麦来说，生长在茎秆上的种子包裹在俗称小穗的那些流线型小颖果内。当野生小麦成熟时，小穗和茎秆的连接处（被称为叶轴的部分）就会碎裂。小穗脱离束缚，散落在地。它们带刺的尖端扎入土壤，其深度足以使至少一部分种子存活和生长（另一端则向上戳出，刚毛般的麦芒能够抵御鸟类、啮齿动物和食草动物）。

而在驯化品种中，这些生存技能都消失了。一种基因突变关闭了种子自发传播的机制，使小麦从强悍的野外求生者转变为无助的依赖者。叶轴变成了一个附着点，无法与其母株分离。小穗不会四散开去闯荡大千世界，而是牢牢固着在茎秆的顶部（麦穗），一直待在那里，直到有人来收割它们，或者直到它们腐烂或被动物吃掉。那么，作物的这些遗传和行为变化是如何产生的？这个过程用了多长的时间？人类社会发生

了怎样的变化才使之成为可能？历史学家们有时喜欢把这个问题翻转过来。他们提醒我们，正如人类驯化小麦一样，小麦也驯化了人类。

尤瓦尔·赫拉利在这一点上振振有词，请我们"从小麦的角度思考一下农业革命"。他指出，1万年前，小麦不过是野草的一种，没什么特别重要的；但是短短几千年内，它就遍布了地球的大部分区域。这是如何发生的？赫拉利认为，答案是小麦通过操控利用智人取得了这种优势地位。他写道："这种猿类（智人）直到大约1万年前都过着颇为舒适的狩猎和采集生活，但后来则开始在种植小麦方面投入越来越多的精力。"如果小麦不喜欢石头，人就得把田里的石头清理干净；如果小麦不愿与其他植物共享空间，人就必须顶着大太阳辛苦除草；如果小麦渴了，人就不得不把水从一地运到另一地；不一而足。[30]

这番雄辩似乎无以反驳。但首先我们得接受这一前提，即"从小麦的角度"来看整个过程的确是有意义的。仔细想想，我们为什么要这么做呢？人类是大脑非常发达且智能的灵长目，而小麦呢……是一种草（禾本科）。当然，确实有一些非人类物种完成了某种意义上的自我驯化，包括家鼠和麻雀，很可能还有狗，这些碰巧都出现在中东的新石器时代早期村庄中。同样毫无疑问的是，从长线来看，我们的物种成了自己农作物的奴隶：小麦、稻、谷子和玉米养活了世界，我们很难想象没有它们的现代生活。

但是，为了理解新石器时代农耕的开端，我们肯定需要尝试从旧石器时代的角度来看待它，而不是从现在的角度，更不是从什么假想的布尔乔亚猿人的角度。当然，这太难做到了，可除此之外的选择就是退回神话制造：将过去作为一个"如此这般"故事（just-so story）*来复述，显得我们目前的处境是不可避免或预先注定的。我们认为，赫拉利的复述之所以引人入胜，不是因为它基于任何证据，而是因为我们之前已经听过它无数遍了，只不过换了一帮角色而已。事实上，这是我们许多人打小听起的故事。我们又一次回到了伊甸园。只是现在，骗人类偷食知

---

* "如此这般"故事是指用以解释一些事物的起源的假想故事。——译者注

识禁果的不是狡猾的蛇，而是果实本身（也就是谷物）。

我们已经知道这个故事的来龙去脉了。人类原本过着"颇为舒适的生活"，靠大自然的馈赠为生，可后来我们犯了致命的错误。我们禁不住诱惑，憧憬过上更轻松的生活——盈余和奢侈的神一般的生活——为此我们只有去破坏和谐的自然状态，从而不知不觉地将自己变为奴隶。

如果我们抛开这个寓言，考虑一下植物学家、遗传学家和考古学家在过去几十年的发现，那会怎样？我们重点来关注小麦和大麦。

在上一个冰期后，小麦和大麦属于最早一批被驯化的作物，其他还有兵豆（lentil）、亚麻、豌豆、鹰嘴豆和苦野豌豆（bitter vetch）。前面已提到，这一过程发生在肥沃新月地带的各个不同区域，而非单一中心。其中一些作物的野生种如今还在那里生长，使研究人员有机会直接观察它们的行为，甚至可以从某些方面复原1万年前导致驯化的技术过程。有了这些知识，他们还可以考察从同一地区的考古遗址中提取的数以百计真正的古代种子和其他植物遗存。然后科学家可以将驯化的生物过程（在模拟新石器时代耕作的技术条件下重现）与发生在史前时代的实际过程进行比较，看看它们有多匹配。

一旦耕作在新石器时代的社会中普及开来，我们可能会期望找到证据来证明，谷物从野生形式向驯化形式的过渡是相对迅速的或至少是持续的（这正是"农业革命"这样的术语让我们想到的），但事实上这根本不符合考古科学的发现。除开同样发生在中东的背景设定，这些发现完全没有指向任何伊甸园路数的故事，关于人类如何不幸陷入与小麦的浮士德式交易。至于这种故事有多么（或应该有多么）跑偏，早在几十年前，当研究人员着手将实际的史前作物驯化率与实验条件下的驯化率对比时，就一清二楚了。

在20世纪80年代，研究人员首次用野生小麦进行了这种实验。[31]实验表明，在运用燧石镰刀割或手拔等简单收割技术的情况下，那些最终导致作物驯化的关键基因突变可以在短短二三十年内或至多200年内出现。人类只需遵照作物本身的信号行动，也就是说，在作物开始成熟后收割，连谷带茎一起（比如切断或拔出，而不是直接用棒把麦粒从穗上打下来），再把新种子播撒在处女地上（以远离其野生的竞争者），吸取错误教训，来年重复成功套路。对惯于收割野生作物的觅食者来说，这些变化够不上什么后勤或概念上的大挑战。而且以这种方式收割野生谷物，除了能得到食物，可能还有其他好处。

用镰刀收割，在得到谷物之外还会产生秸秆。如今我们认为秸秆是谷物种植的副产品，因为谷物种植的主要目的是生产食物。但是考古证据表明，事情一开始是完全相反的。[32] 早在以谷物为膳食主体之前很久，中东地区的人们就已经开始在永久性村庄定居了。[33] 其间，他们发现了野生禾本科植物茎部的新用途，包括用作生火的燃料，以及增加泥土与黏土的硬度从而使其从易碎物转变为重要建材，被用于建造房屋、烤炉、储物仓和其他固定构件。秸秆还可以用来制作篮子、衣服、垫子和茅屋顶。随着人们越来越频繁地收割野生禾本科以获取秸秆（无论是用镰刀还是简单地连根拔起），他们也制造了一个关键条件，致使一些野生禾本科失去了种子传播的自然机制。

现在的关键点是：如果是作物而非人类在确定节奏，那么这两个过程就该齐头并进，在几十年内导致大籽禾本科植物（large-seeded grass）的驯化。小麦将获得它的人类侍从，而人类将获得一种植物资源，它可以在高效收割的同时几乎不损失籽实，而且极易储存，但打理土地和收割后的脱粒和扬谷环节（这一过程在野生谷物中会自然发生）也会耗费更多的劳动力。几代人后，人与作物之间的浮士德式交易就应该缔结完毕。但此处，证据再次与预期相悖。

事实上，最新研究表明，肥沃新月地带的植物驯化过程还要等很久才完全完成，差不多在首次开始耕作野生谷物之后 3 000 年。[34]（为了对这里的时间跨度有一个概念，可以想想：这相当于从推定的特洛伊战争的时间到今天那么久）。或许有一些现代历史学家可以到处奢谈"短短几千年"，但我们很难以这种态度去了解史前行动者的生活。不出意料，这里你可能会问了：我们所说的"耕作"指的到底是什么？如果它没有导致野生植物繁殖行为的明显变化，那我们要怎么知道它是从什么时候开始的？答案在于杂草［以及由考古学的一个创造性分支"考古植物学"（archaeobotany）构想出的研究方法］。

为什么新石器时代农耕发展得如此缓慢，也没有随之出现卢梭想象中的圈地行为

自 21 世纪初以来，考古植物学家一直在研究一个被称为"前驯化耕作"（pre-domestication cultivation）的现象。耕作一般是指人类为提高其所偏爱的作物的生存机会所做的工作，无论这些作物是野生的还是驯化的。这通常至少包括清理和翻耕土壤。整地（soil preparation）会引起野生谷物大小和形状的变化，尽管这种变化未必会导致驯化（基本上它们只是会长得更大）。扰动后的土壤还会吸引其他植物群，包括各种耕地杂草，如苜蓿、葫芦巴、紫草，以及五颜六色的毛茛科成员（"阿多尼斯属"*！），很快开花，又很快枯死。

自 20 世纪 80 年代以来，研究人员一直在积累来自中东史前遗址的统计证据，由此分析谷粒大小和耕地杂草群落占比随时间发生的变化。现在的样本量已达数万之多。分析显示，在该地区的某些地方，如叙利亚北部，对野生谷物的耕作至少可以追溯到公元前 10000 年。[35] 然而还是在这些地区，作物驯化的生物过程（包括叶轴由脆变硬的关键转变）直到将近公元前 7000 年才完成，大约花费了实际所需时间的 10 倍之久，也就是说，如果人类真的只是误打误撞地参与进来，全程被作物的变化牵着鼻子走的话，整个过程只需大约 300 年就能完成。[36] 我们要清楚：这可是 3 000 年的人类历史，长到很难算作一场"农业革命"，甚至很难被视为通往农业之路上的某种过渡状态。

对带着柏拉图式偏见的我们来说，这一切看似是漫长而不必要的延迟，但很显然，这并不是新石器时代的人们所体验到的。我们需要把这 3 000 年本身当作人类历史的一个重要阶段去理解。这个阶段的标志是觅

---

* 即毛茛科下的侧金盏花属，拉丁名作 Adonis。——编者注

食者们不断地选择又放弃耕作——如我们所见，（以柏拉图可能瞧不上的方式）把玩农耕的种种可能性没什么特殊或反常的。但他们的选择绝非出于作物或畜群需求的驱使。只要不太繁重，耕作不过是早期定居社群的众多环境管理方式之一。区分野生的和驯化的植物种群对他们来说未必是什么头等大事，哪怕这对我们来说似乎很重要。[37]

仔细想想，这种思路完全讲得通。耕作驯化谷物是一项极其艰巨的工作，这一点太平洋沿岸的"丰裕"觅食者就深有体会。[38]严肃的农耕意味着一丝不苟的土壤维护和杂草清理，也意味着收获后的脱粒和扬谷工作。所有这些活动都妨碍了狩猎、采集野生食物、制作工艺品、结婚以及其他一大堆事情，更别提讲故事、赌博、旅行和组织化装舞会了。事实上，为了平衡膳食需求和劳动成本，早期耕种者甚至可能战略性地选择了妨碍那些标志着植物驯化发端的形态学变化。[39]

这种平衡行为涉及一种特殊的耕作，这使我们绕了一大圈后重回加泰土丘及其所在湿地。它被称为"洪消"（flood retreat）、"洪退"（flood recession）或"枯水期"（décrue）农业，发生在季节性泛滥的湖泊或河流沿岸。洪消农业是一种明显怠惰的农作方式。整地的工作主要交给了大自然。季节性泛洪承担了翻耕的工作，每年对土壤进行筛分和更新。洪水退去时，留下了肥沃的冲积土层，可以在那里播种。这是小规模的园圃式耕作，无须砍伐森林、除草或灌溉，也许只需要建造石制或土制的小埂（"堤坝"），使水向这边或那边分流。有高位地下水的地区，如自流泉的边缘，也可以用这种方式开发。[40]

就劳动而言，洪消农业不仅相当轻松，而且也不怎么需要集中管理。最重要的是，这种体系对于圈地和土地测量有一种内在的阻力。任何一块土地都可能在某一年是肥沃的，然后在下一年被洪水淹没或完全干涸，所以人们没有什么动机去长期占有或圈定固定的地块。当脚下的土地本身变动不居时，设立界石也就没什么意义了。没有哪种人类生态形式是"天生"平等主义的，但正如卢梭及其追随者听到后会惊讶的那样，这些早期的耕作体系并没有助力私有财产的发展。甚至正相反，洪消农业实际上导向集体土地所有，或至少是灵活的土地再分配体系。[41]

在肥沃新月地带较干旱的低地区，尤其在黎凡特走廊，洪消农业是当地新石器时代早期经济的一个特别重要的特征。那里的大量遗址往往分布在泉水和湖泊边［如杰里科、艾斯沃德土丘（Tell Aswad）］或是河岸上［如阿布胡赖拉（Abu Hureyra）、杰夫艾哈迈尔］。因为野生粮食作物最密集之处其实位于降雨量更高的高地区域，所以这些低地居民有机会将培育品种与野生品种分离开来，通过从高地采集谷物并在低地的洪涝退水区域播种，开启了一个分化和驯化的过程。这一事实使得极其漫长的谷物驯化期看起来更加令人惊讶。早期的耕作者似乎从事着在给定地点维生所需的最低限度的工作；他们之所以居住在这些地点并不是为了耕种，而是为了狩猎、采集、捕鱼、贸易等。

女人，科学家

拒绝伊甸园式的农耕起源叙事也意味着拒绝，或至少是质疑，隐藏在这种叙事背后的性别假设。[42]《创世记》不仅是一个关于失去原初无邪的故事，也是历史上最经久不衰的厌女范本之一，（在西方传统中）可与之匹敌的只有古希腊作家的偏见，比如赫西俄德（Hesiod），或者就这方面而言柏拉图也算。毕竟，是夏娃无力抵抗狡猾大蛇的劝说，首先咬了禁果，因为她是那个渴望知识和智慧的人。她的惩罚（以及所有她之后的女性的惩罚）是在剧痛中生儿育女，并生活在丈夫的支配下，而丈夫的命运则是靠辛勤劳动来维持生计。

当今天的作家推演"小麦驯化人类"（而非"人类驯化小麦"）时，他们实际是把具体的、科学的（人类）成就替换成了神秘主义的东西。在这种视角下，我们问的不是谁实际上通过思考和实践操控了野生植物；探索它们在不同水土状况中的特性；试验各种收割技术，不断观察这些技术对生长、繁殖和营养的影响；争论其社会影响。相反，我们只是在声情并茂地描绘禁果的诱惑，并沉湎于人类因为采纳了一项被贾雷德·戴蒙德用同款圣经口吻定性为"人类历史上最糟糕的错误"的技术（即农业）而导致的不可预见的后果。[43]

无论是否有意，女人的贡献都没有被写入这类叙述。收获野生植物并将其做成食物、药品以及像篮子或衣服这样结构复杂的物品，几乎在任何地方都是女性的活动，即便实际上由男性操作，可能也被视为女性化的工作。这不完全是人类学意义上的普遍现象，但可以说是最接近的了。[44] 当然，从假说的角度来看，事情可能并非向来如此。甚至可以想象，目前的情况是过去几千年间所发生的性别角色与语言结构的某种全球大转换的结果，但如此划时代的变化想必会留下草蛇灰线，可事实上从没有人提出这些痕迹可能是什么。诚然，很难找到任何考古证据；除了烧焦的种子，史前时代植物文化几乎没有留下什么遗迹。然而但凡有证据存在的地方都表明，从可追溯的时间起，女性与关于植物的知识之间就有着紧密的联系。[45]

我们所说的关于植物的知识，不仅指利用野生植物来生产食物、香料、药物、染料或毒药的新方法，也指纤维材料工艺和产业的发展，以及由此而来的关于时间、空间与结构性质的更抽象的知识。纺织、编篮、结网、制垫和制绳技艺很可能与可食用植物的培植同步发展，这也意味着数学和几何知识的发展，这类知识与工艺实践（名副其实地）交织在一起。[46] 女性与这类知识的联系可以追溯到现存最早的一些人类形态的刻画方面：上一个冰期无处不在的女性小塑像，穿戴着绳子编织的头饰、流苏裙和腰带。[47]

（男性）学者们有一种奇怪的倾向，即跳过这种知识的性别面向，或是用抽象概念来遮蔽它。想想列维-斯特劳斯关于"野性的思维"的著名评论，他想象那些"新石器时代的科学家"创造了一条与现代科学平行的发现之路，但那条路始于与自然世界的具体互动，而非对定律与原理的归纳。前一种实验方法从"感性特质的角度"展开，根据列维-斯特劳斯的说法，它繁盛于新石器时代，为我们提供了农业、畜牧业、制陶、编织、储存和制备食物等等的基础；而后一种发现模式从对形式特性和理论的定义出发，直到很晚近才随着现代科学流程的出现而产出成果。[48]

虽然《野性的思维》这本书明显致力于理解另一种知识，即新石器时代的"具体的科学"，但列维-斯特劳斯在书中只字未提，那些真正促成这种"繁盛"的人可能往往是女性。

如果我们以这些考量（而不是什么想象中的自然状态）为出发点，那么围绕新石器时代农耕的发明就会提出完全不同的问题。事实上，有必要用一套全新的话语来描述它，因为传统研究路径的问题部分就在于"农业"和"驯化"这两个术语本身。农业本质上关乎食物的生产，而这只是新石器时代人与植物关系的一个（相当有限的）方面。驯化通常意味着某种形式的对"野性自然"不羁力量的支配或控制。女性主义批评已经做了很多工作来拆解这两个概念背后的性别假设，二者似乎都不适用于描述早期耕作者的生态。[49]

如果我们将重点从农业和驯化转向植物学乃至园艺学呢？我们立刻就会发现自己更接近新石器时代的生态学现实了，它似乎与驯服野性自然或是从一把草籽中榨出尽可能多的热量没什么关系。它真正关乎的是创建园地（garden plot），即人工的、通常是临时的植物栖息地，人们根据对物种的偏好来调控其内部的生态规模。这些受青睐的物种包括了被现代植物学家划分为彼此竞争的门类的"杂草""毒品""草药"和"粮食作物"，但新石器时代的植物学家（受实践经验而非教科书的训练）更喜欢把它们种到一起。

他们没有固定的田地，而是利用湖泊和泉水边的冲积土，这种土壤的位置年年都在变。他们不用伐木、犁地和运水，而是有办法"说服"大自然替他们完成大部分劳动。他们的科学不关乎支配与分类，而在于诱导、哄骗甚至玩弄自然之力，以期最大限度收获有利结果。[50]他们的"实验室"是真实的植物和动物世界，他们通过仔细观察和试验来利用这些动植物的天性。这种新石器时代的耕作模式是卓有成效的。

在肥沃新月地带的低地区，如约旦河河谷和幼发拉底河河谷，这种生态系统在3 000年间促使定居点和人口逐步增长。若假装这一切只是某种非常漫长的过渡期或是"严肃"农业出现前的彩排，就会错失真正的要点，还会忽视许多人早已留意到的新石器时代生态学跟同时期艺术与仪式中频繁出现的女性之间的显著关联。将这些人物形象称为"女神"

还是"科学家"并没那么重要，更重要的或许是承认她们的出现本身就标志着一种对女性地位的新认识，而这般地位无疑基于她们在整合这些新的社会形态方面的切实成就。

研究史前时代科学创新的困难之一在于我们必须想象一个没有实验室的世界，或者更确切地说，一个无处不是实验室的世界。在这一点上，列维-斯特劳斯更有见地：

> ……存在着两种不同的科学思维方式，两种方式都起作用，但当然不是所谓人类心智发展的不同阶段的作用，而是对自然进行科学探究的两种策略平面的作用：其中一个大致对应着知觉和想象的平面，另一个则是离开知觉和想象的平面。似乎通过两条不同的途径都可以得到作为一切科学的——不论是新石器时代的或是近代的——对象的那些必要联系：这两种途径中的一条紧邻着感性直观，另一条则远离着感性直观。[51]

如前所述，列维-斯特劳斯将第一条发现之路称为"具体的科学"。有必要回想一下，大部分人类最伟大的科学发现，如发明农耕、陶艺、编织、冶金、航海系统、纪念性建筑、动植物的分类与驯化等，正是在这另一种（新石器时代的）条件之下产生的。那么，以结果评判，这种具体的方法不可否认属于科学。但在考古记录中，"具体的科学"实际到底是什么样子的？当我们与我们试图理解的创新过程之间横亘着几千年的时光，我们怎么指望看到它如何运作？此处的答案正在于它的"具体性"。一个领域的发明可以在一系列其他领域中找到呼应和类比，而若非出于这种"具体性"，这些领域也许看起来完全不相关。

这点可以清楚体现在新石器时代早期的谷物耕作中。回顾一下洪消农业，它要求人们在沼泽和湖畔这样的泥基环境中建立持久的定居点。这意味着要熟悉泥土和黏土的特性，认真观察它们在不同条件下的肥力，不仅如此，还要试验将它们用作建筑材料，甚至作为抽象思维的载体。除了支持新的耕作形式外，混入小麦跟谷壳的泥土与黏土成了基本的建筑材料，在第一批永久性房屋的建造中不可或缺。它们还被用于制作烤炉、家具和隔热材料，事实上，它们被用来制造除陶器以外的几乎一切事物——陶器是这片区域更后期的发明。

在同样的时代与地点，黏土也被用来（字面意义上地）塑造类型迥异的关系，有男人与女人之间的关系，亦有人与动物之间的关系。人们开始利用黏土的可塑性来解决思想上的问题，制作出被很多人视为日后数学符号系统的前身的小型几何模型。考古学家们认为这些小型数字装置与群居动物塑像和女性全身塑像直接相关；这种微缩模型激发了大量对新石器时代宗教性的现代推测，这种推测将后来神话中描述的黏土创造世界和赋予生命的特性视作相关印证。[52]我们很快会看到，泥土与黏土甚至重新定义了生者与死者的关系。

这样看，"农耕的起源"开始变得不那么像一场经济转型，而更像是一场媒介革命了，同时它也是一场社会革命，涵盖了从园艺到建筑、从数学到热力学、从宗教到性别角色重塑等的方方面面。虽然我们无法确切得知谁在这个美丽新世界里做了什么，但一目了然的是：女性的工作与知识位居创造的核心；整个过程相当闲适，甚至是玩乐性的，既没有迫于任何环境灾难或人口临界点的压力，也没有标志性的重大暴力冲突。更重要的是，这个过程的实施方式几乎不可能造成极端的不平等。

这一切最适用于描述肥沃新月低地区的新石器时代早期社会的发展，尤其是在约旦河河谷和幼发拉底河河谷一带。但这些社区并非孤立发展的。在我们所讨论的这个时期，肥沃新月的高地区，即托罗斯山脉与扎格罗斯山脉的山麓沿线以及毗邻的草原，同样栖居着善于管理各种野生动植物资源的定居者。他们通常也是村落居民，采取他们认为合宜的耕作和放牧策略，同时仍然从未被驯化的物种中获取大部分饮食来源。但是在其他方面，他们与低地邻居有着明显的区别，其中最突出的就是他们的巨石建筑，包括著名的哥贝克力石阵。他们中有一些群体生活在新石器时代的低地社会附近，尤其是在幼发拉底河上游一带，但是与后者相比，他们的艺术与仪式表现出对世界大相径庭的态度，其反差之大好比西北海岸的觅食者与其加利福尼亚的邻居。

种或不种：全看你怎么想
（回到哥贝克力石阵）

在肥沃新月的高地区与低地区的交界地带，矗立着哥贝克力石阵。它实际上是公元前 9 千纪前后，在今叙利亚和土耳其边境附近的乌尔法（Urfa）河谷周围出现的一系列巨石中心里的一个。[53] 它们中的大多数仍未被发掘出来，只能看到巨大的 T 形石柱的顶端从深谷的土壤中伸出。尽管仍然缺乏直接证据，但是这种石头建筑风格很可能标志着一种始于木头建筑的建筑传统的顶峰。哥贝克力石阵的雕刻艺术传统背后可能也有其木雕原型；这种雕塑艺术传统唤出了一个充满可怕形象的世界，与低地的视觉艺术相去甚远，后者只有简陋的女性、家畜与村落的黏土小塑像。

在媒介与信息方面，哥贝克力石阵都与早期农业社区的世界有天壤之别。它的立柱由石头锻造而成，这是一种在幼发拉底河和约旦河河谷几乎不会被用到的建筑材料。石柱上雕刻的图案以狂野阴毒的动物为主：食腐动物与掠食动物，几乎无一例外都是雄性。在一根石灰岩柱子上有一头高浮雕的狮子，身体立起，张牙舞爪，露着阴茎与阴囊。另一处则伏着一只凶恶的野猪，它的雄性器官也被刻画了出来。反复出现最多的画面是猛禽取人头。有一个触目惊心的雕塑，类似于图腾柱，由猎物和捕猎者叠加组合而成：与身体分离的头骨和目光炯炯的猛禽。其他柱子上，食肉的猛禽和猛兽被表现为在抓捕、抛掷或以其他方式玩弄它们捕获的人头；在某一根纪念柱上，这样的形象之下雕刻了一个无头之人阴茎勃起的画面［可想而知，这描绘的是那种发生在吊死或斩首之人身上的由重大脊髓创伤引发的死后即刻勃起现象，或称"阴茎异常勃起"（priapism）］。[54]

这些图像告诉了我们什么？砍下头颅作为战利品会不会是草原-森林区的高地人生活图景的一部分？在同样位于尚勒乌尔法省、有着与哥贝克力石阵类似的纪念性建筑的内瓦勒乔里（Nevalı Çori）定居点，人们发现了埋有被斩下的头骨的墓葬，其中一个年轻妇女头骨的下巴处还插着一把燧石匕首；而在位于幼发拉底河上游、低地新月接近高地之处的杰夫艾哈迈尔，人们震惊地发现了一具被肢解的骨架（又是一名年轻妇女），躺在一座被烧毁的建筑内，呈俯卧姿，头颅缺失。[55]至于在哥贝克力石阵，砍人头的行为被雕塑模仿再现：拟人化的雕像被制作出来后又被砸掉头部，而石头做的头被埋在神龛中的柱子旁。[56]对于这一切，考古学家正确地保持了谨慎，没有把这种行为与冲突或劫掠直接挂钩，因为到目前为止，关于人际暴力行为的证据相当有限，涉及当时发生战争的证据就更稀少了。[57]

此处我们也许可以看看来自埃尔加尼（Ergani）平原的卡育努土丘（Çayönü Tepesi）的证据。这是一个大型史前定居点遗址，包含建在石头地基上的大量房屋与公共建筑。它位于迪亚巴克尔（Diyarbakır）山区的一条底格里斯河支流附近、哥贝克力石阵以北的不远处，在大约同一时期由一个以狩猎–采集为主、偶尔放牧的社群建成。[58]在定居点中心附近矗立着一座古老的建筑，考古学家称之为"骷髅之屋"（House of Skulls），原因很简单，因为其中发现了超过450人的遗体，包括无头尸体和超过90个头盖骨，所有这些都塞在各个小隔间内。一些头骨上附有颈椎，说明它们是从肉身（但不一定是活的）之上割下的。大多数头颅取自青年或青少年，以及正值壮年的人，还有10个来自儿童。如果说其中部分头骨真的是战利品，取自受害者或敌人，那他们一定是因为生命力而被选中的。这些头骨上没有任何被装饰过的痕迹。[59]

骷髅之屋中的人类遗骸与大型猎物的遗骸存放在一起，且有一堵外墙上安着一个野牛头骨。在使用的后期阶段，这里配备了一张抛光的石桌，矗立在一个可举办大型聚会的露天广场上靠近入口的位置。通过研究石桌表面和相关物品上采集的血液残留物，研究人员确定这是一个祭坛，人们在这里进行公共祭祀并处理尸体，祭品既有动物也有人类。无论这种复原在细节上是否正确，被征服的动物和人类的遗骸之间的关系都引人遐想。骷髅之屋毁于一场熊熊大火，在那之后，卡育努人用卵石与泥土深深埋藏了整个建筑群。

也许我们在骷髅之屋所发现的，是在亚马孙等地区已广为人知的一套思想的某种变体：狩猎作为一种掠食行为（predation），从一种生计方式微妙地转变为一种支配他人的模式。毕竟，就连欧洲的封建领主也倾向于自比为狮子、鹰等掠食猛兽（他们也喜欢把头放到柱子上的象征意义；"砍掉他的头！"仍然是流传最广的一句标志性英国君主用语）。[60] 可哥贝克力石阵本身呢？如果展示战利品头颅真的是该遗址的一项重要功能，那么除了一些暗示性的石刻，肯定还会留下什么直接证据。

到目前为止，人类遗骸在哥贝克力石阵十分少见。更引人注目的是，在迄今为止从该遗址发现的几百块史前人类骨骼残片中，大约有三分之二确实是头骨或面骨碎片，有些还保留着刮肉甚至斩首的痕迹。其中有三个头骨的遗骸是在石制神龛区域发现的，证据表明它们经历了更精细的文化意义上的改造，例如深切和钻孔，好让头骨被悬在绳子上或者镶在柱子上。[61]

在前几章，我们已经探讨了为什么农耕在人类事务中的划时代程度远比我们以为的要低。现在，我们终于可以结合这一章的各条线索来说说这为什么重要。先来简要回顾一下。

新石器时代的农耕始于亚洲西南部，源于一系列作物种植与动物饲养的地方专业化过程。它们散布在这个地区的不同地方，没有中心。这些地方化策略的目的似乎是维持与贸易伙伴的关系并占据最佳狩猎和采集地点——这些活动并未开始衰退，而是与耕作并行不悖。正如我们在第一章所讨论的那样，这种"贸易"很可能更关乎社交、浪漫或冒险，而非我们通常设想中的物质利益。不过，不论原因是什么，几千年来，这种地方性创新——从穗轴不变脆的小麦到温顺的绵羊——在村庄之间被交换，从而在贯穿中东地区的社会联合体中间造就了一定程度的一致性。从伊朗的扎格罗斯到地中海东岸的地区出现了一个混合农业的标准"套装"，它随后又向外传播，尽管如我们所见，传播的成功率参差不齐。

但从一开始，农耕就不只是一种新经济而已。它也见证了生活方式和仪式方式的创新，这些方式在后来的几千年里依旧与我们紧密相伴，而且从那时起广泛成为人类社会存在的标配：从丰收节庆到坐长椅的习惯,还有把奶酪放在面包上、从门口进出房间,或是从窗户看世界。起初,如我们所见,这种新石器时代生活方式中的很大一部分是与另一种文化模式并行发展的,后者来自肥沃新月地带的草原与高地区,最明显的特征是用石头建筑宏伟的纪念碑,以及很大程度上排除了女性的关注事项,只强调男子气概与掠夺的象征体系。相比之下,在幼发拉底河与约旦河河谷的低地定居点的艺术与仪式中,女性被展现为一种独特社会形式的共创者(其创造源于耕作、放牧和村庄生活等日常生产活动),并通过将黏土或纤维这类软质材料塑造成象征形象而得到颂扬。[62]

当然,我们可以把这些文化对立归结为巧合,甚至可以归为环境因素。但是,考虑到这两种文化模式之间的密切关系,以及它们各自的代表性群体如何交易商品并深知彼此的存在,那我们同样可以,甚至可能更合理地将所发生的事情视为有意识地相互区分的结果,也即"分裂演化",类似于我们上一章勾勒的美国西海岸觅食者社会更晚近的情况。高地人越是围绕掠夺性男性暴力来组织艺术与仪式生活,低地人就越是倾向于围绕女性知识与象征体系来组织艺术与仪式生活,反之亦然。由于缺乏书面材料的指引,我们能找到的关于这种对立的最明确证据出现在事情被彻底颠覆的时候,比如当一群人大张旗鼓地反对他们邻居的一些高度典型化行为的时候。

这样的证据一点也不难找,因为低地村民和他们的高地邻居一样,认为人头具有重大的仪式意义,但是他们所选择的处理方式对于高地人来说是完全陌生的。让我们简单阐明一下。

在早期新石器时代黎凡特走廊(今以色列、巴勒斯坦、约旦、黎巴嫩和叙利亚沿线)的村庄中,或许最易辨认、当然也最可怕的物品就是"头骨肖像"了。它们取用了成年男女或偶尔还有儿童墓葬中的头颅,这是葬礼的第二道流程,发生在尸体腐烂后。这些头颅在与躯干分离后会被清理干净,并用黏土小心翼翼地覆盖塑形,再被涂上几层石膏,从而改头换面。贝壳常被嵌入眼窝,而黏土与石膏常用于填补出肌肤。红色与白色的颜料更添了几分生命力。"头骨肖像"似乎是珍贵的传家宝,被世世代代小心保存和修缮。这些肖像在公元前8千纪盛极一时,那时正值哥贝克力土丘衰落。这种实践被传播开来，一直传播到加泰土丘；那里的一处私密场合出土了一个经过这般塑型的头颅，由一位下葬女性紧紧抱在胸前。[63]

自从20世纪早期在杰里科首次发现这些引人入胜的物件以来，考古学家对其意义始终百思不解。许多学者认为它们表达了对祖先的关怀与敬意。但是，人们有无数种方式可供敬悼祖先，而无须系统性地将其头盖骨从安息之处移走，并添入黏土、石膏、贝壳、纤维和颜料来模拟生命。即便在肥沃新月的低地区，也只有少数人才能享受这种待遇。更常见的情况是，在被取出墓穴后，有的头骨完全不经修饰，而有的头骨则有过作为仪式用品的复杂经历，比如在叙利亚南部盖拉萨土丘（Tell Qarassa）发现的一组头骨，其面部周围被故意破坏，像是一种死后的亵渎行为。[64]

在约旦河与幼发拉底河河谷及其毗连的沿海地区，摆弄人类头盖骨的实践有着更为悠久的历史，可以上溯到新石器时代开始前的纳图夫（Natufian）狩猎-采集者；但是悠久的历史并不必然意味着后续的仪式创新完全诞生于本地背景，例如增添装饰材料来制作头骨肖像。也许以这样特殊的方式来制作头骨肖像，不仅是为了与死者重新建立联系，也是为了否定将头颅剥皮、切割、穿孔和作为战利品来积攒的逻辑。这至少进一步表明，在动植物受到驯化的最初几个世纪里，肥沃新月的低地人与高地人遵循着相当不同的，甚至在某些方面相互对立的文化轨迹。[65]

语义陷阱与形而上幻象

早在20世纪70年代，杰出的剑桥大学考古学家戴维·克拉克（David Clarke）就曾预言，随着现代研究的开展，人类进化理论旧大厦的几乎每一面，"对现代人、驯化、冶金、城市化和文明这一切发展的解释，也许都会被戳穿为语义陷阱和形而上幻象"。[66] 现在看来，他似乎是对的。

让我们再往前回顾一下。人类社会进化理论旧大厦的一大基石，就是给觅食者社会分配了一个特殊的历史地位，将其认定为"农业革命"的前奏，而农业革命则被认为改变了整个历史进程。在这种传统叙事中，觅食者的任务是充当农耕的绝对反面（而这也间接解释了农耕是什么）。如果农民是定居的，那觅食者必定是流动的；如果农民主动生产食物，那觅食者必然只是采集食物；如果农民拥有私有财产，那觅食者必须弃绝私有财产；如果农业社会是不平等的，那这恰好跟觅食者"与生俱来"的平等主义形成对照。最后，如果一个特定的觅食者群体恰巧拥有任何与农民相同的特征，主流叙事就会要求这些特征在本质上只能是"初期的""初现的"或"反常的"，因此觅食者的命运要么是"进化"为农民，要么是最终消亡。

现在，所有读者都会越来越清楚地看到，这种惯用叙事与现有证据几乎无一相符。在长期被视为"农业革命"摇篮的中东肥沃新月地带，其实从来没有出现从旧石器时代觅食者向新石器时代农民的"转变"。从主要靠野生资源为生，过渡到一种基于粮食生产的生活，大约花了3 000年的时间。尽管农业使更加不平等的财富集中成为**可能**，但在大多数情况下，这种不平等在农业发端的千年之后才开始出现。其间的几个世纪中，人们实际上一直在试水农耕，你愿意的话也可以称之为"种着玩"（play farming），他们在不同的生产方式之间切换，就像他们在不同的社会结构之间穿梭那样。

显然，在处理如此异乎寻常地漫长又复杂的过程时，使用"农业革命"这样的术语已经没有任何意义。而且，因为最早的农民并不是从伊甸园式的状态中踏上不平等之路的，所以将农业作为社会等级、不平等或私有财产起源的标志来讨论就更没有什么意义了。硬要说起来，在肥沃新月地带，我们发现最不依赖农业的高地群体逐步确立起了阶层化与暴力；而相应的低地群体虽然将作物生产与重要的社会仪式关联在一起，结果却看起来平等得多，且这种平等主义很大程度上与女性在经济和社会方面的显著地位有关，这一点反映在其艺术与仪式中。在此意义上，金布塔斯的作品所勾勒的图景尽管笔触粗糙，有时甚至如漫画般夸张，却并不是完全不着调。

所有这些引出了一个明显的问题：如果接受农耕实际上使人类，或者人类中的一小部分，踏上了**远离**暴力支配的道路，那么差错又出在哪里？

第七章

自由生态

农耕最初是如何跌跌撞撞、虚张声势地走向世界的

在某种意义上，中东的肥沃新月地带之所以不同寻常，恰恰是因为我们太了解那里的情况了。长久以来，这片区域一直被看作一个驯化动植物的熔炉，因此考古学家对这里的研究比对欧洲以外任何其他区域的研究都更为深入。借助不断积累的证据，甚至一定程度上借助反面证据，我们得以梳理出伴随早期动植物驯化而发生的一些社会变迁。例如，很难令人信服地论证战争是中东早期农耕社会的重要特征之一，因为目前的考古记录中尚未找到相关证据。而另一方面，大量证据表明当时有繁荣的贸易和专业化的工艺，并且女性形象在艺术和仪式中占据重要地位。

出于同样的原因，我们得以比较肥沃新月的低地区（尤其是穿越约旦河谷的黎凡特走廊）及其邻近的高地区（土耳其东部的平原和山麓）；在高地，同样早熟的乡村生活和地方产业的发展，伴随的是拔地而起的雕饰着男性性征和暴力掠食意象的石制纪念碑。[1]有的学者试图把所有这些发展归入一个单线进程，都是朝着"农业的诞生"这同一个大方向迈进。但是，最初的农民似乎耕作得不情不愿，好像已经洞悉了农业发展的逻辑后果，并主动避免在农业上投入太多。他们的高地邻居同样过着定居生活，落脚在野生资源多样的区域，比他们还要抗拒将自己的生活绑定在极其有限的农作物和家畜身上。

如果单单一个早期农耕发祥地的情况就已复杂至此，那么再问"朝农耕的转向意味着怎样的社会后果"自然也没什么意义——问得好像必然只有一次转向和一种后果似的。当然了，假定播种或者牧羊就意

味着一个人必须接受更多不公平的社会安排，只为避免"公地悲剧"（tragedy of the commons）*，这肯定不成立。这里有个悖论。大部分关于人类历史进程的泛论实际都有着类似的假设；但是如果被追问起来，几乎没有人会认真为此辩护，因为这明显偷换了概念。任何研究农业社会的人都知道，有意可持续发展农业的人们，即使不搞土地私有化或者不设立监管阶级，也总能找到其他方式。

共有权、开放耕种（open-field）原则**、定期重新分配地块以及协同管理牧场都不是什么罕见做法，而且往往在同一个地方被实践了几个世纪之久。[2]俄国的米尔（mir）***是个著名案例，不过类似的土地再分配体系曾经广泛存在于欧洲，从苏格兰高地到巴尔干半岛，在有些地方一直沿用到很晚近的时期。盎格鲁-撒克逊术语称之为 run-rig 或者 rundale（小块土地占有制）。当然，再分配的规则视情况各异——有些地方是按家系（per stirpes），还有的地方是按每户人口数量。最常见的是抽签决定分田的确切位置，每户在质量各异的每片土地上都能分得一块田，这样便不会有人要走比他人更远的路去种地，或一直在更劣质的土壤上耕耘。[3]

当然，这类事情不仅发生在欧洲。在 1875 年出版的《早期制度史讲义》（Lectures on the Early History of Institutions）中，亨利·萨姆纳·梅因（Henry Sumner Maine）作为牛津大学历史和比较法理学首屈一指的人物，已经讨论了从印度到爱尔兰的土地定期再分配案例以及小块土地占有型制度，并指出直到他所在的时代"依然能够频繁看到可耕地被划分为农场，定期在佃户之间流转，有时一年轮一次"。此外，在前工

---

* 公地悲剧，也叫哈定悲剧，哈定（Garrit Hadin）1968 年在《科学》杂志上发表了一篇题为《公地悲剧》的文章，文章指出，假如一群牧民面对一片公共草场，每个人都想多养一头牛，因为多养一头牛增加的收益大于其购养成本，是合算的，但是随之草场将可能被过度放牧，从而不能满足牛的食量，致使所有牧民的牛均饿死，这就是公地悲剧。哈定认为，防止公地悲剧有两种办法：一是制度约束，二是道德约束。——译者注
** 开放耕种体系是流行于欧洲中世纪的农业种植方式，把可耕种土地分成小地块分配给农民，每家得到同样比例的富地和贫地，轮流种植不同作物，每两或三年重新分配地块。——译者注
*** 米尔指俄国历史上一种农民自治社区，由农民自主选举官员并共同拥有森林、渔场、猎场以及土地的所有权，土地定期在不同家户间重新分配。——译者注

业时期的德国，土地所有权在"马克团体"（mark association）中平均分配，每个租户都会分得三种土质优劣各异的地块。他指出，最重要的是，这些产权形式都不太算"占用模式"（mode of occupation），而是和很多觅食者群体中的出入权（right of access）没什么不同。[4]我们还可以罗列一堆例子［例如巴勒斯坦的玛莎（mash'a）体系或者巴厘岛的苏巴（subak）体系］。[5]

简而言之，根本没有理由认为在更久远的时期，采用农业也就意味着开始出现土地私有权或领土权，或者不可避免地背离觅食社会的平等主义。情况有时可能的确如此，但这不能再被当作不言自明的预设。就像上一章中我们看到的，中东肥沃新月地带的情况似乎与之正相反，至少是在农耕出现后的几千年间。如果仅此一个早期农耕发祥地的情况就如此不同于进化论的预期，谁知道在其他农耕发端的地方又有着什么样的故事？其他地方确实在不断涌现出新的证据，有基因的、植物学的，还有考古学的。这些证据表明，实际过程比任何已有的猜想都要更混乱，也远非单向的，因此我们必须要跳出曾经的假设，考虑更多的可能性。在这一章，我们将展现这幅图景正经历着多大的变化，同时指明一些开始浮现的出人意料的新模式。

地理学家和历史学家曾相信，最初的动植物驯化只发生在一些"核心"区域，那里也是后来大规模政治集权社会出现的区域。在中东有小麦和大麦，也有绵羊、山羊、猪和牛；在中国有稻（粳稻）、大豆和种类多样的猪；在秘鲁安第斯山区，土豆、藜麦和羊驼被驯化；在中部美洲，玉米、鳄梨和辣椒被驯化。早期的作物驯化中心和中央集权国家的崛起在地理分布上如此契合，致使人们推测是前者引发了后者：食物生产提供的过剩热量养活了大规模的人口以及行政人员、战士、政客这些精英阶层，从而导致城市、文字和集权政治组织的出现。故事走向八成是这样的：一旦发明农业，你便踏上了一条不归路，到头来你的大部分收成都会被亚述战车兵、儒家官员、印加太阳王或者阿兹特克祭司夺走，随之而来的必将是支配，且通常是暴力而丑恶的支配。这些都是早晚的事。

考古科学改变了这一切。专家们现已确认了 15 到 20 个独立的驯化中心（见下页图），其中多地的发展路径大大不同于中国、秘鲁、中部美洲或者美索不达米亚的（这几地本身的发展路径也各不相同，我们将在后面的章节讨论）。早期农耕中心除上述几地之外，现在必须补充上其他一些，例如南亚次大陆〔多枝臂形草（browntop millet）、绿豆、硬皮豆、籼稻、驼峰瘤牛的驯化地〕、西非草原（御谷）、新几内亚中部高原（香蕉、芋头和山药）、南美热带雨林（木薯和花生），以及北美东部林地——早在从中部美洲引入玉米之前很久，这里种有一系列独特的本土籽实作物，诸如藜（goosefoot）、向日葵和假豚草（sumpweed）。[6]

我们对其他这些区域史前史的了解远不及对肥沃新月地带的了解。它们当中没有一个遵循了从粮食生产到国家形成的线性发展路径。也没有任何理由假定农耕曾从这些区域迅速传播到邻近区域。粮食生产在采集者、渔夫和猎人眼里，不见得就是一件大有裨益的事。但在历史学家的春秋笔法下情况却恰恰相反，或者似乎阻滞"农耕传播"的只有自然障碍，例如气候或者地形。这造成了一个悖论，因为觅食者们即使生活在高度适宜的环境中，也很清楚种植谷物的可能性，却总是选择不去耕种。如贾雷德·戴蒙德所言：

> 有些地区的条件更适合食物生产的发轫，就食物生产传播的速度而言，各地区也有快慢之分。在史前时代，有些地区生态条件不错，附近也有从事食物生产的族群，但自身偏偏毫无发展。最匪夷所思的是，美国西南部的农牧业居然影响不到旁边的加利福尼亚，新几内亚和印度尼西亚传播不到近在咫尺的澳大利亚，南非纳塔尔省的农业也没能传到开普地区。[7]

就像我们在第五章讨论过的，农耕未能"传到"加利福尼亚并不是有说服力的问题意识。这不过是升级版的传播论旧路径，先界定文化特质（例如翻花绳游戏、乐器、农业等），再追踪其在全球的传播过程，并解释它们没能传到某些地方的原因。事实上，完全有理由相信农耕在传

图 3 独立的动植物驯化中心

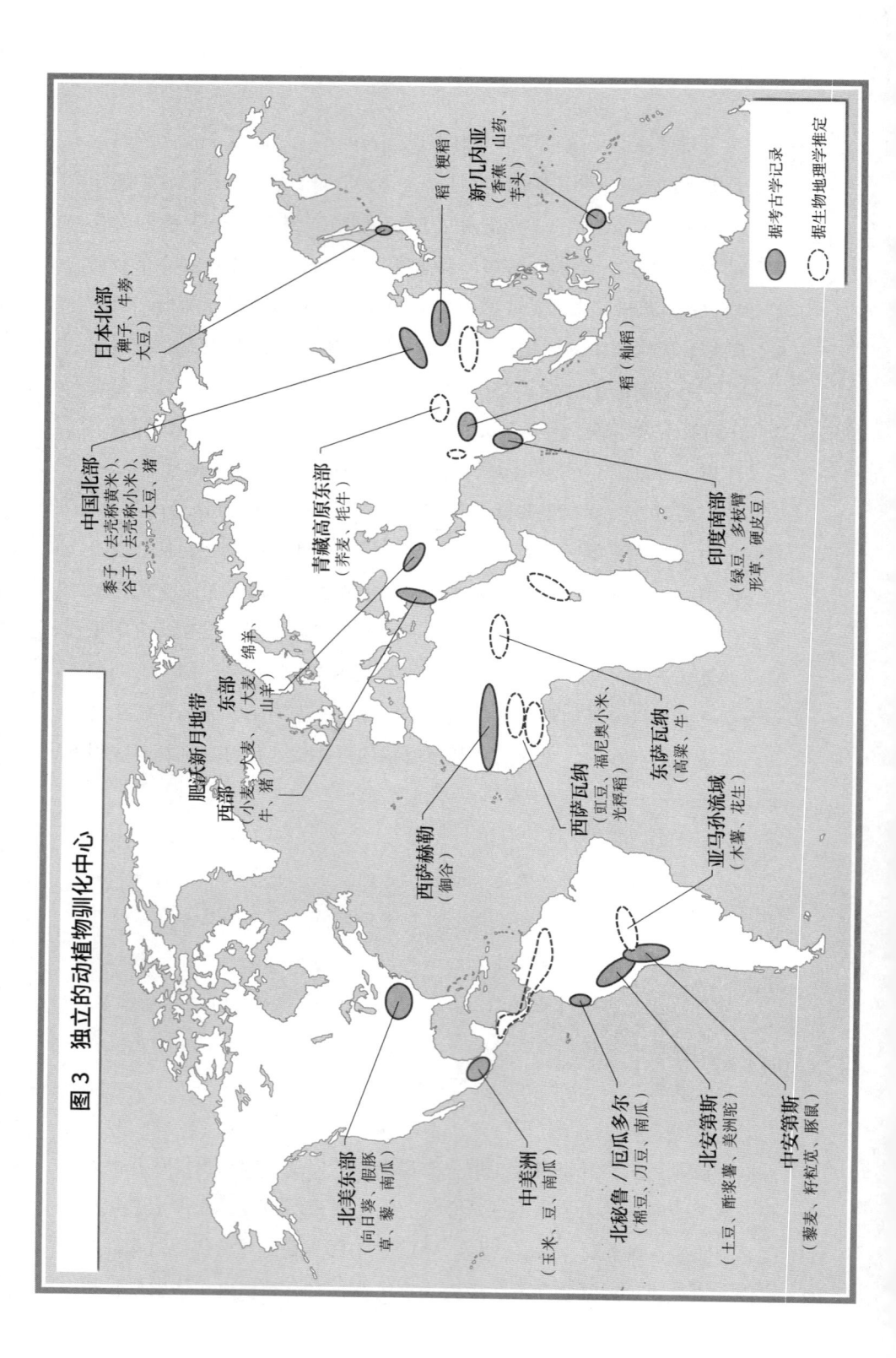

日本北部（萝卜、牛蒡、大豆）

中国北部（黍子（去壳称黄米）、谷子（去壳称小米）、大豆、猪）

稻（粳稻）

新几内亚（香蕉、山药、芋头）

青藏高原东部（荞麦、牦牛）

稻（籼稻）

印度南部（绿豆、多枝豆、形草、硬皮豆）

肥沃新月地带 东部（大麦、绵羊、山羊）

肥沃新月地带 西部（小麦、大麦、牛、猪）

西萨赫勒（御谷）

西萨瓦纳（豇豆、福尼奥小米、光稃稻）

东萨瓦纳（高粱、牛）

亚马孙流域（木薯、花生）

北美东部（向日葵、假豚草、藜、南瓜）

中美洲（玉米、豆、南瓜）

北秘鲁/厄瓜多尔（棉豆、刀豆、南瓜）

北安第斯（土豆、酢浆草、美洲驼）

中安第斯（藜麦、籽粒苋、豚鼠）

图例：
- 据考古学记录
- 据生物地理学推定

到北美其他地方的同时也已"传到"加利福尼亚,只是(尽管这里有着重视艰苦劳动的工作伦理,也有着能使新事物迅速传播的区域性交换体系)加利福尼亚人就像拒绝奴隶制一样坚决拒绝了农耕。

甚至在美国西南部,在欧洲人到来前的500多年中,当地的大趋势是逐步放弃在有些地方被种植了数千年之久的玉米和豆类,并回归一种觅食生活。要说起来,这段时期加利福尼亚人才是传播的主力,从加利福尼亚东部来的人群把新的觅食技术带到了远至犹他州和怀俄明州的地方,并取代了所到之处先前的农业族群。待西班牙人抵达美国西南部时,曾经主宰这片区域的普韦布洛社会已经沦为零星孤立的农民小群体,被狩猎-采集者团团包围。[8]

讨论驯化作物和动物的全球流动时的术语问题

在全球史书籍中,常会看到"作物和牲畜在亚欧大陆迅速传播""肥沃新月地带的作物包启动了从爱尔兰到印度河的粮食生产""玉米以龟速向北传播"之类的表达。用这些字眼描述几千年前的新石器时代经济究竟是否合适?

这样的表达似乎反映了过去几百年间的经验,其间旧大陆驯养的动植物确实侵入了美洲和大洋洲的环境。在这些更晚近的年月,作物和牲畜能做到像野火般"传播",在几代之内将既有的栖息地改头换面。但是这和育种的性质本身关系不大,而主要归功于帝国扩张和商业扩张:如果携带种子而来的人有军队,而且受持续扩张获利的欲望驱使,那么种子自然能够极速传播。但新石器时代的情况完全不同。尤其是在上一个冰期结束后的几千年中,大部分人还不是农民,同时农作物要和繁杂多样的野生掠食者和寄生者竞争求生,这些野生动植物中的大部分自那之后已经从农业景观中消失了。

最初,如果没有种植者与畜牧者的巨大努力,被驯养的动植物是无法"传到"原生的生态界限之外的。人们不仅要为它们寻找适宜的环境,还要对环境进行播种、施肥、开垦等调整。这种景观调整在我们看来可能是小规模的，不过是对生态环境的小修小补，但以当时当地的标准看来，它们已足够艰辛，并且对于扩大驯养物种的生存范围至关重要。[9]当然，对于新石器时代的经济发展而言，总是存在一些阻力最小的通道，有着多少有利的地形特征以及气候类型。贾雷德·戴蒙德在《枪炮、病菌与钢铁》(1997)一书中提到的亚欧大陆东西轴线，或者伊安·莫里斯(Ian Morris)在《西方将主宰多久》(Why the West Rules—For Now，2010)一书中提到的"幸运纬线"，就属于这种阻力最小的生态走廊。

正如这些作者指出的，亚欧大陆几乎不存在像美洲或非洲那样极端的气候多样性。陆生物种无须跨越热带和温带的界限，就能够在广袤的亚欧大陆通行。而纵贯南北的大陆则不同，可能更不利于实现这样的生态迁移。至少对于过去的1万年来说，这个基本的地理论确实站得住脚。它解释了源自肥沃新月地带的谷物为何如今能够扎根于像爱尔兰或者日本这么遥远的地域。它也在一定程度上解释了为什么美洲作物，例如玉米或南瓜（最早在热带地区被驯化），历经数千年才被美洲大陆北部的温带区域接纳，反观亚欧大陆的作物则能够相对迅速地扎根原生区域之外。

这些观察在何种程度上有助于重建人类的大历史？地理学能够在多大限度上解释历史而不仅仅是充实历史？

回到20世纪70年代和80年代，一位叫作克罗斯比（Alfred W. Crosby）的地理学家提出了许多关于生态如何塑造历史过程的重要理论。其中他首次关注到"哥伦布交换"（Columbian exchange），即欧洲人1492年抵达美洲大陆后开启的非人类物种在新旧大陆之间惊人的混合，及其如何重塑了全球的文化、经济和饮食格局。烟草、辣椒、土豆和火鸡流向亚欧大陆，玉米、橡胶和鸡进入非洲，柑橘、咖啡、马、驴和家畜走向美洲。克罗斯比继而指出，自16世纪以来欧洲经济体在全球的崛起可以被解释为一个"生态帝国主义"（ecological imperialism）的过程。[10]

如克罗斯比所言，北美洲和大洋洲的温带地区非常适合欧亚作物和牲畜。不仅因为这些地区气候合宜，也因为这些区域几乎没有本土竞争者和寄生物种，例如各种真菌、昆虫或田鼠等已经演变为专以人类种植的小麦为生的物种。一下子涌入这样的新环境，旧大陆的驯化动植物开始过度繁殖，有些甚至重新野化。这些外来物种大肆生长并掠食本土动植物资源，由此逐渐将本土生态系统为己所用，造出一片片"新欧洲"——欧洲环境的翻版，就像今天人们驱车行经新西兰北岛郊外所见到的那种景观，或者说像新英格兰那样的。这种对本土栖息地的生态攻击也包括天花和麻疹等传染病，这些都源自旧大陆人畜共居的环境。当欧洲植物在没有虫害的环境中茁壮成长时，家畜（或者是惯于与家畜共居的人）所携带的疾病给原住民人口带来浩劫，造成高达95%的死亡率，即使在那些殖民者没有奴役和屠杀原住民的地方——尽管这种情况十分少见——同样生灵涂炭。

以此观之，现代欧洲帝国主义的成功可以说更多归功于"旧大陆新石器时代革命"——以肥沃新月地带为滥觞——而不是哥伦布、麦哲伦、库克之流的成就。在某种意义上确实如此。但是16世纪**前**的农业扩张却远非一个单向传播的故事；事实上，这个故事中充满误打误撞的开始、来来回回的反复甚至彻底的逆转。我们回溯的时代越久远，情况就越是如此。要弄清个中缘由，我们必须将视线投向中东以外，去看看世界其他区域的早期农业人口在上一个冰期结束后是如何行动的。不过还有更基本的一点有待说明：为什么我们围绕此话题的讨论总是局限于人类历史刚过去的那1万年？既然人类自20万年前就已经出现，为什么农业没有更早出现？

为什么农业没有更早出现

我们的物种自出现以来，只经历过两次持续时间足够长的温暖期，长到能够支撑农耕经济，并在考古记录中留下痕迹。[11]第一次是出现在13万年前的艾木间冰期（Eemian interglacial）。那时全球气温稳定，比现在的气温略高一点。这使得针叶林不断向北扩张至阿拉斯加和芬兰，河马得以在泰晤士河和莱茵河岸边悠然度日。但是这对于人类的影响却十分有限，因为彼时我们生存的地理范围较小。第二次温暖期我们正身处其中。它大约始于1.2万年前，那时人类已经遍及各大洲，身处多样的环境中。地理学家将这段时间称作全新世（Holocene），这个词的词根源自希腊语的holos（完全）和kainos（新）。

如今许多地球科学家认为全新世已经结束。至少自两个世纪之前我们就已经进入了一个新的地理时期——人类世（Anthropocene），在这个阶段中，人类活动首次主导了全球气候的变化。不过人类世具体从何时开始还是个争论不休的科学议题。大部分专家认为其开始于工业革命，但也有些人认为要更早些，大致开始于16世纪末到17世纪初，因为那时全球表面气温骤降——"小冰期"的一部分——而这又无法归因于自然力量，很可能是欧洲人在美洲的扩张所致。欧洲人带来的侵略和传染病致使原住民人口减少了将近90%，森林重新占据了那些百年来实行梯田农业和灌溉的区域。在中部美洲、亚马孙雨林和安第斯山区，大约5 000万公顷的农业用地复归荒野。植被的碳吸收量大幅增长，足以改变地球系统，并导致一场人为的全球变冷。[12]

不管人类世究竟从何时开始，它都意味着我们对全新世遗产的改造。而全新世某种程度上曾是供人类自由挥洒的一张"白纸"。在它刚开始时，许多事物都是真正全新的。随着冰雪消融，曾局限在很小范围内的动植物逐渐蔓延到新的景观中。人类随后跟进，通过刀耕火种促进了于人类有益的物种的传播。全球变暖对海岸线的影响更加复杂，因为有些曾被冰封的沿海大陆架重见天日，也有些随着冰川融化没入升高的海平面。[13]对很多历史学家而言，全新世的起点至关重要，因为它孕育出了有利于农业起源的环境。但是在世界的很多地方，正如我们所见，这也是觅食者的黄金时代。重要的是不要忘了，正是在这个觅食者天堂中，第一批农民才有出售农产品的市场。

觅食者人口扩张最迅猛的地方，是冰川消退之后新裸露出的沿海区域。这些地方拥有充足的野生资源：海鱼和海鸟、鲸鱼和海豚、海豹和水獭、蟹、虾、牡蛎、螺等，不一而足。高山冰川融水滋养了淡水河流和潟湖，其中满布的狗鱼和鲷鱼吸引着迁徙的水禽。在河流入海口、三角洲以及湖泊边缘,年度的捕鱼和觅食活动更加频繁,导致人类的聚集方式更加持久。这完全不同于冰期,那时猛犸象等大型猎物漫长的季节性迁徙形塑了人类的社会生活。[14]

在这个后冰期世界中,灌木丛和森林取代了一望无际的草原和冻原。同更早时期一样,觅食者们使用各种各样的土地管理技术来刺激所需物种的生长,例如产水果和坚果的树种。直到公元前8千纪,他们的努力助力了世界上大约三分之二巨型动物的灭绝,这些巨型动物并不适应全新世中更温暖的气候和更封闭的栖息地。[15]不断扩张的林地提供了大量既有营养又便于储存的食物:野生坚果、浆果、水果、叶菜和菌类,人们用一套新的复合工具("细石器")对之进行加工。在森林取代了草原的地方,人类的狩猎技术也从季节性的大规模协作狩猎变成了更加伺机而动、灵活多样的策略,集中于捕猎活动范围更有限的小型哺乳动物,其中包括驼鹿、鹿、野猪和野牛。[16]

回头想想,人们很容易忘记农民基本上是作为文化上的弱势群体进入这个新世界的。他们最早的扩张和我们所想象的现代农耕帝国的开化使命(mission civilisatrice)相去甚远。就像我们接下来将看到的,他们多半只是填充了觅食者抛下的空当:不是山遥水远之地,就是猎人、渔夫和采集者不以为意之所。即便是在此种地方,这些全新世时期的边缘经济也是成败参半。最戏剧性的例证来自早期新石器时代的欧洲中部,农耕在那里遭遇了最早也是最惹眼的滑铁卢。为了更好地理解其失败的原因,我们首先要看看在非洲、大洋洲和南美洲热带低地的早期农耕人口一些更成功的扩张。

就历史而言,这些案例之间并没有直接关联;但它们共同表明,早期农耕社会的命运往往并不取决于"生态帝国主义",而是取决于一种"自由生态"(ecology of freedom)[17]——借用社会生态学先驱默里·布克钦(Murray Bookchin)的术语。我们使用这个术语有非常具体的所指。如果说农民是"在生存意义上被卷入耕作"[18]的人,那么自由生态(简单来说就是"种着玩")正是其反面。自由生态描述了人类社会这样的倾向:倾向于(自由地)进入和退出农耕,进行耕种但不成为农民,种植作物并养殖家畜但不使其生活过多屈从于料理农业的劬劳,拥有足够多样的食物源而不至于让耕作变得生死攸关。惯常的世界史叙事往往会摒弃这种生态灵活性,似乎一旦播下一粒种子就再无回头路。

事实表明,如此这般自由地在农业的大门里进进出出,或是在门口一直徘徊,正是我们人类物种在历史上大部分时间的成功实践。[19] 这种灵活的生态安排——结合了园耕、湖畔或泉边的洪消农业、小规模景观管理(例如通过焚烧、剪枝、建梯田)和对半野生状态动物的圈养或畜养,搭配上多种多样的狩猎、捕鱼和采集活动——曾在世界各地许多人类社会中都很典型。这些活动在很多地方持续了千年,也并非不能满足大规模人口的需求。正如我们将看到的,它们也有可能是第一批驯化动植物的人类至关重要的生存保障。生物多样性(biodiversity)——而非生命权力(bio-power)——是新石器时代食物产量增长的首要因素。

新石器时代的警世故事一则:中欧地区早期农民的骇人命运

基里安施塔滕(Kilianstädten)、塔尔海姆(Talheim)、施莱茨(Schletz)和海尔克斯海姆(Herxheim)都是位于奥地利和德国黄土平原上的早期新石器时代遗址,它们共同讲述了一个给人感觉非常陌生的早期农业故事。

在这些地方,大约从公元前5500年开始,出现了有着相似文化形态——所谓的"线纹陶"(Linear Pottery)传统——的村落。它们属于中欧地区第一批农民村落。但是不同于大多数其他早期农业定居点,这些村落毁于一阵动乱,其标志是被挖掘又填埋的乱葬岗。这些墓葬中的遗骸指向屠村或者屠村未遂:草草挖掘的壕沟以及重复利用的沟渠里堆着横七竖八的人类遗骸,包括成年男女和儿童,像是被处理的垃圾。他们的骨骼上留下了被折磨、残害以及横死的痕迹——折断四肢、剥下头皮、分尸烹食。在基里安施塔滕和阿斯帕恩(Asparn),尸体堆里并没有年轻女性,这表明她们可能被抓为俘虏。[20]

来自东南的移民们把新石器时代农耕经济带到了中欧，但这些移民的部分后裔却最终以灾难性的局面收场。[21] 这些中欧的初来乍到者最早的聚落表明他们是相对自由的社会，在社区内部或社区之间几乎没有地位差异的迹象。他们的基本家庭单位——木头长屋——尺寸大致相同；但是大约在公元前 5000 年，他们之间开始出现差异，这也体现在死者的陪葬物品上。人们开始修建大型沟渠围住村落，沟渠中遗留的箭镞、斧头以及人类遗骨证明发生过战争。在有些地方，当村落被占领之后，这些沟渠就成了埋葬那些御敌失败的村民的乱葬岗。[22]

通过这些高质高量、年代精确的材料，研究者们得以对伴随这些变化的人口走势建模，其结果出人意料。农耕进入中欧伴随着最初的一次大规模人口激增——这当然在意料之中。但是随之而来的却并非预期中"节节高升"的人口增长模式，而是一次由盛转衰。人口在公元前 5000 年到前 4500 年出现了灾难性的下降，近乎一场区域性崩溃。[23] 这些早期新石器时代群体到来了，定居了，接着在很多（不过还是要强调，不是所有的）地方，他们的数量缩水到几近消失。与此同时在另外一些地方，他们通过与更早栖身当地的觅食者通婚而不断壮大。在销声匿迹了差不多 1 000 年之后，粗放的谷物种植才在中欧和北欧地区再次振兴。[24]

关于史前史的传统叙事只是简单认为，新石器时代殖民者不论在人口上还是社会上都比本土觅食者占上风；认为他们不是取代了后者，就是通过贸易和婚姻使后者转而接受了一种更优越的生活方式。但是现在，欧洲温带地区的考古记录显示的盛极转衰的人口增长模式驳斥了上述叙事，也激发了更广泛的疑问，即新石器时代经济在一个觅食者世界中有多可行。要解释这些疑问，我们必须对觅食者人口本身有更多了解，并弄清楚他们是如何在冰期后发展自己的更新世传统，并带入全新世的。

我们大部分有关后冰期（中石器时代）欧洲觅食人口的知识来自波罗的海和大西洋沿岸的考古发现。更多有待了解的知识永沉海底。这些全新世狩猎-采集者的丧葬传统大大丰富了我们对他们的了解，相关信息源自那些从俄罗斯北部到斯堪的纳维亚，再向南到布列塔尼海岸的史前墓葬。墓葬装饰往往极尽奢华。在波罗的海和伊比利亚地区的墓葬中有数不清的琥珀；尸体姿态怪异，或坐着或倾斜着，甚至头朝下倒着，展现出复杂但目前基本无解的等级制准则。在亚欧大陆的北部边缘，泥炭沼泽和涝渍地的遗址保留下了装饰过的滑雪板、雪橇、独木舟和类似于太平洋西北海岸图腾柱的纪念性建筑，令人得以一窥这里的木雕传统。[25] 在广阔的区域范围内都出现了顶端饰有驼鹿和驯鹿雕像的权杖，雕像有着更新世岩画的风格；这是一种跨越了觅食者群体地区性边界的稳定的权威象征符号。[26]

外来农民进入并定居的欧洲腹地，在占据先手优势的中石器时代人群的眼中是什么样子的？非常可能是一个生态上的死胡同，缺少沿海环境的明显优势。可能正因如此，线纹陶文化的殖民者才能畅通无阻地在黄土平原上向西和向北扩张。他们迁居到的区域此前几乎无人占领。尚不清楚这是否反映了一种有意识躲避本地觅食者的策略。比较清楚的是，随着新来的农民群体逐渐接近人口更加密集的海岸区域，这一波推进渐趋停止。这在实际中到底意味着什么尚无定论。例如，在布列塔尼的中石器时代遗址中发现的沿海觅食者遗骸显示，许多年轻女性的膳食中含有异常高量的陆地蛋白，不同于其他人当中以海产食物为主的普遍情况。似乎出身内陆的女性（直到去世时依然主要以肉而非鱼为食）在不断加入沿海人群。[27]

这说明了什么？这或许说明曾有女性在劫掠中被俘虏并转运，有些劫掠想必是觅食者对农耕社区发动的。[28] 不过这也只是猜测，我们不能确定女性是被迫转移的，甚至不能确定她们是不是在男性的命令下转移的。何况，即使明确存在劫掠和战争，如果仅把新石器时代农耕在欧洲初尝失败归咎于这些因素，未免太过简化。我们会在适当的时候考虑更广泛的解释。不过，我们要先暂缓对欧洲的讨论，来看看早期农耕的一些成功案例。我们将从非洲开始，然后转至大洋洲，最后看看亚马孙流域相当迥异但富有启发的例子。

一些非同寻常的新石器时代农耕扎根地：尼罗河谷地的转变（约前 5000—前 4000 年）和大洋洲的殖民化（约前 1600—前 500 年）

大约在线纹陶聚落在中欧形成时，新石器时代农耕经济首次出现在非洲。这一非洲变体有着同样的发源地，即亚洲西南部，包含着同样的基本农作物组合（二粒小麦和单粒小麦）和牲畜组合（驯化的绵羊、山羊、牛——或许混入了部分本地的非洲原牛）。不过这个新石器时代"包裹"在非洲却以全然不同的方式被接受。就好像第一批非洲农民先拆开包裹，丢掉其中一部分，再用截然不同的方式将它重新包好，让人很容易误以为这是完全地道的本地发明。而在诸多方面，它确实如此。

这个过程的主要发生地此前一直未受觅食者重视，不过很快就成了重要的人口和政治变化中心。那里就是埃及和苏丹的尼罗河谷地。待到公元前 3000 年，尼罗河下游谷地至三角洲区域的政治整合将孕育出古埃及的第一个领土王国，面朝地中海。但是，这个王国以及后来所有尼罗河文明的文化之根发端于更早时候的转变，与公元前 5000 年到前 4000 年对农耕的采用有关，它们更多地扎根于非洲本土。第一批非洲农民用自己的方式重塑了新石器时代。谷物耕作变得无足轻重（几百年之后才重新找回地位），以炉灶和住宅来代表一个人社会身份的观念也基本上被弃如敝屣。在他们的地盘上迎来的是一个非同寻常的新石器时代：机动灵活、生气勃勃、信马由缰。[29]

这种新式的新石器时代经济非常依赖家畜养殖，同时结合年度的捕鱼、狩猎和采集活动，后几种活动的地点是尼罗河肥沃的泛滥平原及其毗邻的沙漠绿洲和季节性溪流（wadis）——它们如今已化为沙漠，但彼时仍有一年一度的降雨润泽。牧民们定期出入这片位于红海东西两岸的"绿色撒哈拉"。复杂的身体展示系统发展了起来。新式的身体装饰运用了从周边沙漠发掘的化妆染料和矿物，以及用象牙和骨头制成的琳琅满目的串珠、梳子、手镯和其他饰品，这些大量见于从中苏丹（Central Sudan）到中埃及（Middle Egypt）的尼罗河谷地一带的新石器时代墓葬中。[30]

这些惊人财物中的存世部分如今装点着世界各地的博物馆展架，也提醒着我们——在法老出现之前——几乎所有人都曾有望像王室成员一样被厚葬。

世界上另一个新石器时代大扩张发生在大洋洲岛屿。它发源于亚洲大陆的另外一端，即菲律宾群岛和中国的台湾岛两地的稻作和谷作文化（其根源可进一步追溯至中国内陆）。大约在公元前 1600 年，这两地的农耕群体开始大规模向外扩散，直至东面 8 000 公里以外的波利尼西亚。

这一早熟的扩张被称为"拉皮塔文化域"（Lapita horizon*，以首次发现纹饰陶器的新喀里多尼亚遗址命名），它催生了最早的远洋舷外支架独木舟，并常与南岛人的扩张联系在一起。稻和谷子很难适应热带气候，在扩散的早期阶段即遭抛弃。而随着拉皮塔文化域的扩张，取代它们的是沿途品种繁多的块茎类和果实类作物，外加队伍逐渐壮大的驯化动物（先是猪，后来有狗和鸡，以及搭便车的老鼠）。这些动植物随着拉皮塔殖民者抵达荒无人烟的岛屿，包括斐济、汤加和萨摩亚，就此扎下根来（对于芋头等块茎类作物而言，堪称字面意义上的"扎根"了）。[31]

和中欧线纹陶文化的农民很像，拉皮塔人似乎有意避开了既有的人口中心。他们对觅食者的大本营澳大利亚敬而远之，也基本绕开了巴布亚新几内亚——那里的瓦基谷地（Wahgi valley）周边高地早已确立了一种本土的农耕形式。[32] 在未经开发的岛屿上和无人占据的潟湖边，他们营建高脚屋，形成村落。他们用最重要的旅行装备石锛清出小片林地以开辟园圃，种植包括芋头、山药和香蕉在内的作物。除了这些作物，他们的膳食补充还包括家畜以及丰富的鱼类、贝类和海龟，外加野鸟和果蝠。[33]

不同于欧洲早期农民，拉皮塔文化域的传播者在扩张中不断丰富着自己的经济形态。这不仅体现在他们食用的农作物和动物的种类上。在

---

* horizon 一词源于地质学中的"层位"概念，在考古学中被用于指代出现同一类文化风格特质的很大地理范围，译作"文化域"（另有"地平线"等多种其他译法）。这一概念也被运用于考古分期。——编者注

向东的航行中，拉皮塔人一路留下了独具特色的陶器，这是他们在考古记录中最一以贯之的标记。他们沿途也发现了许多新材料，其中最珍贵的，比如特定类型的贝壳，被用于制作多介质（multi-media）的装饰品，包括臂环、项链和吊坠，这些在美拉尼西亚和波利尼西亚岛屿文化中留下了印记，直至几百年后仍可见到——当库克船长（无意中重走了拉皮塔人的老路）于1774年发现新喀里多尼亚时，他写道，这让他想起苏格兰。

享誉拉皮塔的物件还包括鸟羽头饰（见于陶器图案）、精美的露兜树叶编垫和黑曜石。黑曜石利刃从千里之外的原产地俾斯麦群岛（Bismarck Archipelago）流通而来，用途是在文身和刻疤的过程中把染料和植物物质刺进皮肤。文身本身没能保存下来，但拉皮塔陶罐周身的装饰图案给了我们一些线索，因为陶罐的基本纹样可能照搬自皮肤。波利尼西亚更晚近的文身和身体艺术传统——正如一项著名人类学研究所描述的，"用图像包裹身体"——提醒着我们，我们有多么不了解早期生气勃勃的概念世界，以及携带这些实践长途跨越太平洋诸岛的人们。[34]

亚马孙雨林的案例和"种着玩"的可能

粗看之下，"新石器时代"的三种版本——欧洲的、非洲的、大洋洲的——似乎没什么共同之处。但是，它们都有两个重要特征。第一，都严肃认真地投身农耕。三者之中，欧洲的线纹陶文化与谷物种植和家畜养殖深度绑定，尼罗河谷地完全依赖畜群，一如拉皮塔人完全依赖猪和山药。这三个例子中涉及的物种都是彻头彻尾驯化了的，要靠人类的干预才能生存，丧失了野外繁殖的能力。这三个例子中的人群则围绕相应动植物的需求开展生活，圈养、保护、培育这些动植物构成了他们的日常要务，这些动植物也构成了他们饮食结构的基础。他们都已成为"严肃的"农民。

第二，三者都针对性地将农耕传播到基本无人定居的土地上。尼罗河谷地流动性极高的新石器文化季节性地向相邻的荒漠草原拓展，却避开了已经人口稠密的地区，例如尼罗河三角洲、苏丹的杰济拉（gezira）

以及主要的绿洲（包括法尤姆，那里由湖畔的捕鱼-觅食者占据，他们根据需要随时采用和放弃耕种）。[35] 同样，欧洲的线纹陶文化扎根在中石器文化觅食者空出的生态位，例如黄土地和未开发的河堤。拉皮塔文化域同样是一个相对封闭的系统，只在必要之时和外界互动，其他时候就网罗新资源，关起门来过日子。严肃的农民倾向于形成边界明晰的社会，不仅是族群边界，有时也是语言边界。[36]

但是并非所有早期的农耕扩张都属于这种"严肃正经"的类型。在南美的热带低地，考古研究揭示出一个全新世食物生产中明显更具玩票性质的传统。类似的实践直至晚近依然能在亚马孙雨林看到，例如在巴西马托格罗索州的南比夸拉人当中。直至20世纪，他们雨季生活在临河村落，清理菜园和果园，种下各种各样的作物，例如甜木薯、苦木薯、玉米、烟草、豆子、棉花、花生、葫芦等。耕作是一件很放松的事，几乎不用费力将不同的作物分开种植。随着旱季的来临，南比夸拉人就遗弃这些枝枝蔓蔓的住宅园圃，散作流动的小游群去狩猎和采集。来年他们往往会另择他地，再如此这般循环往复。

在大亚马孙地区（Greater Amazonia）*，根据记载，这种季节性的进入又退出农耕在原住民社会广泛存在，且有着相当悠久的历史。[37] 豢养宠物的情况同样普遍且古老。人们通常认为亚马孙没有本土的驯化动物。从生物的角度看确实如此。但从文化的角度看，情况要复杂得多。很多雨林人身边会带着一众被驯服的森林动物，堪称一个小型动物园，包括猴子、鹦鹉、领西貒（collared peccary）等。这些宠物通常是被猎食的动物的遗孤，从小被人类收养、喂食、照料，渐渐地完全依赖于主人。一直到成年，宠物对主人都极其顺从。它们不会被吃掉，主人也没兴趣为其育种。这些宠物就像社区中的个体成员，待遇与孩子颇为相似，受人关爱，也带来乐趣。[38]

亚马孙社会以其他方式模糊了我们通常对"野生"和"驯化"的区分。他们日常猎食的动物有西貒、刺豚鼠和其他会被我们归入"野生"

---

* 大亚马孙地区包括现今的亚马孙平原、奥里诺科平原和圭亚那地区的沿海平原。——编者注

行列的动物,但这些动物在当地人看来是驯化了的,至少听命于超自然的"兽主"(master of the animals)——动物被他们庇护,也受制于他们。"男兽主"或"女兽主"的角色在狩猎社会中实际上相当常见,他们有时会化身为一只巨型的或标致的野兽,代表着相应的动物物种,但与此同时,他们也会呈现出人类或类人的动物主人形象,负责收回所有被猎人捕杀的鹿、海豹或驯鹿的灵魂。在亚马孙,这在实践中意味着人类会避免干涉特定物种的繁衍,以免僭越了神明的权力。

换言之,在亚马孙,没有明显的文化路径能使人类同时成为其他物种的主要照护者和消费者;动物与人的关系要么太远(例如猎物),要么太近(例如宠物)。我们所面对的这群人,能够驾驭各种生态学技能来种植庄稼、养殖家畜,却从不寻求突破那道关口,而是小心翼翼地平衡着觅食者(或者更确切地说是森林人)和农民这两种身份。[39]

亚马孙的案例表明,这种"种种停停"(in-and-out-of-farming)游戏可能远非一种暂时的过渡,而是在数千年间反复上演,因为人们可以找到属于那段时期的植物驯化和土地管理的证据,但是几乎找不到投身农业的证据。[40] 从公元前 500 年开始,这种新热带区的食物生产方式从位于奥里诺科河(Orinoco)和尼格罗河(Rio Negro)的腹地沿着贯穿雨林的河道网扩散,最终从玻利维亚到安的列斯群岛一路扎根。它最显而易见的遗留影响,就是阿拉瓦克诸语言在当今和在历史上的分布。[41]

说阿拉瓦克诸语言的人群在近几百年以来一直以文化混合高手的形象闻名于世。他们既是商人,又是外交家,常常为了商业利益合纵连横。2 000 多年前,一个与之类似的策略性文化混合过程(迥异于"严肃"农民避免混合的策略)似乎把亚马孙流域纳入了一个区域系统。从奥里诺科河和亚马孙河的河口直至它们位于秘鲁的河源上游,沿线的冲积阶地(várzea)都使用阿拉瓦克诸语言及其派生语言,但是使用者们几乎没有共同的遗传起源。多种多样的方言在结构上更接近它们各自的非阿拉瓦克语邻居,而非其他方言,或者任何推定的原型语言(Ur-language)。

这给人的印象根本不是步调一致的传播,而是一种群体间有针对性的杂糅，沿着以独木舟为交通和贸易载体的主路线展开。其结果是形成了一个相互交错的文化交换网络，没有明确的边界和中心。亚马孙陶器、棉纺织品以及文身上的网格样式——从雨林的一端到另一端呈现出惊人的相似——似乎遵循了这些关联性原则，将人体嵌入一个复杂的关系图谱。[42]

直到最近，亚马孙雨林依然被当作与世隔绝的部落的跨时空收容所，是人们所能找到的最接近卢梭或霍布斯的"自然状态"的地方。如前所见，这种浪漫想象在人类学中一直持续到了20世纪80年代。很多研究不断构建这种想象，把亚诺玛米人这样的群体塑造成"当代祖先"，成为窥视我们进化旧阶段的窗口。考古学和民族史领域的研究现在正在颠覆这一图景。

现在我们知道，从进入公元纪年开始，亚马孙地区已然星罗棋布着城镇、梯田、纪念性建筑和道路，从秘鲁的高地王国一路延伸至加勒比海。16世纪，第一批抵达此地的欧洲人描写说，这些生机勃勃的河漫滩聚落由至高无上的酋长统治，酋长也控制着相邻聚落。这种记录很容易被误认为是探险者们意图向家乡的赞助人表功而故作惊人语，但是，随着考古科学逐步揭示出这个雨林文明的轮廓，这些记录也越来越不容小觑。这种新的理解部分来自对照研究，部分源于对亚马孙上游流域（向西面朝安第斯山）的工业伐木——移除的森林植被揭露出一套纪念性土木工程传统，有着精确的几何学设计，并由道路系统相连。[43]

这种古代亚马孙的文明胜景究竟缘何而来？直到几十年前，这些发展仍被解释为又一场"农业革命"的结果。据推测，在公元前1千纪，集约型木薯种植使亚马孙人口激增，导致热带低地出现一波人口扩张。这个推测的依据是人们发现了最早可追溯至公元前7000年的驯化木薯；更近期的依据来自亚马孙流域南部，人们发现玉米和南瓜的栽培也能追溯至同样早的时期。[44]但是，在大约始于公元前500年的文化融合关键期，几乎没有证据表明这些作物被广泛耕种。事实上，木薯似乎只在欧洲人到来之后才成为一种主要农作物。这一切意味着，至少部分亚马孙流域的早期居民深谙植物驯化，却没有选择以此为经济基础，反而选择了更为灵活的复合农林业（agroforestry）。[45]

现代雨林农业依赖刀耕火种，这种劳动力密集型的耕种方法适合对少数作物的粗放型种植。更古老的方式，如上所述，却适合更多品种的作物，能够在房前屋后的园圃或是定居点附近的小片林中空地上种植。这种古老的苗圃依赖于特殊土壤［或者更准确地说，是"人为土"（anthrosol）］，当地人称之为"印第安黑土"（terra preta de índio）和"褐土"（terra mulata）。这些深色土壤的环境容纳量远超一般热带土壤，其肥力源于吸收了日常村落生活产出的有机废料，例如食物残渣、排泄物和木炭（形成黑土），或者源于早些时候的小范围烧荒垦种（褐土）。[46] 在古代亚马孙，土壤富集是缓慢且持续的过程，而非一年期的任务。

无论是在亚马孙地区还是在其他地方，像这样的"种着玩"对近期的原住民族群而言依然有其优势。精细复杂且不可预测的日常饮食来源是一种对殖民国家的绝佳遏制：可谓字面意义上的自由生态。很难对一群居无定所的人征税或是实施监管，因为他们的生计不依赖对固定资源的长期投入，或是把大部分食物都种在看不见的地下（例如块茎类作物或者其他根菜）。[47] 虽说如此，美洲热带地区更久远的历史表明，在欧洲人到来前很久，与上述类似的松散灵活的食物生产模式却支撑了整个大陆范围内的文明增长。

事实上，这种特定的农耕方式（更技术性的术语是"低水平食物生产"）是很多全新世社会的普遍特征，包括肥沃新月地带和中部美洲的早期耕作者。[48] 在墨西哥，早在公元前7000年就已出现了驯化的南瓜和玉米。[49] 不过这些作物在大约5 000年之后才成为主食。同样，在北美东部林地，人们公元前3000年就在培植本土籽实作物了，但是直到公元1000年前后才开始"严肃的农耕"。[50] 中国的情况也如出一辙。在北方平原，人们从大约公元前8000年就开始小规模种植谷子，作为对采集和由猎狗辅助的狩猎活动的一种季节性补充。这种状态持续了3 000年，直到黄河流域引入了对谷子的耕作。同样，在长江中下游，距离首次在水田中种植野稻1 500年之后，才出现了被完全驯化的水稻品种。若非赶上了公元前5000年前后短暂的全球变冷期，致使野稻和坚果的收成大大削减，这个过程本可能更加漫长。[51]

在中国这两地，猪在被驯化之后的很长时间里，在饮食中的重要性依然次于野猪和鹿。在肥沃新月地带有树林覆盖的高地，也就是卡育努遗址及其骷髅之屋的所在地，情况也类似：人与猪之间长期保持着若即若离而非完全驯化的关系。[52] 因此，尽管我们难免会想把亚马孙地区看作一个有别于"旧大陆新石器文化"的"新大陆"另类，但事实是，两个半球在全新世时期的发展逐渐呈现出相似性，至少就整体的变迁速度来说是这样，并且它们都越看越不具备革命性。世界上很多农耕社会最初都秉持着亚马孙式的精神，徘徊在农业的边缘，同时依然坚守着狩猎采集的文化价值。卢梭在《论不平等》一文中提到的"欣欣向荣的田野"还在遥远的未来。

或许日后进一步的研究将揭示，亚马孙地区和大洋洲的早期农耕（或者说森林人-农民）人口，乃至尼罗河谷地的第一批放牧人口的数量波动，与目前在中欧观察到的类似。事实上，在公元前7千纪，肥沃新月地带本身即出现了某种衰退，或者至少出现了定居点的重大重构。[53] 无论如何，我们不应该把不同地区间的差异过度绝对化，毕竟每个地区现有的证据多寡不一。不过，根据目前的已知信息，我们至少还是能够重新表述最初的问题：为什么欧洲有些区域的新石器时代农民最初遭遇了尚未在其他地方观察到的人口数量锐减？

线索藏于细微之处。

事实证明，谷物种植在从亚洲西南部经巴尔干半岛传至中欧时，发生了重要的变化。在其源头种有三种小麦［单粒小麦、二粒小麦、免脱壳（free threshing）小麦］和两种大麦（皮大麦和裸大麦），还有五种豆类作物［豌豆、兵豆、苦野豌豆、鹰嘴豆和山黧豆（grass pea）］。相较之下，在大多数线纹陶文化遗址中仅发现了颖麦（glume wheat，即单粒小麦和二粒小麦）和一两种豆类作物。新石器经济变得越来越有限和千篇一律，成了其中东原型的缩水版本。不仅如此，中欧的黄土地貌几乎没有地形上的变化，也没有机会增加新资源，与此同时，密集的觅食人口又限制了农民向海岸的扩张。[54]

对于欧洲早期农民来说,几乎一切都开始围绕一个单一的食物网络展开。谷物种植养活了整个社区,其副产品——麸子和秸秆——提供了燃料、动物饲料以及基本的建造材料,包括制陶的加固剂(temper)和屋墙的填充料。家畜提供了不定时的肉、奶和毛,以及园耕所需的有机肥。[55]凭借着编条泥墙(wattle-and-daub)长屋和屈指可数的物质文化,这批早期欧洲农耕聚落竟然古怪地肖似很久之后的农村社会。它们很可能也有着同样的弱点——不仅会定期遭遇外部掠夺,而且内部的劳力紧缺、土壤耗竭、疾病和歉收会同时席卷一连串相似社区,使其丧失互助能力。

新石器时代农耕是一场有可能失败的试验;而有时候,失败确实发生了。

但这一切何足轻重?
(再次简述目的论式推导的危害)

在这一章,我们追溯了世界上第一批农民如何跌跌撞撞、虚张声势地走向全球的过程,其中有成功也有失败。但是这和人类历史的总体进程有什么关系?确实,心存怀疑的读者可能会抗议,认为蹒跚走向农业的第一步对于全局无关紧要,重要的是农业的长期影响。毕竟,最迟到公元前2000年,农业就已经支撑起从中国到地中海沿岸的大型城市了;到公元前500年,这样那样的粮食生产社会几乎已经征服了整个亚欧大陆,例外的只有非洲南部、亚北极地区和少数亚热带岛屿。

怀疑者可能会接着表示:农业单凭自身就能够极大地释放土地的环境容纳潜力,这是靠觅食者的开发能力或意愿无法企及的。只要人们愿意放弃流动性并定居下来,即使是一小块可耕地也能够产生粮食盈余,尤其是有了犁和灌溉之后。即使有暂时的低谷,甚至灾难般的失败,从长期来看,最终胜出的总是那些能够集约化利用土地以养活更多更密集人口的社会。同一位怀疑者可能会如是总结:让我们面对现实吧,全靠农业,世界人口才能从全新世之初的500万增长至19世纪的9亿,再到今天的几十亿。

说到这里，要想养活这么大规模的人口，怎么可能不借助组织大众的指挥链、正式的领导机构，以及全职行政人员、士兵、警察和其他非粮食生产者呢？而相应地，这些人又只能靠农业生产提供的粮食盈余生存。这些疑问看起来合情合理，而且问出第一个问题的人几乎势必会问出第二个问题。但这样做就有点罔顾历史的嫌疑了。你不能从故事的开头草草跳到结尾，然后假定对中间的过程已经了然于心。你当然也可以这样做，但是如此一来，你便重新陷入了本书一直在处理的那种神话叙事。所以我们选择不这样做，而是先简要复述一下我们对农耕的起源和传播的了解，然后看看在过去 5 000 年左右的时间里，人类社会真实发生过的一些更戏剧性的事件。

农耕，如我们所见，总是作为一种匮乏经济出现：你只在走投无路时才会发明它，正因如此，它总是率先出现在野生资源最稀缺的土地上。它在早全新世的诸种生存策略中略显突兀，却具备极大的发展潜能，尤其是当谷物种植过程中如虎添翼般出现了家畜养殖。尽管如此，它依然是新生事物。只是因为第一批农民制造了更多垃圾，又经常用泥坯建造房屋，所以考古学家们才看到更多他们的遗存。这也是为什么我们必须动用想象力来填补空白，否则便无法了解同一时期在更加多样的环境和更依赖野生资源的人群中发生了什么。

随季节变化而建造的纪念性建筑，如哥贝克力石阵或是希吉尔木雕，明确显示全新世的狩猎-渔猎-采集者也建造过庞然大物。但是，在余下的时间里，所有这些非农人口都在做些什么，又生活在哪里呢？有一种可能是在高地的森林区，比如土耳其东部高地或是乌拉尔山麓，但由于这类地区的居所多为木质结构，因而几乎无法留存至今。更有可能的是，最大的那些社区分布在湖畔、河岸或海岸，尤其是它们交界处的三角洲环境，例如美索不达米亚南部、尼罗河下游和印度河下游，也就是很多世界上最早的城市的诞生地。我们现在必须要转向对这些地方的讨论，以弄清楚生活在人口稠密的大型定居点究竟对人类社会的发展意味着（和不意味着）什么。

第八章

想象的城市

亚欧大陆第一批城市居民（分布于美索不达米亚、印度河流域、乌克兰和中国），以及他们如何在没有国王的情况下建起城市

城市诞生于头脑中。

埃利亚斯·卡内蒂（Elias Canetti）如是说。卡内蒂是小说家，也是社会哲学家，属于那种让人敬而远之的另类20世纪中期中欧思想家。他推测，生活在小社区中的旧石器时代狩猎-采集者群体肯定畅想过大规模社区的样子，证据就在那些洞穴壁上，他们在那里画满了不计其数的齐奔兽群。那么他们怎么可能没有想象过人类容光焕发、大规模集结的样子？他们肯定也考虑过数量远超生者的逝去之人：如果所有逝者都聚集一处，那该是什么样？卡内蒂推想，那些"看不见的人群"在某种意义上就是最早的人类城市，即便它们只存在于想象之中。

这一切看似无稽之谈（事实上，是关于推想的推想），但是目前有关人类认知研究的新进展显示，卡内蒂触及了一些几乎所有人都曾忽视的重要事实。在一定意义上，超大规模的社会单位往往是想象出来的。换言之，人们与朋友、家庭、邻居以及其他亲身打过交道的人和地方建立关联的方式，在本质上不同于人们与帝国、民族、大都市这类主要或至少大部分时间里只存在于头脑中的现象建立关联的方式。可以说许多社会理论都在试图调和人类经验的这两个维度。

在关于人类历史的标准教科书叙述中，规模很关键。这种标准化叙事认为，人类在进化史上的大部分阶段都生活在小型觅食游群里，而这

类游群是相对民主和平等的，原因恰恰在于它们规模小。一个常被认为不证自明的普遍看法是，我们在进化史上95%的时间都生活在最多不过数十人的小规模群体中的这一事实，很大程度上形塑了我们的社会感受力，甚至我们记忆姓名和面孔的能力。我们天生适宜小团队运作。因此，大规模的人群聚集往往被认为从本质上就不太自然，而人类也不具备相应的心理能力去应对在大规模群体中生活。标准叙事会说，正是出于这个原因，我们需要复杂的"支持结构"以使大型社区有序运作，包括城市规划人员、社会工作者、税务人员以及警务人员。[1]

如果是这样，那么早期城市的出现，也就是第一次出现真正意义上的大规模人口聚集并永久定居一处，自然而然呼应着国家的形成。在很长时间里，来自埃及、美索不达米亚、中国、中美洲以及其他地方的考古证据看上去确实证实了这一点。证据似乎显示，如果把足够多的人放到一个地方，他们必然会发展出书写或类似的东西，也会发展出行政人员、仓储和分配机构、工坊及其监工，这些人很快就会分化成不同阶级。"文明"总是打包成套地出现，既意味着一部分人的凄惨和苦难（因为一部分人不可避免沦为农奴、奴隶或是债务苦力），也意味着哲学、艺术和科学知识的累积。

但是证据不再支撑这种论调。事实上，我们在过去四五十年间的研究所得早已推翻了种种陈词滥调。我们知道，在有些区域，百年来城市运作井井有条，直到后期才出现庙宇或宫殿；还有些区域根本就没有出现过庙宇和宫殿。在很多早期城市中，根本没有证据证明存在过管理阶层或者任何别的统治阶级。在其他城市中，集权似乎出现过又消失了。城市生活的事实本身，好像并不必然意味着某种特定的政治组织形式，这种关联从未存在过。

这一点意味深长：至少这指出了一种不那么悲观的人类可能性，即使世界上的大部分人口目前都生活在城市中，这个事实本身也不像你原以为的那样决定着我们该**如何**生活。不过，在开始畅想之前，我们首先需要思考为什么我们曾错得如此离谱。

初涉"规模"这个臭名昭著的话题

"常识"是个奇特的说法。有时候它确实意味着来自现实生活经验的实践智慧，能使我们避免陷入明显愚不可及的泥沼。当动画中的大反派给他的末日机器安装了写着"自毁"字样的按钮时，或是没能封闭通向秘密总部的通风管道时，我们就会说他缺乏常识。可又有些时候，看似是简单常识的东西，事实上却并非如此。

很久以来，女性不是好战士这一点几乎被视为普遍常识，毕竟，很明显女性体型较小、上肢力量较弱。然而各种军队经过实验发现，女性往往是更好的神枪手。同样，另一个几乎被视为普遍常识的是，小群体中的人们更倾向于平等相待和民主决议，群体中人越多则越难如此。但细想一下，这并没有它看起来的那么像常识，因为这明显不符合现存群体的真实状况。任何亲密伙伴群体经过一段时间后，最终都会在复杂的历史纠葛下变得在任何事情上都很难达成一致，家庭群体更是如此。与之相反，群体规模越大，就越不可能包含很多令你极其生厌的人。不过，出于种种原因，规模问题在今天成为一个简单的常识，不仅学者这么想，普罗大众几乎都这么想。

通常观点认为这是我们进化遗传的结果，因此有必要追根溯源，看看罗宾·邓巴（Robin Dunbar）等进化心理学家是如何解释这一点的。他们大部分人都是从观察狩猎-采集者的社会组织——包括古代和现代的——在不同层次或水平上的运作开始的，它们像俄罗斯套娃一样一层"嵌套"一层：最基本的社会单元是一夫一妻制家庭（pair-bonded family），夫妻共同投入培育后代。为了自己和后代的供给，这些核心单元不得不（他们就是这样论证的）聚集成"游群"，由五六户有亲缘关系的家庭共同构成。在仪式场合，或者是当猎物充足时，这些小群体聚集起来形成大约 150 人的"共居群体"（residential group，或者说"氏族"）。根据邓巴的说法，150 人这个规模是我们大脑在认知层面上能够维持稳定信任关系的上限，而这并非偶然，因为超过 150（这个数字也被叫作"邓巴数字"）的规模，就会形成"部落"。不过，邓巴认为，这些大型群体不可避免地会丧失小型亲缘群体之间的紧密团结，并由此产生冲突。[2]

邓巴认为，这种层层嵌套的社会安排在漫长的进化过程中极大地塑造了人类认知，以至于时至今日，各种各样需要高度社会责任感的制度，从军队编制到教会团体，依然倾向于围绕150这个基数来组建。这真是个迷人的假设。根据进化心理学家的阐述，现存的狩猎-采集者能够佐证这种号称古已有之的社会关系的规模假设，证明社会关系是从核心家庭单元到游群到共居群体不断升级的，每一个更大的群体都复制了血亲之间的忠诚感，只不过扩大了它的适用范围，如此这般一直扩大到类似军队中的"兄弟"——或者"姐妹"。但是，正是这里出现了疑点。

这类进化模型假设我们最强的社会纽带基于近亲血缘关系，但这个假设有着明显的反例：很多人并不怎么喜欢自己的家人。这种情况很普遍，即使是在现存的狩猎-采集者社会中。很多人似乎觉得一辈子生活在亲人中间太过令人不快，因此选择远走他乡，只是为了远离亲人。对于现代狩猎-采集者的人口统计学新研究——通过比较从坦桑尼亚的哈扎人到澳大利亚的马尔图人[3]的全球采样数据——表明共居群体通常根本不是由血缘亲属构成的；而新兴的人类基因组学，在研究了早至更新世的古代狩猎-采集者之后，也开始得出相似的结论。[4]

以现代马尔图人为例，他们谈起自己时，说得就好像大家都是从同一个图腾祖先繁衍而来的，但实际上在任何一个共居群体中，真正有血缘关系的亲属还不及10%，大部分成员彼此之间没有近亲关系。他们来源广泛，其祖源散布于广阔地域，甚至从小到大都操着不同的语言。任何一个被承认为马尔图人的人，都可能成为任意一个马尔图游群的成员，事实证明，哈扎人、巴亚卡人（BaYaka）、昆桑人等莫不是如此。与此同时，真正有冒险精神的人常常会设法彻底抛弃自己的大群体。这放在澳大利亚等地显得更加惊人——这些地方通常有严密的亲属关系体系，所有的社会表面上都围绕着图腾祖先的世系组织起来。

照这样看，在马尔图人等的案例中，亲属制度似乎其实只是社会联结（social attachment）的隐喻，好比我们说"四海之内皆兄弟"是为了表达国际主义一样（哪怕我们根本受不了自己真正的兄弟，而且好多年都没和他们讲过话）。不仅如此，这种共享的隐喻往往能跨越遥远的距离，比如我们看到龟氏族和熊氏族曾广泛存在于整个北美大陆，再比如半偶族系统曾广布澳大利亚。这使得那些对直系亲属感到幻灭而背井离乡之人，即使在遥远的旅途中也能轻易找到招待之所。

现代觅食者社会仿佛同时以两种极端不同的规模存在：一种是小规模亲密群体，另一种则跨越广阔地域，甚至跨越大洲。这看似怪异，但是从认知科学的角度看，完全在情理之中。正是这种在不同规模之间来回切换的能力，使人类的社会认知明显不同于其他灵长目动物。[5] 猿猴可能会争风吃醋或者争夺统治，但任何胜利都是暂时的，随时可能重新洗牌。它们不会想象什么天长地久，它们什么都不想象。而人类能够和150多个熟人同时生活，并能够和千百万其他人在共享的想象结构中生活。这些结构有时被想象为建立于亲属关系的基础上，就像现代民族国家那样；有时它们又被想象出其他基础。[6]

至少在这个意义上，现代觅食者比起现代城市居民或者古代狩猎-采集者来说没什么差别。我们都有能力感受到与那些未曾谋面的人之间的联结；有能力置身于大型社会——一个大多数时候只体现为"虚拟现实"的世界，其中所有可能的关系都有着自身的法则、角色和结构，它们存在于我们的头脑中，并通过制造意象和举办仪式这样的认知活动不断唤起。觅食者或许有时以小群体的形态出现，但是他们并不，或者说从未，生活于小规模的**社会**之中。[7]

这些并不是说规模——此处指绝对的人口数量——无足轻重。它只是意味着这类事物并不一定像我们常识中假定的那样重要。至少在这一点上，卡内蒂是对的。大众社会在成为物质现实之前便存在于脑海中。而且至关重要的是，即使成为物质现实之后，它依然存在于脑海中。

至此，我们可以回到对城市的讨论。

城市是有形之物。它们的一些实体基础设施，诸如墙、路、公园、下水道，可能经得住千百年风雨；但从人的角度来看，城市从来不是稳定的。人们持续不断地在其中进进出出，要么是永久地进入或离开，要么是在节假日季节性地往返，去走亲访友、贸易、劫掠、旅行等，抑或只是沿着每天的固定路线进进出出。但是城市有着超越这些之上的生命。这并不是因为其经久不衰的钢筋水泥，也不是因为一城之中生活着的大部分人会彼此碰面，而是因为人们总会自认归属于所在城市，并按照相应的方式行事——作为伦敦人、莫斯科人或加尔各答人。正如城市社会学家克劳德·费希尔（Claude Fischer）所言：

> 大部分城市居民在有限的范围内过着朴实的生活，很少到市中心，对于住所和工作场所以外的区域几乎一无所知，也只见得到（以社会学层面上有意义的方式）城市中极小部分的人。当然，他们也会在堵车或者足球赛之类的场合偶然置身于千百陌生人之中，但是这对他们的个人生活并没有什么实质影响……城里人生活在彼此接触但并不交融的社交小世界中。[8]

对于古代城市来说亦是如此。例如亚里士多德坚持认为，巴比伦大到在它被敌军占领两三天之后，城中有些地方还没听说这个消息。换言之，从一个生活在古代城市的人的视角来看，城市本身和早期绵延百里的氏族或半偶族聚落差不太多。它是一个首先存在于人类想象中的结构，在其中未曾谋面之人也能和平共处。

在第四章中我们指出，在人类历史的大部分时间里，大部分人的实际活动范围其实缩小了。旧石器时代的"文化区"跨越大陆，细石器时代和新石器时代的文化带也依然比大多如今以民族-语言为基本认同（人类学家称之为"文化"）的群体的领地广阔得多。城市正是这一收缩过程的部分产物，因为相当多城里人终其一生都在几公里的范围内活动，而这是在那之前的人类可能从未设想过的。一种可能的思维方式，是想象一个纵横万里的区域系统，类似曾横跨澳大利亚或北美洲的那种系统，被压缩进一个单一的城市空间，同时仍然保持其虚拟的性质。如果这大致就是早期城市形成时发生的事，那么就没有道理假设其中伴随着特殊的认知挑战。生活于想象出来的无边永恒的群体中，人类亘古如此。

那么这里有什么真正的新东西呢？让我们再次回到考古材料。人口规模超过万人的聚落最早出现于 6 000 年前，遍及各大洲，起初彼此隔绝。随着这种聚落大量增加，我们开始无法用旧式的人类进化序列解释它们了。它们并没有完全按照旧序列假定的那样，有城市、国家、官僚系统、社会阶级相伴出现；[9] 这些城市彼此之间迥然不同。这并不只是说一些早期城市没有阶级分化、财富垄断或行政等级，而是说它们展现出极端的多样性，似乎意味着人们从一开始就有意识地在试验不同的城市形态。

此外，当前的考古学显示，早期城市中令人意外地很少存在专制统治，不仅如此，它们的生态多样性也远比曾经认为的更丰富：城市并不必然依赖于农村边区，城里人的生活也并不一定就靠消费那些面朝黄土背朝天的农奴或农民用劳动换来的粮食。当然，这种依赖的情况在后来逐渐变得更为典型，但是在早期城市里，至少小规模的园耕和动物养殖构成了重要的食物来源，外加河产与海产资源，以及持续不断地从森林和沼泽地带狩猎和采集而来的野生动植物资源。究竟具体依赖这些资源的何种组合，基本取决于城市恰好坐落于哪里。不过越来越明确的事实是，历史上早期的城里人并非总是对环境极尽利用、对他人极尽盘剥。

早期城市住起来是什么样子的？

接下来我们主要描述一下亚欧大陆的情况，然后在下一章讨论中部美洲的情况。当然，整个故事也可以从其他地理空间的视角来讲述（例如在撒哈拉以南的非洲，中尼日尔三角洲的城市发展远早于伊斯兰教的传播），但是以一本书的篇幅难以面面俱到，为了切题必须有所筛选。[10] 我们讨论到的每一个区域都涉及不同的资料源，供考古学家和历史学家筛选斟酌。在大部分案例中，书面记录不是稀少，就是仅限于特定方面。（我们在这里讨论的大多依然是人类历史的早期阶段，以及与我们自己的文化传统天差地别的其他传统。）

我们可能永远无法细致再现世界上第一批城市那些未被记载的基本法，或者是阶段性改变它们的剧变。但是，现存的证据已经足够充分，不仅足以颠覆老生常谈的叙事，更能够让我们看到很多未曾设想过的可能性。在讨论具体案例之前，我们至少应该先简要分析一下为什么城市会出现。是不是我们在前面几章谈到的那些暂时性的、季节性的聚集地逐渐固定下来，成了永久性的定居点？这真是个快慰人心的简单故事，可惜这似乎不是真正发生的事实。事实要复杂得多，往往也有趣得多。

我们以世界各地的城市为背景来讨论城市最初出现的原因

不论城市出现在哪里，都标志着一个新的世界历史阶段。[11] 让我们称之为"早期城市世界"，对于人类历史中这个在各种意义上都很奇怪的阶段而言，这着实是一个苍白的术语。可能对于现在的我们来说，这是最难理解的一个历史阶段，因为它既熟悉又陌生。我们先说说熟悉的地方。

在这些早期城市中的几乎所有地方，我们都能找到展现市民团结一致的宏大自觉的宣言，看到结构和谐统一、样式明丽的建筑空间，明显反映出整个城市经过统一规划。在有书面记录的地方（例如古代美索不达米亚），我们发现大多数市民并没有用亲属关系或者族群关系方面的术语来称呼彼此，反而自认为是特定城市的"人民"（或者城市的"儿女"），团结一致地崇拜城市的奠基者、创造神或创始英雄，共享市政基础设施，遵循共同的仪式历法，其中至少有一些涉及大众节庆。[12] 那些人们生活所追随的却隐于日常琐务中的想象结构，在市民的节庆中以有形的物质形态短暂显现。

在能找到证据的地方，我们也能找到差异。城市人口常常来自遥远的地方，坐落于墨西哥谷地的辉煌的特奥蒂瓦坎城（Teotihuacan）在3世纪到4世纪就已经吸引了远至尤卡坦和墨西哥湾沿岸的人，这些移民在特奥蒂瓦坎城中定居一隅，形成自己的社区，可能曾有过玛雅区。而在印度，跨越印度河平原远道而来的移民们将自己的至亲至爱埋葬于哈拉帕的坟墓中。古代城市内部通常会分作不同区域，彼此形成长期对抗关系，在最早的城市中似乎亦是如此。像这样以高墙、大门或沟渠为标志的固若金汤的社区，在基本方面上可能与今天的居民小区没多大差别。[13]

至少在我们眼中，使这些城市显得奇怪的是它们所不具备的东西。尤其是技术，不论是高级冶金技术、集约型农业、行政记录这样的社会技术，还是会转的轮子。这些是否曾存在过，取决于我们将目光投向早期城市世界里的哪一处。此处值得一提的是，在欧洲人侵占美洲之前，美洲的大部分地方既没有金属工具，也没有马、驴、骆驼或牛等，人和物的移动依靠步行、独木舟或者印第安担仗（travois）。但是像特奥蒂瓦坎、特诺奇蒂特兰这样的前哥伦布时代都城，其规模之大让中国和美索不达米亚的早期城市都相形见绌，更衬得青铜时代希腊的"城邦"（像梯林斯和迈锡尼）不过是些设防的小村庄。

事实上，拥有最多人口的最大的早期城市，都不在技术和物流更先进的亚欧大陆，而在中部美洲。那里恰恰没有车也没有船，没有动物牵引的运输工具，更没有冶金技术或识文断字的官僚。这引出了一个显而易见的问题，为什么这么多人最初会在同一个地方生活下来？常规的说法常把技术因素作为城市出现的终极原因：城市是"农业革命"影响下迟早出现的产物，因为农业革命带来人口飙升，从而引发一系列其他发展，例如交通和行政方面的发展，足以支持人们在同一个地方大量聚居。这么多人口继而需要管理来保障有序生活，因此国家出现。可是正如我们所见，这个说法中没有一个环节符合事实。

确实很难找到单一的解释。例如特奥蒂瓦坎之所以发展为一个巨型城市，在高峰时期人口多达10万，其主要原因是一系列火山爆发和次生灾难迫使人们离开家乡，定居于此。[14]生态因素常常是城市形成过程中的重要诱因，但在这个案例中，这些因素和农业发展之间的关系却晦暗不明。不过，城市出现的模式依然有迹可循。在亚欧大陆的很多地方和美洲大陆的部分地方，从大约公元前5000年开始，城市的出现与后冰期导致的生态系统重整密切相关。其中至少有两种环境变化发挥了影响。

首先是河流。全新世初期，世界上的大河基本都是野蛮难驯、变幻莫测的。然后，大概 7 000 年前，洪泛区开始转变，其泛滥期开始固定下来。这造就了黄河、印度河、底格里斯河以及其他河流两岸宽广肥沃的泛滥平原，继而催生出早期城市文明。与此同时，两极冰川融化的速度缓慢下降，在全新世中期，覆盖大地的海平面渐趋平稳，至少比之前大有改善。这两个过程的共同作用带来了戏剧性变化，尤其是在大河的入海口，肥沃淤泥的沉积速度比海水将其冲刷的速度要快。这就是那些我们今天所看到的广阔三角洲的起源，例如密西西比河、尼罗河、幼发拉底河等的三角洲。[15]

富含水分的土壤在河流冲刷之下连年沉积，形成肥沃的湿地和水边栖息地，这种三角洲环境是迁徙的走兽和水鸟最喜欢的地方，也吸引着人类。新石器时代农民逐渐在这些地方聚居，耕种谷物、畜养牲畜。考虑到新石器时代的园耕诞生于河流、泉水和湖泊边缘的环境中，而三角洲环境是其升级扩大的版本，那么新石器时代农民聚集于此也就不足为奇了。不过两种环境之间有一个主要区别：这里往地平线方向是一望无际的海洋，往内陆方向是绵延不绝的沼泽地，有大量水产资源，可以弥补农业歉收的风险，还有终年可见的有机物（芦苇、纤维、淤泥），可以用于建造和手工制作。[16]

这一切，再加上内陆肥沃的冲积土壤，推动着亚欧大陆农业的专业化发展，包括使用动物拉犁（公元前 3000 年就在埃及被采用），养羊以获取羊毛。粗放农业可能是城市化的一个结果，而非原因。[17]选择种植哪种作物或者养殖哪种家畜，通常和简单的谋生没什么关系，而和早期城市的新兴产业有关，例如生产纺织品，还有包括酒、发酵面包和乳制品等在内的城市美食。猎人和采集者、渔夫和捕鸟者，这些人对于新兴的城市经济来说，与农民和牧民同样重要。[18]至于成规模的务农群体，是一种更晚期的后发现象。

湿地和泛滥平原不利于保存考古学证据。城市职业团体早期阶段遗留的证据通常都埋没于淤泥或是后继城市的废墟之下。在世界上很多地方，人们能找到的最早的证据就已经是城市扩张的成熟阶段遗留下来的了：待到画面清晰时，我们看到的已经是沼泽都会和多中心的网络，其规模较之前的已知聚落大了至少十倍。这些从前位于湿地中的城市，有些直到非常晚近才进入历史的视野，从蒲草中冉冉升起。这些发现是惊人的，其意义暂时还不明朗。

例如，我们知道在中国山东，沿黄河下游分布着面积超过 300 公顷的聚落遗址，诸如两城镇和尧王城，这些聚落至少在公元前 2500 年就已经形成，比中国信史上最早的中原王朝还要早近千年。几乎同期的太平洋西岸，秘鲁的苏佩河（Rio Supe）河谷出现了宏大的仪式中心，尤其是在卡拉尔（Caral）遗址，考古学家发现了下沉广场和纪念性平台，比印加帝国要早 4 000 年。[19] 这些大型中心周围的人类居住范围还有待确定。

这些新发现表明，关于世界上第一批城市的分布仍存在许多未知，有待考古学家们进一步的研究。这也表明，虽然我们通常认为威权政府体系和以文字为基础的行政体系是城市形成的基础，但这些城市比这些体系的出现要早得多。玛雅低地就能给我们类似的启发，在那里虽然发现了规模惊人的仪式中心，但目前尚未发现有关君王或等级分化的证据。这些仪式中心可以追溯到公元前 1000 年：1 000 多年之后，古典玛雅（Classic Maya）国王才出现，然而其宫城规模相较之下却小太多了。[20] 这又带来一个引人入胜但难以回答的问题。是什么维系起了这些最早的城市化实验？除芦苇、纤维和黏土这些建造上的黏合剂，有什么社会性因素使其凝聚？我们会举几个例子来回答这个问题，不过在分析底格里斯河、印度河和黄河流域伟大的河谷文明前，我们先来看看东欧的内陆草原。

论"超大遗址"，兼论乌克兰考古发现 如何颠覆关于城市起源的传统说法

黑海沿岸国家的久远历史中满是黄金。至少，对任何到过索菲亚、基辅和第比利斯博物馆的游客来说，得出这一印象都无可厚非。自希罗多德时代起，到此游历的外地人就带着许多耸人听闻的故事返回家乡，这些故事讲述着战士-国王的奢华葬礼以及伴随葬礼进行的对马匹和仆从

的大规模屠杀。即使是千年之后的 10 世纪，旅行者伊本·法德兰（Ibn Fadlan）还在讲述同样的故事，以打动和取悦他的阿拉伯读者。

因此，在这些地方，"史前史"［或者有时也称"原历史"（proto-history）］这个词总能使人联想到贵族部落的遗产和塞满珍宝的奢华墓穴。这种墓穴当然可以被找到。在这片区域西部边缘的保加利亚，首先映入眼帘的就是遍地黄金的瓦尔纳（Varna）墓地，它奇怪地被归入了该地区考古学家所谓的"红铜时代"（Copper Age），对应的时间是公元前 5 千纪。往东去，在俄罗斯的最南端，稍晚时候也出现了排场盛大的丧葬仪式传统，涉及被称为"库尔干"的坟堆，它们之下确实安息着各种战士王公。[21]

但是这些材料并不能展现完整的历史过程。事实上，巨型战士坟冢根本算不上这个区域史前史中最有趣的方面。这里还有城市。20 世纪 70 年代，乌克兰和摩尔多瓦的考古学家们第一次发现了城市遗迹，这些人类聚落比他们以前遇到的都更古老，规模也更大。[22] 随后的研究表明，这些常常被称为"超大遗址"（mega-site）的定居点——如今被叫作塔良基（Taljanky）、迈达涅茨克（Maidanetske）、内别利夫卡（Nebelivka）等等——出现于公元前 4 千纪的早期和中期，甚至早于美索不达米亚已知最早的城市，在规模上也更大。

但是，即使现在，在关于城市化起源的学术讨论中，这些乌克兰的遗迹也从未被论及。"超大遗址"这个术语本身就是一种委婉说法，向广大读者暗示着这些都不是真正的城市，而类似于不知何故在规模上异常扩张的村庄。有些考古学家甚至将其直接称为"过度扩展的村庄"（overgrown village）。我们该如何理解这些极不情愿将乌克兰超大遗址纳入对城市起源的封闭学术讨论圈中的现象呢？为什么随便一个对城市起源略有兴趣的人都听说过乌鲁克或摩亨佐达罗（Mohenjo-daro），却从没有人听说过塔良基？

答案很大程度上是政治性的。其中涉及简单的地缘政治：这项发现的大部分初始工作是在冷战期间由东方阵营的学者开展的，这不仅阻碍了西方学界对其发现的接受，更使得任何关于这些惊人发现的新闻染上了可疑色彩。不仅如此，其中可能还涉及这些史前聚落自身内部的政治生活。也就是说，根据对政治的既有理解，那里似乎不存在政治，因为没有任何考古证据证明那里有中央集权的政府或行政体系，甚至任何形式的统治阶层。换言之，这些大型聚落只拥有被进化论者称为"简单"社会而非"复杂"社会的特征。

这里很难不让人想到厄休拉·勒吉恩（Ursula Le Guin）著名的短篇故事《离开奥梅拉斯的人们》（"The Ones Who Walk Away from Omelas"），故事关于奥梅拉斯这个虚构城市，一个没有国王、战争、奴隶和秘密警察的城市。勒吉恩注意到，我们很容易小看这种社区，以为它"简单"，但是这些奥梅拉斯的居民实际上"并非简单的民众，亦非顺从的牧羊人、高贵的野蛮人、平和的乌托邦主义者。他们至少和我们同样复杂"。问题在于，"在卖弄学问与老于世故之人的鼓动下，我们养成了一个坏习惯，习惯于将幸福看成是愚蠢的"。

勒吉恩所言甚是。很明显，较之建造库尔干坟堆的君主，或是作为陪葬祭品的仆从，或是为后来黑海沿岸的希腊殖民地提供小麦和大麦的债役工，我们并不知道像迈达涅茨克或内别利夫卡这种乌克兰超大遗址中的居民相对而言有多幸福（尽管我们可以猜出来）。正如任何一个读过故事的人都知道的，奥梅拉斯也有自身的问题。即使如此，勒吉恩的看法依然成立：有人不需要借助庙宇、宫殿和防御工事就能管理和支撑大规模人口的生活，为什么我们会认为他们不如那些通晓治理术的自大、自卑和残忍的人复杂？

为什么我们迟迟不愿尊称这种地方为"城市"？

自公元前 4100 年到前 3300 年的大约 800 年间，乌克兰及其邻近区域的超大遗址持续有人居住，这段时间比大部分之后的城市存在的时间都长。为什么有人择此地而居？像美索不达米亚和印度河流域城市一样，这些地方似乎在全新世中叶出现了生态选择优势，不过这不是泛滥平原的动态过程所致，而是黑海北岸平原长期土壤沉积的结果。这些黑土（chernozem，源自俄语）以其肥力闻名遐迩；对于古典时代晚期帝国而言，这些黑土使得南布格河与第聂伯河之间的土地成为粮仓（正因如此，希腊城邦最初才会在这一区域建立殖民地，并奴役当地人口或使其成为农奴：古代雅典的主要食物来源就是黑海沿岸的谷物）。

到公元前 4500 年，黑土广泛分布于喀尔巴阡山脉和乌拉尔山脉之间，这里出现了开阔草原与林地的混杂地带，能支持密集人口的居住。[23] 于是，新石器时代的人们从多瑙河下游向东迁徙，穿越了喀尔巴阡山脉，迁居于此。我们不知道迁徙的原因，但我们确定，在沿河谷和山口的远徙中，他们保持着一种紧密的社会认同。他们的村庄规模总是很小，有着相似的文化行为；这反映在他们的住宅形式、女性雕塑样式以及制作和提供食物的方式上。考古学上将这种独特的"生活设计"称作库库泰尼-特里波列文化（Cucuteni-Tripolye culture）*，名称源自其首次得到记录的地点。[24]

所以，乌克兰和摩尔多瓦的超大遗址并非凭空出现。它们是扩大化社区的物质现实，组成这种社区的小单元早在聚合为大型聚落之前很久便已存在。现今已经发现了数十个这样的聚落遗址。目前已知最大的是塔良基，占地 300 公顷，规模远超美索不达米亚南部城市乌鲁克的早期阶段。没有证据表明这里曾有中央管理或公共储存设施。这里没有任何政府建筑、防御工事或纪念性建筑，也没有卫城或市政中心，更没有类似乌鲁克的名为伊安娜（Eanna，即"天之居"）的高台公共区域或是摩亨佐达罗的大浴场区域。

我们能看到的只有房屋；就塔良基来说，有超过 1 000 座。它们是大约 5 米宽、10 米长的长方形格局房屋，在粗木框架的基础上用编条泥墙砌成，以石头为地基。这些带庭园的房屋构成严整的环形，使超大遗址鸟瞰之下呈树木年轮状：一圈圈房屋和一圈圈空地环环相套。最内部的圆环围出一片中心空地，早期发掘者本以为能在此找到举世震惊的出土物，例如大型建筑或墓葬。但是已完成的发掘工作表明，中心区域空无一物。围绕这片空白区域的功能有各种猜测，从大众集会、仪式到季

---

* 该文化又称库库泰尼-特里皮利亚（Cucuteni-Trypillia）文化。特里波列是俄语名，特里皮利亚是同一地方的乌克兰语名。——编者注

图 4 内别利夫卡：乌克兰森林草原地带的一处史前"超大遗址"

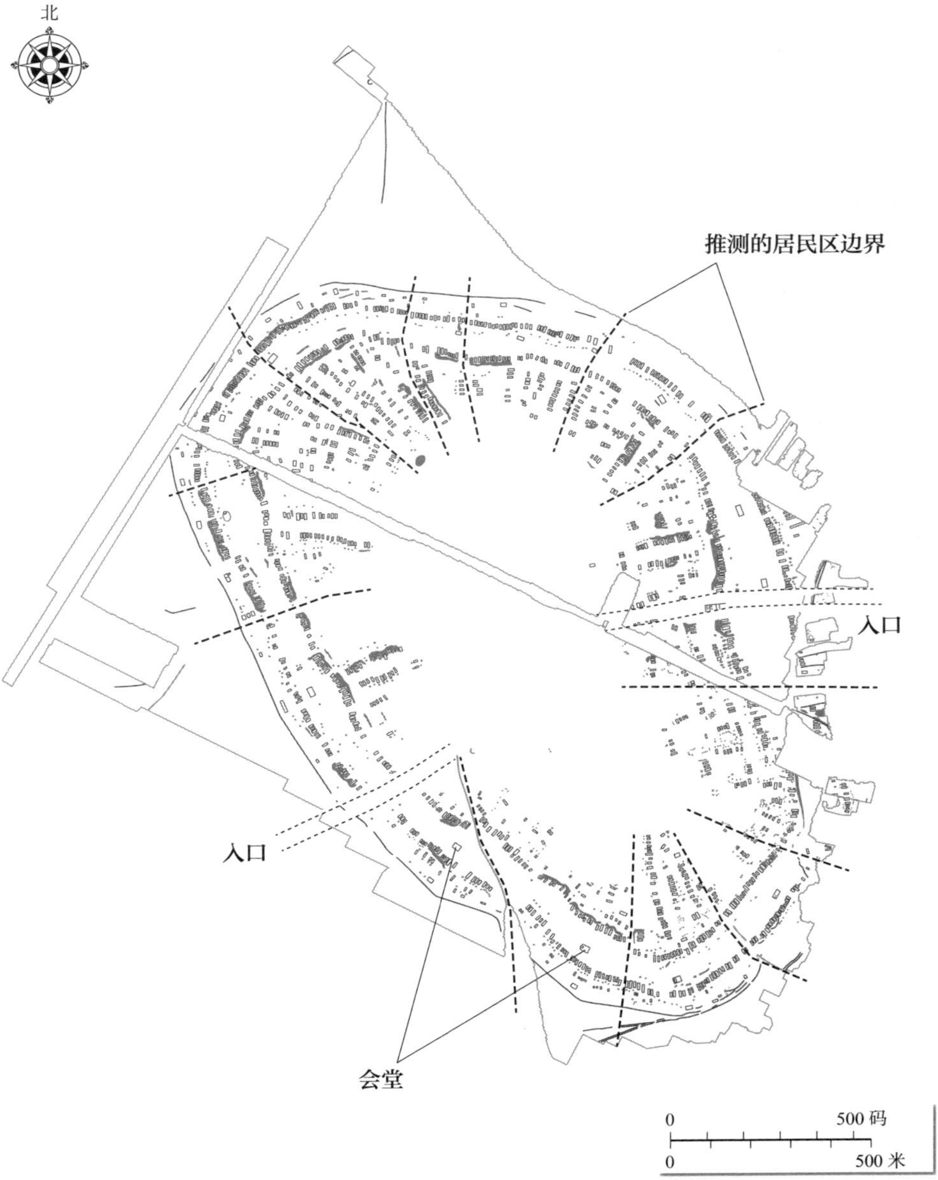

北

推测的居民区边界

入口

入口

会堂

0　　　　　　　500 码
0　　　　　　　500 米

节性的动物圈养——或者三者兼具。[25] 结果，关于乌克兰超大遗址的标准化考古平面图给出的都是皮毛，没有实质。

这些大规模聚落遗址的空间分布和它们的规模一样令人惊叹。它们几乎比邻分布，相距最多不过 9～15 公里。[26] 每个超大遗址估计有上千人口，有些甚至多达上万，它们数量庞大的总人口只能从共同的边区汲取资源。但是它们对生态的影响出乎意料地微乎其微。[27] 有很多可能的原因。有人说，人们只在一年中的某些时间，例如某个季节，住在这些超大遗址中，[28] 就像我们在第三章中讨论过的那些临时聚集场所的城市规模版本。但是临时聚集这个说法不能解释为什么要建造那些坚固耐用的房屋（想想建房过程中砍伐木材、夯实地基、砌墙上梁的艰辛）。很可能，这些超大遗址和其他很多城市一样，既不用于永久居住，也不是严格季节性的，而是介于两者中间。[29]

我们也要考虑这种情况，就是超大遗址的居民有意识地管理着他们的生态系统，以避免大规模破坏森林。这种情况也符合对超大遗址的经济考古研究结果。研究表明，聚落内部存在小规模园耕、家畜养殖、果园栽培以及丰富多样的狩猎和采集活动。这种多样性着实引人注目，其可持续性也毫不逊色。居民的饮食不仅有小麦、大麦和豆类，还有苹果、梨、樱桃、黑刺李、橡子、榛子和杏子。超大遗址的居民们既猎捕马鹿、狍子和野猪，也种地、到森林里采集。这就是大规模的"种着玩"：城市人口通过小规模耕作和放牧，再结合一系列丰富多样的野生食物来生活。[30]

这种生活方式怎么也算不上"简单"。除了管理菜园和果园、家畜和林地，这些城市居民还从喀尔巴阡山脉东部和黑海流域的溪流中大量输入盐；在德涅斯特（Dniester）河谷成吨开采燧石，为制造工具提供材料；大力发展家庭制陶业，其制品称得上史前世界中的精品；从巴尔干地区源源不断地输入铜矿。[31] 有关这需要何种社会安排，考古学家尚未达成一致，但是大部分人同意，这会造成庞大的物流压力。生产肯定有剩余，这极有可能致使一部分人垄断仓储和供给，导致一部分人对另一部分人发号施令或是发动战争。但是，800 年间几乎没有证据显示曾有过战争或是出现精英阶层。超大遗址真正的复杂性正在于其居民设法避免了这些。

究竟是怎么避免的？在没有书面记录的情况下（也没有时光机回到过去），我们没有什么空间去讨论亲属制度和继承关系，或是城中居民如何集体决议。[32] 不过，还是有些线索留了下来，线索始于个体家户层面。每家都有一个大概一致的规划，但是每家又各具特色，从一户到另一户，每家对一致性的规则都有创新、有玩味。每家的仪式都有些创造性的小改动，这一点从其酒具和餐具不同的数目形制就能看出来。这些器具都绘有极尽繁复的彩色图样，形式之丰富令人目眩。就好像每家都有一群艺术家，有属于自己的独特审美风格。

有些人家的陶器形似女性身体，而在房屋废墟中最常发现的物品就有女性陶俑。此外还有房屋模型、微型家具以及餐具，这些微缩器具再现了已消失的社会世界，再次表明女性在社会中的优越地位。[33] 这也稍稍显示出每家每户的文化氛围（至此就很容易理解为什么玛丽亚·金布塔斯——前文讨论过她对亚欧大陆史前史的概论——认为库库泰尼-特里波列文化是"旧欧洲"的一部分，根植于安纳托利亚和中东的农耕社会）。不过，这些人家是如何大规模聚集于一处，形成同心圆式的聚落结构，从而使乌克兰的超大遗址显现出与众不同的布局的？

这些遗址给人的第一印象是高度统一，构成封闭的社会交往圈，不过深入的研究展现出众多离经叛道之处。有时三到十户不等的人家会选择比邻而居，并用沟或壕标识其边界。还有些地方，这样的群体会聚集成社区，从城市的中心延伸至边缘，甚至形成大的住宅区或街区。每个区至少有一个会堂（assembly house），比一般住宅要大些，社区不同人群定期在此集会活动，至于做些什么，我们目前只能猜测（政治集会？法庭诉讼？季节性庆典？）。[34]

考古学家周密的分析展现了乌克兰超大遗址明显的统一性是如何通过地方决议自下而上形成的。[35] 这意味着每个家户的成员，或至少是每个居民区的代表，共享有关聚落整体的概念框架。我们可以放心地推论，这种框架是以圆环形及其变化的特性为基础的。要理解居民们如何将心中的形象落实，转化为如此大规模但可运转的社会现实，我们不能仅仅依赖于考古学。幸运的是，新兴的民族数学（ethno-mathematics）正好研究了这个过程是怎样实现的。我们所知的信息量最大的案例来自法国大西洋比利牛斯省高地的传统巴斯克聚落。

这些偏居法国西南隅的当代巴斯克社会，同样用圆环形来构想自己的社区，就像他们想象自己被一圈大山环绕一样，这是一种对家家平等理念的强调。很明显，这些现存的社会安排不可能和古代乌克兰的一模一样，不过，这些案例很好地说明了圆环形的安排构成了自觉构建平等社会的一部分，在其中"每个人左右都有邻居，不分先后高低"。[36]

例如，在圣昂格拉斯（Sainte-Engrâce）市镇，村庄的环形布局也便于计算随季节轮转的劳作和任务。每个星期天，一户人家会带两块面饼到当地教堂接受祝圣，一块自己吃，另一块给"第一邻居"（右边的那户人家）；下个星期，收到面饼的邻居会给自己右边的邻居带一块祝过圣的面饼，如此这般，沿着顺时针方向，每个星期都有一户人家给自己右边的邻居一块面饼，100户的社区大约要两年才能轮完一遍。[37]

通常，这种事情会内嵌一整套宇宙观，即一套关于人类境况的理论，类似于：面饼被视为"种"，能够带来生命；与此同时，对逝者的关怀和对垂死之人的照护则沿相反方向轮转，是逆时针进行的。这个体系也是经济互助的基础，如果有人出于任何原因不能按时履行相应职责，一个精密的替代系统随即会被启用，由第一、第二或第三邻居依次临时顶替。这实际上成为所有互助形式的模板。"第一邻居"系统和替代系统、依次传递的互惠模型，可以被用于任何需要多家协作的场合：从耕种、丰收，到制作奶酪、屠宰生猪。这也意味着家家户户都不能仅仅依据自身的需要安排劳作，而必须要考虑对其他家户承担的义务以及他们对自家承担的义务、不同家户之间的相互义务，等等。如果考虑到有些任务，例如将牲畜赶到高山牧场或者是挤奶、剪羊毛、放牧等，需要十户人家协同劳动，那么这些人家都必须平衡安排各种各样的任务，我们就开始看到其中的复杂性了。

换言之，这些"简单"经济体并不简单，它们涉及惊人复杂的后勤挑战，但它们以精密的互助系统为基础，并不依托于集权化控制或行政体系。这个区域的巴斯克村民都是自觉的平等主义者，这里的平等主义意味着他们坚持认为每家每户都是同样的，有同样的责任，不过，他们并没有采用公共集会的形式（众所周知早期的巴斯克居民在格尔尼卡等地发明了此形式）进行管理，而是依靠循环、轮替和错列等数学原理。不过二者殊途同归，且圣昂格拉斯的模式足够灵活，能够随着家户数量的变化及其家庭成员能力的变化而适时调整，保证了长期的平等关系，几乎完全避免了内部冲突。

没有理由假定这种体系只能小规模运作：由100个家户构成的村子已经远远超过邓巴指出的150人的认知极限（根据邓巴的说法，在通过酋长和行政长官来管理社会事务之前，我们大脑只能维持跟150人的稳定可靠关系），巴斯克村庄和城镇曾经比那规模更大。现在我们至少可以看到——在不同的背景下——平等主义体系能够在规模几百甚至几千人口的社区中运作。回到乌克兰的超大遗址，我们必须承认，相关的很多东西还是未知。大约在公元前4000年中叶，这些超大遗址大部分已遭废弃。我们并不知道个中缘由。不过，这些废墟留给我们的启发意义重大，证明了高度平等主义的社会组织方式在城市规模上是可能的。[38]记住这一点，我们就可以用全新的眼光重审亚欧大陆其他那些更著名的案例。我们先从美索不达米亚开始。

美索不达米亚，以及"不那么原始"的民主

"美索不达米亚"的意思是"两条河之间的土地"，考古学家有时也称这片区域为"城市心脏地带"。[39]其泛滥平原纵贯伊拉克南部的土地，直到波斯湾北部的沼泽地带。[40]这里的城市生活至少在公元前3500年就已经开始。在底格里斯河和幼发拉底河之间偏北的土地上，河流流过雨水灌溉的平原，这里的城市历史甚至能够追溯到公元前4000年前。[41]

不同于乌克兰超大遗址，也不同于我们后面要讨论的印度河流域青

铜时代的城市，在其古老土丘[42]经历考古发掘之前，美索不达米亚就已经是现代记忆的一部分了。任何一个读过《圣经》的人都知道巴比伦和亚述王国；在大英帝国的维多利亚盛世，《圣经》研究学者和东方学家们开始对经文中提到的地方进行发掘，例如尼尼微（Nineveh）和尼姆鲁德（Nimrud），希望能够发现诸如尼布甲尼撒二世、辛那赫里布*或提格拉特帕拉沙尔三世等传说人物统治的城市。他们的确发现了这些城市，但是他们还在这些地方及其他地方发现了更加壮观的东西，比如在伊朗西部的苏萨（Susa）出土的一块刻有《汉谟拉比法典》的玄武岩石碑（汉谟拉比是公元前18世纪的巴比伦统治者）；再比如尼尼微出土的刻有《吉尔伽美什史诗》的泥板（吉尔伽美什是传说中的乌鲁克国王）；还比如伊拉克南部的乌尔（Ur）**皇陵，里面安葬着《圣经》上从未提及的国王和王后，墓中有惊人的财富和陪葬侍从的遗体，时间大约在公元前2500年。

还有更大的惊喜。城市与王国的古老遗迹，包括乌尔皇陵，它们属于此前未知，也没有任何文献提及的文化群体：苏美尔人，他们使用一种和闪米特语族（希伯来语和阿拉伯语都衍生于此）毫无关系的语言。[43]（事实上，和巴斯克的例子一样，关于苏美尔语属于哪个语族还没有共识。）不过，总体而言，从19世纪末到20世纪初，这个区域最开始几十年的考古工作确认了古代美索不达米亚有着意料之中的帝国形制和君主统治。乍看之下，苏美尔人也不例外。[44]但事实上，基调已经定好了。公众对乌尔的发现兴趣高涨，以至于20世纪20年代的《图说伦敦新闻》（*Illustrated London News*，英国的"世界之窗"）围绕伦纳德·伍莱（Leonard Woolley）对皇陵的发掘至少发表了30篇专题文章。

这通通强化了美索不达米亚作为一个拥有城市、君主制、贵族制的文明的流行印象，这种印象还笼罩着揭开《圣经》经文背后"真相"的兴奋之情（"迦勒底的吾珥"，不仅是一座苏美尔城市，还是《希伯来圣

---

* 亚述王，《圣经》中译作"西拿基立"。——编者注

** 《圣经》中译作"吾珥"。——译者注

经》中先祖亚伯拉罕的出生地)。不过,现代考古学和铭刻学的成就之一是重塑了这一印象,指出美索不达米亚实际上根本不是永恒的"列王之地"。真实情况要复杂得多。

公元前4千纪和公元前3千纪初,最早的美索不达米亚城市中根本没有关于君主制的证据。当然你可以反驳说,很难证明某地**不存在**某个东西,但是,我们知道实行君主制的城市是什么样的,因为500年之后(从大约公元前2800年开始),君主制遍地生花:宫殿、贵族墓葬和皇家碑刻、护城墙、有组织的护城军随之出现。但是美索不达米亚城市的起源以及城市生活的方方面面——城市社会的古代基石——早在"早王朝"(Early Dynastic)时期之前就出现了。

这些早期城市元素中,有的被认为是君主统治诞生的标志,例如历史学家们用法语称作 corvée 的徭役制度,指为了公共工程而抽调自由民进行季节性义务劳动,这通常被视为有权有势的统治者征税的一种形式:不是以实物,而是用服务交税。从美索不达米亚人的角度看,劳役制度非常古老,和人类一样古老。大洪水神话《阿特拉哈西斯》(Atrahasis)是《旧约》中挪亚故事的原型,其中讲到了神明创造人类来为其服劳役。美索不达米亚的众神异乎寻常地喜欢事必躬亲,最初亲自工作,最终对开挖沟渠等事厌烦不已,就造出小神来替自己工作,但是小神叛变了(他们的下场比路西法*好很多),于是神只好造出了人类。[45]

所有人都要服劳役,即使是美索不达米亚王朝晚期最有权力的统治者,也必须在建造重要神庙的时候抬一筐土到工地。苏美尔语中劳役(*dubsig*)一词的意思就是这筐土,在象形文字中呈现为一个人头顶一筐土;国王们在纪念碑中常以这种形象出现,例如在刻于公元前2500年前后的乌尔南舍匾(Plaque of Ur-Nanshe)上,国王乌尔南舍就头顶一筐土。自由民要服短至几周、长至几个月的劳役,高级神职人员和行政人员、工匠、牧人以及农民也不例外。后期的国王可能会免除劳役,允许

---

* 路西法(Lucifer),本是天使,过于骄傲,意图与神等同,最终叛变,被逐出天堂。——译者注

富人以税代役，或是花钱雇人来替他们服劳役。不过，所有人都逃不开这个体系。[46]

宫廷赞美诗描述劳役工人时，用了"笑脸"和"开怀"这样的字眼。这种描述毫无疑问带有政治宣传色彩。不过同样明显的是，即使在君主和帝国时代，这些季节性工程也是在一种过节般的欢快氛围中进行的：劳工们获得大量奖励，包括面包、啤酒、椰枣、奶酪和肉。这里甚至有狂欢节的意味，随着城市的道德秩序不断运转，有时城市居民们之间的差异会消解。"古地亚赞美诗"——古地亚是拉伽什（Lagash）城邦的统治者（ensi）——就隐隐透露出这种氛围。这些赞美诗出现在大约公元前3千纪晚期，歌颂了对埃宁努（Eninnu）神庙的重建，神庙中供奉的是城邦守护神宁吉尔苏（Ningirsu）：

> 女人们不用提篮筐，
> 只有顶级战士才去修建
> 为了他；不用鞭笞；
> 母亲不打（不听话的）孩子；
> 将军，
> 团长，
> 队长，
> （和）士兵，
> 都平等分工；
> 监工实在是（像）
> 他们手中柔软的羊毛。[47]

总体上，这给市民们带来很多持久的好处，包括统治者为他们免除的债务。[48] 劳役征用场合被看作是在神明面前绝对平等的场合，即使奴隶也会和其主人平起平坐；这也是想象中的城市变为现实的场合，因为居民们脱去了日常的身份，不再是面包师、饭店老板、这个或那个社区的居民，也没有了后来将军和奴隶的差别，大家暂时聚集一处，成为拉伽什、基什（Kish）、埃利都（Eridu）或是拉尔萨（Larsa）等城市的"人民"，共同兴建或是重建城市的一部分，或者修建支撑城市生活的灌溉水渠。

如果这是城市如何被建造起来的一个侧面，那么很难将这种节庆般的场合视作纯粹的符号展演。不仅如此，还有其他确保普通市民参与政府重大决策的机制，这些机制据说起源于前王朝时期，即使是后期城邦的独裁统治者也会被各种各样的城市议事会、社区和集会问责——这些场合中常常能看到女性的身影。[49]城市的"儿女们"不断发声，影响着从税收到外交的各种城市事务。这些城市集会可能比不上古希腊的那么有力，但换个角度看，美索不达米亚的奴隶制度也没有古希腊的那么成熟，这里的女性也不像古希腊的那样被排挤出政治领域。[50]在外交往来文书中，偶尔会有记载显示民众揭竿而起，反对暴君或者暴政，且往往大获成功。

现代学者将这种总体上的状态称为"原始民主"（primitive democracy）。这不是个好术语，因为没有任何理由认为这些机制在哪方面是粗陋或简单的。研究者持续使用这个古怪的术语，可以说阻碍了更广泛的讨论，使得大部分讨论都局限在了亚述学领域：对古代美索不达米亚及其楔形文字遗产的研究。让我们展开了解一下这个观点，以及它的一些影响。

认为美索不达米亚拥有"原始民主"的观点，最初是丹麦历史学家兼亚述学家托基尔·雅各布森（Thorkild Jacobsen）在20世纪40年代提出来的。[51]如今，同领域的学者们进一步扩展了他的思想。区议事会和长老大会——代表城市公众的利益——不仅如雅各布森所说，是早期美索不达米亚城市的特征；这些特征在所有后来的美索不达米亚历史时期也能看到，直至亚述、巴比伦和波斯帝国时代，《圣经》经文中保留下了对它们的记忆。

公众议事会和市民大会（苏美尔语：ukkin，阿卡德语：puhrum）是政府的一贯特征，不仅在美索不达米亚如此，在其殖民地区〔例如位于安纳托利亚的古亚述"卡鲁姆"（Karum，即贸易区）*卡内什（Kanesh）]和周边民族（例如赫梯人、腓尼基人、非利士人和以色列人）建立的城市社会都是如此。[52] 事实上，在古代近东区域，几乎找不到哪个城市没有类似公众集会的机构设置，甚至经常存在多种集会（例如分别代表"年轻人"和"老年人"的集会）。即使在君主制传统更加深厚的叙利亚草原和美索不达米亚北部，情况也同样如此。[53] 不过，关于这些集会的运作机制、构成甚至集会地点等，我们所知甚少。[54] 如果一个古希腊人看到这一切，很可能会将其中一些城市描述为民主的，将另外一些描述为寡头政治，还有一些是民主、寡头政治和君主制的混合。不过在大多数方面，专家们也只能靠想象。

最明确的一些证据来自公元前 9 世纪到前 7 世纪。诸如辛那赫里布和亚述巴尼拔这样的亚述皇帝，自圣经时代以来就因残酷无情而闻名，他们建造了大量纪念碑以标榜对反叛者的血腥镇压。但是对于忠心耿耿的臣民，他们则放任自流，由其集体商议决断，近乎自治。[55] 我们了解这一事实，是因为有些地区长官驻扎在距离亚述皇廷很远的地方，位于美索不达米亚南部的巴比伦、尼普尔、乌鲁克、乌尔等主要城市，而他们通过信件和自己的主君沟通往来。考古学家在发掘帝国古都尼尼微的皇家档案时，找到了许多这样的信件。从中可知，城市长官通过驿站将市民议事会的决议送达亚述皇廷。我们了解到，"人民的意志"体现在各项事务之中，从外交政策到长官选举，而且市民组织有时还会自主掌控事务，例如增兵或者提税以修建公共工程，或者在领主间挑起对抗以坐收渔翁之利。

街区（阿卡德语：bābtum，有门的意思）在地方行政中也极其活跃，有时候就像把村落和部落的管理形式复制到了城市情境中。[56] 谋杀案、离婚诉讼和财产纷争由城市议事会审理，其中有一次集会很难得地被详尽记录在尼普尔出土的文献中。那是对一起谋杀案的审判，人们被召集形

---

* Karum 在苏美尔语中指有城墙的贸易港，被用来泛指公元前 20 世纪到前 18 世纪位于小亚细亚的古亚述商贸城，其中最主要的商贸城就是卡内什。——译者注

加泰土丘出土的泥塑女性坐像，年代在公元前 6000 年前后。这尊著名的塑像最初被解读为一位"母神"

加泰土丘房屋内的牛头装饰

加泰土丘一间屋子内部陈设的模拟复原

哥贝克力土丘主要发掘区（东南谷）的鸟瞰图，可以看出几个规模较大的石阵圈

哥贝克力石阵 D 建筑 43 号石柱上的浅浮雕描绘了秃鹫、蝎子等动物，以及一具勃起的人体。画面中央的秃鹫翅膀上托着一颗人头

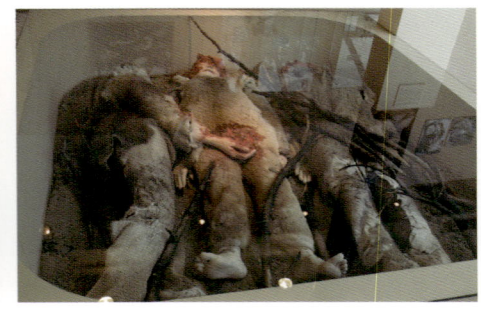

下维斯特尼采遗址的三人合葬墓（左图）及其复原场景（右图）

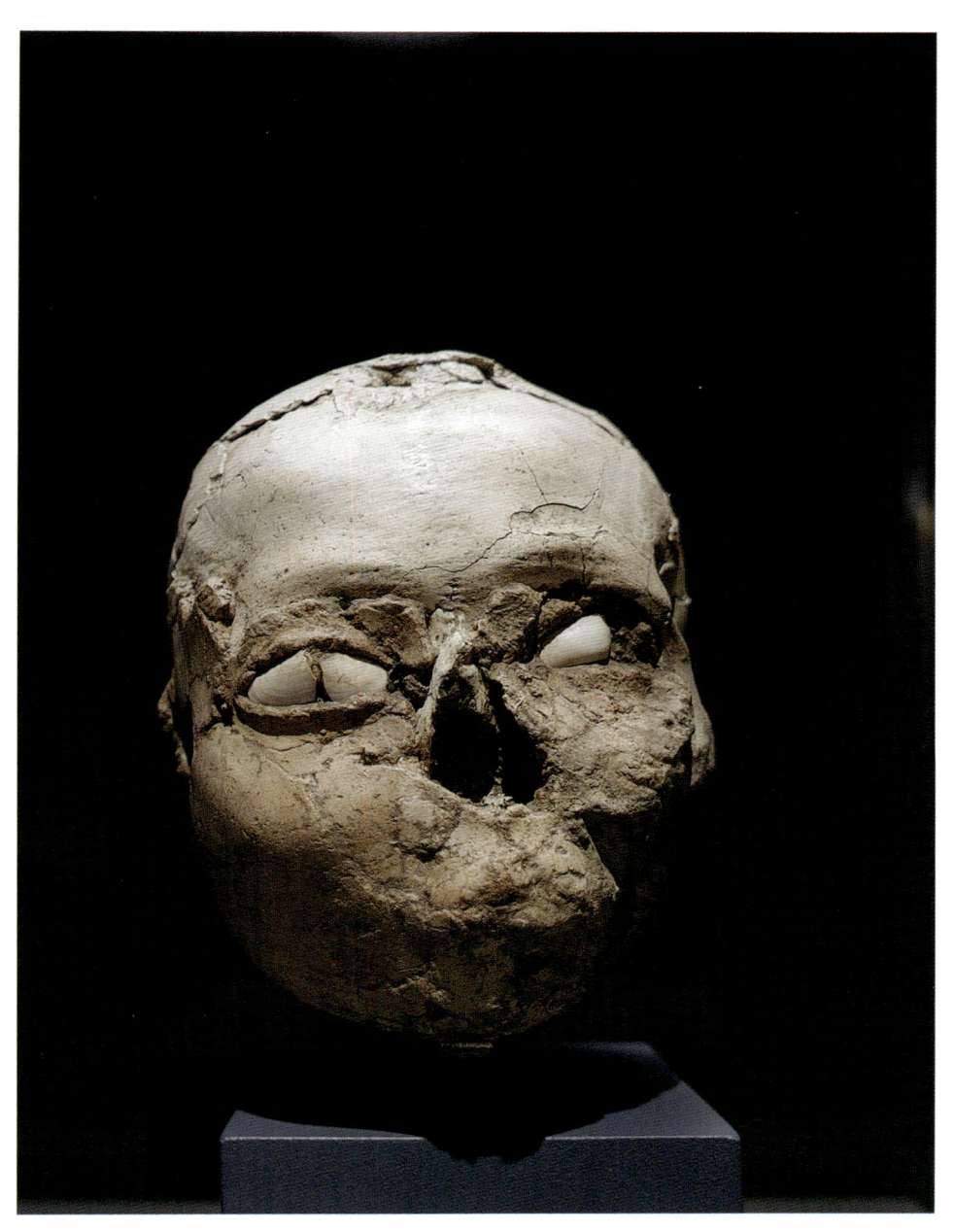

古杰里科遗址发掘出的一件"头骨肖像",通过在人类颅骨外涂抹石膏塑成,眼窝处被嵌入了贝壳。现藏于大英博物馆

阿斯兰土丘遗址中发掘出的剑

乌尔南舍穿孔浮雕，左上角描绘了拉伽什国王乌尔南舍头顶一筐土的形象。现藏于卢浮宫

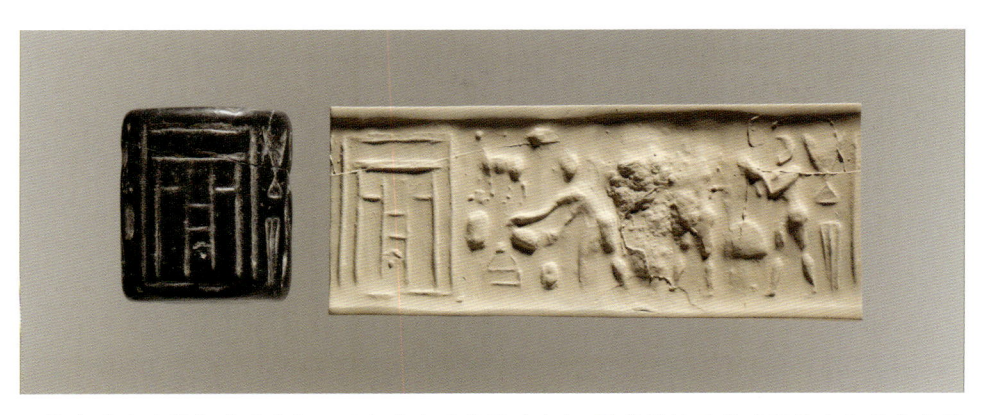

一枚乌鲁克滚筒印章（左）以及印出来的效果（右），图案描绘了神庙门外人们前来上供的场景

摩亨佐达罗的"大浴池"及周边区域

一枚印度河（哈拉帕）文明印章（左）以及印出来的效果（右），图案为独角兽和香炉（不确定），上方有铭文

特奥蒂瓦坎城中特潘蒂特拉区公寓楼内的壁画，呈现了一幅迷幻的场景

特奥蒂瓦坎羽蛇神殿废墟的建筑细节

猫科动物外观的石钵和杵,可能被用于研磨维尔卡叶一类的植物致幻剂,常用于宗教仪式。这组物件来自帕科潘帕(Pacopampa),与查文同期,显示出查文宗教在当时的吸引力和传播度

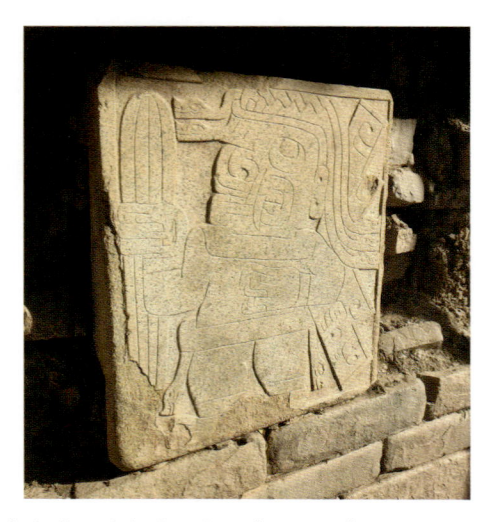

查文德万塔尔的一块石碑,画面中的人头顶蛇饰,口生獠牙,手握常被用于制作致幻草药"瓦楚马"的圣佩德罗仙人掌茎。左图为石碑,右图为石碑图案转绘

历史绘画《特拉斯卡拉议事会》(Rodrigo Gutiérrez 绘,1875)

在位于底比斯的皇家首席管家麦克特瑞（Meketre）墓中发现的面包和啤酒制作工坊模型（左图），年代在中王国时期，公元前 1980 年前后。古埃及的面包和啤酒使用的原料基本相同，二者的制作在同一个综合工坊中完成。下两图展示了模型内部细节

米诺斯城市阿克罗提利的壁画局部,展现了生动的城市生活场景

米诺斯时期的克里特出土的一枚金印戒,上面的图案描绘了一名身段柔软的男性灵活地在一只公牛的背上翻跃。"跳牛飞人"是米诺斯艺术中的一个常见意象

夸扣特尔面具舞者（Edward S. Curtis 摄，1907）

北美原住民中流行的古老运动"昌基"的比赛场景（George Catlin 绘，1832—1833）

如今霍普韦尔文化国家公园中的芒德城土丘群（Mound City Group）鸟瞰图

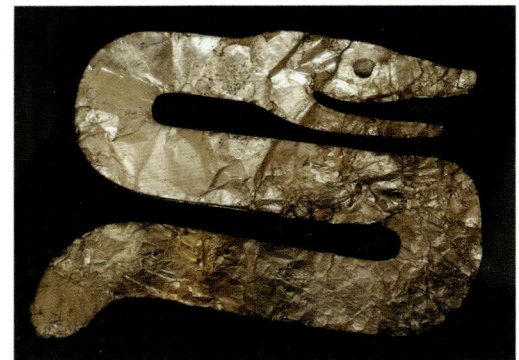

霍普韦尔文化诸遗址的出土物。左上为一只陶瓷烟斗；左下为一块未经加工的黑曜石；右上为一件由云母切割制成的蛇形雕像；右下为一个石制鸟形雕像，可能被用作掷矛器的配重块

艺术家制作的卡霍基亚土丘遗址概念图

卡霍基亚最大的土丘——僧丘。其底座大小与吉萨金字塔不相上下，曾经的木质台阶如今被混凝土台阶取代

在埃托瓦土丘发现的一块制作于13—14世纪的"鸟人"主题凸纹铜板，被认为源自卡霍基亚。类似的凸纹铜板出现在密西西比文化区域内的多地

成陪审团，其中有一个捕鸟者、一个制陶匠、两个园丁和一个在神庙服役的士兵。特立尼达知识分子詹姆斯（C. L. R. James）曾说过，在公元前5世纪的雅典，"每一个厨师都能执政"。在美索不达米亚，或至少在它的部分地区，看起来确乎如此：体力劳动者也可以直接参与法律和政治事务。[57]

在古代美索不达米亚城市中，参与式管理在多个层级上被实践，从街区——有些以族裔划分，有些以职业划分——到更大的城区，最终到城市整体。每个市民的利益在不同层级上得到代表。不过现有文献证据中，几乎找不到详细说明这个城市治理体系在实践中是如何运作的内容。历史学家们认为，没有书面记录的主要原因是，这种不同层级的集会在进行商议（关于本地财产纠纷、离婚诉讼、遗产争夺、盗窃或是谋杀等）的时候几乎不受中央政府的管制，也就不需要它的书面授权。[58]

考古学家基本也赞同历史学家这个观点，不过还是应该思考一下考古学在这些政治问题上可以带来哪些独特启发。一个启发来自马什坎沙皮尔（Mashkan-shapir）遗址，这是公元前2000年前后拉尔萨国王统治之下的一个重要中心。就像很多美索不达米亚城市一样，马什坎沙皮尔的城市景观中最令人瞩目的是高高立于金字形平台上的主神庙——具体而言，此地供奉的是冥界之神内尔伽勒（Nergal）。但是对城市港口、门户和住宅区的深入考古发掘揭露出一个惊人的事实，就是在城市的五个主要行政区之间，财富、手工艺品生产以及行政管理工具都是平均分布的，没有明显的商业或政治中心。[59]至于日常事务，市民们（即使在君主治下）基本是自治的，可以推测这应该和国王出现之前的情况保持了一致。

事态发展也可能正相反。有时随着远道而来的专制统治者君临城下，城市生活会被搅乱。例如，里姆家族——亚基德里姆（Yaggid-Lim）、亚赫敦里姆（Yahudun-Lim）和奇姆利里姆（Zimri-Lim）——建立的亚摩利王朝征服了叙利亚幼发拉底河流域的大部分地区，时间差不多就是远在南面的马什坎沙皮尔蓬勃发展之际。里姆家族决定将都城定在一座叫马里（Mari）的古城［即今天的哈利利丘（Tell Hariri），在叙利亚幼发拉底河流域］，并占据了城中心的政务大楼。他们的到来似乎导致了马里城市人口的大规模出逃，人们转投更小的城镇或是散布于叙利亚草原的牧民聚落。直至公元前1761年巴比伦王汉谟拉比彻底摧毁马里城之时，亚摩利国王们的这最后一座"城市"仅有皇宫、后宫、皇家神庙和几幢官方建筑。[60]

这一时期的书信直接显示出这类外来君主遭到的反感以及城市集会根深蒂固的影响力。泰路（Terru）是胡里安人的古都乌尔卡什［Urkesh，今天的莫赞丘（Tell Mozan）］的领主，他写给奇姆利里姆的信中透露出面对城市议会和集会时的无能为力。有一次，泰路告诉奇姆利里姆："因为我听命于我主，我城的居民鄙视我，有两三次我的脑袋险些不保。"那位马里国王回信说："我没有料到你城的居民因我而鄙视你。纵使乌尔卡什另有所属，你依然属于我。"最终事态白热化，泰路坦白说他迫于公众压力（"乌尔卡什悠悠众口"）不得不逃跑，避难于邻近城镇。[61]

因此，看起来根本无须统治者来管理城市生活，大多数美索不达米亚的市民自发组织为自治单元，并可能以此抗衡令人生厌的在上者，或者将其驱赶，或者弃城而去。这并不足以回答"王权出现**前**美索不达米亚治理的本质是什么"这个问题（尽管颇具启发性）。问题的答案很大程度上要到一个遗址中去寻找：乌鲁克城，即今天的瓦尔卡（Warka）、《圣经》中的以力（Erech），后来关于此城的神话激发了雅各布森对"原始民主"的最初探索。[62]

（书写）历史，很可能还有（口头）史诗，是如何开始的：大议会在城里，小王国在山上

公元前3300年，乌鲁克是一个占地约200公顷的城市，在美索不达米亚南部的泛滥平原上鹤立鸡群。当时乌鲁克的人口在2万到5万之间。最早的居住区后来被新的城市聚落覆盖，新的聚落一直延续到公元前4世纪亚历山大大帝时代。[63]楔形文字很可能在公元前3300年前后发明于乌鲁克，从计数板和其他行政记录形式中，我们能看到这种文字孕育发展的早期阶段。当时书写主要被用于城市神庙中的簿记。[64]千年之

后，也正是在乌鲁克的神庙中，楔形文字最终退出历史舞台，那时它已经高度成熟，被广泛应用，记录着世界最早的文学和律法。

我们对最早的乌鲁克城有什么了解？到公元前4千纪晚期，那里出现了一座高高的卫城，其中占据大部分空间的是一个抬升的公共区域，叫作伊安娜，即"天之居"，是献给女神伊南娜的。在其顶端耸立着9座纪念性建筑，如今仅剩进口石灰岩打造的地基尚存，外加小部分楼梯井和装饰着彩色马赛克的柱厅的碎片。这些大型城市建筑的屋顶最初一定是用来自异域的木料建造的，通过河流从叙利亚一带的"雪松林"驳运而来，这也是美索不达米亚史诗《吉尔伽美什》的背景。

对于城市历史学家来说，乌鲁克堪称奇葩。它有点像乌克兰超大遗址的反面，已知最古老的建筑格局全是核心而缺少周边，因为我们对伊安娜区以外的居民区一无所知。这一点却被遗址的早期发掘者忽视了。换言之，我们得以一窥城市的公共区域，但是无法在与私人区域的对照中进一步界定它。尽管如此，我们先谈谈已知的内容。

大部分公共建筑看起来像大型的公共集会厅，很明显是依照普通住宅的结构建造的，但是用作神明的居所。[65]这里还有一个大中庭（Great Court），里面有一个巨型的下沉广场，宽约50米，周围安装着两层看台，并配备了水渠来灌溉树木和花园，这些植被可以为露天集会提供荫蔽。这种布局——一系列大型的开放神庙以及一个公共集会的舒适空间——很容易使人推测乌鲁克由一个公民大会治理；并且正如雅各布森所言，《吉尔伽美什史诗》（从乌鲁克前王朝时期讲起）确实提及了这种集会，其中包括专门由城中的青年男性参加的集会。

一个很明显的类比是：伯里克利时代（公元前5世纪）的雅典城市广场（agora）同样也到处是公共神庙，不过真正的民主集会却发生在露天的普尼克斯（Pnyx）小山上，那里安装的座位可供召集五百人会议（与会代表由抽签产生，定期轮换）来管理城中日常事务（其他参会市民只能站着）。普尼克斯的集会可能有6 000~1.2万人参加，都是成年男性自由民组成的团体，约占总人口的20%。乌鲁克的大中庭规模更大，我们不太清楚公元前3500年的乌鲁克有多少人口，但那肯定不能跟古雅典相提并论。这就意味着在大中庭参与集会的人口比例更高，有可能女性没有被完全排除在外，也可能早期乌鲁克没有像后来的雅典那样，将30%的人口划为没有选举权的外邦人，将40%的人口当作奴隶。

当然这些都是猜测，但确定无疑的是，后来一切都变了。大约在公元前3200年，伊安娜神庙最初的公共建筑被夷为平地，沦为废墟，其神圣景观摇身一变成为一系列封闭式院落和金字形神塔。到公元前2900年，证据显示，敌对城邦的国王们挥戈相向，试与乌鲁克一争高低，乌鲁克为此修建了一座长达8.8公里的环城城墙（后来人们把修建城墙的事迹归功于吉尔伽美什）。只过了几百年，城市统治者们便与神明比邻而居，在"天之居"的门口建造起自己的宫殿，将自己的名字刻入神圣的砖上。[66]

这种情况再次出现：一方面，民主自治的证据总是有些模糊不清（谁会只凭考古证据就猜到公元前5世纪的雅典是什么样的？）；另一方面，皇权统治的证据一旦出现，就一定不会弄错。

乌鲁克真正最负盛名的是书写。它是第一座有大量书写记录的城市，其中一部分可以追溯到皇权统治之前。不过遗憾的是，即使我们能读到它们，也无法理解。

大部分楔形文字板是从埋于卫城城基之下的垃圾堆中找到的，其中反映城市生活的记录非常有限。大部分是文牍性质的收据，记录着货物和服务的往来交易。也有"学校课文"，里面是书吏誊写的字符表，他们通过这样的训练来熟练掌握当时标准的行政术语。课文的历史意义尚不清楚，因为书吏可能要学习各种各样的楔形文字，用芦苇笔刻写在湿泥板上，但是这些文字在实践中没什么应用。这种学问很可能是当时正规文学训练的一部分。[67]

不过，就算只知道有书吏学院存在，书吏们协调监管人、动物、植物和物品之间的复杂关系，这一点就足以说明大型的"神明之家"不仅被用于举办仪式。人们在此监管货物和产业，一个市民团体在此发展出教育机制，这些很快成为城市生活这种特殊生活方式的核心，影响至今。要想感受一下这些变革的深远影响，只要想想本书的读者初学拼读时的场景,很可能是在教室里,面向老师坐成一排排,而老师则遵循标准教学大纲上课。这种相当严肃的教学方式就是苏美尔人的发明,至今影响着世界的角角落落。[68]

至此我们对神明之家到底了解了多少?至少有一点是清楚无误的,就是它们更像工厂而不是教堂。有证据显示,即使是最初的神明之家也有大量可供调用的人力,并设有作坊和原材料仓储。苏美尔神庙运作的很多细节都和今天的工厂很像,包括将人的劳动量化为标准工作量和工时。苏美尔官僚事无巨细都要计算,包括天、月、年。他们使用的六十进制(以60为基数进位)最终演化出了(通过各种各样的传播方式)我们今天的计时系统。[69]在苏美尔簿记记录中,我们能找到现代工业、金融和官僚体系的古代温床。

很难确定这些神庙中的劳力具体是谁。或者说,究竟是哪类人被这样组织起来,接受分配的餐食,劳动成果被记录在册——他们是神庙的终身劳力,还是在服劳役的普通市民?不过,名单中出现了儿童,这说明至少有些人可能生活于此,如果真是这样,说明他们可能除此之外无处可去。如果参照晚期苏美尔神庙,可以说这些劳力囊括了城市中各种各样的弱势群体:鳏寡孤独,以及因债务、罪行、纠纷、贫困、疾病或者残疾而沦落至此,在神庙寻求庇护的人。[70]

尽管如此,我们暂且先来看看在这些神庙作坊中发展出的大量不同的工业。根据楔形文字记录,我们发现了最早的大规模乳制品和羊毛生产业,还有发酵面包、啤酒和葡萄酒制造业,并配备有标准化的包装设备。行政记录中出现了大约80种不同的鱼类,包括淡水鱼和海鱼,以及鱼油和鱼肉加工产品,这些产品储存在神庙的仓库中。从这些记录中我们可以推论,神庙的一大经济功能是在每年的关键时节协调劳动力,同时监管加工产品的质量,而这是单户普通人家无力运作的。[71]

这类工作,不同于维护灌溉堤或是修路建坝的工作,是在中央行政调控之下日常运行的。换言之,在美索不达米亚城市生活的早期阶段,我们通常认为的属于国家领域的事务(例如公共工程、国际关系)基本上是由地方或城市议会处理的;而自上而下的官僚系统则被限制在我们如今认为的经济或商品领域。[72]

当然，乌鲁克居民并没有清晰的"经济"概念，近代之前没人有经济的概念。对苏美尔人来说，工厂和作坊的终极目的就是给神明建造一个显赫居所，让他们能在这里享受各种各样的供奉，包括美食、华服以及照料，并为他们举办仪式，组织节庆。后者的场景很可能被刻画在乌鲁克瓶（Uruk Vase）上，它是少数留存下来的反映这一早期阶段的叙事艺术作品，瓶上刻画了一群一模一样的裸体男性跟随在一个高大男性后面，带着他们当地出产的粮食、水果和羊群，正列队走向女神伊南娜的神庙区域。[73]

领队的那个身形较大的男性究竟是谁，还不完全清楚——有时在文献里他被称为"乌鲁克男人"。根据后来背景设定在乌鲁克的吉尔伽美什传说，青年大会的领导人之一想方设法攀上了国王（lugal）的宝座。不过就算这真的发生过，在公元前4千纪的文献记录中也找不到任何踪迹，因为那一时期乌鲁克官员的名录已经被发现，其中没有lugal这个职位（这个术语直至公元前2600年前后才出现，那时已经有了宫殿和其他明确的皇权标志）。没有理由认为君主制——不管是仪式性的或是其他意义上的——在美索不达米亚南方的早期城市中有什么实质影响。事实上，情况恰恰相反。[74]

不过很清楚，从早期碑文中我们能窥见的也只是城市生活的冰山一角。我们知道神庙中大规模生产羊毛服装和其他商品，我们也能推断出，这些羊毛以及其他神庙产品有可能被用来交换木材、金属和宝石，这些物产在河谷地带无法出产，在周边高山地区却产量丰富。但是我们对早期贸易是如何被组织起来的一无所知，从考古证据中我们只知道乌鲁克建立了殖民地，殖民地几乎是其自身的小翻版，都分布在贸易线路的沿途要地。乌鲁克殖民地看上去既是贸易重镇，也是宗教中心，踪迹远及北边的托罗斯山脉和东边伊朗的扎格罗斯山脉。[75]

这场考古学文献中所谓的"乌鲁克扩张"令人费解。找不到任何暴力侵略的证据，没有武器也没有堡垒，不过与此同时，似乎又确实有过改造附近居民生活（实质上的殖民）、传播新型城市生活方式的努力。在这个过程中，乌鲁克的使者显示出堪比传教士的热情，他们建立神庙，以之为据点向本地居民传播新式服饰、乳制品、酒和羊毛织物。虽然对本地居民来说，这些商品可能算不上闻所未闻，但是神庙带来了标准化原则：城市神庙工厂的产品包装规格统一，同时由神明之家控制产品的纯正和品质。[76]

在某种意义上，这整个过程确实是殖民，也并非没有遭遇抵抗。事实上，如果不放在这种反抗的更大背景下，我们就很难理解我们如今称为"国家"的东西的诞生，尤其是贵族制或君主制国家的崛起。

最能说明这个问题的遗址是阿斯兰土丘（Arslantepe），即"狮丘"，位于土耳其东部的马拉蒂亚平原。在乌鲁克发展为大都市的时候，阿斯兰土丘也成长为重要的区域中心，其所在区域是幼发拉底河上游朝向前托罗斯山脉（Anti-Taurus Mountains）的河湾处，那里有丰富的金属和木材资源。这里最初可能是作为某种季节性商贸集会而存在的；其海拔近千米，冬季很可能被大雪封锁。即使在全盛时期，阿斯兰土丘也从未超过5公顷，常住人口可能最多不过几百人。然而，就在这5公顷内，考古学家发掘出一系列举世瞩目的政治进程证据。[77]

公元前3300年前后，随着第一座神庙在此落成，阿斯兰土丘的故事开始了。这座神庙和乌鲁克及其殖民地的神庙形制相似，有存储食物的区域和精心存档的行政印章，和美索不达米亚泛滥平原的任何一座神庙都无二致。然而，仅仅在几代之后，这座神庙就被废弃了，在废墟之上建起了恢宏的私家建筑，有封闭的大型接待厅和生活区，还有储藏室，其中包括一个军械库。剑与矛数量巨大，用富含砷的铜精心锻造而成，不同于同一时期低地公共建筑中发现的武器。这表明，人们不仅掌握暴力控制手段，而且对其大加颂扬，表现出一种崇尚个体对抗与杀戮的新美学。发掘者将这一建筑称为世界上"已知最早的宫殿"。

从公元前3100年开始，在横跨今土耳其东部的山区和其他城市文明的边缘地带，我们都能找到战士贵族崛起的证据，他们手握大量金属长矛和宝剑，居所看起来像山丘堡垒或小型宫殿。所有官僚制度的印迹都消失了。在他们的地界里，我们不仅发现了贵族府邸——类似于贝奥武夫的宴会厅（mead hall）或者19世纪太平洋西北海岸的酋长房——也首次发现了墓穴，所葬之人在生前明显被视为某种英雄，陪葬品是数量巨大的金属武器、珍宝、精美的纺织品和酒具。[78]

这些处在城市生活边缘的墓穴及其制造者，尽显奢华之风。墓中存储着不计其数的酒肉珠宝。有迹象表明，这些葬礼可能会上升为一场场争抢风头的奇观，葬礼上人们竞相供奉甚至有意毁坏那些可能是价值连城的战利品、传家宝和奖品的贵重物，甚至在墓地残杀活人进行献祭，献祭之后将尸体埋于周边。[79]不同于冰期一个个孤立的男女"王公"之墓，这里能找到满是这类墓葬的墓地，例如在通往凡湖（Lake Van）的必经之路上的巴苏尔土丘（Başur Höyük），而在阿斯兰土丘，我们能看到可能被认为属于某种战士贵族统治下的物质现实（堡垒、储藏室）。

这就是贵族精神的滥觞，对欧亚历史影响深远（前文有所提及，例如希罗多德对斯基泰人*的记述，后来伊本·法德兰对伏尔加的"野蛮"日耳曼部落的观察）。这些是赫克托·芒罗·查德威克（Hector Munro Chadwick）提出的著名的"英雄社会"的雏形，而且，这些社会似乎也按照查德威克的分析出现在了预期中的地方：在有官僚体系的秩序井然的城市边缘。

查德威克的写作时期在 20 世纪 20 年代，当时他是剑桥大学的盎格鲁-撒克逊语教授，同一时期托尔金（J. R. R. Tolkein）在牛津大学任同样的教职。查德威克最初关注的是史诗大传统（北欧的萨迦、荷马史诗、罗摩衍那）为什么总是出现在与城市文明有接触且往往受雇于当时城市文明的人群中，而这群人最终却拒绝了城市文明的价值观。很长一段时间，他的"英雄社会"概念并不受欢迎：人们广泛认为，这种社会并不真的存在，而是被史诗建构出来的，就像荷马撰写的《伊利亚特》。

但是，考古学家们晚些时候发现，存在一种非常真实的英雄式墓葬形制，这进而指向了一种强调个体男性战士的宴会、豪饮、坐拥美人和名望的新兴文化。[80]在亚欧大陆青铜时代，这种文化总是以惊人相似的形式不断出现于城市的边缘。在寻找这类"英雄社会"共性的过程中，我

---

* 又译"西徐亚人"，系亚洲古老民族。——编者注

们发现这些社会的一系列特征和查德威克通过比较史诗传统得出的高度一致（在每个地区，对史诗最早的文字记载比英雄墓葬的出现要晚很多，但是这些记载传递出了关于早前习俗的信息）。这一系列特征中的大多数也适用于西北海岸的夸富宴社会或者新西兰的毛利人。

以上社会都是贵族社会，没有中央集权或者说主权原则（即使有，也是象征性的或者形式上的）。这些社会没有单一中心，我们发现大量英雄人物在为谁拥有更多仆从或奴隶而展开激烈竞争。在这些社会中，"政治"意味着英雄人物之间一系列围绕忠诚与仇恨展开的人情债的历史；而且，竞赛般的你争我抢构成了仪式生活的头号要务，事实上也是政治生活的重心。[81] 通常在这些剧场式的表演中，大量战利品和财富被毁掉、献祭或是赠送。而且这些社会明显拒斥相邻城市文明的某些特征：首先，拒绝书写。他们倾向于用诗歌和祭司来替代书写，祭司依靠死记硬背和口头创作的技巧来传承。他们社会内部也拒斥商贸，因此回避标准化的实物或信用货币，而注重独特的物质财富。

我们自然不可能将所有这些都追溯至没有文字记载的时代，但是，清楚的是，随着现代考古学的发展，我们可以确定这类"英雄社会"的最终源头正处于世界上早期城市文明扩张的空间和文化边缘（事实上，有些土耳其高地早期贵族的墓葬正是在乌鲁克殖民地的废墟上直接挖掘出来的）。[82] 贵族制，可能包括君主制本身，最初起源于和美索不达米亚平原城市的平等主义相对立的制度，那些贵族或君主对这种平等主义城市有着复杂的感情，但归根结底是充满敌视和怨恨的，就像哥特人阿拉里克（Alaric the Goth）对罗马及其所代表的一切，成吉思汗对撒马尔罕或梅尔夫，或是帖木儿对德里的那种感情一样。

印度河文明是不是一个
王权出现之前的种姓制案例

从乌鲁克的扩张开始快进 1 000 年，时间来到公元前 2600 年前后。在印度河沿岸，今天的巴基斯坦信德省，新土上拔地而起一座新城：摩亨佐达罗。此城一直存在了700多年。[83]这座城市被认为最充分地体现了当时盛行于印度河流域的一种新的社会形式，考古学家后来将这种社会形式简单称为"印度河"或"哈拉帕"文明。这是南亚的首个城市文化。在这里我们找到了更多证据，证明青铜时代的城市——世界上最早的大规模、有规划的人类聚落——能够在没有统治阶级和管理精英的情况下产生。不过印度河流域城市同样表现出一些令人费解的独特特征，引发了考古学家们一个多世纪的争论。[84]我们这就来仔细介绍这个问题及其关键出现地——摩亨佐达罗遗址。

初看之下，摩亨佐达罗的名气缘于它是青铜时代城市中保存得最完好的。这里有某种令人瞠目结舌的东西：张扬的现代性，在首批发掘者到来时仍可见一斑，以至于那些人毫不犹豫地将某些区域标定为"高街""警署"等（尽管大多数最初的解读后来经证明只是幻想）。城市很大一部分是由砖房构成的下城（Lower Town），其中包括纵横如棋盘的街道、长长的大马路、精密的排水系统和环卫系统（赤陶制排水管、私人和公共的厕所和浴室随处可见）。在这些出奇舒适的设施配置之上，耸立着上都（Upper Citadel），一个高高隆起的市中心，亦称大浴池土丘（Mound of the Great Bath）。尽管下城和上都均坐落于人工垒起的大型土地基上，高过泛滥平原，但上都还围了一整圈由规格一致的烧结砖砌就的城墙，以进一步防范印度河决堤。[85]

在印度河文明的大范围之内，唯一能与摩亨佐达罗相提并论的是哈拉帕遗址（印度河文明的另一种称呼"哈拉帕文明"的由来）。它在规模上与摩亨佐达罗相当，位于其上游方向约600公里开外，地处印度河的一条支流拉维河（Ravi River）河畔。同一时期同一文化谱系还存在大量其他遗址，从大城镇到小村落不等。它们遍布今巴基斯坦境内的大部分地方，范围远超印度河泛滥平原，直达今印度北部。例如，著名的多拉维腊（Dholavira）遗址栖身于大卡奇沼泽地（Great Rann of Kutch）盐碱滩中的一座小岛上，这座小城建有15个砖砌蓄水池，用来储存雨水和当地溪水的径流。印度河文明的殖民据点远及阿富汗北部的阿姆河（Oxus River），该地的肖土盖（Shortugai）遗址是其城市母文化的微缩版：占据中亚高地的有利位置，得以汲取丰富的矿物资源（青金石、锡以及其他宝石和金属），这些资源对低地工匠及其来自伊朗、阿拉伯和美索不达米亚的商业伙伴来说是珍贵的材料。在位于古吉拉特邦肯帕德湾（Gulf of Khambhat）的洛塔尔（Lothal），坐落着一个设施齐全、面朝阿拉伯海的港口城市遗迹，可能是印度河文明的设计者们为便利海上贸易而建造的。[86]

印度河文明有自己的文字系统，它与城市一同出现又一同消失，目前尚未被破译。存世的主要是简短的说明文字，或印或刻在储藏罐、铜制工具以及一块多拉维腊出土的街道招牌孤品残片上。在石质小护身符上也刻有简短的文字，作为装饰图案或者微缩动物形象的注脚。那些动物形象雕得极为精细，其中大部分如实刻画了水牛、大象、犀牛、老虎和其他本地动物，但也有一些是虚构的野兽，其中以独角兽最为常见。围绕护身符的功能众说纷纭：它们是随身佩带的身份标识吗？有了它们就能出入城市的设卡街区或高墙大院，或是获准进入仪式场合？还是说，它们被用于行政监管，给商品印上标记，方便在匿名交易的过程中进行识别——某种青铜时代的商标？有没有可能以上都成立？[87]

除了无法理解的印度河文字，哈拉帕和摩亨佐达罗也留给我们很多疑团。这两个遗址都发掘于20世纪早期，那时的考古发掘是大规模、粗线条的作业，有时甚至出现几千个工人同时开工的情景。这种大规模快速发掘呈现了街道规划、住宅片区和整个仪式区域令人惊叹的空间格局，却疏于记录遗址在不同时间的发展状况，而这一进程唯有更精细的发掘手段才能抽丝剥茧地呈现。例如，早期发掘者只记录了烧结砖砌成的建筑地基。上层更软的泥砖建筑往往在快速挖掘的过程中遭到遗漏或无意间的毁坏；而更高层的大型城市建筑最初都是用上好的木材建造的，大量木材在古代就已经腐烂或者被移走重复利用了。这些在整体上看似城市建设过程中的某个单一阶段，事实上却混杂了这座有500多年居住史的城市在各个阶段的不同元素。[88]

这一切给我们留下了许多未解之谜，包括城市的规模或人口（最近的估算是多达4万居民，不过这也只是猜测）。[89]我们甚至不知道城市的边界该划在哪里。有的学者仅将直观可见的下城和上都区域算作城区，总面积约为100公顷。其他学者则留意到零星的证据，可以证明城市曾扩张至一片3倍于上述面积的区域（我们只能称之为"下下城"），只是那里早已被泛滥平原的冲积土覆盖。这个例子辛酸地反映了自然与文化的合谋是多么经常让我们忘却棚户区居民的存在。

但正是这最后一点能将我们引向更具前景的方向。除却种种问题，摩亨佐达罗及其位于旁遮普地区的同类遗址的确为我们呈现了一些南亚早期城市生活的本质，也给了我们些许思路去解答本章开头提出的宏大问题：人类社会的规模和不平等之间是否存在因果关系？

先来看看关于摩亨佐达罗的财富分配，考古学能告诉我们什么。一反我们的预期，在上都并没有发现集聚的物质财富。事实恰恰相反。在下城，家家户户都有诸如金属、宝石和打磨的贝壳之类的物品；考古学家在房屋地板下的密室中找到了它们，而且它们大量散布于遗址的角角落落。[90]随处可见的还有戴着手镯、冠冕和其他华丽饰品的小泥人。在上都反倒没有这些。

书写、标准化的称重和计量在下城很普遍；下城的工艺和工业也明显很发达，从金属锻造、陶器制作到串珠加工，不一而足。下城欣欣向荣，而矗立着主要城市建筑的上都却一片沉寂。[91]用于个人展示的物品似乎在这片全城最高地无处可寻，这里的标志性特征是像大浴池这样的建筑。大浴池是个下沉的大水池，长约12米、深约1.8米，由一排排砖头细细砌成，并用石膏和沥青封涂，两侧均有通向池底的台阶，台阶上铺有木质踏板。这座建筑的方方面面都以最精细的标准打造，却不见任何献给特定统治者的纪念碑，甚至不见任何歌颂个人丰功伟绩的迹象。

正因为缺少王家造像或其他形式的纪念性刻画，印度河文明被称为"没有面孔的文明"。[92]在摩亨佐达罗，似乎城市生活的中心不是宫殿和纪念碑，而是净化身体的公共设施。砖砌的浴池和平台也是大多数下城住宅的标准构件。市民们似乎对一套特别的洁净观念驾轻就熟，日常沐浴明显构成了一部分生活习惯。从一方面看，大浴池是这些家用洗浴设施的放大版。但从另一方面看，上都的生活似乎完全是下城生活的反面。

在大浴池投入使用的那些年（长达数个世纪），我们没有发现附近有工业生产活动的证据。卫城狭窄的巷子有效阻挡了牛车以及类似的贸易运输。在这里，社会生活和社会劳动的重心只有浴池本身，以及洗浴活动。与浴池相邻的营房和储藏室居住着一群员工（是终身制还是轮值制，我们无从得知），并储存着他们的生活用品。上都是一个特殊的"城中之城"，通常的家户组织原则在此发生了反转。[93]

这一切让人联想到种姓制度的不平等，该制度对不同的社会职能做了阶序划分，按照洁净程度的高低来排列尊卑。[94]不过在南亚，最早提及种姓制度的文献是1 000年之后才出现的《梨俱吠陀》——一部祭祀赞颂诗的合集，可能编撰于公元前1200年前后。据后来的梵文史诗描述，这套制度包括四种世袭等级，或者说种姓（varna）：祭司（婆罗门）、战士或者贵族（刹帝利）、农夫或者商人（吠舍）、苦力（首陀罗），以及其他卑贱到被种姓体系排除在外的人。等级最高的是弃世者，抛弃一切身份地位的象征提升了他们的精神层次。围绕商贸、工业与地位的竞争固然轰轰烈烈，但放到万事万物的宏大框架中来看，世人争夺的财富、权力和成功始终不及祭司阶层的洁净更有价值。

种姓制度和很多其他社会制度一样"不平等"，但人在其中的地位高低并不取决于他积累或占有的物质财富多寡，而是取决于他和特定（污染性）物质——包括外在的尘土或垃圾，也包括与出生、死亡和月经相关的人体物质——以及处理这些污物的人之间的关系。这一切都极大困扰了那些试图运用基尼系数或是其他衡量财产"不平等"的标准来考察特定社会的当代学者。不过另一方面，尽管与考古遗迹之间存在巨大的年代差，这类文献材料或许有助于我们理解摩亨佐达罗那些令人费解之处，比如最肖似宫殿的住宅并不坐落在上都，而是挤在下城的街道上；那片区域更靠近泥汀、下水道和稻田，俗世的争名夺利似乎的确适合在此上演。[95]

很显然，我们不能简单将梵文文献中呈现的社会世界无差别投射到更古老的印度河文明中。如果南亚最早的城市确实建立在与种姓制类似的原则之上，那我们马上就能指出这些原则和1 000多年后梵文文献中描写的等级制度之间的一个重大差异。种姓制度中的第二等级（仅次于婆罗门）是被称为刹帝利的战士阶级。而在青铜时代的印度河流域，没有任何证据显示曾有过一个类似刹帝利的战士-贵族阶级，也找不到任何《摩诃婆罗多》或《罗摩衍那》这类后世史诗中歌颂的属于这一群体的丰功伟绩。即使在哈拉帕和摩亨佐达罗等规模最大的城市里，也没有大型祭祀或宴会的证据，没有记述军事成就或纪念著名事迹的图绘，没有比武争夺头衔或财宝的迹象，没有贵族墓葬。倘若这些印度河文明的城市当年真的上演过类似活动，我们一定有办法知道。

印度河文明不是某种商业的或者宗教性的世外桃源，也不是一个完全和平的社会。[96] 但是同样没有证据表明印度河文明中存在任何个人魅力型权威人物，类似战争领袖或立法者。摩亨佐达罗出土过一尊身披斗篷的小雕像，由黄色石灰岩制成。这个在文献中被称为"祭司-国王"的人物，通常就被赋予了上述身份。但实际上，没有理由确信该人像就是祭司-国王或者任何意义上的权威人物。这只是一个蓄有胡须的青铜时代城市男性的石灰岩塑像而已。过去几代学者坚持称之为"祭司-国王"，这更多反映了他们自己对早期亚洲城市应该是什么样子的猜想，而不是证据指向的情况。

时过境迁，现在专家们基本同意，没有证据显示印度河流域的城市文明中存在祭司-国王、战士贵族或者任何在我们看来属于"国家"的东西。那么，我们可以说这里曾是"平等主义的城市"吗？在什么意义上可以这样说呢？倘若摩亨佐达罗的上都真的曾被某种禁欲主义秩序主导，确实高人一等，而上都周围的区域由富有的商人主导，那么不同群体之间显然存在阶序之别。但这不一定意味着各群体的内部组织也是等级性的，也不能说明苦行僧和商人在日常治理问题上就比其他人更有话语权。

这里你可能要抗议了："理论上可能是这样没错，但老实说，他们当中没有等级之分的可能性有多大？那些更洁净、更富有的人在城市事务中没有更大话语权的可能性有多大？"确实，我们大多数人很难想象自觉的平等主义是如何在大范围内运作的。可是，这不过再度说明了我们如何无意识地采纳了进化论叙事，并据此认为只要有大规模的人口聚集，自然就会产生威权统治（这种逻辑还意味着，某种叫"民主"的东西在此后很久才出现，作为一种概念上的突破，且这种突破很可能只发生在古希腊）。

要想确定在遥远的过去曾存在过任何一种民主制度，学者们往往会要求清晰确凿的相关证据；可令人诧异的是，在识别自上而下的权威结构时，他们从不要求同等严谨的证据。后者通常被视作历史的默认设置：如果没有证据证明是其他类型的社会结构，那就应该是这种。[97]我们固然可以对这种思维习惯刨根问底，但这无助于我们判断早期印度河文明的城市是否可能既在日常治理上遵循平等主义路线，与此同时又存在禁欲主义的社会秩序。我们认为更有益的是营造公平的学术争鸣环境，为此，有必要看看在文献记录更翔实的后续历史时期，南亚有没有出现过类似的案例。

这样的例子实际并不难找。想想佛教寺院，或者说僧伽（sangha），出现的社会环境。僧伽这个概念其实最早用于指代大众集会，是佛陀在世之时（约公元前 5 世纪）许多南亚城市采用的一种治理机制。早期佛教文献认为，佛陀本人就受到了这些共和先例的启发，尤其是它们对召集充分且频繁的公共集会的重视。早期佛教僧伽一丝不苟地要求所有僧人参加集会，对普遍关心的事项形成一致决议，只有在无法达成共识时才诉诸多数表决。[98]今天的僧伽依然沿用这些做法。随着时间推移，佛教寺院衍生出各种各样的管理制度，其中很多在实践中极度阶序分明。但这里的重点是：禁欲主义团体成员采取和当代欧洲或拉美的反威权行动主义者一样的决策方式（借助共识决策程序，达不成一致则进行多数表决），这即便放到 2 000 年前也不是什么非同寻常的事；这种治理形式建立在一种平等理念之上；曾经，整座整座的城市正是以这样的方式进行治理的。[99]

我们还可以更进一步发问：有没有什么已知的社会，在形式上是种姓制，在实际治理中却遵照平等主义原则？这看似自相矛盾，但答案依然是肯定的：有大量证据证明存在过这样的社会安排，有些甚至存续至今。资料最丰富的是巴厘岛的塞卡（seka）制度。巴厘人从中世纪开始信仰印度教。巴厘社会不只以种姓划分，更是被设计为一个全方位的等级体系，其中不单单每个群体，而是每个人，都知道或理应知道自己相对于其他所有人的位置。所以原则上，巴厘人之间是不平等的，而且对大部分巴厘人而言，在宏大的宇宙秩序中，万物本就如此。

但是与此同时，社区、寺庙和农业生产等的实际事务是通过塞卡体系来管理的，每个人都应该平等参与并达成一致决议。例如，如果社区联合会集会商议如何修缮公共建筑屋顶，或是探讨在即将到来的舞蹈比赛上供应什么食物时，那些自认为位高权重的人也得和下等邻居围成一圈席地而坐；要是他们感到被冒犯，也可以选择不参加，但是不参加就要付罚款，这些罚款会被用于宴会或修缮事宜。[100] 目前我们无从得知类似制度是否盛行于4 000年前的印度河流域。举这个例子只是为了强调，社会等级制度的总体概念框架和地方治理的具体实践机制之间，并不必然相关。

值得一提的是，对王国和帝国来说也是如此。一个非常普遍的理论认为，王国或帝国最早出现于河谷地带，因为当地的农业要维持复杂的灌溉系统，这就需要某种行政协调和控制机制。巴厘岛又一次提供了完美的反例。在历史上的大部分时间里，巴厘岛上王国林立，纷争不断。与此同时，巴厘岛也是一个著名的小火山岛，以高度发达的水稻灌溉农业支撑着世界上最密集的人口之一。但是，这些王国似乎从不染指灌溉系统；管理灌溉系统的是一系列"水神庙"（water-temple），它们运用一套更加复杂的协商决策机制来分配水资源——由农民直接参与，基于平等主义原则。[101]

探讨中国史前史中的一场明显的"城市革命"

截至目前，这一章已经讨论了亚欧大陆上各具特色的三个区域在城市初兴时的情况。三例当中都没有发现君主或战士精英阶层存在的证据，而相应地，每个区域可能都发展出了公共自治的机制。在这些宽泛的特征之下，各个区域的传统又大不相同。乌鲁克城的扩张和乌克兰的超大遗址之间的差异淋漓尽致地体现了这一点。两者都发展出了明确的平等主义精神，但实现的形式有着天壤之别。

我们可以从纯粹形式的层面表述这些差异。在任何历史阶段，自觉的平等主义精神都可能表现为两种截然不同的形式：要么主张所有人都是或应该是一样的（至少在重要的方面）；要么主张所有人都是彻底不同于他人的，没有相互比较的标准（例如，我们都是独一无二的个体，因此没有任何理由认为谁就高人一等）。现实生活中的平等主义通常两方面都有涉及。

不过，可以说美索不达米亚——有着标准化的家庭产品、对寺庙劳力统一的支付标准以及公共集会——貌似主要体现了前一种平等主义。至于乌克兰的超大遗址，当中每家每户都有自己独特的艺术风格，或许还有特异的家庭仪式，所以主要体现了后一种平等主义。[102] 如果我们的阐释大面上是对的，那么印度河流域则呈现出第三种可能，其中特定领域奉行严格的平等（就连砖头都是统一尺寸），而其他领域极度等级化。

需要强调的是，我们不是在说世界各地最早的一批城市无一例外都建立在平等主义原则上（事实上，我们很快就会看到一个反例）。我们想说的是，考古证据揭示出这种平等主义模式惊人的普遍性，而这反驳了传统的进化论观点对人类社会规模效应的假设。我们目前考察过的几个案例——乌克兰超大遗址、乌鲁克时期的美索不达米亚、印度河流域——说明，有组织的人类聚落在规模上的急剧扩张，并没有导致财富和权力集中到统治精英手上。简言之，考古学研究已经把举证责任转交给了那些主张城市起源和等级国家之间存在因果关系的理论家，而那些理论家的主张在今天看来越发苍白空洞。

目前为止我们展现了一连串的城市速览，其中大多数城市有着数百年的居住史。它们不太可能没有经历过起落、转型和建制危机。对于有些案例，我们可以确定存在这种变故。例如在摩亨佐达罗，我们知道，在这座城市败落前大约 200 年，大浴池就已遭荒弃。工业设施和普通居所已经悄然扩张出下城，攀升进了上都，甚至到了大浴池所在地。在下城内，我们也发掘出了有着真正的宫殿般规模、附带手工作坊的建筑。[103]

这"另一个"摩亨佐达罗又存续了数个世代，它似乎反映出一种自觉的改造计划，要将这座城市（已有数百年历史）的等级制度转变为其他什么东西，尽管考古学家尚未弄清那究竟是什么。

像乌克兰早期城市一样，有些印度河流域城市最终也被彻底废弃，取而代之的是比之前小很多的社会，由英雄贵族统领。在美索不达米亚早期城市，宫殿最终出现了。总之，如果有人认为历史是统一朝着专制方向发展的，这也情有可原。从长线看来确实如此；至少，待到成文史出现时，领主与国王，甚至潜在的世界性帝王已经在世界各地粉墨登场（尽管公民机构与独立城市从未彻底消失）。[104] 尽管如此，匆忙得出这个结论也是不明智的，因为历史有时会出现戏剧性的反转，比如说在中国。

在中国，考古学使得城市的起源和商朝这一信史上最早的王朝之间出现了一个巨大的缺环。自从 20 世纪初在河南省北部的安阳发现了甲骨文之后，中国的政治信史就以商朝君主为起点，可上溯至公元前 13 世纪前后。[105] 直到相当近的时候，商文明都被视作早期城市元素（"二里岗"和"二里头"）以及贵族或"游牧"元素的综合体。所谓贵族或"游牧"元素，体现为青铜器制作技艺、新型武器和马车，皆发源于中亚草原——这里是一系列强大的游牧社会的大本营，正是他们制造了后来中国历史上的多次混乱。[106]

在商之前，按理说应该没发生过什么特别有趣的事——就在几十年前，教科书中介绍的早期中国还只是远古以降的一系列相互继替的"新石器时代"文化，界定它们的是不同的农业发展趋势以及陶器和仪式玉器设计方面风格各异的区域传统。其言下之意是，这些文化与假想中世界其他地方的新石器时代农民社会大同小异：定居于村落中，孕育了社会不平等的雏形，为村落向城市的跃迁蓄力，而城市出现之后，王朝国家以及帝国就诞生了。但是我们现在知道，事实绝非如此。

今天，中国的考古学家在谈到"新石器时代晚期"或者"龙山时期"的标志时，所描述的毋庸置疑是城市。我们能掌握的证据表明，到公元前 2600 年，从山东沿海区域到山西南部山地的整个黄河流域，广泛分布着夯土矮墙围起的定居点。它们规模各异，有占地面积 300 多公顷的中心大城，也有仅村落大小但依然设防的边缘小城。[107] 主要的人口中心远在东面的黄河下游流域，还有河南以西的山西汾河流域，以及江苏南部和浙江北部的良渚文化区。[108]

很多大型新石器时代城市都有墓地，个人的墓葬中有数十乃至上百用于仪式目的的雕琢玉器，它们可能是官员的笏板，也可能是一种仪式货币：在祭祖仪式中，大量囤积与组合各色玉器能够彰显等级间的差异，这一价值衡量尺度通行于生者和死者的世界。将这些发现与中国的信史时代做衔接是一项令人犯难的任务，因为摆在我们面前的是一个漫长而动荡，且按理说本不该存在的时代。[109]

问题不仅仅关乎时间，也关乎空间。出人意料的是，现在已知的一些"新石器时代"向城市生活的跃迁发生在靠近蒙古地区的极北之地。从后来的中原帝国（以及为其修史的史学家们）的角度来看，这些地方已经接近"游牧蛮族"之地，事实上也属于后来的塞北。没有人会预料到考古学家在此发现了一座 4 000 年前的古城，占地面积超过 400 公顷，有高大的石头城墙，环绕着宫殿和一个拾级而上的金字塔，俯瞰着近千年之后商朝才逐鹿其上的那片顺服的中原大地。

上述发现来自对秃尾河北的石峁遗址的发掘。同时，大量证据显示早在公元前 2000 年前后，那里就出现了复杂工艺，包括骨加工和青铜铸造；也出现了战事，包括对俘虏的大规模屠杀和埋葬。[110] 我们在这里感受到的政治图景，比后来编年体正史中记载的要生动得多。其中有些流露出骇人的一面，包括斩首战俘，以及在城墙的石缝里埋入上千件祭祖的玉斧和玉璋，这些玉器直到 4 000 多年后才在考古学家的窥探下重见天日。这一切可能意在干扰敌对氏族，挫其士气，使其血脉失去合法性（"总之，你不过是墙上的另一块玉"*）。

陶寺遗址和石峁遗址同期，不过位于更南面的晋南盆地。在这里，我们看到了一个完全不同的故事。在公元前 2300 年到前 1800 年，陶寺

---

* 化用自摇滚乐队平克·弗洛伊德（Pink Floyd）的经典歌曲《墙上的另一块砖》（Another Brick in the Wall）中的歌词。——编者注

经历了三个阶段的扩张：先是在一个村落的废址上建起了一个约60公顷的设防城镇，随后，它扩张为一个300公顷的城市。在上述的早期与中期阶段，陶寺呈现出和石峁同样显著的社会分层，或者说很像后世的中国皇城。这里有高大的围墙、道路系统和受保护的大型仓储空间，还有严格区分的平民区和精英区，在精英区内可以找到被众多手工作坊和一座观象台环拱的类似宫殿的建筑。

在陶寺早期城镇的墓地中，不同的墓葬有严格的社会阶级之别。平民坟冢朴实无华，精英坟冢中布满上百件漆器、玉器和猪肉盛宴的遗存。紧接着，在公元前2000年前后，一切突变，发掘者是这样描述的：

> 城墙被夷为平地……最初的功能分区也被摧毁，空间管理不复存在。平民的住宅区此时扩展到整个遗址，甚至超出了中期大城墙的范围。城市的规模继续增长，达到300公顷。不仅如此，南部的仪式区域也被废弃。先前的宫殿区域变成了一片占地2 000平方米的粗糙的夯土地基，周围被相对低等的人群用作了垃圾场。石制工具作坊占据了曾经低级别精英的住宅区。这座城市失去了都城的地位，陷入无政府状态。[111]

更重要的是，有证据显示，这是一场有意为之的变革，很可能是以暴力手段推进的。平民墓地覆盖了精英墓地，而在宫殿区有一处大规模墓葬，其中的尸体有被折磨和虐待的痕迹，发掘者将其描述为"政治复仇行为"。[112]

现在，去质疑发掘者基于一手资料下的判断被认为是不妥当的，但我们有几点观察不吐不快。首先，表面上的"无政府状态"（在其他地方被描述为"崩溃与混乱"）[113]持续了两三百年之久；其次，陶寺后期的总面积从280公顷扩大到300公顷，这听起来不太像崩溃，倒像是废除了僵化等级制度后的普遍繁荣期。这表明，在捣毁宫殿之后，人们并没有陷入霍布斯意义上的"所有人对所有人的战争"，而很可能只是在一个他们心目中更公平的地方自治体系下继续生活。

站在汾河岸边，我们可以想象自己正面对着世界上第一场有证据的社会革命，至少是第一场发生在城市背景下的社会革命。无疑存在其他可能的解读。但是最起码，陶寺的例子启发我们去将世界上最早的城市视作自觉的社会实验场；在那里，对于城市应该是什么样子的不同见解可能会引发冲突，这种冲突有时是和平的，有时则爆发出惊人的暴力。同一地点的聚居人口在数量上的增长，或许会极大扩展社会可能性，但绝不会预先决定社会将实现哪些可能性。

正如下一章将呈现的，墨西哥中部的历史表明，我们上面讨论的这类革命，即政治意义上的城市革命，在人类历史上之普遍或许远超我们的想象。再次强调，我们可能永远无法完整重建世界各地早期城市那些未被记载的基本法，或是城市建立初期历经的种种变革，但我们不能再质疑它们的存在。

第九章

视而不见

社会住房和民主在美洲的本土起源

大约在公元1150年前后,一个名叫墨西加(Mexica)的部落从名为阿兹特兰(Aztlán)——确切位置今已不详——的地方出发南迁,在一片谷地的中心建立起新家园,该谷地如今因他们而得名"墨西哥谷"(Valley of Mexico)。[1]这些人最终在此开拓了一个帝国,阿兹特克三城联盟(Aztec Triple Alliance),[2]并定都特诺奇蒂特兰,一座坐落于特斯科科湖(Lake Texcoco)上的岛城,它和其他湖泊及岛城相连成串,在高山环绕下构成一派都市景致。由于自身没有城市传统,墨西加人在建造特诺奇蒂特兰城时仿照了他们发现的另外一座城的结构,该城在相距一日脚程的山谷中,四处断壁残垣,废弃已久。他们将那座废都称为特奥蒂瓦坎,意为"众神之所"。

特奥蒂瓦坎已经久无人烟。当墨西加人于12世纪抵达此地时,似乎没人记得起这座城市的原名。尽管如此,它大到根本不容忽视。城中正对塞罗戈多山(Cerro Gordo)的方向庞然耸立着两座金字塔,显然令这些初来乍到者既震惊又着迷。除了以其为蓝本建造自己的新都,他们还将这座城笼罩在神话之中,用密密麻麻的名称和符号包裹起那些尚存的遗迹。结果,我们如今所知的特奥蒂瓦坎很大程度上是阿兹特克人[库尔瓦-墨西加人(Culhua-Mexica)]眼中的样子。[3]

特奥蒂瓦坎尚有人居住时留下的成文资料很少,其中包括少量来自远在东边的玛雅低地的碑文,这些耐人玩味的碑文将这座城唤作"蒲苇之地",对应的纳瓦特尔语(Nahuatl)词汇是"托兰"(Tollan),让人联想起一座水之湄的完美古城。[4]除此之外，我们能获取的资料就只有16世纪由西班牙语和纳瓦特尔语誊录的编年史抄本了。编年史中称，特奥蒂瓦坎遍布着山间水潭和原始虚空，在时间的开端，群星从这里诞生。群星之后是众神，众神之后则是一个神秘的渔夫之族。渔夫之族的世界必须毁灭，才能给我们这个世界腾出地方。

从历史角度看，这样的记录没什么帮助，尤其因为我们并不清楚这些神话究竟是特奥蒂瓦坎的原住民讲述的，抑或只是阿兹特克人发明的。不过这些故事的影响经久不衰。如今，无论考古学家还是游客，在谈到这座城中最雄伟的纪念性建筑和贯穿其间的大道时，沿用的正是阿兹特克人所取的"太阳金字塔""月亮金字塔""亡灵大道"等名字。[5]

尽管拥有发达的天文历算知识，特诺奇蒂特兰的建造者们似乎不知道或者不关心特奥蒂瓦坎最后一批居民是何时离开的。所幸我们还能依赖考古学来填补空白。如今已知的是，特奥蒂瓦坎城的极盛期比墨西加人的到来还要早8个世纪，比起西班牙人的到来更早了1 000多年。其建城可追溯至公元前100年前后，其衰落在公元600年前后。我们还了解到，在这漫漫数百年中，特奥蒂瓦坎发展为一座恢宏而精巧的城市，堪比帝国极盛期的罗马城。

我们无法确知特奥蒂瓦坎是否和罗马一样，是一个大帝国的中心，但即便是保守估计，该城也有将近10万人口[6]（大约5倍于上一章讨论过的摩亨佐达罗、乌鲁克等早期亚欧大陆城市的人口）。在其巅峰期，很可能有至少100万人口分布在墨西哥谷及其周边地带，其中许多人只来过这座伟大的城市一次，或可能只是认识来过该城的人，但他们都坚信特奥蒂瓦坎的地位举世无双。

几乎每个研究古代墨西哥的学者和历史学家都同意这样的基本观点。他们争论不休的地方在于特奥蒂瓦坎究竟是个怎样的城市，有怎样的治理模式。如果你拿着这个问题去问中部美洲历史或考古研究专家（我们总这么干），你很可能会得到同样的回应：他们白眼一翻，泄气地承认这座城市有些"古怪"。不仅因为其规模惊人，而且因为这座城市完全不符合学者预期中早期中部美洲城市应有的样子。

说到这里，读者可能已猜到下文了。所有的证据都显示，特奥蒂瓦坎在权力顶峰时期设法实现了没有最高统治者的自治，正如更早些时候在史前的乌克兰、乌鲁克时期的美索不达米亚和青铜时代的巴基斯坦的那些城市一样。不过相较而言，特奥蒂瓦坎城市治理的技术基础不同，规模也更大。

先来了解一些背景。

如我们所见，当国王见诸史册时，留下的往往是确凿无疑的信息。我们总能发现宫殿、豪华墓葬和彰显武功的丰碑。这在中部美洲也不例外。

放眼更广大的区域，在远离墨西哥谷的尤卡坦半岛和周边高地上，一系列王朝政体奠定了这片区域的政治范式。当今的历史学家将这些政权统称为古典玛雅（约150—900年；"古典"一词还被用于指称其古文字，以及相关历史时期）。在蒂卡尔（Tikal）、卡拉克穆尔（Calakmul）或帕伦克（Palenque）这样的城市里，充斥着王家神庙、球场（用来举办激烈、有时致命的比赛）、战争和羞辱俘虏的画面（俘虏常常在球赛结束后被当众屠杀）、参照复杂天文历算举行的王室祭祖仪式，以及在位国王的功业和生平记录。在当代想象中，这已经构成了中部美洲王权统治的"标配"，适用于从阿尔万山（Monte Albán，墨西哥瓦哈卡州，约500—800年）一带的古代城市到图拉（Tula，墨西哥中部，约850—1150年），甚至有说包括远在北方的卡霍基亚（Cahokia，今美国东圣路易斯市附近，约800—1200年）。

惊人的是，这一切都没有出现在特奥蒂瓦坎。和玛雅诸城不同，总的来说，这里找不到什么书写记录。[7]〔因此，我们也就不知道特奥蒂瓦坎的主体居民说什么语言，尽管我们知道这座城市兼容并包，其中居住着玛雅人和萨巴特克人（Zapotec）这些深谙文字书写的少数族群。〕[8]但城里留下了大量的图像艺术。特奥蒂瓦坎的居民是熟练的工匠和造像者，留下的作品无所不包，从宏伟的石雕到巴掌大的小陶像，还有表现熙熙攘攘的人类活动场景的生动壁画（差不多类似勃鲁盖尔笔下狂欢节般的街景）。不过，在数以千计的图像中，我们找不到一个击打、捆绑或以其他方式支配下属的统治者形象，而这种题材在同时代的玛雅和萨巴特克艺术中屡见不鲜。今日的学者们埋头钻研特奥蒂瓦坎的艺术，寻找一切可以被解读为国王的形象，但大都铩羽而归。特奥蒂瓦坎的艺术家们有时候似乎在刻意挫败这种努力，例如把某个场景中的所有人都画得一般大小。

中部美洲各古代王国另一个彰显王权的主要途径是仪式性的球场，这在特奥蒂瓦坎又一次缺席了。[9] 在这里同样找不到大型陵墓，类似蒂卡尔的"暴风雨天空"（Sihyaj Chan K'awiil）或是帕伦克的巴加尔大帝（K'inich Janaab Pakal）这样的统治者的墓穴。不是没人找过。考古学家遍寻了太阳金字塔、月亮金字塔和羽蛇神庙下的古隧道，却发现这些通道通向的并非王陵，甚至不是被洗劫一空的墓室，而是阴暗的迷宫和覆着矿物的神坛：无疑是为了召唤其他世界，而不是安葬神圣的统治者。[10]

有学者认为，特奥蒂瓦坎对外部传统的自觉抵制有着更深的渊源。比如，该城的艺术家似乎对周边的中部美洲邻居中盛行的形式与创作原则了然于心，并决心有意颠覆它们。玛雅和萨巴特克艺术遵循了更早时候韦拉克鲁斯（Veracruz）的奥尔梅克（Olmec）诸王时代的浮雕传统，钟爱曲线和流线型，而特奥蒂瓦坎的雕塑中，人和类人的形象则被扁平化呈现，满满地雕刻在四方石块内。几十年前，这种反差促使埃丝特·帕斯托里（Esther Pasztory）得出了一个惊世骇俗的结论。帕斯托里是一位匈牙利裔美国艺术史学家，大半个职业生涯都在研究特奥蒂瓦坎的艺术和视觉意象。她认为，在特奥蒂瓦坎高地和玛雅低地之间，出现了一种有意识的文化反转，或者我们所称的分裂演化，只不过这次是发生在两个城市文明之间。[11]

帕斯托里认为，特奥蒂瓦坎创造了一个新的艺术传统，来彰显自身和同时代中部美洲其他社会的差异。为此，它拒绝刻画统治者与战俘这对特定的视觉意象，也拒绝夸大表现贵族个体。这与更早的奥尔梅克文化传统和同时代的玛雅各政权形成了强烈反差。帕斯托里坚信，如果说特奥蒂瓦坎的视觉艺术在颂扬什么，那就是作为一个整体的社群及其集体价值，几百年来，正是这些价值使特奥蒂瓦坎没有出现"王朝式的个人崇拜"。[12]

帕斯托里认为，特奥蒂瓦坎不仅仅在精神上"反王朝"，甚至本身就是一场城市生活的乌托邦试验。建立这座城市的人自认为是在创造一种全新的城市，一个为人民而建、没有领主或国王的"托兰"。继帕斯托里之后，其他学者在排除了几乎一切别的可能性后，也纷纷得出了类似结论。他们说，特奥蒂瓦坎早年间似乎探索过威权统治的道路，但在公元300年前后突然改弦易辙：或许爆发了某种革命，随即该城的资源分配方式变得更为平等，并建立起一种"集体统治"。[13]

最熟悉该城的人们公认，特奥蒂瓦坎实际上是根据某种自觉的平等主义原则组织起来的城市。如我们所见，从世界史的角度看，这一切并不似学者或其他人以为的那样奇怪或反常。即便只将特奥蒂瓦坎放到中部美洲的背景下来理解也一样。这座城市不是从天而降的。如果说中部美洲有一套清晰可辨的王权"标配"的话，这里似乎也有一种与之迥异的传统，我们可以斗胆称之为共和传统。

我们在这一章要做的，正是让中部美洲社会史中常被忽视的这一面重见天日。那就是城市共和体、大型社会福利项目，以及本土形式的民主，这部分传统一直持续到西班牙人的征服，并且在那之后仍有延续。

玛雅低地的陌生人-王案例，及其与特奥蒂瓦坎的从属关系

我们先把这座城市及其所在的墨西哥中部谷地和高原放一放，从古典玛雅时代的热带雨林王国说起。它们的遗迹位于更东面，在墨西哥的尤卡坦半岛，以及今危地马拉、伯利兹、洪都拉斯和萨尔瓦多境内。5世纪时，这些玛雅城邦的艺术和书写发生了引人注目的变化，尤以最大最宏伟的城邦蒂卡尔为甚。

这个时期的玛雅纪念性建筑上有许多雕刻精美的场景，描绘的是有人坐在王座上，穿着的衣服和佩带的武器（如名为atlatls的掷矛器、饰羽盾牌等）一看就是外来的，属于特奥蒂瓦坎风格，和本地统治者的衣

着打扮截然不同。在洪都拉斯西部近危地马拉一带进行发掘的考古学家们，在历经 7 次重建的科潘（Copán）遗址的一座神庙地基层发现了多处墓葬，随葬品显示这里埋葬的应该是那些陌生人-王（stranger-king）。此地的铭文表明，这些人中至少有一部分就是从"蒲苇之地"来的。[14]

这里至少有两点令人费解。首先，为什么蒂卡尔有貌似特奥蒂瓦坎君主的人高踞王座的图像，而在特奥蒂瓦坎城本身却没有这样的图像？其次，特奥蒂瓦坎怎么可能对一个近千公里外的王国发起远征并取得胜利？大多数专家觉得这样的远征从后勤角度来说绝无可能，他们的质疑不无道理。（不过我们的思维也不能太局限；毕竟从后勤角度说，又有谁能预见一帮东拼西凑的西班牙船员能毁灭一个坐拥百万臣民的中美洲帝国呢？）前一个问题显然更值得深思熟虑。这些在雕刻场景中高踞王座的人真的来自墨西哥中部吗？

他们很可能不过是迷恋异国情调的本地君主。我们从艺术作品和铭文中得知，玛雅贵族有时候喜欢打扮成特奥蒂瓦坎战士，有时候会在仪式性放血后幻视特奥蒂瓦坎的神灵，并且通常会自我标榜为"来自西部的君主和夫人"。特奥蒂瓦坎距离玛雅足够远，足以被人当作异域幻想的对象，某种遥远的香格里拉。但有理由怀疑事实并非如此简单。有一点需要注意，两地之间确实有人员往来。特奥蒂瓦坎的黑曜石会被拿来装饰玛雅神像，玛雅低地的凤尾绿咬鹃羽毛也装饰着特奥蒂瓦坎的神像。雇佣兵和商人通行于两地，朝圣者和使节也随之而来；来自特奥蒂瓦坎的移民在玛雅各城邦里修建神庙，特奥蒂瓦坎城里甚至出现了一个绘满壁画的玛雅社区。[15]

关于玛雅人描绘的特奥蒂瓦坎国王，这个谜团该如何破解呢？首先，历史告诉我们，长途贸易之路上总是充斥着各种无耻之徒：强盗、逃犯、骗子、走私者、宗教预言家、间谍，或者集以上多个身份于一身的人物。这一点上，中部美洲和其他地方并无不同。比如阿兹特克人就曾雇用被称为波其德卡（pochteca）的武装商人，他们一面和各城邦做生意，一面刺探当地的情报。

历史上也不乏这样的故事：敢于冒险的旅行者闯入一个陌生的社会，

然后被奇迹般地奉为国王或是神圣力量的化身——"陌生人-王"，比如库克船长，他于 1779 年停靠夏威夷后，被尊为古波利尼西亚的丰产之神罗诺（Lono）。又或者这些旅行者像埃尔南·科尔特斯那样，使出浑身解数让当地人相信他们应该享受这般待遇。[16] 放眼世界，许多王朝的历史正是这样开始的：一个男人（一般总是男人）神秘地远道而来。不难想见，一个来自名城的冒险旅行者很可能会伺机利用陌生人-王的概念。玛雅低地在 5 世纪时会不会就发生了这样的情况？

通过蒂卡尔的铭文，我们获悉了某些陌生人-王及其亲信的姓名，或至少是他们成为玛雅贵族之后采用的名字。有一位叫作西亚卡克（Sihyaj K'ahk，意为"火中诞生"）的似乎本人从未掌权，却帮助一系列特奥蒂瓦坎"王公"坐上了玛雅各城邦的王座，其中就有蒂卡尔城邦。我们还知道，这些王公后来迎娶了出身高贵的本地女人，他们的子嗣就成了玛雅统治者，并且以祖先来自特奥蒂瓦坎——"西方的托兰"——为荣。

通过考察科潘的墓葬我们还得知，在一跃成王之前，至少有一些冒险家的生活格外丰富多彩，不断战斗、游历又战斗，而他们的故乡可能既不是科潘，也不是特奥蒂瓦坎，而是另有他地。[17] 将这些线索通盘考虑之后，似乎玛雅各王朝的先祖都来自擅长远途跋涉的群体——商人、雇佣兵、传教者乃至间谍，而他们很可能是突然之间被尊奉为王的。[18]

在距离我们的时代更近的时期，历史呈现出惊人的相似。多个世纪后，玛雅文化的中心以及大部分大城市已经北移到尤卡坦半岛，彼时彼地，兴起了一波与上述情况类似的墨西哥中部风潮。这在奇琴伊察（Chichén Itzá）城体现得最淋漓尽致，该城的战神庙似乎直接照搬自托尔特克人（Toltec）的首都图拉（一个后来的托兰）。[19] 这次，我们还是不知道实际发生了什么，但后来的编年史——偷偷写于西班牙人的控制下——用大同小异的语句描述了奇琴伊察所经历的事：一群漂泊战士，来自西方的"结巴的外乡人"，成功控制了一系列尤卡坦半岛城市，最终与另一个名为休（Xiu）的托尔特克流亡王朝（或至少是一群自称托尔特克出身的流亡者）展开长期对峙。编年史花费大量笔墨描写了流亡者们在旷野中的游荡、短暂的高光时刻、对压迫的控诉，以及对未来磨难的沉痛预言。玛雅人再次向我们传递出一种感觉，就是国王**理应**从远方到来，且他们愿意接受至少一部分大胆的异乡人利用这一观念来登堂入室。

这些都只是猜测。不过很显然，蒂卡尔等地的图像和记录更多地体现着玛雅人而非特奥蒂瓦坎人的王权概念；在特奥蒂瓦坎，尚未发现一丁点有关王权制度的可信证据。玛雅低地的"墨西哥"王公们王袍加身、高踞王座，但这种威仪堂堂的政治性姿态在他们传说中的故乡特奥蒂瓦坎却无迹可寻。如果特奥蒂瓦坎不是君主制的，那它会是怎样的？我们觉得这个问题没有唯一的答案；对于长达 5 个世纪的时间跨度而言，没有特别的理由认为答案应该是单一的。

让我们来看看特奥蒂瓦坎标准建筑平面图的核心区（见下两页图）。这份平面图是考古学家们在对城市景观进行了极端精细的测绘下才得以拼凑起来的。[20] 既然已经不遗余力地记录下了如此庞大区域内——近 21 平方公里——的建筑环境，考古学家们自然希望能够一览该城全貌。现代考古学总会给我们呈现例如摩亨佐达罗和其他"早期城市"无时间划分的平面图，将千百年的城市历史全都浓缩进一张地图。视觉上固然壮观，但实际上扁平而失真。就特奥蒂瓦坎而言，这样的平面图让该城显得和谐有序，但这显然是一种误导。

城市的中心，也是这幅幻象的核心，矗立着宏伟的纪念性建筑——两座金字塔和羽蛇神庙所在的"城塞"（Ciudadela）。周边绵延数公里分布着城市居民住宅区，规模虽然更小，但同样令人震撼：大约 2 000 套集合住宅，精巧的石制建筑，排列得横平竖直，和城市的仪式中心平行。这一派繁荣有序的完美盛景，仿佛莫尔的《乌托邦》或者康帕内拉的《太阳城》中的城市。但问题是，住宅和金字塔严格来说不属于同一时期，至少不全是如此。神庙也没有看上去那么简单。

实际上，从历史角度而言，这幅图景不过是一个宏大的幻象。想要搞清，我们得大胆假设，小心求证，以便按照基本的时间顺序重构特奥蒂瓦坎城的发展。

图5 特奥蒂瓦坎：居民住宅环绕着中心区的大型纪念性建筑

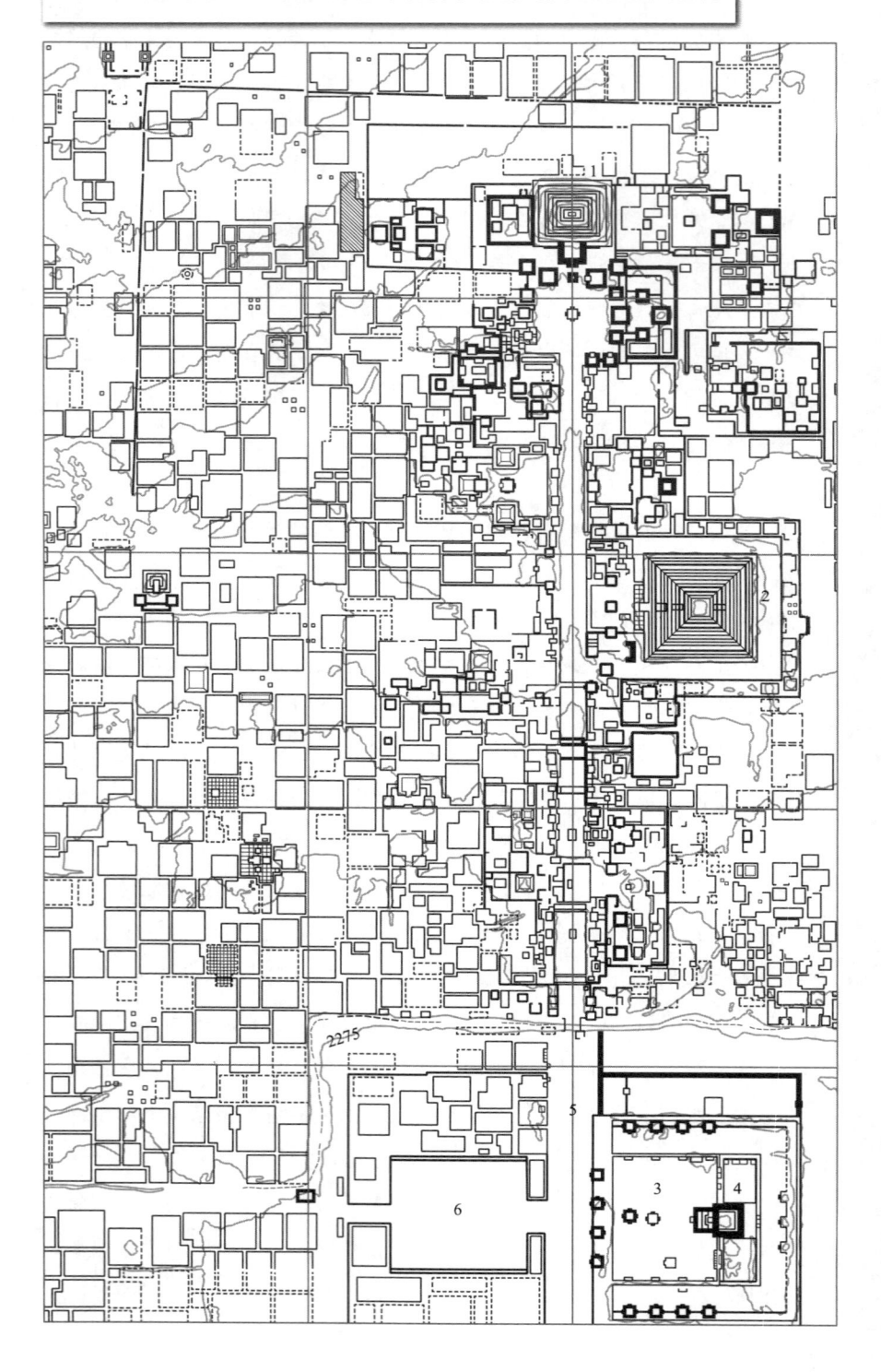

墨西哥

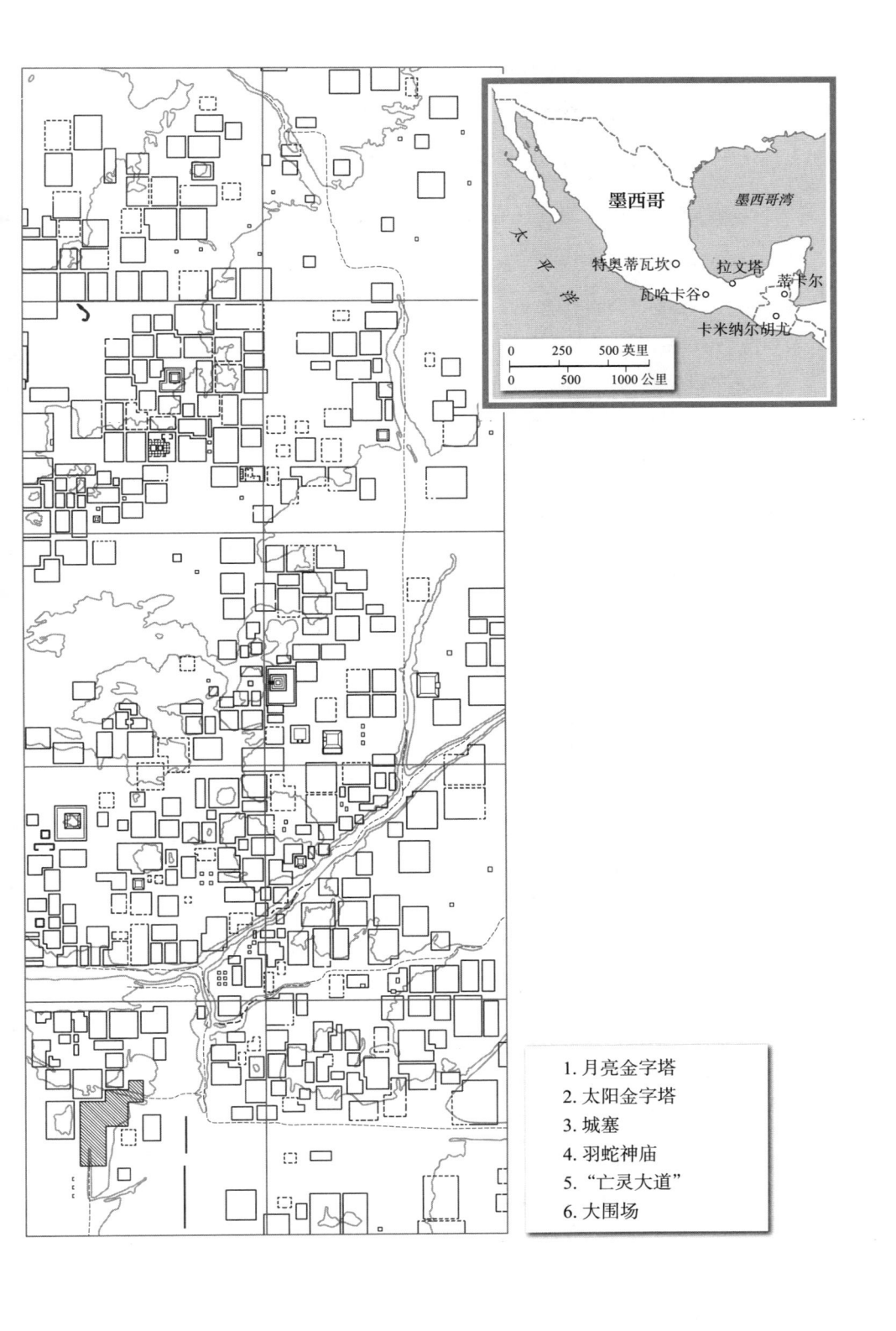

墨西哥湾

太平洋

特奥蒂瓦坎 拉文塔
瓦哈卡谷 蒂卡尔
卡米纳尔胡尤

| 0 | 250 | 500 英里 |
| 0 | 500 | 1000 公里 |

1. 月亮金字塔
2. 太阳金字塔
3. 城塞
4. 羽蛇神庙
5. "亡灵大道"
6. 大围场

特奥蒂瓦坎城居民如何拒斥了纪念性建筑和活人献祭，转而启动了非凡的社会住房工程

特奥蒂瓦坎城从公元前后开始发展出都市规模。当时，所有人都在横穿墨西哥谷地和普埃布拉（Puebla）山谷，以躲避南部边境的地震余波，包括波波卡特佩特（Popocatépetl）火山的一场普林尼式喷发。从公元50年到150年，附近的人流源源不断涌入特奥蒂瓦坎。人们抛弃了村庄和小镇，甚至抛弃了整座城市，例如很早就建造了金字塔的奎奎尔科（Cuicuilco）。其他废弃的聚落遗址被掩埋在一两米厚的火山灰之下。普埃布拉的泰廷帕（Tetimpa）遗址距离波波卡特佩特火山仅13公里，考古学家在那里发现的房屋群虽然规模较小，却是特奥蒂瓦坎市政建筑的先声。[21]

对此，后来的编年史提供了一些有用的，或至少是有启发的记录。大规模逃难的民间记忆直到西班牙征服时期仍然存在。其中一个传说被记录在方济各会修士贝尔纳迪诺·德萨阿贡（Bernardino de Sahagún）的作品中，讲述了特奥蒂瓦坎是如何由来自其他聚落的长老、祭司和智者齐心建立的。随着这座城市的发展，它也兼容了这些更小的传统；玉米神和村落祖先神，与城市的火神和雨神比肩而立。

可以被称为特奥蒂瓦坎"老城"的区域按照一套教区体系来组织，特定的居民区有自己的本地神庙。这些片区神庙的布局同样遵循了早前泰廷帕的祭祖神庙格局，三栋建筑围着一个中心小广场。[22]在早期，即公元100年至200年，特奥蒂瓦坎的居民区看起来很可能就像个巨大的棚户区，但我们无从得知。[23]同样，我们也无法确定这座新兴城市是如何在居民中分配耕地和其他资源的。我们只知道玉米被广泛种植，以供人与家畜食用；居民们饲养火鸡、狗、家兔和野兔来吃；他们也种豆子，有时会猎食白尾鹿和西猯，还采集野果和野菜；他们从遥远的海边输送来海鲜，可能是熏制或腌制的。但是，城市经济的各个部门在那时究竟如何互相协调，资源又如何从广阔的地方上运来，这些问题都没有答案。[24]

我们可以说的是，特奥蒂瓦坎最初是通过修建纪念性建筑来打造公

民身份认同的：在一片开阔的城市景观中建起一座圣城。[25] 这就意味着要在特奥蒂瓦坎的中心打造全新的景观，并需要投入数以千计的劳工。小山般的金字塔和人工河建了起来，成为举办天文历法仪式的场所。通过一项市政工程壮举，人们把圣胡安河（Rio San Juan）和圣洛伦佐河（Rio San Lorenzo）分流引水，流遍特奥蒂瓦坎四四方方的网格，还把它们的泥沼河岸改造得坚固（须知这些工程都没有利用畜力和金属工具）。而这为宏大的建筑规划奠定了基础，太阳金字塔、月亮金字塔和羽蛇神庙最终拔地而起。神庙正对着的下沉广场容纳了来自圣胡安河的洪水，形成了一个季节性湖泊。湖浪拍击着神庙正立面上彩绘雕刻的羽蛇神和贝壳，使之在暮春的雨水中熠熠闪光。[26]

整个纪念性建筑工程仰赖巨大的牺牲，不仅是劳力和资源，还有人的生命。考古证据显示，建筑过程的每个重大阶段都发生过仪式性杀戮。两座金字塔和神庙下发现的人类遗骸合在一起，遇害者总数可能达到数百。他们的尸体被放置于对称排布的坑洞或者沟壕内，它们界定了建筑地基的底层格局。太阳金字塔的几个角落都发现了被献祭的婴儿；月亮金字塔下发现了战俘尸骸，其中有些被斩首或分尸；羽蛇神庙下则是男性战士的尸体，死亡时双手背缚，随葬有生前所用工具和所得战利品。尸体间还发现了黑曜石匕首和矛头、贝壳和绿玉制成的小饰品，以及以人类牙齿和下颌骨（有些后经证实是用贝壳巧妙仿制的）制成的项圈。[27]

你或许会认为，在这个时间点上（公元200年前后），特奥蒂瓦坎命运已定：凭着战士贵族阶层的强大传统和世袭贵族统治的城邦，它注定要跻身"古典"中部美洲文明之列。接下来，我们可能会预期在考古记录中看到，权力开始围绕城市中心的纪念性建筑集中起来：豪华宫殿开始被营建，掌握财富和特权的统治者在宫殿中起居，身边围绕着一小撮精英班底；纪念性艺术日臻完善，以歌颂统治者的武功、赢得的贡品以及他们对神明的敬奉。然而，考古记录呈现出一个截然不同的故事，因为特奥蒂瓦坎的市民们选择了一条不同的道路。

实际上，特奥蒂瓦坎的整个政治发展轨迹似乎发生了重大偏离。市民们没有建造宫殿和上流社区，而是启动了一项引人瞩目的城市改造计划，为几乎所有城市人口——不论其财富和地位——提供高质量住宅。[28] 由于缺乏书面材料，我们无法获悉个中原因。考古学家目前也没有把握厘清事件发生的精确顺序。但所有人都确信一定发生了什么大事，而我们下面要做的就是尝试对此揣测一二。

特奥蒂瓦坎的命运大转折发生于公元 300 年前后。就在那时或略迟，羽蛇神庙惨遭毁坏，储存的供品遭到洗劫，还被纵火焚烧。神庙正立面上许多类似滴水兽的羽蛇神头，也都被砸烂或铲除。随后，在其西边建起一个巨大的阶梯平台，使得神庙的残余部分无法从主干道上被看见。如果你去参观如今已经过大规模修复的特奥蒂瓦坎城址，要想看到那些残存的凸眼神灵和羽饰蛇头，你就得爬上这个被考古学家称为 adosada 的平台。[29]

从那时起，所有新建的金字塔都永久停工了，已建成的太阳和月亮金字塔下也再没找到仪式性杀戮的证据。这两座金字塔作为城市的纪念性建筑，一直被使用到公元 550 年前后，估计是用于其他不那么致命的目的，但我们对此所知甚少。[30] 我们能看到的是，从公元 300 年之后，大量城市资源被用于建设精巧的石屋，不是专为权贵阶层建造，而是为了特奥蒂瓦坎城的大部分居民。这些令人印象深刻的住宅按照严整的布局从城市一头铺展到另一头，但这或许并不是这个时代的独创。按照城市网格建设住宅的方式可能始于一个世纪前或更早，拆毁年久失修的房屋来为新宅子腾地方的做法可能也有同样长的历史。[31]

考古学家们起初认为这些砖石住宅是宫殿；这些建筑在大约公元 200 年刚开始被建造时，很可能确实如此，当时特奥蒂瓦坎城眼看就要走上政治集中的道路。但在公元 300 年之后，随着羽蛇神庙遭到破坏，它们的建设进程急剧加速，最终该城 10 万人口中的绝大部分住上了这种"宫殿般"舒适的住宅。[32] 这究竟是怎样的住宅，人们又是如何在里面生活的呢？

基于证据，我们可以勾勒出这样的图景：一个个核心家庭小群体舒服地住在独栋建筑中，每栋建筑都配有完备的下水设施，还有精心涂抹了灰泥的地板和墙面。在更大的住宅区，每个家庭似乎都有自己的一套房间,配有独立的柱廊,让那些没有窗户的房间也能享受阳光。我们推测,每个住宅群可容纳大约100人,他们日常会在中央庭院碰面,似乎也会在这里举行家庭仪式,仪式很可能被大家集体围观。大部分这样的公共空间都配有城市标准建筑样式［被称为"斜坡嵌立面"（talud-tablero）风格］的祭坛,墙面上常常绘有鲜亮的壁画。有些庭院中还有金字塔形的神坛,表明这种建筑形制在城市中已经有了新角色,不再是普通人禁用的了。[33]

最早负责绘制特奥蒂瓦坎细节平面图的考古学家勒内·米伦（René Millon）觉得,这种住宅群实际上是作为一种社会住房（social housing）被发明出来的,"着眼于解决城市生活变得越来越拥挤,或许几近混乱的问题"。[34] 每一个街区都按照相似的比例和大小来规划,占地约3 600平方米,尽管其中有些与理想方案略有出入。房间和中庭的规划则规避了高度统一性,使得最终每个住宅群都是独一无二的。即便是那些最朴素的住宅,也有迹象显示其中的生活相当舒适,人们能搞到外地来的货品,所吃的主食包括了玉米饼、鸡蛋、火鸡肉和兔肉,还能喝到被称为"布尔盖"（pulque）的奶白色饮品（一种用龙舌兰发酵制成的酒精饮料）。[35]

换句话说,城里几乎没有赤贫人口。不仅如此,许多市民所享受的生活标准,是城市史上任何其他城市社区都难以企及的,包括我们自己的社会。特奥蒂瓦坎城的确改变了自己的轨迹,没有走向君主制和贵族制,而是成了"人民的托兰"。

但这个非凡的转变是怎样发生的?除了羽蛇神庙遭到损毁,几乎不见任何暴力的痕迹。土地和资源似乎被有序分配给了比邻而居的各个家族团体。在这个多族群的城市里,每个60人到100人不等的共居团体可能都过着两种公共生活。一种基于亲属关系,家族网络超越了住宅街区,甚至往往超越了城市边界;这种联结可能会带来麻烦,我们很快就会讲到。另一种公共生活则更严格地基于邻里共居关系;共同从事的手艺,例如服装制作或黑曜石加工,往往会强化这种联结。

两种形式的城市共同体并存着,保留了人性的尺度,这样一个世界和我们现代概念中的"房地产"天差地别。在我们的世界,数以千计的核心家庭在高层大楼中彼此隔绝。于是我们又回到了最初的问题:如果没有世袭精英或其他类型的统治阶层，那到底是什么凝聚起了这个"新特奥蒂瓦坎"？

由于缺乏书面证据，我们可能永远无法重建其细节，但至少目前我们可以肯定，它绝不是基于一种自上而下的、由王室要员或祭司组成的精英领导团体来规划并指挥的制度。更可能的是，权威分散在各个地方集会，这些地方集会或许向一个城市治理委员会汇报。如果说这种社区组织有什么迹象可循，那可能就是被称为"三庙合一"的片区神坛了。城市中至少散布着 20 多处这样的神坛，覆盖共计 2 000 户住宅，平均每个神坛服务一个百户小区。[36]

这可能表明，治理职能由各社区议事会代理，每个社区的规模类似于我们在第八章讨论过的美索不达米亚的城市街区或者乌克兰超大遗址的会堂，或者更晚期的中部美洲城镇的城区（barrio）。很难想象如此规模的城市，能够在没有强人领袖或大型官僚制度的情况下，像这样成功运行几个世纪之久；但正如我们后面将看到的，西班牙人征服时期留下的对更晚期城市的第一手记录，足以增加这种观点的可信度。

特奥蒂瓦坎的壁画艺术透露了市民身份认同中更活力四射的一面。尽管人们努力将这些壁画解读为肃穆的宗教图像，但这些从公元 350 年前后开始被绘制于住宅群内墙上的欢快场景，看起来往往真的很迷幻。[37]从一堆植物、人类和动物躯体中冒出一连串人像，四周环绕着身穿华服的人，手中有时还握着致幻的籽实和蘑菇；在人群场景中，我们能看到吃花的人头顶冒出了彩虹。[38]这样的壁画总是把人画得一般大小，没有谁高人一等。[39]

当然了，这些壁画呈现的是特奥蒂瓦坎人想象中的自己；社会现实往往要更复杂。在城中心以南名为特奥潘卡斯科（Teopancazco）的区域进行的考古发掘表明，现实情况之复杂可能超乎想象。特奥潘卡斯科的日常生活痕迹可上溯至公元 350 年前后，显示此地居民生活富足。他们穿着饰有贝壳的棉服，表明他们最初来自墨西哥湾沿岸，并且一直与该地区保持着贸易往来。他们还带来了一些当地风俗，包括异常血腥的仪式，而类似的仪式迄今尚未在城里其他地方发现。仪式似乎涉及俘虏外敌并斩首，然后保留其头颅，装进祭器中埋起来——这些祭器出土于他们的私宅。[40]

此处涉及的情况，显然很难与大规模公共生活的理念相调和；而这正是我们要说的。在特奥蒂瓦坎市民社会的表象下，必定滋生了各种各样的社会紧张关系；那些来自不同族群、说不同语言的群体总是在城市里进进出出，巩固与外地贸易伙伴的关系，在遥远的他乡培养另一重个人身份，有时还把这些身份带回城里（试想一个特奥蒂瓦坎强盗摇身一变成了蒂卡尔国王之后，衣锦还乡时会发生什么）。在公元550年前后，特奥蒂瓦坎城的社会结构已经开始分崩离析。不存在外敌入侵的有力证据。城市似乎是从内部瓦解的。就像5个世纪前这座城市突然形成一样，城市居民又突然四散而去，把这座"人民的托兰"抛在身后。[41]

特奥蒂瓦坎的崛起和陨落为墨西哥中部开启了一个周期性的人口集散模式，这一模式在公元300年至1200年反复上演，直至图拉的瓦解和托尔特克城邦的陨落。[42]在这段更长的时间跨度中，特奥蒂瓦坎及其伟大的城市实验留下了什么遗产？我们是否应当将这一整段历史仅仅当作一次短暂的偏航、一个插曲（尽管是个超大规模的插曲），历史发展还是会回归正轨：从奥尔梅克的等级制度到托尔特克的贵族统治，终至阿兹特克的帝国统治？还是说，特奥蒂瓦坎的平等实践自有其独特遗产？鲜有人真正考虑过后一种可能性，但我们有充分的理由去探究这个问题，尤其因为早期来到墨西哥高地的西班牙人留下了许多信息量格外丰富的资料，其中不乏对本地城市的记述，这些城市在当时的欧洲人眼里只能被理解为共和国，甚至是民主政体。

特拉斯卡拉，一个抗击阿兹特克帝国又和西班牙入侵者结盟的原住民共和国，如何通过城市议会的民主商议做出命运攸关的决定（而不是被欧洲技术干扰了"印第安心智"）

带着刚才的思考，我们来看一个完全不同的文化接触案例。时间快进到欧洲人在美洲扩张的最初时刻。有一个名叫特拉斯卡拉（Tlaxcala）

的原住民城邦，位置靠近今墨西哥普埃布拉州，该城在西班牙人对阿兹特克帝国或者说三城联盟的征服中扮演了核心角色。查尔斯·曼恩（Charles C. Mann）在他那本享有盛誉的著作《1491：前哥伦布时代美洲启示录》（*1491: New Revelations of the Americas before Columbus*，2005）中如此描写1519年埃尔南·科尔特斯经过此地时的情况：

> 西班牙人从海边向内陆进军，最开始是和特拉斯卡拉人不断交战。特拉斯卡拉由四个小王国联合而成，在三城联盟的一再进攻下依然保持了独立。多亏了枪炮、马匹和钢刀，西班牙入侵者才能在特拉斯卡拉巨大的人数优势面前赢下每场战斗。但每一仗都在折损科尔特斯的军队。眼看他就要山穷水尽，就在这时，特拉斯卡拉的四个国王突然变了主意。他们从之前的战斗结果断定，他们可以消灭欧洲人，只不过代价高昂，于是印第安领袖们提出了一个看似双赢的交易方案：他们不再攻击科尔特斯，放他和西班牙军队残部一条生路，也让许多印第安战士免于战死，但条件是科尔特斯与特拉斯卡拉联手攻打可恨的三城联盟。[43]

这段记述存在一个基本问题。特拉斯卡拉没有国王，因而不能从任何意义上被描述为王国联盟。那么，为什么曼恩会觉得当地有国王呢？他是一名享有盛誉的科学记者，却并不是16世纪中部美洲历史的专家，只能依托二手资料；而这正是许多问题的源头。

无疑，曼恩肯定设想过（任何讲道理的人都可能这样设想）特拉斯卡拉会不会不是王国，而是别的什么，比如共和政体或民主政体，乃至某种寡头政体。果真如此的话，那么二手文献中就应该充满了激烈的讨论，讨论这意味着什么：不仅意味着重新思考曾被视为现代世界史重要转折点的西班牙人的征服，更意味着重建中部美洲原生社会的发展历程，甚至普遍的政治理论。奇怪的是，这种设想落空了。[44] 当我们发现自己正面临相似的处境时，我们决定再向下深挖一点。不得不说，深挖后的发现相当惊人，连我们自己都没料到。让我们先比较一下曼恩的记述和科尔特斯本人向他的国王,神圣罗马帝国皇帝查理五世,讲述的见闻。

在 1519 年至 1526 年写就的《五封汇报信》(Five Letters of Relation)中,科尔特斯回忆了他如何进入群山环抱的普埃布拉谷地。那里是墨西哥高原的最南端,山谷荫庇着大量的本地城市,其中最大的包括遍地金字塔的乔卢拉(Cholula),还有特拉斯卡拉城。科尔特斯的确是在特拉斯卡拉找到了并肩作战的盟友。他们先是剑指乔卢拉,然后又在邻近的墨西哥谷击败了蒙特祖马二世的数路大军,荡平了阿兹特克的首都特诺奇蒂特兰。科尔特斯估计特拉斯卡拉城及其下属农村地区大约有 15 万人,他在给查理五世的信中写道,"城市里有一座市场,里面有超过 3 万人在买进卖出",外省则"拥有许多广阔肥沃的河谷,全都有人耕种,没有一点抛荒地,从周长上算大约是 90 里格(约 500 公里)的规模"。还有,"目前观察到的政体制度非常类似于威尼斯、热那亚和比萨的共和国,因为这里没有最高统治者"。[45]

科尔特斯是西班牙某地的小贵族,在其故乡,连市政委员会都是某种新事物;可能有人会说,他对共和政体一无所知,因此根本没有这方面的判断力。或许的确如此;但是在 1519 年,他已经有了大量识别中部美洲国王的经验,然后要么拉拢他们,要么摧毁他们;毕竟自登陆美洲大陆以来,他基本都在做这类事情。在特拉斯卡拉,他却找不到任何国王。相反,在他与特拉斯卡拉的战士们初次交锋之后,前来交涉的是一个市民议事会的代表,代表们的任何决定都是事先由集体通过的。我们今天所知的这些事件的历史走向,正是从这里开始变得荒腔走板的。

有必要再次强调,我们在这里探讨的是许多人心目中现代世界史上最重要的桥段之一:这些事件直接导致西班牙人征服了阿兹特克帝国,并成为后续欧洲人征服美洲的一个蓝本。我们假定,即便是最笃信技术进步的力量,或所谓"枪炮、病菌和钢铁"的力量的人,也不至于相信单凭不到 1 000 个西班牙人就足以征服特诺奇蒂特兰(一座占地超过 13 平方公里、人口约 25 万、高度组织化的城市),他们必须倚仗本地联军,其中就有约 2 万名特拉斯卡拉战士。要理解事情的真相，就必须理解为什么特拉斯卡拉人会和科尔特斯联盟，以及这个拥有成千上万人口且没有君主统治的联盟如何形成了这一决定。

对于第一个问题，我们的资料是清晰的。特拉斯卡拉人是去报旧仇的。他们认为，和科尔特斯联手会让他们在与阿兹特克三城联盟的对抗中，以及在普埃布拉谷地对阵墨西哥谷地的"鲜花战争"中取得最终胜利。[46]照例，我们所掌握的大部分资料反映着阿兹特克精英的态度，他们喜欢把特拉斯卡拉对帝国奴役的持久抵抗形容为某种介于游戏和帝国仁政之间的东西（阿兹特克人后来对西班牙征服者强调，是他们允许特拉斯卡拉保持独立的，毕竟帝国的士兵需要有地方练手，祭司也需要储备人牲来祭神，如此这般）。但这些不过是吹牛而已。实际上，特拉斯卡拉人和奥托米人（Otomí）的游击队已经成功抵御了阿兹特克几代人之久。他们的抵抗不仅是军事上的。特拉斯卡拉还培养出了一种唾弃野心家的市民精神，这也杜绝了出现叛徒的可能，这与阿兹特克人的统治理念形成了鲜明对照。

我们来到了问题的关键。

从政治角度而言，阿兹特克帝国的首都特诺奇蒂特兰和城邦特拉斯卡拉代表了彼此对立的政治理想（不妨说，类似于古代斯巴达和雅典）。但这段历史鲜为人知，因为我们已经耳熟能详的美洲征服故事是另一个截然不同的版本。1521 年特诺奇蒂特兰的陷落常被拿来印证某些人眼中潜在的人类社会变革潮流：塑造历史总体面貌和方向的力量。从阿尔弗雷德·克罗斯比和贾雷德·戴蒙德开始，[47]这一脉的作者反复指出，西班牙征服者仿佛有天命昭昭伴其左右。不是他们自我预设的那种神授使命，而是一股莫之能御的洪流；一支来自新石器时代旧大陆的隐形微生物大军与西班牙人并肩征战，掀起天花感染的浪潮，大量杀死了当地人口；还有一系列源自青铜时代的金属武器、枪炮和马匹，令本地人束手无策、惊魂落魄。

我们好自诩，欧洲人给美洲带去的不仅是这些杀人利器，还有现代工业民主，相关要素此前在美洲大陆上无处可觅，连萌芽都不存在。据信，这些是作为一个完整的文化包传过去的：先进的冶金技术、畜力交通工具、字母书写系统，还有对于技术进步不可或缺的那种自由思想。与此相对，"本地人"据信生活在某种完全不同的、近乎神秘主义的宇宙中。他们天生就不会为政治建制展开辩论，也不会通过深思熟虑的协商过程做出改变世界历史进程的重大决定；如果有欧洲来的人观察到他们这么做了，那观察者要么是看走了眼，要么是把自己心中的民主政治理念投射到了"印第安人"身上，哪怕当时的欧洲本身也没怎么践行过这些民主理念。

如前所见，这种解读历史的方式对于启蒙哲学家而言同样陌生。他们更倾向于认为自己的自由和平等理想很大程度上要归功于新大陆人民，并且不确定这样的理想能否与工业进步并存。我们又一次站在了强大的现代神话面前。这样的神话不仅左右着人们的言论，更有甚者，它们还遮蔽了某些事物。早期有些关于特拉斯卡拉的关键材料从未被翻译过，而近些年出现的新资料又很少在专家圈子以外受到关注。让我们试试能不能把事实梳理清楚。

特拉斯卡拉人究竟是如何最终决定和科尔特斯联手作战，从而确保西班牙人征服阿兹特克帝国的呢？这个过程显然充满焦灼和分歧［这在其他普埃布拉谷地城市也一样，例如乔卢拉城面临相似困境时，六个城区（calpolli）的领导人意见分裂，其中三人绑架了另外三人，被绑架的三人后又潜逃到特拉斯卡拉］。[48] 在特拉斯卡拉城中，争论展开的方式却和乔卢拉城的完全不同。

有些证据可以在贝尔纳尔·迪亚斯（Bernal Díaz）著名的《征服新西班牙信史》(*Historia verdadera de la conquista de la Nueva España*，1568）中找到，书中大篇幅描写了西班牙人如何与特拉斯卡拉城的战士及使节交涉。另一个常被援引的资料是图文并茂的抄本《特拉斯卡拉历史》(*Historia de Tlaxcala*，1585），由梅斯蒂索历史学家迭戈·穆尼奥斯·卡马戈（Diego Muñoz Camargo）所著；方济各会修士贝纳文特的托里维奥（Toribio of Benavente）也有一些重要作品。但最详尽的，也是在我们看来最关键的资料，则是一部几乎从来无人引用的书；事实上，几乎没有人读过它，至少在历史学家中是这样（研究文艺复兴人文主义的专家倒是偶尔会评论它的文体）。这就是未完成的《新西班牙编年史》(*Crónica de la Nueva España*，简称《编年史》)，由弗朗西斯科·塞万提斯·德萨拉萨尔（Francisco Cervantes de Salazar）在1558年至1563年撰写，此人是墨西哥大学首任校长之一。[49]

萨拉萨尔1515年生于西班牙城市托雷多，在名校萨拉曼卡大学求学，学术声誉一时无两。在佛兰德待了一阵之后，他成为塞维利亚大主教的拉丁文秘书；这让他有机会进入查理五世的宫中，在那里听到科尔特斯讲述其新大陆经历。这位年轻聪慧的学者很快就醉心于征服者的事迹。1547年科尔特斯去世后没过几年，萨拉萨尔就启航前往墨西哥。抵达之后，他先在科尔特斯的儿子和继承人的领地上教授拉丁文，不过很快就成为刚刚建立的墨西哥大学的领军人物，同时还担任圣职；他的余生都奉献给了教会和学术，在两个领域均建树颇丰。

1558年，主要由初代征服者及后人组成的墨西哥市政当局认为萨拉萨尔学养深厚，于是成全了他最大的心愿：给他200金比索的年薪以支持他撰写一部新西班牙的通史，聚焦地理发现和征服的主题。这已是相当有力的支持了，而两年之后，萨拉萨尔（已经动笔开写了）又获得了一笔专用于田野调查的经费。那段时间，他肯定实地调研了特拉斯卡拉及周边，并从亲历西班牙人征服且幸存的当地酋长和其子嗣处获得了宝贵的历史材料。[50]

市政府似乎对指定的编年史作者盯得很紧，要求他三个月上交一次手稿。他最后一次提交手稿是在1563年，当时，尽管他竭力避免，却还是卷入了一场激烈的宗教争端，由此站到了宗教裁判所庭长、强大的佩德罗·莫亚·德孔特雷拉斯（Pedro Moya de Contreras）的对立面。在那些风口浪尖的岁月里，萨拉萨尔眼见马丁·科尔特斯（Martín Cortés）和许多熟人都被安上了西班牙王室叛党的罪名，遭到监禁、折磨或者流放。萨拉萨尔极尽委曲求全才避免了这样的命运；可他的声誉大受影响，直至今日，和贝纳迪诺·德萨阿贡等人相比，他的作品在学术研究中的资料价值仍然更低一等。而最终，这两位学者的作品都逃不过相似的命运，被送到位于西班牙的皇家西印度委员会*和宗教裁判所强制审查涉及"偶像崇拜实践"的内容（不过看起来并没有审查涉及原住民政治的内容），也不允许任何原本和副本在市面流通。[51]

结果就是许多个世纪里，大家对塞万提斯·德萨拉萨尔的《编年史》视而不见。[52] 如今它能重见天日，还要多谢齐利亚·玛丽亚·马格达莱纳·纳托尔（Zelia Maria Magdalena Nuttall，1857—1933）的杰出贡献。她是一位开拓性的考古学家、人类学家和失落抄本的搜寻者，不仅于1911年在马德里的国家图书馆中发现了萨拉萨尔未写完的《新西班牙编年史》，还在墨西哥城的市镇议会档案中找到了大部分存世的萨拉萨尔生平资料和本书写作的背景史料。她万分震惊地了解到，在她之前去查阅资料的历史学家们竟如此粗枝大叶，没有从中发现任何有价值的东西。直至1914年，《编年史》才得以出版。而直至今日，依然没有导读或评注来指导读者理解书中的16世纪文句，也没有人指出书中记录下的中部美洲本土城市政治事务有着多么重要的意义。[53]

有批评家强调，萨拉萨尔写作本书时，距离所述事件已经过去了几十年，他的编年史依据的是更早的记述——但其他关于西班牙人征服的关键材料也是如此。他们还说，和萨阿贡等人相比，萨拉萨尔在民族志写作方面逊色不少，他深谙的似乎更多是贺拉斯（Horace）和李维（Livy）的著作，而不是墨西哥的本土传说。这么说或许不无道理，但当时流行的文风就是一有机会就征引希腊、特别是罗马的例子。虽说如此，《编年史》显然并非萨拉萨尔古典学素养的投射。书中详尽描述了西班牙征服时期的本土人物和本土机构，这些内容与古典学作品没有任何相似之处，且许多事例都有第一手资料佐证。此外，萨拉萨尔的书中显然还提供了其他第一手记述没有谈及的细节。

让我们格外感兴趣的是，《编年史》的附录部分直接谈到了主理特拉斯卡拉城政事的议事会，及其就是否与西班牙入侵者结盟一事展开的商

---

* 西班牙帝国管理美洲和亚洲最重要的行政机构，于1524年成立、1834年废止，拥有独立的立法、行政和司法权力，直接向西班牙帝国皇帝报告。——译者注

议。这部分长篇大论地记述了西班牙代表和特拉斯卡拉代表之间你来我往的演说和外交赠礼，其中特拉斯卡拉代表在议事会上的雄辩博得一众赞赏。根据萨拉萨尔的记录，代表特拉斯卡拉发言的人中有年长的政治家，包括老希科腾卡特尔（Xicotencatl），他的儿子是一位与他同名的将军，至今仍是特拉斯卡拉州的名人。[54]但代表中同样有当时的大商人、宗教专家和顶级的法律权威。萨拉萨尔在这些非凡的段落中描述的行事方式显然不属于某种皇廷，而属于一个成熟的城市议会，它诉诸合理的论证和漫长的商议来形成一致决议，如有必要，一次讨论可以持续数周。

关键的章节在卷三。科尔特斯和他新招募的托托纳克（Totonac）联军还在特拉斯卡拉城外扎营。使节往来穿梭于西班牙人和特拉斯卡拉的城市议事会（Ayuntamiento）之间，协商也在此开启。在没完没了的欢迎和吻手礼之后，一个以"精明和友善的交谈"见长的名叫玛奇奇卡金（Maxixcatzin）的要人推动了事情的进展。他施展雄辩，号召特拉斯卡拉人追随他的领导（当然也是追随众神和祖先的指示），与科尔特斯联手反抗阿兹特克压迫者。他的理念在议事会中广受认同，直到时年100多岁、近乎失明的老希科腾卡特尔打断了这一切。

接下来的章节详述了"老希科腾卡特尔直言反驳玛奇奇卡金"。老希科腾卡特尔提醒议事会，最难抵抗的是"来自内部的敌人"，也就是即将被迎进城里的这些外来人。老希科腾卡特尔问道：

> ……（为什么）玛奇奇卡金把这些人看成神呢，他们倒是更像贪婪的怪物，被狂暴的大海抛上岸来祸害我们，无度地吞噬黄金、白银、石头和珍珠；不解衣服就睡觉；一贯的举止就像是有朝一日要当上残酷的主人……整个土地出产的鸡、兔子和玉米都填不满他们肚子里的无底洞，还有他们贪婪的"鹿"（指西班牙人的马匹）。我们这些人从未受过奴役，也从未有过一个高高在上的王，为何要挥洒自己的热血，到头来却把自己变成奴隶？[55]

我们得知，议事会的成员被老希科腾卡特尔说得动摇起来，"他们开始窃窃私语，交头接耳，随后声音渐响，每个人都直抒胸臆"。议事会陷入分歧，达不成共识。接下来的事情，对于任何参与过共识决策过程的人来说都很熟悉：当争执不下时，人们往往不会诉诸表决，总有人会提出一个创造性的折中方案。泰米洛泰库特尔（Temilotecutl）——该城的四位"高级法官"之一——提出了一项妙计。为了让争执的双方都满意，他们会请科尔特斯入城，可当他一踏入特拉斯卡拉城的地盘，该城统帅小希科腾卡特尔就会率领一队奥托米战士伏击他。如果伏击成功，他们就是英雄。如果失败，就可以把责任推给粗鄙莽撞的奥托米人，以此为借口，然后和入侵者合兵一处。

这里无须再复述下面发生的事情，最终的结果是特拉斯卡拉和科尔特斯结盟了。[56] 我们所列举的内容，足以让读者感受到资料中呈现的特拉斯卡拉的民主制度，以及当地政治家的理性辩论才能。这样的记述却没有得到当代历史学家的认真对待。少数学者甚至暗示萨拉萨尔描述的事情都是杜撰，要不就是把幻想的古希腊广场或者古罗马元老院的场景硬扣到"印第安人"的头上。即便为数不多认真对待《编年史》的学者，也只是看重它在早期天主教人文主义文学类型中的建树，而没有把它当作中美洲本土政治形式的历史资料。就如同评论家们对待拉翁唐作品的态度一样，他们不关心哪些可能是坎迪亚洪克实际发表过的观点，却埋头讨论某些段落是否可能受到了希腊语讽刺作家琉善的启发。[57]

这里有种不易察觉的势利：倒不是有谁拒不承认记述中的协商政治活动能反映历史现实，只是没人对这个事实感兴趣。历史学家们感兴趣的似乎总是这些记录和欧洲的文本传统或欧洲人的期待之间的关联。遭到同等待遇的还有后来发现的特拉斯卡拉文献《特拉斯卡拉纪要》（*Tlaxcalan Actas*），它保存下了西班牙人征服后的几十年间，该城市政议事会协商过程的书面纪要。文献以大量的篇幅证实了本土政治家的演讲技巧，及其对共识决策和理性辩论原则的熟练掌握。[58]

你或许以为这些会引起历史学家的兴趣。但相反，他们真正觉得值得讨论的是，文本中展现的民主之风在多大程度上是那些"精明的印第安人"为了迎合欧洲主人的政治期待而做出的某种奇迹般的改变：实际上是某种精心设计的逢场作戏。⁵⁹我们并不清楚为什么这些历史学家会觉得一群16世纪的西班牙修士、小贵族和士兵能对民主政治程序有所认知（更别提为之折服了），因为当时欧洲的有识之士几乎无一例外是反民主的。如果在这场相遇中有一方学到了新知识，那肯定是西班牙人。

在如今的学术氛围下，要说特拉斯卡拉人不只是犬儒者或受害者，会被认为有点危险：可能会因此背上天真的浪漫主义者的骂名。⁶⁰事实上，在今天，但凡有谁尝试指出欧洲人从美洲原住民身上学到了任何道德或社会价值，轻则招致嘲笑，被指沉浸于"高贵的野蛮人"概念不能自拔，重则偶尔会遭到激烈的谴责。⁶¹

但是有充分的理由认为，西班牙人资料中记录的协商过程和事实相去不远，可供我们管窥原住民的集体治理机制。而如果这样的协商乍看起来与修昔底德或色诺芬记录的古希腊论辩有任何相似之处，也是因为展开政治辩论的方式真的只有那些。至少有一个西班牙文献提供了这方面的确证。此处让我们把目光转向贝纳文特的托里维奥修士，他因为衣衫褴褛的外表被当地人称作莫托利尼亚（Motolinía，意为"受难者"），而他似乎很乐意接受这个外号。多亏了莫托利尼亚，我们才能看到《新西班牙诸印第安部族历史》(Historia de los Indios de la Nueva España，1541)，当然还要感谢他的特拉斯卡拉报道人们，其中包括安东尼奥·希科腾卡特尔，此人很可能是老希科腾卡特尔的某个孙子。⁶²

莫托利尼亚证实了科尔特斯最初的观察：特拉斯卡拉的确是一个本土共和国，其统治者不是王，甚至不是轮值官员（如乔卢拉那样），而是一个由民选官员（teuctli）组成的向全体市民负责的议事会。尚不清楚具体有多少人列席特拉斯卡拉的最高议事会，西班牙人的资料显示从50到200不等，或许这取决于讨论的事项。同样遗憾的是，莫托利尼亚没有详细告诉我们这些议事会成员是如何当选的，或者谁有资格参与竞选（其他普埃布拉谷地城市，包括由帝国控制的那些，都是由不同城区的代表轮流执政的）。不过，在介绍特拉斯卡拉城如何进行政治训导时，莫托利尼亚的记录活灵活现。

那些有志于在特拉斯卡拉议事会获得一席之地的人，不但不能展现个人魅力或者超越对手的能力，反而需要自贬身份，甚至到自轻自贱的地步。按照规定，他们要臣服于这座城市的居民。为了确保这种臣服之态不只是做做样子，他们人人都要经受考验，首先就是承受当众的辱骂，这被视作野心的必要代价。当此人的自尊已经千疮百孔的时候，他将迎来一段漫长的闭关，其间，未来的政客要遭受诸如禁食、剥夺睡眠、放血和严格道德规训的折磨，直到脱胎换骨，作为新的人民公仆"出阁"，在大摆宴席的庆祝中结束考验。[63]

很显然，想要在这样的本土民主制中担任公职，所需的个人特质和我们习以为常的现代选举政治中的大相径庭。说到这一点，不妨回想一下古希腊作家的观点。他们很清楚选举制度倾向于推举出极具个人魅力、有着暴君做派的领袖。因此，他们认为选举是一种贵族式的政治任命模式，和民主的原则背道而驰。也正因为如此，在欧洲历史的大部分时间里，真正民主的官员选任方式被认为是随机抽签。

科尔特斯或许是曾将特拉斯卡拉誉为务农和营商的世外桃源，但根据莫托利尼亚的解释，该城的居民在谈及自己的政治价值时，实际上认为它们来自沙漠。一如阿兹特克人或其他讲纳瓦特尔语的族群，特拉斯卡拉人喜欢自称是奇奇梅克人（Chichimec）的后裔。奇奇梅克人被视为最初的狩猎-采集族群，在沙漠和森林中过着苦修般的生活，住在原始的小屋里，对村庄或城市生活一无所知，不吃玉米或熟食，不穿衣服，也没有组织化的宗教，只靠野物生活。[64]特拉斯卡拉的候选议员所经历的磨难是为了提醒他们要培养奇奇梅克祖先的品质（这种品质最终还要与有礼有节的托尔特克战士美德达成平衡；关于这两种价值之间具体该如何平衡，特拉斯卡拉人也一直争论不下）。

如果这些听起来有点似曾相识，那我们必须自问这是为什么。西班牙修士们无疑从这些旧世界故事中听出了共和美德的回响——这种怀古的潮流从圣经时代的先知一直延续到伊本·赫勒敦（Ibn Khaldun），更不必说修士们自己尊崇的遁世之风。这些呼应如此之巧，不禁让人怀疑特拉斯卡拉人在书写自己的民族志时，是否真的采用了容易被西班牙人接受和理解的术语来自我呈现。当然，我们知道特拉斯卡拉的市民曾经为征服者们上演过宏大的戏剧演出，包括 1539 年的一场再现十字军征服耶路撒冷的露天展演，演出的高潮是一大群摩尔人扮相的异教徒（货真价实）集体接受洗礼。[65]

西班牙观察者们甚至可能是从特拉斯卡拉人或者阿兹特克人的记载中了解到身为"高贵的野蛮人"意味着什么的。也不排除相关的墨西加本土理念有可能汇入了欧洲政治思想的大河，直到在卢梭的时代激起浪涛；卢梭所谓的"自然状态"几乎原样照搬了莫托利尼亚对于奇奇梅克人的描述，其"原始的小木屋"也是奇奇梅克人曾居住的地方。在我们的进化叙事中，一切都起源于简单平等的狩猎–采集者，这种观念的萌芽或许来自美洲印第安市民的想象。

我们扯远了。

从所有这些相互比照界定中，对于西班牙人征服时期特拉斯卡拉的政治建制，我们究竟能得出什么结论？这真的是一个有效运行的城市民主政体吗？如果是这样，在哥伦布发现美洲前，美洲大地上还有多少这样的民主政体存在？或者这不过是一个海市蜃楼，折射出一个"理想共和国"的幻影，以满足那些坚信千禧年主义的教士的期待？还是其中既有历史现实也有模拟再现的成分？

如果我们所掌握的只有书面材料，就会始终免不了质疑；但考古学家已经证实，在 14 世纪时，特拉斯卡拉城已经有着和特诺奇蒂特兰城完全不同的组织基础。这座城市里没有宫殿和中央神庙的痕迹，也没有大球场（回想一下球场对于其他中部美洲城市的王家仪式而言是多么重要）。相反，考古测绘发现，这座城市的地景几乎全部都是安排市民入住的精致住宅，全都按照统一的高规格建设。这些住宅环绕着超过 20 个区域广场，广场高耸于巨大的夯土台基之上。最大规模的市政集会则在一座宏大的名叫蒂萨特兰（Tizatlan）的公共建筑中举行，这座建筑建于城外，可通过宽阔的门厅进入建筑内各个集会空间。[66]

因此，现代考古学调查表明，早在科尔特斯踏足墨西哥的土地之前，一个本土的特拉斯卡拉共和国早已存在，后来的文献材料也表明这里践行民主制度，这一点确凿无疑。这和当时其他著名的中部美洲城市相比差异惊人。不过，公元前5世纪的雅典同样是一个异类，周边都是小王国和寡头政权。这种差异也不应被过分夸大。我们从这一章已经看到，特拉斯卡拉的政治传统并非特例，而是一股城市发展大潮流中的一支，这股潮流大致能上溯至1 000年前特奥蒂瓦坎城开展的社会福利实验。尽管阿兹特克人自称和废弃的特奥蒂瓦坎城关系格外密切，但特拉斯卡拉至少和阿兹特克人的首都特诺奇蒂特兰一样拥有特奥蒂瓦坎的遗产，甚至在大多数真正重要的方面，特拉斯卡拉继承了更多。

毕竟，正是特诺奇蒂特兰的阿兹特克统治者们最后背叛了这一传统，打造出一个侵略成性、更接近当时欧洲主流的政治模式的帝国，或者说，打造出了后世所知的"国家"。在下一章中，我们要回过头来探讨这个词。究竟什么是国家？国家当真标志着人类历史进入了一个全新的阶段吗？这个词在今天还有意义吗？

第十章

为何国家没有起源

主权、官僚制和政治不起眼的开端

探寻"国家的起源"（origin of the state）几乎和追索"社会不平等的起源"一样旷日持久、争议不断，然而从很多方面讲，这不过是徒劳。人们普遍认为，今天世界上几乎所有人都身处国家的权威之下；同样，人们通常会觉得，像法老时代的埃及、商代中国、印加帝国、贝宁王国这些过去的政治体也能被称为国家，或者至少是"早期国家"。可是对于国家到底是什么，社会理论家们并没有达成共识。问题在于，怎样才能提出一个既能涵盖所有这些案例，同时又不至于太宽泛而失去意义的定义。事实证明这难得出奇。

"国家"这个术语在16世纪晚期才开始成为常用词，它是当时的一个叫让·博丹（Jean Bodin）的法国律师造出来的，此人著述颇丰，其中一部关于巫术、狼人和巫师历史的专著很有影响力（今天他更为人所知的是他对女性的深恶痛绝）。不过可能最早尝试系统定义这个词的是一个叫作鲁道夫·冯·耶林（Rudolf von Ihering）的德国哲学家。他在19世纪晚期提出，国家应该被定义为在特定领土范围内宣称垄断强制性暴力的合法使用权的机构（这个定义得到了社会学家马克斯·韦伯的认同）。基于这个定义，如果一个政府宣称占有一片土地，并坚称在其边界之内，自己是唯一能够通过代理人对人进行杀戮、殴打、残害或监禁的机构，或是如冯·耶林所强调的，能够决定还有谁能以自己的名义行使这些权力，那么这个政府就是"国家"。

冯·耶林的定义对于现代国家来说相当适配。但很显然，在人类历史的大部分时间里，统治者从未提出过如此虚张声势的主张，即使提了，他们宣称垄断强制性暴力时的状态无异于宣称自己控制了海潮或天气。如果有人坚持冯·耶林和韦伯的定义，那他要么不得不推导出汉谟拉比时代的巴比伦、苏格拉底时代的雅典或"征服者"威廉统治下的英格兰不算国家，要么必须提出一个更加灵活或缜密的定义。马克思主义者贡献了一个：他们认为国家最初是为了保护新兴统治阶级的权力而出现的。他们论证说，随着一群人有规律地以另一群人的劳动为生，他们必然要创立一个统治机构，官方名义是要保护自己的财产权，事实上是要维护自己的优势（很符合卢梭传统的一种思路）。这个定义重新涵盖了巴比伦、雅典和中世纪英格兰，但是也带来了新的概念问题，例如如何定义剥削。而且，这个定义也令自由主义者不快，因为它排除了国家成为一个慈善机构的任何可能。

在20世纪的大部分时间里，社会科学家们倾向于用更纯粹功能性的术语来定义国家。他们认为，随着社会日趋复杂，人们越发有必要创立自上而下的指挥结构来协调一切事务。大部分当代的社会进化理论家实质上仍然遵循了这种逻辑。"社会复杂性"的证据被自动当成某种治理机构存在的证据：比方说，一旦我们可以识别出一种四级的聚落等级体系（例如城市、乡镇、村落、小村庄），且至少某些这样的聚落中有全职的专业技术人员（陶匠、铁匠、僧尼、雇佣兵或者乐师），那么这般事实本身就足以将任何管理它的机构认定为国家。即使该机构并没有主张垄断暴力，或并没有在支持一个靠蒙昧苦力的辛勤劳动为生的精英阶级，这些情况也迟早会出现。这个定义同样有其优点，尤其是在揣测远古社会时，那些社会的性质和结构只能从支离破碎的遗存中去爬梳；但这个定义的逻辑纯属循环论证。它基本相当于在说，因为国家是复杂的，所以任何复杂的社会安排一定是国家。

事实上，20世纪几乎所有"经典的"理论建构正是从这个假设出发的：任何大型复杂社会必然需要一个国家。真正的争议点是，为什么？有什么充分的实际理由吗？还是说任何此类社会都一定会产生物质盈余，而一旦有了物质盈余——例如太平洋西北海岸的众多熏鱼——那么必然会有人去抢占过量的份额？

如第八章所述，这些假设并不怎么适用于早期城市。例如早期乌鲁克在任何意义上都不能算作"国家"；更何况，当自上而下的统治在古美索不达米亚地区出现时，它并没有出现在低地河谷的"复杂"大都市，反而出现在周边丘陵的"英雄式"小社会中，这显然违背了行政管理的原则，因此似乎也不能算作"国家"。对于后者，一个比较好的民族志类比对象可能是西北海岸社会，因为这些社会的政治领导权也掌握在自我吹嘘、虚荣自负的战士贵族手中，他们在头衔、财宝、平民的拥戴和占有的奴隶方面浮夸地相互竞争。但回想一下，海达、特林吉特和其他社会中不仅没有任何可以被称为国家机器的东西，甚至没有任何一种正式的治理机构。[1]

至此，有人可能会提出，"国家"最初是在两种治理形式（官僚式和英雄式）融合在一起时出现的。可以这样来论证。但我们同样可以先问问，这个问题真的有那么重要吗？如果在没有国家的情况下，也可能有君主、贵族、奴隶制以及极端的父权统治形式（很明显曾有过这种情况）；如果在没有国家的情况下，人们同样有可能维持复杂的灌溉系统、发展出科学和抽象哲学（这种情况看起来也出现过），那么，区分不同的政治实体，愿意将其中某些描述为"国家"而另一些不是，这对我们理解人类历史有何帮助？我们难道提不出更有趣且更重要的问题了吗？

在这章中，我们将探究是否有可能提出这样的问题。如果我们不假设在古埃及和现代英国的统治形式中必然存在深层的内在相似性，并致力于弄清楚这种相似性到底是什么，而是以全新的眼光来看待这个问题，那么历史会呈现出怎样的面貌？毫无疑问，在大部分见证了城市兴起的地方，最终都会出现强大的王国和帝国。它们之间存在哪些共同点？或者说，它们之间到底有没有共同点？它们的出现，对于人类自由和平等的历史或者人类丧失自由和平等的历史来说意味着什么？它们以怎样的方式——如果有的话——标志着一场与过去的彻底决裂？

提出有关三种基本支配形式的理论，并开始探索其对人类历史的启示

我们认为，展开这项任务的最好方式是回归第一性原则。我们已经讨论过基础的乃至首要的自由形式：迁徙的自由、不服从命令的自由、重组社会关系的自由。我们能否以同样的方式讨论支配的基本形式？

回想一下卢梭如何在他著名的思想实验中将一切都追溯到私有财产，尤其是土地产权的问题上：在那个糟糕的时刻，当一个人第一次竖起一道围栏并说，"这片领土属于我，且只属于我"，后续所有的支配形式，以及随之而来的所有灾难，便都不可避免了。如前所见，执著于将财产权视作社会的基础以及社会权力的基石，是一种独属于西方的现象；事实上，如果"西方"的概念真的有什么意义，它指的可能就是以这些术语来构想社会的那种法律和知识传统。因此，要开启一个稍显不同的思想实验，最好应该由此入手：当我们说封建贵族、地主乡绅或离地地主的权力"建立在土地上"时，我们到底在说什么？

我们常常用这样的话语来破除虚无缥缈的抽象或高高在上的主张，从而表述简单的物质现实。例如，19世纪英国的两大主要党派，辉格党和托利党，喜欢自我标榜为理念之争：某种自由市场自由主义概念和某种传统理念的交锋。一个历史唯物主义者可能不以为然，认为辉格党代表着商业阶级的利益，托利党代表着地主的利益。这当然是对的，否认这一点就太鲁莽了。不过，我们可以质疑"土地"（或者其他形式的）财产是物质性的这个前提假设。没错，土壤、石头、草、树篱、农场建筑和粮仓都是物质性的东西，但是，当人们谈及"地产"时，其实指的是个体对特定领地内的土壤、石头、草、树篱等享有独家访问权和控制权的一种主张。在实践中，这意味着一种能够禁止任何其他人染指这一土地的法律权利。在这个意义上，只有当没人想去挑战你的主张，或是你有能力随意召集武装人手，来威胁或攻击有异议的人或未经允许就进入并拒不离开的人，土地才真正是"你的"。即使你亲自射杀了擅闯者，你仍然需要其他人认可你有权这样做。换句话说，"地产"并不是实际的土

壤、岩石或草，而是一种法律理解，靠道德和暴力威胁的巧妙结合来维系。事实上，土地所有权充分展现了鲁道夫·冯·耶林所谓的国家垄断领土内的暴力这个逻辑，只不过涉及的领土范围比民族国家的小得多。

这听起来可能有点抽象，但这是一种简化描述下的现实。任何一个曾尝试占用一块地、占领一栋楼，或就这个话题而言，尝试颠覆一个政府的人肯定能心领神会。大家都清楚，最终一切都取决于是否有人受命前来武力驱赶你，如果有，那么又取决于这些人是否愿意服从命令。在正面冲突中，革命很少取胜，如果获胜，通常是因为多数被派去镇压的人拒绝开枪或者直接撤兵。

那么这是否意味着财产权就像政权一样，最终来自（正如毛主席的精妙表述）"枪杆子里面"，或者最好说，来自让训练有素的枪手们效忠的能力？

不。不尽然。

为了说明原因，并继续我们的思想实验，我们来看一种不同的财产。想一想钻石项链。如果金·卡戴姗（Kim Kardashian）戴着一条价值几百万美元的钻石项链走在巴黎的大街上，她不仅在炫富，也在炫耀自己对暴力的掌控力，因为人人都知道，不管看不看得到，她身边一定有全副武装的私人安保，专门应付潜在的盗贼，否则她一定不敢如此炫耀。所有类型的财产权最终都要借助被冯·耶林等法理学家委婉地称作"强力"的东西来维持。但是，让我们暂且想象一下，如果地球上所有人突然炼成金刚不坏之身，将会发生什么？例如，大家都喝下一剂抗伤害魔药，那么金·卡戴姗还能对自己的珠宝享有专有权吗？

如果她仍然频繁炫耀，估计就保不住它了，因为想必有人会掳走它；不过她当然也能持续保有珠宝，方法通常是把它藏在只有自己知道密码的保险箱中，仅在秘而不宣的场合向可信的受众展示。可见还有一种确保专有权利的方式：信息控制。只有卡戴姗及其亲信们知道钻石通常保存在哪，或可能在何时被佩戴。这显然适用于所有根本上依赖"强力威胁"来维持的财产，包括地产、商店里的货物等。如果人们无法彼此伤害，那就没人能够宣称某物是绝对神圣的，或者保卫它不受"全世界"

侵犯。人们只能排除那些自愿被排除在外的人。

我们还可以让实验更进一步：想象世界上所有人喝下另一剂使人无法保密的魔药，同时还是无法对彼此造成身体伤害。这样一来，人们就能获取同等的信息和对等的强力。现在卡戴姗还能保有她的钻石吗？有可能。只要她能设法说服所有人相信，金·卡戴姗是如此独特且超凡的人物，因此值得拥有其他人没有的东西。

我们想表明的是，这三条原则，权且称之为暴力控制、信息控制和个人魅力（charisma）*，同样也是社会权力的三个可能的基础。[2] 暴力威胁往往最可靠，这就是为什么它已成为世界各地统一的法律制度基础；个人魅力往往最短暂易逝。三者通常在一定程度上共存。即使在人际暴力罕见的社会中，也可能存在基于知识的等级制。具体是哪种知识甚至都无关紧要，它可能是某些技术要领（例如熔炼铜或使用草药），也可能是我们眼中的一派胡言（二十七重地狱和三十九重天堂的名字，以及可能会在那里遇到的各种生物）。

如今，各种复杂到有赖官僚式管理的入会仪式相当常见，例如在非洲和巴布亚新几内亚的一些地方，入会者们会逐步接触到越来越高级的秘传知识，而除此之外，这些社会没有任何其他类型的正式等级。即使在不存在这种知识等级的地方，也明显存在个体差异。有些人被认为比其他人更富魅力、更有趣、更聪慧或更貌美，这些常常会导致差异，即便是在那些制定了详细措施以避免个体差异的群体中（例如，海达人这样的"平等主义"觅食者群体会对成功的猎人进行仪式性嘲讽）。

我们已经指出，平等主义精神可以沿着两种方向发展：要么完全否定个人特色，坚持以完全相同的方式对待所有人（或至少认为应该如此）；要么完全拥抱个人特色，认为人与人之间的差异大到任何一种总体排序都无从想象。（毕竟，要如何比较最好的渔夫、最德高望重的长者和最会讲笑话的人？）在这类案例中，或许有些"极端个体"（如果

---

* 也经常直接音译为卡里斯玛，指天赋超凡魅力，常常表现为领袖气质。这个词最初被用于宗教领域，随着德国社会学家马克斯·韦伯所提出的魅力型权威（charisma authority，又译卡里斯玛权威）而被广泛应用于社会科学领域。——译者注

可以这么称呼的话）会脱颖而出，甚至获得领袖角色。这里，我们可能会联想到努尔人的预言家或是某些亚马孙萨满、马达加斯加占星巫师（mpomasy），或就此而言，还可以算上旧石器时代晚期的"奢华"墓葬中那些生理特质（很可能还有其他方面的特质）极端异常的人。然而，这些例子显示，此类个体的特质太过于不同寻常，以至于很难将他们的权威转化为任何一种持续的权力。

有关这三个原则，我们真正忧虑的是，它们中的每一个如今都已被视为支撑现代国家诸制度的基础。比如控制暴力的例子就很明显。现代国家是"主权"（sovereign）国家：掌握着从前属于君主的权力，在实践中可以用冯·耶林的话表述为垄断了其领土范围内对强制性暴力的合法使用权。在理论上，一个真正的主权者行使的是凌驾于法律之上的权力。古代君王很少能够系统性地实施这种权力（如我们所见，通常，他们号称的绝对权力其实仅仅意味着他们是周身方圆百米之内唯一能够随意行使暴力的人）。在现代国家，这种权力被放大了千倍，因为它结合了第二个原则：官僚制度。正如韦伯这位研究官僚制的伟大社会学家早就观察到的，行政组织通常不仅基于信息控制，也基于各种各样的"官方机密"。这就是为什么特工成了现代国家的神话象征。拥有杀人执照的詹姆斯·邦德集个人魅力、保密性和无限暴力使用权于一身，其背后是一架庞大的官僚机器。

储存信息并制成表格的精密行政技术与主权相结合，对个人自由构成了种种威胁，使监控国家和极权统治成为可能；但我们一再被告知，这种危险能被一条第三原则抵消：民主。现代国家是民主的，至少人们普遍认为应当如此。但是，现代国家的民主制构想大大不同于古代的，比如古代城邦中旨在集体商议共同问题的集会。我们现在熟知的民主更像是一种在个别传奇人物之间上演的成王败寇游戏，我们其他人很大程度上都沦为了旁观者。

如果要为现代民主的**这一面**寻找古代先例的话，我们不该去看雅典、叙拉古或科林斯的公民大会，而是吊诡地要去看"英雄时代"的贵族竞逐，例如《伊利亚特》中描述的无休无止的竞赛（agon）：赛车、决斗、运动会、礼物和献祭。正如我们在第九章中所指出的，晚期古希腊城邦的政治哲学家们根本不认为选举是一种民主的公职候选人遴选方式。民主的方式是抓阄或抽签，更类似于现代陪审员的选任方式。选举被认为是一种贵族模式［aristocracy（贵族制）的字面意思就是"最优者的统治"］，让平民——就像昔日英雄贵族的追随者那样——决定出身优越的人当中谁最优秀；而在这种背景下，出身优越仅仅意味着花得起大量时间来玩政治游戏。[3]

正如对暴力、信息和个人魅力的获取决定了社会控制的可能性，主权、官僚制和竞争性政治场域三者的结合定义了现代国家。[4] 因此，我们似乎很自然地应该由此入手来分析历史；不过一旦试图这样做，我们就会意识到，没有任何实质理由要把这三个原则捆绑在一起，更别提让它们以今日政府中常见的那种方式彼此强化。一个原因在于，这三种基本的支配形式有着各不相同的历史起源。如前所见，在古美索不达米亚，河谷地带的官僚商业社会起初与丘陵地带的英雄政治及其不计其数的小诸侯对立共存，后者通过这样那样惹人瞩目的竞赛来争夺追随者的忠诚。与此同时，丘陵人民是直接拒斥行政管理原则的。

也没有令人信服的证据显示古美索不达米亚城市取得了任何真正的领土主权，即使是在王朝统治时期，因此它们远非现代国家的萌芽版本。[5] 换言之，它们不是冯·耶林定义下的国家；即使它们曾经是，仅从主权角度来定义一个国家也没什么意义。回想一下路易斯安那的纳奇兹人，他们的"大太阳"在自己（并不算大的）"大村"（Great Village）中行使绝对权力，可以随心所欲地当即处决他人或占有任何物品，但只要他不在近旁，他的臣民基本就当他不存在。东非尼罗特人（Nilotic people）中的希鲁克人（Shilluk），其神圣王权也是同理：当国王现身时，他几乎可以对在场的人为所欲为，但没有任何一种行政机器能够将他的主权转化成更稳定或影响范围更广的东西：没有税收体系，没有贯彻王命的体系，甚至没有汇报臣民是否服从命令的体系。

至此我们能看到，现代国家事实上是各种元素在人类历史上某个时刻偶然汇聚的产物，而且可以说，这些元素现在又处于解体的过程中（例如，我们现在有世界贸易组织或国际货币基金组织这种全球性官僚机构，却并没有与之对应的全球主权）。当历史学家、哲学家或政治科学家争论古代秘鲁或古代中国的国家起源时，他们实际上是在把这套非同寻常的元素组合投射回过去：典型的做法就是尝试找到某个类似于主权的东西与类似于行政体系的东西相结合的时刻（竞争性政治场域常常被当作非必要选项）。他们感兴趣的正是这些元素起初是如何以及为何结合到一起的。

例如，早几代学者关于人类政治进化的标准叙事是，国家的诞生源于需要管理复杂的灌溉系统，或仅仅是管理大量聚集的人员和信息。由此出现了自上而下的权力，而这种权力最终又受到民主制度的制衡。这意味着一个发展序列，有点类似于：

行政 → 主权 →（最终）魅力型政治

就像我们在第八章指出的，关于古代亚欧大陆的最新证据指向了另一种模式，其中城市行政体系激起了一股文化上的逆反（分裂演化的又一例），表现为相互竞争的高地枭雄（城市居民眼中的"野蛮人"），[6]最终，有些枭雄入主城市，建立起系统化的权力：

行政 → 魅力型政治（通过分裂演化）→ 主权

某些案例很可能就遵循了这种模式，例如美索不达米亚的情况；不过，逐步发展出某种（至少在我们看来）类似于国家的东西的路径，似乎不太可能只此一种。在其他地方和其他时间，通常是在危急关头，这个过程可能始于魅力型个人的脱颖而出；追随者们在他们的激励下与过去彻底决裂。最终，这些大人物享有某种绝对的宇宙权威，这套权威最后落地为一套官僚角色和职位体系。[7]这样一来，其路径更像是：

魅力型愿景 → 主权 → 行政

我们在此想挑战的并不是某个特定的理论阐释，而是其底层的目的论。所有这些论述似乎都假定这个过程只有一种可能的结局：各种不同的支配类型注定迟早会结合起来，形成某种类似18世纪末出现在美国和法国的现代民族国家形式，这种形式在两次世界大战之后逐渐被强加于世界的其他地方。

可如果这种假设不是真的呢？

在此我们想看看，如果不带着以上先入为主的预设来分析一些世界早期王国与帝国的历史会怎样。除了国家的起源，我们还将搁置"文明的起源"或"社会复杂性的出现"这种类似的模糊不清且目的论式的概念，以便更仔细地看看到底发生了什么。大规模支配形式最初如何出现，实际上又是什么样子的？如果它们和延续至今的制度安排之间有任何关系的话，那是怎样的关系？

让我们先梳理一下前哥伦布时代美洲大陆上的少数例子；就算是对定义最一丝不苟之人，也会认可它们是某种"国家"。

论阿兹特克、印加和玛雅
（外加西班牙殖民者）

一般认为，在西班牙人开始征服美洲时，美洲只有两个明确的"国家"，即阿兹特克和印加。当然，这可不是当时西班牙人的看法。埃尔南·科尔特斯在信件和通讯中提到了城市、王国，偶尔还有共和国。他很犹豫是否该将阿兹特克人的首领蒙特祖马称为"皇帝"，可能是不想触怒他自己的君主，"最虔诚的天主教皇帝查理五世"。但他肯定不会犹豫该不该将这些王国或城市称为"国家"，因为这个概念在他的时代可以说并不存在。尽管如此，这是当代学者们非常操心的问题，所以，让我们逐个来考察一下这些政体。

我们先从一则逸事开始，它在西班牙人征服美洲后不久被记录在西班牙文献中，讲的是在被西班牙人攻陷前夕，阿兹特克首都特诺奇蒂特兰的人们是如何养育孩子的:"男孩出生时会得到一个盾牌和四支箭。接生婆会祈祷他们变成勇敢的战士。男孩会被献给太阳四次,并被告知生命之无常和作战之必要。另一方面,女孩收到的是纺锤和梭子,象征她们将来会投身家庭事务。"[8] 很难说这种习俗有多普遍,但它的确指出了阿兹特克社会中一些基本的理念。尽管女人仍然担任着商人、医生和祭司等特诺奇蒂特兰的社会要职,但已经被排除出了一个地位优越的贵族阶层,后者的权力基于战争、掠夺和贡品。阿兹特克人从多久之前开始剥夺女性的政治权力已不得而知[有些证据表明这样的历史可能并不算久,例如高级别顾问在上朝时依然要扮演"蛇女"西瓦科亚特尔(Cihuacóatl)的宗教角色]。我们只知道,常表现为性暴力的阳刚之气成了帝国扩张的动力之一。[9] 事实上,当阿兹特克在韦拉克鲁斯的臣民向科尔特斯及其随从诉苦时,他们最痛恨的莫过于阿兹特克人对被征服女性的强奸和奴役,[10] 这些臣民在1519年甚至愿意放手一搏,加入一群来历不明的西班牙海盗。

阿兹特克或者墨西加的男性贵族似乎把生命视为一场永恒的角逐,甚或征服,这一文化取向可以上溯至他们的起源,即一小群流动的战士和殖民者。他们的社会似乎也属于"俘获社会",有点像我们讨论过的一些更晚近的美洲印第安社会,只不过规模大得多。战争中抓到的俘虏被留下来喂养以保持其生命力,有时甚至能享受锦衣玉食,但最后他们会被仪式专家杀死以偿还最初亏欠神灵的生命,或是出于其他什么理由。结果是,在特诺奇蒂特兰的大神庙(Templo Mayor)出现了一条名副其实的宗教放血产业链,这在有些西班牙观察者看来是阿兹特克统治阶级和撒旦结盟的铁证。[11]

阿兹特克人就是这样震慑其邻人的,而今,他们依然以这样的方式震撼着人类的想象:成千的战俘排成一列,等着被戴面具扮演神灵的人掏出心脏,这个画面确实很难从脑海中挥去。但另一方面,在西班牙人眼中,16世纪的阿兹特克人似乎呈现出一种相当熟悉的人类治理画面;显然要比在加勒比地区以及尤卡坦的稀树草原和沼泽的遭遇更让他们熟悉。在阿兹特克,君主制、官职等级、军阶和组织化宗教(不论多么"邪恶")都高度发达。有些西班牙人留意到，墨西哥谷中的城市规划似乎比其故乡卡斯蒂利亚的城市规划更出色。这里有和西班牙一样详尽的禁奢法令，约束着从时尚到性风俗的一切，好让统治者和臣民之间保持一定距离。贡品和税收由从平民阶级中选任的低级官员（calpixque）来监管，这些人的行政知识无法转化为政治权力（贵族和战士专属）。被征服地区的本地贵族仍留在原地，由一套庇护制度将他们与阿兹特克宫廷的庇护人关联在一起，确保他们的服从。在这一点上，西班牙人同样找到了共鸣，他们自己的"同等教区"（aeque principali）制度与此类似，允许新征服的地区保持自治，只要当地领导人每年向王室上缴什一税。[12]

和最终统治他们的西班牙哈布斯堡王室一样，阿兹特克战士贵族也从低微的出身开始崛起，创建了世界上最大的帝国之一。然而，与西班牙征服者在秘鲁安第斯山脉的发现相比，阿兹特克三城联盟也要黯然失色。

和亚欧大陆许多地方一样，在西班牙，山脉是逃避国王和皇帝强权的避难所：反叛者、强盗和宗教异端都躲在高山上。但在印加秘鲁，一切似乎都截然相反。山脉成为帝国权力的中心。这个（在欧洲人眼中）颠倒的政治世界孕育于安第斯山脉之巅，它就是超级王国塔万廷苏尤（Tawantinsuyu），意为"四方之盟"。[13]

准确而言，塔万廷苏尤指的是萨帕印加（Sapa Inca，意为"唯一的君主"）治下的四个苏尤（suyu），即大行政区。印加王室位于首都库斯科（Cuzco），据说那里连草都是黄金做的。其臣民遍布从基多直至圣地亚哥的整个南美洲西海岸，这数以百万计的臣民要被王室强征周期性的米塔（mit'a），一种轮值的劳力义务，或者说徭役。[14]到了15世纪末，印加王室已经在80个毗邻省份和数不清的族群中行使一定程度的主权，成了某种"天下共主"（Monarchia Universalis），而统治着众多分散小领地的哈布斯堡王室根本无法望其项背。尽管如此，如果说塔万廷苏尤可以算作一个国家，那也是一个正在形成中的国家。

正如阿兹特克深入人心的形象是嗜杀成性一样，印加往往给人一种精于管理的印象：如我们所见，德格拉菲尼夫人等启蒙时代思想家及其读者们，通过阅读对安第斯山帝国的记述，得出了福利国家乃至国家社会主义的初印象。实际上，印加的效率在各地区相差极大。这个帝国毕竟跨越了4 000公里。在任何与库斯科、昌昌城（Chan Chan）和其他王权中心相距较远的村庄里，帝国机器充其量只是偶尔在场，许多村庄在很大程度上依然是自治的。像胡安·波洛·德翁德加多-萨拉特（Juan Polo de Ondegardo y Zárate）这样的编年史家和官员会惊喜地发现，典型的安第斯村庄的确有一套复杂的治理机制，而这样的机制似乎完全是土生土长的，基于名为艾鲁（ayllu）的集体会社。为了完成帝国对贡品或徭役的要求，当地社区只是对这些会社做了一点微调。[15]

印加帝国的中心和阿兹特克的恰成鲜明对比。蒙特祖马尽管生活奢侈（他的宫殿中无奇不有，从鸟舍到一群群滑稽侏儒），但他在官方意义上不过是贵族议事会的特拉托阿尼（tlatoani），即"首席发言人"，他的帝国也不过是一个三城联盟。尽管有嗜血的大场面，但阿兹特克帝国其实就是一个贵族家族联盟。事实上，大场面本身至少部分根源于争强好胜的贵族精神，也是这同一种精神驱使阿兹特克贵族在公开球赛上大显身手，或在哲学辩论中施展辩才。对比之下，印加人坚信他们的主权者就是太阳的化身，所有的权力都来自唯一一个光芒四射的点，即无与伦比的萨帕印加本人，然后权力通过不同层级的皇室血脉逐级下达。印加的宫廷就是主权的暖房和孵化器。在其高墙之内，不仅生活着皇帝和被他纳为皇后（Coya）的姐妹，还有行政首脑、大祭司和皇家卫士，其中大部分人也和皇帝有血缘关系。

身为神灵，萨帕印加是不会真正死去的。先皇们的尸体被防腐、裹布并做成木乃伊，就像埃及的法老；也和法老一样，皇帝死后依然可以主持朝政，接受其生前的乡村属地提供的衣食供奉，不过不同于尚能一直待在坟墓里的埃及法老木乃伊，这些秘鲁君主的遗体会被搬出去参加公众集会和皇室赞助的盛典。[16]（每一任印加新君主都热衷于扩张，一大原因就在于他们只是继承了先帝的军队，其宫廷、土地和仆从实际仍属于先帝。）这种围绕皇帝本人的高度集权有一个不足之处：皇权几乎无法被委托代理。

最重要的官员"荣誉印加"虽然不是主权者的直系亲属,但有权佩戴同样的耳饰,有时候被看作主权者人格的延伸。塑像替身或其他替代方式也可能被用到,对此存在一套精心设计的仪式流程。可一旦涉及重要事项,萨帕印加就必须御驾亲临,这意味着宫廷一直在移动,至尊之躯乘坐一架饰以白银和羽毛的轿子,定期巡游"四方"。这项制度,及其不可或缺的调军遣将和后勤补给,都需要投入大量资源修筑道路系统,将世界上地形最崎岖复杂的地带之一转化成一个养护良好、四通八达的大道和步道网络,沿途设有神坛(huaca)和驿站,并由皇室出资储存物资、配备管理人员。[17]最后一位萨帕印加阿塔瓦尔帕(Atahualpa),正是在一次年度巡游途中,在远离库斯科之地,被皮萨罗的手下绑架并最终杀害的。

与阿兹特克一样,印加帝国的形成似乎也伴随了大量的性暴力,并导致性别角色发生了改变。婚姻在此地原先是一套礼俗系统,后来变成了阶级统治的样板。按照传统,在安第斯山那些将人分为三六九等的地区,女性会期望嫁入比自己的家族地位更高的家族。这样一来,新娘家的血统据说就可以被新郎家的血统所"征服"。这本来是一种仪式修辞,后来却变得更加实质化和体系化。在新征服的地区,皇帝会迅速建起一座神庙,强迫特定数量的当地处女成为"太阳的新娘":她们从此和家庭断绝联系,或是终身保持童贞,或是献身萨帕印加,任其玩弄和处置。因此,国王的臣民也可以被笼统地称为"被征服的女人们",[18]地方贵族则想方设法让自己的女儿在后宫中获得宠幸,以便自己平步青云。

那么印加向来以之著称的管理体系呢?当然存在。印加人主要通过名为"奇普"(khipu 或 quipu)的结绳形式来保存记录,对此,佩德罗·谢萨·德莱昂(Pedro Cieza de León)所著的《秘鲁编年史》(*Crónica del Perú*,1553)描述道:

> 每个省级中心都有一个会计,被称为"绳结保存者或绳结开具者"(khipukamayuq),他们通过结绳记录这个地区的人上贡了多少白银、黄金、衣物、牲畜、羊毛,还有其他哪怕小得不能再小的东

西。还是通过这些绳结，他们能核算一年、十年甚至二十年时间里上缴了什么，账目详尽到不会漏掉一双拖鞋。[19]

不过，西班牙史家没有呈现什么细节，而在1583年奇普被正式禁用之后，本地专家也无意将这门技术付诸文字。我们无从确知这门技术如何使用，尽管偏远的安第斯社群中不断有新资料出现，表明在那些地方，人们直到很晚近的时候还在使用印加式奇普以及与之相关的其他知识。[20] 关于奇普算不算一种文字形式，学者们还在争论。我们掌握的资料主要描述了奇普的计数系统，通过对不同颜色绳结的层级排列来标示十进制单位，从1直到1万；然而，最精妙的绳结串编码记录的可能是地形和家系，很可能还包括故事和歌谣。[21]

就许多方面而言，阿兹特克和印加这两个大型政体都特别易于征服。两个国家的组织中心都是醒目的首都，其中居住着醒目的君王，可俘之可杀之；首都四周则是人民，他们要么长期习惯于俯首听命，要么有心推翻中央权力，于是很可能借机与日后的征服者合兵一处。如果一个帝国主要建基于军事力量，那么比它军力更强的同类国家就能相对容易地控制其领土，因为但凡控制了帝国中心——就像科尔特斯在1521年围攻特诺奇蒂特兰，或者皮萨罗在1532年于卡哈马卡（Cajamarca）擒获阿塔瓦尔帕——其余的一切就水到渠成了。或许会遭遇顽强抵抗（围攻特诺奇蒂特兰经历了超过一年的磨人巷战），可一旦渡过这一关，征服者就能接手许多现成的统治机制，对那些养成了顺从习惯的臣民发号施令。

有些地方不存在这种强大王国，要么是因为当地从来没有过王国，例如北美洲和亚马孙流域的大部分地区，要么是因为人民自觉地拒绝中央统治。在这些地方，事情无疑复杂得多。

这种去中心化的一个典型例子是讲各种玛雅语言的人群混居的地区：从尤卡坦半岛到危地马拉高地和南边的恰帕斯（chiapas）。[22] 当西班牙人刚开始入侵时，这个地区貌似分裂成了无数的小邦国、镇子、村庄和季节性小村落。征服这片区域费时又费力，好不容易刚成功（或者说至少是西班牙人自以为成功），[23] 新的当局就不得不面对一系列无穷无尽的平民起义。

早在 1546 年，玛雅人就结成同盟来反抗西班牙殖民者，尽管遭到残酷报复，抵抗却从未停止。18 世纪的多场先知运动（prophetic movement）带来了第二次反抗大潮；而 1848 年，一场大起义几乎将殖民者的后代完全赶出尤卡坦，直到对首都梅里达（Mérida）的围攻因种植时节到来而中断。由此导致了被称为"卡斯特战争"（Caste War）的冲突，延续了数代人之久。到了 20 世纪 20 年代墨西哥革命期间，依然有起义者镇守在金塔纳罗奥州（Quintana Roo）多地；事实上，也可以说这场起义至今依然在继续，只不过换了个形式，成了控制恰帕斯大部分地区的萨帕塔运动（Zapatista movement）。萨帕塔运动还表明，正是在这些几个世纪内都不存在大型国家或帝国的区域内，女性在抗击殖民的斗争中表现格外突出，她们既是武装斗争的组织者，又是本土传统的捍卫者。

现在，那些熟读艺术史书籍，因而认为玛雅是新世界文明三巨头（阿兹特克、玛雅、印加）之一的人，或许会惊讶于玛雅的反权威特质。所谓古典玛雅时代（差不多是 150—900 年）的许多艺术作品极其精美，其中大部分出自佩滕（Petén）地区的众多古城，它们曾经矗立的地方如今已是枝蔓交错的热带雨林。乍看上去，这个时代的玛雅似乎也是由王国构成的，与安第斯山和中墨西哥的类似，只不过规模更小；然而，直到很晚近为止，我们勾勒的图景依据的主要都是统治精英委托制作的雕有图案的纪念性建筑和碑刻。[24] 它们不出所料地聚焦了伟大领主 [阿哈瓦（ajaw）头衔的持有者] 的功绩，尤其是他们的征服；彼时，在蒂卡尔王朝和卡拉克穆尔王朝（所谓"蛇之王朝"）这两个敌对王朝的统领之下，各独立城邦合纵连横，争夺低地霸权。[25]

这些纪念性建筑向我们大量呈现了统治者是如何通过仪式与祖先神沟通的，[26] 但几乎没有展现普通臣民是如何生活的，更别提他们怎么看待其统治者号称受命于天了。即便和殖民时代一样，古典玛雅时代存在先知运动或周期性起义，我们目前也无法获知，唯有等待考古新发现来改变局面。我们只知道，在古典时代的最后几个世纪，女性在雕塑和碑刻中有了新形象，不仅仅是妃嫔、公主或太后，也可以是自身就享有权威的统治者和灵媒。我们还知道，在 9 世纪的某个时候，古典玛雅的政治体系瓦解，大部分大城池都遭到废弃。

对于发生了什么，考古学家们还在争论。有些理论认为，大众抵抗必定发挥了作用，这种抵抗结合了叛逃、大规模迁徙或者直接起兵反抗。不过，大部分理论家不愿意下严格的因果判断，这也情有可原。[27] 别具意味的是，为数不多的城市社会挺过了这场变故，甚至规模有所增长，其中一例位于奇琴伊察北边的低地中。在这里，王权的性质似乎发生了巨变，成了纯粹仪式性乃至剧场性的东西，处处受到仪式的严格限制，以至于不再能实施任何严肃的政治干预。城市的日常治理显然主要落入了由显赫的战士和巫师组成的联盟手中。[28] 事实上，有些曾经被当作"后古典"时代王宫的建筑遗迹，如今被重新解读为当地代表们的议事大厅（popolna）。[29]

西班牙人到来之时，距离佩滕各城市崩溃已过去了6个世纪，玛雅社会已经完全去中心化了，散作各种令人眼花缭乱的城镇和小邦国，其中很多都没有国王。[30] 写于16世纪晚期、用作预言书的《方士秘录》（Chilam Balam）喋喋不休地记录了那些降临在专横统治者头上的灾难和噩运。换句话说，完全有理由相信，这个地区出名的反叛精神最起码可以上溯至查理曼时代（8世纪）；许多世纪以来，专横的玛雅统治者总是会定期被一次又一次地推翻。

毫无疑问，古典玛雅时代的艺术极为精美，是世界上最伟大的艺术传统之一。相较之下，"后古典"时代，即大约从公元900年到1520年的艺术作品，看起来则较为笨拙和缺少美感。但话说回来，我们当中有多少人真的愿意生活在以活剜人心为最大成就的武夫首领的强权之下，就因为他们大力资助艺术？当然了，历史一般并不以这样的方式来思考，至于为何如此，是个值得推敲的问题。部分原因仅仅在于"后古典"这个定名，它只能让人想到某种后续草草加上的东西。这看似无关紧要，实则不然，一定程度上正是这样的思考习惯，使得那些相对自由和平等的时期常被淹没在更宏大的历史之中。

这很重要。让我们进一步探讨一下这个问题，之后再去讨论支配的三种形式。

有关"时间形状"[31]的题外话，
尤其是生长和衰败的隐喻如何在我们的
历史观中引入不易察觉的政治偏见

历史学和考古学中充满了"后"（post）、"原"（proto）、"中间"（intermediate）乃至"终"（terminal）这样的术语。在一定程度上，这是20世纪早期文化理论的产物。那个时代杰出的人类学家阿尔弗雷德·克鲁伯花了几十年去研究文化生长和衰败的节律及模式背后是否有可辨的规律：能否在艺术潮流、经济兴衰、思想创新和守旧的周期以及帝国的扩张和崩溃之间建立系统性关联。这是个引人入胜的问题，但很多年之后，他给出的最终结论是：没有这样的规律。在《文化生长的构造》（*Configurations of Cultural Growth*，1944）一书中，克鲁伯研究了人类历史上艺术、哲学、科学和人口之间的关系，并未发现一致的模式；近期为数不多持续耕耘这个话题的研究也没有识别出任何这类模式。[32]

尽管如此，如今当我们书写过去时，组织思路的方式总是仿佛这样的模式真的存在似的。文明通常被表述为如花朵般生长、绽放又枯萎，或是如大厦般被煞费苦心地营建，却极易突然"崩溃"。最后的这个术语常被不加区分地应用于多种情况，比如古典玛雅的崩溃，其中的确涉及上百个定居点被迅速抛弃、数百万人口消失不见；但也有埃及古王国的"崩溃"，在这个例子中，真正谈得上急剧衰落的似乎只有位于北部城市孟菲斯（Memphis）的埃及统治精英的权力。

即使在玛雅的例子中，将900年到1520年的这一整段时间都划归"后古典"，其言下之意是，该时期唯一真正值得在意的就是它在多大程度上可以被视作一个黄金时代的衰退。与之类似，"原宫殿时期的克里特""前王朝时期的埃及"或"形成期的秘鲁"等字眼传递着一种不耐烦，就好像米诺斯人、埃及人或安第斯民族数百年间没干别的，只是在打基础，以便迎来一个黄金时代——言下之意还有强大而稳定的统治。[33]

我们已经看到这套分析是如何被运用到乌鲁克的例子上的，当地至少7个世纪的集体自治（在早年研究中也被冠以"前王朝"之称）被视为美索不达米亚"真正"历史的前奏而一笔带过，所谓的"真正"历史是由征服者、王朝君主、立法者和国王构成的。

有的时期被贬为序章，有的是尾声，还有的则成为"过渡"。古代安第斯和中部美洲就符合这最后一种情况，不过，最脍炙人口也最引人瞩目的依旧是埃及的例子。博物馆爱好者无疑非常熟悉古埃及的历史分期——古王国、中王国、新王国。不同历史分期之间存在一个"中间"期，常被形容为"混乱和文化堕落"的阶段。事实上，这些时期的埃及只不过缺了一个一统天下者而已。权威下沉到了地方派系，或者说完全发生了质变，这点我们很快就会讲到。这些中间期加起来占了三分之一的古埃及历史，直至一系列外来国王或属国国王轮番入主埃及（该时期被简单称为后期埃及），而这些中间期自身也见证了一些至关重要的政治发展。

仅举一例，从公元前754年到前525年（横跨古埃及的第三中间期和后期），在底比斯（Thebes），5个未婚无嗣的公主（为利比亚人和努比亚人的后裔）前后被推上"阿蒙神妻"（god's wife of Amun）的位置，这个称号和角色在当时不仅有至高无上的宗教威望，也有巨大的经济和政治影响。在官方描绘中，这些女性就像国王一样有嵌在长椭圆框（cartouche）里的"王名"（throne name），并领导皇家庆典，向神奉上祭品。[34] 她们富甲天下，拥有包括广阔的土地和众多的祭司与书吏。女性不仅手握此等重权，而且这般权力还来自一个专门由未婚女性担任的职位，这种情况在历史上极不寻常。但这种政治革新鲜有人讨论，部分是因为它已经被划入"中间"期或"晚"期，也就标志着其本质是短暂的（甚至是腐朽的）。[35]

有人可能会认为古王国、中王国、新王国的历史分期古已有之，或许能追溯到几千年前的古希腊文献，例如埃及编年史家曼涅托（Manetho）写于公元前3世纪的《埃及史》（Aegyptiaca），甚至可以追溯到埃及人自己的象形文字记录。并非如此。事实上，这种三段分期是近代埃及学家在19世纪后期才提出来的，并且他们引入的术语［起初是"帝国"（Reich或empire），后来是"王国"（kingdom）］明显借鉴自欧洲民族国家。德意志学者，尤其是普鲁士学者，在其中占据主导地位。他们倾向于将古埃及的历史理解为一系列治乱循环，显然呼应了俾斯麦时期德国的政治关切；彼时，一个权威政府正尝试将形形色色的小邦国聚合成一个统一的民族国家。第一次世界大战之后，随着欧洲自身旧的君主制逐渐解体，阿道夫·埃尔曼（Adolf Erman）等杰出的埃及学家赋予了"中间期"在历史上的一席之地，将古王国的终结对比了当时的布尔什维克革命。[36]

回头看，很容易看出这些历史分期框架多大程度上反映了其作者的政治关切。甚至也许可以看出，这些人在回想过去时，倾向于代入统治精英或者与他们自己的社会身份类似的角色：埃及或玛雅时代的博物馆馆长、教授和中层官员。可为什么这些框架成了事实上的正典？

想想中王国时期（前2055—前1650年），在标准历史表述中，埃及在此期间从第一中间期假想的混乱状态进入了强大而稳定的治理之下的复兴阶段，带来了一场文学和艺术上的文艺复兴。[37]权且不提"中间期"到底能有多混乱（我们很快会讨论这一点），中王国时期同样可以被表述为一个暴力纷争不断的时期，争端事由包括皇位继承、苛捐杂税、国家支持下对少数族群的压迫，以及为支持皇室采矿和建筑工程而加码的劳役——更不用说为获取奴隶和黄金而对埃及南部邻国展开的血腥掠夺。《辛努赫的故事》（The Story of Sinuhe）等中王国文学的优美和奥西里斯崇拜的风行再怎么为后世的埃及学家所称道，它们都不太可能安慰到当时成千上万的应征兵、强制劳力和受迫害的少数族裔，而他们当中许多人的祖辈在之前的"黑暗时代"中却过着相当安宁的生活。

顺便说，空间与时间同理。对于人类历史中最近的5 000年，也就是本章大致将论及的时间跨度，传统版本的世界史看到的是星罗棋布的城市、帝国和王国；但事实上，在这一时期的大部分时间里，它们只是极个别的政治等级制孤岛，环绕着规模大得多的领土，其中居住着历史学家们经常视而不见的被称为"部落联盟""近邻同盟"或者（人类学家所说的）"裂变社会"（segmentary society）的人群——他们系统性地避开了固定的、统领一切的权威体制。我们对这种社会在部分非洲、北美、中亚、东南亚地区及其他区域是如何运作的略有所知，在相关例子中，这种松散而灵活的政治组织一直延续至晚近时期；但令人沮丧的是，我们几乎不知道当这些组织还是世界上最通行的治理形式时，它们究竟是如何运作的。

一个真正全新的叙事，或许就是从中间时期和中间地带出发来重新讲述人类历史。在这个意义上，本章内容算不上全新：大部分还是在讲述同样的老故事，不过我们至少尝试放弃目的论的思维习惯，不再从古代世界遍寻我们现代民族国家的萌芽，然后看看这样做会带来什么。当着眼于那些通常被认为标志着"国家的诞生"的时间和地点时，我们会转而思考其他可能：我们所看到的实际上可能是非常不同的权力成形过程，各有其独特的对暴力、知识和魅力这三种基本支配形式的组合。

要检验一种新的研究路径是否有价值，方法之一是看它能否帮助我们解释之前看似异常的案例：某些古代政体毋庸置疑动员和组织了数量庞大的人口，却似乎无法被归为任何通常定义下的国家。当然，这种案例非常多。让我们先来看看通常被看作首个伟大的中部美洲文明的奥尔梅克。

竞技体育之为政治：奥尔梅克的案例

如何准确描述奥尔梅克，对于考古学家来说是个大难题。20世纪早期的学者们称之为艺术或者文化"域"，主要是因为他们也不清楚还能怎样描述这样一种辨识度极高的风格（以特定形制的陶器、小人像和石雕为标志），它在公元前1500年至前1000年突然出现在范围极广的地区，横跨特万特佩克地峡（Isthmus of Tehuantepec），包括危地马拉、洪都拉斯以及南墨西哥的大部，但其含义模糊不清。不管奥尔梅克文化域是什么，它似乎是所有后来的中部美洲文明的"母文化"，因其发明了这个地区代表性的历法体系、象形文字乃至球类游戏。[38]

与此同时，没有理由认为奥尔梅克是一个统一的族群甚至是政治团体。围绕云游传教士、贸易帝国、精英风尚等形成了种种猜想。最终，考古学家逐渐了解到,在韦拉克鲁斯的沼泽地事实上存在一个奥尔梅克文化核心区;湿地城市圣洛伦佐和拉文塔(La Venta)沿着墨西哥湾边缘崛起。这些奥尔梅克城市的内部结构依然难以参透。它们大都以仪式区域(布局不明,但包含巨大的金字塔形土丘)为中心,四周环绕着广阔的郊区。这些仪式中心彼此相对孤立,除此之外的景致则是凌乱散布的耕作玉米的小型聚落和季节性的觅食营地。[39]

关于奥尔梅克社会的结构,我们到底可以确定些什么?我们知道,这个社会不可能是平等主义的,显然存在强大的精英阶层。金字塔和其他纪念性建筑表明,一年中至少有些时候,这些精英可以调用大量的技术资源和劳动力。不过,在除此以外的各个方面,中心和地方的联系出人意料地流于表面。例如,位于圣洛伦佐的第一座奥尔梅克大城崩溃时,似乎没怎么影响到周边更广大地区的经济。[40]

要进一步推测奥尔梅克的政治体制,就必须考虑其公认的标志性成就:一系列硕大无朋的石雕头颅。这些不同寻常的单体雕塑以数吨重的玄武岩雕成,水准和埃及最出色的石雕作品不相上下。每一个石雕巨头肯定都经过了海量时间的抛光打磨。这些雕塑描绘的像是奥尔梅克领袖,但有趣的是,雕像却戴着球员的羽毛冠。目前发现的所有石雕头颅都有大量相似之处,似乎都在表现某种男性之美的理想标准;但同时每一尊又足够不同,似乎是在描绘一个个独一无二的冠军得主。[41]

毫无疑问,奥尔梅克也有真实的球场,只不过极难在考古发掘中发现。尽管我们并不知道他们的球类比赛是怎样的,但如果它与后来玛雅和阿兹特克人的球赛类似,那么比赛很可能在一个狭长的球场上展开,两队出身高贵的球员以髋部和臀部来撞击一个沉重的橡胶球,为名誉和荣耀而战。可以合情合理地推断,这种竞争性比赛直接关乎一个奥尔梅克贵族阶级的兴起。[42]由于缺乏书面证据,我们无法进一步详述,但只需仔细考察后来的中部美洲球类比赛,至少就能对这一机制如何运作有个大致的概念。

古典玛雅的城市中都有石球场,就在王家宅邸和金字塔形神庙的旁边。其中一些是纯仪式性的,其他的则确实是用来运动的。玛雅的主神们本身也玩球。在基切玛雅人的史诗《波波尔乌》（*Popol Vuh*）中，人间的英雄和地下世界的神灵在球场上对抗，由此诞生出英雄双生子胡纳普（Hunahpu）和斯巴兰克（Xbalanque），此二人又在球赛生死局中击败了众神，升上天空，跻身群星之间。

已知最伟大的玛雅史诗以一场球赛为核心，足以让我们领会到这项运动对于玛雅概念中的超凡魅力和权威来说有多么关键。也因为此，雅斯奇兰（Yaxchilán）的人们以更加直观的方式建造了一座象形文字阶梯，以纪念他们最著名的国王"鸟豹大帝"（Bird Jaguar the Great）登基（752年）。在中央的石块上，这位国王以球员形象出现，身侧是两个侏儒侍从。国王正准备击打一个巨大的橡胶球，球中包裹着一个被捆起来的皮开肉绽的战俘，正从一段阶梯上滚下来。俘虏身份高贵的敌人以索取赎金，得不到赎金就在球赛上杀掉他们，这是玛雅人发动战争的主要动机之一。这个不幸的家伙可能是某个"宝石头颅"（Jewelled Skull），也即某个敌对城邦的贵族，羞辱他在"鸟豹大帝"看来格外重要，以至于附近一座神庙的一个雕刻石楣也以此作为主要场景。[43]

在美洲有些地方，竞技体育可以用来替代战争。在古典玛雅时代，一者其实是另一者的延伸。战争和比赛都是王室年度竞逐的一部分，非决出你死我活不行。两者都会作为统治者的生平大事被刻画在玛雅的纪念性建筑之上。这些精英赛事很可能也是大众的盛会，培养了一类特别的城市公众，他们钟爱角斗比赛，也因而将政治理解为对抗。几个世纪之后，西班牙征服者们描述了在特诺奇蒂特兰举办的阿兹特克版本的球赛，选手在成排的颅骨中互相对抗。西班牙人记录了那些鲁莽的平民如何在对赛事的狂热中迷失自我，有时候会在赌球中倾家荡产，甚至赔上自己的人身自由，沦为奴隶。[44]赌注高得惊人，当有球员真的将球击入球场边镶嵌的某个石环内时（这些石环小到球几乎不可能进，比赛一般通过其他方式决出胜负），比赛就会立刻结束，这位创造奇迹的球员会获得所有的赌注，还可以随意夺取观众的其他财物。[45]

不难看出，为何将政治竞争和组织化盛会紧密融合的奥尔梅克人，如今被视为后来各中部美洲王国和帝国的文化祖先。但几乎没有证据表明奥尔梅克人自己创造过一个用以支配大量人口的基本架构。就目前所知，奥尔梅克统治者没有稳定的军队或行政架构可供将权力扩张至广大的偏远地区。相反，他们拥有的是从仪式中心辐射开去的强大文化影响力。这些仪式中心可能在一年中的大部分时间里空空荡荡，只有在遵循农业历法举办特殊活动的场合（例如仪式性球赛）才会人头攒动。

换句话说，如果奥尔梅克文化中真的存在任何意义上的国家，那么最恰当的做法很可能就是借鉴克利福德·格尔茨的概念，将它们定义为季节性的"剧场国家"（theatre state），其中组织化的权力只是定期通过宏大却短暂的盛大表演来实现。我们眼中的"治国之道"（statecraft），从外交到资源储备，都是为了筹办仪式，而不是相反。[46]

查文德万塔尔，一个建立在图像上的"帝国"？

在南美洲，我们发现了一例类似情况。学者们曾把印加之前的一系列其他社会暂且认定为"国家"或者"帝国"。所有这些社会都出现在日后印加帝国的领土之内：秘鲁的安第斯山区和附近的沿海低地。它们没有一个使用文字，至少没有我们能识别的文字。不过，从公元600年之后，它们中的许多都开始使用结绳记事法，很可能还有其他记事法。

公元前3千纪前后，苏佩河流域已经出现了多个仪式中心。[47]后来，在公元前1000年到前200年，坐落于秘鲁北部高地的查文德万塔尔（Chavín de Huántar）成了一个独大的中心，影响力扩张到了更广大的地区。[48]这个"查文文化域"（Chavín horizon）后被三个不同的区域性文化所取代。中部高地上崛起的是一个名为瓦里（Wari）的军事化政体。与此同时，在的的喀喀湖畔出现了一个名为蒂亚瓦纳科（Tiwanaku）的大都会，该城占地420公顷，约为乌鲁克或者摩亨佐达罗的两倍，其居民运用一套独创的台田（raised field）系统在高寒的玻利维亚阿尔蒂普拉诺高原（Altiplano）上种植谷物。[49]在秘鲁的北方海岸则形成了第三种文化，被称为莫切（Moche）文化，其墓葬展现出明确的女性领导特征：

女战士-祭司和女王的豪华陵墓里满是黄金，并有人牲随葬在侧。[50]

19世纪末到20世纪初，最早研究这些文明的欧洲人认为，任一城市或者一组城市如果拥有纪念性艺术和建筑，并且对周边地区有"影响力"，那必定就是国家或者帝国的都城（他们还假定所有统治者都是男性，这同样被证明是大错特错）。与奥尔梅克文化类似，这些城市的影响力绝大部分并不体现为行政、军事或者商业机构及相关技术手段的扩张，而体现为图像的形式，就安第斯山区的例子而言，这些图像分布在小型陶瓷器、个人饰品和织物上。

想一想查文德万塔尔本身。它高踞秘鲁安第斯山区的莫斯纳（Mosna）谷地，一度被考古学家们认定为公元前1千纪的一个前印加时代帝国的核心区；那个国家幅员辽阔，控制着东抵亚马孙雨林、西至太平洋海岸的广大地区，包括了其间所有的高地和沿海低地。这般权力似乎对应着查文德万塔尔宏大而精巧的琢石建筑、无比丰富的纪念性雕塑，以及在更广大区域内的陶器、珠宝和织物上出现的查文风格图案。但查文当真是某种"安第斯的罗马"吗？

事实上，截至目前几乎没有证据能证明这一点。若想了解在查文德万塔尔到底可能发生了什么，我们需要更仔细地审视之前提及的那类图像，以了解视觉和知识在查文的权力概念中有着怎样广泛的重要性。

查文的艺术并不由绘画构成，其中的图像叙事就更少了，至少就直观可辨的角度而言。它看起来也不像一套象形文字系统。这也是为什么我们可以确定，查文并非一个真正的帝国。真正的帝国总是钟爱具象的艺术风格，规模巨大但十分简单，好让任何它们希望震慑的对象都能轻易理解。如果波斯阿契美尼德王朝的某位皇帝要将自己的形象雕刻在山崖之侧，那么他一定希望该雕像能让所有人，哪怕是从未知的土地远道而来的使节（或者来自遥远未来的古文物研究者），都看得出这就是某位伟大国王的尊容。

查文的图像则恰恰相反，并非为外人而作。冕雕蜷曲身体，隐没于迷宫般错综复杂的装饰图案中；人脸长着蛇的尖牙，或者变形成一副猫脸。无疑还有我们完全没注意到的其他图形。外行要经过好一番研究，才能辨认出其中哪怕最基本的图样。凝神细观，我们最终会看出一些反复出现的热带动物形象，如美洲虎、蛇、凯门鳄，可一旦眼睛聚焦到它们身上，它们就会马上滑出视线，彼此交织隐现，或融入更复杂的图式中。[51]

学者们将其中某些形象称为"怪兽"，可它们与古希腊容器或者美索不达米亚雕塑上的半人马、狮鹫之类的简单合成形象毫无共同点，也与莫切艺术中的不同。我们面对的是一个完全不同的视觉世界。这是变形者的王国，没有一个躯体称得上稳定或完整，要经过大量思维训练才能从乍看杂乱无章的图像中找出特定的结构。我们之所以有信心这样说，一个原因在于查文艺术很像是一种更广泛的美洲印第安传统的早期（以及纪念性的）呈现，在这个传统中，图像的用途并非描摹或者再现，而是为超凡的记忆壮举提供视觉线索。

直至最近，依然有许多原住民社会使用相似的系统来传授密识，诸如仪式规范、家谱，抑或是去往冥鬼和灵兽世界的萨满之旅的相关记录。[52]在亚欧大陆，古老的"记忆术"同样发展了类似的技巧。那些试图记住故事、讲话、名录或类似内容的人，个个都有一座了然于心的"记忆宫殿"。那是一个脑海中的通道或房间，可供在其中安置一系列醒目的图像，每个图像都是特定的片段、事件或名称的线索。假使有谁将这样一套视觉线索画下来或者刻下来，然后被后世的考古学家或艺术史学家发现，而这些人完全不清楚它的背景，更别提被记忆的故事究竟是什么，可想而知情况将是怎样的。

就查文一例而言，我们实际上有相当的把握认为这些图像记录了萨满之旅；不仅因为图像本身之古怪，还因为海量的涉及神志状态改变的旁证。在查文遗址出土了鼻烟勺、雕花小研钵和骨管；在查文的雕刻图像中，有一些长有尖牙、戴蛇形头饰的男性形象，手中高举着圣佩德罗仙人掌茎。该植物常用于制作"瓦楚马"（Huachuma），一种以仙人球毒碱（mescaline）为主要成分的致幻草药，当地至今仍有人在制作它。其他明显也都是男性的雕刻形象身边环绕着维尔卡（vilca）叶（植物学名为大果可拉果）。这种叶子含有强力致幻物质，它会在叶子被磨碎并吸入后释放，使鼻腔中涌出大量黏液；查文主要神庙的墙壁上排列的雕刻头像忠实刻画了这一反应。[53]

实际上，查文的纪念性景观似乎和世俗统治毫无关系。看不到明显的军事要塞和行政区划。几乎一切都关乎仪式展演，以及揭示或隐藏密识。[54] 耐人寻味的是，原住民报道人正是这样告诉17世纪来到这里的西班牙士兵和编年史家的。他们说，从有记忆开始，查文就一直是一个朝圣之地，也是一个充满超自然危险之地；这一地区各大家族的头人从四面八方云集于此，寻求启示和神谕，即所谓的"石头之语"。考古学家们尽管起初心存怀疑，但逐渐接受和认同了这样的说法。[55]

这不仅佐证了仪式和致幻行为，也解释了当地异乎寻常的建筑风格。查文神庙里建有石头迷宫和悬梯，设计它们似乎并不是为了公共朝拜，而是为了个人的试炼、入会和灵境追寻。要经过曲折的旅程才能抵达狭窄的走廊，走廊仅容一人通行，其尽头是一个小小的圣所，里面有一整块刻满虬结图像的巨石。这类纪念碑中最著名的是一根名为"长矛"（El Lanzón）的花岗岩石柱，高度超过4米，查文的老神庙正是围绕它建起来的。该石柱通常被认为代表着一位神明，这位神明同时也是世界之轴（axis mundi），一根连接萨满教宇宙两极的中立柱。它的一个做工精良的复制品矗立在秘鲁国家博物馆的显要位置；但拥有3 000年历史的原件依然盘踞在黑暗迷宫的中心，在狭缝透进的微光里，没有哪位观者能看清其全貌、领会其真意。[56]

如果查文这一印加的遥远先声是"帝国"，那它也是一个建立在与神秘知识相关的图像之上的"帝国"。相反，奥尔梅克则是一个建立在奇观、竞赛和政治领袖的鲜明魅力之上的"帝国"。很显然，我们这里所说的"帝国"的含义已经极尽所能地宽泛。这个所谓的帝国，与罗马、汉朝乃至印加和阿兹特克帝国都没有相似之处。它们也不满足所谓"国家"的任何重要判定标准，至少不符合大部分标准的社会学定义（垄断暴力、行政等级制的水平等）。通常的解决办法是称这样的政体为"复杂酋邦"，但即便这个说法也极不充分，只是更精简地表达了"看起来有点像国家，但又不是国家"。这说了等于没说。

我们认为，要想理解这些令人困惑的案例，最好将它们放到支配的三个基本原则下来考察，这三个原则就是本章开篇提出的暴力掌控（或主权）、知识掌控和魅力型政治。如此一来，我们便能看到每一个案例如何着力将其中一种支配形式推到极致，并将其发展至异常壮大的规模。让我们来试一试。

首先，就查文而言，掌控庞大而分散的人口，显然在于保持对特定知识的控制：这和后来官僚制政权中的"国家机密"概念相去不远，尽管在内容上大不相同，也不以军事力量为后盾。在奥尔梅克传统中，权力关乎在充满风险的竞技环境中通过某些形式化的方式竞争对个人的认可：这是大规模竞争性政治场域的典型案例，不过同样，它缺乏领土主权或者行政机关。在查文无疑存在一定程度的个人魅力和权谋手段，在奥尔梅克无疑也有人靠掌握密识获得了影响力；但在这两个案例中，没有理由认为曾有人坚持主张过某种强有力的主权原则。

我们打算称这些文明为"一阶政体"（first-order regime），因为其组织核心似乎是三个基本支配形式中的某一个（查文是知识控制，奥尔梅克则是魅力型政治），而其他两者相对不受重视。很显然，接下来的问题就是能否找到第三种可能形态的案例，即将某种主权原则（也就是允许一个人或者一小群人垄断恣意行使暴力的权力）发展到极致，同时又不具备知识控制机构或任何竞争性政治场域的社会。这种例子事实上并不罕见。需要承认，这样的社会更难以单凭考古证据来发现，所幸我们可以诉诸更晚近的有书面文献参考的美洲印第安社会。

我们需要一如既往地谨慎对待这些材料，因为材料作者是欧洲观察家，他们不仅代入了自己的偏见，而且描写的往往是已经因欧洲人的到来而难逃混乱破坏的社会。尽管如此，法国人对18世纪路易斯安那南部的纳奇兹人的记述似乎正好描述了我们感兴趣的那种制度安排。公认的看法是，纳奇兹人（他们自称Théoloël，即"太阳子民"）代表了格兰德河以北唯一一个毫无争议的神圣王权案例。其统治者享受的绝对权力不逊于印加皇帝或者埃及法老；但这个社会只有最低限度的官僚体制，也不存在任何意义上的竞争性政治场域。据我们所知，从没有人想过将这一制度安排称为"国家"。

论没有"国家"的主权

让我们把目光转向法国耶稣会神父马图林·勒珀蒂（Maturin Le Petit）的著作，其中讲到18世纪早期的纳奇兹人。勒珀蒂发现纳奇兹人完全不同于耶稣会士在今天属于加拿大的土地上遇到的其他族群。最震惊他的是纳奇兹人的宗教实践。这些实践围绕着一个在所有法语文献中都被称作"大村"的聚落展开，聚落中心是由一个广场隔开的两个巨大土台。一个土台上坐落着一座庙宇，另一个土台上则是某种宫殿，居住着名为"大太阳"的统治者。该居所的规模大到足以容纳4 000人，差不多相当于当时整个纳奇兹的人口。

庙宇中有火种长燃，敬奉的是王朝创始人。在任统治者连同其兄弟（名为"文身蛇"）和长姐（"白女人"）也像某种神明一样受到顶礼膜拜。任何前来觐见的人都应该叩拜恸哭，然后倒退着离开。没人有资格与国王同桌共餐，就连他的妻子们都不行；那些最有特权的人也只能有幸目睹其进食。这在实践中意味着王族成员基本都在"大村"里生活，很少外出。[57] 国王本人主要只在重要仪式或战争场合出现。

当时，勒珀蒂和其他法国观察家正生活在自诩"太阳王"的路易十四的宗主权下，对这种相似性分外着迷。因此，他们事无巨细地描绘了"大村"里上演的一切。纳奇兹的"大太阳"或许没有路易十四的排场，但是他的个人权力完全足以弥补这点不足。法国观察家们尤其震惊于他可以随意处决纳奇兹臣民、肆意没收其财产，而他的仆从们在王家葬礼上甘愿被勒死，为"大太阳"及其亲眷陪葬。殉葬的往往是负责国王饮食起居、贴身照料的人，其中包括国王的妻子，她们无一例外都是平民（纳奇兹人是母系社会，因此由"白女人"的孩子继承王位）。根据法国观察家的说法，很多人是自愿赴死的，甚至甘之如饴。一个妻子曾说过，她梦想着最终能在彼岸和丈夫同桌共餐。

这些安排造成了一个吊诡的结果：一年中的大部分时间，"大村"都没什么人。正如另一个观察家皮埃尔·德沙勒瓦神父留意到的："纳奇兹人的大村目前只剩下寥寥几户人家。我听说这是因为大首领有权拿走野蛮人的一切，他们只好尽可能躲得远远的，所以，这个民族的好多村庄都与大村相隔遥远。"[58]

在"大村"之外，普通纳奇兹人过着完全不同的生活，常常乐得无视他们名义上的统治者的需求。他们开拓自己的生意，打自己的仗，有时会断然拒绝"大太阳"的使者或亲戚传来的谕旨。对纳奇兹的布拉夫斯（Bluffs）区域展开的考古调查证实了这一点，调查显示这一18世纪"王国"事实上由许多半自治区构成，其中有很多比"大村"规模更大且更富有的商贸聚落。[59]

我们该如何理解这种情况？这看似很矛盾，不过，这类安排在历史上并不算罕见。"大太阳"是一个经典意义上的主权者，也就是说，他体现了一种超越法律的原则。因此，任何法律对他均不适用。我们发现这是一个极其常见的宇宙论逻辑，以这样那样的形式存在于几乎所有地方，从博洛尼亚（Bologna）到姆班扎刚果（Mbanza Congo）。正如神（或者上帝）被认为不受道德束缚——因为只有超越善恶的原则才可能创造出善恶——"神圣国王"也不能以人的方式被评判；对身边之人肆意施暴，这本身就彰显了他们的超越性身份。但与此同时，他们还被视为司法体系的创造者和执行者。在纳奇兹人那里也是如此。"大太阳"据说是太阳之子的后裔。太阳之子降临人间时携有一套普世律法，其中最突出的是禁止偷盗和谋杀。但是"大太阳"自己常常明目张胆地违背这些律令，像是在证明自己拥有超越法律的身份，因而能够创造法律。

这类权力的问题（至少是站在主权者的立场来看）在于它往往极其个人化，几乎无法被委托代行。国王主权的覆盖范围仅限于他本人所能走到、碰到、看到或被抬到的地方。主权在这个范围之内是绝对的，在此之外则迅速减弱。因此，在没有行政体系的情况下（纳奇兹国王只有屈指可数的助手），国王对劳力、贡赋和服从的要求如果遭人反感，就会被直接无视。即使如亨利八世或者路易十四这种文艺复兴时期的"绝对"

君主，也很难将权威委托出去，也就是说，很难说服其臣民像对待国王一样恭顺地对待国王的代理人。就算真的有人发展出一套行政架构（他们当然尝试过），还会有另外的问题，即如何确保行政官员严格执行命令，又如何获悉他们没有执行命令。直到18世纪80年代，如马克斯·韦伯指出的，普鲁士君主腓特烈大帝发现自己反复推动农奴解放的努力付诸东流，因为官员们完全无视了相关法令，如遭钦差诘问，他们还会曲解法令的原意，坚持从反面来解读它。[60]

在这个意义上，法国观察家们并不算离谱：纳奇兹宫廷真的可以被视为凡尔赛宫的超浓缩版本。一方面，"大太阳"在所到之处拥有更加绝对的权力（路易十四事实上并不能动动指头就当场处决一个人）；但是另一方面，他拓展权力边界的能力更加有限（毕竟路易十四有个听候差遣的行政体系，尽管与现代民族国家相比极其有限）。纳奇兹主权实际上被封印了。甚至有观点认为，这种权力，尤其是其仁慈的一面，某种意义上就来自这种被遏制的状态。根据一种说法，国王主要的仪式功能是向原初立法者祈求人民的健康、丰产和繁荣，那位原初立法者终其一生都是令人恐惧且极具破坏力的存在，以至于他最终同意化作石像，藏于庙中，无人得见。[61]国王也凭同样的方式而神圣，他之所以能传递这种神佑，恰恰在于他是受限的。

纳奇兹的例子淋漓尽致地阐明了一个更普遍的原则：对国王的限制是其仪式性权力的一大关键。主权的自我呈现往往是一种与道德秩序的象征性背离；这就是为什么国王常常为了确立自己的地位而做出骇人听闻之事，杀兄弟，娶姐妹，亵渎祖先尸骨，或者在有些记载中，直接站在宫殿之外随机射杀路过之人。[62]不过，正是这种行为树立了国王作为潜在立法者和至高审判者的地位，就像"至尊神们"通常被描述为随机降下闪电，同时又对人间的道德行为进行裁决那样。

人们有种不幸的倾向，那便是将成功实施的专断暴力看作某种意义上的神圣，或者至少将其认定为某种超越性权力。我们或许不会在那些犯下恶行却逃脱惩罚的匪徒恶霸面前卑躬屈膝（至少当他们不在场时），可一旦这号人物真的将自己塑造为凌驾于法律之上的存在，换言之，成为神圣或不同凡响的存在，另一条普遍原则就会开始生效：为了使其隔绝于尘世的污浊之外，这个人将被各种限制缠身。暴虐之人通常看重尊严，但尊严的象征往往被抬升至宇宙论的高度，"不能碰触土地"，"不能直视太阳"，这严重限制了行动自由，不管是暴力行动还是其他大多数行动。[63]

在大部分历史时期，这就是主权的内在动态机制。统治者千方百计要确立自身权力的专断性；其臣民，在无法简单躲避国王的情况下，则想方设法将无数仪式性的条条框框加诸神明般的统治者身上。这些限制极其繁复，以至于统治者到头来实际上被囚禁于自己的宫殿中，甚至在有些情况下，"神圣国王"自己将面临仪式性死亡，正如詹姆斯·弗雷泽爵士（Sir James Frazer）在《金枝》中举的著名例子。

至此，我们已经看到本章开篇提出的三个原则——暴力、知识和个人魅力——分别是如何在一阶政体中单独构成政治结构的基础的，那些政治结构某些地方很像我们所认为的国家，但是在很多其他方面又明显与之不同。它们在任何意义上都不能被形容为"平等主义"社会，因为它们都围绕着一个明确划定的精英群体组织起来，但与此同时，尚不能明确这些精英的存在到底多大程度上限制了我们前几章描述的那些基本自由。比如说，几乎没有理由相信这些政体损害了多少迁徙自由：纳奇兹臣民若想远离"大太阳"，似乎不会面临任何反对，而且他们通常就是这么做的。除了在主权者现身之处（很有限的范围内），我们也没有发现任何发号施令或是接收命令的迹象。

关于没有国家的主权，另一个颇具启发性的案例来自南苏丹近代历史上的希鲁克人。他们是尼罗特人的一支，与努尔人毗邻。简要回顾一下，20世纪早期的努尔人是牧民社会，在人类学文献中常被视为"平等主义的"（尽管事实上并不完全如此），因为他们极端厌恶任何可能涉及发号施令的情形。希鲁克人说一种西尼罗特方言，与努尔人的极为相近，很多人认为他们过去可能是同一群人。努尔人占据着最适宜于放牧牛群的土地，希鲁克人则生活在白尼罗河（White Nile）沿岸的一片肥沃土地上，他们由此得以种植一种叫都拉高粱（durra）的本地谷物，养活密集的人口。不过，不同于努尔人，希鲁克人是有国王的。被称为"莱斯"（reth）的希鲁克君主同样可以被视为体现了主权的初级形态，类似于纳奇兹的"大太阳"。

"大太阳"和希鲁克"莱斯"可以为所欲为而不用负任何责任，不过对象仅限于身边之人。他们通常住在与世隔绝的首都，在那里定期主持祈求粮食丰收和人民安康的仪式。一位意大利传教士在20世纪早期曾写道：

> 按照规定，莱斯离群索居，和几个妻子住在帕库达（Pacooda）的一个虽小却出名的山村中，村子名叫法绍达（Fashoda）……他是神圣的，普通人要历尽艰辛才能见到他，上流阶级见他也需要繁复的礼节。他出行来到人群中的情况既罕见又令人敬畏，以至于大部分人通常会躲起来或者避开他的途经之地，女孩尤其如此。[64]

女孩们想必是因为害怕被掳去后宫。不过，成为国王的妻子也并非没有好处。妃嫔团实际上充当了一个行政机构，维系着法绍达与其娘家村落之间的关联；当妃嫔们达成共识时，该机构的权力大到足以下令处决国王。话说回来，"莱斯"也有自己的追随者：通常孤儿、罪犯、流亡者及其他无牵无挂之人会聚拢在他的周围。在国王尝试调解地方纷争时，如果其中一方不服，国王有时会加入另一方阵营，突袭不服的村庄，带走手下人能带走的所有牛群及其他贵重物品。因此，王家金库中的财富几乎都是在突袭异族人或自己臣民的过程中偷来或抢来的。

这似乎完全不是一个自由社会的范本；但事实上，在日常生活中，普通希鲁克人看上去保持了和努尔人一样的极端独立姿态，同样憎恶服从命令。即使"上流阶级"成员（基本都是前朝国王的后代）也只能期待他们对自己略表尊重，顺从则绝无可能。一个古老的希鲁克传说巧妙概述道：

曾经有个残忍的国王，杀了很多臣民，连女人都杀。他的臣民都惧怕他。有一天，为了证明他的臣民怕他怕到言听计从，他召集了希鲁克的首长们，命令他们把自己和一个少女封闭在一个房屋中。然后，他又命令他们把自己放出来。但他们没有听从。所以他死了。[65]

如果这种口述传统可资借鉴，希鲁克人似乎有意识地选择了一位偶尔现身、专横且时而暴力的主权者，而非温和但更系统的统治方式。一旦某位"莱斯"试图搭建一套行政架构，即使只是为了从战败者手中收取贡赋，他的行动也会遭遇潮水般的抵制，逼得他要么放弃计划，要么彻底退位。[66]

不同于希鲁克"莱斯"，查文和奥尔梅克精英们能够动员数量庞大的劳力，但并不清楚他们是否借助了指挥系统。正如我们在古美索不达米亚所看到的，徭役或周期性劳役也可以是一个节庆的、公益的甚至一视同仁的场合（正如我们将在古埃及的例子中看到的，最独裁的政体往往会确保承载了类似精神的事物持续存在）。最后，我们应该思考这种一阶政体如何影响了我们提出的自由的第三种基本形式：改变和重新协调社会关系的自由，不论是季节性的还是永久性的。这一点自然最难评判。当然，这种权力的新形式大部分都具有明显的季节性成分。就像巨石阵建造者们一样，在一年中的某些时间，整个社会权威机构将解散，实际上不复存在。最难理解的是这些惊人的新制度安排以及支撑它们的物质基础最初是如何出现的。

是谁设计了查文德万塔尔迷宫般的神庙，或者拉文塔的王宫大院？如果它们是集体构思的产物——很可能就是如此[67]——这些宏大构建本身即可被视为人类自由的超凡演练。这些一阶政体没有一个能算作国家形成的例子，如今基本也不会有人持这种主张了。既然如此，我们就来看看唯一一个几乎人人都认为能算作国家的例子，它在很多方面都堪称此后国家的典范：古埃及。

照料劳动、仪式性杀戮和"小气泡"
如何在古埃及起源的过程中因缘际会

　　如果我们没有书面文献可资参照，有的只是考古遗迹，我们有什么办法能得知纳奇兹社会中存在着一个"大太阳"这样的人物？可想而知，没有办法。我们可能会知道在"大村"中有一些规模颇大的土丘，建了好多层，从柱孔可知，其上无疑曾建有大型木框架建筑。在这些建筑内部，大量灶台、垃圾坑以及散落的器物无疑会揭示出某些这里曾有过的活动。[68] 唯一令人信服的王权证据可能就是尸体装扮华丽、环绕着殉葬随从的墓葬了——如果它们碰巧能被考古学家发现。[69]

　　对于有的读者来说，薨逝的君主在随从的陪同下前往彼岸的概念，会让人联想到早期法老的形象。某些埃及已知最早的国王，在公元前3000年前后的第一王朝时期（其实这一时期他们尚未被称作"法老"）确实是如此下葬的。[70] 但是就这一点而言，埃及并非孤例。在世界上几乎每个最终确立起君主制的地方，从早王朝时期的美索不达米亚城邦乌尔，到努比亚的科玛（Kerma）政体，再到商代中国，都能找到有数十、成百，偶尔上千陪葬者的王陵。在韩国、日本以及俄罗斯大草原也能找到可信的相关书面记载。类似的情况似乎还曾发生在南美的莫切和瓦里社会，以及密西西比流域城市卡霍基亚。[71]

　　对于这些大规模屠杀，我们最好三思，因为现在大部分考古学家将之看作一项可靠证据，标志着当地社会正在经历某种"国家形成"进程。这些杀戮遵循的模式惊人地一致。它们几乎不约而同地成为新帝国或新王国建立之初几代人的墓葬标志，也常常被敌对阵营的精英们模仿；然后这些实践逐渐消失〔尽管有时会以衰减后的形式存续，例如在南亚很多地方，常见于刹帝利家族中的"萨蒂"（sati，寡妇殉夫）现象〕。最初，王家葬礼上的仪式性杀戮往往蔚为壮观：仿佛一位统治者的死亡意味着主权刹那间挣脱了仪式桎梏，引发了某种政治上的超新星大爆炸，摧毁了所到之处的一切，包括王国中一些最位高权重的人。

　　通常在那个时刻，皇亲国戚、高级军官和政府要员都在牺牲者之列。

当然，如果考察一处墓葬时没有书面记录辅助，我们通常难以判断里面的尸体究竟是后宫妃嫔、大臣或宫廷乐师，还是战俘、奴隶或随便从路上抓来的平民［我们知道这在布干达（Buganda）或贝宁时有发生］，甚或一整支军队（中国有过类似案例）。说不定，大名鼎鼎的乌尔王陵中那些被称为国王或王后的人根本不是真正的至尊之躯，而只是打扮成王族模样的不幸的牺牲品、替死鬼或者高级祭司。[72]

即使有些案例仅仅是一种极其血腥的变装剧，但其他案例显然不是。所以还是那个问题：为什么早期的王国非得如此行事？为什么它们在权力稳固之后便不再这样做了？

在位于中国华北平原的商代都城安阳，统治者喜欢在往生之路上安排一些重要随从陪伴，这些随从自愿赴死（如果不总是欣然赴死），并以极高的规格被安葬。他们只是陪葬者中的一小部分。墓葬四周环绕的人牲是另一项王室独享的待遇。[73]这些人牲大部分是从敌对氏族中掳来的战俘；与随从不同，他们的尸体被系统性地肢解，头颅常被另行处置，以示轻蔑。对于商人来说，这么做似乎是为了避免人牲死后成为王朝的祖先；这样一来，其氏族的在世成员便无法参与供奉自己亡逝的亲人，而这通常是家族生活的核心义务之一。这些侥幸存活之人漂泊无依，且遭受了社会性重创，最终更有可能被商王朝支配。通过阻止他人成为祖先，统治者得以成为更伟大的祖先。[74]

带着这个例子再去看埃及就很有趣了，因为表面看来埃及早期王朝的情况几乎是完全相反的。最早的几位埃及国王，以及至少一位王后，确实是在陪葬者的簇拥下入土的，但是这些陪葬者似乎无一例外都属于亲近之人。这方面证据出自一系列5 000年前的墓室，它们位于埃及南部沙漠低地中的古城阿拜多斯（Abydos），虽在古代就遭洗劫，但依然十分醒目。那是埃及第一王朝的墓葬群。[75]每个王陵都环绕有长排的陪葬墓，数量达上百，形成一圈边界。这些"随从墓"中包括死时正值壮年的宫内侍从和廷臣，他们被分别葬入规模较小的砖砌墓室，各自有一个刻明官职的墓碑。[76]陪葬者中未见任何被杀掉的战俘或敌人。也就是说，当一位国王驾崩后，他的继任者似乎一手安排杀死了先王的宫廷随从，或至少是其中相当一大部分。

国家诞生之际的埃及究竟为何要进行这样的仪式性杀戮？陪葬的实际意义是什么？是为了保护故主不被尘世叨扰，还是为了避免故主干扰人间？为何被献祭的人中包含了那么多明显一辈子都在照料国王的人，其中最可能的有妃嫔、侍卫、官员、厨师、马夫、优伶、宫廷侏儒及其他仆从，并按照角色或职业依序环绕在王陵周围？这里有个可怕的悖论。一方面，这种仪式似乎是对爱与忠诚的极致表达，因为有一群人通过奉膳、更衣、打理仪容、病中照料、共度孤独等日复一日的操持使国王成其为国王，而这群人甘愿赴死以保证国王在死后依然是国王。同时另一方面，这些墓也极致地说明，对一位统治者而言，再亲近的手下也可以被当作私人财产随意处置，就像对待几张毛毯、几块棋盘或者几罐麦子一样。很多人猜测过这一切意味着什么。说不定5 000多年前，那些安置尸体的人也在琢磨这个问题。

同期的书面记录并没有披露多少官方动机，但我们能掌握的证据——主要是一份姓名和职位清单——透露出一个相当惊人的事实：这些王家墓葬的组成高度混杂。其中既有早期国王和王后的血亲，特别是一些王族中的女性成员，也有其他很多因具有非凡技艺或超群个人特质而被纳入王族的人，这些人逐渐被看作国王扩展家庭的成员。大规模殉葬仪式上的暴力流血一定在某种程度上抹除了这些人之间的差异，使其融为一体，使仆从成为亲戚、亲戚变为仆从。后世的国王近亲正是这样自我呈现的，他们在墓中放入代表自己的简陋俑人，展现他们做粗活的场景，例如磨面或做饭。[77]

主权首次扩大为一个社会的总体组织原则，是通过把暴力转换为亲属关系实现的。早期中国和埃及惊世骇俗的集体屠杀阶段，不论伴随着其他什么行动，其目的似乎都是为一种马克斯·韦伯所谓的"家产制"（patrimonial system）奠定基础：在这样一个体制中，国王所有的臣民都被想象为王室家庭的成员，至少都是致力于照料国王的人。因此，把昔日的陌生人纳为王室家庭的一分子，和抹杀这些陌生人自己的祖先，二者是同一枚硬币的两面。[78]换言之，一个旨在制造亲属关系的仪式成为制造王权的方式。

围绕王家葬礼进行的极端仪式性杀戮，在埃及第二王朝期间戛然而止。不过，家产制政体依然持续扩张，不是在开疆拓土的意义上（埃及的领土边界早在对外征服努比亚等邻国后就已经确立），[79] 而更多是在塑造内部臣民生活的意义上。几代之内，尼罗河河谷与三角洲就被划分为数块王家地产，分别用于保障祭祀不同先王所需的供品；不久后，一座座"工匠村"建了起来，举国上下抽调而来的劳力生活于此，投身吉萨平原上金字塔的修建。[80]

到了修建宏伟的吉萨金字塔的那一刻，想必没人能否认某种国家出现了；不过，金字塔显然也是坟墓。在埃及的例子中，"国家形成"似乎始于某种纳奇兹或希鲁克式的个体主权原则，它利用主权者死亡的契机挣脱了仪式樊笼，使王家葬礼成为重新组织尼罗河沿岸大部分人类生活的基础。要理解这是如何发生的，我们需要看一下埃及在阿拜多斯的第一王朝墓葬之前是什么样的。

在我们分析埃及第一王朝（所谓的前王朝或者原王朝时期，大致从公元前 4000 年到前 3100 年）往前几个世纪中发生了什么之前，有必要把目光投向更久远的过去，看看这个区域的史前阶段。

回想一下，新石器时代的非洲，包括埃及和苏丹所在的尼罗河河谷，与同时期的中东相当不同。在公元前 5 千纪，谷物种植远不如牛群畜养受重视，同样更受重视的还有这一时期典型的种类繁多的野生和培育的食物来源。或许最适合与之类比的现代人群（尽管有失严谨）是努尔人、丁卡人（Dinka）、希鲁克人、阿努阿克人（Anuak）等尼罗特人，他们虽种植作物，但自认为是牧人，随着季节变化在临时搭建的营地间来回迁移。如果我们斗胆概而论之，就装饰艺术和照料的对象来看，在新石器时代，中东（肥沃新月地带）的文化聚焦于房屋，而非洲的则聚焦于身体：我们发现从很早的时候起，非洲墓葬中就有了做工精美的梳妆用品和设计繁复的身体装饰品。[81]

几百年后，在埃及第一王朝诞生之际，最早一批刻有圣书体的存世物品中就有"杰特王（King Djet）象牙梳"和著名的"纳尔迈（Narmer）调色板"（供男男女女研磨与混合化妆品的石板），这并非巧合。它们只是在样子上更夺人眼球，而本质上无异于新石器时代尼罗河畔的居民在千年以前就拿来打扮自己的那种用品。同样并非巧合的是，新石器时代人也用它们供奉死去的祖先；新石器时代也好，前王朝时期也好，这类物品都是广大男女老少唾手可得的。事实上，从那些久远的年代起，人体就成了尼罗特社会中的某种纪念碑。制作木乃伊的技术试验在第一王朝之前很久就开始了；早在新石器时代，埃及人就已经混合香料和防腐油来制作长久不腐的尸体，其墓葬所在构成了持续变化的社会景观中不变的地标点。[82]

那么，我们要如何把这一堆变动不居的情况和将近2000年后横空出世的第一王朝相联系呢？基于领土的王国并不是无缘无故出现的。[83]有关理论上的前王朝和原王朝时期（大致在公元前4千纪，早于纳尔迈国王出现的公元前3100年）到底发生过什么，直到近期我们所掌握的也不过是零星的信息。在这种情况下，只能尝试参考相对晚近的类似案例。如前所见，近代尼罗特人，尤其是希鲁克人让我们看到，高度强调个体自由的相对灵活的社会，却可能宁愿要一个最终能够被摆脱的专横暴君，而不愿要一个更加系统性的或无处不在的统治形式。对倾向于选择父权制组织形式的社会（许多自古以畜牧为生的族群都实行父权制）而言尤为如此。[84]可以想象史前时代的尼罗河河谷由一群希鲁克式的"莱斯"统治着，每个"莱斯"都有自己的聚落，每个聚落实质上就是一个父系扩展家族；这些"莱斯"彼此间争强斗狠，但在其他方面过得和他们的统治对象没什么区别。

不过，这种类比替代不了实际的考古证据，而近些年，考古成果斐然。新发现表明，在尼罗河河谷沿线直至努比亚的很多地方的确找到了小君主的墓葬，年代最晚在公元前3500年，比第一王朝还要早上500年。我们无从得知这些君主的姓名，因为当时尚无文字。这些小王国貌似规模极小。其中已知最大的几个，一个以涅伽达（Naqada）和阿拜多斯为中心，在上埃及的尼罗河大拐弯附近；一个以更南边的希拉孔波利斯（Hierakonpolis）为中心；还有一个以下努比亚的库斯图尔（Qustul）为中心——不过就连它们也不像控有广阔领土的样子。[85]

所以，在第一王朝之前，主权权力既不稀缺也不泛滥：大量小王国和小朝廷以血亲为核心，混杂一群亲信、妃嫔、仆从以及各种门客。有的朝廷似乎气派非凡，留下了大型陵墓和陪葬随从。最壮观的王陵位于希拉孔波利斯，其中不仅有一个男侏儒（从很早开始，侏儒貌似就是宫廷社会的固定组成），还有很多少女，以及疑似一个私人动物园的遗骸：一群奇珍异兽，包括两只狒狒和一只非洲象。[86]这些国王以各种方式宣示自身的宏大、绝对和宇宙性，但很少展示出对各自领土的行政管理或军事控制。

从这里如何演化出后来埃及王朝时代的大型农业官僚体系？答案部分根源于考古学为我们揭开的另一个平行的发展过程。它大致发生在公元前4千纪中叶，我们可以将之想象为一种有关活人对死人的责任的长期辩论或争议。薨逝的国王是否像在世时一样需要我们的悉心照料？照料亡主与照料普通祖先有区别吗？祖先会饿吗？如果会，他们具体吃些什么？对此，无论出于何故，公元前3500年前后流行于尼罗河河谷一带的回答都是，祖先确实会饿，而他们需要的是在当时颇具异国风味且可能非常奢侈的那种食物：发酵面包和小麦酿的啤酒，盛放这些饮食的罐子开始成为考究墓群的标准配置。所以，尼罗河河谷和三角洲一带早已开始的小麦耕作，直到这个时期才变得更加精细和密集，这绝非巧合——至少部分是为了响应死人的新需求。[87]

农艺过程和仪式过程两者相互强化，其影响是划时代的，事实上可以说创造了世界上第一批农民。就像世界上其他新石器时代的人最先选择的地方一样，尼罗河的周期性泛滥起初使人难以永久性划分土地；很可能并非生态环境影响，而是在仪式场合提供面包和啤酒的社会要求，使土地划分变得根深蒂固。这不只意味着要拥有充足的耕地，也意味着要维护犁和耕牛——另一项公元前4千纪晚期投入使用的技术。那些无力调用这些资源的家庭必须从其他地方获取啤酒和面包，由此创造出各种借贷网络。因此事实上，随着一大部分埃及人发现自己不具备独立照料祖先的手段，重要的阶级区隔和依附关系开始出现。[88]

我们只需比照一下秘鲁印加的主权扩张过程，就知道以上推论是不是天马行空。印加的例子中同样出现了两种饮食之间的反差：一种是传统的丰富且灵活的日常饮食，以冻干土豆（chuño）制作的餐食为主，另一种是完全不同的饮食——玉米酒（chicha），它被认为是祭神良品，也逐渐成为帝王饮食。[89]待到西班牙人入侵时，不论贫富，玉米都是当地人必不可少的仪式用品。它是神明以及帝王木乃伊的祭品，是行军打仗必争之物。那些穷得种不起玉米的人，或是生活在阿尔蒂普拉诺高原之巅的人，只能通过其他手段获得玉米，结果常常欠下皇家田产的债务。[90]

在秘鲁的例子中，有西班牙人的编年史帮我们了解一种酒精饮品如何逐步成为一个帝国的血脉；而对于5000年前的埃及，我们只能猜测这一过程的细节。感谢考古学这门学科使我们掌握了目前这么多的线索，而我们现在要尝试拼合碎片。例如，我们发现公元前3500年前后开始出现同时用于烘焙和酿酒的设备，其遗迹最初位于公墓附近，几百年后就出现在宫廷和宏伟巨冢周围。[91]后来的描述来自一个叫作泰（Ty）的官员的坟墓，表明了当时的人们是如何一体化地用陶罐烘焙面包并同时发酵啤酒的。王室权威逐步扩张，行政管理范围也同步扩大，从第一王朝或其前夕开始遍及整个埃及，形成了明确供给死去国王而非当朝国王的产业，这一产业最终也被用于供给死去的官员。到了大金字塔时期（约公元前2500年），面包和啤酒的制造已形成产业化规模，可以为季节性服役的王家土木工匠提供补给，此时的他们也算"亲戚"，或至少算国王的照料者，因此暂时也需要吃好喝好照顾好。

吉萨的工匠村留下了数以千计的陶制模具，它们是用来制作一种被称作bedja的巨型共餐面包的。面包供一大群人共同享用，配上王家牧场供应的大量肉食，并以调味啤酒佐餐。[92]啤酒对于团结旧王国时期埃及的季节性工人群体发挥了极其重要的作用。这一点简单明了地反映在建造王家金字塔所用的石块反面的涂鸦上，它们有的写着"（国王）孟卡拉（Menkaure）的朋友"，有的写着"孟卡拉的酒徒"。这些季节性的施工队（埃及学家们称之为phyle）似乎完全由已经通过了特定年龄层仪式的男性构成，并效法了船组人员的组织方式。[93]尚不清楚这些仪式兄弟是否出过海，但是他们在操作大量数吨之重的石灰岩和花岗岩块以便修建金字塔或其他这类纪念性建筑时，明显用到了与航海时类似的团队技能。[94]

这和工业革命中的情况有些有趣的关联，或许值得探讨。在工业革命时代，将人群转化为钟表般机器的规训技术最初就用于远洋帆船，后来才用于工厂车间。那么，把目标拆分成切割、拖拽、装吊、打磨等无数种简单机械的环节，从而创造了空前绝后的宏伟纪念碑的这种所谓世界上最早的生产线技术，是否也借鉴自古埃及的船组呢？金字塔实际上就是这样建成的：把臣民变成大型社会机器，再以大众的欢宴来颂扬它。[95]

以上，我们概述了被广泛视为世界上首个已知的"国家形成"案例。从这里很容易做进一步的归纳。或许这就是国家的本质：异乎寻常的暴力和复杂社会机器的创造结合在了一起，名义上旨在服务于照料和奉献。

这里显然有个悖论。照料劳动正是机械劳动的反面：不论被照料者是老是幼、是动物还是植物，照料意味着识别并理解被照料者独一无二的特质、要求和癖好，从而满足相应的需求，使其欣欣向荣。[96]照料劳动的特点就在于其特殊针对性。如果我们今日唤作"国家"的那些机构真的有什么共同点，那其中之一必定是将这种照料的冲动抽象化的倾向；放到今天，通常就是广义或狭义定义中的"民族"（the nation）。或许这就是为什么我们很容易把古埃及视为现代国家的原型：在古埃及，普罗大众的衷心奉献同样倾注进了宏大的抽象存在中，这里对应的是亡逝的统治者和精英。这个过程使得整套制度安排可以同时被想象为一个家族和一架机器，其中的每个人（当然国王除外）在终极意义上都是可以互相取代的。从季节性修建陵墓到日常侍奉统治者的身体（再回顾一下最早的王家题款是如何在梳子和化妆盘上被发现的），大部分人类活动是向上负责的，或是照料统治者（在世的和去世的），或是协助统治者完成供养和照料神明的任务。[97]所有这些活动被认为能够产生向下流动的神佑和庇护，偶尔表现为工匠村的盛宴这样的物质形态。

当我们尝试把这个范式应用于其他地方的时候，问题就来了。诚然，如我们所见，在埃及和秘鲁之间存在一些有趣的相似之处［考虑到二者间悬殊的地形——平坦通达的尼罗河流域对比安第斯山区的"垂直群岛"（vertical archipelagos）*——这些相似更显惊人〕。它们体现在不可思议的细节中，例如对亡故统治者的木乃伊化，以及这些木乃伊统治者仍然拥有自己的乡村地产；在位的国王被视作神明，要定期巡视自己的领土。这两个社会都反感城市生活。它们的首都实际上都是仪式中心，是王家展演的舞台，相对来说鲜有长期定居者，而统治精英倾向于将其臣民想象为生活在乡间田园与狩猎场的人。[98]但是，这一切只会凸显出其他在文献中被称为"早期国家"的案例之间的巨大差异。

反思从中国到中部美洲的所谓"早期国家"之间的差异

埃及王国和印加帝国让我们看到，当主权原则用官僚制武装自身，并设法在特定的领土范围内无差别扩张的时候，将会发生什么。因此，它们常常被援引为国家形成的原始案例，尽管二者相隔万里、相差千年。可其他经典的"早期国家"似乎都没有因循此路径。

例如，早王朝时期的美索不达米亚由数十个规模各异的城邦构成，分别由各自的魅力型战士国王统治。这些战士国王据传拥有神明赋予的特殊个人特质，体现为非凡的男子气概和孔武有力的身躯。在他们的领导下，城邦彼此之间不断争权夺势。只在非常偶然的情况下，一个统治者才会获得足够优势，建立起某种可以被称为早期统一王国或帝国的东西。我们并不知道这些早期美索不达米亚统治者是否真的宣示了"主权"——至少是宣称在绝对意义上超越了道德秩序，因而能够使自己的一切行动免责，或能够按自己的意志建立全新的社会形式。那些表面上由他们统治的城邦已经存在了上百年，是有强大自治传统的商贸枢纽，分别有自己的城市守护神，掌管各自的地方神庙行政体系。在这种情况

---

* "垂直群岛"是人类学家约翰·穆拉（John V. Murra）提出的一个概念，用以描述安第斯高地社会随海拔高度变化出现资源获取和分配差异以及贸易形式差异的这种现象。——译者注

下，国王几乎从不自诩为神，而更多只是神的代理人，有时是神在人世的英雄护卫；简言之，主权在天，委托国王代行。[99]其结果是两个原则之间的一种动态紧张关系，如前所见，这两个原则起初是以对立形式出现的：河谷地带的行政秩序与周边高地的个人英雄主义政治。而作为终极手段的主权，只属于神。[100]

玛雅低地又是不同的情况。古典玛雅的"阿哈瓦"（领主）应当是一流的猎人和拟神者，是战士，会在进入战斗时或在仪式舞蹈中被祖先英雄、神明或是梦幻般怪兽的灵魂附身。玛雅领主们实际上就是一群争斗不休的小神。在古典玛雅的例子中，如果说有什么被投射到了宇宙之中，那就是官僚制的原则。大部分玛雅学家会同意，古典时期的统治者没有复杂精密的行政机制，但他们会把宇宙本身想象为某种行政等级体系，受可预测的法则支配：[101]一套错综复杂的天上或地下环环相扣的机制，其中连千年之前的主神们都有确切的生辰忌辰〔例如，神明穆瓦安·马特（Muwaan Mat）生于公元前3121年12月7日，在当前的宇宙被创造出来的7年之前〕，尽管他们从未想过要记录其臣民的具体人数或财富，更别提他们的生日了。[102]

那么，这些"早期国家"之间到底有没有共同点？很明显，可以做些基本概括。它们在制度的鼎盛时期都有令人咋舌的暴力。它们最终都依赖于并在一定程度上模仿了父权制家庭的组织形式。在每个案例中，治理机制都立足于某种社会阶级分层。但是，正如前几章所见，这些因素在没有中央政府时或在中央政府出现前也存在；即使在中央政府确立之后，它们的存在形式也可能千差万别。例如，在美索不达米亚城邦，社会阶级取决于土地所有和贸易财富。神庙兼具城市银行和工厂的角色。神明或许只在节庆场合才离开神庙，但祭司的活动范围就广得多：高利借贷给商人，监管纺织女工，以及小心翼翼地守护自己的田地和畜群。那里存在着强有力的商人社会。对于玛雅低地的这类情况，我们所知更有限，但已掌握的信息显示，权力不在于掌控土地或商贸，而在于直接控制人口流动及其忠诚度的能力，这些是通过领主和小贵族之间的通婚和紧密的个人纽带实现的。因此，在古典玛雅政治中，人们关注的是在战争中俘获身份高贵的敌手，将其作为一种"人力资本"（这是在美索不达米亚资料中鲜有的情况）。[103]

中国的例子似乎让情况更加复杂。在商代晚期，即公元前1200年到公元前1000年，*中国社会和其他教科书式的"早期国家"的确有某些共同之处，但是，从整体上看，商朝完全是个特例。就像印加的库斯科，商朝都城安阳被规划为"四方之中"，一个对整个王国而言宇宙意义上的重心，是王家仪式展演的宏伟舞台。就像库斯科和埃及都城孟菲斯（以及后来的底比斯），安阳城悬于阴阳两界之间，既是王陵及其附属祭祀庙的所在地，也是活人世界行政机构的所在地。其工业片区制造出大量青铜器皿和玉器，它们是沟通祖先的工具。[104]但是，在最重要的方面，我们找不到商代中国和埃及旧王国或者秘鲁印加帝国之间的任何相似之处。首要的一点就是，商代统治者并没有在一个扩大化的地域内宣示主权。一旦离开都城周边，出了这片位于黄河中下游一带的狭小地域，他们就无法安全巡游，更不用说发号施令。[105]这里我们已经可以感觉到，商朝统治者并没有真的像埃及、秘鲁甚至玛雅的统治者那样宣示主权。最明确的证据是占卜在这一中国早期国家中非同寻常的重要性，这一点完全有别于我们所讨论过的几乎所有其他例子。[106]

事实上，无论是有关战争、联盟、建城的大事，还是扩大王家猎场之类的琐务，任何王室决定都必须先得到终极权威的首肯，这些终极权威就是神明和祖先之灵；并且在任何情况下，王室都无法绝对保证能得到批准。商代占卜者以燃烧供品作为和神明沟通的媒介，流程如下：在用仪式宴饮享祀神明或祖先的时候，国王或其占卜师将龟壳和牛肩胛骨放在火上烤，然后"阅读"以龟壳或牛骨表面的裂痕为形式的神谕。整套流程非常官僚化。一旦得到一个回答，占卜师或指定的书吏会把读到的回答刻写在骨头或龟壳上使其生效，这份神谕将被存储起来以待未来查阅。[107]这些卜辞是我们仅有的中国最早的书面记载，而用于日常事务的文字很可能写在易腐烂的媒介上，因此没能留下来；迄今为止，尚无

---

* 严格讲，商代结束于公元前1046年。——编者注

明确的证据表明存在其他形式的行政活动或行政档案（它们在后来的中国朝代中变得非常典型），或者存在任何精密的官僚架构。[108]

一如玛雅，商朝统治者日常发动战争，以储备献祭用的人牲。商王朝的对手也有自己的祖先、祭祀活动和占卜师，而尽管对手们承认商的至高无上，尤其是在仪式语境下，但这似乎与对商实际作战并不冲突，只要开战理由在他们看来足够充分。这种对立有助于解释商代葬礼的奢华铺张以及对战俘尸体的残害；在一定意义上，商朝统治者依然在做"英雄社会"典型的竞争游戏，以求胜出并羞辱对手。这种局面是内在不稳定的，最终，其中一个对立王朝西周击败了商，并宣告自己承天命。[109]

至此，情况应该一目了然了，在谈论所有这些案例时，我们谈论的实际上并不是"国家的诞生"，即凭空萌生了一种前所未有的全新制度，它将在未来发展和演化成现代形式的政府。相反，我们在谈论的是广泛的区域系统；在埃及和安第斯的案例中，整个区域系统只是碰巧被单一政权统一了（至少在部分时间内如此）。这其实是个相当不寻常的安排。更常见的安排是像商代中国那样，统一很大程度上只存在于理论中；或者像美索不达米亚那样，区域性霸权很少能维持超过一两代人；或者像玛雅那样，两个主要势力集团旷日持久地争斗不休却胜负难分。[110]

依据我们本章提出的特定理论，支配的三种基本形式——暴力控制、知识控制和魅力型权力——分别可以落实为相应的制度形式（主权、行政管理和英雄政治），那么几乎所有这些"早期国家"都能被精准描述为"二阶"（second-order）的支配政权。像奥尔梅克、查文或纳奇兹这样的一阶政体只具备三要素之一。但是二阶政体在通常更为暴力的制度安排中，以前所未有的壮观方式结合了三个支配原则中的两个。至于是哪两个，则依情况而有所不同。埃及早期统治者结合了主权和行政管理，美索不达米亚国王混合了行政管理和英雄政治，古典玛雅领主则融合了英雄政治和主权。

我们必须强调，在任何一个案例中，以基本形式存在的三原则没有哪一个是完全缺席的：事实上，真实情况可能是三个原则中的两个形诸制度，彼此交融并强化，成为治理的基础，而第三种支配形式则被完全排除出人间事务，进入超尘宇宙的层面（就像早王朝时期美索不达米亚的神圣主权，或是古典玛雅的宇宙官僚体系）。带着这些概念，让我们再简单回顾一下埃及，厘清一些遗留的要点。

从支配的三种基本形式出发，再论埃及并再思"黑暗时代"问题

在埃及旧王国的建筑师眼中，他们正在创造的世界显然就像一颗精心培育的珍珠，在与世隔绝的悉心呵护中生长。他们构想的图景被栩栩如生地记录在王家庙宇墙体上的一排排石头浮雕中。人们在这些庙宇中祭祀死去的国王，例如左塞尔（Djoser）、孟卡拉、斯内夫鲁（Snefru）、萨胡拉（Sahure）等。浮雕中的埃及，即"两地"（Two Lands），常常一方面被表现为一个国王和神明平分秋色的天界剧场国家，另一方面被表现为一个世俗之地：一个乡村田地和猎场的世界，它被绘制成一幅归顺图，其中每一片土地都被拟人化为一个女性觐见者，将贡品进献到国王脚下。在这幅图景中，埃及的治理原则是君主凌驾于一切之上的绝对主权；他那硕大无朋的墓碑便是象征，傲视众生地昭告着没什么是君主不能征服的，就连死亡也不例外。

但是，埃及王权也具有两面性。对内的一面是至高无上的家长，守卫着一个超大规模的扩展家庭——"大房屋"（"法老"一词的字面意思）。对外的一面被描绘为战争领袖或狩猎首领，掌控着国土的蛮荒边疆；只要国王诉诸暴力，一切都会沦为他的猎物。[111] 不过，这完全不同于英雄式的暴力，甚至在一定意义上与之完全相反。在英雄式秩序中，战士的荣誉就基于他有可能战败的事实；对他来说，声望的意义大到值得赌上生命、尊严和自由去捍卫。早期的埃及统治者们从不以此种意义上的英雄人物自居。他们的战败是不可想象的。因此，战争并没有被呈现为"政治"对抗，那意味着双方可能势均力敌。相反，战斗与狩猎类似，都是对所有权的宣示，是在无数次排演国王对其臣民行使的主权，

而这种主权归根结底源于国王与神明的亲缘关系。

正如我们在前面已经观察到的，任何形式的主权，一旦达到法老的意志这般绝对化和个人化的程度，都必然面临严重的委托问题。在这里也一样，所有的国家官员必须在一定意义上附属于国王本人。大地主、军官、祭司、行政人员和其他政府高官同时还顶着如下这类头衔："国王秘密的守护者""国王挚交""法老的乐队指挥""宫廷美甲师督导"，甚至"国王早餐督察"。我们并不是在说这里没有权力游戏；毫无疑问，所有宫廷都充斥着争权夺势、偷奸耍滑和政治阴谋。我们要强调的是，这里没有公然的较量，不存在公开竞争的法定空间。一切都被限制在宫廷生活之内。这一点淋漓尽致地展现在旧王国时期官员的"墓志铭"中，其中描述的人生成就几乎仅限于他们与国王的关系和他们对国王的照料，而不是个人品质或个人功业。[112]

这个例子似乎表现出主权原则和行政原则的过度膨胀，而竞争性政治原则完全缺席。戏剧化的公开较量，无论是政治性的还是其他任何类型的，可以说都不存在。在埃及旧王国时期的官方文献中，没有任何类似罗马战车竞赛、奥尔梅克或萨巴特克球赛这种活动的影子（在其后的古埃及历史中也没多少）。在国王在位庆典，或者说塞德节（sed festival）*上，埃及国王会巡游一圈，庆祝上下埃及两地的统一，但这样的公开场面纯属单人展演，其结果从来都是确定的。就算后来的埃及文献中（偶尔）出现竞争性政治，那也是发生在神明之间的，正如《荷鲁斯和塞特的争斗》（Contendings of Horus and Seth）所展现的。死去的国王或许会互相竞争；不过彼时主权已归属世俗世界，一切都已尘埃落定。

再澄清一下，当我们谈到魅力型政治的缺失时，我们在说的是缺少某种"明星制"或"名人堂"，其中骑士、军阀、政客等人物存在制度化的对抗。我们当然不是说缺少人物。只不过在纯粹的君主制下，真正重要的只有那一个人物，或最多只有个把人物。事实上，如果我们尝试理

---

* 塞德节是古埃及最古老的节庆之一，可以追溯到第一王朝时期，用于庆祝国王登基30周年，此后每隔3年庆祝一次。——译者注

解君主制作为一种治理形式的魅力（不可否认，在大部分有记载的人类历史中，君主制都十分风行），那么，其魅力很可能涉及同时唤起关怀之心和惊惧之情的能力。国王一方面是最极致的个体，像被溺爱的孩子那般尽情放纵自己的怪癖和嗜好；另一方面又是最极致的抽象，因其有权掌控大规模暴力，通常（例如在埃及）也有权掌控大规模生产，这样的权力足以将所有人视同一律。

同样值得一提的是，君主制可能是我们所知的重要治理体制中唯一一个以子嗣为关键角色的，因为一切都取决于君主延续朝代的能力。任何政权都可以崇拜死者，就连自称民主灯塔的美国都修建了国父纪念堂并将过世总统的面庞刻于山侧；但作为纯粹的爱与养育对象的儿童，只在王国和帝国中才有政治重要性。

如果说古埃及政权常被奉为第一个真正的国家和未来所有国家的典范，那主要是因为它能够将绝对主权和一套行政架构整合起来；前者指的是君主凌驾于人类社会之上、行使专断暴力而免受责罚的能力，而后者，至少在某些时刻，能够使所有人沦为一台大机器上的齿轮。只有英雄式的竞争性政治缺席，被推向了神明和死人的世界。不过，这方面当然也有一大例外，它恰好出现在中央权威崩溃之际，即所谓的"黑暗时代"，始自第一中间期（约公元前2181—前2055年）。

早在旧王国末期，"诺玛克"（nomarch），或者说省长，就已经自立山头、各自为政了。[113]当中央政府沿着赫拉克利奥波利斯（Herakleopolis）和底比斯这两个相互敌对的中心分裂时，这类地方领袖开始接管政府的大部分职能。这些常被称为"军阀"的省长，事实上完全不同于前王朝时期的小国王。至少在他们自己的纪念碑上，他们自我呈现的形象类似民间英雄乃至圣人。这并不是他们虚张声势的自吹自擂，有些人确实在后来的几个世纪中被尊为圣人。毋庸置疑，个人魅力型地方领袖在埃及一向是存在的；但是随着父权制国家的崩溃，此类人物得以公开宣示自己建立在个人成就和品质（英勇、慷慨、雄辩、谋略）之上的权威，而且更关键的是，他们可以将社会权威本身重新定义为热心公共服务、虔敬地方神明，以及由此获得的大众支持。

换言之，只要国家主权失灵，英雄式政治就会复归，随之出现自命不凡、争强好胜的个人魅力型人物，就像我们在古代史诗中读到的那些，但远没有那么血腥。这个转变明确表现在自传性铭文中，就像位于底比斯南部艾尔默阿拉（El-Mo'alla）的安赫提菲（Ankhtifi）省长坟墓石壁上刻的那样。安赫提菲是如此这般讲述自己在战争中的角色的："我是一个在众人束手无策之际找到解决方案的人，得益于我有力的谋划；我是一个在诸诺姆（nome，即埃及的省）结成（作战）联盟之日发号施令且头脑冷静的人。我是无可匹敌的英雄；在恐惧蔓延、整个上埃及噤声之日，众人沉默而我侃侃而谈。"更令人震惊的是，他如此这般鼓吹自己的社会成就：

> 我给饥饿之人面包，给赤裸之人衣衫；我给没有化妆油之人涂油；我给光脚之人鞋履；我帮单身之人娶妻。在这片阿波菲斯（Apophis）的沙洲上，每当（危急关头，当）天空阴霾，大地（焦渴？而人们死于）饥饿，是我照料赫法特（Hefat，即艾尔默阿拉）城和赫尔迈尔（Hor-mer）城。南方人民来了，北方孩童来了；他们带着上好的油料来交换大麦，他们得到了……整个上埃及正死于饥荒，人们烹子而食，但是在我的诺姆，我从未让任何人挨饿而死……我也从未让任何人被迫背井离乡。我是无可匹敌的英雄。[114]

直到此时，在第一中间期，随着像安赫提菲这样的地方巨头开始把权力传给后代和大家族成员，我们才看到世袭贵族在埃及的出现。贵族制和个人政治的地位在旧王朝时期之所以没有得到这样的承认，正是因为它们和主权原则相悖。概言之，从旧王朝进入第一中间期的过程，并非正统埃及学曾认为的那样，是从"秩序"向"混乱"的转变，而是在权力行使的方式上，从"主权"向"魅力型政治"的转变。强调的重点也随之更改，从强调人民要关怀神明般的统治者，转而强调统治者要关怀人民，以此作为获取合法权威的手段。在古埃及，正如历史上常见的那样，重大的政治成就恰恰发生在这些时期（所谓的"黑暗时代"），它们总是遭到轻视或忽视，只因那时没有人在建造宏伟的石头纪念碑。

探寻官僚制的真正起源，
发现它们出现在小得惊人的规模中

至此便很容易理解为何古埃及时常被拿来作为国家形成的范例。不仅仅因为它是出现时间最早的我们所谓的二阶支配政权，更是因为除很久之后出现的印加帝国外，埃及是唯一一个结合主权和行政管理这两个原则的案例。换言之，埃及是唯一一个时间相对遥远又契合了预期模板的例子。所有这些假设其实都可以追溯到某种社会理论，或者更确切地说，某种组织理论，对此我们在第八章开头有所提及。小型亲密群体（论证是这样展开的）可能会采取非正式的、平等主义的解决问题之道，但是一旦很多人云集于一城或一国，一切都变了。

这种理论简单假设，一旦社会规模扩大，则如罗宾·邓巴所说，大家就需要"首领来引导，警察来确保社会规则的贯彻执行"；或者如贾雷德·戴蒙德所言，"庞大人口如果没有领导做出决策，没有管理人员贯彻决策，没有官僚执行决策和法律，就无法运转"。[115] 换言之，若想生活在大规模社会中，就必须有主权者和行政管理机构。为了实现这样的生活，终究需要某种对强制性暴力的垄断（再次说明，是指用武器威慑所有人的能力），这多少被视作理所当然。这一整套过程造就了官僚制国家，而相应地，书写系统总被认为是在这种冷冰冰的官僚制国家的运作中发展出来的。

现在，我们已经了解到，以上这些都不是真的，基于这些假设的预测几乎都被证明是错的。我们在第八章看到过一个戏剧化的例子。人们曾经普遍认为，如果说官僚制国家往往出现在有复杂灌溉系统的地区，那一定是因为需要行政官员来协调水渠维护、管理用水供给。可事实上，农民们完全有能力自己协调高度复杂的灌溉系统，并且在大部分例子中，几乎没有任何证据表明早期官僚与这些任务有任何干系。城市人口似乎有卓越的自治能力，虽然采取的方式通常算不上"平等主义"，但是参与度大大高于如今的任何市政治理。同时，事实证明大多古代帝王几乎无意干预这些事务，原因很简单，他们根本不在乎臣民们怎么打扫街道或维护灌溉渠。

我们也看到，当早期政权将支配建立在对某些知识形式的独家获取之上时，那类知识通常在我们自己看来不会有多实用（刺激查文德万塔尔建造者的萨满式的精神性启示就是一例）。事实上，功能性行政管理的早期形式，也就是指对名录、分类账簿、会计程序、督查、审计和文件等进行存档，似乎正诞生于这类仪式性情境下：在美索不达米亚的神庙中，在埃及的祖先崇拜仪式上，在古代中国的问卜之时，如此等等。[116]因此，我们眼下相当确信的是，官僚制**并不是**当人类社会发展到超出一定的规模和复杂度时，作为解决信息管理问题的实用方案才出现的。

不过，这也引出了一个有趣的问题，那就是此类技术第一次出现到底是在何时何地，又为了什么。关于这一问题，也有一些出人意料的新证据。新兴的考古学解释显示，最早的专业化行政管控体系事实上出现在规模很小的社区中。有关这一点，最早的明确证据出现在中东的一系列超小型史前聚落中，时间可追溯至新石器时代遗址加泰土丘建立（约公元前 7400 年）后 1 000 多年，不过这依然比任何依稀近似于城市的东西早出现 2 000 多年。

相关最好的例子是萨比阿比亚德土丘（Tell Sabi Abyad）遗址。遗址位于叙利亚拉卡省的拜利赫河谷（Balikh valley）地带，由一队荷兰考古学家发掘考察。8 000 多年前（公元前 6200 年前后）的史前美索不达米亚，一个占地约一公顷的村落毁于火灾，火焰烤硬了土墙和其中的黏土构件，使之得以保存下来。这对村民来说实属不幸，对未来的研究者而言却是万幸，因为这个约 150 人组成的新石器时代晚期社区为我们研究当时的组织提供了独一无二的洞见。[117] 发掘者发现，村民们不仅建有粮仓、货仓等集中存储设施，还创建了较为复杂的行政手段来记录存储内容。这些手段中就包括经济档案，它们是乌鲁克和其他美索不达米亚晚期城市中神庙档案的小小先驱。

这些并非书面档案。文字本身还要过3 000年才会出现。彼时存在的是有几何纹样的小陶块，同类物件似乎在很多类似的新石器时代村落中都有使用，很可能用于记录特定资源的分配。[118] 在萨比阿比亚德土丘，刻有图案的小型印章同时被使用，在每家每户的容器塞子上盖戳标明身份。[119] 或许最值得注意的是，那些从容器上拔下来的塞子都被存档进村落中心附近的一个特殊建筑（类似某种办公室或办事处），以备后人查阅。[120] 自从这些发现在20世纪90年代被发表以来，考古学家们就一直在争论这些"村落官僚制"是为何人的利益、因何目的而运作。

要回答这一问题就务必留意，萨比阿比亚德土丘遗址的中央办事处和库房与任何超大住宅、奢华墓葬或其他个人身份标志无关。这个社区遗址的惊人之处在于其统一性：例如周围的住宅在大小、品质及幸存下来的室内用品方面都基本一样。这些用品本身显示，人们以小家庭为单位生活，维持着一套复杂的劳动分工，常常包括需要多户协作完成的任务。畜群需要放牧，多种谷物需要播种、收割和脱粒，亚麻纤维需要编织，这些事务也伴随着其他家庭活计，例如制陶、制珠、石雕以及简单的金属加工。当然，还有养育孩童、照料老人、建造和打理房屋、协调婚丧嫁娶等。

精打细算和互助互惠想必对完成一年到头的生产活动来说至关重要，而黑曜石、金属和异域染料的证据表明村民们定期也与外界有来往，无疑是通过通婚、远行和贸易等形式。[121] 正如我们在传统巴斯克村落的例子中看到的，这一类活动很可能涉及相当复杂的数学运算。不过，这本身依然无法解释为何有必要诉诸精准的计量和存档体系。毕竟，在人类历史上有不知道几千个农业社区处理过类似的复杂事务组合，但并没有创造出保存记录方面的新技术。

无论出于何种原因，引入这种技术都对史前美索不达米亚及其周边丘陵地带的村落影响深远。虑及萨比阿比亚德土丘与最早的城市出现相隔2 000年，在这漫长的间隔期，中东的村落生活经历了一系列的显著变化。在某些方面，小型社区中的人开始表现得好像已经生活在某种大型社会了一样,尽管他们中没人见过城市。这听起来很反直觉,但这就是我们在间隔期的村落遗迹中看到的;这些村落散布于广大的区域范围,从伊朗西南部到伊拉克大部分地区,再到土耳其高地。从很多角度看,此现象就是我们前几章中讨论到的"文化区"或好客区的一个翻版,但这里有一处差别:相去遥远的家户之间的亲近性似乎日益建立在文化一致性原则上。可以说,这是首个"地球村"时代。[122]

这一切在考古学记录中是不可能被忽略的。对此,我们有第一手经验可参考,因为我们当中的一位曾在伊拉克库尔德斯坦的遗址开展考古发掘工作,调研过大转型发生之前和之后的史前村落。在公元前5千纪,随着行政工具及其他新媒介技术在中东广为传播,你会发现村落生活中大部分体现差异和个性的外在标志开始消失。越来越多家户被建成标准的三进结构,而曾经用于彰显个人技艺和创造力的陶器,这时候似乎被有意做得单调、统一,在有些情况下几乎呈标准化。总体而言,工艺生产变得更加机械化,女性劳动力受到新式的空间管控和隔离。[123]

事实上,这个持续了约1 000年的时期[考古学家称之为乌拜德时期,取自伊拉克南部的阿尔-乌拜德土丘(Tell al-'Ubaid)遗址]充斥着冶金、园耕、纺织、饮食和远途贸易方面的革新;但是从社会角度来看,人们似乎千方百计地避免这些革新成为等级或个体差异的标志,换言之,避免在村落内部及村落之间出现明显的身份地位之别。耐人寻味的是,我们所见证的可能是在世界上首批城市出现之前,一个公开的平等意识形态的诞生;行政工具最初不是为了征税和积累财富,而恰恰是为了杜绝这类事情。[124]要想大致了解一下规模如此之小的官僚制实际可能如何运作,我们可以简单参考安第斯山区的村落会社艾鲁,正如我们早先提到的,它们有着本土原生的行政体系。

艾鲁同样建立在强有力的平等原则上;其成员真的会穿着统一制服,每个谷地都有自己传统的服装设计。艾鲁的主要功能之一是根据家庭规模的扩大或缩小对农业用地进行再分配,以保证没有人因此比他人更富裕;事实上,身为"富"户其实仅意味着有更多的未婚子女,因而有较多土地,毕竟不存在其他比较财富多寡的依据。[125]艾鲁还帮助家庭避免季节性劳力短缺，它们记录每家每户身体强健的男女的数量，以保证在关键时刻没有谁家缺人手，同时确保鳏寡孤独老弱残幼之人得到照料。

家户之间，责任建立在互惠原则上：人们会记账，并在年底销掉所有当年未偿清的信贷和债务。这便是"村落官僚制"出现的契机。因为要想实现这一切，就必须衡量工作量，以便明确解决在这些情况下不免会出现的有关谁为谁做了什么、谁欠谁什么之类的争吵。[126] 每一个艾鲁似乎都有自己的奇普绳，通过一次次的结绳和重新结绳来记账和清账。很可能这就是发明奇普的初衷。换言之，尽管实际涉及的行政工具有所不同，但它们的功能与我们在史前美索不达米亚看到的乡村会计系统类似，并且同样根植于明显的平等理念。[127]

当然，这种会计流程的危险在于能够被用作他途：它们的底层基础是精确的等价体系，而几乎任何社会安排，甚至是建立在专断暴力之上的那些（例如"征服"），都有可能借此粉饰出一副一视同仁的平等姿态。这就是为何主权和行政管理的结合有极大的潜在危害，因为后者的平等化效应会被转化为社会支配乃至暴政的工具。

回想一下，在印加帝国治下，所有艾鲁都被降格到"被征服的女性"的地位，奇普绳则被用来记录欠印加中央行政部门的劳力债。不像地方上的结绳记录，印加帝国的记录是固定的，没有讨价还价的余地；绳结一经系上就不可能再被解开重系。此处，有必要破除一些关于印加帝国的神话，它常被塑造为最温和的帝国，乃至某种慈善的原初社会主义（proto-socialist）国家。事实上，在印加统治下持续提供社会保障的是之前就已存在的艾鲁体系。与之相反，印加宫廷推行的总体行政架构在本质上主要是压榨和剥削性的（哪怕宫廷委任的地方长官喜欢将其歪曲为艾鲁原则的扩展）：为方便中央监控和记录，家户被分为10、50、100、500、1 000、5 000等数目的单元，每个单元都要在已经承担的社区劳动义务之上提供更多劳力，这种做法只会扰乱既存的集体忠诚、地理界限和社区组织。[128] 徭役义务依据僵化的规模标准统一分派，在无事要做之时会直接生造出新的工作任务，经常违规者会面临严重的惩处。[129]

结果可想而知，而这很明显地反映在当时西班牙编年史官的一手记述中，这些史官格外关注印加的征服和支配策略及其地方化运作。社区领袖成为事实上的国家代理人，不是钻法律空子中饱私囊，就是在惹事之后试图包庇同党并自保。那些无力应对劳役债务或是逃跑或叛变未遂的人，则沦为印加宫廷及其官员的仆役、侍从和妃嫔。[130] 这个新的世袭苦力阶级在西班牙人征服时期迅速壮大。

这并不是说印加帝国深谙行政管理的名声毫无根据。他们显然能精确记录出生和死亡人口，能在年度节庆上调整家户规模，等等。那他们为什么要把这种极其笨拙单调的体制强加于既存的更精密的体制（艾鲁）之上？很难不感到在这些情况下，明显的笨拙僵化、强令服从毫无意义的规则，实际上正是部分用意所在。或许这就是主权在官僚制形式下彰显自身的方式。通过抹平每个家户和个体的独特历史、将一切都简化为数字，它造就了一套平等的话语，但与此同时，它也确保了永远有人无法完成额定任务，从而总能有源源不断的苦力、人质和奴隶。

在中东，更晚近的历史时期似乎发生过极其相似的事。最有名的例子可能是《希伯来圣经》的福音书中保留的记忆：农民在赋税的重压之下陷入贫困，不得不典当畜群和葡萄园，最终将儿女送去当苦力偿债，由此引发强烈抗议；富有的商户和行政官员利用歉收、洪水、其他自然灾害或者只是趁邻人之危放高利贷，最终招致同样的后果。在中国和印度的记载中也有类似的怨言。官僚制帝国建立之初，几乎总是伴随着某种等价体系的失控。我们在这里不打算讲述钱和债的历史，[131] 只是要指出，像乌鲁克时期的美索不达米亚等社会既是商业化的也是官僚化的，这并非偶然。金钱和行政都建立在相似的**去个人化的**（impersonal）等价原则上。在此我们要强调的是，最暴力的不平等最初常常源于这类法律上平等的神话。一城的所有市民，或是一神的所有信众，或是一王的所有臣民，被认为从根本上是相同的，至少在某种特定的意义上相同。同样的法律、同样的权利、同样的义务适用于他们所有人，无论是个体，还是在后来更父权制的时代，某种大家长庇护之下的家庭。

此处的重点是，这种平等让人（还有物）变得可以互相取代，从而使得统治者或其亲信可以不顾臣民的特殊处境而提出不近人情的要求。这显然是"官僚主义"一词在今天如此惹人反感的原因所在。这个术语本身唤起的印象就是机械化的愚蠢。但是没有理由相信，去个人化的体系起初或必然就是愚蠢的。就说玻利维亚艾鲁或巴斯克村委会，或者可以说，像萨比阿比亚德土丘的那种新石器时代村落行政机构以及后来承袭它的美索不达米亚城市行政机构，如果是它们产生了明显不可行或不理智的结果，事情总有调整的余地。任何人如果在乡村社区生活过，或是在大城市的市政或教区委员会工作过，就会知道，解决类似的不平等问题可能需要数小时甚至数日的冗长商谈，但几乎总能找到解决方案，不让任何人感到完全不公。正是由于叠加了主权权力，使得地方执行者能够说出"我不想听这些，规则就是规则"，官僚机制才变得面目可憎。

在本书中，我们已提到过在人类历史的大部分时间里都假定存在的三种原始自由：迁徙的自由、不服从的自由、创造或改变社会关系的自由。我们还注意到，英语中"自由"（free）的词源是日耳曼语中表示"朋友"的词，因为不同于自由民，奴隶是无法结交朋友的，原因是奴隶不能做出保证或承诺。做出承诺的自由是我们所说的第三种自由中最基本和最起码的要素，就像从困境中抽身是第一种自由中最基本的要素一样。事实上，在所有人类语言中，最早被记录下来的"自由"一词是苏美尔语的 ama(r)-gi，其字面意思是"回到母亲身边"，因为苏美尔国王会定期颁布债务自由法令，免除所有非商业性债务，有时候还会允许那些在债主家中劳作的债务工回到自家亲人身边。[132]

有人或许会问，一切人类自由的最基本要素，即做出承诺并由此建立关系的自由，怎么会走向完全相反的方向，变成了劳役偿债制、农奴制或永久性的奴隶制？我们认为，这个转变恰恰发生在承诺变得去个人化且可以转让之时——简而言之，被官僚化之时。德格拉菲尼夫人将印加政府视作一种仁慈的官僚秩序，这桩历史上最大的讽刺之一事实上源自对材料的某种常见的误读：把地方上自主组织的行政单位（艾鲁）产生的社会效益错误地归功于印加帝国的指挥结构，而后者事实上几乎只服务于军队、祭司和行政阶层。[133] 美索不达米亚以及后来古代中国的帝王也倾向于像古埃及的省长那样，将自己标榜为弱者的保护者、挨饿之人的供养者、孤儿寡母的慰藉者。

我们或许可以说，国家官僚制之于照料原则，就像金钱之于承诺：在这两种情形下我们都发现，社会生活最基本的组成部分之一被数学和暴力的合流所侵蚀。

在新知识的武装下，反思一些社会进化论的基本前提

社会科学家和政治哲学家们围绕"国家的起源"已经争论了一个多世纪。这些争论从未也似乎永远不会有尘埃落定的一天。至此，至少我们能理解个中缘由了。就像寻找"不平等的起源"一样，寻找国家的起源无异于水中捞月。正如本章开头所说的，西班牙征服者从未考虑过与之打交道的是不是"国家"，因为那时这一概念还不存在。他们使用的王国、帝国和共和国等词完全够用，而且从很多层面上来说要好得多。

当然，历史学家依然在使用王国、帝国和共和国等词汇。如果说社会科学家开始偏好起"国家"和"国家形成"的说法，那基本上是因为这被认为更科学，即便这些词缺乏统一的定义。并不清楚这是为什么。部分原因可能是"国家"概念和现代科学概念大致出现在同一时期，在一定程度上相互交织。不论出于什么原因，既有的文献坚持不懈地聚焦于逐渐增加的复杂度、等级制和国家形成这套单一叙事，从而使得"国家"这个术语很难被应用于其他任何场合。

当下，我们的地球几乎遍布着国家，将这一事实当作必然结果来书写显然很容易。然而，这种现状常常诱使人们对我们如何走到这一步做出几乎毫无实际依据的"科学"假设。当前安排的某些显著特征被直接投射回过去，被假定在社会达到一定复杂程度时就会出现——除非有确凿的证据证明它们没出现。

例如，人们通常简单假设，当某些关键的政府职能，如军事、行政

和司法，落入全职专家队伍的手中时，国家就出现了。使这种假设合理的前提是接受如下叙事，即农业剩余将一大部分人口"解放"了出来，使之不必再从事繁重的农业生产以确保足够的粮食供应；它开启了一个过程，其最终结果就是我们当前的全球劳动分工。早期国家可能主要利用这些剩余来支撑全职的官僚、祭司、士兵及类似群体，但我们也知道，剩余同样能养活全职的雕塑家、诗人和天文学家。

这是个很有说服力的故事，就算放到我们今天的情况下也很适用（至少，我们中只有一小部分人在从事食物的生产和分配）。但是，本章中探讨的几乎所有政权，事实上都没有雇用全职专家。最明显的是，它们之中似乎没有哪个设有常备军。战争基本上是农闲季节的营生。祭司和法官也很少全职工作；实际上，在旧王国时期的埃及、商代中国、早王朝时期的美索不达米亚，或者就此而言也可算上古典时代的雅典，大部分政府机构雇用的是轮值人员，这些人除担任政府官员之外，还是乡村地产经纪人、商人、建筑师或各种不同的职业人士。[134]

我们还可以更进一步。目前尚不清楚这些"早期国家"自身在多大程度上是一种季节性现象（回想一下，至少在遥远的冰期，季节性聚集可能会成为某种看起来有点像王权的事物展演的舞台；统治者只在一年中的某些阶段主持朝政；有些氏族或战士社群只在冬季被赋予类似国家警察的权力）。[135]一如战争，政府工作也倾向于集中在一年里的特定时间：有的月份充斥着建筑工程、露天盛会、节庆、普查、联盟、审判和血腥处决；其他时间，国王的臣民（有时甚至是国王本人）分散开去参与更亟待处理的耕种、收获和放牧等活动。这并不意味着这些王国不是真实存在的：它们有能力动员成千上万的人，也有能力残害同样数量的人。这只不过意味着它们的存在事实上是间发性的。它们出现，而后解体。

有没有可能，就像"种着玩"——我们用这个术语形容松散灵活的耕作方式，此方式使人能够自由从事任何其他的季节性活动——变成了更严肃的农业一样，演着玩的王国（play kingdom）也逐渐开始有了更多的实质？来自埃及的证据或许可以顺着这条思路来解读。不过同样有可能的是，如果这两个过程确有发生，它们在根本上受到了其他因素的驱动，例如家庭中父权制关系的出现和女性权力的下降。当然，这些都是我们应该提出的各种问题。民族志还告诉我们，国王基本不会满足于只在大部分臣民的生活里间或出现。即便是那些不会被称作国家的王国的统治者，例如希鲁克人的"莱斯"或是爪哇或马达加斯加的小邦国统治者，也会竭力将自己安插进日常社会生活的节律中；他们坚决强调，没有人能不提他们的名字就宣誓、婚嫁甚或相互问候。这样一来，国王就会成为臣民们相互建立关系的必要媒介，这很像后世的国家元首坚持把自己的面孔印在货币上。

1852年，卫斯理宗牧师和传教士理查德·莱斯（Richard B. Lyth）描述到，在斐济的萨考恩德罗韦（Cakaudrove）王国有一条例行规定，要在每天日出时保持静默。随后，国王的传令官会宣布国王要开始嚼卡瓦根（kava root）了，所有臣民旋即高呼"嚼它！"接着就是一阵雷鸣般的呼喊，仪式就此完毕。统治者是太阳，赋予了人民生命和秩序，使宇宙日日重生。事实上，如今大部分学者坚持认为这个国王压根算不上国王，只能算一个"酋邦联盟"首领，统辖着千把人。这种宇宙级宣示在几乎世界各地的王家仪式上都很常见，而仪式的盛大似乎无关乎统治者的实际权力（也就是让任何人做任何他不想做的事情的能力）。如果说"国家"真的意味着什么，它指的正是隐藏在所有这些宣示之下的极权主义冲动，是让仪式永续的实际欲望。[136]

像埃及金字塔这样的纪念性建筑似乎就服务于类似功能，试图使某种权力变得永恒——那种只在兴建金字塔的特定时期内彰显出的权力。宫殿、陵墓、刻画着神明般人物在颁布律法或夸耀征服的奢华石碑……旨在展现宇宙级权力的碑文或物品正是最经久不衰的，因而也构成了世界上主要的文化遗产地和博物馆收藏的核心。这就是它们的力量，哪怕到今天，我们还是可能受其蛊惑。我们并不清楚该以多严肃的态度去看待它们。毕竟，斐济萨考恩德罗韦王国的臣民至少一定是自愿配合出演每天的日出仪式的，因为国王没什么手段去强迫他们参与。但像阿卡德的萨尔贡大帝（Sargon the Great）或古代中国的秦始皇这样的统治者具备很多此类强制手段，因此我们很难说他们的臣民到底怎么看待他们宏大浮夸的宣示。[137]

　　无论是在现代还是古代社会中，要理解权力的现实，就要承认精英们宣称能做的事和实际能做的事之间存在差距。正如社会学家菲利普·艾布拉姆斯（Philip Abrams）早就指出的，没能进行这样的区分导致社会科学家进入无数死胡同，因为国家"不是政治实践面具之下的现实。它正是使我们无法看清政治实践原貌的面具本身"。他认为，要理解后者，我们必须考虑"国家在哪些意义上不存在，而不是在哪些意义上存在"。[138]现在我们可以看到，这些见解不仅适用于现代的政权，也同样适用于古代的，甚至可以说更适用于后者。

　　"国家"的起源长期以来一直被追溯到古埃及、印加时代的秘鲁和商代中国，可事实证明，我们现在所认为的国家根本不是历史的常数。它们不是始于青铜时代的长期进化过程的结果，而更像是三种有着不同起源的政治形式——主权、行政和魅力型竞争——的聚和。现代国家仅仅是支配的三种原则碰巧结合起来的一种方式，只不过这次叠加了一种概念，认为原属君王的权力掌握在了一个名为"人民"（或"民族"）的实体手中，且官僚政治的存在服务于上述"人民"的利益，而古老的贵族式的竞赛和荣誉摇身一变成为"民主"，常常以全民选举的形式出现。这不是什么历史的必然。如需证据，我们只需观察一下这一特定的安排现在正面临怎样的瓦解。正如我们指出的，如今存在全球性的官僚机构（公共的和私人的都有，从国际货币基金组织、国际卫生组织到摩根大通和各种信用评级机构），却没有任何与之对应的全球主权或全球竞争性政治场域原则；而从加密数字货币到私人安保机构的一切都在侵蚀着国家主权。

　　至此，唯一可以明确的恐怕就是这一点了。我们曾以为"文明"和"国家"是结合在一起的实体，是历史打包传给我们的（只能接受或拒绝，一旦决定就无法回头），而现在历史证明，这些术语实际上指的是各种元素的复杂混合物，这些元素有完全不同的缘起，而且当前正在彼此渐行渐远。从这个角度看，要反思社会进化论的基本前提假设，就是要反思政治这一概念本身。

尾声：文明，空白的墙面和有待书写的历史

回想起来，"文明"这个术语（目前我们还没怎么论及）最开始以这种方式被使用就很奇怪。当人们谈论"早期文明"的时候，他们说的大都是我们这一章中谈到的那几个社会及其直接继承者：法老时代的埃及、印加时代的秘鲁、阿兹特克时代的墨西哥、汉代中国、古希腊、帝国时代的罗马，或其他具备一定规模和纪念性的社会。这些都是高度分层的社会，主要通过威权政府、暴力和女性彻底的从属地位维系在一起。如前所见，献祭是潜藏于这种文明概念背后的阴影：我们所说的三种基本自由以及生命本身遭到献祭，只为了某种永远遥不可及的东西，无论是理想的世界秩序、天命还是永无餍足的神明的祝福。无怪乎这种"文明"观在有些圈子中已经名声扫地了。这里有些最基本的东西已经错了。

一个问题是，我们惯于假定"文明"最初仅仅指居住于城市中的习惯，而城市被认为意味着国家。但是我们已经看到，这并非历史实情，甚至从词源学上来说也并不属实。[139]"文明"（civilization）这个词来源于拉丁语 civilis，实际上指的是那些使社会能够通过志愿联盟自行组织起来的政治智慧和互助的特质。换言之，这个词最初意味着安第斯艾鲁联盟或巴斯克村落展现出的特质，而非印加廷臣或商朝贵胄的特质。如果互助、社会协作、市民行动主义、好客或仅仅是对他人的照料才是孕育出文明的那类事物，那么，这段真正的文明史还有待书写。

正如我们在第五章所见，马塞尔·莫斯朝这个方向做了初步的谨慎尝试，却很大程度上被忽视了；而不出他所料，这段历史很可能始于那些地理范围广阔的"文化区"或"交互作用圈"，对此考古学家们现在可以追溯到比王国、帝国乃至城市早得多的时期。正如我们所见，家庭生活、仪式以及好客款待留下的物质证据揭示出这段深厚的文明史。在有些方面，这比纪念碑更令人振奋。可以说，现代考古学最重要的发现正是这些充满活力、影响广布的亲属网络和商贸网络，而那些主要依赖推测的人还以为只能在那里找到落后与孤绝的"部落"。

正如本书中一直在展现的，在世界各个角落，小社区形成了真正意

义上的文明,即扩展的道德共同体。在没有永久的国王、官僚或常备军的情况下,它们促进了数学和历算知识的发展。在有些区域,是它们率先尝试了冶金,种植了橄榄、葡萄和椰枣,或是发明了发酵面包和小麦啤酒;在其他区域,是它们驯化了玉米,学会了从植物中提炼毒素、药物和致幻物。是这种真正意义上的文明,发展出了应用于织物和篮筐的编织技术、制陶转轮、石材加工、串珠、风帆和航海术,不一而足。

稍加推敲可发现,这种更准确诠释下的文明,其核心是女性以及她们的工作、思考和创新。正如我们在前面几章所见,在没有文字材料的情况下追踪女性在社会中的位置,常常意味着利用残留下来的物质文化碎片,例如模仿纺织物纹样和女性身体形态及其精致装饰的彩绘陶器碎片。举两个例子,很难相信早期美索不达米亚的楔形文字文献或者秘鲁查文的神庙布局所展现出的那种复杂的数学知识完全出自男性书吏或雕塑匠的头脑,就像雅典娜诞生于宙斯的脑袋一样。更可能的是,这些体现了早些时候在具体实践中积累起来的知识,例如纺织和串珠用到的立体几何和应用微积分。[140] 直至现在被人们当作"文明"的东西,事实上也许只是一种对更早的知识体系的性别化挪用:那套知识体系曾以女性为中心,而男性通过刻入石头的宣示将其据为己有。

我们在本章开头就指出,野心勃勃的政治扩张,以及权力向少数人手中集中的过程,多么频繁地伴随着对女性的边缘化,甚至是暴力地将她们置于从属地位。这不仅适用于阿兹特克时期的墨西哥和旧王朝时期的埃及这类二阶政体,也适用于查文德万塔尔这类一阶政体。但是,在有的社会,即使社会规模扩大且采用更加中央集权化的治理形式,女性及其关注事项依然占据着核心地位。这种情况该怎么解释?历史上存在这样的案例吗?这就引出了我们要讨论的最后一个例子:米诺斯时期的克里特。

不论在青铜时代的克里特岛曾发生过什么,这一爱琴群岛中最大最靠南的岛屿显然都不符合"国家形成"的学术脚本。但是,那个被后世称为米诺斯的社会,其遗址实在太戏剧化、太惊人又太靠近欧洲腹地

（以及后来的古典世界）了，以至于人们无法置之不理。事实上，在20世纪70年代，著名考古学家科林·伦福儒（Colin Renfrew）选择《文明的出现》（*The Emergence of Civilization*）来命名其解读爱琴海史前史的重要著作，这在研究其他地区的考古学家之中引发了困惑和不满。[141] 尽管如此高调惹眼，还经历了一个多世纪的密集发掘，米诺斯克里特对考古学理论来说依然是个美丽的肉中刺，而且坦率说，对任何从考古学界之外切入这个话题的人来说都是个困惑之源。

我们的大部分知识来自大都会克诺索斯（Knossos），以及斐斯托斯（Phaistos）、马利亚（Malia）、扎克罗斯（Zakros）等其他主要中心。这些通常被称为"宫殿社会"（palastial society），存在于公元前1700年到前1450年["新宫殿"（Neopalatial）时期]。[142] 它们在当时无疑是格外壮观的地方。据估计，克诺索斯有2.5万人，[143] 在很多方面都很像其他地中海东部地区的城市，以大型宫殿建筑群为中心，充斥着生产街区和存储设施，有一套在陶板上进行书写的系统（"线形文字A"），只可惜始终未被破解。问题是，不同于大致同期的其他地方的宫殿社会，例如叙利亚幼发拉底河畔、奇姆利里姆治下的马里，或是北面安纳托利亚的赫梯，抑或是埃及，米诺斯时期的克里特没有留下任何君主制的明确痕迹。[144]

这并非由于缺乏材料。我们或许无法读懂文字，但是克里特岛及附近的锡拉岛（圣托里尼岛）——那里的火山灰之下保存着米诺斯城市阿克罗提利（Akrotiri）的惊人细节——实际上为我们提供了青铜时代世界最丰富的图像艺术宝藏之一：不仅有湿壁画，也有象牙雕塑，以及印章和珠宝上细致入微的雕刻。[145] 在米诺斯艺术中，目前最常见的权威人物形象是成年女性，她们大胆地穿着连肩但袒胸露乳的花纹裙子。[146] 女性常常被描绘得比男性更高大，这在所有邻近地区的视觉传统中都象征着政治优越性。她们手握令符，例如在克诺索斯一个主神殿出土的印章上那位号令众人的"大山之母"（Mother of Mountains）；她们在长角的祭坛前举行丰产仪式，坐在王座之上，在没有男性主持的情况下集会，有超自然生物和猛兽伴其左右。[147] 相反，大部分男性形象不是半裸就是全裸的运动员（在米诺斯艺术中没有裸体女性形象）；或者是在呈递贡品，在女性显赫人物面前卑躬屈膝。相应形象在叙利亚、黎巴嫩、安纳托利亚和埃及等地（这些都是当时的克里特人在商贸和外交中造访过因而熟知的地区）高度父权制的社会中都难觅其踪。

学界对米诺斯宫殿艺术及其中各种强势女性形象的解释多少有些令人费解。大部分人追随20世纪早期的克诺索斯发掘者阿瑟·埃文斯（Arthur Evans），将这些形象认定为没有世俗权力的女神或女祭司，就好像她们和现实世界没有任何关系。[148] 在有关爱琴海艺术和考古的著作中，她们的出现章节总是"宗教和仪式"，而非"政治""经济"或"社会结构"——尤其是政治，在重建它的过程中几乎完全没有参照艺术。其他人直接回避这一话题，把米诺斯的政治生活描述为与众不同但根本上无法理解的（要说这体现了什么态度，那就是一种性别化的态度）。如果位高权重的形象是男性，那么这些还会发生吗？不太可能，因为同一批学者通常会顺理成章地把以男性为主的相似场景，如埃及墓葬中的类似墙绘，或者甚至是克弗悌乌（Keftiu，埃及人对克里特的称呼）向强大的埃及男性献上贡品的艺术呈现认定为真实权力关系的反映。

另外一个令人费解的证据在于米诺斯商人从海外运来的货品性质。米诺斯人以贸易为生，而商人看上去多为男性。不过，从原宫殿时期开始，他们从海外带回来的东西就有明显的女性气质。埃及叉铃、化妆盒、哺乳母亲像、圣甲虫护身符，这些都不来自男性主导的宫廷文化领域，而是来自埃及民间女性的仪式和女性中心的哈托尔（Hathor）仪式。哈托尔女神在埃及之外也得到敬奉；在西奈半岛的绿松石矿附近和海港的神庙中，这位长角的女神化身为旅行者的守护神。位于黎巴嫩海岸的比布鲁斯（Byblos）就是这样的海港，当地一座神庙内发现了作为供品被埋葬的大量化妆品和护身符，和早期克里特墓葬中的几乎一模一样。最可能的是，这些物品与女性崇拜一道（或许就像很久之后的伊希斯崇拜那样），沿着男性精英的"官方"贸易路线得到传播。在宫殿落成之前的时期（又一个被忽视的"原时期"），这些物品大量集中在赫赫有名的克里特圆形建筑（tholos）墓葬中，至少能说明女性占据了这类远途贸易的需求方。[149]

再次说明，其他地方的情况绝对**不是**这样。为了凸显这一点，让我们简要考察一下稍晚时候的希腊本土宫殿。

克里特宫殿是不设防的，并且米诺斯艺术中几乎无涉战争，反而尽是些玩乐和注重物质享受的场景。这些都和希腊本土发生的一切截然相反。公元前 1400 年前后，迈锡尼、皮洛斯（Pylos）、梯林斯建起了城墙高耸的城堡，其统治者不久后就成功袭击了克里特岛，占领了克诺索斯并控制了其外围地区。相较于克诺索斯或斐斯托斯，那些统治者的住所看上去不过是山丘堡垒，盘踞着伯罗奔尼撒的主要关隘，四周环绕着不起眼的小村庄。最大的迈锡尼拥有约 6 000 人口。这并不出人意料，因为希腊本土的宫殿社会并非从既有城市的基础上发展而来，而是源于战士贵族，正是那些人建造了早期迈锡尼的竖穴墓（Shaft Grave），内有他们的黄金死亡面具以及镶嵌在武器上的男性战士和狩猎团体场景。[150]

在战士团体领袖及其狩猎随从这样的制度基础之上，很快新增了主要借鉴自克里特宫殿的宫廷华服，以及被用于书写希腊语行政文件的字母系统（线形文字 B）。对线形文字 B 刻板的分析显示，少量文官承担了大部分行政工作，亲自检视谷物和牲畜、收税、向工匠分配原材料并配备节日供给。这些都是相当有限且小规模的，[151]而一个迈锡尼"瓦纳科斯"（wanax，统治者或领主）在自己的城堡之外几乎无法行使任何真正的主权，只能对周围人群开展季节性的征税掠夺，而完全无法监管他们的生活。[152]

这些迈锡尼文明的领主在中央大厅（megaron）主持朝政，对此，在皮洛斯有个保存完好的例子。早期考古学家将之想象为荷马时代的国王涅斯托耳（Nestor）的宫殿，这多少有点异想天开，但毫无疑问，荷马时代的国王在这里会有宾至如归的感觉。中央大厅的中心是一个巨大的火塘，上方露天；剩余的空间，包括王座在内，几乎都笼罩在阴影之中。墙面的壁画中画着一头被牵向屠夫的公牛，还画着一个演奏里拉琴的游吟诗人。"瓦纳科斯"尽管不在画面上，但显然是这些游行场景的焦点，游行队伍都朝着他的王座汇拢而来。[153]

我们可以将之对比克里特岛克诺索斯的"王座室"（Throne Room，来自阿瑟·埃文斯的认定）。在这里，据称的王座面向一片开放空间，周围环绕着石条凳，一排排对称排列，以便集会人群能够长时间舒适就座且彼此看见。旁边是一个由台阶步入的洗浴室。在米诺斯房屋和宫殿中有很多这样的"净化池"（lustral basin，埃文斯如此称呼）。几十年来，考古学家们对它们的功能困惑不已，直到在阿克罗提利的一幅很可能与月经有关的女性成年礼壁画场景之下发现了这样一个池子。[154] 事实上，若单从建筑上看，而不考虑埃文斯对它"似乎更适用于男性"的固执己见，王座室的中心宝座也完全可以被合理理解为并非男性君主之位，而是议会议长之位，供一任又一任的女性议员落座。

几乎所有来自米诺斯克里特的既有证据都指向一个女性政治统治体制，实际上是某种神权政治，由一群女祭司执掌。我们不禁要问：为什么当今的研究者对这个结论如此抵触？不能把一切都怪罪于"原始母权制"鼓吹者在1902年的夸张主张。不错，学者们倾向于认为被女祭司团体统治的城市在民族志和历史记录中都前所未有。但是用同样的逻辑我们也可以指出，一个所有视觉呈现中的权威人物都是女性，却由男性统治的王国，同样史无前例。克里特岛上显然有着不同凡响的过往。

毫无疑问，米诺斯艺术家表现生活的方式证实了他们与希腊本土的邻居在情感表达上的深刻差异。在一篇名为《米诺斯欲望的形态》("The Shapes of Minoan Desire"）的文章中，杰克·登普西（Jack Dempsey）指出，情欲的关注点似乎从女性身体转移到了生活的方方面面，首先就是身体柔韧、近乎赤裸的年轻男性人物，他们在他们逗弄的公牛身上跳上跳下，或是在体育运动中回旋转体，另外还有拿着鱼的裸体男孩。这是一个完全不同的世界，不同于皮洛斯的壁画或者奇姆利里姆的宫殿中那些僵硬的动物形象，更不同于后来亚述墙面浮雕中的血腥战争场面。在米诺斯壁画中，万物混融——除了轮廓勾画清晰的女性首领形象，她们彼此分立或是聚作小群体，愉快地相互交谈或观览盛景。花草、飞鸟、蜜蜂、海豚甚至山峰都像是陷入了永恒的舞蹈，相互交缠又分离。

米诺斯器物也相互交融，显示出对材料的熟练掌控，堪称一门真正的"具体的科学"。人们把陶器做得薄如蛋壳，把石头、金属和陶土融为一体并塑成各种各样的形象，彼此呼应。

所有这一切都在大海起伏的节律中展开，大海是这片生命花园的永恒背景。显而易见，这里缺乏我们所理解的"政治"，或者说，没有登普西所谓的"永恒不灭、渴慕权力的自我意识"。正如他雄辩地指出的，这些场景弘扬的恰恰是政治的反面：是"仪式诱发的个性释放，是一种公然兼具情欲性和精神性的存在之狂喜［忘我（*ek-stasis*），'站在自我之外'］——一种既孕育又无视个体的宇宙，随着水乳交融的性欲能量和精神顿悟而震颤"。在米诺斯艺术中没有英雄，只有玩乐者。宫殿社会的克里特岛就是游戏人（*Home luden*）的世界，或者更确切地说，是游戏女性（*Femina luden*）的世界，当然也是权力女性（*Femina poten*）的世界。[155]

简要总结一下本章讲了些什么。通常被称为"国家形成"的过程事实上意味着不计其数千差万别的事物。它可以意味着一场荣誉游戏或机会游戏（game of chance）步入了歧途，或是一种享祀死者的特殊仪式不可救药的发展；可以意味着流水线式的屠杀，男性挪用女性知识，或是女祭司团体的统治。但是，我们也知道，在更细致的研究和比较之下，可能性的范围远不是无限的。

事实上，权力扩大自身施展空间的各种方式似乎都受到逻辑和历史的约束，这些约束条件是我们提出的"三原则"——主权、行政和竞争性政治——的基础。尽管如此，我们也能看到，就算在这些约束下，实际发生的有趣之事也远远多过我们固守任何"国家"的传统定义所能猜测到的。在米诺斯的宫殿真正发生了什么？这些宫殿在某种意义上像是剧场舞台，又像是女性会社，同时还是行政中枢。这究竟是不是一种支配政权都还存疑。

同样须谨记，我们所使用的证据本质上是极为失衡的。如果不是米诺斯克里特、特奥蒂瓦坎甚至加泰土丘的精美壁画碰巧完好保存了下来，我们又会对它们做何论断呢？相较于其他人类活动形式，任何文化中的人似乎都更青睐在墙上作画，自人类诞生起就如此。毋庸置疑，在大量所谓"早期国家"中，类似的图像除了被直接画到墙上，也会被画在皮肤或织物上，然而能够幸存至今的只有石质建筑或泥砖围墙。

借助新科技的攻势，考古学无疑会披露更多这种"失落的文明"，而它已经在这样做了：从沙特阿拉伯或秘鲁的沙漠，到一度看似空空如也的哈萨克斯坦草原和亚马孙热带雨林。随着证据年复一年不断累积，对于前所未知的区域中的那些大型聚落和宏大建筑，我们也将更加明智，不再把现代民族国家的形象投射向它们光秃秃的表面，而是琢磨它们有可能证明了什么其他的社会可能性。

第十一章

回到起点

论原住民批评的历史根基

本书开篇讲述了温达特政治家坎迪亚洪克和17世纪北美原住民对欧洲文明的批判，行文至此，我们似乎与之渐行渐远。是时候回到故事的起点了。回顾一下，在18世纪，原住民批判及其对金钱、信仰、世袭权力、妇女权益和个人自由的深刻发问，极大影响了法国启蒙运动中的领军人物，却也引发欧洲思想家的激烈反弹，产生了一套人类历史的进化论，至今在许多人心中仍牢不可破。这套理论框架以物质进步的叙事来描绘历史，从而把原住民批判者摇身变成了天真无邪的大自然的孩子，他们对于自由的看法不过是未开化的生活方式的副产品，不可能对现代社会思想构成严肃挑战（所谓现代社会思想又日益局限于欧洲思想）。[1]

事实上，我们并没有偏离这一出发点，因为贯穿全书，我们所挑战的有关狩猎-采集社会、农耕的后果、城市和国家的出现等的传统观念，其思想起源正在于此：在于杜尔哥和斯密的学说，在于对原住民批判的反抗。当然了，人类社会随时间的推移而演进的这种观念，无论对18世纪还是对欧洲来说都不算特别。[2] 18世纪的欧洲作家在世界史观上的创新之处，在于坚持以生计方式来划分社会类型（所以农业才会被当作人类历史的重大突破）；在于假定随着规模变大，社会必然会变得更加复杂；而所谓"复杂"不仅意味着职能的进一步分化，还意味着人类社会要按照等级排列来重新组织，接受自上而下的统治。

这一股欧洲逆流可谓影响深远，之后一代代的哲学家、历史学家、社会科学家和几乎所有希望从宏观上讲述人类历程的人，都很清楚这个故事该从何处开始，又通往何处。人类历史始于假想中的一系列狩猎-采集小游群，而终点则是当前的一系列资本主义民族国家（或是关于此后会发生什么的一些预测）；其间发生的任何事情如果被认为有些意思，那主要是因为它推动了社会沿着那条既定路线前进。正如我们在本书中所揭示的，这套叙事的一大后果就是海量的人类过往消失在历史的视野中，或始终不为人所见（除了极少数研究人员看得到，然而他们很少向彼此解释自己的发现意味着什么，遑论向其他人透露了）。

从20世纪80年代以来，社会理论家们总是老生常谈地主张我们生活在一个新的"后现代"时代，其标志是一种对元叙事的质疑。这种主张常常被用来为一种"超专业化"（hyper-specialization）辩护：谁要是想扩大自己的知识涉猎，甚至是和其他领域的同行交流意见，都有把单一的帝国主义史观强加于人之嫌。正缘于此，"进步观"常被树立为典型，代表着我们已经抛弃的关于历史和社会的旧观念。但这类主张的奇怪之处在于，几乎每一个这样讲的人依然在从进化论的角度思考问题。我们不妨再挑明些：思想家们希望能将专家们的发现编织起来，描绘出人类历史进程的宏大画卷，但他们并未完全摆脱伊甸园、人类堕落和随之而来的不可避免的支配等圣经式理念。他们被人类社会如何演化的"如此这般"故事蒙蔽了双眼，对如今摆在面前的一多半事物视而不见。

结果就是，这群声称坚信自由、民主、女权的世界史讲述者，依然在把人类历史中相对自由、民主和保障妇女权益的时代当作"黑暗时代"。与之相似，正如我们所见，"文明"的概念很大程度上依然局限于以强横贵族、帝国征服和使用奴隶劳工为主要特征的社会。而当人们面对无可辩驳的规模巨大、物质生活复杂的社会，同时明显找不到证据证明这些社会具备上述特征时，例如特奥蒂瓦坎或克诺索斯这样的古代中心，他们典型的态度是双手一摊说：谁能知道当时真正发生了什么？或是坚持认为奥兹曼迪亚斯（Ozymandias）*的王座室一定就藏在某个角落，只不过还没有被发现而已。

---

* 出自雪莱的诗歌，奥兹曼迪亚斯即埃及法老拉美西斯二世，这里泛指暴君或者君王。——译者注

考察詹姆斯·斯科特对过去5 000年的论断，并思索如今的全球制度安排是否真的不可避免

你可能要反对了：人类历史的大部分阶段或许是比我们通常承认的更加复杂曲折，但重要的是历史如何收场。至少最近2 000年以来，世界上绝大多数人口都生活在这样那样的国王或皇帝的统治之下。即便在不存在君主制的地方，例如非洲或大洋洲的大部分地区，我们也能发现普遍存在的（至少有）父权制，以及经常存在的其他形式的暴力支配。这些机制一旦建立就很难摆脱。所以你可能会抗议：你们说了这么多，意思无非是这些历史上必然发生之事迟到了而已。这并不影响它们不可避免的性质。

与此类似的还有农业。你可能会这样反对：不错，农业或许不会在一夜之间改变一切，但不正是农业为后来的支配系统奠定了基础吗？这不就是个时间早晚的问题吗？使人们有了大量囤积剩余粮食的可能，这不就是一种事实上的陷阱吗？迟早会出现一个类似埃及的纳尔迈一世这样的战士-王公，开始屯粮屯兵，这不是必然的吗？一旦有人开始这样做，就没有回头路了。彼此争雄的王国和帝国会风起云涌地出现。其中一些会以各种方式扩张；它们会强令自己的子民生产更多粮食，子民的数量也会与日俱增，尽管余下的自由民的数量会趋于稳定。总有一天，其中一个王国（或者如历史所示，是好几个王国的小联盟）找到了征服世界之道，即枪炮、病菌和钢铁的正确组合，从而将自身的制度强加于四海之内，这不也是迟早的事情吗？

詹姆斯·斯科特（James C. Scott），一位著名的政治科学家，毕生致力于理解人类历史上国家所扮演的角色（以及那些成功避开国家的案例），他对于农业陷阱的描述非常精彩。他指出，新石器时代始于洪涝农业，人们可以轻松收获，也乐于分享。当时人口最密集的地方也的确集中在三角洲环境；但是中东（他的主要关注地区，此外还有中国）最早的国家出现于河流上游，那里高度重视包括小麦、大麦、粟米在内的谷物种植，其他主食则非常有限。斯科特解释称，谷物之所以重要，

关键在于其好储存、可运输、容易分割并可以按体积计量，因此是理想的课税税基。不同于某些块茎以及豆类作物，谷物生长在地面之上，因此粮田格外显眼，也便于侵占。谷物种植并没有直接导致税收国家（extractive state）的出现，但显然为其铺平了财税之路。[3]

和货币一样，谷物也带来了一定程度上类似的恶果。无论出于什么原因，当某一种谷物成了一个地方最主要的作物（如我们在埃及的例子中所见，这与祭奠亡灵的仪式的改变有很大关系），这种情况一旦出现，总会造就一个稳定的王国。不过，斯科特也指出，在大部分历史中，对于这些新成立的"谷物国家"（grain state）而言，这个进程无异于陷阱，让这些国家囿于精耕细作的土地，基本无力控制周边的山地、沼泽、泥地。[4] 不仅如此，即便在国境之内，这些以谷物为基础的王国依然是脆弱的，往往会因为人口膨胀、生态破坏或是瘟疫流行而崩溃。当太多的人、家畜和寄生虫在一个地方繁衍时，瘟疫似乎总是无法避免。

不过，斯科特的终极关注点其实完全不是国家，而是所谓的"蛮族"——斯科特用这个词来形容在威权官僚统治的孤岛周边的那些人群，他们很大程度上与官僚社会保持着共生关系：时而掠夺，时而贸易，时而断绝往来。在讨论东南亚的山民时，斯科特指出，有些"蛮族"实际上成了无政府主义者：他们组织生活的方式和山下河谷社会的截然相反，甚至会刻意防止自身社会出现阶层分化。如我们所见，这种有意识的拒斥官僚主义价值观——又一例文化上的分裂演化——还可能催生所谓的"英雄社会"，即一群你争我夺的小领主，其声望主要基于在战争、宴请、自夸、决斗、比赛、礼物和献祭方面的激烈竞争。君主制本身可能正是这样，萌生于城市官僚体系的边缘地带。

说回斯科特：蛮族君主国要么始终维持在小规模，要么，当它们真的开始扩张，就像在阿拉里克、阿提拉、成吉思汗或帖木儿等风云人物的率领下发生的，这种扩张总是短暂的。在历史上大部分时间，谷物国家和蛮族是一对"黑暗双生子"，两者在无解的紧张关系中僵持不下，因为两者均无法突破自己的生态位。当谷物国家占上风时，奴隶和雇佣兵会源源不断地流向这边；当蛮族占优势时，贡品又会流向那边以安抚最具威胁的军事首领；而有时候，某个最高首领会成功建立起有效的联盟从而攻城略地，或是将城市夷为平地，或更典型的是尝试统治它们，这样一来，首领及其手下就会不可避免地被同化为一个新的统治阶级。正如一句蒙古人的格言所说：可以从马背上得天下，不可从马背上治理它。*

不过斯科特并没有得出任何明确的结论。他只是指出，从公元前3000年到公元1600年这段时间，对于世界上大部分农民来说都相当悲惨，却是蛮族的黄金时代。他们利用毗邻王国和帝国的优势捞足了一切好处（例如掳掠、洗劫奢侈品），同时自己过着相当轻松的生活。而且通常，那些受压迫之人当中至少有一部分会加入蛮族阵营。他指出，在历史上大多数时间，叛乱看起来往往就是这样发生的：农民叛逃并加入附近蛮族的行列。换我们自己的话说，这些农业王国很大程度上废除了不听令于人的自由，却很难废除迁离的自由。帝国总是昙花一现，非凡而短命，即便强大如罗马、汉朝、明朝和印加，也无法阻止大规模的人口在其领土上迁入迁出。直到500年之前，世界上依然有大量人要么能逍遥于税吏的辖区之外，要么有相对直接的手段摆脱课税。[5]

可到了21世纪，情况显然已今非昔比。有哪里出了严重的问题，至少从蛮族的角度看来如此。我们不再生活于那个世界。但仅仅是认识到那个世界存在了如此之久，就足以让我们提出一个更重要的问题。我们今日的政府形态，那种对领土主权、高强度行政管理和竞争性政治的特定结合，当真是不可避免的吗？真的是人类历史点滴积累而致的吗？

我们之所以质疑进化论，是因为这个理论将社会内部彼此的共生关系抽离出来，将其重新组织成了人类历史发展的不同阶段。到了19世纪晚期，杜尔哥和其他人所提出的最初的发展阶段论，即狩猎到放牧，继而到农业，最终是工业文明，显然已经行不通了。可在同一时间，达尔

---

* 此处指的应该是元世祖忽必烈的重要汉人谋臣刘秉忠的谏言："以马上取天下，不可以马上治。"（《元史·刘秉忠传》）——编者注

文著作的出版使得进化论根深蒂固，成为研究历史的唯一科学办法，至少是大学中唯一信任的理论。因此，人们只能继续探索更可行的范畴。1877年，路易斯·亨利·摩尔根在他的著作《古代社会》中提出了从"蒙昧状态"经过"野蛮时代"到"文明"的一系列发展步骤，这一理论在新兴的人类学理论中被广泛接纳。与此同时，马克思主义者聚焦于支配的各种形态，提出了从原始共产主义社会到奴隶制、封建制、资本主义，而后进入社会主义（还有共产主义）的理论。随着时间的推移，学者们逐渐感到这些既有的理论并不够用，有待进一步完善。

从20世纪50年代开始，新进化论尝试提出一种新的发展阶段观点，即社会发展阶段取决于人类族群从自然中收集能量的效率。[6]正如我们所见，如今基本已经没有人全盘接受这种社会进化论了。的确，已经有连篇累牍的著作来解决进化论的问题，或指出这一逻辑的种种例外。如今面对社会进化论框架，大部分人类学家或考古学家的反应都会是：我们早已"超越"并"推进"了。但如果说我们的研究领域已经向前推进了，研究者们却并没有提出任何替代性框架，其结果就是，任何不是人类学家或者考古学家的人，如果尝试从宏观上思考和书写世界历史，就总会落入旧有框架的窠臼中。因此，有必要对旧有框架所提出的基本发展阶段进行总结：

游群社会

最简单的阶段仍然被认为是由类似昆人和哈扎人这样的觅食者构成的。他们生活在20到40人的高流动性小群体里，没有任何正式的政治角色，也没有起码的劳动分工。这样的社会实际上被默认为是人人平等的。

部落

像努尔人、达雅克人（Dayak）或者卡雅布人（Kayapo）这样的社会。部落民一般被认为是"园耕者"，也就是说他们会农作，但没有创造出灌溉系统，也不会使用犁这样的重型农具；他们是人人平等的，至少在同一年龄层和同性别的人群中如此；他们的领袖只有非正式的权力，或者说，至少没有强制性的权力。"部落"的组织方式，通常是人类学家钟爱的复杂宗族或图腾氏族群体。经济上的中心角色是所谓的"大人物"（big man），这在美拉尼西亚最为典型。"大人物"负责召集志愿贡献者来组织仪式和盛宴。仪式和工艺的专业程度都很有限，一般都是兼职从事；部落的人数比游群要多，但论及聚落规模及重要性，则与游群基本相同。

酋邦

如果说在部落社会中，所有氏族本质上都平等的话，在酋邦中，亲属制度就成了等级体系的基础，分化出了贵族、平民甚至还有奴隶。希鲁克人、纳奇兹人以及卡卢萨人一般被认为是酋邦；同样，例如波利尼西亚各王国或古代高卢的领主也是如此。生产的密集化导致大量剩余出现，全职的工匠和仪式专家阶级也出现了，更不用说酋长式家族。聚落至少有了两个不同等级（酋长的住所和其他人的住所），而酋长的主要经济职能是再分配：集中资源，往往使用强力，然后分发给所有人，通常是在盛宴上进行分配。

国家

如我们之前所讲述的，国家的特征是密集的谷物农业、对强力的合法垄断、职业化的行政管理和复杂的劳动分工。

如同许多20世纪的人类学家当时就指出的那样，这个框架根本行不通。实际上，"大人物"似乎专属于美拉尼西亚。杰罗尼莫（Geronimo）或者"坐牛"（Sitting Bull）这类所谓的"印第安酋长"实际上是部落头人，他们的职责和巴布亚新几内亚的"大人物"截然不同。我们之前已经指出，在新进化论模型中被认定为"酋长"的人中，大部分都极其类似于我们一般所认为的"国王"，他们可能也住在有防御措施的城堡之中，穿着貂皮长袍，养着宫廷小丑，有数以百计的妃嫔和后宫宦官。不过，他们很少参与大宗物资的再分配，至少不会系统参与。

面对这样的批评，进化论学者们并没有改弦更张，而是对理论进行了微调。他们辩解说，或许酋邦是比预想的更加横征暴敛，但它和国家依然有根本上的不同。更何况酋邦还能再进一步细分为"简单的"及"复杂的"两种类型：对于前者而言，酋长就只不过是一个被美化的大人物，依然要和其他人一样工作，只有极少数行政助手；在复杂酋邦中，则有至少两级行政人员为他奔走，从而形成真正的阶级结构。此外，酋邦还会"循环演进"，也就是说，简单酋邦的霸主们，通常会有条不紊地不断征服或招降当地的敌对势力来一统山河，建立起小小的帝国，使得自己的社会迅速升级至下一个更复杂的阶段（以三级行政等级制度为特征），甚至会建立国家。个别野心勃勃的酋长能爬上顶端，其余大部分都失败了；或是因为触到了生态或社会的极限，或是因为人民不堪忍受；整个草草搭建的机制土崩瓦解，留待其他跃跃欲试的王者再去争夺天下，或至少去征服他们认为值得征服的地盘。

在学术圈里，有关如何使用此类框架，存在一种奇怪的分裂。大部分文化人类学家认为这种进化论思维是一种学科史上的古老遗存，如今没人会把它当真；大部分考古学家使用"部落""酋邦""国家"这些术语，也是因为找不到更合适的替代说法。可除了这两类人，绝大部分其他人都会将此类框架当作不证自明的基础，由此展开一切更深入的探讨。在这整本书中，我们已经花了大量篇幅揭示这有多么误导人。可不管人们多少次指出其自相矛盾之处，这样的理论依然屹立不倒，原因就在于我们太难想象非目的论的历史，也就是说，以另一种方式编排历史，并不指向当前的制度安排是不可避免的。

正如我们已指出的，活在历史之中的一大困扰在于我们几乎没有办法预测未来事件的走向；然而，一旦事件已经发生，则根本无从得知"本可以"发生什么别的事情。一个合适的历史事件或许要满足两个特质：不能被事先预测，且只会发生一次。你不可能让高加米拉战役（Battle of Gaugamela）再打一次，看看如果赢家是大流士会发生什么。推测原本还可能发生什么，比方说，万一亚历山大被流矢命中，而埃及托勒密王朝和叙利亚塞琉古王朝从未存在，事情会是怎样？这充其量是闲来无事的游戏。它还会引发更深层的问题：一个人究竟能够在多大程度上影响历史？但无论如何，这些问题永远找不到确切的答案。

当面对波斯帝国或希腊化帝国这类独一无二的历史事件或格局时，我们最好的办法是做比较研究。这至少能让我们对**可能**发生的事情有点概念，理想情况下还能对事件发生先后的规律有所把握。问题在于，自从伊比利亚人开始入侵美洲，随后欧洲人建立起殖民帝国，我们甚至无从比较了，因为世界上只剩下一个政治经济体系，而它是全球化的。比如说，如果我们想要评估现代民族国家、工业资本主义和疯人院的扩张这三者究竟是必然相关，还是各自独立发展的现象碰巧在世界上某个地方结合了起来，我们根本找不到判断的基础。[7]三者都出现在同一个时代，彼时的地球已经形成了一个单一的全球体系，而我们也找不到其他行星可供比较。

很多人会辩称，这不只是现在的情况，而是人类历史大部分时间中的情况。亚欧大陆和非洲早已形成了一个内在互联的单一系统。的确，人、物和思想沿着印度洋航线和丝绸之路（或是它们在青铜和铁器时代的先声）来回流动；其结果就是，综观整个亚欧大陆，戏剧性的政治和经济变化往往在各地同时发生，仿佛有默契一般。举一个著名的例子：近一个世纪前，德国哲学家卡尔·雅斯贝尔斯（Karl Jaspers）指出，在公元前8世纪到公元前3世纪之间，我们今日所知的所有主要的思辨哲学流派似乎同时从希腊、印度和中国彼此独立地萌发；更有甚者，它们所出现的城市，正是铸币刚刚被发明并开始流通的地方。雅斯贝尔斯称之为轴心时代（Axial Age），这个术语后经其他人扩展，囊括进了今日世界上所有主要宗教诞生的时期，即从波斯先知琐罗亚斯德现身（约公元前8世纪）到伊斯兰教的来临（约公元6世纪）。雅斯贝尔斯所说的轴心时代的核心阶段，包含了毕达哥拉斯、佛陀和孔子生活的时代，不仅对应着金属铸币和新的思辨形式的出现，也对应着奴隶制在亚欧大陆的传播——甚至传播到了此前基本不存在此类制度的地方；此外，随着一系列轴心时代帝国的相继崩溃（即孔雀帝国、汉帝国、帕提亚帝国、罗马帝国）,奴隶制度和盛极一时的货币体系也最终走向衰落。[8] 显然,我们不能说亚欧大陆是铁板一块,并因此认为比较亚欧大陆不同地方的历史进程毫无意义。同样,我们也不能把这样的模式归结为人类历史发展的普遍特征。它们可能只是发生在亚欧大陆而已。

就这方面而言,非洲、大洋洲或西北欧的大部分地区极大依附于这一时期的大帝国,特别是在公元前5世纪或更早,当印度洋和地中海周边的海洋和陆地商路会合之后,这使得我们很难判断这些地区是不是可供比较的独立区域。唯一真正的例外是美洲。需要承认,即便在1492年之前,东西半球之间也一定存在着些许往来（否则美洲大陆上就不会有任何人类居住）；可在伊比利亚人的征服之前,美洲和亚欧大陆并不存在直接的常态化交流。美洲人完全不属于同一个"世界体系"。这很重要,因为这意味着我们有了一个真正独立的参照点（甚至可能是两个,如果我们分别看待南北美洲）,基于此,我们才有可能发问：历史真的只能朝着某个特定的方向发展吗？

对于美洲,我们实际上可以提出这样的问题：君主制成为世界范围内主导的治理形式是不可避免的吗？谷物农业当真是一个陷阱吗,真的可以说一旦社会开始足够广泛地种植小麦、稻或者玉米,那么迟早会出现某个雄心勃勃的霸主来占领谷仓并建立以官僚行政化暴力为基础的政权吗？即便他这么做了,别人就一定会依样效法吗？至少,通过研究前哥伦布时代的北美洲历史,对所有这些问题的答案只有一个简单响亮的"不"。

事实上,尽管北美洲的考古学家们使用"游群""部落""酋邦""国家"这套语词,那里历史的实情却挑战了所有这些假设。如前所见,在北美洲大陆的西部,在欧洲人入侵前的几个世纪里,人们可以说一直在逃避农业；而大平原社会似乎常常在一年之中变来变去,有时候是游群,有时候是和我们所认为的国家有相似之处的社会形态,也就是说,在我们所假定的社会进化的起点和终端之间切换。更让人震惊的是发生在北美洲大陆东部的情况。

大约从1050年到1350年,在今天的东圣路易斯所在地曾有过一个城市，其本名已经被遗忘，但史学界称之为卡霍基亚。[9]这个城市似乎曾是一个会被詹姆斯·斯科特认定为典型的萌芽中的"谷物国家"的都城，仿佛无中生有似的拔地而起，和宋朝统治中国与阿拔斯王朝统治伊拉克同期。卡霍基亚巅峰时期的人口达到了约1.5万，后来突然瓦解。无论卡霍基亚在其人民眼中是什么形象，最终它都被绝大多数人民一致而决绝地放弃了。在城市衰落之后的几个世纪里，其遗址及周边数百公里的河谷都荒无人烟，成了一个"无人区"[很像皮埃尔·布尔（Pierre Boulle）在《人猿星球》中描写的禁区]，一个充满废墟和痛苦回忆之地。[10]

卡霍基亚的后继王国从其南面涌现，随后也都和它一样崩溃了。等到欧洲人抵达北美洲东部沿海地区时，后来人称的"密西西比文明"已经成为一个遥远的回忆；卡霍基亚臣民及其邻居的后代们似乎重新组建起城邦规模的部落共和国，小心维持着与周边自然环境的平衡。究竟发生了什么？卡霍基亚和其他密西西比城市的统治者们究竟是被大众起义推翻，被大规模叛逃削弱，还是因生态灾难而遭殃，抑或（更有可能）是毁于三者的某种错综复杂的共同作用？或许有一天，考古学会给我们更确切的答案。在水落石出之前，我们可以有信心地说，从16世纪开始与欧洲入侵者打交道的北美洲社会，正是许多个世纪的政治冲突和自觉辩论的产物。在很多案例中，这些社会都把有能力参与自觉的政治辩论视作最高价值之一。

抛开这一历史大背景，我们就不可能理解坎迪亚洪克这样的人物对个人自由的执着和批判性的理性思维。这也是我们打算在本章剩余部分揭示的。尽管大量后世欧洲作家乐于将这些北美洲原住民想象成纯真无邪的自然之子，但他们其实拥有自己悠久的思想和政治传统。正是这样的传统引领他们走上了和欧陆哲学家完全不同的道路，并且可以说最终深刻影响了自由和平等的概念，不仅对于欧洲，也对于世界其他地方。

当然了，我们受的教育使我们认为这类主张根本不可能，甚至近乎无稽之谈。正如我们在杜尔哥的案例中所见，我们今天所知的进化论之所以被创造出来，很大程度上就是为了巩固这种轻蔑态度，让它们显得

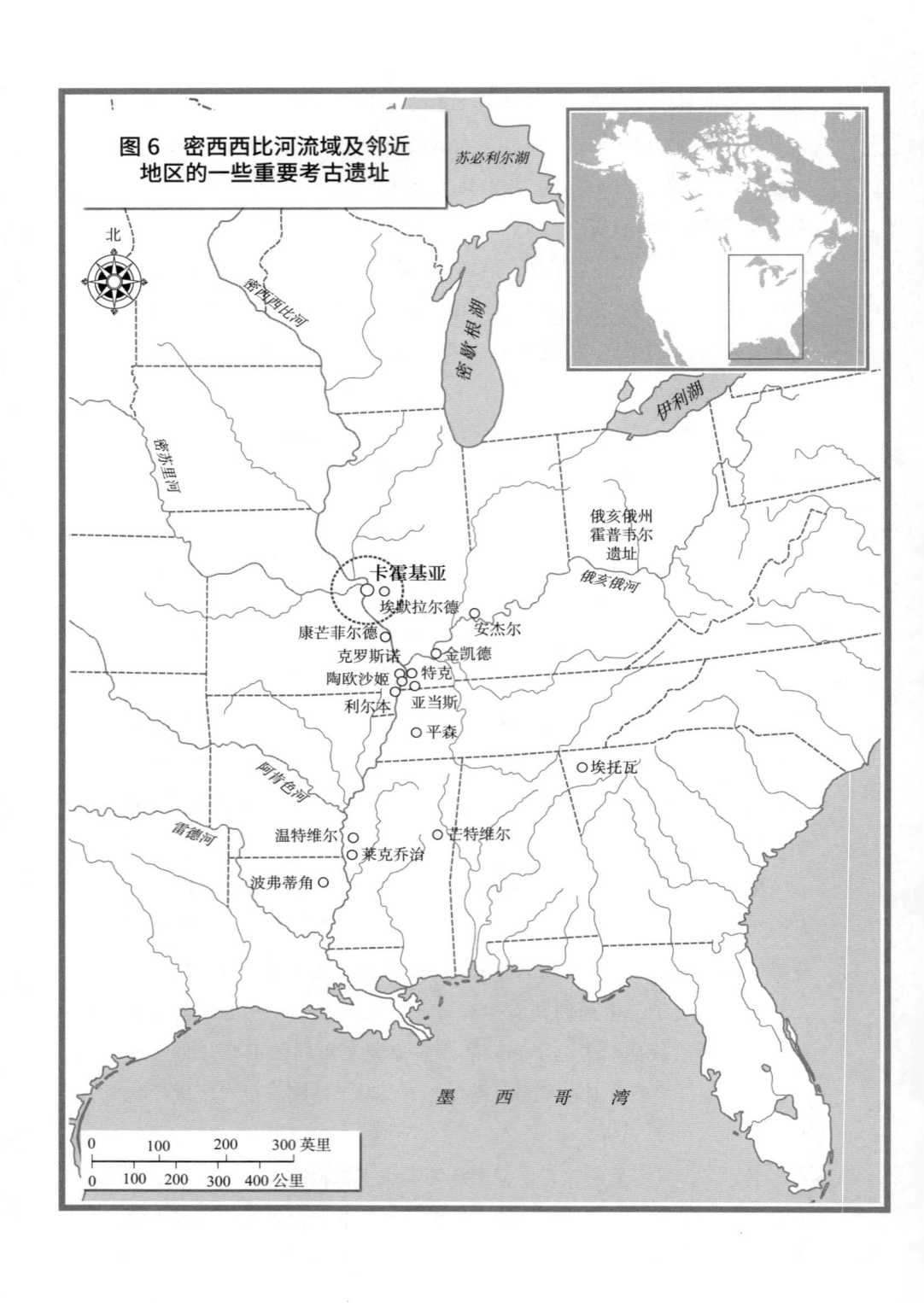

图6 密西西比河流域及邻近地区的一些重要考古遗址

北

苏必利尔湖
密歇根湖
伊利湖
密西西比河
密苏里河
俄亥俄州霍普韦尔遗址
俄亥俄河
卡霍基亚
埃默拉尔德
康芒菲尔德
安杰尔
克罗斯诺
金凯德
陶欧沙姬
特克
利尔本
亚当斯
平森
埃托瓦
阿肯色河
雷德河
温特维尔
芒特维尔
莱克乔治
波弗蒂角

墨西哥湾

0   100   200   300 英里
0 100 200 300 400 公里

自然而然或显而易见。想象中的北美洲原住民不是生活在不同的时空，就是某种人类历史更早期阶段的遗存，若非如此，那就是生活在一个完全不同的现实中（"本体论"是如今大行其道的相关术语），一种与我们的观念体系截然不同的神话式观念体系。这种理论还假定，任何能够产生普罗提诺（Plotinus）、商羯罗（Shankara）和庄子之类人物的思想传统，必定拥有可供知识积累的书写传统。而由于北美洲文明没有产生书写传统，至少没有那种我们普遍认可的书写传统，[11]因而它产生的所有知识，不管是政治的还是其他方面的，都必然是另类的。我们在当中可能看到的任何论辩或立场，只要与我们自身的思想传统有相仿之处，通常都被简单贬作某种对西方范畴的天真投射。这种背景下，真正的对话是不可能的。

或许驳斥这种观点的最直接办法就是引用一段文献，其中描写了温达特人（休伦人）的一个被称为Ondinnonk的概念，即梦境展露出的灵魂的隐秘欲望：

> 休伦人相信我们的灵魂有着其他的欲望，这些欲望与生俱来，深藏不露……他们相信灵魂通过梦境来传达这些天生的欲望，梦是灵魂的语言。因此，当这些欲望得到满足，灵魂就满意了；相反，如果欲望没有被满足，灵魂就会愤怒起来，不仅不会带给身体它想要的好处和幸福，往往还会反抗身体，造成各种疾病，甚至死亡。[12]

作者进一步解释，在梦境中，隐秘的欲望通过间接和象征性的语言来传达，很令人费解，因此温达特人花费了大量时间来破译彼此的梦境，或寻求专家帮助。

这些描述看起来很像弗洛伊德理论拙劣而古怪的投射，但要知道，这个文本是1649年由一位身份确凿的神父拉格诺（Ragueneau）在《耶稣会报道》中写下的；整整250年之后，弗洛伊德的《梦的解析》第一版才出版（1899年），该事件与爱因斯坦的相对论一样，被普遍视为20世纪思想的奠基性事件。不仅如此，拉格诺的记录并非唯一的信息来源。还有许多尝试让其他讲易洛魁语的族群皈依基督教的传教士也汇报了类似的理论，并斥之为荒唐和明显错谬的（不过根据他们的结论，倒算不上邪恶），他们尝试驳斥这理论，好让他们的对话者转而信仰《圣经》箴言。

这是否意味着坎迪亚洪克成长的社区充满了弗洛伊德式人物呢？那也未必。易洛魁式实践和弗洛伊德的精神分析有很大不同，最显著的是他们采用集体疗法。"解梦"常常由群体共同完成，而要实现做梦者的欲望，不管是事实上的还是象征性的，可能需要动员起整个社区：拉格诺记录到，在冬天里，一个温达特村庄常会举办集体宴会和戏剧，就是为了实现某些重要人物的梦境。虑及此，如果还有人认为这些思想传统比我们自己的低等或与我们的完全不相容，那就太不明智了。

温达特人和长屋联盟之所以显得与众不同，一大原因在于他们的传统得到了翔实的记录：许多其他社会在有机会留下这样的书面记录之前就已经被完全摧毁，或者只剩下少数饱受创伤的幸存者。我们只能想象还有哪些思想传统就这样永远地失落了。所以，在本章余下的部分，我们正是要在这样的视角下考察大约公元200年到1600年之间北美洲东部林地的历史。我们的目标是去理解原住民批判欧洲文明的本土根源，及其与卡霍基亚以降的历史乃至更久远的历史之间盘根错节的渊源。

探问北美洲有多少地区形成了一个统一的氏族体系，并探讨"霍普韦尔交互作用圈"的角色

让我们从一个疑团开始。我们此前曾提及，整个"龟岛"（原住民对北美洲大陆的称呼）各处都能发现一些共通的氏族名称。虽有无数地方性差异，但也存在稳定的联盟关系，能够让一个来自熊、狼或者鹰氏族的旅行者从今天的佐治亚州出发，一路旅行到安大略省或者亚利桑那州，途中不管在哪里停留，几乎都能找到人接待。考虑到北美洲各地讲着属于6种毫不相关语族的数百种语言，这就显得更加了不起了。这种氏族系统不太可能是人们当初完完整整地从西伯利亚带来美洲的，而更有可

能是在更晚近的时期发展起来的。疑团在于，这些地方相隔遥远，很难想象这一切究竟是如何发生的。

研究易洛魁人的老前辈伊丽莎白·图克（Elizabeth Tooker）早在20世纪70年代就曾指出，这个疑团中最令人不解之处在于，根本无法确定北美洲氏族是否应当被视为严格意义上的"亲属"团体。它们更像仪式社会，每个氏族都致力于维系与不同图腾动物的精神联系，而这样的动物通常只是他们象征意义上的"祖先"。的确，成员是按照继嗣关系（不管是父系还是母系）来组织的，同氏族成员视彼此为兄弟姐妹，不能婚配。可没有人记录族谱，因而也就没有祖先崇拜，没有建立在继嗣关系之上财产权；所有的氏族成员事实上是平等的。氏族甚至没有多少集体财产，除了某些形式的仪式知识、舞蹈和颂歌，一系列圣物，以及一堆可供选择的名字。

一般来说，一个氏族能够赋予新生儿的名字是有限的。有些名字属于酋长，但就像随身圣物一样很少直接传给后代；当某个名号的持有者死去后，其名号更可能传给最能继承他事业的人。此外，一个社区从不止一个氏族，而通常由众多氏族构成，一般会一分为二（或称半偶族），彼此竞争又互补，既在运动赛中互相比拼，又会替对方埋葬死者。其总体影响是从公共话语中抹去了个人历史：由于名字同时也是名号，就好比一半人的领袖总是叫作约翰·肯尼迪，而另一半人的领袖总是叫理查德·尼克松。混用名字和名号是北美洲独有的现象。在整个"龟岛"各处，大同小异的现象随处可见。可在世界上其他地方，我们却找不到类似的例子。

最后，图克也发现，氏族在外交中扮演了重要角色：不仅负责招待旅行者，还负责为外交使团组织仪式、缴纳赔偿金以预防战争，甚至要负责同化俘虏。俘虏会被分配一个名字，就这样成为新社区的一员，有时候甚至直接顶替了在同一场战斗中战死的本社区成员。这个系统似乎经过精心设计，旨在让个人或集体都最大限度地流动起来，或者说方便社会安排的重组。依据这些基本设定，可以创造出千变万化的可能性。可这套基本设定最开始又是怎么来的呢？图克推测，这可能是一个被人遗忘已久的"贸易帝国"的遗存，这个帝国可能最早由中墨西哥的商人们建立。可这一见解从未得到同行的认真对待，她的论文几乎无人引用。没有证据表明存在过这样的贸易帝国。

似乎更合理的假设是，一个仪式和外交体系理应起源于仪式和外交。佐证北美洲各地之间可能发展出了活跃联系的第一个确凿证据，是被考古学家称作"霍普韦尔交互作用圈"（Hopewell interaction sphere）的网络，其中心位于俄亥俄州的赛欧托（Scioto）和佩恩特克里克（Paint Creek）的河谷。在公元前100年至公元500年，加入这个网络的不同社区将珍宝存放于坟丘之下，堆积如山。这些宝物包括了石英-水晶材质的箭头，来自阿巴拉契亚山脉的云母和黑曜石，来自大湖区的铜和银，来自墨西哥湾的海螺和鲨鱼齿，来自落基山脉的灰熊白齿，还有陨铁、短吻鳄牙、梭鱼下颚等。[13] 大部分材料看起来都是用来制作仪式用器和华服的，包括包金属的管子和镜子。穿戴这些的人有萨满、祭司和一众小官员，他们隶属于一套复杂的组织架构，其确切性质已经很难明了了。

更让人吃惊的是，许多此类墓丘的附近都有巨大的土方工程，有些长达数公里。中俄亥俄河谷的居民们从考古学家口中的阿登纳时期（Adena period）伊始，也就是公元前1000年前后，就开始打造这些宏大工程。在北美洲历史中更早的"古风"时期也发现了土方工程。正如我们在波弗蒂角所见到的，设计这些建筑工程的人有能力进行相当复杂的天文测算，并且使用了精准的测量体系。很容易想象这样的人也能统领和部署数量极为庞大的劳动力，不过对于这一点还是谨慎为好。更近期的证据表明，建造土丘的传统在某些案例中可能不过是个副产品，核心工程其实是打造舞蹈广场或其他开阔平坦的空间，用于盛宴、比赛或集会。每一年，在一场大型的仪式举办之前，人们都会对这些空间进行清扫和平整，将清除的浮土和砾石堆积在同一个地方。过了几个世纪，便有堆积成山的土石可供塑形了。例如马斯科吉人（Muskogee）每年都会给这些人造小山覆盖上一层新的红色、黄色、黑色或白色的土壤。这项工作由轮流当值的官员来组织，并不需要自上而下的指挥结构。[14]

但是波弗蒂角和霍普韦尔的这类巨型土方建筑，则显然不属于这种情况。这些建筑并非慢慢堆积而成，而是预先就有规划。最宏大的工程几乎无一例外都位于河谷，一般都很靠近水体。这些建筑确确实实是从淤泥中崛起的。但凡在孩童时代玩过泥巴或沙子（应该所有人都玩过，包括古代的美洲印第安人），你就会知道，用这些材料筑造建筑很容易，但几乎无法阻止这些建筑在潮湿的地方垮塌或被冲走。这就需要真正高明的施工技术了。一个典型的霍普韦尔文化遗址是一个建筑群，依据数学规划混合排布了圆形、方形和八角形建筑，都是用泥土建成的。其中最大的建筑之一，位于俄亥俄州利金县的纽瓦克土方建筑（Newark Earthworks）显然是一个观月台，占地达到5平方公里，包括高达5米的围墙。想要建起如此坚固、一直到今天都屹立不倒的建筑，只有使用精巧的建筑技术，将土层与精心挑选的卵石和沙子层层交替垒砌。[15]第一次看到这样的建筑从沼泽中崛起，给人的感受就如同看到冰块在正午的阳光下不会融化一样，属于某种开天辟地的奇迹。

我们之前也说过，研究者们在计算建筑的数学参数时吃惊地发现，从古风时代开始，在美洲大部分地区出现的规则的土方工程，似乎都在运用同一套测量体系：基于一种将绳索排为等边三角形的方式。建造霍普韦尔土丘建筑群的人和材料来自四面八方，这一点不算出奇；但是考古学家们也发现，创造了霍普韦尔的"林地人"（Woodland peoples）所特有的几何体系，标志着与过去习俗的某种决裂：引入了不同的测量体系以及新的几何形状。[16]

中俄亥俄仅仅是中心。按照这种新的霍普韦尔几何体系而建设的土方工程遗址散布于密西西比河上下游流域。有一些规模类似于小城镇，通常包含会议厅、手工作坊、处理尸体的灵堂以及埋葬死者的地穴。有些可能配有驻地看守，但这一点并不完全确定。可以确定的是，在一年中的大部分时间里，这些地点可能是完全空置或者大半空置的。只有在特定的仪式场合，这些地方才会突然焕发生机，作为举办繁复仪式的剧场，在一两周内人潮涌动，人们从该地区的四面八方赶来，偶尔还有远方来客。

这是霍普韦尔的另一个谜团。这里曾具备建立一个经典的"谷物国家"（按照斯科特的理论）所需要的一切条件。霍普韦尔规模最大的中心区域坐落在赛欧托-佩恩特克里克的洼地，这里的土地极其肥沃，后来的欧洲定居者们甚至给这里起了个绰号叫作"埃及"；按理说这里至少有些居民会熟悉玉米种植。但他们似乎刻意地避免种植这种谷物，除了在少数情况下为仪式而少量种植。他们往往也会避开河谷洼地，宁愿散居在彼此隔绝且大都地势较高的宅地上。像这样的宅地上通常只有一个家庭，或充其量有三到四个。有时这些人数很少的团体会在夏季和冬季住所之间来回迁徙，混合从事狩猎、打鱼、采集，以及在小块园地上种植杂草般的本地作物：向日葵、假豚草、北藜麦、蔮蓄（knotweed）、藕草（maygrass），外加零星的蔬菜。[17]邻里之间想必经常打交道。他们似乎相处融洽，因为几乎不见战争或者有组织暴力的痕迹。[18]可他们从没有聚在一起创造任何稳定的村落或城镇生活。[19]

能建造像霍普韦尔土方工程这种规模的纪念性建筑，通常被认为意味着当地在酋长或宗教领袖阶层的统治下产生了大量农业剩余。可这里的情况却并非如此。我们只发现了"种着玩"的农业，和我们在第六章中的讨论很相似。我们也发现，萨满和工程师们虽然一生中绝大多数时间是和五六个伙伴共事，但会定期奔赴盛会，融入一个横跨北美洲大陆许多地区的庞大社会。这和我们后来所熟知的林地社会的一切截然不同，让我们很难去重构这种居住方式在实践中究竟意味着什么。不过，这一切至少表明，那种建立在从"游群"到"部落"到"酋邦"的演进之上的传统进化论术语，在此是多么不切实际。

那么霍普韦尔的社会究竟是怎样的呢？

我们可以确定的一件事是：霍普韦尔人在艺术上有极高造诣。他们尽管生活简朴，却创造出了前哥伦布时期美洲最精妙的图像艺术之一：有顶端雕有精美动物形象的烟斗（用来吸食各种劲大到足以致人恍惚的烟草，以及其他草药混剂）；有烧制的土罐，罐体上有精美纹样；还有用作胸甲的小片薄铜，被切割成相当复杂的几何形状。许多形象都让人联想到萨满法事、灵境追寻和灵魂之旅（如我们指出的，霍普韦尔人特别重视镜子），抑或是定期举办的亡灵节日。

对于安第斯山的查文德万塔尔，或者波弗蒂角也一样，社会影响力来自对神秘知识的掌控。而霍普韦尔交互作用圈缺乏明显的中心，没有首都，甚至没有查文文化中出现的那种固定的精英，不管是祭司还是其他类型的精英。对墓穴的发掘研究显示，霍普韦尔至少存在十几种不同体系的头衔，从主持葬礼的祭司到氏族酋长或占卜师。引人注目的是，发掘还揭示出了一套发达的氏族系统，因为中俄亥俄的古代居民们有一个习惯，就是在墓穴里埋葬本氏族图腾动物的身体部件，例如下颚、牙齿、兽爪和鸟爪，并且常将之制作成挂坠或者珠宝。这个习惯在历史上并不常见，但格外便于考古学家开展工作。后来最为人熟知的北美氏族，例如鹿、狼、马鹿、鹰、蛇等图腾氏族，在霍普韦尔就已经出现了。[20]最令人吃惊的事情在于，尽管衔职和氏族都各成体系，但两者之间似乎毫无关系。某些氏族可能在某些时候"拥有"某些职位，但几乎没有证据表明存在着有世袭等级的精英。[21]

有人认为，霍普韦尔的仪式主要包含英雄式的盛宴和对抗：比赛、游戏和赌博，有一点类似于后来美国东北部的亡灵仪式，在仪式结束时，人们通常会将大量珍宝埋藏在地下，仔细地一层一层覆以土和卵石，好让这些珠宝永不再现（除非被众神或精灵发现）。[22]不管是竞技还是埋葬，显然都意在防止财富累积，说得更精准些，就是让社会差别只停留在剧场层面。事实上，即便是可辨的系统性差别，似乎也不过来自仪式体系的影响，因为霍普韦尔的腹地似乎分裂出了一个三方联盟，有三个大型遗址群。

在以霍普韦尔自身为中心的最北面的遗址群，墓葬遗存主要关注萨满仪式，包括众多往来于宇宙不同空间的男性英雄形象。在南部遗址群，以俄亥俄西南部的特纳遗址（Turner Site）为典范，墓葬遗存多着重于戴面具的非人格化角色、山顶的土神祠和阴间的鬼怪。更值得注意的是，北部遗址群中，所有带着衔职标记入葬的人都是男性；在南部，带同样标记下葬的人则无一例外都是女性。（中部遗址群在上述两方面都结合了南北两地的实践。）[23]此外，这些遗址群之间明显还存在系统化的协作，有堤道将它们连通起来。[24]

至此，将霍普韦尔交互作用圈和我们上一章讨论过的一个文化现象做比较和对照会很有参考价值：这就是公元前5千纪美索不达米亚的乌拜德村落社会。这种比较也许看起来跨度有点大，但二者都可以被看作将自身扩张到极限的文化区，在各自半球首次囊括了一条大河流域系统——分别是密西西比河和幼发拉底河——从源头到三角洲的全境，包括所有周边的平原和海岸。[25] 在如此广阔的地域建立起文化的常态互动，跨越景观和环境截然不同的地区，常标志着历史重大转折点的到来。乌拜德文化创造了一套自觉的标准化体系，一种社会平等主义，从而为世界上第一批城市的诞生奠定了基础。[26] 然而霍普韦尔的发展路径完全不同。

实际上，霍普韦尔在许多方面和乌拜德是文化上对立的两极。乌拜德交互作用圈的统一基于抑制人和家户彼此之间的个体差异；与此相反，霍普韦尔的统一则源于拥抱差异。举个例子：后来的北美洲社会会根据各具特点的发型来区分整个氏族或民族（因此远远一看就能区别出塞内卡、奥内达加和莫西干战士），但是想要在霍普韦尔艺术的众多人物形象中找到两个发型一样的人都很难。每个人似乎都可以把自己装扮成一道奇观，或是在社会剧场中扮演一个戏剧化角色。这种个人表现主义体现在当时所绘制的众多人物形象上，其发型、服饰和配饰的花样层出不穷、异想天开乃至风格怪异，争奇斗艳。[27]

此外，所有这些仪式都需要在广大区域内进行精密协调。地方上的任何一个土方都是广大区域内连绵不断的仪式景观中的一个元素，土方的排列常常对应着霍普韦尔历法的特定部分（例如至日、月相等），很可能人们常常规律性地在各个公共建筑之间来回移动，才能完成一个完整的仪式过程。这很复杂：我们只能想象住在数百公里之外的人必须具备多少关于星象、河流和季节的详细知识，才能算准时间，赶上在各中心区举办的一年一度、一次只持续五六天的仪式活动。更不用说需要怎样的条件才能将这一套体系散布到北美大陆的四面八方了。

在后来的时代中，亡灵节日也成了"复活"名字的仪式，死者的名号被传给活着的人。可能正是通过一些类似的机制，霍普韦尔才能把它基本的氏族体系架构散播到整个北美洲。甚至可以猜想，霍普韦尔壮观的下葬仪式在公元400年前后之所以终止，很大程度上是因为霍普韦尔的使命已经完成了。其仪式艺术的怪异特征，如今被遍布北美洲的标准化风格所取代；而人们不再需要长途跋涉前往那些如奇迹般从淤泥中拔地而起的临时都会，借此建立不同群体之间的联结，如今这些群体共享同样的人际交往惯例，有一套与陌生人互动的公共准则。[28]

卡霍基亚的故事，这应该是美洲的第一个"国家"

霍普韦尔的谜题之一在于，其社会安排似乎预见了很久之后的机制。霍普韦尔的社会分成"白色"和"红色"氏族：前者认为自己对应夏天、圆形房屋与和平；后者则是冬天、方形房屋与战争。[29] 许多后来的原住民社会也会区分和平酋长和战争酋长：在发生军事冲突时，一套完全不同的行政体系就会接管权力，当事态平息，这个体系又会逐渐消失。这套象征体系中有些似乎就起源于霍普韦尔。考古学家甚至认定某些人物就是战争酋长，尽管如此，在霍普韦尔几乎找不到任何实际战争的痕迹。有一种可能性是冲突采取了一种不同的、更剧场化的方式——就像在后来的历史中，互相敌对的国家或互为"仇人"的半偶族会通过激烈的长曲棍球比赛来宣泄自己的敌意。[30]

在霍普韦尔各中心衰落后的几个世纪里，即公元400年至800年，一系列似曾相识的发展上演了。首先有些群体开始将玉米作为主食，在密西西比河流域的泛滥平原上种植玉米。其次，真正的武装冲突变得越来越频繁。至少在有些地方，这使得人们在当地的土方建筑附近住得越来越久。特别是在密西西比河谷和周边的陡岸上，逐渐出现了特定模式的小城镇，以土金字塔和广场为中心，有些还有围墙，周边则是大面积的无人荒野。有一些城市变得如同小王国。最终，这导致了一场以卡霍基亚遗址为中心的爆炸式城市扩张，使这里迅速成了墨西哥以北的美洲最大城市。

卡霍基亚位于密西西比河沿岸广阔的泛滥平原，这里又被人称作"美国之底"（American Bottom）。这片土地富饶肥沃，特别适合种植玉米，但建设城市则存在困难，因为这里沼泽遍布，多雾，且到处是浅滩。曾造访过这里的狄更斯形容它是"连绵不绝，遍布黑泥水的深渊"。在密西西比宇宙观中，多水的地方总是和混乱的地下世界相关，和精确稳定的天界秩序恰成对比。因此，在卡霍基亚首批大规模建设中，当务之急无疑是建造一条高台基的通行步道，即所谓的响尾蛇堤道（Rattlesnake Causeway）。堤道高踞于水泊之上，直通到周边隆起的墓丘（这是一条灵魂大道，或者说亡灵之路）。因此，卡霍基亚一开始很可能是一处朝圣之地，和一些霍普韦尔遗址很像。[31]

卡霍基亚的居民也和霍普韦尔人一样钟爱比赛。大约在公元600年，可能是某些住在卡霍基亚或其周边的人发明了"昌基"（chunkey）比赛，日后成为北美洲最受欢迎的竞技。昌基比赛复杂且需要高超的配合，参赛者要边跑边投长矛，矛要尽可能贴近滚动的轮盘或者球，但是又不能真的碰到它。[32] "美国之底"一带涌现的多个土丘遗址都举行这样的比赛；越来越多完全不同的人群迁入这里定居，比赛也是一种团结他们的方式。在社会意义上，这个比赛和中部美洲的球赛有相似之处，尽管其规则完全不同。比赛可能被用来替代战争，或者作为战争的延续；它也和传说交织在一起（在此处，故事的主人公是代表晨星的红角神，他就像玛雅的英雄双生子一样对抗地下世界的众神）；比赛可能还伴随着疯狂的豪赌，有些人甚至将自己或其家庭当成筹码孤注一掷。[33]

在卡霍基亚及其外围地区，我们可以通过昌基比赛来追踪社会等级的兴起，因为它日渐被一个排他的精英阶层所垄断。一个迹象是，比赛用的石盘逐渐在寻常墓葬中消失，但在最奢华的墓穴中则开始出现做工华美的石盘。昌基比赛逐渐成为一项观赏性运动，而卡霍基亚则资助出了一个新的密西西比地方精英阶层。我们并不清楚具体的进程，或许是借助宗教启示，总之到了公元1050年前后，卡霍基亚的规模飞速扩张，从一个小小的社区变成了一个占地超过 15.5 平方公里的城市，拥有 100 多座土丘，建在宽阔的广场周围。其人口原先只有几千，随着人们不断从外部拥入，在卡霍基亚及其卫星城镇中定居，人口增加了约 1 万，而"美国之底"的人口总数则达到了 4 万之多。[34]

城市的主体部分是根据一项总体规划一次性建成的。其中心是一座巨大的夯土金字塔，今天被称为"僧丘"（Monk's Mound），矗立在一个巨大的广场前。西边是一个小一点的广场，矗立着"木阵"，以柏树长杆标示出太阳一年中的运行轨迹。卡霍基亚金字塔的顶部有些是宫殿或神庙，有些则是停尸房或发汗房。在较小的广场和夯土金字塔周围，悉心规划建设的茅草屋构成了新街区，用以重新安置外来人口，或至少安置其中最重要和最有影响力的代表；其中许多街区有着自己的手工艺专长或族群身份。[35]站在僧丘顶上，城市的统治精英们可以俯瞰下方精心规划的街区，享受监视的权力。[36]与此同时，卡霍基亚外围原有的村落和小村庄被强制解散，乡村人口被驱散到零零星星的宅地上，每块宅地只有一两户人家。[37]

这种模式令人震惊，它表明在城市之外，任何形式的自治社区几乎都被完全拆散了。而居住在城市之中的人生活在从上至下的持续监视下，家庭生活与城市自身令人生畏的景观之间几乎没有界限。[38]这些景观可能令人恐惧至极。除了比赛和盛宴，卡霍基亚在扩张的头几十年也会举办大规模的处决和埋葬仪式，而且公开举行。就像世界上其他地方羽翼初丰的王国一样，这种大规模的杀戮总是与贵族们的葬礼直接相关；在卡霍基亚，停尸设施以成对的高等级男女的墓葬为中心，[39]尸体被裹以布料，放置在一块用数千颗贝珠制成的平台上。尸体周边则筑起一个土丘，精准朝向月亮最南端上升点的方位角。这里还包括 4 个乱葬坑，里面的尸体堆叠在一起，大部分是年轻女性（不过有一个人超过了 50 岁），是专门为了仪式而被屠杀的。[40]

通过仔细梳理民族志和历史证据，学者们重建了卡霍基亚以及后来以之为模板的各个王国的大致状况。虽然早期氏族组织的一些遗产得以留存，但古老的半偶族体系变成了贵族和平民的对立。密西西比人似乎遵从母系传统，也就是说统治者（mico）的继承人不是他的孩子，而是他最年长的外甥。贵族只能与平民婚配，经过几代如此联姻之后，国王的后代可能会完全失去尊贵身份。因此始终存在一个由贵族变成的平民群体，可供从中选出战士和行政官。家谱被精心保存，并且有祭司们负责管理存放王室祖先画像的神庙。此外，还有一套通过战争功勋获得头衔的系统，让平民有机会成为贵族。贵族地位的典型标志即鸟人的形象，在昌基锦标赛中，选手也为得到这个荣誉而激烈竞争。[41]

鸟人符号在更小的王国里尤其突出，在密西西比河流域，大约总共有50个这样的小王国出现又消失，其中最大的位于今天被称为埃托瓦（Etowah）、芒特维尔（Moundville）和斯皮罗（Spiro）的地方。这些城镇统治者的陪葬品中常包含卡霍基亚生产的珍贵徽章。与所有其他地方都不同，卡霍基亚自身的神圣形象不怎么看重鹰和隼的意象，而更重视"玉米之母"这个形象。那是一个老妇人神灵拿着一架织机的形象，更符合卡霍基亚作为新兴的大规模谷物生产中心的这个定位。在11世纪和12世纪，和卡霍基亚有着各种联系的密西西比遗址，遍布从弗吉尼亚州到明尼苏达州的广阔区域，这些城镇常和周边邻居发生激烈冲突。横跨整个大陆的贸易路线也活跃起来，用于制作新珍宝的材料大量流入"美国之底"，就像之前流入霍普韦尔一样。[42]

但这种扩张基本不受中央的直接控制。我们所看到的与其说是一个帝国，不如说是一个复杂的仪式联盟，最终以武力作为保障——局面很快开始变得越来越暴力。在卡霍基亚最初发生爆炸式城市扩张后的一个世纪之内，到了公元1150年前后，一堵巨大的尖桩围栅被建成，尽管它只将城市的一部分地区囊括在内。这标志着卡霍基亚开启了一个漫长而不规则的战争、毁灭与人口减少的过程。一开始，人们似乎从大城市跑去了偏远之地，后来干脆将整个低洼农耕地区都抛弃了。[43]在许多更小的密西西比城镇也能看到这一过程。许多城镇开始由众人合作开拓，后逐渐变成以王室崇拜为核心的中央集权，并依托于卡霍基亚的庇护。然后，在一两个世纪的时间里，城镇逐渐变空（过程很像之后的纳奇兹"大村"所发生的情况，背后的原因很可能也一样，因为臣民渴望别处更自由的生活），直至遭到洗劫、焚毁或干脆被废弃了。

不管在卡霍基亚究竟发生过什么，它留下的似乎都是令人极不愉快的回忆。在后来的口述传统中，这个地方被彻底抹去了，就连它的鸟人传说也没留下多少痕迹。在公元 1400 年之后，整个"美国之底"的广阔沃土（在卡霍基亚兴盛时，这里曾拥有 4 万居民）以及从卡霍基亚直到俄亥俄河流域的整片地区，变成了文献中的"无人区"或"无主之地"：一片阴森的旷野，金字塔杂草丛生，房屋没入泥沼，只有猎人偶然闯入，却再也没有人类的永久定居点。[44]

在卡霍基亚的崩溃中，生态因素和社会因素相比较哪一个更为主要，对此学者们依然争论不休，他们同样在争论到底该将卡霍基亚看作一个"复杂酋邦"还是一个"国家"。[45]用我们自己的术语来说（参见上一章的讨论），卡霍基亚所建立的似乎是一个二阶政权，运用到了我们提出的三种基本支配形式中的两种，即对暴力的控制和魅力型政治，两者汇聚成了一种强大的乃至扩张性的混合体。我们在古典玛雅能发现同样的组合，对于玛雅精英，竞技运动和战争这二者密不可分；玛雅精英扩展主权的方式也是将大量的人口收拢至其控制之下，其方式是通过举办盛会，或者战争掠俘，或者其他我们只能猜想的强制方式。

无论在卡霍基亚或者玛雅，行政管理活动似乎都主要集中于处理非人间事务，最明显地体现为仪式历法的复杂性和神圣场所的精确布局上。不过，这些知识也的确有现世作用，特别是在城市规划、劳工动员、公共监督和密切观测玉米生长周期这些方面。[46]或许卡霍基亚有意创建一个不同于现代民族国家的"三阶政权"。在现代民族国家，无论是暴力控制还是神秘知识，都被卷入了敌对精英之间愈演愈烈的政治竞争。这或许也能解释为何在卡霍基亚和玛雅，这些总体性（甚至是极权式的）工程瓦解时，也瓦解得很突然、很广泛、很彻底。

不管出于哪些因素的综合影响，到了 1350 年至 1400 年，结果就是人口大规模叛逃。正如卡霍基亚这个都市的建立是由于其统治者能够聚集起大量各不相同且常常远道而来的人群，最终，这些人的后代不过是各自散去了而已。"无主之地"意味着卡霍基亚这个城市所代表的一切都被有意识地拒斥了。[47]这是如何发生的呢?

在卡霍基亚臣民的后代们看来,迁移就代表着要重建一整个社会秩序,通过一次行动全面解放我们提过的三种基本自由:迁徙的自由、不服从的自由和建立新社会秩序的自由。正如后文将看到的,欧塞奇人(Osage)——苏族(Siouan)的一支,原本曾定居在中俄亥俄河谷的古堡(Fort Ancient)一带,后来抛弃了这里,迁往大平原——用"迁入新乡"(moving to a new country)这个说法指代建制上的根本变化。[48]要知道,在北美洲的这一地区,人口相当稀少,存在着大面积无人居住的旷野(经常能发现废墟和雕像,但其建造者已不可考),因此群体想要搬家并不困难。我们今天所说的社会运动,在当时常常如字面意思所示,就是物理层面的运动。

若想感受当时上演的意识形态冲突,我们可以看看埃托瓦河谷的历史,当时这一片地方属于乔克托人(Choctaw)祖先的居住地之一,在佐治亚和田纳西一带。在1000年至1200年卡霍基亚刚开始崛起时,这个区域也刚结束了全面混战时期。战后安置包括建立小城镇,每一个城镇都有金字塔神庙和广场,城中央都有一间巨大的议事厅,所有成年成员都能在此集会。这一时期的随葬品没有显示出等级之别。到了1200年时,埃托瓦河谷不知为何被人抛弃了;又过了半个世纪,才有人回来居住。随后就是一阵大兴土木,包括在巨型土丘之上建造了一座宫殿和停尸房,四周竖立起围墙以阻挡平民的目光,还有一座王室墓穴,就直接建在原先社区议事厅的遗址上。墓穴中还陪葬有华丽的鸟人服装和配饰,显然来自卡霍基亚的工坊。更小的村落解体了,有些年迈的村民迁入埃托瓦,而在乡野地区,它们被我们所熟悉的散布的小宅地模式所取代。[49]

彼时的埃托瓦城四周环绕着壕沟和坚固的尖桩围墙,显然是某个王国的都城。在1375年,有人洗劫了埃托瓦城,亵渎了其圣所,究竟是外敌还是内乱我们并不清楚;随后,有过仓促而不成熟的收复这座城市的尝试,接着埃托瓦城再一次被彻底放弃,同样被遗弃的还有这个区域所有的城镇。在这个时期,大部分西南部地区的祭司统治似乎都消失了,取而代之的是战士酋长。有时候这些小首领会成为一个地区至高无上的领袖，但他们既没有仪式性权威，也没有经济资源来创造之前那种城市生活。到 1500 年前后，埃托瓦城落入了库萨（Coosa）王国的统治之下，此时该城大部分原先的居民似乎都已经离开此地另谋出路了，留给库萨人统治的无非是一个满是土丘的博物馆。[50]

有些离开的人聚集在新都城的周围。1540 年，埃尔南多·德索托（Hernando De Soto）远征队的一个成员如此描写了库萨酋长及其核心统治区（奇怪的是，这个地方如今名叫小埃及）：

> 酋长出来欢迎，他坐在由亲信扛起的椅子上，身下垫着软垫，身上披着貂皮长袍，其款式和尺寸都很像女人的披肩。他头戴羽冠，身边围绕着很多载歌载舞的印第安人。这片土地人口众多，有许多大城镇，耕地从一座城绵延到另一座。这片土地很是诱人和肥沃，沿河有大面积精耕细作的良田。[51]

在 16 世纪和 17 世纪，西南大部分地区似乎由这种小王国的统治形式主导。统治者被前呼后拥，接受进贡，但其统治却十分脆弱和不稳定。库萨酋长的轿子由附庸领主们所扛，他的对手科菲塔切基（Cofitachequi）女酋长也是如此，这主要是因为附庸领主不被信任，除非放在身边监视着，否则随时可能反叛。在德索托的队伍离开后，有几个领主果然起兵，导致库萨王国崩溃。与此同时，在中心城镇以外，更加强调平等的社区生活正在成形。

密西西比世界的崩溃和对其遗产的拒斥，如何为欧洲人入侵前后的本土政治新形态开辟了道路

到了 18 世纪早期，这些小王国及其建造土丘和金字塔的活动，几乎已经完全从美国南部和中西部消失了。例如，在大平原边缘，那些散居在各自宅地的人们开始随季节迁徙，将幼儿和老人留在有土方建筑的城

镇中，自己则拓展至周边的高地上打猎、捕鱼，直至最终完全搬走。在其他地方，城镇最后只沦为仪式中心，或纳奇兹式的空心宫廷，酋长在那里继续享受众人崇拜，却没有实际权力了。等这些统治者彻底消失后，人们就会陆续迁回谷地，但这次，社区依据截然不同的原则组织起来：都是几百人的小镇，最多也不过1 000至2 000人，有着平等主义的氏族结构和公共议事房。

今天，历史学家们似乎倾向于认为，这些变化主要是欧洲定居者带来战争、奴隶制、征服和疾病并造成伤害之后，原住民应变的结果。然而，这些变化其实是欧洲人到来前许多个世纪就已经在发展的进程的必然结果。[52]

到了1715年雅玛西战争（Yamasee War）爆发时，在此前整个密西西比文化辐射的广大区域内，小王国已经全部瓦解，只残余类似纳奇兹人这样的孤例。土方工程和宅地都已经是历史的陈迹，北美洲东南部分裂形成早期民族志中所熟悉的那种部落共和国。[53] 出现这一局面自有其多方原因，首先是人口，我们已经发现北美洲社会的出生率和人口密度都很低，很少有例外。这利于人员流动，也方便务农者们转换到原先更偏重狩猎、钓鱼和采集的生计方式，或者直接彻底易地而居。与此同时，女人也承担了更强的政治职责；而在斯科特所谓的"谷物国家"中，女人一般都被（男性）当权者看成生育机器而已，在没有怀孕和抚养孩子的时候，她们则会被安排参加工业生产，例如纺线和织布。

诸如此类的细节构成了围绕世袭领导权和特权神秘知识展开政治斗争的文化背景。这些斗争即便在相当晚近的时代依然没有停止。想想殖民时代北美洲东南部被称为"五个开化部落"的民族：切罗基（Cherokee）、契卡索（Chickasaw）、乔克托、克里克（Creek）和塞米诺（Seminole）。它们都是这种模式的例证，都通过社区议事会治理，其中所有人都有平等的发言权，并通过寻求共识的程序来运作。可与此同时，它们都保留了更为古老的祭司、种姓制度和王公。在有些地方，世袭统治可能一直延续到19世纪，和民众中日益扩大的民主政治需求形成对抗。[54]

有些人把这种平等主义制度视为自觉的社会运动的结果，围绕夏日的青玉米节（Green Corn ceremonies）展开。⁵⁵青玉米节在艺术上的象征符号是四角绕圈的方形（looped square，⌘）；在建筑上，这一象征符号模板不仅被应用于建造议事会或是城镇公房，也用于建造公众集会广场，这一特点在之前的密西西比村镇和城市中从未出现。在切罗基人中，我们发现有祭司自称受命于天，身怀待传真知；不过我们也找到了像阿尼-库塔尼（Aní-Kutání）这样的故事，讲的是很久以前存在一个由世袭男性祭司阶层统治的神权社会，他们如何系统性地滥用权力，特别是虐待女性，于是人民起来造反，屠杀了大部分祭司。⁵⁶

像易洛魁发言人与耶稣会传教士的据理力争或他们有关梦的理论一样，他们对后密西西比文化城镇的日常生活的描述也让人觉得熟悉得惊人，甚至可能会困扰到那些坚信启蒙时代来自完全起源于欧洲的"文明进程"的人。例如在克里克人中，酋长的职位已经退化为民众集会的组织人以及公共谷仓的看管人。每天城镇里的成年男子都会聚集起来，花费大量时间争论政治，秉持理性辩论的精神，交谈时还不停抽烟草并饮用含咖啡因的饮料。⁵⁷最初，无论是烟草还是"黑饮料"都是药物，只有萨满和其他通灵大师能享用，以高浓度和大剂量摄入，由此达到神识飘然；如今，人们算准合适的剂量后，将它们分发给参与集会的每个人。耶稣会士在东北部报告的情况在这里似乎也适用："他们相信没有什么比烟草更能让人放松神经；因此他们不叼着烟斗或者烟管就没法参加会议。他们说烟能够产生智慧，能让他们看透最复杂的问题。"⁵⁸

听起来是不是特别类似启蒙时代的咖啡馆？这可并非巧合。例如烟草就是在此时被欧洲殖民者所采用，并带回了欧洲，开始在欧洲流行。在当时的欧洲，烟草的确是被作为一种药物来推广的，人们相信吸食少量烟草能够集中精神。很显然，这里并没有直接的文化翻译，从来都没有。可是我们也看到，北美洲原住民的理念，从提倡个人自由到对于启示宗教的怀疑态度，显然对欧洲启蒙运动有所影响，尽管就像抽烟斗一样，这些理念历经了许多转变。⁵⁹当然，如果说欧洲启蒙运动的萌芽孕育于17世纪的北美洲，那的确太过了。但或许将来有一天，在不那么欧洲中心主义的历史学里，这样的想法也不会被一味当作令人发指和荒唐透顶的。

欧塞奇人如何体现自治的基本原则，
并在后来孟德斯鸠《论法的精神》中被褒扬

显然，进化论分类在这里只会混淆视听。讨论霍普韦尔社会究竟是"游群""部落"或者"酋邦"，又或者卡霍基亚究竟是"复杂酋邦"还是"国家"，对我们毫无意义。如果硬要使用"国家"或者"酋邦"的概念，那么在北美洲原住民社会的情况中，国家建设工程似乎是先行的，几乎横空出世，而德索托及其继任者所目睹的酋邦不过是国家崩溃之后剩下的瓦砾而已。

对于过去，我们一定还能问出更有趣、更有用的问题，而我们在本书中阐发的分类范畴指向了一些可能的提问方向。正如我们所见，美洲社会的一个重要特点就是神秘知识和官僚知识之间的关系。从表面上看，这两者好像没什么联系。很容易看到主权是如何将强力制度化的，或者竞争性政治场域是如何利用超凡魅力的。而知识作为一种普遍的支配形式，与行政权力的关联则显得迂回得多。我们在查文看到的建立在致幻体验上的神秘知识，真的和后来印加的会计知识有共同之处吗？看起来不太可能，但且让我们回忆一下，直到近期，进入官僚系统的考核常常是考察一些和实际管理几乎无关的知识，这些知识之所以重要，仅仅是因为它晦涩难懂。无论是在10世纪的中国，还是在18世纪的德国，胸怀抱负进入官场者都需要通过考试检验对经典文本的精通程度，这些典籍是用古语甚至是已经死去的语言写成的，就像如今的考试会考核理性选择理论或者雅克·德里达的哲学理论一样。至于行政管理的技艺，实际上是在应试之后通过更传统的方式习得的：通过实践、学徒制或者是私下请教。

同理，那些设计了波弗蒂角和霍普韦尔的巨型建设项目的人，显然是利用了某些神秘知识，例如天文学、神话学以及数字命理学，这些知识密切关系到数学、工程以及建筑的实践性知识,更不必说实现这些擘画所需的组织和监控劳动力(甚至是志愿劳力)的技术。在哥伦布到来前的很长时间,美洲大陆周期性出现的支配体系似乎都以这类专门知识为核心。霍普韦尔就是个很好的例子,因为伴随仪式项目而开展的英雄式比赛其实并不是系统化支配的基础。[60]而另一方面,卡霍基亚似乎自觉努力将这种类型的行政密识转化成主权的基础;一个明显例证就是在其统治下,依宇宙原则设计的几何土方工程逐渐演变成了真实的防御工事。但这番努力最后终究失败了,政治权力退回到英雄式的剧场表演中,只不过形式变得更加暴力。

不过,更让人吃惊的是,神秘知识原则日益受到挑战。

我们在霍普韦尔所见到的实际是一种"改革",类似于16世纪的欧洲宗教改革,从根本上重新定位了人与神圣存在之间的关系,只不过这种重新定位在社会生活的其他各方面都引发了连锁反应,从工作的组织方式到政治的本质。在欧洲,战场是书写媒介:将《圣经》从古老难懂的文字翻译成区域性的方言,将之从高级教士封闭的圣所内解放出来,通过印刷术在大众中传播。而在前哥伦布时代的美洲,相应的媒介革命则主要围绕对数学原理的变革,以这些原理为基础建造的复杂的几何土方工程将神圣呈现为空间形式。

在两个案例中,这种改革都决定了什么人能够和不能使用故事和神话中所包含的神圣力量。这种神圣力量在欧洲被编码进复杂冗长的经文(包括《新约》《旧约》和其他典籍),在美洲则呈现为星罗棋布的景观式纪念碑网络,其复杂深奥毫不逊色。的确,有理由相信,在古代土方建筑中封存的地狱鬼神和其他生灵的图像,其实也是某种圣约。它们是辅助记忆的体系,激发人们回溯和重现祖先们在世界诞生之初的赫赫功业,并以纪念碑的形式加以宣扬,好让"高处"的力量见证。欧洲的僧侣们靠焚香来和看不见的世界建立某种感官联系(也是圣经时代动物献祭的遥远回响),霍普韦尔人则在刻有雕像的烟斗中点燃烟草,将烟雾送上天去。

至此，我们才开始理解，完全停止建造这样的纪念性建筑，或是将烟草这类药物发放给大众理性辩论时使用，实际上可能意味着什么。当然了，这并不一定意味着当地人如同启蒙时代欧洲人一样，全盘拒绝了神秘知识。这也可能意味着这些神秘知识已经民主化了，至少意味着原先的神权精英转变成了某种寡头政治。对此我们在欧塞奇人的历史中能找到极好的例子。

欧塞奇是大平原上的一个民族，是密西西比化的古堡人的直系后裔，他们的很多仪式和神话都能直接上溯至来自中西部的祖先。[61]欧塞奇人有两点特别幸运。首先，他们占据了密苏里河畔的重要战略位置，凭地利和法国政府结盟，因此能保持其独立性，甚至在1678年至1803年还建立了一个贸易帝国。其次，在20世纪头几十年记录他们古老传统的民族志学者弗朗西斯·拉弗莱舍（Francis La Flesche），他的母语是奥马哈语（和欧塞奇人的语言很相似），此人能力极强，善于倾听。因此我们能相当好地了解欧塞奇长老是如何看待自己的传统的，而绝大多数其他大平原社会则没有这个机会。

我们从一幅典型的欧塞奇夏季村落的地图开始。欧塞奇社会一般会在三个季节性的住所来回移动：一个是永久性村庄，由多个家庭共居的房屋组成，可能拥有2 000左右人口；夏季营地；还有一年一度的仲冬野牛狩猎期的营地。基本的村庄布局是一个圆形，划分出两个外婚制半偶族，也就是天和地，总共拥有24个氏族，每个氏族都必须在任何定居点或营地中有自己的代表，也必须派出至少一名代表出席所有的主要仪式。这个系统最初是三分的：天族、地族和水族，各自拥有7个氏族，地族和水族又共同组成地半族，和天半族对应，共计21个氏族；后来结构扩张，新的氏族加进来，变成了7+2（天，Tsizhu）对应7+7+1（地，Honga），总共24个。

至此你可能会疑惑，为何人会发展出如此复杂的结构？是什么人规定每个村落都必须有24个氏族各自的代表，这又是如何有效组织运作的？就欧塞奇人而言，我们的确有答案，因为欧塞奇人的历史记录表明，这个社区曾经历了一系列的体制危机，在那之后，社区长老们才逐据弗朗西斯·拉弗莱舍说，完整的历史很难拼凑，因其分散在各氏族之内。说得更准确一些，所有欧塞奇人都知道一个充满晦涩典故的故事梗概；但每个氏族也有自己的历史和神秘知识，会在 7 个层次的入会仪式中披露故事真谛的不同侧面。真正的故事可以说分裂成了 168 片，甚至可以说 336 片，因为每一重启示又包含两个部分：政治历史，以及随之而来的哲学反思——反思该段历史揭示了什么为可见世界赋予生机的力量，推动了星移斗转，作物生长，不一而足。

拉弗莱舍也发现，记录中还保留了特殊的讨论，是专门对这种自然研究得出的不同结果展开的辩论和研讨。欧塞奇人得出结论，这股力量归根结底是不可知的，并称之为 Wakonda，这个词或可翻译成"神"或

图 7-1　一个欧塞奇村落中不同氏族的排布（1—5）

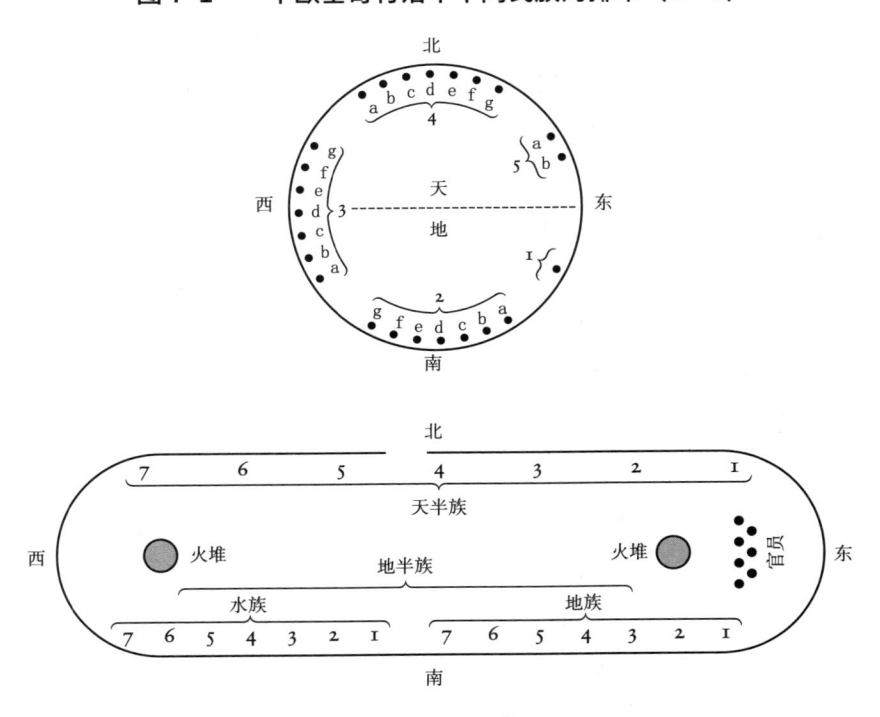

图 7-2　同样的氏族派出的代表在一次重大仪式的举办场地内如何排布

者"奥义"。[62] 拉弗莱舍发现，通过漫长的调查，长老们相信人的生命和活动由两种不同的原则——天与地——互动而产生，因此他们也将自己的社区分成两半，其中一半只能娶另一半的人为妻。村庄是宇宙的模型，也是一种向宇宙有生力量"祈愿"的形式。[63]

要想通过各个理解层级的入会仪式，需要投入大量的时间和金钱。大部分欧塞奇人只能达到第一或者第二层级。达到最高层级的人被统称为"小长老"（Nohozhinga，尽管有些是女性），[64] 也是最高政治权威。每个欧塞奇人在日升之后都要进行一个小时的虔诚反思，而"小长老"团体则每天都会针对自然哲学问题及其对当下具体政治议题的启发进行苦思冥想。他们还保留了最重要的那些讨论的历史记录。[65] 拉弗莱舍解释称，有时候会出现一些格外令人困惑的问题：或是关于可见宇宙的本质，或是关于如何将这些理解运用到人类事务中。每逢此时，就会有两位长老依照习俗来到荒野中一个人迹罕至的去处，度过为期4到7天的不眠之夜，以"搜寻智慧"，然后带着答案回来。

"小长老"团体是每日相会商讨政务的机构。[66] 他们就是实际上的政府，尽管人们可能会召集更大规模的集会来正式批准他们的决定。在这个意义上，可以说欧塞奇是一个神权政体，但更准确而言，官员、祭司和哲学家之间并无区别。所有人都是有头衔的官员，包括受命执行酋长决定的"士兵"，而负责追杀外来偷猎者的"土地卫士"，同时也是宗教角色。至于欧塞奇人的历史，开始时是以神话语言表述的"讽喻寓言"，但很快就变成了关于制度改革的叙事。

最初，三个主要分支，天族、地族、水族降临世间，出发去寻找其各自的原初居民。但当他们找到这些初民时，发现其生存状态实在悲惨：生活于一片污秽之中，周围充斥骨头和腐尸，吃的是垃圾和腐肉，甚至吃彼此的腐肉。虽说生活在比霍布斯的描述更悲惨的状态下，"孤立的地族"（Isolated Earth People，他们后来被如此称呼）却也是强大的巫师，能够使用四面来风来摧毁各处的生命。只有水族的酋长敢于进入他们的村落，和其领袖谈判，说服他们放弃杀人成性、肮脏污秽的生活。他说服了孤立的地族加入他们，形成联盟，"迁入新乡"，免于腐尸的污浊之气。圆形村落的形式于是首次被提了出来，将这些曾经的巫师安置在水族的对面，置于东门，负责掌管"奥义屋"，用于举行所有的和平仪式，以及给所有的孩子命名。属于地族的"熊"氏族则负责管理与之相对的一个奥义屋，负责所有和战争相关的仪式。问题在于，孤立的地族尽管已经不再杀人，却也不能与盟友同心同德。不久之后大家就陷入不断的争吵和冲突，直到水族要求再次"迁入新乡"，这次从一开始就进行了一场制度上的精心调整，要求必须获得所有氏族默许后才能宣战。后来事实证明这个制度也有问题，如果有外敌入侵，那按制度至少需要一周时间才能组织抵抗。到最后不得不再次"迁入新乡"，这次欧塞奇人建立了一个全新的去中心化的、各氏族轮流决策的军事权威体系。这后来也造成了新的危机，引发了新的改革：新的改革将民事和军事事务分离，在每个分支内都设置了一个世袭的和平酋长，他们的房子被置于整个村庄最东边和最西边，还各自拥有一些下级官员，另有一套与之平行的架构，对全部五个主要的欧塞奇人村庄负责。

我们就不再赘述细节了。故事中有两个点值得强调。首先，故事开始于打破专断权力：通过在新的联盟体系中授予孤立的地族的领袖——滥用致命知识的巫师酋长——一个核心地位而将其驯服。这是一个常见的故事，流传于曾受到密西西比文明影响的人群的后代之中。在推举领袖的过程中，曾经被孤立的地族所垄断的破坏性仪式知识，最终被分配给了所有人，同时，对相关知识的使用也受到了精心的制衡。其次，尽管欧塞奇人认为神圣知识在政治事务中起着关键作用，但他们完全没将自己的社会制度看成是来自上天的馈赠，而是视之为法律和智慧上的不断探索甚至突破。

这第二点尤其重要，如我们之前所说，我们习惯于认为，一族人自觉创造出自己的制度安排这一理念本身，在很大程度上是启蒙运动的产物。显然，古代人很熟悉这样的想法：民族实际上可以由大立法者缔造，例如雅典的梭伦、斯巴达的吕库古（Lycurgus）或者波斯的琐罗亚斯德，而民族性格在某种意义上是这种制度结构的产物。不过，我们通常接受的教育认为法国政治哲学家夏尔-路易·德瑟贡达（Charles-Louis de

Secondat），也就是孟德斯鸠男爵，是第一个通过其著作《论法的精神》（1748年出版）探讨制度改革的原则，建立起明确的、系统化的理论体系的人。由此，普遍认为他实际上开创了现代政治。美国的建国之父们都是孟德斯鸠的热心读者，他们有意识地践行孟德斯鸠的理论，努力创建一部能保护个人自由精神的宪法，并将取得的成果称为"法治而非人治"。

结果证明，早在欧洲定居者到来前，北美洲的原住民已经普遍有这样的看法了。事实上，这可能并非巧合，在1725年，一位叫作布尔蒙（Bourgmont）的法国探险家带着一个欧塞奇人及密苏里人代表团跨过大西洋，来到巴黎。当时正值拉翁唐的作品风行欧洲之际。当时有个传统，就是为这些"野蛮人"代表团组织一系列公开活动，并安排他们和欧洲的杰出知识分子私下会谈。我们不知道这个代表团具体见了什么人，但是孟德斯鸠当时的确在巴黎，也正在研究这些主题。正如一个欧塞奇历史学家所说，孟德斯鸠不来这种场合才奇怪。无论如何，《论法的精神》中，对野蛮人治理模式的推测，就如同孟德斯鸠亲耳听到他们的陈述并精确再现一样，只不过他在种地和不种地的野蛮人之间生硬地制造了区分。[67]

其中的联系可能比我们想象的更加深远。

回到易洛魁，考虑一下坎迪亚洪克年轻时可能熟悉的政治哲学

我们绕了一圈回到原点。北美洲的案例不仅让传统的进化论体系一片混乱，还驳斥了如果一个社会落入"国家形成"的陷阱就再也无法脱身的这个论断。不管在卡霍基亚发生了什么，它都引发了激烈的反抗，我们至今仍能感受到冲击的余波。

我们认为，原住民关于个人自由、互助和政治平等的理念，给法国启蒙思想家留下了深刻印象，但这些原住民的理念并不是（如很多人所认为的）所有人类在自然状态下会自动萌生的，也不简单是（如许多人

类学家所设想的）文化曲奇（cultural cookie）恰巧在世界的某个角落碎裂的结果。这并不是说这两种观点没捕捉到一点真相；正如我们之前所说，对于任何未受过专门的服从训练（正在阅读本书的人大概都接受过此种训练）的人而言，有一些基本的自由被认为是理所当然的，包括行动自由、不服从的自由和重组社会关系的自由。尽管如此，欧洲殖民者所目睹的社会以及坎迪亚洪克这样的思想家所表达的理念，只有作为原住民社会独特的政治历史产物来理解才真正有意义：在这段历史中，世袭权力、启示宗教、个人自由、妇女独立这类问题仍会受到自觉的辩论，而且至少在最后3个世纪里，其总体方向是明确反权威的。

当然，东圣路易斯和蒙特利尔相距遥远，据我们所知也从没有人提出过五大湖区说易洛魁语的人群曾经受过密西西比文明的直接管辖。因此，如果说拉翁唐等人所记录下来的原住民观点确实是推翻密西西比文明的意识形态，未免太过牵强。尽管如此，仔细阅读当时的口头传统、历史记录以及民族志便能发现，在我们所谓的对欧洲文明的"原住民批判"中扮演了重要角色的那些原住民，不仅敏锐意识到世界上存在不同的政治可能性，并且很大程度上认为自己的社会秩序是被自觉创造出来的，专用于防止出现任何卡霍基亚式的统治，或者说，防止出现他们日后在法国人身上见到的令人无比厌恶的各种特质。

让我们从现有的口头传统开始。很不幸，这类资料很有限。在16世纪晚期到17世纪早期，易洛魁人分裂为一些分分合合的政治联盟和同盟，其中最主要的是温达特（休伦）联盟，以今日的魁北克为根基；"五族联盟"或者"长屋联盟"（也就是人们常说的易洛魁联盟），分布在今日的纽约州北部；还有以安大略为中心的联盟，被法国人称为"中立者"。温达特人称这些"中立者"为阿提旺达洪克（Attiwandaronk），字面意思是"讲话不太对劲的人"。我们不知道"中立者"们如何自称，但肯定不是自称中立者；根据早期史料，他们其实人数众多，异常强大，远超其他联盟，直至其社会在17世纪30年代到40年代因为饥荒和疾病而崩溃。之后该联盟的幸存者被塞内卡人所吸收，被赋予了名字，从而融入了各个塞内卡氏族。

相似的命运也降临到了温达特联盟的头上,在坎迪亚洪克出生的那一年,1649年,联盟的力量彻底崩溃了,在臭名昭著的河狸战争(Beaver Wars)中,联盟的成员或者四散离去,或者被人所同化。在坎迪亚洪克的有生之年,剩下的温达特人生活相当岌岌可危:一部分人被驱逐到了北方的魁北克,一部分人则处在密歇根湖附近一个叫作密奇利麦基诺的地方,生活在一座法国要塞的庇护之下。坎迪亚洪克本人花费了大量时间,试图重建温达特联盟,有口述历史称,他还打算建立一个大同盟,让争战不休的各个部族联合起来,抵御入侵者。这个使命失败了。其结果就是,除"长屋联盟"以外,没有其他伟大联盟留下关于自身政治体制起源的叙述。因为在19世纪,当口述历史开始得到记录的时候,只剩下"长屋联盟"还存于世界上了。

对于五族联盟(塞内卡、奥奈达、奥内达加、卡尤加和莫霍克)的建立,我们倒是掌握了大量记录,有一部史诗名叫《和平大律法》(*Gayanashagowa*)。至少在当下的语境中,这部史诗中最引人注意的是它很大程度上将政治制度描绘为人类自觉创造出来的。当然,故事中也有巫术元素。某种意义上,其中的主角,"议和者"德甘纳威达(Deganawideh)、"族母"吉冈萨瑟(Jigonsaseh)等,都是创世神话中角色的转世。但史诗中让人印象最强烈的内容,是提出了一个社会问题,并给出了社会解决方案:故事中,由于关系破裂,这片土地陷入了混乱和复仇,情势恶化,社会秩序瓦解,有权有势者变成了真正的食人魔。其中最强大的是阿朵达罗霍(Adodarhoh 或 Tadodaho),他被描绘为一个巫师,外形扭曲,十分邪恶,能指使别人听从他的吩咐。

故事的核心人物是"议和者"德甘纳威达这位英雄,他似乎来自西北方,也就是日后的阿提旺达洪克(中立者)领地,下定决心结束混乱。他第一个争取到的是吉冈萨瑟,这位女英雄以不偏不倚、置身事外而闻名(他发现她同时接待和宴请交战双方的人);然后就是希亚瓦塔(Hiawatha),阿朵达罗霍的食人魔帮凶。他们一同上路,去说服一个又一个部族的人民,来共同创建一个正式体系,搁置争议,带来和平。因此就出现了头衔体系、多层级的议事会、寻求共识的机制、哀悼仪式以及女性长老在制定政策时占据重要角色的体系。故事中最后一个被说服加入的是阿朵达罗霍本人，他的身体变形被逐渐治愈，变成了一个人。最后，联盟的法律被"口述"在一串串贝壳上，作为宪法使用；相关记录则被交付阿朵达罗霍保管；工作完成，"议和者"德甘纳威达就从大地上消失了。

长屋联盟中的人名如同头衔一样，可以代代相传。因此直至今日仍然有新的阿朵达罗霍，也有新的吉冈萨瑟和希亚瓦塔。49位酋长被推选出来，传达他们各自部族议事会的决议，并依然会定期集会。会议总是以一个"哀悼"仪式开始，哀悼在这期间逝去的人，排遣悲伤和愤怒，让头脑清醒，开始讨论建立和平大业（第50位酋长，也就是"议和者"本人，则由一把空椅子代表）。这个联盟体系领着一套复杂的下属议事会机制，这些下级议事会有男性的也有女性的，都拥有精心划定的权力，但没有一个拥有实际的强制权力。

从本质上来说，这个故事和欧塞奇人社会秩序建立的故事并无太大区别：一个可怕的巫师被带回社会之中，在此过程中变成了一位和平缔造者。不同的地方在于，在这个故事中，阿朵达罗霍显然就是一个能发号施令的统治者：

> 在奥内达加城以南，生活着一个邪念重重的人。他的住所在沼泽地，他的巢穴是用芦苇织的，他身体变形，弯了七个弯，他的长鬓发爬满半死不活的蛇。此外，这个怪物还会吞食生肉，甚至是人肉。他也精通巫术，通过魔法，他能够摧毁普通人，自己却不会被摧毁。这个邪恶生灵的名字就叫作阿朵达罗霍。
>
> 尽管阿朵达罗霍生性邪恶，但奥内达加即多山之国的人民还是服从他的命令，尽管许多人因此丧命，他们还是会满足他疯狂的一时兴起，他们实在害怕他和他的巫术。[68]

在人类学上，一般而言，如果你想知道一个社会最核心的价值观，最好是看看他们认为哪种行为最恶毒；想要知道他们认为哪种行为最恶毒，最好的办法是看看他们对巫师的看法。对于长屋联盟而言，发号施令被认为是和生食人肉一样罪大恶极的行为。[69]

将阿朵达罗霍描绘成一个国王的样子似乎让人吃惊，因为通常认为在欧洲人到来以前，五族联盟及其近邻对专断统治可能都没有任何直接经验。由此而来的问题常被用于反驳这种观点，[70]即所谓原住民社会建立的酋长制度实际上就是为了防止国家出现：怎么会有这么多社会建立一种政治体系来遏制一个他们压根没见过的东西（比如国家）呢？最直接的答案是，大部分这类故事都收集于19世纪，当时所有原住民都对美国政府的所作所为有过漫长而痛苦的经验：穿着制服的人带着法律文件，发布专横的命令，还干了很多别的坏事。所以，或许这个元素是后来才加到故事里的？

虽然什么都有可能，但我们感觉这一点不可能。[71]

即便到了近代，人们也常指控公职人员滥用巫术，以防止其累积远超过他人的好处——特别是财富。我们再次需要审视本章提过的关于易洛魁人认为梦是被压制的欲望这个理论。这个理论的有趣之处在于，易洛魁人认为帮助一个社区成员实现其梦想是其他成员的责任：即便一个人梦见的是占有邻居的财产，拒绝他实现这个梦也会让社区其他人面临健康受损的危险。因此拒绝他不但很艰难，实际上在社会层面根本不可能。要是有人真这样做了，人们会愤怒地说三道四，甚至有可能招致血腥的复仇：如果一个人的死被认为是因为另一个人拒绝完成他灵魂的愿望，那死者的亲戚就可能会血债血偿，或者诉诸超自然的力量去报复。[72]

如果对一个易洛魁社会的成员下命令，一定会被此人激烈拒绝，因为这危及了个人的自主权，但唯一的例外，恰恰是梦境。[73]一个休伦-温达特酋长从魁北克一路划着独木舟带回一只欧洲小猫，但是有个女人梦见拥有这只猫能治好她的病，酋长也只能把自己钟爱的猫送给这个女人（易洛魁人也害怕被嫉妒之人有意或无意中施展的巫术所害）。梦境被当作命令对待，梦从一个人的灵魂发出，甚至当有些梦境格外清晰和凶险时，可能是更高级的神灵的意旨。这个神灵可能是造物主，也可能是某些完全未知的神灵。做梦之人能短暂地成为预言家。[74] 但就在这段时间里，对他们必须言听计从。（无须强调伪造梦境几乎是最可怕的罪行。）

换言之，巫师的形象位于一个与无意识欲望息息相关的复杂理念网络的中心，无意识欲望包含无意识的支配欲，以及实现并掌控它的需要。

从历史角度看，这一切又是如何发生的呢？

五族联盟建立的具体时间和环境并不明确；从 1142 年前后到 1650 年前后，这之间都有可能。[75] 无疑，这种同盟的建立是历时长久的；和所有的历史史诗一样，《和平大律法》融合了取自不同历史时期的元素，许多在历史上是准确的，有些则不那么准确。我们从考古记录中所知，17 世纪时存在的易洛魁社会是从卡霍基亚如日中天之时开始成形的。

大约 1100 年，安大略区域开始种植玉米，这里后来成了阿提旺达洪克（所谓中立者）的领地。在接下来的几个世纪，"三姐妹"（玉米、豆和南瓜）在当地饮食中所占分量越来越大，尽管易洛魁人还是尽量平衡新作物和旧的狩猎、捕鱼、采集的传统。关键的时期似乎是所谓后奥沃斯科（Late Owasco）时期，从 1230 年到 1375 年之间，人们开始沿着河道迁离原先的聚落（也放弃了原先随季节而移动的习俗），常年居住在围有栅栏的城镇内，在此长屋（可能是基于母系氏族）成为主要的居住方式。许多这种城镇规模可观，居住人数可达 2 000 人以上（也就是说将近卡霍基亚中心人口的 25%）。[76]

《和平大律法》中所提到的食人传统并不纯然是幻想：战争和酷刑时有发生，从 1050 年开始，就不断有拿战俘做仪式牺牲的记载。有些当代的长屋联盟研究者认为，神话所讲述的是当时易洛魁社会内部在政治理念上发生的真实冲突：一方面是女性和农业的地位日趋重要，另一方面则要保卫陈旧的男人支配的社会秩序，在原有秩序中，名望只来自战争和狩猎。[77]（若的确如此，那就和我们所提过的新石器时代早期可能发生在中东的意识形态分化差不多。）[78] 双方可能在 11 世纪的时候达成了某种妥协，其结果就是人口在一个较低的规模上稳定下来。随着玉米、南瓜和豆类的广泛种植，曾有那么两三个世纪，人口出现快速增长，但是到了15世纪就趋于稳定了。耶稣会后来报告过易洛魁女人如何小心谨慎地计划自己的生育，依据这个区域狩猎和捕鱼承载力规划匹配人口，而不是依据潜在的农业生产力来规划人口。通过这种方式，对于男性狩猎文化的强调，实际上反而加强了易洛魁女性的权威和自主，女性有自己的议事会和官员，她们至少在地方事务上的权力很明显高于男性。[79]

从12到14世纪，不管是温达特联盟或者长屋联盟，似乎都没有和密西西比文明有密切接触，甚至没有多少贸易可言，密西西比文明在东北部的主要地盘是沿着俄亥俄河的古堡一带，以及附近的莫农格希拉（Monongahela）山谷。但对于阿提旺达洪克来说则不是这样。到了1300年前后，安大略地区大部分实际处于密西西比文明的影响之下。要说有人从卡霍基亚腹地迁移到这里，这种说法虽然可疑，却也不是完全不可思议。[80]即便不是如此，阿提旺达洪克人也垄断了通往南部以及经南部通往切萨皮克湾以及更远处的商道，让温达特人和长屋人只能和其北方以及东方的阿尔冈昆人建立联系。16世纪，安大略地区的密西西比文明影响更是突然大增，出现了各种仪式用品和礼仪服饰，甚至出现了大量在昌基游戏中使用的石盘，样式和古堡发现的一模一样。

考古学家称这种现象为"密西西比化"（Mississippianization），有力证据显示这一过程伴随着商贸激增，商路远至特拉华州，积聚了大量财富，其中包括从1610年开始自美国东海岸滚滚而来的大量贝壳和贝珠，堆积在阿提旺达洪克人的墓穴中。到了这个时代，阿提旺达洪克人的数量已经是附近任何同盟人数的数倍之多了，包括温达特人和长屋人，更不要提规模更小的伊利（Erie）、佩吞（Petun）、温罗（Wenro）和其他小对手了。其首都奥诺蒂萨斯顿（Ounotisaston）是当时东北部最大的聚落之一（不出所料，学者们又开始争论这些中立者能不能因此有资格跻身"简单酋邦"而不只是"部落"）。

在阿提旺达洪克被疾病和饥荒摧毁之前，造访过这里的耶稣会士无一例外认为，这里的体制和它的邻居截然不同。我们可能永远都没有办法完全搞清楚其结构的玄妙之处。例如法国人称阿提旺达洪克为"中立者",主要是因为当温达特和长屋联盟的各部族之间争斗不停时,阿提旺达洪克不站在任何人一边,却允许交战双方的人员自由从他们的土地上经过。这呼应着传说中"族母"吉冈萨瑟的行为,这个名字也是后来长屋联盟级别最高的女性官员,在他们的民族史诗中,这位女神的确出身于阿提旺达洪克。但与此同时,阿提旺达洪克人和他们的西部以及南部邻居相处时,毫无中立之风。

实际上,根据改革派神父约瑟夫·德拉罗什·戴龙(Joseph de la Roche Daillon)的记录,在1627年,统治阿提旺达洪克的是一个名叫措哈利森(Tsouharissen)的军阀,"有着所有部族中史无前例的最高信誉和权威,因为他不仅是自己城镇的酋长,也是全族所有城镇的酋长……其他部族中从来没有出现过这样一个拥有绝对权力的酋长,他以勇气来夺得荣誉和权力,也曾经多次和17个敌对部族作战"。[81] 事实上,当他外出作战时,联盟议事会(在其他易洛魁社会中这是最高权威)根本无法做出任何重要决定。措哈利森已经很像是一个王了。

吉冈萨瑟这个角色所代表的是和解的原则,与王权和自我膨胀正好南辕北辙,那么措哈利森和吉冈萨瑟之间是什么关系呢?我们不知道。我们掌握的关于措哈利森生平细节的唯一记录又颇具争议,这是一段口述史,据说是措哈利森第三个妻子的证言,流传了3个世纪直至今天。[82] 几乎所有历史学家都认为这个记录价值不高,但也未必就毫无可取之处。无论如何,根据这篇口述,措哈利森天生早慧,他在学习神秘知识上很有天分。他的故事传到了一位切罗基祭司的耳中,祭司跋山涉水而来,成为他的导师;他找到了一块大水晶并宣称这标志着他是太阳转世,他打了很多仗,结了四次婚。最后他决定将自己的衣钵传给最年轻的图斯卡罗拉族妻子所生的女儿,这个女儿同样天生早慧。然而灾难降临了,他的决定触怒了自己的正妻,正妻是阿提旺达洪克人,属于"龟"氏族中级别最高的,她设下埋伏,杀死了这个女儿,女儿的母亲因绝望而自杀。措哈利森大怒,将陷害者全族屠尽,甚至连他自己的继承人也没有放过,这就彻底摧毁了王朝传给子孙的任何可能。

如我们所说,我们并不知道这个故事有几分可信;但我们的确知道故事大框架反映着现实。阿提旺达洪克当时的确和远至切罗基的部族存在定期联系；而如何将神秘知识和民主制度相糅合的难题，以及当继嗣是按照没有内部等级的母系氏族组织起来时，强人试图建立王朝时所面临的难题，都是北美洲当时常见的问题。措哈利森绝对真实存在过，他的确致力于将自己的战功转化为中央集权。我们知道最终他失败了，我们只是不知道失败的具体方式是否如故事所说的那般。

到了拉翁唐男爵在加拿大法军中服役时，也就是坎迪亚洪克和弗隆特纳克总督定期共进晚餐、畅谈政治理论时，阿提旺达洪克已经不复存在了。不过措哈利森的生平大事想必坎迪亚洪克也并不陌生，因为这些故事，在他成长的岁月里，依然是部落中许多他所熟悉的老人生动的童年回忆。例如"族母"吉冈萨瑟就依然活跃，最后一个持有这个头衔的阿提旺达洪克人在 1650 年加入了塞内卡人的狼氏族。她依然端坐在自己的传统位置上，一个俯瞰着尼亚加拉峡谷的要塞基恩努卡（Kienuka）。[83] 不管是这一位吉冈萨瑟，还是她的继任者们（这个可能性更大），可能在 1687 年还在世。在这一年，路易十四决定消除五族联盟对法国定居点日益增长的威胁，他派了老练的指挥官德农维尔侯爵（Marquis de Denonville）来当总督，并令其使用一切力量将这些易洛魁部族从今天的纽约上州给赶出去。

有关这一点我们有拉翁唐的个人回忆录来佐证。德农维尔侯爵假装有意媾和，邀请联盟议事会全体前来弗隆特纳克堡（得名于前总督）讨论谈判事项。大约来了 200 名代表，包括联盟所有终身官员，还有许多来自妇女议事会。德农维尔侯爵将他们立刻逮捕，送去法国做船奴。这使原住民陷入混乱，趁此时机，德农维尔侯爵命令手下进攻五族联盟的领地。（拉翁唐强烈反对这一计划，还因为干预和阻止下层兵卒随意折磨俘虏，给自己惹了麻烦。他被勒令离开，但当他辩解自己喝醉了之后，也就没有受进一步的惩罚。过了几年，局势变化，他又遭逮捕，罪名是抗命，这一次他不得不跑去阿姆斯特丹。）[84]

吉冈萨瑟选择不参加德农维尔的会议，因而当大联盟议事会被一网打尽之后,唯余她一人,就成了最高级别的联盟首领。情况紧急,已经没时间推选新的酋长了,她和剩下的氏族之母们自己组织了一支军队。据称,许多入伍的人本身就是塞内卡女人。结果表明,吉冈萨瑟在军事策略上远远胜过德农维尔。她的军队在纽约州维克托(Victor)附近击溃入侵的法军之后,正准备开入蒙特利尔,此时法国政府不得不求和,同意拆毁尼亚加拉堡,并将船奴中幸存的人遣送回来。[85]正如拉翁唐后来指出的那样,"那些在船上当过奴隶的"原住民和坎迪亚洪克一样,对法国的制度深恶痛绝。拉翁唐所说的基本就是在这起事件中被俘的人,准确来说,是当初被抓走的200人中活着回来的那十多个人。

在这样危在旦夕的背景之下,为何还要关注像措哈利森这种自封为王之人的征战呢?我们认为,他的故事表明,即便在原住民的社会中,政治问题也没有得到一劳永逸的解决。当然了,在卡霍基亚之后,总体的方向是拒绝各种形式的霸主,建立宪政架构以谨慎分配权力,让他们永远没办法卷土重来。但他们依然会在暗处潜伏等待。不同形式的治理方式依然存在,野心勃勃的男男女女,一旦情况允许,就会召唤出集权制。在击败了德农维尔之后,吉冈萨瑟似乎解散了军队,重新选举官员来组建大联盟议事会。但是如果她不这么做,也可遵循先例自立为王。

在我们所说的原住民对欧洲社会的批判背后,正是这种相互冲突的意识形态可能性,当然还有易洛魁人对于漫长的政治辩论的嗜好。脱离这样的背景,便不可能理解为何原住民批判如此强调个人自由。原住民自由的理念对于整个世界都有重大的影响。换句话说,北美洲原住民不仅绕开了我们认为不可避免的从农业发展到全能国家或者帝国的进化论陷阱;而且在发展过程中,他们还产生了一种政治理论,不仅最终影响了欧洲启蒙时代的思想家,更通过他们影响至今。

至少在这个意义上,可以说是温达特人赢了辩论。今日,不管是一个欧洲人或者任何地方的人,不管他们内心怎么想,都已经不可能像17世纪的耶稣会士一样,截然宣称反对人类自由的原则了。

第十二章

结 论

万物的黎明

本书从呼吁提出更好的问题开始。我们首先观察到，追寻不平等的起源必然意味着制造一个神话，一场堕落，一种对《创世记》前几章的技术性变体，而这些在大部分现代版本中呈现为一种刨除了一切救赎希望的神话叙事。在这些叙事中，人类顶多只能指望对我们固有的卑劣境况做些小修小补，幸运的话，还能采取重大行动阻止迫近的大灾难。截至目前，唯一与之不同的理论是假定不平等没有起源，因为人类是天生就有些残暴的生物，我们的生活从一开始就是悲惨与暴力的；在这种情况下，主要由我们自身的自私和竞争本性驱动的"进步"或"文明"本身就是救赎。这种观点在亿万富翁中极为流行，却对其他人没什么吸引力，包括科学家在内，因为他们清楚地知道它并不符合事实。

大部分人天然地对故事的悲剧版本感到亲切，或许不足为奇。原因不仅在于它与《圣经》的渊源。更美好更乐观的叙事——西方文明的进步终将使每个人更加幸福、富足和安全——至少有一处明显的缺陷。它无法解释为何那样一个文明不能自然而然地传播；换言之，为何欧洲列强在过去的差不多500年间要用枪指着人们的脑袋以迫使他们接受那个文明。（还有，如果处于"蒙昧"状态天然是悲惨不堪的，为何有那么多西方人一旦可以选择，就会在第一时间迫不及待地转而投奔那种状态。）在19世纪欧洲帝国主义的全盛期，每个人似乎都更强烈地意识到了这一点。虽然在我们的印象中，那个时代天真地相信"进步的步伐势不可当"，但实际上，自由主义的、杜尔哥式的进步观从未真正主导过维多利亚时代的社会理论,更别提当时的政治思想了。

事实上,那个时代的欧洲政治家和知识分子很可能满脑子都是衰落和解体的危险。他们中很多都是公开的种族主义者,认为大部分人类没有进步的能力,因此盼望这些人能肉体灭绝。即便是那些不这么想的人,也倾向于认为改善人类境况的启蒙方案着实天真得可怕。我们今日所知的社会理论大部分产生于这些反动思想家之列,这些人回看法国大革命带来的震荡,关心的更多是家国之中日益增长的苦难和公众暴动,而不是海外人民的灾难临头。因此,社会科学的构思和搭建围绕着两个核心问题:①启蒙运动的擘画,即科学进步和道德进步的统一以及改善人类社会的方案,哪里出了问题?②为何好心好意修复社会问题的努力却常常招致更坏的结果?

这些保守思想家发问,为何启蒙革命家这么难以将理念付诸实践?为何我们不能想象一种更理性的社会秩序并通过立法使其成为现实?为何对自由、平等和博爱的热情最终却制造出恐怖?背后一定有什么原因。

姑且不论其他,这些关心事项有助于解释让-雅克·卢梭这个不太成功的18世纪瑞士音乐家,为何会持续不断被拿出来讨论。那些主要关心第一个问题的人将卢梭视为首位以典型的现代方式提出这个问题的人。那些主要关心第二个问题的人将卢梭塑造为无知的终极反派,是个认为非理性的既存秩序可以被简单扫除的头脑简单的革命家。很多人认为卢梭个人要为断头台负责。相较之下,今天鲜有人阅读19世纪的"传统主义者",但这些人其实很重要,因为是他们,而非启蒙哲学家,真正孕育了现代社会理论。很久以来,现代社会科学中几乎所有重要议题,例如传统、团结、权威、地位、异化、神圣,都是首先在诸如神权主义者德博纳尔德子爵(Vicomte de Bonald)、君主主义者德迈特斯伯爵(Comte de Maistre)或者辉格党政客和哲学家埃德蒙·伯克(Edmund Burke)这类人的著作中被提出的,他们认为,尤以卢梭为代表的启蒙思想家拒绝严肃对待这些顽固的社会现实,招致了(他们坚称的)灾难性后果。

这些19世纪激进派和反动派之间的争论从未真正终结,而是不断地以不同形式重新浮现。例如,如今右派更倾向于将自己看作启蒙价值的捍卫者，而左派则是其最激烈的批判者。但是在论辩的过程中，各方都在一个关键点上达成了共识：确实有过某种"启蒙运动"，它标志着人类历史的一次根本性转折，美国革命和法国革命在某种意义上就是这场决裂的结果。启蒙运动被视为带来了一种前所未有的可能性：依据某种理性的理念重塑社会的自觉工程。也即，真正的革命政治。很明显，18世纪之前就有过起义和愿景运动。没有人能否认这一点。但是，这些启蒙之前的社会运动如今很大程度上被低估为许许多多这样的事例，其中人们只是主张回归某种"古代之道"（通常是他们编造出来的），或是声称依据上帝（或是与之类似的本土存在）的启示行事。

顺着这套论述，启蒙之前的社会是"传统"社会，建立在社区、身份、权威和神圣之上。在这些社会中，人们不论进行个体行动还是集体行动，归根结底都不是为了自己。他们更像是习俗的奴隶，或者充其量是无法阻挡的社会力量的代理人，这些力量被他们投射为宇宙中的神、祖先或其他超自然力。据信，只有启蒙之后的现代人才有能力自觉干预历史并改变其进程；在这一点上，所有人似乎突然达成了共识，也不管他们对于改变历史进程是不是个好主意有过多么激烈的分歧。

上述概论或许显得有些脸谱化了，极少有作者愿意把事情表述得这么直白。但是很显然，大部分现代思想家就是很难认定早前时代的人有过自觉的社会工程或者历史规划。总体而言，这些"不现代"的人被认为头脑太过简单（尚未取得"社会复杂性"），或是生活在某种神秘的梦幻世界，或充其量只是在凭借适用的技术水平适应自身所处的环境。坦白地说，人类学在其中并没有起到引领作用。

在20世纪的大部分时间，人类学家偏好以无关历史的方式来刻画所研究的社会，就像它们活在某种永恒的当下。这么做部分是因为大多数民族志研究是在殖民背景下展开的。例如，大英帝国在非洲、印度和中东的不同地方维持着间接统治体系，当地的王室、土地庙、氏族长老组织、男性之屋等本土制度得到保留，并通过立法被固化下来。重大的政治变动，例如组建一个政党或领导一场先知运动，则变得完全不合法，而任何一个尝试做这些事情的人都可能被捕入狱。如此一来，人类学家显然更容易将研究的人群描绘成过着恒常不变的生活。

既然历史事件就其本质而言是不可预测的，更科学的做法似乎就是研究那些可预测的现象，即那些以几乎相同的方式一遍一遍不断发生的事情。在塞内加尔或是缅甸的一个村落，这可能意味着描述日常例行活动、季节周期、过渡仪式、王朝更迭模式或是村落的扩张和分裂，并常常强调同样的结构如何得以持续存在。人类学家这样写作是因为他们自视为科学家（当时的行话叫"结构功能主义者"）。如此一来，他们让阅读这些描述的人更容易将那些被研究者想象为科学家的反面：身陷神话般的宇宙之中，一成不变，波澜不兴。当伟大的罗马尼亚宗教史学家米尔恰·伊利亚德（Mircea Eliade）提出，"传统"社会生活于"循环时间"，对历史一无所知时，他不过是挑明了显而易见的事。事实上，他走得更远。

根据伊利亚德的说法，在传统社会，一切重要的事情都已发生过了。一切重大的奠基之举都要追溯到神话时代，那是"彼时"（illo tempore），[1]是万物的黎明，那时动物可以说话或变身为人，天和地尚未分离，尚有可能创造真正的新事物（婚姻、烹饪或是战争）。他认为，生活在这个精神世界中的人，认为自身的行动只是在以没么有力的方式重复神明和祖先的创举，或是在通过仪式召唤洪荒之力。伊利亚德认为，历史事件往往就这样消融于原型之中。如果任何一个生活于他所谓的传统社会中的人确实做成了某件大事，例如建立或摧毁一座城池，或是谱出一首独特乐章，其成就最终都会被归功于某个神话人物。另一种取而代之的观念，即历史其实是朝某个方向而去的（末日、审判、救赎），被伊利亚德称为"线性时间"，其中历史事件的重要性取决于与未来而非与过去的关系。

伊利亚德坚持认为，这种"线性"意义上的时间是人类思想中相对晚近的发明，伴随着灾难性的社会和心理后果。在他看来，接受这个概念，认为事件按不断累积的顺序展开，而非不断复现某些更深层的模式，使得我们更难扛过战争、不公和不幸的波折，跌入一个前所未有的焦虑时代，终至虚无主义。这种立场的政治后果——往小了说——令人不安。伊利亚德自己在学生时代几乎是法西斯的铁卫，他的基本论点是犹太教和《旧约》引入了"历史的恐怖"（他有时这么说），这在他看来为未来灾难性的启蒙思想铺平了道路。身为犹太人，本书的两位作者不是很喜欢那种把一切历史错误都怪到我们头上的说法。不过，就目前而言，惊人的是居然真的有人认真对待这种论调。

试想一下，我们尝试把伊利亚德在"历史的"和"传统的"社会之间做出的区分应用于纵览人类的过去，套用本书前面章节的那种时空跨度。这难道不意味着历史上大部分最伟大的发现，例如首次纺织，或是首航太平洋，或是发明冶金，都是由不相信新发现或者不相信历史的人做出的？这似乎讲不通。要么就是，大部分人类社会只是最近才变得"传统"的：或许它们各自找到了一个平衡状态，安于这样的状态，并发明了一套共享的意识形态框架来合理化这种新近确立的状态。这意味着在那以前，实际上有过某种"彼时"或创世时代，那时所有人都能以极具创造力的方式思考和行动，也就是以今天的我们看来完全现代的方式；而他们的主要成就之一，显然就是找到了一种办法来杜绝大部分未来的创新。

这两种立场，都不证自明地荒唐至极。

为什么我们会怀有这样的想法？为什么想象遥远过去的人创造了自身的历史（即使不是在自己选择的条件下），会显得如此古怪甚至反直觉？部分原因无疑在于我们如何界定科学本身，尤其是社会科学本身。

社会科学很大程度上是在研究人类不自由的方式，也就是我们的行动和理解可能以怎样的方式被超出我们掌控的力量所决定。任何论述，只要显示人类集体塑造了自身的命运，或者甚至不为了别的什么而只是在集体表达自由，都会被斥为空想，有待"真正"科学的解释；如果等不来解释（人们为什么要跳舞？），就会被社会理论完全排除在外。这就是大部分"大历史"如此强调技术的原因之一。它们依据制造工具和武器的原材料来为人类的过去分期（石器时代、青铜时代、铁器时代），不然就是将人类的过去描述为一系列革命性突破（农业革命、城市革命、工业革命），接着假定技术本身基本决定了人类社会后续几个世纪的形态，或是等到下一次突破不期而至，再次改变一切。

我们没打算否认技术在塑造社会方面的重要角色。显然，技术很重要：每项新发明都开辟了前所未有的社会可能性。但与此同时，人们很容易夸大新技术在奠定社会变迁总体方向上的重要性。举个显而易见的例子，特奥蒂瓦坎人或特拉斯卡拉人使用石制工具建造并维护自己的城市，而摩亨佐达罗或克诺索斯的居民使用金属工具，但令人惊讶的是，这些城市在内部组织乃至规模上几乎没有什么差异。我们掌握的证据也不支持这种观点：重大的革新总是如革命般突然爆发，随之完全改天换地。（回忆一下，这是我们集中讨论农耕起源的两个章节中得出的一大要点。）

当然，没有人会主张农业的发端就类似于蒸汽纺车或是电灯泡的发明。我们可以相当确定，新石器时代没有比肩埃德蒙·卡特赖特（Edmund Cartwright）或托马斯·爱迪生的人，提出了概念上的突破，推动了一切的运转。尽管如此，当代写作者似乎禁不住要这样想：新石器时代一定发生过某种类似的与过去的戏剧性决裂。如我们所见，事实并非如此。新石器社会的创新，并非基于一些男性天才对自身愿景的实现，而是基于积攒了许多个世纪的集体知识，这些知识很大一部分来自女性的无数看似不起眼实则意义重大的发现。很多这类新石器时代的发现通过累积效应重塑着日常生活，它们的影响之深远，完全不亚于自动纺车或电灯泡。

每次坐下吃早餐时，我们可能就受益于十几个诸如此类的史前发明。是谁第一个发现，添加我们称为酵母的微生物能够让面包发酵？我们不知道，但几乎可以肯定那是一位女性，并且如果她今天移民到欧洲国家，很可能不会被称为"白人"；而我们确切地知道，她的成就持续丰富着亿万人的生活。我们同样知道，此类发现基于许多个世纪的知识积累和试验；回忆一下，早在有人系统性地应用农业的基本原则之前，这些原则就已为人熟知了。而这类试验的结果通常被保存在仪式、游戏和各种形式的玩乐中（甚至可能就存在于三者重叠之处），并由此传播开来。

对此，"阿多尼斯的花园"是个恰如其分的象征。像小麦、稻和玉米这类后来成为大量人口主粮的作物，关于它们的营养特性和生长周期的知识，最初就是在这类仪式性的种着玩的过程中被保存下来的。这种发现模式也不仅仅局限于作物。陶艺在新石器时代之前很久就被发明出来，最早用于制造小塑像，即动物或其他主题的微缩模型，后来才被用于制造炊具和贮藏器具。采矿最初是为了获取用作颜料的矿物质，开采工业用的金属是在那之后很久的事。中美洲社会从未使用过有轮子的运输工具；但是我们知道当地人熟知辐条和轮轴，因为他们把这些做成玩具给孩子们玩。古希腊科学家以发现蒸汽机原理而闻名，但只用它制造看上去能自动开合的神庙大门或是类似的剧场障眼法。同样出名的例子是，中国古代的科学家最早使用火药是为了制造烟火。

在大部分历史中，仪式游戏领域（ritual play zone）既构成了一个社会的科学实验室，同时也是该社会的知识和技术库，其中的知识和技术可能会被应用于解决实际问题，也可能不会。例如，回想一下，欧塞奇"小长老"如何将对自然法则的研究和推测结合进社会建制和周期性改革中；他们如何将二者视为归根结底相同的事项，并详细（口头）记录下他们的审议意见。新石器时代的加泰土丘，或是特里波列的超大遗址，是否有类似的"女性小长老"组织？我们无法确定，但认为非常有可能，因为我们在这些例子中看到了相似的社会和技术革新节奏，以及在艺术和仪式中对女性主题的关注。如果我们尝试提出更有趣的关于历史的问题，其中之一可能就是：在通常所说的"性别平等"（或许直接称之为"女性自由"更好）和某个特定社会的创新程度之间，是否存在着正相关？

选择以另一种方式描述历史，将历史展现为一系列突然爆发的技术革命，每次革命之后的那段漫长时间里，我们都是自己创造物的囚徒，这种描述历史的方式是有连带后果的。说到底，这种方式把我们这个物种描绘得比事实反映出的更缺少思想、创造力和自由。这意味着不将历史描述为一系列连续不断的技术或其他方面的新想法和新创造，其间不同的社区集体决定哪些技术适合日常生活应用，哪些应该局限在试验或仪式游戏的范畴。技术创新如此，社会创新更是如此。在为本书做调研时，我们发现的最惊人的模式之一，事实上也是我们心目中真正的突破性发现，就是仪式游戏领域如何在人类历史上一次又一次成为社会试验的场所，甚至在某些方面是一部关于各种社会可能性的百科全书。

我们并不是首次提出这一见解的人。在20世纪中叶，一位名为亚瑟·莫里斯·霍卡（Arthur Maurice Hocart）的英国人类学家提出，君主制和政府制度最初来自旨在将生命力量从宇宙导入人类社会的仪式。他甚至认为在某个时间点上，"最初的国王一定是死去的国王，"[2] 备受尊敬的个体只有在自己的葬礼上才真正成为神圣统治者。霍卡是人类学家同侪们眼中的怪胎，从未在主要大学谋得永久教职。很多人指责他不科学，只会胡思乱想。讽刺的是，如我们所见，当代考古科学的成果使我们不得不开始严肃对待他的胡思乱想。出乎很多人意料的是，基本就像霍卡所预测的，旧石器时代晚期真的留下了大型墓葬的痕迹，精心展示着那些似乎主要在墓主死后才迎来的齐天富贵与荣誉。

这个原则不仅适用于君主制或贵族制，也适用于其他制度。我们曾指出，私有财产最初是作为神圣语境下的一个概念出现的，警察职能和指挥权力也一样，后来又随之而来了一整套正式的民主程序，例如选举和抽签，它们最终被用于限制此类权力。

事情从这里开始复杂了起来。要说在人类历史的大部分时间里，仪式年历充当了诸种社会可能性的汇编（就比如在欧洲中世纪，等级分明的露天盛会与喧闹混乱的狂欢节交替出现），这样的表述还不够恰当。因为节庆已经被视作异乎寻常、有点不真实或至少是偏离日常秩序的了。而事实上，我们所掌握的旧石器时代以来的证据显示，许多人，甚至可能是大部分人，不仅会在一年中的不同时间想象或践行不同的社会秩序，而且实际上在相当长的时间内就生活于不同的社会秩序中。这与我们目前的处境形成了鲜明的反差。如今，我们大部分人会发现，就连设想一种不同的经济或社会秩序都越来越难了。相比之下，我们的远祖似乎能经常性地在不同的秩序中穿梭自如。

如果人类历史上确实犯下过什么可怕的大错——从当前世界的状况来看，很难否认这一点——那错误或许就始于人们不再能这样自由地去想象和践行其他社会存在形式的那一刻，错误严重到今天的有些人甚至觉得这样一种自由在人类历史上的大部分阶段根本不曾存在或无人行使。即使那少数几个声称人类总能想象不同社会可能性的人类学家，例如皮埃尔·克拉斯特和后来的克里斯托弗·博姆，也相当古怪地断定在差不多95%的人类历史中,那同一批人类对所有可能的社会世界都心怀畏惧——除了人人平等的小规模社会。我们仅有的梦想就是噩梦:等级制、支配和国家的可怕前景。正如我们所见,事实明显并非如此。

上一章中探讨的北美洲东部林地社会的例子,给了我们一种更有效的提问方式。例如我们可以问,为何他们的祖先能做到抛弃卡霍基亚的遗产,抛弃唯我独尊的领主和祭司,成功重组为自由的共和体;可是当与之对话的法国人尝试效法他们,摆脱自己的旧等级制度时,结果却是灾难性的?个中原因无疑众多。但是对我们来说,关键是要记得这里谈论的并非作为抽象理想或形式原则的"自由"(类似"自由、平等、博爱!"的语境)。[3]反之,在本书诸章节中,我们讨论了可以付诸实践的社会自由的基本形式:①迁离所在环境的自由;②无视或不服从他人命令的自由;③塑造全新社会现实,或在不同社会现实之间来回切换的自由。

我们现在可以看到,前两种自由,即迁移和抗命的自由,往往为更富创造力的第三种自由充当了某种脚手架。让我们明确阐述一下这种对第三种自由的"支撑"是怎样实现的。只要前两种自由被认为是理所当然的,就像那些北美洲社会在初遇欧洲人时的内部情况,那么唯一可以存在的国王顶多只是在玩国王扮演而已。一旦他们越界,昔日的臣民总是能无视他们或者迁去其他地方。这同样适用于其他官衔等级制度或权威体系。与之类似,一支警察部队只在一年中的三个月运转,其成员一年一轮换,那这支部队在某种意义上就是在玩警察扮演。这样想来,其成员有时直接从仪式小丑中征募,好像也就不那么离奇了。[4]

在这里,人类社会显然发生了某些变化,还是相当深远的变化。三种基本自由逐渐退场,以至于今天的大部分人几乎想不出生活在以它们为基础的社会秩序中是什么样子的。

这是怎么发生的?我们是怎么陷入僵局的?我们到底陷得多深?

"不可能脱离想象建构的秩序。"尤瓦尔·赫拉利在《人类简史》一书中如是写道。"当我们打破监牢奔向自由时,"他继而写道,"我们事实上是在奔向更大的监狱中更宽阔的操场。"[5]正如第一章所见,他并不是唯一得出此结论的人。大部分书写大跨度历史的人似乎都认定，我们这个物种结结实实地陷入僵局了，根本没有办法逃脱自己一手打造的制度牢笼。赫拉利再次呼应了卢梭，把握住了主流情绪。

我们稍后会说回这一点，不过现在，我们想先进一步思考前面的第一个问题：这是怎么发生的？在一定程度上，答案必然只能停留在推测层面。提出正确的问题或许最终能加深我们的理解，但是就目前而言，我们所掌握的材料，尤其是关于这个进程早期阶段的材料，依然太过稀少和模糊，不足以提供确切的答案。我们最多只能依据本书中列明的论据，给出一些初步提议或是出发点；或许我们也能开始更清楚地看出，自卢梭时代以来，其他人都错在了哪里。

一个重要的因素似乎是人类社会逐渐分化为所谓的"文化区"，也就是说，相邻群体开始了参照彼此定义自己的过程，典型做法是夸大彼此的差异。身份本身逐渐被视为一种价值，由此开启了文化分裂演化的进程。正如我们在加利福尼亚觅食者及其西北海岸的贵族邻居的例子中所看到的，这种文化拒斥行为也可以是自觉的政治竞争行为，标示出不同社会之间的边界——在这个例子中，加利福尼亚某些原住民社会拒绝内部团体间战争、竞争性宴请和家屋内奴役，而其紧邻的西北海岸社会则接受甚至拥抱这些原则，将之作为社会生活的典型特征。考古学家从更长时段的视角出发，看到了此类地方性文化区的激增，尤其是在上一个冰期结束之后，但他们往往无法解释为何出现文化区，也无法解释是什么构成了这些文化区之间的边界。

尽管如此，这貌似是一个划时代的发展。例如，回想一下后冰期的狩猎-采集者享受着怎样的一个黄金时代，尤其是在海岸或林地区域。那时似乎出现了各种各样的地方性试验，反映为数量激增的奢华墓葬和纪念性建筑，其社会功能常常显得神秘莫测：从墨西哥湾沿岸用贝壳建造的"圆形剧场"，到日本绳纹时代三内丸山遗址的巨型仓库，到波的尼亚湾所谓的"巨人教堂"。在这些中石器时代人群中，我们常常不仅能找到大量增加的独特文化区，而且首次找到了清晰的考古学证据，证明社区被划分为长期存在的等级，有时伴随着人际暴力甚至战争。在有些例子中，这可能意味着家户内已经分层为贵族、平民和奴隶。在其他例子中，形式迥异的等级制度也许已经扎根，其中一些似乎被有效地固化下来。

此处，战争的角色值得进一步讨论，因为各种形式的玩（扮演）常常借由暴力变得更加持久稳固。例如，纳奇兹或希鲁克王国很大程度上可能属于剧场国家，其统治者发布的命令在两三公里之外就无人遵从；但是，如果有人在剧场表演的某个环节中被随意杀掉，那么就算表演结束，他也肯定活不过来了。把这种明摆着的事专门拿出来论述显得十分荒唐，但这很重要。当国王扮演者开始杀人的时候，他就不再是扮演的国王了；或许这也有助于解释为何在一种状态向另一种状态过渡的阶段常常发生过度的仪式性暴力。战争同理。正如伊莱恩·斯卡里（Elaine Scarry）指出的，两个社区可以选择参与竞赛来解决争端，它们往往也是这样做的；但是，战争（或她所谓的"杀伤性竞赛"）与大多其他形式的竞赛之间的终极区别是，在战争中丧生或毁容的人将永远处于这样的状态，即便在竞赛结束之后。[6]

即使如此，我们还是要谨慎。就算人类一向有能力对彼此进行身体攻击（且很难找到一个在任何状态下人们都从不攻击他人的社会），也没有实际理由假定战争向来就存在。严格来说，战争并非仅仅指有组织的暴力，而是指界限分明的双方之间的某种竞赛。雷蒙德·凯利（Raymond Kelly）巧妙地指出，它基于一条既不自然也不自明的逻辑原则：主要的暴力牵涉两个团体，其中一个团体的任何成员都将另一团体的所有成员视为无差别的攻击目标。凯利称之为"社会可替代性"（social substitutability）原则，[7]也就是说，如果一个张三家的杀了一个李四家的，李四家要复仇，则复仇对象未必要是凶手本人，而可以是任何张三家的人。同理，如果德法开战，那么任何一个法国士兵可以杀掉任何一个德国士兵，反之亦然。集体屠杀不过是这种逻辑的进一步升级。这类安排没什么特别原始的渊源，显然没理由相信它们在任何意义上是人类心智所固有的。相反，几乎总是要综合动用仪式、药物和心理学技巧来说服人们，哪怕是青少年男性，去像这样系统化、无差别地杀戮和伤害彼此。

在大部分人类历史上，似乎没人认为有什么理由做这样的事，即便有，也很罕见。系统研究旧石器时代的记录，几乎找不到这种特定意义上的战争的证据。[8] 而且，既然战争总是带有游戏/竞赛的意味，那么它呈现出不同的变体，有时更剧场化，有时更致命，也就没那么出人意料了。民族志提供了许多充其量只能被描述为"玩打仗"（play war）的例证：要么使用不致命的武器，或者更常见的是，双方各派上千人参战，经过一天的"战斗"后，总伤亡数不过二三人。即使在荷马式的战争中，大部分参与者基本也只充当了现场观众，围观个别英雄彼此挑衅、嘲弄，偶尔互掷长枪或短箭，或是展开决斗。在另一个极端上，正如我们所见，越来越多的考古证据披露出不折不扣的大屠杀，就像上个冰期结束后在欧洲中部新石器时代村民中所发生的那些。

令我们震惊的是，这些证据的分布极不均衡。激烈的群体间暴力阶段与和平阶段是交替出现的，和平阶段往往持续数个世纪，其间几乎没有任何毁灭性冲突的证据。在采用农耕之后，战争并没有成为人类生活的常态；事实上，在很长的一些阶段中，战争看上去已被成功废除。可它往往会顽强地再次出现，虽说是在数个世代之后。至此，新问题出现了。外部的战争和内部的自由丧失之间是否有关系？内部自由的丧失是否先后为等级制和大规模支配体系开辟了道路，类似我们在本书后几个章节中所讨论的那些最早的王朝和帝国，如玛雅、商或印加？若当真如此，它们的相关性又有多直接？有一件事是我们已经了解的：要着手回答这些问题，就不能简单假设古代政体只是我们现代国家的"古风"版本。

我们今日所知的国家，是主权、官僚制和竞争性政治场域三要素的特殊结合，这三者有着完全独立的起源。在上两章的思想实验中，我们展现了这些元素如何直接映射为社会权力的基本形式，从而得以在任何规模的人类互动中运作，从家庭或家屋直到罗马帝国或超级王国塔万廷苏尤。主权、官僚制和政治是对三个基本支配类型的放大，这三个基本支配类型分别基于对暴力、知识和个人魅力的使用。对于古代政治体系，尤其是奥尔梅克或查文德万塔尔之类的无法以"酋邦"和"国家"来定义的政体，更好的理解方式是看它们如何将社会权力的某一个轴心发展到极致的（比如，在奥尔梅克的例子中是魅力型政治竞赛和奇观，在查文的例子中是对秘传知识的控制）。这些被我们称为"一阶政体"。

在两个权力轴心发展成熟并正式形成单一支配体系的地方，可以说存在"二阶政体"。例如，埃及旧王朝的创制者以官僚制来加持主权原则，并使其扩张到广阔的领土。相较之下，古代美索不达米亚城邦的统治者没有直接宣示主权，因为在他们看来主权在天。当为土地或灌溉系统开战时，他们只是神明的次级代理人。不过，他们结合了魅力型竞争与高度发达的行政秩序。古典玛雅又有不同，其行政管理活动基本局限于监视宇宙事务，而其世俗权力建立在主权和王朝间政治的强有力结合之上。

要说这些以及其他通常被视为"早期国家"（例如商代中国）的政体真有什么共性的话，那些共性似乎与我们通常设想的全然不同——这又把我们带回了战争以及社会内部自由丧失的问题。所有这些政体都在自身体系的巅峰期发展出蔚为壮观的暴力（不论暴力是作为君主主权的直接延伸还是以神明之名被实施）；它们都在一定程度上以父权制家庭组织为蓝本打造自己的权力中心——朝廷或宫廷。这仅仅是巧合吗？仔细想想，同样特征的组合也能在大部分后来的王国或帝国中找到，例如汉、阿兹特克或罗马。在每个例子中，父权制家庭和军事力量都紧密相关。但为什么会是这样？

事实证明，这个问题很难用近乎粗浅的术语来解答，这部分是因为我们的智识传统迫使我们使用其实属于帝国的语言来解答问题；对于大部分我们在此尝试说明的事情，这种语言已经暗含着一种解释，甚至是一种合理化。这就是为何在本书中，我们有时觉得有必要开发出我们自己的更加中立的（我们敢说是更科学的吗？）人类自由和支配形式的基准术语表；因为现有的辩论几乎无一例外从源自罗马法的术语出发，这在不少方面来看都很成问题。

罗马法对自然自由权的构想本质上建基于个体（暗指家庭中的男性户主）以自认为合适的方式处置自身财产的权力。在罗马法中，财产确切来说甚至不是一种权利，因为权利是和他人协商而来的，并涉及相互的义务；在这里它只是一种权力，是在"武力或法律"界限内，某人拥有任凭他处置的某物的这个残酷事实。这种表述方式存在一些怪异之处，法学家们自那时起就一直在努力解决，因为它隐含的意思是自由本质上是一种外在于法律秩序的原初例外状态，也暗示着财产并非人与人之间就谁可以使用和照看什么物品达成的一系列理解，而是人和物之间的一种以绝对权力为特征的关系。说一个人除不允许做的事之外，拥有拿着手榴弹为所欲为的自然权利，这意味着什么？谁想出了这么古怪的表述？

西印度群岛社会学家奥兰多·帕特森提供了一个回答，他指出，罗马法中的财产概念（以及随之引出的自由概念）本质上可以追溯至奴隶法。[9] 之所以可以把财产想象为一种人和物之间的支配关系，是因为在罗马法里，主人的权力使奴隶沦为物件（res，意为物），而不是对他人有社会权利或法律义务的人。财产法因而基本上是在应对随之而来的各种复杂后果。有必要花费片刻回想一下那些奠定我们当前法律秩序基础——我们的正义理论、对契约和侵权的表述、对公共和私人的区分等等——的罗马法学家究竟是哪些人。他们在公共生活中作为法官进行严肃判决，而在家庭内部的私人生活中，他们不仅拥有对妻子、孩子及其他依附者的近乎绝对的权威，还拥有数十甚至可能上百的奴隶来照料自己的需求。

奴隶为他们剪头发、递毛巾、喂宠物、修鞋子，在晚宴上奏乐，辅导他们孩子的历史和数学功课。同时，在法律理论术语里，这些奴隶被归类为外邦俘虏，即在战争中被征服，失去了所有权利。因此罗马法学家可以随心所欲随时随地强暴、折磨、残害或者杀戮任何奴隶，而这只会被当作一件私事（只有在提比略统治之时才有了关于主人如何对待奴隶的限制，而这不过意味着在奴隶被野兽撕成碎片之前，需要得到地方长官的首肯；主人依然可以以其他任意形式处决奴隶）。从一方面看，自由（freedom 和 liberty）是私人事务；从另一方面看，私人生活的标志是男性家长凌驾于被征服者的绝对权力，而那些人被视作他的私有财产。[10]

大部分罗马奴隶其实并非真正意义上的战争俘虏，不过这个事实也改变不了什么。重要的是，他们的法律地位被这些术语定义着。就我们目前的讨论来说，最令人震惊也发人深省的地方在于，战争逻辑——它规定了敌人是无差别的，一旦投降，要么被杀死，要么"社会性死亡"，被作为商品售卖——以及潜在的专断暴力，在罗马法理中如何被嵌入了最亲密的社会关系领域，包括家庭生活必需的照护关系。回想亚马孙"俘获社会"或是王朝权力在古埃及扎根的过程等案例，我们可以看出暴力和照护之间的这种特殊联结有多么重要。罗马将二者的纠葛推至新的极端，其遗产依然形塑着我们对社会结构的基本概念。

我们所说"家庭"（family）这个词，和拉丁语 *famulus* 也即"家庭奴隶"共享同样的词根，而"家庭"的拉丁语 *familia* 本身，最初指处于一个 *paterfamilias* 即男性户主的家庭权威之下的所有人。*Domus* 是拉丁语的"家户"（household），这个词不仅为我们带来了"家庭的"（domestic）和"驯养的"（domesticated），还带来了 *dominium*，也就是指代皇帝主权和公民私有财产权的术语。借着最后这个术语，我们对于"占据支配地位"（dominant）、享有"支配权"（dominion）以及去"支配"（dominate）意味着什么有了概念。我们继续循着这条思路更进一步。

我们已经看到，在世界各处发现的战争和屠杀，包括掳走战俘的直接证据，早在王国或帝国出现之前就有了。更难确定的是，在这些早期历史阶段，作为战俘的敌人到底经历了什么：他们是被杀掉、同化还是悬置在死亡和同化之间？我们从各种美洲印第安人的案例中了解到，事情并非总是一清二楚，常常有多种可能。在这种情况下，让我们最后一次回看坎迪亚洪克时代的温达特人。这颇有启发，因为这个社会在此类问题上似乎决绝地避免了模棱两可。

在某些方面，那时的温达特以及所有讲易洛魁语的社会都极其好战。在欧洲殖民者把毛瑟枪卖给不同的原住民派系，最终导致"河狸战争"之前，在东部林地北边很多地方，血腥对抗就已经开始了。早期耶稣会士常常震惊于自己的所见所闻，不过他们也留意到，战争名义上的发动原因完全不似他们所熟知的那样。所有温达特战争事实上都是"哀悼之战"（mourning war），用于缓解那些痛失亲人之人的悲伤。通常，战争中的一方对传统上的敌人发动袭击，带回一些头皮和少量俘虏。被俘的女性和儿童会被收养，男性的命运则基本取决于哀悼者，尤其是女性哀悼者，而在外人看来，这些哀悼者的决定似乎完全是任意而为。如果哀悼者觉得合乎情理，男性战俘就会被赋予一个名字，甚至是被哀悼的死者的名字。被俘的敌人因此会变成那另一个人，在几年的考验期后，就会被当作正式的社会成员。如果出于种种原因，这一情况没有发生，那么这个战俘就要经受完全不同的命运。对于一个沦为阶下囚的男性战士来说，除了被温达特社会彻底收养，就只剩被酷刑折磨致死这条路了。

这些细节令耶稣会士感到震撼和着迷。他们所注意到的，有时是亲眼见证的，是一场对暴力缓慢的、公开的、高度剧场化的使用。的的确确，他们承认，温达特人对战俘的折磨并不比法国对国家公敌的折磨残酷多少；对他们来说，真正惊人的并不是对敌人进行鞭打、浇沸水、烙印、肢解，甚至在有些情况下将其烹饪和分食，而是温达特村落和市镇几乎倾巢而出，甚至包括女性和儿童，都来参与处决。折磨会持续数天，被折磨的人偶尔会被弄醒，只是为了经受更多痛苦，这几乎是一项公共事务。[11]如果我们回想这群温达特人是如何拒绝打孩子屁股、拒绝直接惩罚小偷或杀人犯、拒绝对自己人采取任何带有专断权力的措施的，这种暴力便更显得触目惊心。实际上，在社会生活的其他方面，他们都以通过冷静理性的辩论来解决问题而闻名。

到这里，人们很容易得出这样的论点，认为被压抑的攻击性必须通过这样或那样的渠道发泄出来，因此集体酷刑狂欢不过是非暴力社区必不可少的另一面；一些当代学者确实是这么认为的。但是这种解释行不通。事实上，易洛魁地区似乎恰恰是北美洲那些暴力只在某些特殊的历史阶段才被引燃，而在其他阶段基本熄火的地区之一。例如，在考古学术语中的"中林地"（Middle Woodland）阶段，即公元前100年到公元500年，大致对应着霍普韦尔文明的全盛期，那里呈现出普遍的和平。[12]后来，地方性战争的迹象才再度浮现。很明显，在历史中的某些时刻，生活于这片区域的人找到了有效方式来保障仇杀不会升级成无休止的复仇和真正的战争（长屋人关于《和平大律法》的故事讲的似乎就是这样的时刻）；在其他时候，这套系统崩溃，残酷暴虐的可能性再次出现。

那么，这些暴力剧场的意义到底是什么？寻找答案的一种方式是将其与欧洲大致同期所发生的事情进行比较。正如魁北克历史学家德尼斯·德拉热（Denys Delâge）所指出的，到访法国的温达特人同样被公开惩罚和处决过程中展现的折磨所震惊，但是最令他们震惊的是，"法国人鞭打、悬吊并处死自己人"，而不是外敌。这一点很能说明问题，德拉热指出，因为在17世纪的欧洲，

> 几乎所有的惩罚，包括死刑，都涉及极致的肉体折磨：戴铁枷、鞭打、剁手、烙印……这是一种明目张胆彰显权力的仪式，揭示着内部战争的存在。主权体现为凌驾于臣民之上的超越性权力，臣民们被迫承认其存在……美洲印第安人食人仪式显示，他们想要攫取外人的力量和勇气以更胜一筹，而欧洲仪式揭示出权力的不对称及其不可逆转的失衡。[13]

温达特人对战俘（没有被收养的那些）的惩罚行动需要整个社区合为一体，由其实施暴力的能力而统一在一起。与之相反，在法国，"人民"作为国王暴力的潜在受害者被统一在一起。这种对比还可以更加深刻。

正如温达特旅行者对法国制度的观察，任何一个有罪或无辜的人，最终都可能遭到示众。然而在温达特人之中，暴力被坚决排除在家庭和家屋的领域之外。战俘可能会被呵护备至，也可能会被残虐至极，没有折中选择。战俘献祭不仅关乎加强群体团结，而且宣示着家庭内部的神圣性，宣示着家庭领域作为没有暴力、政治和命令统治的女性治理空间所具有的神圣性。换言之，温达特家庭的定义与罗马家庭的定义完全相反。

正是在这个意义上，旧制度之下的法国社会呈现出一幅非常类似于罗马帝国的图景，至少，对照温达特人的案例而言，二者如此相似。在旧制度法国与罗马帝国这两个例子中，家户和王国有着共同的服从模式，彼此互为参照。父权制家庭成为国王绝对权力的样板，反之亦然。[14]儿童要服从父母，妻子要服从丈夫，臣民要服从神授王权的统治者。在每一种服从关系中，位高者都应在适当的时候对位卑者施加严厉的惩罚：也就是说，可以实施暴力而免受惩罚。更有甚者，这一切还被认为是出于关爱和感情。最终，就像埃及法老、罗马皇帝、阿兹特克贵族议事会发

言人或是印加皇帝的宫廷一样，波旁王廷不仅仅是一个支配结构，也是一个照护结构，其中有一小群廷臣日夜操劳，料理国王的饮食起居，同时竭尽所能地使他感到自己是神圣的。

在所有这些例子中，暴力和照护的联结都向上向下同时拓展。对此，最精彩的表述要数英格兰国王詹姆斯一世在《自由君主制的真正法律》（*The True Law of Free Monarchies*，1598）中的名言：

> 一如父亲出于父亲的职责，要照料孩子的营养、教育、品行管教；国王更要这般照料自己的全体臣民……一如父亲对任何犯错孩子的盛怒与责罚，只要孩子有改正的希望，那施加的就应当是带着怜悯的慈父样的惩戒；国王也应这般对待犯事的臣民……一如父亲最大的喜悦是为孩子谋福祉，为孩子的幸福而欢欣，为孩子的恶行而懊丧，为孩子的安全而涉险……好君主也应这般顾念他的人民。

17世纪欧洲的公开酷刑制造了刺眼而终生难忘的痛苦奇观，是为了传递这样的信息：一个允许丈夫虐待妻子、父母殴打孩子的制度，归根结底是一种爱的形式。同一时期温达特人的酷刑也制造了刺眼而终生难忘的痛苦奇观，是为了清楚说明：任何形式的肉体惩罚都不应该施加于社区或家庭之内。在温达特人的例子中，暴力和照护被明确区分开来。在这个背景下来看，温达特囚徒遭受酷刑的独特之处就凸显出来了。

在我们看来，照护和支配之间的这种联系，或更好的表述是，这种混同，对于理解一些更大的问题至关重要：关于我们如何失去了通过重建彼此关系从而自由地自我再创造的能力，关于我们如何陷入了僵局，关于为何我们现在只能将过去或未来视为从小号牢笼向更大牢笼的过渡。

在写作本书的过程中，我们尝试取得某种平衡。对于沉浸在自己的主题之中的一个考古学家和一个人类学家来说，我们本能地会去探讨关于特定主题的所有学术观点，例如关于巨石阵、"乌鲁克扩张"或是易洛魁社会组织等主题的，然后阐明自己为何更认同其中一种解释而非其他，或者斗胆提出一种新的解释。这就是学术界通行的寻找真理的过程。但是，如果我们尝试概述或反驳所涉材料中的每一种现有的解释，这本书就会无比冗长，篇幅可能会是现在的两三倍，让读者感觉作者们不断在跟魔鬼缠斗，魔鬼却只有半米高。因此，我们选择不这样做，而是尝试勾勒出我们心目中真正发生过的事，并且只在其他学者的论点反映出更普遍的误解时，我们才会花笔墨指出其缺陷所在。

或许我们致力于破除的最顽固的误解和规模有关。很多学术和非学术领域都认为，支配结构是人口规模以数量级增长所导致的必然结果，这个看法似乎成了常识；也就是说，社会等级和空间等级之间存在必然的相关性。我们一次次面对这样的著述：作者只是想当然地认为人口规模更大、密度也更大的社会组织，就需要更"复杂"的体系来维持有序运转。就是说，复杂性依然被视作等级的同义词，等级进而被视作指挥链（"国家的起源"）的婉称，这意味着只要大量人口决定在一个地方共同生活，或是参与共同的工程，就必须放弃第二种自由——拒绝命令的自由，并以法律机制取而代之，例如，殴打或囚禁那些没有执行命令的人。

正如我们所见，这些假设在理论上完全站不住脚，历史并不支持这些假设。人类学家，也是研究欧洲铁器时代的专家卡罗尔·克拉姆利（Carole Crumley）多年前就曾指出：不论是自然世界还是社会世界，复杂体系并不一定要自上而下地组织。我们倾向于做出的相反假设，或许更多地反映着我们自己，而非那些我们研究的人或现象。[15]并非只有她指出过这一点。但是大家往往对这些洞见置若罔闻。

或许是时候开始倾听这些洞见了，因为"例外"的数量开始迅速超过了常规的数量。以城市为例。城市生活的出现曾被认为标志着某种历史转折点，每一个经历转折的人都不得不永远交出自己的基本自由，并臣服于面目模糊的行政官员、严厉的神职人员、家长式的国王或武夫政客的统治，仅仅为了避免混乱（或认知超载）。今天从这个角度看人类历史，确实无异于披上现代版詹姆斯国王的袍子，因为其总体效果就是将现代社会的暴力和不平等描述为自然而然产生于理性管理和家长式照护的结构：我们被要求相信，这些结构是为人口数量超过一定阈值从而突然之间不能组织自身的人类设计的。

这些看法不仅在人类心理学上站不住脚,也很难契合有关世界各地城市起源的考古证据:许多地方的城市实际上始于规模宏大的市民实验,常常缺乏我们预期中的行政等级和威权统治的特征。我们并没有充分的术语体系来描述这些早期城市。正如我们所见,把它们称为"平等主义的"可能牵涉各种各样不同的含义:可能意味着城市议事会和社会住房协调工程,例如在前哥伦布时代美洲的某些中心;也可能意味着自治的家户自我组织成街坊和市民集会,例如在黑海北岸的史前超大遗址;或者可能意味着明确引入基于统一性和相同性的平等观念,例如在美索不达米亚的乌鲁克时期。

一旦我们回想起这些不同区域在城市出现之前的情况,这种多变性就不足为奇了。事实上,那些并不是原初的或孤立的群体,而是广布的社会网络,横跨多样的生态环境,其中人群、植物、动物、草药、宝物、歌曲和想法以无穷无尽错综复杂的方式在彼此之间流动。虽说在人口意义上每个单元的规模都很小,尤其是在一年中的特定时刻,但它们通常被组织成松散的联盟或盟邦。在最基本的情况下,它们是我们所谓的第一种自由的简单逻辑结果:由于知道自己在远方会被招待和照顾,甚至在一些地方会被视若贵宾,从而可以离家远走的自由。在最充分发展的情况下,它们是"近邻同盟"的典例,其中某种正式组织负责照看并维护圣地。马塞尔·莫斯曾不无道理地指出,我们应该将诸如此类的大规模好客圈称为"文明"。当然,我们习惯于将"文明"当作源自城市的东西,但是,具备新知识后,翻转逻辑,将早期城市想象为一种压缩进小空间的大型区域性联盟,才似乎更现实。

当然,城市同样也能并且常常会被君主、战士贵族或其他的分层形式掌控。这种情况一旦发生,结果就非常戏剧性。不过,仅仅是大型人类聚落的存在本身,并不足以引发这种现象,也不会使这些现象不可避免。这些支配结构的起源必须另寻他处。世袭贵族同样可能存在于小规模或中等规模的群体中,例如安纳托利亚的高地"英雄社会",这些社会出现在早期美索不达米亚城市的边缘,并与之开展广泛的贸易。就我们目前掌握的证据而言,君主制作为一种永久性制度正是起源于此,而非起源于城市中。在世界其他地方，有些城市人群尝试发展君主制，但发展到一半就退了回去。这正是位于墨西哥谷地的特奥蒂瓦坎的例子，那里的城市人口建造了太阳和月亮金字塔，又放弃了这些宏大工程，开启了惊人的社会住房计划，为居民提供多户集合式住宅。

在其他地方，早期城市沿着相反的路径，首先以街坊议事会和全民集会的形式出现，最终被好战的霸主统治，而后者不得不与旧有的城市治理机制紧张共存。美索不达米亚乌鲁克阶段之后的早王朝阶段就是沿这条路径发展的：在这里，关键的一步似乎依然是暴力体系和照护体系的融合。苏美尔神庙始终围绕着供养化身为塑像的神明来组织经济生活，这逐渐演化为一整套福利产业和官僚制。鳏寡孤独和流亡者等这些脱离了亲属群体或其他支持网络的人会避难于此：例如，在乌鲁克，他们聚集于城市守护女神伊南娜的神庙，神庙之下便是召开城市集会的大中庭。

早期个人魅力型战士国王依附于这样的空间，实际上会搬去与城邦主神的圣所比邻而居。苏美尔君主就这样得以跻身曾经用于照顾神明的制度性空间，从而脱离普通人类关系的领域。这是有道理的，因为国王，正如马达加斯加谚语所言，"没有亲戚"，或者说不应有亲戚，因为国王对所有臣民而言是一视同仁的统治者。奴隶也没有亲戚，他们被斩断了之前所有的亲密联结。无论国王还是奴隶，他们拥有的唯一被认可的社会关系就是基于权力和支配的关系。用结构化的术语来说，不同于社会中几乎所有其他人，国王和奴隶事实上生活在同一空间内，区别只是他们分别占据权力光谱的首尾。

我们也知道，被纳入这类庙宇体制中的困顿个体，会得到稳定的一日三餐，并且在庙宇的土地上和作坊里工作。最早的工厂，或者说我们知道的历史上最早的工厂，就是这样一种慈善机构，其中神庙办事员会给女性分配羊毛来纺织，监管织品的交易（其中大部分用来和高地人交换木材、石料和金属等河谷地带不出产的材料），并为这些女性细心提供口粮配给。这一切早在国王出现之前就存在。作为虔诚奉神的人，这些女性最初一定享有某种尊严，甚至拥有某种神圣地位，但待到最早的书面记录出现时，情况变得更加复杂了。

那时，苏美尔神庙中工作的人也有战俘，甚至有奴隶，这些人同样没有家庭支持。随着时间的推移，这可能导致了寡妇和孤儿的地位下降，最终神庙机构逐渐跟维多利亚时代的济贫院相当。我们可能会问，在神庙工厂工作的女性地位下降如何更广泛地影响了女性的地位？可以说，这必然导致逃离暴虐家庭制度的希望更渺茫了。失去第一种自由日益意味着失去第二种，失去第二种自由意味着抹除第三种。如果一个处于此情境中的女性尝试创造一种新崇拜、建立一座新庙宇、营造一种新社会关系图景，她会立即被打上暴动者或革命者的标签；如果她吸引了追随者，她很可能会面临军事力量的围剿。

这一切导向另外一个问题。这个新奠定的、在外部暴力和内部照护之间、在最去个人化和最亲密私人的人类关系之间的联结，是否标志着一切开始变得混乱？这是不是一个曾经灵活可变的关系最终固定下来的例子，换言之，一个我们如何结结实实陷入僵局的例子？如果有一个我们必须讲的独特故事，有一个我们必须问的有关人类历史的大问题（取代"社会不平等的起源"），是否正是这个：我们如何发现自己陷入唯一一种社会现实，其中基于暴力和支配的关系最终成为常态？

20世纪最接近这个问题的学者可能是人类学家兼诗人弗朗兹·史坦纳（Franz Steiner），他于1952年去世。史坦纳度过了精彩却也悲惨的一生。这个聪明绝伦、博古通今的人出生于一个波希米亚的犹太家庭，后来在耶路撒冷与一户阿拉伯家庭同住，直至被英国掌权者驱逐。他在喀尔巴阡山脉进行田野调查，曾两度因纳粹威胁而逃出欧洲大陆，足够讽刺的是，他最后在英国南部结束了他的职业生涯。他几乎所有的亲人都死在了比克瑙集中营。据传他完成了800页的博士论文，这部皇皇巨著是对奴隶制度的比较社会学研究，结果他放文稿和研究笔记的手提箱在火车上被偷走了。他和另一个在牛津的流亡犹太人埃利亚斯·卡内蒂既是朋友，也是情敌——卡内蒂是小说家艾丽丝·默多克（Isis Murdoch）的成功追求者，尽管在他的求婚被接受之后两天，史坦纳就因为心脏病去世了，终年43岁。

史坦纳博士论文的精简版幸存于世，集中关注了他所谓的"前奴役机制"（pre-servile institution）。带着个人生平际遇，他入木三分地研究了在不同文化和历史情境下，漂泊之人都经历了什么：那些因负债或过失被逐出氏族的人，那些漂流者、罪犯、逃亡者。它可以被读作一部历史，讲述了像他一般的难民如何最初受到热烈欢迎，被当作近乎神圣的存在，而后逐渐地位下降并遭受剥削，就像苏美尔神庙工厂中的那些女性。而究其本质，史坦纳讲述的正是关于我们所说的第一种基本自由（出走或移居的自由）如何瓦解，以及这如何为第二种自由（不服从的自由）的丧失铺平了道路的故事。它也呼应了我们早前提出的那个观点，即人类社会世界逐步分裂成越来越小的单元，从"文化区"（史坦纳最初受训的中欧民族学传统痴迷于研究的对象）的出现开始。

史坦纳发问，当使自由迁徙成为可能的那些预期——好客与庇护、以礼相容的社会规范——被侵蚀时，会发生什么？为何这常常加速催生出一种使一群人将专断权力施加于另一群人之上的制度？史坦纳细致钻研了从亚马孙维托托人（Huitoto）到东非萨夫瓦人（Safwa）再到藏缅语族卢塞人（Lushai）的案例，从中得出了问题的一个可能答案——这个问题曾困扰了罗伯特·罗维以及后来的皮埃尔·克拉斯特：如果无国家社会的确常以酋长不掌握强制性权力的方式组织起来，那么自上而下的组织形式从何而起？你可能还记得罗维和克拉斯特殊途同归的结论：这必然是宗教启示的结果。史坦纳另辟蹊径，他提出，也许一切都源于慈善。

在亚马孙社会，不仅是孤儿，还有寡妇、疯子、残疾人或畸形人，只要无人照料，都可以在酋长居所寻求庇护，分享一份餐食。其中偶尔还有战俘，尤其是在袭掠远征中俘获的儿童。在萨夫瓦人或卢塞人中，逃跑者、负债者、罪犯或其他需要庇护的人和在战斗中投降的人地位相同，都成为酋长随从人员，年轻男性常常扮演类似警察的执法角色。酋长对其随从实际有多大"权力"——史坦纳用的是罗马法术语 *potestas*，含义之一是指父亲对其依附者及其财产的任意处置权——视情况而异，取决于被监护之人出走异地寻求庇护的难度，或至少要看亲戚、氏族或外人为其挺身而出的意愿。而这些追随者能在多大程度上贯彻酋长的意志，同样视情况而异；但重要的是这种潜在可能性本身。

在所有这些例子中，提供庇护的过程常常导致基本家庭结构的变化，尤其随着被俘虏女性的纳入，父亲的 *potestas* 得到进一步强化。可以发现，这种逻辑几乎存在于所有有史可据的宫廷中——它们无一例外吸引着被认为怪异和不合群的人。从中国到安第斯山区，世界上似乎所有的宫廷社会都包含这类特色鲜明的个体，几乎所有的君主都号称寡妇和孤儿的庇护者。很容易想象在更加久远的历史中，某些狩猎-采集社会已经发生了类似的事情。在上一个冰期，享受豪华葬礼的那些生理畸形的人在生前一定也备受呵护。毫无疑问，在这些实践和后来的王家宫廷之间存在一定的先后发展步骤，我们已经窥见其一斑了，就像在前王朝时期的埃及那样，即便我们仍然无法重建其中的大部分关联。

史坦纳或许没有挑明，但他的观察和父权制起源的辩论直接相关。女性主义人类学家们很早之前就已提出，外部暴力（以男性为主）和女性在家庭内部的地位变化有关。至于考古学和历史学领域，我们才刚刚收集到足够的材料，去开始理解这个过程是如何实际运作的。

最终形成这本书的研究，其实自十年前就以一种玩乐的形式开始了。客观地说，我们最初开展这项研究时，带着对更加"严肃"的学术责任的轻微抗拒。我们主要是好奇，这 30 年来不断积累的新考古证据是否可能改变早期人类历史的概念，尤其是和社会不平等起源之争密切相关的那段历史。不过我们很快就意识到自己在做的事可能很重要，因为我们所在的领域几乎没人在做这种综合性工作。我们经常发现自己白费力气搜寻一些我们以为存在的书籍，事实上根本没有，例如，那些缺乏自上而下统治的早期城市的概要，或是在非洲或美洲民主决策如何进行的记录，抑或是对我们所谓的"英雄社会"的比较研究。文献尽是空白。

我们最终意识到，抗拒综合性工作不单单是学术高度专业化的学者谨言慎行的结果，尽管这当然也是原因之一。一定程度上，这只是因为缺少合适的语言。例如，该怎么指称"缺乏自上而下统治结构的城市"？目前并没有普遍接受的术语。有人敢称之为"民主体"吗？"共和体"呢？这些词（就像"文明"一样）背负着过多的历史包袱，以至于大部分考古学家和人类学家本能地规避它们，而历史学家倾向于只限在欧洲范围内使用它们。那么人们会称之为"平等主义城市"吗？或许不会，因为使用这样一个词就必须找到明确证据来证明这个城市"确实"是平等主义的——这在实际操作上通常意味着，要证明居民生活的方方面面，从家户到宗教安排，都没有一丝结构性不平等的痕迹。鉴于这种证据就算有，也很罕见，因而结论只能是这些并不算真正的平等主义城市。

顺着同样的逻辑，很容易得出事实上没有"平等主义社会"的结论，除了一些规模非常小的觅食者群体。事实上，进化人类学领域的很多研究者就是这样论证的。但是归根结底，这种思路的结果是将所有"非平等主义"城市或所有"非平等主义社会"混为一谈，有点像是在说一个嬉皮士公社和一个飞车党帮派之间没什么实质性区别，因为二者都不是完全非暴力的。最终这导致我们在面对人类历史的某些重要方面时词不达意。当有证据显示人类没有"奔向自己的锁链"，而是另辟蹊径时，我们却奇怪地缄默了。感受到过去遗留的证据出现了翻天覆地的变化，我们决定以完全相反的方式来接近真相。

这在实际操作中意味着要颠覆很多两极分化。意味着扬弃"平等"和"不平等"的表述，除非有明确的证据显示社会平等的意识形态真实存在过。意味着质疑，例如，如果我们看重的是谷物驯化没有导致产生养尊处优的贵族、常备军或债务奴役的 5 000 年，而不是导致了这一切的 5 000 年，将会怎样？如果我们本着同等的重视去看待某些地方对城市生活或奴隶制的拒斥，就像重视这两者在其他地方的出现一样，将会怎样？在这个过程中，我们常常有出乎意料的发现。例如，我们从未想过，在历史上，奴隶制很可能在多地被多次废除，战争很可能也是如此。很明显，废除之举也少有是一劳永逸的；尽管如此，自由或相对自由的社会存在过的时期并非无足轻重。事实上，撇开亚欧大陆的铁器时代来看（这正是我们一直在做的），这些代表了人类社会的绝大部分经验。

社会理论家倾向于把过去描述得好像发生的一切皆可预测。这有点不真诚，因为我们都知道，如果尝试预测未来，我们不免都会误判，在这点上社会理论家跟其他人没有区别。但他们很难抵御诱惑，不把世界在21世纪初的现状写成或想成过去1万年历史的必然结果,可在现实中,我们显然连2075年的世界是什么样子都不知道,遑论2150年。

谁知道呢?可能我们人类这一物种会长存,某天我们从未知的未来回望,遥远过去的那些现在看来貌似异常的方面,例如以社区规模运作的官僚制、街坊议事会治理下的城市、女性占据多数正式职位的治理体系、基于照看而非占有和剥削的土地管理形式,可能都将成为极端重要的突破,而宏伟的金字塔或造像才更像是历史逸闻。我们何不现在就采取这样的视角呢?例如不把米诺斯克里特或是霍普韦尔看作通往国家和帝国的康庄大道上的偶然颠簸,而看作另外的可能性:没有走上的道路?

毕竟,这些事情的确存在过,尽管我们看待过去的惯常方式是将这些事情置于边缘而非中心。本书的大部分内容都在致力于重新校准衡量标尺,提醒我们人类曾以这样的方式生活过,通常在数百年甚至数千年间都曾如此。在某些方面,这个视角可能比我们把文明视为不可避免的堕落的这种标准叙事显得更悲观,因为这意味着我们本可以生活在对人类社会本质完全不同的理解之下,意味着大规模奴役、种族灭绝、集中营甚至父权制或雇佣劳工制等本不必出现。但是另一方面,这也意味着:即使到了今天,人类干预的可能性仍比我们以为的要大得多。

本书从一段引用开始,其中包含一个希腊概念"凯若斯",指社会历史中的一个偶然时刻,此时社会的参考框架正经历变化——神话和历史、科学和魔法之间的界限变得模糊,根本原则和象征即将蜕变——因此真正的改变是可能的。哲学家有时喜欢谈论"事件",政治革命、科学发现、艺术杰作,即某项突破,它揭示出前所未见的现实,并使其再也不容忽视。果真如此的话,"凯若斯"就是一种"事件"趋于发生的时间。

世界各地的社会似乎都在滑向这样一个时刻。对那些自"一战"以来就习惯自称"西方人"的人来说尤其如此。一方面,在物理科学,甚至在艺术表达上的根本性突破,似乎不再像19世纪晚期和20世纪早期那样规律性地出现。但另一方面,我们理解过去——不仅是我们物种的过去,还有我们星球的过去——的科学手段却以惊人的速度发展。2020

年的科学家没有（如20世纪中叶科幻小说的读者盼望的那样）在遥远的星系中遭遇外星文明，而是在自己的脚下遭遇了截然不同的社会形式，它们有些已遭遗忘，刚被重新发现；有些更为人熟知，但现在以全新的方式被理解。

在发展科学手段以了解我们的过去时，我们暴露了"社会科学"神话性的底层结构——曾经貌似坚不可摧的公理，那些我们借以形成自我认识的稳固支点，如今正如鼠四散。如果不是为了重新塑造我们有关自己是谁、要往哪去的概念，我们要所有这些新知识干什么？换言之，如果不是为了重新发现我们的第三种基本自由：创造新的、不同的社会现实的自由，我们要所有这些新知识干什么？

神话本身不构成问题，不应该被错误地视为坏的或幼稚的科学。就像所有社会都有自己的科学，所有社会也都有自己的神话。神话是人类社会为经验赋予结构和意义的方式，但是，我们在过去几个世纪中所采用的更大的历史神话结构根本不再奏效，它们无法契合摆在我们眼前的证据，而它们所拥护的结构和意义庸俗又陈腐，且在政治上是灾难性的。

毋庸置疑，至少短期内不会看到什么改变。整个知识领域，更不用说大学的教席以及院系、科学期刊、权威研究基金、图书馆、数据库、学校课程等，都是按照旧结构和旧问题而设计的。马克斯·普朗克曾说过，新的科学真理并不通过说服功成名就的老科学家相信他们错了来取代旧真理，新旧更替的过程随着旧理论的支持者最终死去，熟悉新真理和新理论的新一代出现而完成。我们是乐观的。我们认为这不会太久。

事实上，我们已经迈出了第一步。我们现在能更清楚地看透，比如说，有这样一项在其他方面都很严谨的研究，其出发点却是些未经检验的假设：认为人类社会有某种"原初"形式；其本质是善的或者是恶的；曾有过一个不平等和政治自觉都尚不存在的时期；发生了一些事情改变了这一切；"文明"和"复杂性"总是以人类自由为代价；参与式民主在小群体中是自然而然的，但是随着规模增大到诸如城市或民族国家，就不适用了。

现在我们知道了，摆在我们面前的是神话。

注　释

第一章　告别人类的童年

1. 例如，Ian Morris 在其《人类的演变：采集者、农夫与大工业时代》（*Foragers, Farmers, and Fossil Fuels: How Human Values Evolve*，2015）一书中，野心勃勃地尝试设计一套适用于整个人类历史的测量不平等的统一标准。他将冰期的狩猎-采集者以及新石器时代的农耕者的"价值"转化为当代经济学家熟悉的术语，用以确立他们的基尼系数（即正式的不平等率）。这是个精神可嘉的试验，但也很快导向了一些奇怪的结论。例如，Morris 在 2015 年发表于《纽约时报》的一篇文章中指出，以 1990 年的币值换算，旧石器时代的狩猎-采集者日平均收入大致为 1.1 美元。这个数字是怎么来的？或许和日平均食物摄入的热量值相关。但如果要拿这个数字和今天的日平均收入做比较，难道不该额外考虑进我们需要付费获得而旧石器时代的觅食者们免费获得的东西吗？例如安保、争端调解、基础教育、养老、医疗，更不用说娱乐、音乐、讲故事和宗教服务。就算单论食物，我们也得考虑到质量，毕竟，我们这里说的可是用最纯净的天然泉水清洗过的百分之百有机散养的农产品。当代人将大部分收入投入了房贷和房租。但想想看在多尔多涅河或是韦泽尔河（Vézère）沿岸那些选址一流的旧石器时代营地露营的开销吧，更不用说自然主义风格岩画和牙雕的高端夜间课程，外加所有那些皮大衣。这些合在一起，一天的花费自然远超 1.1 美元。我们在第四章将看到，人类学家有时会称那些觅食者为"原初丰裕社会"，这可不是无缘无故的。这样的生活放到今天必定所费不赀。必须承认，以上所述有点愚蠢，但那正是我们要表达的：如果把世界历史归纳为基尼系数，蠢事必将随之而至。

2. Fukuyama 2011: 43, 53–4.
3. Diamond 2012: 10–15.
4. Fukuyama 2011: 48.
5. Diamond 2012: 11.
6. 我们至少可以注意到，福山和戴蒙德从来没有接受过相关学科的训练（福山是政治科学家，戴蒙德是胆囊生理学的博士）。然而，就算是人类学家、考古学家和历史学家，在尝试宏大叙事时往往也会奇怪地得出某种类似的卢梭理论的微调版本。例如，Flannery 和 Marcus 的《人类不平等的起源：通往奴隶制、君主制和帝国之路》（*The Creation of Inequality: How our Prehistoric Ancestors Set the Stage for Monarchy, Slavery, and Empire*，2012）为不平等可能怎样出现在人类社会提供了各种有趣的见解，但他们关于人类历史的整体框架明摆着仍然拘泥于卢梭的《论人与人之间不平等的起因和基础》，认为人类要想有一个更平等的未来，最好是寄希望于"让狩猎者和采集者领导"。Walter Scheidel 的研究更侧重于经济，其作品《不平等社会：从石器时代到 21

世纪，人类如何应对不平等》(*The Great Leveller: Violence and the History of Inequality from the Stone Age to the Twenty-First Century*, 2017) 的结论同样令人沮丧：我们对不平等真的无能为力，文明始终会将小部分精英推上掌权位置，他们攫取了越来越多的资源，而唯一能成功赶走他们的是战争、瘟疫、大规模征兵、大范围的痛苦和死亡等重灾。折中的措施永远不会奏效。因此，如果你不想回到洞穴生活，也不想死于核灾难（最终的幸存者可能也得过洞穴生活），你就只能接受沃伦·巴菲特和比尔·盖茨的存在。

7   Rousseau 1984 [1754]: 78.（该书选段的中译文均引自［法］卢梭：《论人与人之间不平等的起因和基础》，李平沤译，商务印书馆，2007。）

8   正如哈佛大学著名政治理论家 Judith Shklar（1964）所强调的。

9   Rousseau 1984 [1754]: 122.

10 事实上，卢梭与霍布斯不同，他不是一个宿命论者。对于霍布斯来说，历史上所有大小事件都应被理解为由上帝所启动的力量的逐步展开，就根本而言是超出人类控制能力的（参见 Hunter 1989）。即便是一个裁缝要做一件衣服，从下第一针开始，他就进入了无力抵抗且基本无从察觉的历史纠缠中；他的细微动作都是构成人类历史的巨大因果链中的微小环节；并且，在这个相当极端的形而上纠缠论中，认为他能以其他方式做这些事情，就意味着否认整个不可逆的世界历史进程。相反，对于卢梭而言，人类总是可以取消自己所创造的东西，或至少以不同的方式创造。我们可以把自己从束缚我们的锁链中解放出来，只是这并不容易（关于卢梭思想这一方面的经典讨论，还是参见 Shklar 1964）。

11 Pinker 2012: 39, 43.

12 如果我们的陈述多少带点不耐烦，那是因为，太多的当代作者貌似很享受将自己想象为像霍布斯和卢梭这样的启蒙时代伟大社会哲学家的现代同行，展开同样宏大的对话，只不过对话中的人物更加明确。这种对话来自社会科学家的实证发现，包括像我们这样的考古学家和人类学家。可事实上，他们的经验性概括并没有更出色，在某些方面很可能更糟。有些时候，真的有必要收走孩子们的玩具。

13 Pinker 2012; 2018.

14 Pinker 2012: 42.

15 Tilley 2015.

16 Formicola 2007.

17 玛格丽特·米德（Margaret Mead）曾经这样做过。她认为人类历史上第一个"文明"的标志不是使用工具，而是一具 1.5 万年前的骨架，上面有股骨断裂后愈合的迹象。她指出，从这样的伤势中恢复过来需要 6 个星期。大多数动物在股骨断裂的情况下会被同伴抛弃，从而很快死亡。人类之所以独特，原因之一就在于我们在这种情况下会相互照护。

18 参见下方注 21。正如其他人所指出的，亚诺玛米人往往会 6 个人甚或 10 个人共睡一张床。这需要一定程度友好的互相迁就，鲜有当代社会理论家能做到这一点。如果他们真是本科教学中那种脸谱化的"暴烈的野蛮人"，那世上也不会有亚诺玛米人了，他们早该因为打呼噜而自相残杀、同归于尽了。

19 现实情况是，亚诺玛米人远非我们"祖先状况"未经干扰的范本。在 20 世纪 60 年代至 80 年代，当夏侬在他们中进行田野调查时，欧洲人已经入侵此地几十年了，而且因为在此发现了黄金而变本加厉。在此期间，亚诺玛米人因为感染传教士、探险者、人类学家和政府官员带来的传染病而人数锐减。参见 Kopenawa and Albert 2013: 2–3。

20　Chagnon 1988.
21　一些质疑针对的是夏侬提供的统计数据，以及夏侬所声称的达到仪式纯洁状态（unokai）的男人会比其他人获得更多妻子和后代的事实。夏侬从未澄清过的一个关键问题是，不是只有杀过人的男性才能达到仪式纯洁状态，还有其他方式，例如向已死敌人的尸体射箭，或者以巫术这样的非物理手段致人死命。有一些批评指出，大多数达到仪式纯洁状态的男性年龄偏大，有些还是村里头人，这两种情况都可以确保他们有更多的后代，而无须直接参与战事。还有一些批评指出了夏侬的一个逻辑漏洞，因为在他的表述下，杀戮既遏制了进一步的杀戮（达到仪式纯洁状态的男性已经赢得了暴烈的名声），同时又促使含恨的亲属们循环上演报复性杀戮：某种"所有人对所有人的战争"。对夏侬的批评见 Albert 1989 和 Ferguson 1989，夏侬的回应见 Chagnon 1990。
22　Geertz 2001. 学者中非常容易出现"分裂演化"现象，我们将在本书中多次探讨该现象。
23　例如，美国宪法的制订者曾明确反对民主，并且公开声明，他们设计联邦政府在很大程度上是为了杜绝"民主"在某个前殖民地爆发的危险（他们尤其担心宾夕法尼亚州）。与此同时，在非洲或亚马孙河流域多地，或者在俄国或法国的农民集会中，实际的直接民主决策过程已经稳定践行了上千年。参见 Graeber 2007b。
24　例如，人们就不必再浪费时间找些拐弯抹角的理由来解释，为什么欧洲之外的看起来像民主的决策形式并非"真正的"民主，为什么采用严格逻辑形式的关于自然的哲学论证不是"真正的"科学，等等。
25　夏侬（Chagnon 1998: 990）选择用一则逸事来结束他发表在《科学》杂志上的著名论文，其中就表达了这层意思："1987年，一个年轻的亚诺玛米人向我提供了一个特别敏锐的洞察，关于以法律的力量阻止仇杀。他从传教士那里学会了西班牙语，被送到地方首府接受临床护理的培训。在那里他发现了警察和法律。他兴奋地告诉我，他拜访了镇里最大的帕塔（pata：地方长官）并敦促他为人民提供法律和警察，这样人民就无须再参与复仇战争，也不必再生活在持续的恐惧之中。"
26　Pinker 2012: 54.
27　由瓦莱罗向 Ettore Biocca 讲述，并于 1965 年由后者署名出版。
28　关于这一点，请见 J. N. Heard 于 1977 年的一篇论文中所汇编的证据：《18 世纪和 19 世纪美洲边境的俘虏同化》("The Assimilation of Captives on the American Frontier in the Eighteenth and Nineteenth Centuries"）。
29　在《一个美国农民的来信》(*Letters from an American Farmer*，1782）中，克雷弗尔（J. Hector St. John de Crèvecoeur）记述了战争结束后父母如何到印第安人的市镇中寻回他们的孩子："这些父母悲伤得无以言表，因为他们发现自己的孩子完全印第安化了，很多孩子已经不再认识他们，而那些年龄较大的虽然还记得自己的父母，却断然拒绝跟他们回去，还跑到养父母那里寻求保护，以逃避他们不幸的亲生父母满溢的爱意。"（转引自 Heard 1977: 55–6，其中还特别提到了克雷弗尔的结论，即印第安人一定拥有一种"非常迷人的社会纽带，远远优越于我们社会中任何可以夸耀之物"。）
30　Franklin 1961 [1753]: 481–3.
31　"唉！唉！"詹姆斯·威拉德·舒尔茨（James Willard Schultz），一个来自纽约名门望族的 18 岁少年［他与黑脚人（Blackfoot）结婚，并在黑脚人被驱赶至保留地之前一直与其共同生活］如是写道，"为什么这种简单的生活不能继续？为什么……成群结队的殖民者要侵入那片美好的土地，并从土地主人手中夺走一切赋予生命以价值的东西？他们无忧无虑，没有饥饿，没有匮乏。从我的窗口，我听到大城市的轰鸣，看到人群行色匆匆……'被绑在命运之轮上'，非死亡无以逃脱。而这就是文明！我坚持认为，那里没有……幸福。平原上的印第安人……才知道什么是圆满和幸福，而那，便是我们被告知的首要人生目的——没有匮乏、忧惧和顾忌。文明永远无法满足这个目标，除了对极少数人而言。"（Schultz 1935: 46，另见 Heard 1977: 42）

32 参见 Heard 1977: 44，以及延伸参考文献。
33 比如 17 世纪北美洲东北部的温达特（"休伦"）社会（我们将在下一章讨论到）。关于他们，Trigger（1976: 62）指出："友好关系与物质互惠以贸易形式扩展到休伦联盟以外。在历史上，贸易不仅是奢侈品的来源，也是肉和皮的来源，后两者对于周边狩猎区资源不够用的人群来说至关重要。然而，尽管这些商品很重要，但对外贸易不仅仅是一种经济活动。它被嵌入一个社会关系网络，该网络在根本上是休伦联盟内部**友好关系的延伸**。"（黑体为本书作者的强调。）关于"古风时代贸易"的人类学综述，经典文献可参见 Servet 1981; 1982。大多数当代考古学家很了解这些文献，但他们往往会陷入"贸易"和"礼物交换"的区别之争，并认为两者的最终目的都在于提高某人的地位，或通过利润，或通过声望，或同时通过利润和声望。虽然大多数人也会承认，在这种旅行的现象、对远方的体验和对奇异物品的获取中存在某些内在的价值，甚至是宇宙尺度上的价值；但最后，它们大都被归结为地位或声望问题，好像人们的远距离互动不存在其他可能的动机。关于这类问题的一些进一步讨论，参见 Wengrow 2010b。
34 关于易洛魁人的"梦经济"，参见 Graeber 2001: 145–9。
35 参照 Charles Hudson（1976: 89–91）对卡韦萨·德巴卡记述的解读。
36 DeBoer 2001.

第二章 邪恶的自由

1 在《阿拉伯眼中的欧洲，1578—1727》（*Europe Through Arab Eyes, 1578–1727*，2009）中，Nabil Matar 讲到中世纪的穆斯林作家对法兰克欧洲相对缺乏兴趣，并指出了可能的原因（尤其是第 6—18 页）。
2 David Allen Harvey 的《法国启蒙运动及其他者》（*The French Enlightenment and its Others*，2012）中讨论了很多有这类倾向的案例。
3 一个臭名昭著的例子是：克里斯蒂安·沃尔夫（Christian Wolff），莱布尼茨和康德之间最著名的德国哲学家，也是一个中国迷，就中国治理模式的优越性发表演说，最终导致一个嫉妒的同事向当局告发了他。随后当局对他发出了逮捕令，他被迫流亡。
4 一些经典陈述，尤其是关于北美洲的，可以在以下作品中找到：Chinard 1913; Healy 1958; Berkhofer 1978a, 1978b; Dickason 1984; McGregor 1988; Cro 1990; Pagden 1993; Sayre 1997; Franks 2002。
5 例如，Grinde 1977; Johansen 1982, 1998; Sioui 1992; Levy 1996; Tooker 1988; 1990；以及参考 Graeber 2007b。然而，相关文献主要关注的是原住民思想对美洲殖民者的影响，并且最后陷入了一场关于长屋联盟对美国宪法的具体"影响"的争论。最初的讨论实际上要宽泛得多，指出了殖民美洲的欧洲人开始自我认同为"美洲人"（而不是英国人、法国人或荷兰人），这源于他们开始采纳美洲原住民的行为标准和情感感知中的某些元素，从对儿童的放任自流到共和和自治的理想。
6 Alfani and Frigeni 2016.

7 关于这些辩论的最佳英文资料是 Pagden 1986。
8 卢梭在征文比赛中的对手之一沙让松侯爵也没能获奖，但他提出的就是这样的论点：君主制允许最真实的平等，尤以绝对君主制最甚，在国王的绝对权力面前人人平等。
9 Lovejoy and Boas（1935）汇编了所有相关文本并提供了评论。
10 正如 Barbara Alice Mann（在她的个人通信中）向我们指出的那样，资产阶级妇女可能格外欣赏《耶稣会报道》，因为它能使她们以教会完全接受的形式阅读关于妇女性自由的讨论。
11 例如，David Allen Harvey（2012: 75–6）将拉翁唐的《与野蛮人的对话》（我们很快就会提到）与狄德罗和卢梭的作品放在一个文学类别中，那些作家与美洲原住民几乎没有任何直接接触，却援引原住民作为一个"话语建构出的他者，用以审视欧洲的习俗和文明"。另参见 Pagden 1983; 1993。
12 似乎很少有人意识到：(1) 一个人能做出的逻辑论证数量有限，聪明人在相似的情况下会想出相似的修辞手法；(2) 受过古典学训练的欧洲作家，很可能会对那些类似希腊或罗马修辞术的论证格外印象深刻。显然，这类记述并没有直接反映最初的对话，但若坚持认为它们与真实对话毫无关联，似乎也同样荒谬。
13 严格说来，休伦（Huron）是一个讲易洛魁语的人构成的联盟，在法国人到达时已经存在，但后来在长屋人的攻击下逃散至南方，联合了佩顿人（Petun）和中立人（Neutral）联盟的难民，重组为怀恩多特人（Wyandot）或称温达特人（Wendat）。他们的当代后裔更喜欢温达特（发音为'Wen-dot'）一称，并指出"休伦"最初是一种侮辱，（根据不同来源可能）指"猪毛"或"恶臭"。当时的资料经常使用"休伦"一称，虽然我们在引用坎迪亚洪克等原住民的发言时，遵循 Barbarn Mann 的用法，改其为"温达特"；但在引用欧洲资料时，我们保留了原用法。
14 Biard 1611: 173–4, cited in Ellingson 2001: 51.
15 改革派是方济各会的一个分支，其成员起誓要过贫穷的生活，是第一批被派往新法兰西的传教士之一。
16 Sagard 1939 [1632]: 192.
17 Ibid.: 88–9.
18 Wallace 1958; cf. also Graeber 2001, Chapter Five.
19 *The Jesuit Relations and Allied Documents: Travels and Explorations of the Jesuit Missionaries in New France 1610–1791*, ed. Reuben Gold Thwaites, and henceforth: *JR* 6: 109–10/241. 在法语资料中，"首领"（captain）一词被不加区分地用于任何有权威地位的男性，无论他只是某个游群或村庄的头人，还是在温达特或长屋联盟中有官方头衔的人。
20 *JR* 28: 47.
21 *JR* 28: 48–9, cf. *JR* 10: 211–21.
22 *JR* 28: 49–50. 有位不太一样的耶稣会神父，回归驴子的主题，如是说道："没有什么比控制美洲的部落更困难的了。所有这些野蛮人都有着野驴的律法：他们在无拘无束中出生、生活和死亡，不知道缰绳或马衔意味着什么。对他们来说，克服自己的激情冲动是一个天大的笑话，而放纵自己的感官则是一种崇高的哲学。我主的律法远远不同于这种放浪形骸；它给了我们边界，规定了限度，越界就会冒犯上帝和理性。"（*JR* 12: 191–2）
23 *JR* 5: 175.
24 *JR* 33: 49.

25 *JR* 28: 61–2.
26 *JR* 15: 155, also in Franks 2002: 4; cf. Blackburn 2000: 68.
27 他们被接受的程度也是不等的。大多数耶稣会士仍然赞同文艺复兴时期的旧学说，认为"野蛮人"曾经处于更高级别的恩典和文明之中，但已经堕落了（Blackburn 2000: 69）。
28 Ellingson（2001）全面回顾文献后发现，欧洲观察者并没有像通常以为的那样经常将他们眼中的野蛮人浪漫化；即使是最正面的描述往往也是相当微妙的，既承认美德，也承认恶习。
29 参照一些当时的资料，以及温达特人的口述传统（Steckley 1981）。
30 官方历史声称他在生命的最后时刻皈依，而他也的确以基督徒的身份葬在蒙特利尔的圣母教堂，但 Mann 令人信服地辩称，临终皈依和安葬的故事很可能只是传教士的政治策略（Mann 2001: 53）。
31 Chinard 1931; Allen 1966; Richter 1972; Betts 1984: 129–36; Ouellet 1990, 1995; White 1991; Basile 1997; Sayre 1997; Muthu 2003: 25–9; Pinette 2006；但有一个重要的例外，参见 Hall 2003: 160 ff.。
32 Sioui 1972, 1992, 1999; Steckley 1981, 2014: 56–62; Mann 2001.
33 Mann 2001: 55.
34 Ibid.: 57–61.
35 1704: 106–7. 所列参考文献为 1735 年出版的英译本，但这里引用的英译文结合了 Mann（2001: 67–8）的译本和我们自己的原创译文。后文引用的英译文都是我们自己基于 1735 年版的文本译出的。
36 "假使他真有如此强大和伟大，那么这样一个不可知的存在怎么可能把自己变成这么一个人，在痛苦中生活、在耻辱中死亡，只为消除一些卑鄙生物的罪恶，这些生物远在他之下，就像苍蝇远在太阳和群星之下？这让他无限的力量何去何从？这对他有什么好处，又有什么用处？就我而言，相信这种性质的贬低，就等于质疑他超乎想象的全知全能，也是对我们自己的夸大。"（转引自 Mann 2001: 66）
37 Bateson 1935; 1936.
38 Sahlins 1999: 402, 414.
39 Allan 1966: 95.
40 Ouellet 1995: 328. 经过一段时间的沉寂，18 世纪 60 年代又出现了一批以印第安人为主角的类似戏剧，如尚福尔（Chamfort）的《印第安女郎》（*La Jeune Indienne*，1764）和马蒙泰尔（Marmontel）的《休伦人》（*Le Huron*，1768）。
41 关于（或真实或假想的）外国观点对法国启蒙运动社会思想所产生的影响，最新的总结参见 Harvey 2012。
42 这个说法来自 Pagden 1983。
43 Etienne 1876; cf. Kavanagh 1994. 1752 年，就在德格拉菲尼夫人的小说再版时，一位名叫让·亨利·莫贝尔·德古韦斯特（Jean Henri Maubert de Gouvest）的退役士兵、间谍和戏剧导演也发表了一部名为《易洛魁来信》（*Lettres Iroquois*）的小说，内容为一个名叫伊格利（Igli）的假想易洛魁旅行者的通信，这部小说同样大获成功。
44 "没有黄金，就不可能在自然赋予所有人的大地之上立足。没有他们所谓的财产，就不可能拥有黄金。这个傲慢的民族，遵循着完全自创的空洞的荣誉准则，认为从主权者以外的任何人那里得到维持自己生命和地位所需的东西都是一种耻辱，这种不一致的做法是对自然常识的践踏，也搅扰人类理性。"（de Graffigny 2009 [1747]: 58）

注 释　459

45　Meek 1976: 70–1. 杜尔哥的写作时间是工业革命前夕。后来的进化论者仅是用"商业"替换了"工业"。新大陆实际上没有游牧社会，但不知何故，早期的进化论者似乎从未考虑过这个问题。

46　需要注意的是，这个问题是以传统的方式提出的：人们认为艺术和科学并非在进步，而只是在恢复以前（大概是古代）的荣耀。进步的概念只是在接下来的十年里才被广泛接受。

47　这是《论科学与艺术》的第三个脚注，有时被称为"第一论文"。（中译文引自［法］卢梭：《论科学与艺术的复兴是否有助于使风俗日趋纯朴》，李平沤译，商务印书馆，2016，第17页。）蒙田写于1580年的《论食人族》（"On Cannibals"）一文，似乎是第一篇考虑美洲原住民对欧洲社会看法的文章，其中提到，图皮南巴（Tupinamba）访客质疑王家权威的专断，并奇怪为什么无家可归者不烧毁富人的豪宅。许多社会似乎都能在没有强制性机构，甚至没有任何一种正式政府机构的情况下维持和平和社会秩序，这一事实很早就引起了欧洲观察者的注意，例如莱布尼茨。正如我们所看到的，他在此前很长一段时间一直在推广中国的官僚制模式，将其作为理性治国之道的体现。他认为拉翁唐的证词中真正的重要之处在于：可能根本不需要治国之道（Ouellet 1995: 323）。

48　Rousseau 1984 [1754]: 109.

49　卢梭自称是狂热的游记读者，并确实引用过勒博（Lebeau）的作品（此人基本就是在概述拉翁唐的观点）和剧作《野蛮人阿勒坎》中的内容（Allan 1966: 97–8; Muthu 2003: 12–3, 25–8; Pagden 1983: 33）。卢梭不太可能没有读过拉翁唐的原著；即便他没有，这不过意味着他曾通过二手资料获悉了同样的论述。

50　其他例子有："对土地的耕耘，必然会导致土地的被分割；私有财产一旦被承认，初期的公正规则便随之产生，因为，必须把属于每一个人的东西归还给每一个人，是以每一个人都能拥有某些属于他自己的东西为前提的。由于人们已开始注意到自己的未来，而且发现自己有某些东西可能要失去，所以每个人都害怕因为自己损害他人而遭到报复。"试将这段话对比上文引用的坎迪亚洪克的论点，即温达特人有意避免划分财富，因为他们无意建立一个强制性的法律体系。孟德斯鸠在讨论欧塞奇人时也提出了同样的观点，他指出"分割土地是扩充民法的主要原因。在不进行这种分割的民族中，民法条款很少"，这一观点似乎部分来自孟德斯鸠与1725年访问巴黎的欧塞奇代表团成员的对话（Burns 2004: 362）。

51　See Graeber 2011: 203–7.

52　卢梭本人在很小的时候就逃离了家，他曾在写给瑞士钟表匠父亲的信中说，他渴望"不靠别人的帮助"而生活。

53　Barruel 1799: 104. 这段话出自一份反光明会的小册子，小册子声称这是"光明会守则"。整个论述笼罩着流言和指控的色彩，我们甚至不能完全确定我们的消息来源是否纯属编造。但从某种程度上说，这并不重要，因为重点在于右派认为卢梭的思想鼓动了左派革命活动。

54　就连所谓的"光明会主义"是否是一种革命学说都不能确定，因为魏斯豪普特本人后来对此表示否认——在该社团被禁，他本人被赶出巴伐利亚之后——并将其描述为纯粹的改良主义；但他的敌人当然坚持认为他的否认是不诚实的。

55　关键的区别在于，卢梭认为进步破坏了本质上仁慈的人性，经典的保守主义思想则倾向于认为它破坏了传统风俗和权威形式，而那些传统和权威此前能够遏制人性中不太仁慈的方面。

56 当然，所有此类文献都有一种倾向：在介绍不熟悉的社会时，将之时而看作完美的，时而看作全然丑恶的。哥伦布在 15 世纪 90 年代已经这样做了。我们在这里只想强调，这并不意味着原住民所说的话不会影响到偶遇他们的观察者的实际观点。

57 Chinard 1913: 186，英译文来自 Ellingson 2001: 383。类似的段落还有："反抗所有的约束、所有的法律、所有的等级制，拉翁唐男爵和他的美洲野蛮人严格来说是无政府主义者。《与野蛮人的对话》既不是政治论文，也不是学术论文，而是一个革命记者吹响的号角；拉翁唐不仅为让-雅克·卢梭，而且为迪歇纳神父（Father Duchesne）和近代的社会主义革命者开辟了道路，而这一切就发生在路易十四去世前十年。"（1913: 185，我们自己将其译成了英文）。

58 Ellingson 2001: 383.

59 对"我们自己"的建构显然假定了美洲原住民不看书，或者那些看书的原住民不重要。

60 Chinard 1913: 214.

61 "他的想象力不能给他描绘什么，他的心也不要求他做什么。他的那一点点儿需要，伸手就可得到满足；他也没有达到必要的知识程度去促使他希望得到更高深的学问，因此，他既没有远见，也没有好奇心……他的心灵还没有受到外界的任何干扰，因此他唯一关心的是他眼前的生存。对于将来（即使是就要临近的将来）他也从来没有想过；他的计划，同他的视野一样，是很有限的，就连当天黄昏以前要做些什么事情，他也预见不到。加勒比人的预见力直到今天还停留在这个程度上：他上午卖掉了他的棉褥子，到傍晚又痛哭流涕地去把它买回来，因为他预见不到他夜里还要用它。"（Rousseau 1984 [1754]: 90）

62 "博爱"在这里显得很不合群，至少不太像美洲原住民带来的影响，尽管也可以说它呼应了美洲观察者经常提到的互相帮助与互相支持的责任。孟德斯鸠在《论法的精神》中对欧塞奇人的互助友爱做了很好的说明，他的书对美国革命和法国革命中的政治理论家都产生了强大的影响；正如我们将在第十一章看到的，孟德斯鸠本人似乎会见了一个访问巴黎的欧塞奇代表团，而他的观察可能来自与他们的直接交流（Burns 2004: 38, 362）。

63 准确而言，妇女控制着土地及其出产物，也控制着其他大多数生产资料，但男人控制着大多数重要的政治职务。

第三章　解封冰河时代

1 一直到 19 世纪，权威的说法还是阿马大主教詹姆斯·厄舍尔（James Ussher）首次发表于 1650 年的论述。不过需要注意的是，正是艾萨克·牛顿爵士提出了另一种计算方式，算出宇宙的实际诞生时间是公元前 3988 年。

2 这句话借鉴了 Thomas Trautmann（1992）对这次"时间革命"的解释。虽然人类学是在"达尔文的十年"（即在 1859 年出版的《物种起源》与 1871 年出版的《人类的由来》之间）出现的，但实际上，不是达尔文主义而是考古学发掘，奠定了我们所知的人类史前史的时间尺度。地质学为之铺平了道路，以一种更机械化、更渐进的方式来描述我们星球的起源，取代了受《圣经》启发的关于地球起源是一系列快速而重大的剧变的观点。关于科学的史前史的早期发展，以及化石证据和石制工具如何首次被纳入这一扩展后的地球生命年表，更详细的研究可见 Schnapp 1993 与 Trigger 2006。

3 对关键发现的综述参见 Scerri et al. 2018。若想看到一个易懂的解释，也可参见 Scerri 于 2018 年 4 月 25 日在《新科学家》（New Scientist）发表的线上专题文章，题为"我们物种的起源：为什么人类曾如此多样化"（Origin of our species: Why humans were once so much more diverse）。

4 撒哈拉似乎在人类进化中扮演了某种旋转门的角色，随着季风雨周期性地推进和撤退，撒哈拉也阶段性地变绿又变干，非洲大陆南北之间的互动之门亦随之打开或关闭（参见 Scerri 2017）。

5 遗传学家合理认为确实发生了相当数量的基因混合。

6 Green et al. 2010; Reich et al. 2010. 化石证据告诉我们，现代人类第一次走出非洲的扩张活动始于 21 万年前（Harvati et al. 2019），但那些往往是尝试性的，且非常短暂，我们的物种更为决定性的扩张始于公元前 6 万年。

7 正如我们后面将看到的，现在和过去的狩猎-采集者展现出多种多样的可能性——从卡拉哈里沙漠的朱-霍安西人（Ju/'hoansi）、刚果的巴亚卡俾格米人（Mbendjele BaYaka）与菲律宾的阿埃塔人（Agta）这样的平等主义群体，到加拿大西北海岸的诸族群、佛罗里达群岛的卡卢萨人或在巴拉圭森林中居住的瓜伊库鲁人这些独断的等级制群体（后面这些群体远非平等主义的，而是有蓄奴传统，生活在等级分明的社会中）。将晚近觅食者中的某个特定子集树立为"早期人类社会"的代表，本质上是挑选有利于己的证据来论证。

8 Hrdy 2009.

9 Will, Conard and Tryon 2019, with further references.

10 关于"人类革命"观念的重要回顾和批评，参见 McBrearty and Brooks 2000; Mellars et al. 2007。

11 "维纳斯雕像"（Venus figurine）这个词仍被广泛使用，但它与 19 世纪和 20 世纪早期的科学种族主义有关。当时史前时代的形象被拿来直接与现代人体解剖图像比较，被认为是人类"原始"形态的活标本。一个悲剧性的例子是萨拉·巴尔特曼（Sara Baartman）的生平事迹：她是一名科伊科伊（Khoikhoi）女性，因为臀部硕大，她顶着"霍屯督维纳斯"的艺名，作为一个"怪胎"在欧洲各处被展览。参见 Cook 2015。

12 Renfrew 2007.

13 反对欧洲例外主义的论据是由 Sally McBrearty 和 Alison Brooks 在一份 2000 年的关键出版物中提及的；后续在南亚（James and Petraglia 2005）和非洲（Deino et al. 2018）的发现对此形成了进一步的补充。

14 Shipton et al. 2018.

15 Aubert et al. 2018.

16 可以想见其中包括洞穴艺术的创作，Hoffmann et al. 2018。

17 最近研究者对旧石器时代晚期［被称为奥瑞纳时期（Aurignacian period）］起始时的总体人口进行了估算，估算结果表明当时整个西欧和中欧只有 1 500 人，数量低得惊人；Schmidt and Zimmermann 2019。

18 关于旧石器时代晚期欧洲人口密度与文化传播力度之间相关性的研究，详见 Powell, Shennan and Thomas 2009。

19 这显然只是撒手锏，而极端手段往往只在万不得已时启用：例如在马达加斯加农村，当警察实质上缺席时，通常只有征得某人父母的同意才能对他处以私刑；这种情况下，把这人赶出镇子往往是一种有效手段。（格雷伯，田野观察）

20 Boehm 1999: 3–4.

21 最初认为该墓葬属于一个男孩和一个女孩，后来事实证明并非如此；关于这一点，新的基因证据见 Sikora et al. 2017。

22 同样，对于这个下维斯特尼采群葬的现代基因学研究证实了三个墓主的男性身份，先前对此是不确定的；Mittnik 2016。

23 Pettitt（2011）有效地概述和评估了这些来自不同遗址的证据，并提供了延伸参考资料；另参见 Wengrow and Graeber 2015。

24 例如，参见 White 1999，以及 Vanhaeren and D'Errico 2005。继承并非财富与儿童的关系唯一可能的解释：在许多财富自由流通的社会中（比如，在有的地方，当一个人的崇拜者向其索要项链或手镯时，他从社会层面上是无法拒绝的），大量的装饰品最终会被装扮到儿童身上，从而不再流通。如果埋葬精致装饰品的部分目的在于使它们不再流通，从而不再制造个体差别，那么将它们与儿童埋葬在一起不失为一种理想的办法。

25 Schmidt 2006，更简单的摘要可参考 https://www.dainst.blog/the-tepe-telegrams/。

26 正如 Haklay and Gopher（2020）的大胆假设，其依据是从三个大型围场的平面图中发现的几何规律和对应关系；但疑问依然存在，因为他们的研究没有解释在修筑围场时复杂而动态的建筑顺序，而且用于比较的对象严格来说并不是同时期的建筑。

27 Acemoğlu and Robinson 2009: 679; and see also Dietrich et al. 2019; Flannery and Marcus 2012: 128–31.

28 关于猛犸象建筑物在冰期背景下的纪念性特征，参见 Soffer 1985; Iakovleva 2015: 325, 333。正如我们在下文指出的，Mikhail Sablin、Natasha Reynolds 及其同事目前的研究表明，"猛犸象房屋"或"住宅"这类术语在一些情况下很可能具有误导性；事实上，这些令人印象深刻的建筑物的确切功能在不同的地区和时期可能差异极大（另参见 Pryor et al. 2020）。关于大规模的木制围场佐证了大型季节性集会，参见 Zheltova 2015。

29 Sablin, Reynolds, Iltsevich and Germonpré（书稿仍未付梓，由 Natasha Reynolds 向我们提供）。

30 Ibid.

31 事实上，即使是小孩通常也比这更有想象力。我们都知道小孩们花费了大量时间来扮演各种另类角色、设想在各种象征性世界中居住。Robert L. Kelly 在对"觅食者光谱"进行的大规模调查中，明确指出了对觅食者群体的刻板印象所带来的问题，倡导研究"狩猎-采集者的史前史时，不再使用泛泛的类型学对照，如普遍与特殊、简单与复杂、积累与非积累、即时满足与延迟满足等"（2013: 274）。虽说如此，我们注意到，在 Kelly 的主要研究中，他自己也沿用了这种泛泛的二分法，将狩猎-采集者群体分为"平等主义"和"非平等主义"的社会，并假定二者有不同的固有特征（被列在"简单与复杂"的二元对照表格中；Kelly 2013: 242, table 9-1）。

32 例如，英国历史学家 Keith Thomas 从中世纪和文艺复兴时期的英文史料中整理出了一个完整的名单，名单中是在非正式场合下拒绝过基督教的人。"埃克塞特（Exeter）主教在 1600 年抱怨说，在他的教区'对是否有上帝的争议非常普遍'……在埃塞克斯（Essex），据说滨海布拉德韦尔（Bradwell-near-the-Sea）的一个农民'认为所有的东西都是自然产生的，并作为无神论者坚决捍卫这一观点'。1633 年，在拉特兰（Rutland）的温（Wing），理查德·夏普（Richard Sharpe）因说'没有上帝，他也没有灵魂需要被拯救'而遭到指控。1635 年，达勒姆（Durham）发生了布赖恩·沃克（Brian Walker）事件，当他被问及是否不畏惧上帝时，他反驳说：'我不相信有上帝或魔鬼；除非我能看见，否则我不会相信任何东西。'与其读《圣经》，他推荐人们去

注　释　463

看'乔叟的书'"。(1978: 202)当然,区别在于,在温尼贝戈人中表达这样的观点可能会让你成为一个有趣的人物,而在伊丽莎白女王或詹姆斯国王的统治下,这种观点可能会给你带来大麻烦——证据就是:表达这种观点的人都经历了宗教审判,被记录在案,从而为后人所知。

33　Beidelman 1971: 391–2. 这段叙述假设先知是男性,但是也有女性先知的文献记录。Douglas Johnson(1997)提供了关于20世纪早期努尔人先知的最权威的历史。

34　Lévi-Strauss 1967 [1944]: 61.

35　Lee and Devore 1968: 11. 也许值得一说的是,列维-斯特劳斯为《狩猎之人》文集写了一个孤零零的后记,这本书现在已经没人读了。

36　Formicola（2007）对该证据进行了研究;另参见 Trinkaus 2018,以及 Trinkaus and Buzhilova 2018。

37　这是普遍的模式（Pettitt 2011）。当然,并非所有地方都如此,例如,罗米托的侏儒似乎就没有陪葬品。

38　考古学家观察到,位于法国佩里戈尔的旧石器时代晚期［马格德林文化（Magdalenian）］大型聚居遗址,与多尔多涅河和韦泽尔河沿岸的天然关隘或"瓶颈"之间存在密切的空间关联,比如浅滩或河流弯道,那是在驯鹿群季节性迁移过程中截获它们的理想地点（White 1985）。在西班牙北部,著名的阿尔塔米拉和卡斯蒂略（Castillo）洞穴遗址早已被确定为聚居地,依据是它们的地形位置,以及在那里发现的动物遗骸中,鹿、野山羊和贝类等季节性资源居多（Straus 1977）。在中央俄罗斯（Central Russia）冰缘地区的"猛犸象草原",尤其是像梅日里奇和梅京（Mezin）这样壮观的大型定居点——拥有猛犸象骨制成的住所、固定的储藏坑和大量的艺术活动与贸易活动的证据——都位于主要的河流系统旁边［第聂伯河（Dnepr）和代斯纳河（Desna）］,这些河流也引导着草原野牛、马、驯鹿和猛犸象每年的南北流动（Soffer 1985）。同样,下维斯特尼采所在的摩拉维亚南部的帕夫洛夫山（Pavlov Hills）,曾经作为一条狭长的森林-草原带的一部分,连接着东欧和西欧的非冰川区（参见 Jiří Svoboda 的文章,收于 Roebroeks et al. 2000）。其中一些地方具备全年定居的条件,但当地的人口密度在不同季节间仍有明显波动。最近,考古学家已经开始使用更精细的分析技术,比如用显微镜观测动物牙齿和鹿角中的生长模式,以及测量不同季节的地球化学指标——如通过测定动物遗骸中的稳定同位素占比——来确定迁徙模式和猎物的饮食结构（有帮助的相关研究可见 Prendergast et al. 2018）。

39　Lang et al. 2013,L. Dietrich et al. 2019（在哥贝克力土丘发现了大量研磨板、石碗、手工捣具、杵和臼）,也可见 O. Dietrich et al. 2012。

40　Parker Pearson（2012）详细调查和解读了对巨石阵的考古研究,包括最近的田野工作成果。新石器时代贵族制的论点基于对分属巨石阵不同建造阶段的人类遗骸的全面分析和年代测定。这一论点沿袭了那种认为第一个石圈和上位者的墓地有关的想法。该石圈里放着一个核心家庭的各位成员的火化遗骸,这大约发生在公元前3千纪之初。此后的多次拆除和重建,包括增加了巨大的砂岩（sarsen stone）,显然都与持续不断的丧葬仪式有关,因为同一家族的世系可想而知会在几个世纪的时间内扩大其规模和地位。

41　关于史前不列颠人在巨石建筑时期拒绝谷作的情况,参见 Stevens and Fuller 2012;从对牙齿残骸的检测可以发现,德灵顿垣墙的冬至食肉宴具有季节性,参见 Wright et al. 2014。

42　Viner et al. 2010; Madgwick et al. 2019.

43 当然，人类并不是唯一这么做的。人类之外的灵长目，如黑猩猩和倭黑猩猩，也会根据可食用资源分布的变化，依季节改变群体的规模和结构，灵长动物学家称之为"裂变–聚合"系统（Dunbar 1988）。事实上，其他各种群居动物也是如此。但是，莫斯所谈论的和我们这里所考虑的截然不同。人类的独特之处在于，这种轮替也涉及道德、法律和仪式组织的相应变化。不仅仅是战略联盟，而且整个角色和制度体系都有可能被周期性地拆解和重组，从而使一年中的不同时期有程度不同的集体生活。

44 Mauss and Beuchat 1979 [1904–5]. 值得注意的是，他们自己并没有强调季节性变化的政治方面，他们更关心凡俗制度和仪式安排之间的对立及其对群体自觉的影响。例如，"冬季是爱斯基摩人（因纽特人）社会高度集中的季节，处于持续的激动和亢奋状态中。由于个体之间密切接触，他们的社会互动变得更加频繁，更加连续和一致；思想得到交流；感情得到恢复和加强。群体的存在及其持续的活动强化了集体意识，并使群体在个体意识中占据了更为突出的位置"（p. 76）。

45 许多夸扣特尔艺术在视觉上呈现出"名字""人"和"角色"之间的关系，这当然不是巧合；他们的季节性实践使这些关系得以被仔细检视（Lévi-Strauss 1982）。

46 Lowie 1948: 18.

47 "在北美大平原上的这些军事性社会中，人们并没有发现法律和国家的萌芽。人们发现萌芽已经萌发并长大了。它们并不是我们现代国家的前身，而是可与现代国家比肩的存在。研究要务似乎不在于调查一者如何脱胎于另一者，而在于寻找它们的共同点，这可能揭示了法律和国家的本质。"（Provinse 1937: 365）

48 罗维的其他文章大都集中关注酋长的角色，他认为政治领袖向美洲"无政府"社会施加的权力被谨慎地限制着，避免出现永久性的强制结构。因此他总结，要形成原住民国家，只能通过预言的力量，即一个关于更好世界的承诺，以及宗教人物所宣称的从众神那里直接获得的权力。一代人之后，皮埃尔·克拉斯特在他 1974 年的文章《反国家的社会》（"Society Against the State"）中提出了几乎完全相同的观点。他如此紧密地追随罗维，受到了后者思想的直接启发。虽然罗维现在基本上被遗忘了，但人们记住了克拉斯特，因为他认为，无国家社会并不是进化中的一个阶段，不受高等组织的影响，而是基于自觉和对强权有原则的拒绝。有趣的是，克拉斯特没有继承罗维有关权力模式的季节性变化的讨论；尽管克拉斯特本人主要关注亚马孙社会，事实上，亚马孙社会在一年的不同时期有非常不同的结构（见 Maybury-Lewis ed. 1979）。对克拉斯特论点的一个常见的合乎逻辑的反驳（这个反驳至今仍然有非常大的影响力）是，亚马孙社会如何能自觉组织起来对抗他们实际上从未经历过的权威形式？在我们看来，将季节性变化带回辩论中对解决这一难题有很大帮助。

49 像"约翰·巴雷库恩"（John Barleycorn）这样季节性的国王或领主至今仍是英国民间传说中的常见人物，作为神圣统治者的一个变体，他们注定要在每年的收获时节结束自己的任期并被杀死。但是关于这些角色可追溯至最早记载此类人物的 16 世纪的相关文献之前多远，人们尚无定论。这种"临时国王"在欧洲、非洲、印度和希腊-罗马神话和传说中无处不在，并且是詹姆斯·弗雷泽的《金枝》第三卷的主题，被他称为"垂死之王"。

50 这篇已发表的文章（Lowie 1948）被人遗忘的一个可能的原因是，它有个明显枯燥平凡的标题：《美洲原住民政治组织的一些方面》（"Some aspects of political organization among the American Aborigines"）。

51 Knight 1991.

52 格雷伯相关进一步的讨论见"关于神圣王权政治的说明：或言主权考古学的诸要素"

（Notes on the politics of divine kingship: Or, elements for an archaeology of sovereignty），见于 Graeber and Sahlins 2017, Chapter Seven。

53 关于"嘉年华"（carnivalesque），经典的文本是巴赫金（Bakhtin）的《拉伯雷研究》（*Rabelais and His World*，1940）。

54 关于这些辩论的历史在此不容详述，但有趣的是，我们观察到这些辩论直接来自莫斯对季节性的研究，他与他的舅舅涂尔干合作进行了这项研究。涂尔干被视为法国社会学的创始人，而莫斯是法国人类学的创始人。1912 年，在《宗教生活的基本形式》（*The Elementary Forms of Religious Life*）一书中，涂尔干借助莫斯对澳大利亚原住民社会的研究，比较了澳大利亚游群所谓的日常经济活动（主要涉及食物获取）和季节性聚会［被称为狂欢会（corroboree）］的"欢腾"状态。他认为，正是在狂欢会的兴奋中，他们拥有了创造社会的力量，就好像一种外部力量被投射到图腾精神及其象征中。这是对于这个基本难题的首次表述，此后几乎所有的理论家都被迫纠缠于此：仪式既是社会结构得以体现的时刻，也是新的社会形式出现的"反结构"时刻。英国社会人类学最初的理论灵感主要来自涂尔干，学者们从各个角度回应了这个问题［特别是埃德蒙·利奇（Edmund Leach）、维克多·特纳（Victor Turner）或玛丽·道格拉斯（Mary Douglas）的作品］。在我们看来，要解决这一困境，目前最复杂也最有说服力的方案是 Maurice Bloch（2008）提出的"超越性"（transcendental）和"事务性"（transactional）这对概念；以及 Seligman et al.（2008）的论点，即仪式创造了一个"虚拟"（subjunctive）或"仿佛"（as if）的秩序领域，这个领域被有意识地塑造得不同于那个零散和混乱的现实。仪式创造了一个与普通生活截然不同的世界，但本质上也是想象的制度（如宗族、帝国等）持续存在的地方。

55 正如彼得·伯克（Burke 2009: 283–5）所指出的，反叛仪式只是"安全阀"或者普通民众"释放压力"的方式，释放压力（let off steam）这种想法在蒸汽机发明两年后才首次被记录下来，在此之前，人们偏好的隐喻是释放酒桶中的压力（let off the pressure）。但与此同时，中世纪当权者也敏锐地意识到，大多数农民起义或城市叛乱正是在这种仪式性的时刻开始的。这种矛盾心态（ambivalence）一再出现，以至于卢梭已经认为大众节日体现了革命的精神。这种想法后来被罗杰·凯卢瓦（Roger Caillois）进一步拓展，体现在他为乔治·巴塔耶（George Bataille）的社会学学院（Collège de Sociologie）写的关于"节日"的开创性文章中［英译本，2001（1939）］。这篇文章经历了两稿，第一稿将节日作为社会革命解放的典范，第二稿则将其作为法西斯主义的预兆。

第四章　自由民、文化的起源和私有财产的出现

1 或者至少在形式和功能上大致类似：当然，史前石器分析的专家们花了大量时间在精细分析的基础上区分具体的"产业"，但即使那些发现自己更为"主分"（splitter）而非"主合"（lumper）的人也不会否认旧石器时代晚期传统的广泛相似性，从奥瑞纳人、格拉维特人（Gravettian）、梭鲁特人（Solutrean）、马格德林人到汉堡人（Hamburgian）等，这种相似性跨越了极其广阔的地理范围。最近对这些问题的讨论见 Reynolds and Riede 2019。

2 Schmidt and Zimmerman 2019.

3 Bird et al. 2019; see also Hill et al. 2011.

4 这是北美洲人发展出闻名于世的手语的原因之一。有趣的是，无论在哪种情况下，我

们都是在处理图腾氏族系统，这引发了关于这种系统本身是否属于典型的远距离组织形式的问题（参见 Tooker 1971）。几乎可以说，常见的刻板印象认为"原始"民族把他们特定地方群体之外的任何人都仅视为敌人，这是完全没有根据的。

5 Jordan et al. 2016; also Clarke 1978; Sherratt 2004.
6 我们将在下一章看到例证。
7 例如，我们可以同意詹姆斯·斯科特（Scott 2017）的观点，即掠夺性精英通过征税、劫掠和进贡强化其权威，其利益与粮食经济密切相关（粮食是一种明显可见、可量化、可占有和可储存的资源）。然而，斯科特并没有天真地宣称谷物种植在任何情况下都会产生国家，他只是指出，由于这些非常实际的原因，大多数成功的国家和帝国都选择促进——而且往往是强制——其臣民生产少量的粮食作物；同样地，这些国家也不鼓励追求更混乱、更多变因而无法管理的生计方式，比如游牧、园耕或季节性狩猎和采集。我们将在以后的章节中再讨论这些问题。
8 基本文献请参阅：Woodburn 1982, 1988, 2005。
9 Leacock 1978，更详细的讨论见 Gardner 1991。
10 *JR* 33: 49。当拉勒芒说温达特人从不知道禁止意味着什么时，他大概是指世俗法律中的禁令，但是毫无疑问，他们熟悉各种仪式禁令。
11 我们的意思是，他们的权力在很大程度上是剧场式的，尽管他们的确也扮演了关键的顾问性质的角色。
12 我们在这里使用这个词的方式有些呼应 Amartya Sen（2001）和 Martha Nussbaum（2011）提出的社会福利的"能力导向"（Capability Approach），其中也提到了"实质的自由"，即参与经济或政治活动的能力、活至高龄的能力等；但我们提出这个术语的过程实际上是独立的。
13 Gough 1971；也可见 Sharon Hutchinson 1996，其中指出女性自主性的完整意义，把问题带到了后殖民时代。
14 Evans-Pritchard 1940: 182.
15 耐人寻味的是，在这个意义上，所有的人类语言都有命令语式；甚至是在像哈扎人这样彻底反权威的社会中，也没有人完全不知命令为何物。但与此同时，许多社会明确通过制度安排确保没有人可以持续地命令他人。
16 在这种情况下，必须注意到杜尔哥是在 18 世纪中期写作的，所以我们今天用来证明"西方文明"（这个概念在当时并不存在）优越性的大多数标准在那时显然不适用。例如，欧洲的卫生水平和公共健康标准糟糕得骇人听闻，比当时的"原始"民族要差劲得多；欧洲没有可诉诸的民主制度，其法律制度按世界标准来说也是野蛮的（例如，欧洲人仍在监禁异教徒、烧死女巫，这在其他地方几乎没有发生过）；直到大概 19 世纪 30 年代，欧洲人的生活水平甚至实际的工资水平都低于印度、中国、奥斯曼帝国或波斯萨非王朝。
17 美国社会学家 Juliet Schor 在《过劳的美国人》（*Overworked American*，1991）中首次提出了这一著名观点：中世纪欧洲农民的劳作时长平均比当代美国上班族的工作时长更短。该观点一直饱受争议，但似乎经受住了时间的考验。
18 这篇文章事实上是基于他自己两年前在"狩猎之人"研讨会上的简要发言而写的。原文已在萨林斯论文集的不同版本中重印，总标题为《石器时代经济学》（最近的文集见 Sahlins 2017）。
19 萨林斯所依赖的关键研究见 Lee and Devore 1968。相比之下，更早之前的民族志工作几乎没有统计数据作为支撑。

20　Braidwood 1957: 22.
21　新石器时代革命，现在更多地被称为农业革命，这一概念是由澳大利亚史前史学家柴尔德在20世纪30年代提出的。他认为农业起源是人类文明三大革命中的第一次革命，第二次是城市革命，第三次是工业革命。参见 Childe 1936。
22　正如我们在第一章中所见，人们事实上仍经常提出这种说法，然而这样做无异于公然无视萨林斯、李（Lee）、德沃尔（Devore）和特恩布尔以及许多其他人提出的证据，就好像这些研究没有发表过一样。
23　对奥古斯丁的这种解读实际上来自萨林斯本人后来的作品（1996，2008）。当时，所有这些当然只是有根据的推测而已。现在，关于人与作物关系演变的新发现，迫使我们重新审视他的论点，对此我们将在第六章和第七章继续讨论。
24　Sahlins 2017 [1968]: 36–7.
25　Codere 1950: 19.
26　说来也怪，波弗蒂角实际上几乎正位于梅肯湾野生动物园和黑熊高尔夫俱乐部中间。
27　此处引用了 Kidder（2018）的总结性文章。关于波弗蒂角的考古发现，更详细的研究可见 J. L. Gibson 2000，其中的解释比较特别；更广泛的评估可见 Sassaman 2005。
28　正如 Lowie（1928）所表明的，在最近的美洲印第安人社会中，通常是对这些"无形"商品的所有权（他将其比作我们的专利和版权），而不是对领土的直接所有权，开启了对土地和资源的用益权。
29　Clark 2004.
30　Gibson and Carr 2004: 7，这里引用了萨林斯在《原初丰裕社会》中关于"简单、普通的觅食者"的讨论。
31　For which see also Sassaman 2005: 341–5; 2010: 56 ff.; Sassaman and Heckenberger 2004.
32　美国考古学会（Society for American Archaeology）所办杂志的某期特刊中包含了对北美洲不同地区"古风时代"贝丘（shell-mound）文化的有益探讨，参见 Sassaman（ed.）2008。关于不列颠哥伦比亚省的史前海防、贸易和战争的证据，参见 Angelbeck and Grier 2012，Ritchie et al. 2016。
33　三内丸山是规模最大也最令人印象深刻的绳纹遗址，位于日本北部的青森县，在公元前3900年至前2300年有人居住。Habu and Fawcett（2008）对该遗址的发现、接受和当代解释进行了生动记录。关于绳纹时代物质文化、定居模式和环境利用的更广泛讨论，见 Takahashi and Hosoya 2003，Habu 2004，Kobayashi 2004，Matsui and Kanehara 2006，Crema 2013。值得注意的是，古老的绳纹也在以其他方式渗入现代人的意识中：他们精心制作的陶瓷上出现的独特"绳纹图案"美学，为任天堂最受欢迎的电子游戏之一《塞尔达传说：旷野之息》提供了图像模板。绳纹文化在数字时代似乎如鱼得水。
34　在欧洲，"中石器时代"指的是冰期之后捕鱼-狩猎-采集者的历史，包括他们与农业人群的首次接触，对此我们将在第七章做讨论。有些人认为芬兰的"巨人教堂"具有防御功能（Sipilä and Lahelma 2006），还有些人则注意到它们的天文学排列方式，认为它们有可能代表着四季的划分，就像后来的中世纪北欧日历一样。关于所谓的希吉尔神像的年代溯源和分析，见 Zhilin et al. 2018。而关于卡累利阿和欧洲大西洋沿岸的中石器时代的丧葬传统，见 Jacobs 1995; Schulting 1996。
35　Sassaman (ed.) 2008.
36　拉翁唐著作的英译本（Lahontan 1735），p. 113。
37　Tully 1994。1823年，首席大法官马歇尔在《约翰逊诉迈金托什案》（*Johnson and Grahame's*

Lesee v. McIntosh）中否定了洛克的立场。但在一些国家，无主地（terra nullius，"不属于任何人的土地"）相关原则直到很晚近才被废除，在澳大利亚，迟至1992年的"马博裁决"（Mabo Decision）裁定，在英国殖民统治之前，原住民和托雷斯海峡岛民有自己独特的土地使用权形式。

38 这是 Bruce Pascoe 在《黑暗鸸鹋》（Dark Emu，2014）一书中提出的论点。无论人们是否接受这种耕作的技术定义，他所呈现的证据都有压倒性的力量，表明原住民群体惯于在其领地上劳作、耕耘并且改善地力，几千年来一直如此。

39 当然，过去不平等和剥削的存在丝毫不会削弱原住民群体的所有权要求，除非有人认为，只有生活在某种虚构的自然状态中的群体才能获得法律赔偿。

40 Marquardt 1987: 98.

41 美国民族学局的 Frank Cushing 是最早对17、18世纪逐渐衰亡的卡卢萨社会遗迹进行系统研究的学者之一。即便 Cushing 用的是他那个时代最原始的考古学方法，得出的结论也被后来的研究所证实。"佛罗里达礁岛居民在这个方向上的发展，在每一个礁岛废墟中都得到了证明，这些大大小小的废墟建于很久以前，但经受住了后来在大陆上肆虐的风暴；礁岛上每一组贝丘亦无声而雄辩地证明着这一点，那些贝丘是为首领的房屋和庙宇建造的；礁岛上每一条运河也在证明着这一点，这些运河是日积月累，用来自海洋深处的材料修建的。因此，在我看来，在这些古老礁岛上的居民中，统治的行政方面，而非社会方面，无疑发展到了一种过于复杂而不相匹配的程度；这不仅导致他们发展出类似普韦布洛人的图腾祭司和头人，还导致他们发展出一个特权阶层，甚至发展出在世俗生活中权力无边、任期无限的首领。"（Cushing 1896: 413；更加晚近的相关论述见 Widmer 1988，Santos-Granero 2009）。

42 关于卡卢萨人生计模式的证据及其社会经济影响的总结，见 Widmer 1988: 261–76。

43 Flew 1989.

44 Trouillot 2003.

45 想想1824年11月，当奥托·冯·科茨布（Otto von Kotzebue），作为一艘名为"留里克号"（Rurik）的俄国舰船的指挥官，第一次看到萨克拉门托河时的反应："流经这块富饶之地的许多河流对未来的定居者来说将是最为有用的。低处的土地完全适合种植水稻；而高处，由于土壤的特殊强度，最好的小麦将于此获丰收。葡萄树若种在这里或可以得益良多。河岸边遍布像野草一样茂密的野生葡萄；葡萄的果穗很大；果粒虽小但非常甜，味道可口。我们经常吃许多葡萄，也没什么不适。印第安人也经常大快朵颐。"引自 Lightfoot and Parrish 2009: 59。

46 Nabokov 1996: 1.

47 我们在佛罗里达发现了至少1.4万年前的石器和乳齿象骨骸（Halligan et al. 2016）。早期人群通过所谓的"海藻公路"从沿海进入美洲的证据参见 Erlandson et al. 2007。

48 Bailey and Milner（2002）在一个如今被视为经典的讨论中，有力地论证了沿海狩猎-采集者在从晚更新世到中全新世之际对人类社会进化起到的核心作用，指出海平面的变化如何淹没了大部分的证据，因而严重扭曲了我们对早期人口的传统想象。瑞典斯堪尼亚（Scania）西部的托格鲁普（Tågerup）海角以及更广泛的斯堪的纳维亚南部地区，为中石器时代大规模和长期聚居提供了绝佳例证，面对每一个像这样幸存的古代海岸景观，我们肯定能想象到还有数百个景观长期隐藏在海浪之下（Larsson 1990; Karsten and Knarrström 2013）。

49 关于纳奇兹神圣王权更详细的分析，参见 Graeber and Sahlins 2017: 390–95。我们只知道"大太阳"的权力极为有限，因为当法国人和英国人争夺盟友时，他们发现每个

50 Woodburn 2005: 26。我们应该补充的是，很难找到其他自由社会的例子（例如，在原住民时期的加利福尼亚或火地岛），在这种社会中没有一个成年人可以擅自直接给另一个人下命令，但唯一的例外是在仪式性的化装舞会期间，人们认为在此期间拥有立法和惩戒权力的神、鬼、祖先会以某种方式在场；也见 Loeb 1927；还有萨林斯关于"原始政治社会"（original political society）的文章，见 Graeber and Sahlins 2017 开篇。

51 具体描述可参见 Turnbull 1985。

52 女人们必须假装不知道这是她们自己的兄弟、丈夫或其他亲人。没有人确切知道——女人们是否真的知道（几乎可以确定她们知道），男人们是否真的知道女人们知道，女人们是否知道男人们知道她们知道，以此类推……

53 这就是为什么，正如 Macpherson——我们这里的主要资料来源——在他的《占有型个人主义的政治理论》(Political Theory of Possessive Individualism, 1962) 中指出，消极权利对我们来说比积极权利更有意义，也就是说，尽管联合国通过的《国际人权宪章》保证每个人的工作和生计为基本人权，但从来没有政府因为让人们失去工作或取消基本食品补贴而被指控侵犯人权，即使这些政策造成了普遍的饥饿；相反，政府只在对他们人身造成"侵犯"时才遭受指控。

54 这里让我们想一下，原住民的地权主张几乎无一例外地要援引一些神圣的概念：神山、圣地、大地之母、祖坟等。这种做法与主流意识形态正相对，在主流意识形态中，真正神圣的是绝对的、排他性的财产主张所带来的自由。

55 Lowie 1928。

56 Walens 1981: 56–8 详细分析了夸扣特尔人的宴席菜肴。因为他们可以死后转世，所以这些菜肴既是有形的也是无形的财产。

57 Lowie 1928: 557; see also Zedeño 2008.

58 Fausto 2008; see also Costa 2017.

59 Costa and Fausto 2019: 204.

60 Durkheim 1915, Book Two, Chapter One: 'The Principal Totemic Beliefs: the Totem as Name and Emblem'; see also Lévi-Strauss 1966: 237–44.

61 Strehlow 1947: 99–100.

62 正如在很多我们称之为"自由社会"的例子中，人们在培育女性时，试图向其灌输自主和独立的意识；而培育男性时，则旨在培养完全相反的本能，比如澳大利亚成人礼的考验和磨难，其实是为了完成一个"成长"的过程。在这方面，值得注意的是，从 Barry, Child and Bacon 1959 开始，有相当多的文献表明，就像 Gardner 所说的，"虽然非觅食者倾向于向儿童灌输服从和责任，但觅食者倾向于强调自力更生、独立和个人成就"（1971: 543）。

第五章　多季以前

1 关于原住民人口的数值有很大争议，但人们一致认为太平洋沿岸是北美洲原住民人口最密集的地区之一；见 Denevan 1992 和 Lightfoot and Parrish 2009。

2 在克鲁伯的巨著《加利福尼亚印第安人手册》(Handbook of the Indians of California) 中，他曾说："尽管几乎所有其他部落都有使用种子与定居的习惯，这使得他们有可能在生活方式相对变化不大的情况下采纳这项技术，但农业只触及该州的一个边缘地区，即科罗拉多河（Colorado River）河口。显然，比起那些有过耕种经验的人，只有对那些习惯于依赖自然的人而言，种植才是一种根本性创新。"（1925: 815）尽管他在其他地方也承认，一些加利福尼亚民族——"尤罗克人、胡帕人，可能还有温顿人和迈杜人"——事实上已经种植了烟草（ibid: 826），因此，种植终究不可能是一种概念上的创新。正如 Bettinger 最近指出的那样，"农业从未传播到加利福尼亚，并不是因为那里与世隔绝。加利福尼亚总是或多或少地与农业从事者有直接交流，而且这些农产品偶尔会出现在考古遗址中"（2015: 28）。他认为，加利福尼亚人只是对于当地环境形成了一种"优越的适应性"；尽管这并不能解释他们对农业的一贯拒绝。

3　Hayden 1990.
4　当然，我们至今仍能看到这种心态：新闻工作者们沉迷于认为，在地球的某个地方，一定有人类群体自石器时代以来一直生活在与世隔绝的环境中。事实上，并不存在这种群体。
5　诚然，这并不是策展的唯一方式，在博厄斯之前，大多数美国博物馆都是分类组织展品的：珠饰、独木舟、面具等。
6　"民族学"如今是人类学下面的一个不起眼的分支学科，但是在 20 世纪早期，民族学被视为综合的最高形式，将数百个小研究的发现集中在一起，比较和分析人类社会之间的联系和区别。
7　这当然是可以理解的。科学种族主义的支持者将"含米特假说"（Hamitic hypothesis）这样的理论推向了新的极端。这些支持者尤以德-奥"文化圈学派"的追随者为首，但同样也有许多法国、俄罗斯、英国和美国学者的当代著作推波助澜。民族学中的文化圈学派尤其关注一神教的起源，因为一神教长期以来被视为犹太文化对欧洲独有的开创性贡献。研究各种各样的"放牧文化""牧羊人"和"养牛人"至少部分是为了表明，古代以色列人的宗教成就并没有什么特别之处，关于"至高无上的神"的一神论信仰很可能出现在几乎所有的部落社会，这些社会大部分时间都在干旱区或干草原地貌中游牧。20 世纪中叶，已发表的关于这个问题的辩论可以填满一个小型图书馆，尤以威廉·施密特（Wilhelm Schmidt）12 卷本的《上帝观念的起源》（Der Ursprung der Gottesidee，1912–55）为代表。
8　Wissler 1927: 885.
9　因此，英国人类学的创始人泰勒（E. B. Tylor）写道："尽管现在整个西欧都知道翻花绳，但我发现在我们这个地方根本没有关于它的古老记录。它在东南亚很著名，最合理的解释似乎是，这里是它的起源中心，它从这里向西迁移到欧洲，向东和向南穿过波利尼西亚进入澳大利亚。"（1879: 26）。在 JSTOR 数据库中搜索 1880 年至 1940 年人类学期刊文章中的"翻绳花样"，得到了 212 条结果，其中 42 篇论文的标题中包含这个关键词。
10　收于 Mauss 1968–9，现在也被汇编和翻译成英文，并附有评论和历史背景，见 Schlanger 2006。
11　自二十世纪三四十年代以来，人类学家首先转向结构-功能主义范式，后来又转向其他更注重文化意义的范式。但无论哪种情况，人类学家都认为，习俗的历史起源不是一个特别有趣的问题，因为它无法回答习俗在今天有何意义。
12　See Dumont 1992: 196.
13　在某些方面，这更接近于今天对文化传播的研究中所倡导的那种方法，尽管人们现在倾向于从人类认知的普遍因素中寻找根本原因（例如 Sperber 2005）。
14　Mauss, in Schlanger 2006: 44, and see also pp. 69, 137.

注 释　471

15　关于西北海岸族群生态学和物质文化的概述和历史，见 Ames and Maschner 1999；关于与之对应的加利福尼亚原住民的情况，见 Lightfoot and Parrish 2009。
16　E.g. Hayden 2014.
17　20 世纪初，当克拉克·威斯勒和其他人首次定义"文化区"时，这种基于食物偏好和资源利用率的粗略区分是其基础。在《美洲印第安人》(*The American Indian*, 1922)中，威斯勒实际上首先定义了"食物区"，然后将其细分为"文化区"。关于这些广泛的生态分类的更多前沿和批判性观点，见 Moss 1993 和 Grier 2017。值得注意的是，在威斯勒颇具影响力的《美洲印第安人》一书中，奴隶制的存在与否从来没有成为"文化区"的要素（诚然，在北美洲原住民社会中，动产奴隶制是一种罕见的制度，但它确实存在）。
18　实际上，他说的是一群相关的民族，主要是尤罗克人、卡鲁克人和胡帕人，他们有着非常相似的文化制度和社会制度，尽管他们说着彼此完全不相通的语言。在人类学文献中，尤罗克人经常被用来代表一般的加利福尼亚人（就像"夸扣特尔人"被用来代表所有西北海岸族群一样），这非常令人遗憾，因为正如我们所看到的，他们在某些方面颇为不同寻常。
19　Goldschmidt 1951: 506–8. 事实上，这些即便在加利福尼亚也并不寻常：如我们所见，大多数加利福尼亚社会都使用贝币，但个人财富会在其死亡时被仪式性地销毁。
20　Benedict 1934: 156–95. 克洛德·列维-斯特劳斯在一篇文章中比较了西北海岸社会与中世纪欧洲贵族家庭，该文章因其对"家屋社会"的定义而闻名。该文再版时，题目被改为"人类学与神话"(Anthropology and Myth)并被收入他的论文集(Lévi-Strauss 1987: 151. 另见 Lévi-Strauss 1982 [1976])。
21　Hajda（2005）对哥伦比亚河下游和更偏北的西北海岸不同形式的奴隶制进行了细致的讨论，也讨论了这些奴隶制在与欧洲人接触的早期阶段（1792—1830）是如何发展的。但她没有进一步将其与门多西诺角以南的原住民社会进行更广泛的对比，后者完全拒绝奴隶制。
22　Sahlins 2004: 69.
23　Goldschmidt 1951: 513.
24　Drucker 1951: 131.
25　Elias 1969.
26　见 Boas and Hunt 1905 和 Codere 1950。20 世纪初的民族志学者无疑认为，加利福尼亚北部社会偶尔引入这种实践的做法是外来且反常的，如 Leslie Spier（1930）对克拉马斯人的讨论，认为他们在采用了马匹之后开始接受奴隶制和夸富宴的某些方面。
27　Powers 1877: 408; Vayda 1967; Goldschmidt and Driver 1940.
28　尤其见 Blackburn 1976: 230–35。
29　Chase-Dunn and Mann 1998: 143–4. 拿破仑·夏侬（1970: 17–18）甚至进一步认为，"尤罗克人'渴望'角贝（即金钱），但必须从他们的邻居那里获得，这是有功能意义的。以这种方式挣钱，能够提升社会声望，这导致当地在物资匮乏时以贸易替代掠夺，有效保证了对资源分配的更稳定的适应"。
30　See Donald 1997.
31　Ames 2008; cf. Coupland, Steward and Patton 2010.
32　考古学家 Kenneth Ames 在大量开创性作品中令人信服地展示了早期某种形式的社会分层（例如 Ames 2001）。
33　Arnold 1995; Ames 2008; Angelbeck and Grier 2012.

34　Santos-Granero 2009.

35　Patterson 1982；因此，关于夸扣特尔人的奴隶，Goldman 说道："被俘的外人与他们的新家没有亲属关系，与他们原来的部落和村庄也不再有真正的联系。他们被暴力地从根上撕扯下来，奴隶所处的状态近乎死亡。按照夸扣特尔人的标准，处于死亡边缘的他们是食人宴上最合适的祭品。"（1975: 54）。

36　Patterson 1982; Meillasoux 1996.

37　Santos-Granero 2009: 42–44.

38　See Wolf 1982: 7982.

39　来源于桑托斯-格拉内罗的说法，他仔细汇编了有关掠夺者怎么叙述他们所作所为的资料。

40　Fausto 1999.

41　Santos-Granero 2009: 156. 这并不是一个简单的类比：在大多数畜养奴隶的亚马孙社会中，奴隶似乎具有与宠物相同的正式地位；反过来，正如我们所观察到的，在亚马孙大部分地区，人们普遍认为宠物是典型的个人财产（也见 Costa 2017）。例如，狗、马、鹦鹉和奴隶即使在其主人生前得到了优厚的待遇，在主人离世后通常都要成为仪式的祭品，且这类情况并不因主人为男性抑或女性而有所区别（Santos-Granero, op. cit.: 192–4）。

42　另见 Graeber 2006。在这方面，有趣的是，瓜伊库鲁人虽然俘虏了农民，但并没有让他们作为奴隶去种植或照料农作物，而是将他们纳入了自己的觅食生活。

43　Powers 1877: 69.

44　他们是太平洋沿岸最早一批被商人和殖民者带来的疾病所感染的人，再加上种族灭绝的屠杀，这使得切特克人和附近的群体在 19 世纪几乎遭到灭顶之灾。因此，我们无法找到关于这些群体的详细描述，也无法将之与加利福尼亚和西北海岸进行比较。这两个主要的"文化区"位于他们以前的领土两侧。事实上，位于伊尔河（Eel River）和哥伦比亚河口之间海岸上的这个复杂区域，给试图划定这些文化区边界的学者们带来了分类上的大难题，其归属问题至今仍存在争议。参见 Kroeber 1939, Jorgensen 1980, Donald 2003。

45　加拿大第一民族的口传叙事中保留了关于远古时期发生在西北海岸的迁徙和战事的资料，其历史真实性业已成为一个独具创新的研究课题，该研究结合了考古学与人口变化的统计模型，这一统计模型可以科学地追溯至上一个千纪乃至更久远的情况。研究者总结说："原住民的口头记录现在已经接受了极其严格的检验。我们的结论是，（在这种情况下）钦西安人对过去 1 000 多年所发生的事件的口头记录是正确的（严格意义上说，没有被推翻），这是评估原住民口述传统有效性的一个重要里程碑。"（Edinborough et al. 2017: 12440）

46　我们无法知道这种劝诫故事有多普遍，因为早期观察者不太可能记录这种故事（这个特殊的故事之所以流传下来，只是因为蔡斯认为乌吉人可能是因船舶失事而滞留此地的日本人！）。

47　Spott and Kroeber 1942: 232.

48　耐人寻味的是，在加利福尼亚的一些地方，以橡子为主食的现象可追溯到大约 4 000 年前，远早于对鱼类的密集捕捞。参见 Tushingham and Bettinger 2013。

49　在西北海岸，大量捕捞鲑鱼和其他溯河鱼类的现象可以追溯到公元前 2000 年，直到最近这仍是原住民经济的一个主要来源。参见 Ames anf Maschner 1999。

50　Suttles 1968.

注 释　473

51　Turner and Loewen 1998.
52　以 Joaquin Miller（1873: 373–4）在《莫多克人的生活，未被书写的历史》(*Life Amongst the Modocs, Unwritten History*) 中的描述为例："在这里，我们穿过宏伟的橡树林。那些树干有 5 英尺到 6 英尺（1.5 米至 1.8 米）粗，树枝上结满了橡子，并覆着相当多的槲寄生。下到皮特（Pit）河畔，我们听见采橡子的印第安女孩的歌声和喊声。她们在橡树顶上，半掩在槲寄生丛中。她们会用棍子打落橡子，或用战斧砍下细枝，而更年长的女性将它们从地上拾起，越过肩膀扔进篮子，篮子就挂在一条头带上。"（接下来他顺便描述了印第安女孩的脚有多么小巧迷人，即便她们没有穿挤脚的欧式鞋，这暴露出当时边境社区自负的母亲们之间的一种"广受欢迎的错觉"：不受束缚的脚依然可以很优雅。）
53　正如 Bettinger 所说，橡子"对后期投入的需求非常高，因此采摘橡子作为储备食物一点也不节省时间……相应地也减少了滋生不平等的可能，减少了吸引掠夺者的可能，减少了建立防御或报复组织的必要"（Bettinger 2015: 233）。他的论点基本上似乎是：迈杜、波莫、米沃克（Miwok）、温顿和其他加利福尼亚族群的远祖牺牲了短期的营养价值，换取了长期的粮食安全。
54　我们在前面几段所介绍的大部分内容都是基于 Tushingham and Bettinger（2013）更详细的论证，但他们的基本观点——包括觅食者奴隶制源于对水域资源的季节性利用这一提法——在已有的出版物中并不鲜见，可以在 Herman Nieboer 的《作为工业体系的奴隶制》(*Slavery as an Industrial System*, 1900) 中找到源头。
55　对西北海岸传统掠夺实践的大体描述以及进一步的讨论，参见 Donald 1997。
56　Drucker 1951: 279.
57　Golla 1987: 94.
58　比较 Ames 2001, 2008。奴隶们也可以而且经常试图逃跑，并且往往逃跑得很成功，特别是当同一社区的大量奴隶被关押在同一个地方时（例如，参见 Swadesh 1948: 80）。
59　哥伦比亚河下游似乎有一个过渡区，那里的动产奴隶制渐渐变成了各种形式的劳役偿债制（peonage），接下来是一片基本没有奴隶的区域（Hajda 2005）；其他个别例外情况见 Kroeber 1925: 308–20，Powers 1877: 254–75，以及 Spier 1930。
60　MacLeod 1928; Mitchell 1985; Donald 1997.
61　Kroeber 1925: 49. Macleod（1929: 102）不相信这一点，他指出在特林吉特和其他西北海岸群体中存在类似的法律机制，这并不妨碍他们"征服外族、要求进贡并奴役俘虏"。然而，所有的资料都一致表明，加利福亚西北部唯一真正的奴隶是债务奴隶，而且即使这些奴隶数量也很少（参见 Bettinger 2015: 171）。如果实情不如克鲁伯所说，那么一定有其他压制动产奴隶制的机制在发挥作用。
62　Donald 1997: 1246.
63　Goldschmidt 1951: 514.
64　Brightman 1999.
65　Boas 1966: 172; cf. Goldman 1975: 102.
66　Kan 2001.
67　Lévi-Strauss 1982.
68　Garth 1976: 338.
69　Buckley 2002: 117; cf. Kroeber 1925: 40, 107.
70　"西北部可能也是加利福尼亚唯一有过奴隶制的地方，在这里奴隶制完全建立在经济基础上。丘马什人（Chumash）可能有奴隶，但缺乏准确的信息。科罗拉多河诸部落

出于情感原因保留了女俘房,但没有榨取她们的劳动。"(Kroeber 1935: 834)

71　Loeb 1926: 195; DuBois 1935: 66; Goldschmidt 1951: 340–41; Bettinger 2015: 198. Bettinger 指出,加利福尼亚中部存在过的(考古学上明显可见的)财富不平等现象在引入角贝后逐渐消失,因此他认为引入货币的总体效果似乎是限制了债务关系,从而从总体上减少了相互依赖性和"不平等"。

72　Pilling 1989; Lesure 1998.

73　虽然在战争中被俘的人很快就被赎回,但这里似乎与加利福尼亚的其他地方不同,在其他地方由部落承担着赎回的集体责任,而在这里则是由个人家庭来承担。劳役偿债似乎是由于无力支付而造成的。Bettinger(2015: 171)认为,这种债务和战争的关系可能一定程度上造成了加利福尼亚西北部的人口分裂——首先是群体的解体,这些群体从来都不是很强大(例如,没有图腾氏族),但在更南边确实存在过。一个早期的资料(Waterman 1903: 201)补充说,无力支付赔偿的杀手,虽然不用被迫劳役偿债,却已成为所在社区的耻辱,只能闭门谢客,甚至在清偿债务后仍门可罗雀。这一情况总体上看起来确实有点像阶级制度,因为继承财富的人经常发起战争,指导随后的和解仪式,然后管理由此产生的债务安排,在这个过程中,贫困家庭构成的阶级会陷入边缘地位,其成员分散在各地,散入父系游群中,而胜利者的扈从构成的另一个阶级围绕在胜利者周围。不过,与西北海岸的情况不同,贵族只能一定程度上强迫其"奴隶"工作(Spott and Kroeber 1942: 149–53)。

74　正如 Wengrow and Graeber 2018 进一步论证的那样,也可见考古学和人类学方面的区域专家对西海岸觅食者及其后代的后续评论,以及作者的进一步回应。

第六章　阿多尼斯的花园

1　*Phaedrus* 276B。(中译文引自柏拉图:《文艺对话集》,朱光潜译,人民文学出版社,1963,第 171 页。)

2　前一观点可见 Detienne 1994,后一观点可见 Piccaluga 1977。

3　来自儿童故事《野兽出没的地方》(*Where the Wild Things Are*, 1963)。

4　Mellaart 1967.

5　我们对该遗址的理解大体上遵循最近的发掘者 Ian Hodder 的研究进展,只是我们更多强调了社会结构的季节性变化的重要性。见 Hodder 2006;更多信息、图片和数据库也见 www.catalhoyuk.com,其中提及了多份田野报告,下文也提到了这些田野报告中的部分内容。

6　Meskell et al. 2008.

7　例如,见 Gimbutas 1982。最近的研究指出,金布塔斯的出版作品中往往夸大了新石器时代塑像中女性造像的比例,若仔细观察会发现,这些塑像中均等混杂着女性的、男性的、两性混合的以及简单无性别的各种造像(例如 Bailey 2017)。

8　Charlene Spretnak(2011)讨论了针对金布塔斯的历次批评浪潮,并提供了延伸参考。

9　关于草原迁徙的基因组学,关键出版物是 Haak et al. 2015。在这些发现被发表后不久,著名史前史学家科林·伦福儒在芝加哥大学发表了题为"重生的玛利亚:DNA 和印欧语系的起源"("Marija Rediviva [Marija Born Again]: DNA and Indo-European Origins")的讲座。他认为金布塔斯的"库尔干假说"已经被古代 DNA 的发现"很好地证明了",这些发现表明印欧语的传播与颜那亚(Yamnaya)文化复合体之间存在联系,后者于公元前 4000 年末到前 3000 年初从黑海北部的草原向西传播。值得注

注 释　475

意的是，这些发现与伦福儒自己（Renfrew 1987）的假设相矛盾，即印欧语起源于安纳托利亚地区，并在几千年前随着新石器时代农业文化的散布而传播。然而，其他考古学家认为，基因组数据仍然过于粗糙，不太能基于此谈论大规模的迁徙，更不能奢谈建立生物遗传、物质文化和语言传播之间的联系（详细的批评见 Furholt 2018）。

10　参见 Sanday 的《位于中心的女性》（*Women at the Center*，2002）。Sanday 指出，金布塔斯拒绝"母权制"一词，因为她认为这是父权制的镜像，意味着女性的专制统治或政治支配，因此她更偏好"母性的"（matric）一词。Sanday 指出，米南加保人自己也使用英语术语"女家长制"，但意义不同（ibid.: 230–37）。

11　参见 Hodder 2003; 2004; 2006, plate 22。关于最近在石灰岩中发现的（老年？）女性雕像，也可参见 Chris Kark 在《斯坦福新闻》（*Stanford News*）中简短但内容丰富的文章"斯坦福考古学家在土耳其中部发现一座 8 000 年前的'女神小雕像'"（"Archaeologists from Stanford find an 8,000-year-old 'goddess figurine' in central Turkey"，2016），内有主要研究人员的评论。

12　关于这些地区可能出现的戴面具的小塑像，以及这种小塑像与其他新石器时代戴面具的人物形象之间的联系，可参考的例子有 Belcher 2014: *passim*; Bánffy 2017。

13　Hodder 2006: 210，及其延伸参考文献。

14　Hodder and Cessford 2004.

15　加泰土丘实际上包括两个主要的考古学土丘。到目前为止，我们谈论的都是早期的"东部土丘"，而"西部土丘"主要涉及史前史晚期，超出了这里的讨论范围。

16　Matthews 2005.

17　See Fairbairn et al. 2006.

18　我们在第三章讨论过的那种。

19　Bogaard et al. 2014，及其延伸参考文献。

20　Arbuckle 2013; Arbuckle and Makarewicz 2009.

21　See Scheffler 2003.

22　用环境史的术语来讲，肥沃新月地带的高地区位于伊朗-吐兰（Irano-Turanian）生物气候带。目前的重建表明，该地区的落叶林地并不直接源于全新世初期出现的较温暖潮湿的环境条件，而很大程度上是由觅食者，以及随后由耕作者和牧民所实施的景观管理策略的产物（Asouti and Kabukcu 2014）。

23　基于对考古遗址中发现的碳化残留物的分析，Asouti et al.（2015）复原了该地区在早全新世的潮湿环境，其林木覆盖度明显远高于今天，特别是在约旦大裂谷沿线及其邻近地区。由于面朝地中海海岸，这些低地区充当了树林和草原物种的避难所，这些物种在上一个冰期和早全新世得以持续幸存。

24　史前学家们尝试以各种方式将肥沃新月地带归入"文化区"或"交互作用圈"，使之符合主流划分的旧石器时代晚期和后旧石器时代（Epi-Paleolithic），以及新石器时代早期（或前陶器新石器时代）。Asouti（2006）对这些不同分类的历史做了回顾和评价。在这里，我们遵循 Sherratt（2007）列出的区分，这些区分基于广泛的生态和文化模式上的关联，而非孤立的（和相当武断的）考古数据类别，如不同的石质工具和武器的制造方式。Sherratt 的分类还有一个好处，就是避免了其他一些研究中的目的论倾向，这种倾向假定所有文化复杂性的证据（如大量的定居点和建筑）必然与食物生产的发展存在某种联系；而根据 Sherratt 的分类，在动植物驯化上没有显著投入的觅食者社会也可以有复杂的文化发展。

25　关于新石器时代早期社区的工艺专业化，见 Wright et al. 2008，以及一般而言，见

Asouti and Fuller 2013。
26　Sherratt 1999.
27　Willcox 2005; 2007.
28　关于伊朗西部和伊拉克库尔德斯坦（Iraqi Kurdistan），见 Zeder and Hesse 2000；关于安纳托利亚东部，见 Peters et al. 2017。
29　Asouti and Fuller 2013: 314–23, 326–8.
30　Harari 2014: 80.
31　Hillman and Davies 1990.
32　Maeda et al. 2016.
33　永久定居村落最初出现于公元前 11000 年至前 9500 年之间，可能与上一个冰期结束后冰川气候条件的短暂反弹（即"新仙女木"期）有很大关系，这使得肥沃新月低地区的觅食者不得不待在水源充足的地方（Moore and Hillman 1992）。
34　这一结论基于从考古发掘的样本中提取的遗传学和植物学数据的结合，下文将进一步解释；如需综述可参见 Fuller 2010，以及 Fuller and Allaby 2010。
35　See Willcox et al. 2008; Willcox 2012.
36　Fuller 2007; 2010; Asouti and Fuller 2013, with further references.
37　Cf. Scott 2017: 72.
38　事实上，他们甚至不希望自己的奴隶这么做。
39　正如 Fuller 2010:10 所提出的。另见 Fuller et al. 2010。
40　Andrew Sherratt 在一篇影响深远的文章（1980）中首次指出了洪消农业对农耕起源的重要意义，该文章于 1997 年增补后重新发表。
41　在印度和巴基斯坦的农村地区以及美国西南部，直到最近还在推行这种耕作制度。正如一位地理学家在新墨西哥州的普韦布洛栽培所观察到的那样："在该系统下适合耕作的地方……从史前定居时期就已经存在了；但由于耕作对地表的干扰，导致了冲刷和沟渠的出现，从而暂时或永久地毁坏了一块田地。因此，在同一地区，最佳种植地点在面积上是有限的，在位置上是可变的。今天的印第安人和他们的史前祖先一样，几乎不扰动土地，因为他们不犁地，只是把种子插在用播种棒钻的洞里……即使使用他们的方法，田地也必须被定期放弃，以便日后重新被利用。种植点位置的不断变化主要是河流在土壤冲积阶段的不断变化导致的。"（Byran 1929: 452）
42　关于这一点，见 Sanday 1981，特别是第二章："男性统治的脚本"（Scripts for Male Dominance）。
43　Diamond 1987.
44　See Murdock 1937; Murdock and Provost 1973.
45　Owen 1994; 1996.
46　Barber 1991; 1994.
47　Soffer et al. 2000.
48　Lévi-Strauss 1966: 269.
49　See MacCormack and Strathern (eds) 1980.
50　我们想起了西尔维娅·费代里奇（Silvia Federici）的《凯列班与女巫》（Caliban and the Witch，1998），书中她展示了在欧洲，这种"魔法的"生产方式是如何不仅与女性而且与巫术联系起来的。费代里奇认为，消除这种态度对于建立现代（男性主导的）科学，以及资本主义雇佣劳动的发展至关重要："我们必须这样理解对巫术和魔法世界观的攻击，尽管教会做出了最大的努力对此加以打击，但巫术和魔法世界观在整个中世纪持续在大众层面上盛行。在这种观念中……每一种元素——草药、植物、金属，以及最重要的人体——都潜藏着独具特色的德行和力量……从手相术到占卜，从使用符咒到交感治疗，魔法开启了大量的可能性……消除这些实践，对于工作的资本主义理性化来说是一个必要条件，因为魔法似乎是一种非法的权力形式，是一种**不劳而获的工具**。弗朗西斯·培根感叹道：'魔法扼杀了工业。'他承认，没有什么比那种认为人可以通过几次毫无意义的实验而不是辛勤劳动来收获成果的想法更让他厌恶。"(Federici 1998: 142)

51 Lévi-Strauss 1966: 15.（中译文引自克洛德·列维-斯特劳斯：《野性的思维》，李幼蒸译，中国人民大学出版社，2006，第 19 页。）

52 Wengrow 1998, 2003；关于新石器时代计数装置的演进，以及它与字母系统发明的关系，也见 Schmandt-Besserat 1992。

53 Vidale 2013。

54 Schmidt 2006; Köksal-Schmidt and Schmidt 2010; Notroff et al. 2016. 一个被考古学家称为"礼物携带者"的石像也拿着一个人头前往某个未知的目的地。许多这类雕塑和其他来自哥贝克力石阵的发现的图片可以在这一网站找到：https://www.dainst.blog/the-tepe-telegrams/。

55 Schmidt 1998; Stordeur 2000, fig. 6.1, 2。

56 O. Dietrich et al. 2019。

57 这并不是说完全缺乏暴力冲突的证据。中东早全新世遗址中保存的最大的人类遗骸样本来自科尔提克土丘（Körtik Tepe）遗址，该遗址位于哥贝克力石阵的东北部，底格里斯河上游的河岸上，距离如今的巴特曼（Batman）镇 19 公里，完全处于肥沃新月地带的高地部分。从该遗址中发现了 800 多个人的遗骸，迄今为止其中 446 个遗骸的分析显示出很高的骨骼创伤率［在 269 个头骨中，约 34.2% 存在受伤的迹象，包括两个有穿透性凹陷骨折的女性头骨；在被研究的遗骸中，超过 20% 发现了颅后损伤，包括三例愈合了的前臂挡开性骨折（parry fracture，即单纯尺骨干骨折）］。鉴于没有其他战争的迹象，这一证据被解释为生活在野生资源丰富地区的狩猎-捕鱼-采集者定居社区内的人际暴力，这也许并不完全有说服力。从科尔提克土丘发现的大量人类遗骸在其死后都被修整过，包括人类颅骨上的切割痕迹。尽管如此，这些都不能明确地与剥头皮或取战利品的头颅相联系起来（正如 Erdal 2015 所报告的）。

58 卡育努土丘的动植物遗迹显示这里曾有过一个灵活的经济，在大约 3 000 年的时间里经历了许多变化。在我们所关注的该遗址的早期阶段，其居民广泛食用野生豆类和坚果，以及豌豆、兵豆和苦野豌豆，还有少量的野生谷物。至少其中一些作物的栽培是可能的，但直到遗址的后期阶段都没有明确的植物驯化证据。动物遗骸表明，该遗址的居民追求一种混合的放牧和狩猎策略，这种策略在几百年间都在变化，有时主要依赖猪和野猪，有时是绵羊、牛、羚羊和马鹿，还有时是野兔等小型动物（见 Pearson et al. 2013，及其延伸参考资料）。

59 关于卡育努土丘的骷髅之屋及相关人类遗骸的分析，见 Özbek 1988, 1992; Schirmer 1990; Wood 1992；以及 Kornienko（2015）对肥沃新月地带北部的仪式性暴力证据的更广泛回顾。对人类遗骸的同位素分析表明，遗骸被存放在骷髅之屋中的人，其饮食明显不同于被埋葬在遗址其他地方的人，这也许表明了当地的地位差异（Pearson et al. 2013），或者可以想象是外来者被纳入了当地的丧葬仪式中。

60 Allsen（2016）对欧亚历史上狩猎和君主制之间的实践关系与象征关系进行了全面的阐述。从中东到印度、中亚和中国，从古代（中世纪之前）到英属印度时期，这二者的关系都出乎意料地始终如一。
61　Gresky et al. 2017.
62　毫无疑问，这些对比也可以在社会内部找到。关键的区别在于，这些不同风格的技术活动被赋予了何种价值，以及哪些活动被选择作为艺术和仪式系统的基础。在新石器时代早期黎凡特南部社会中，基本上不存在性别等级，女性能在平等条件下参与到仪式和经济活动中，其证据可见 Peterson 2016。
63　Kuijt 1996; Croucher 2012; Slon et al. 2014.
64　Santana 2012.
65　考古学家面对无法解释的事物，总是求助于民族志的类比。我们在这里考虑的案例是巴布亚新几内亚塞皮克河（Sepik River）流域的雅特穆尔人（Iatmul）人，这个民族直到最近还在进行头骨装饰。对于雅特穆尔人来说，头骨肖像的制作与猎头行动密切相关。一般来说，这始于从战争中取走敌人的头颅，而且只能由男人来做此事。战败敌人的头颅被饰以黏土、颜料、头发和贝壳，以示尊敬。一旦被装饰好后，这一头颅就会在一个特殊的男性屋内和其他头颅一起得到照顾和"喂养"（Silverman 2001: 117 ff.）。这个案例很重要，因为它显示了祖先崇拜和冲突中的猎头暴力在某些情况下可能是同一个仪式体系的构成部分。2008 年，社会人类学家阿兰·泰斯塔（Alain Testart）在《古代东方》（Paléorient）杂志上发表了一篇文章，认为在中东的新石器时代社会中肯定也有类似的事情发生，而考古学家却忽略了头骨肖像和猎头行动之间的明显联系。这引起了考古学家在同一杂志上的大量回应，许多人愤愤不平，指出在同一些社区中缺乏战争的证据，甚至提出头骨塑像是促进新石器时期村民之间和平与平等关系的一种仪式策略（正如 Kuijt 1996 首次提出的）。我们在这里想指出的是，从某种意义上说，辩论的双方都是正确的，但他们实际上不过是自说自话，或者说是一枚硬币的两面。一方面，我们应该承认越来越多的证据表明，在肥沃新月地带北部（高地）的觅食者中，掠夺性暴力（包括展示战利品头骨）至少在仪式上和象征上是重要的。同样，我们可以考虑头骨肖像（或"抹石膏的头骨"）是否代表了该地区更南端（低地）对这一价值的反转。并非所有的事情只是因为发生在同一时间就要符合同一模式，在这种情况下，针锋相对似乎才是真相。
66　Clarke 1973: 11.

第七章　自由生态

1　关于底格里斯河上游河谷区域令人叹为观止的石器和珠串的生产发展，参见 Özkaya and Coşkun 2009。
2　在对公共自然资源的共同管理上，Elinor Ostrom（1990）提供了多种多样相关的实地研究、历史案例和专业经济模型。不过这些基本原则在前人的研究中也早已被广泛指出过，我们下文会征引其中部分研究。
3　Georgescu-Roegen 1976: 215.
4　O'Curry 在《古爱尔兰的礼节与风俗》（On the Manners and Customs of the Ancient Irish，1873）中讨论了地方上的土地定期再分配现象，这一现象在 Baden-Powell 的名作《印度农村社区》（The Indian Village Community，1896）中也被提及。近期的相关作品见 Enajero 2015。
5　巴勒斯坦的村庄在奥斯曼帝国和英国的统治下施行的是"玛莎制"，一种每年重新分配牧场和耕地的制度，在这种制度下，相邻地块的所有者会根据年降雨量的变化，集中资源来完成诸如犁地、播种、除草和收割等劳动密集型工序（Atran 1986）。在巴厘岛，灌溉水稻的种植在传统上由选举产生的"灌溉会社"进行统筹。各地方代表在寺庙举行会议，在一致同意的基础上来协商当年对土地和水源的分配（Lansing 1991）。在斯里兰卡近代史中也能找到其他通过某种共同体组织形式对土地进行可持续管理的例子（Pfaffenberger 1998），类似的还有日本（Brown 2006）。

6　Fuller 2010，及其延伸参考文献。

7　Diamond 1997: 178.（中译文引自［美］贾雷德·戴蒙德：《枪炮、病菌与钢铁：人类社会的命运》，王道还、廖月娟译，中信出版集团，2022，第170页。）

8　Bettinger and Baumhoff 1982; Bettinger 2015: 21–8.

9　对于这些过程如何在世界各地展开的综述，可以参考 Fuller and Lucas 2017。这并不是要否认作物曾在旧世界各区域之间频繁"传播"这一事实，而且这些作物往往能够在很大范围传播，例如在大约公元前 2000 年，中国小米向西传播至印度河流域，相应地，西亚或中亚的小麦向东传播至中国。但是，将这些早期的作物传播看作 16 世纪"哥伦布交换"（见下文）的先例（最著名的研究是 Jones et al. 2011）是错乱的，因为这样就忽视了许多重要的差异，例如 Boivin, Fuller and Crowther（2012）指出，亚欧大陆上作物早期的传播发生在一个跨越数千年的"长期缓慢形成的联系和交换网络"中，通常最初是小规模、实验性质的传播，这种传播并不是由城市扩张的中心推动的，而是由高度流动的小规模中介群体带来的，例如欧亚草原地带的高原牧民或是印度洋上的海上游民。正是这种缓慢的历时千年的欧亚文化交流和物种基因交换避免了显著的生态断裂，这种断裂则在同一批物种迅速涌入美洲和大洋洲时发生了。

10　Crosby 1972; 1986.

11　See Richerson, Boyd and Bettinger 2001.

12　欧洲人于 1492 年登陆美洲之前，对美洲原住民人口数量的最新估算是 6 000 万。基于人均土地拥有量这个模型，可计算出丧失了 5 000 万公顷的可耕地，相关主要研究见 Koch et al. 2019。

13　对晚更新世到全新世的过渡阶段中海平面升降变化的研究，参见 Day et al. 2012 和 Pennington et al. 2016。对同一时期人类活动对陆生物种分布的影响的研究，参见 Richerson et al. 2001 和 Boivin et al. 2016。

14　See Bailey and Milner 2002; Bailey and Flemming 2008; Marean 2014.

15　Boivin et al. 2016，及其延伸参考文献。

16　Clarke（1978）的《中石器时代的欧洲：经济基础》（*Mesolithic Europe: The Economic Basis*）仍然是此研究中的奠基之作；更新的（和全球性的）研究综述，参见 Mithen 2003，也可参见 Rowley-Conwy 2001 和 Straus et al. (eds) 1990。

17　Bookchin 1982. 虽然借用了布克钦关于社会生态学的扛鼎之作的题目，我们并没有采用他关于人类史前史和农业起源的观点，因为这些观点基于过时几十年的数据。但是，我们从他的基本洞见中获益良多：人类与生物圈的关系受到人类群体内部不同社会关系和社会体系的极大影响。我们在第五章中讨论过的美国西海岸觅食者生态的相互区分也是对这个原则的极好演绎。

18　正如人类学家埃里克·沃尔夫（Eric Wolf）所说。

19　Bruce Smith（2001）在"低水平食物生产"（low level food production）的标题下讨论了这一整类现象，他以此展现占据了"在狩猎-捕鱼-采集与农业之间广泛而多样的中间地带"的经济形式。

20　Wild et al. 2004; Schulting and Fibiger (eds) 2012; Meyer et al. 2015; see also Teschler-

Nicola et al. 1996.
21 借助行为生态学和文化进化理论形成的对新石器时代农耕向欧洲传播的全面讨论，见 Shennan 2018。
22 Coudart 1998; Jeunesse 1997; Kerig 2003; van der Velde 1990.
23 Shennan et al. 2013; and see also Shennan 2009; Shennan and Edinborough 2006.
24 Haak et al. 2005; 2010; Larson et al. 2007; Lipson et al. 2017.
25 Zvelebil 2006. 中石器时代墓葬中由财富标识地位差异的证据，可见 O'Shea and Zvelebil（1984）对卡累利阿地区的墓地的讨论，Nilsson Stutz（2010）对斯堪的纳维亚南部的讨论，以及 Schulting（1996）对布列塔尼海岸地区的讨论。
26 Kashina and Zhulnikov 2011; Veil et al. 2012.
27 Schulting and Richards 2001.
28 Golitko and Keeley（2007）设想新石器时代农民和更成熟的中石器时代人群之间曾剑拔弩张，因其注意到在新石器时代殖民地边缘常常聚集着堡垒式村落。
29 Wengrow 2006, Chapters Two to Three; Kuper and Kroepelin 2006.
30 Wengrow et al. 2014，及其延伸参考文献。
31 See Spriggs 1997; Sheppard 2011.
32 Denham et al. 2003; Golson et al. (eds) 2017; see also Yen 1995.
33 参见 Spriggs 1995。对古代 DNA 的研究发现可以部分证实拉皮塔人惯于跳过早已安身的人群并在无人区建立据点，相关研究见 Skoglund et al. 2016。
34 Kirch 1990; Kononenko et al. 2016. Gell（1993）对晚近波利尼西亚社会中身体艺术和文身的区域传统及其社会和概念的各种排列组合做了系统的比较研究。
35 Holdaway and Wendrich (eds) 2017.
36 正如我们已经提到的，拉皮塔文化和南岛语系的扩张息息相关。尼罗特文化（以及后来从非洲西部向南部扩张的班图文化）中，农耕的传播和语言的传播之间很可能也存在相关性。对此及其他语言-农耕扩散案例的概述，参见 Bellwood 2005 和 Bellwood and Renfrew (eds) 2002。印欧语系和新石器时代早期农耕在欧洲的传播之间现在被认为无甚关联（参见 Haak et al. 2015，及其延伸参考文献）。
37 Capriles 2019.
38 Fausto 1999; Costa 2017.
39 Descola 1994; 2005.
40 Roosevelt 2013.
41 Hornborg 2005; Hornborg and Hill (eds) 2011.
42 "复杂"是这里的关键词——亚马孙流域的原住民艺术有着令人难以置信的丰富性和多样性，不同地区和族群之间变化繁多。尽管如此，分析者们在大到惊人的区域范围内的视觉文化中找到了相似的原则。一项基于巴西的研究参见 Lagrou 2009。
43 Erickson 2008; Heckenberger and Neves 2009; Heckenberger et al. 2008; Pärssinen et al. 2009.
44 Lombardo et al. 2020.
45 Piperno 2011; Clement et al. 2015; see also Fausto and Neves 2018.
46 Arroyo-Kalin 2010; Schmidt et al. 2014; Woods et al. (eds) 2009.
47 Scott 2009.
48 Smith 2001.
49 证据来自墨西哥巴尔萨斯河（Rio Balsas）谷地的考古遗址，Ranere et al. 2009。

50 Smith 2006.
51 Fuller 2007: 911–15.
52 Redding 1998. 这种"若即若离"的关系表现为一种选择性牧群管理，其中农牧业仅限于女性，而男性则进行野外狩猎。
53 在考古学上这个时期被称为前陶器新石器时代 C 阶段（PPNC）。
54 Colledge et al. 2004; 2005. 值得注意的是，作物多样性的缩减可能始于肥沃新月地带内，大致发生在新石器时代的耕作方式经由土耳其和巴尔干半岛向北和向西传向欧洲的过程中。直至公元前 7000 年前后（晚期前陶器新石器时代 B 阶段末期），肥沃新月地带诸遗址的平均作物多样性已经从原有的 10～11 种减少到 5～6 种。耐人寻味的是，这片区域随后（PPNC 阶段）迎来了人口下降，这与大型村落的荒废和人类定居模式渐趋分散有关。
55 See also Bogaard 2005.

第八章　想象的城市

1 E.g. Dunbar 1996; 2010.
2 Dunbar 1996: 69–71. 邓巴数字的认知基础来自对非人类的灵长目动物的比较研究，这些研究显示，在诸如猴子和猩猩等的种群中，新皮质尺寸和群体规模之间存在相关性（Dunbar 2002）。这些关于灵长动物研究的重要意义跟这里的讨论并不相关，除非它们能够直接应用于我们自身的种群。
3 Bird et al. 2019; see also Hill et al. 2011; Migliano et al. 2017.
4 Sikora et al. 2017.
5 Bloch 2013.
6 Anderson 1991.
7 参见 Bird et al. 2019，可对比 Bloch 2008。
8 Fischer 1977: 454.
9 尤其参见 Childe 1950。
10 我们希望在以后的研究中更加充分地处理来自埃及以外的非洲大陆的丰富资料，以及很多其他地方的我们在此无力处理的珍贵资料，例如美国西南部的普韦布洛传统。在现存对非洲的重要研究中，能够支撑我们关于早期城市的去中心化和自我组织性的论述的，可参见 S. McIntosh 2009 和 R. McIntosh 2005。
11 大部分考古学家都乐于将"城市"定义为一个占地超过 150 公顷、最好是超过 200 公顷的人口密集的聚落（例如 Fletcher 1995）。
12 Fleming 2009: passim.
13 关于特奥蒂瓦坎移民的直接证据，来自对人类遗骸的同位素研究，参见 White et al. 2008。哈拉帕的类似证据参见 Valentine et al. 2015。关于早期城市形成过程中形成不同分区及其角色的讨论，参见 Smith 2015。
14 Plunket and Uruñuela 2006.
15 Day et al. 2007; Pennington et al. 2016.
16 See Pournelle 2003.
17 Sherratt 1997; Styring et al. 2017.
18 See Pournelle 2003; Scott 2017.
19 对于中国的研究，参见 Underhill et al. 2008；对于秘鲁的研究参见 Shady Solis, Haas

and Creamer 2001。

20　Inomataetal. 2020. 主要遗址在塔巴斯科州，被称为"阿瓜达菲尼克斯"（Aguada Fénix），出现于公元前1000年到前800年，现在被认为是"玛雅文明中最古老的纪念碑式构造，是整个前西班牙时期此区域最大的"。阿瓜达菲尼克斯并不是个特例，宏伟的建筑需要大量劳动力，堪比修建埃及金字塔所动用的劳动力规模，这类建筑在玛雅低地随处可见，且比古典玛雅国王的出现早了数个世纪。大部分遗址不是金字塔，而是体量惊人、绵亘不绝的土台，这些土台被精心排布为E形，其功能尚未确定，因为大部分遗址是用遥感技术（LiDAR技术）探测的，还需要进一步的发掘才能确定。

21　Anthony 2007.

22　大部分研究（仅以俄语发表）按照当时的标准来看是前沿的，包括航拍摄影、地下勘探和精细挖掘。英文总结和描述见Videiko 1996和Menotti and Korvin-Piotrovskiy 2012。

23　Shumilovskikh, Novenko and Giesecke 2017. 这些土壤在物理特性方面的区别在于它们的腐殖质含量高，且具备储存水分的能力。

24　Anthony 2007: 160–74.

25　要想感受一下这些超大遗址的规模，只要看看这些中心广场，其规模本身已经远超新石器时代城镇的大小了，比新石器时代的加泰土丘要大两倍多。

26　科学断代显示，已知最大的超大遗址都出现于同一时期，Müller et al. 2016: 167–8。

27　Ohlrau et al. 2016; Shumilovskikh, Novenko and Giesecke 2017.

28　Nebbia et al.（2018）找到了支持这一假说的证据，但这也无法排除其他可能性。

29　超大遗址的人有个传统，就是会故意烧毁自己的房屋，这让现在的研究更加难以估算每个遗址同时在使用的房屋数目。烧毁房屋的目的还不清楚（是出于仪式还是卫生目的，还是两个都有？），这种行为导致超大遗址的部分区域为人所居且逐步扩张，而另一部分区域作为"房屋坟墓"而存在，这是例行的吗？通常情况下，考古学家基于高精度的放射性碳定年就能够解决这种纷扰，但是令人沮丧的是，在这里，公元前4千纪的校准曲线出现异常，使研究无法进行。

30　Kirleis and Dal Corso 2016.

31　Chapman and Gaydarska 2003; Manzura 2005.

32　对于不同的超大遗址要有不同的分析。例如，有些超大遗址，像迈达涅茨克和内别利夫卡，会调动居民挖环城沟壕，在最外圈的房屋和聚落边缘之间留出一片园耕区。也有一些超大遗址，像塔良基，并不如此。需要强调的是，沟壕并非被用作防御工事或任何防御设施——因为这些沟壕很浅，有很多相连之处，人们能来回穿梭。还需要强调的是，早期学者常常把这些超大遗址看作"庇护所"，用于守护一方人民，这种看法现在已被淘汰，因为没有任何证据证明曾有战争或者任何形式的冲突（参见Chapman 2010和Chapman, Gaydarska and Hale 2016）。

33　Bailey 2010; Lazarovici 2010.

34　John Chapman及其同事认为，没有任何证据证明到这些会堂来的是政治或宗教的上层人士："有人以为特里皮利亚超大遗址中存在等级社会，其中精英统治着千百大众，不过，考古学和建筑学的证据要让他们失望了。"（Chapman, Gaydarska and Hale 2016: 120）这些会堂除规模稍大、偶尔有引人注目的入口之外，内部陈设和普通住宅差不多，不过有趣的是，会堂没有厨房和储物间，"缺少仪式或行政中心沉积性的特征"（出处同上），似乎任何程度上来看也不像被永久居住过，这些都证明会堂是用于举办周期性或季节性集会的地方。

35　Chapman, Gaydarska and Hale 2016.
36　Marcia Ascher 在《别处的数学》(*Mathematics Elsewhere*, 2004)一书的第五章介绍了巴斯克的社会聚落布局，不过在此我们无法评价其书的微妙之处及其从数学角度带来的启发，有兴趣的读者可以阅读原书和书中引用的民族志材料原文（Ott 1981）。
37　Ascher 2004: 130.
38　正如主要发掘者之一、史前史学者 Johannes Müller（2016: 304）所指出的：" 晚期特里皮利亚（或'特里波列'）超大遗址崭新独特的空间组织，为理解人类及其群体行动带来洞见，也有助于理解我们今天的状况。在无文字社会中，大规模人口聚集于城市并进行生产、分配和消费的能力，避免形成不必要的社会金字塔的能力，以及践行公共决策的能力，提醒着我们所具备的各种可能性和能力。"
39　"核心城市区"（"Heartland of Cities"）是一部里程碑式作品的题目，此书是对美索不达米亚中部泛滥平原的考古学调查和分析，由 Robert McCormick Adams（1981）所作。
40　伊拉克南部的沼泽是马丹人（Ma'dān，有时也叫沼泽阿拉伯人）的故乡，欧洲人关于此处最熟悉的相关文献是 Wilfred Thesiger 的著作。这片沼泽地被萨达姆·侯赛因的阿拉伯复兴社会党政权作为一种政治报复手段系统性地抽干，这导致当地人口的大规模迁移，也对这片古老栖居地造成了巨大损害。自 2003 年起，人们对这片沼泽地和祖祖辈辈繁衍其上的社区和生活方式进行了持续有效的重建。
41　Oates et al. 2007. 关键证据都在叙利亚，例如哈布尔河（幼发拉底河的一支主要支流）边的布拉克丘（Tell Brak）遗址，不过这里的考古工作因为军事冲突而中断。考古学家将美索不达米亚北部的草原称为"旱作"带，因为依赖降水的农业生产依然能够在这里开展。相比之下，在美索不达米亚南部的那片旱区，谷物种植只能依赖河流灌溉。
42　这些土丘，阿拉伯语称之为"泰尔"（tell），由泥砖建造而成，塌了之后在原基础上继续建造，如此不断建造，持续数十代甚至数百代人，在生生死死中最终沉积成庞大的物质遗存。
43　对于"苏美尔人的世界"的研究参见 Crawford (ed.) 2013。
44　这也和英国殖民者在今天被称为"美索不达米亚"的区域的政策一致，为了自身的利益，英国人会提升（偶尔会创造）当地独裁者的地位（参见 Cannadine 2001）。
45　See Dalley 2000.
46　Wengrow 2010: 131–6; Steinkeller 2015. 书吏们有时会用另外的一个词 bala——意思是"时段"或"周期"——来指代劳役，这个词后来也被用来指朝代更替。这里有个有趣的比较，马达加斯加语中的 fanompoana，意思是"服务"，是一种在理论上对君主的无限劳作义务，虽然皇室没有这种义务，但所有其他人在这项义务面前绝对平等，同样都要为皇家工程添砖加瓦，也同样对劳动怀有热情（Graeber 2007a: 2657）。
47　Steinkeller 2015: 149–50.
48　美索不达米亚不同历史阶段留下的记载显示，统治者会固定在禧年庆典或其他节庆场合为其属民免除债务、赦免罪过，使城市生活重新恢复活力。免除债务，不论是皇家赦免还是在"免罪时节"被赦免，对于财政而言都是有好处的。这是一种平衡美索不达米亚城市经济的机制，通过释放负债者及其家属，让其免于服役，使其重新开始有活力的城市生活（参见 Graeber 2011 和 Hudson 2018）。
49　女性也是市民，也拥有土地。美索不达米亚各处出土的早期石质纪念碑中，常有关于男性和女性地主交易的记录，这些记录中男女是平等的。女性也有高等神职人员，还有皇室的女性被训练成为书吏。如果她们的丈夫负债，则由她们执掌家中事务。女性还是美索不达米亚高产纺织业的顶梁柱，这使得美索不达米亚在外贸中获利丰厚。她们在神庙或是其他大型机构中工作，接受女性上司管理，挣得和男性一样的份地。有些女性是独当一面的金融操盘手，给其他女性发放信用贷款。总体分析参见 Zagarell 1986、van de Mieroop 1989、Wright 2007、Asher-Greve 2012。相关最早的文献记录来自拉伽什城邦的吉尔苏（Girsu），可追溯至公元前 3 千纪中期。此记录包含 1 800 个楔形文字文书，基本来自一个叫作"女性神庙"（the House of Woman）的机构，这个机构后来被称为"芭芭女神庙"，参见 Karahashi 2016。

50 动产奴隶制，即蓄养奴隶作为家庭私有财产，深深根植于古希腊经济和社会，以至于完全可以将古希腊城市定义为"奴隶社会"。而在古代美索不达米亚，没有如此深入社会的奴隶制。神庙和宫殿会关押战俘和负债者，将他们用作奴隶或者半自由劳工，终年做着磨面或者搬运等体力活，以获得口粮，自己没有份地。即使存在这样的情况，它也只是公共事务中调动的劳力的极小部分。彻底的奴隶制度也存在，但不是美索不达米亚经济中的关键因素。参见 Gelb 1973, Powell (ed.) 1987, Steinkeller and Hudson (eds) 2015: *passim*。

51 Jacobsen 1943; see also Postgate 1992: 80–81.

52 Barjamovic 2004: 50 n.7.

53 Fleming 2004.

54 正如 John Wills（1970）很早之前就注意到的，集会行动的部分相关信息很可能保存在美索不达米亚神话中出现的男女众神的演讲中。众神同样受邀列席集会，并在演讲中展示高超的修辞技巧、劝诱性演说、逻辑辩论能力和偶尔为之的诡辩术。

55 Barjamovic 2004: 52.

56 其中一个"城市村庄"，用 Nicholas Postgate（1992: 81–2）的表述，出现在迪亚拉河谷的埃什南纳（Eshnunna）城出土的一块碑中，这块碑登记了"住在城中的"亚摩利人街区中的居民，是以男性家主及其儿子为单位登记的。

57 See e.g. Van de Mieroop 1999, especially p. 123.

58 Ibid. 160–61.

59 Stone and Zimansky 1995: 123.

60 Fleming 2009: 1–2.

61 Fleming（2009: 197–9）注意到"（乌尔卡什）公众势力对国王统治的制衡，可能是悠久城市历史遗留下的传统"，同时，不能将长者议会看成是附属于国王的智囊团，而是一个有着悠久历史的"完全独立的政治力量"，是一个城市治理集体，"不能被看作君主统治下无足轻重的小角色"。

62 在重构美索不达米亚早期的城市政治体系的过程中，雅各布森尤其参考了"吉尔伽美什和阿嘉"（Gilgamesh and Agga）的故事，这是一个关于乌鲁克和基什之间战争的史诗，其中描述了一个城市议会分裂成两个议院的过程。

63 因此，估算这个公元前 4 千纪的城市的人口，主要依据地形分析以及地表物品的分布（参见 Nissen 2002）。

64 Nissen, Damerow and Englund 1993.

65 Englund 1998: 32–41; Nissen 2002. 在伊安娜建筑群，大量纪念性建筑都是普通住宅[所谓的"三进住宅"（tripartite house）]的巨型翻版，这种建筑在公元前 5 千纪乌拜德时期的村落中随处可见。对于其中一些是否不是神庙而是私家宫殿，专家们仍争论不休，因为实际上它们既不像后期的宫殿，也不像后期的神庙。它们本质上就是传统住宅的扩大版，人们以扩展家庭的名义在此大规模集会，并受到寓居居于此的神明的庇佑（Wengrow 1998 和 Ur 2014）。在美索不达米亚南部冲积平原上的城市中，第一批真正意义上的宫殿一个世纪之后才出现，大约在早期王朝时期（Moorey 1964）。

66 参见 Crüsemann et al. (eds) 2019 关于乌鲁克建筑发展史的鸿篇巨制。尽管书中的讨论对城市规划不屑一顾，但我们认为城市规划明显和公民参与息息相关（尤其是关系到伊安娜神庙的早期阶段。他们倾向于认为，大型建筑工程必然被用于确立统治精英的特权，这一点并没有文字记录证实）。

67 早期很多所谓"头衔与职业列表"后来被广泛复制，其内容杂乱，主要包括各种各样法官、行政长官、牧师、"集会"主席、外交使节、信使、农林牧渔业长官、制陶和手工业长官等人使用的术语。Nissen, Damerow and Englund (1993: 110–11) 指出，从这类文献中构建社会史是极端困难的，因为这需要将术语对应于同一时期使用这些术语的职能部门文书，即使这样也难免会有偏差误读。

68 我们也要指出，至少直到巴比伦时代（约公元前 2000—前 1500 年），在公立学校之外，也有很多书写训练是私塾式的。

69 Englund 1988.

70 Bartash 2015. 那个时代也可能其中有些人是奴隶或者战犯（Englund 2009），正如我们接下来将要看到的，后来这种情况越来越普遍。确实有这种可能，初期的慈善收容所后来随着战犯的加入逐渐成为羁押之所。对于乌鲁克神庙劳力的人口构成的研究，也可参见 Liverani 1998。

71 能够证明城市神庙进行质量监管的另一个证据是对滚筒印章的使用，这些小巧坚固的刻字石块是我们了解中东地区从城市出现到波斯帝国时期（约公元前 3500—前 500 年）这 3000 年间图像制作工艺的主要知识源泉。这些印章有很多功能，并不仅仅是"艺术品"。事实上，滚筒印章可以说是印刷术的先声，是最早用于机械复制复杂图像的工具之一，通过在一条或一块泥板上滚动印章，印章上凸起的刻纹就会被印出来。印章被盖在泥板上，也被盖在装有食物和饮料的容器的陶土封口上，由此把小型的人物、动物、怪物以及神明等的形象印在文书或产品上，以守护文字和物品，并保证其权威性。这也使神庙的标准化产品和后来的宫殿作坊产品区分开来，并在产品的流通中成为正品的保证（参见 Wengrow 2008）。

72 有些亚述学家曾认为这个领域几乎无所不包：最早的美索不达米亚城市是建立在"神权社会主义"（theocratic socialism）基础上的"神庙国家"（temple states）。这种看法已经被全盘推翻了，参见 Foster 1981。我们对神庙管理之外的经济生活一无所知，只知道神庙管理着经济的一个部分，但并非全部，且神庙不具备任何形式的政治主权。

73 乌鲁克瓶上的女神很可能是伊南娜，被刻画得比列队向她而来的男性要大。唯一的例外是直面她的那个男性，位于队列之首，但是这个人物因为瓶子裂缝而基本被毁掉了，不过很可能这个标准化的男性人物和同一时期滚筒印章以及其他纪念碑上出现的男性人物是同一个人，有标志性胡须，头发挽成发髻，身穿长款纺织服装。无法断定这个男性人物的社会地位，身为领军人物究竟意味着世袭地位还是轮值制度。女神身穿长袍，几乎完全遮盖了她的形体。小一点的男性是裸体，性别特征明显（Wengrow 1998: 792 和 Bahrani 2002）。

74 See Yoffee 1995; Van de Mieroop 2013: 283–4.

75 参见 Algaze 1993。在与母城的行政通信中并没有提到过这些殖民地（在殖民地很少用到文字）。

76 本质上，这是我们现在所谓的商品品牌化的神圣起源，参见 Wengrow 2008。

77　See Frangipane 2012.
78　Helwig 2012.
79　Frangipane 2006; Hassett and Sağlamtimur 2018.
80　Treherne 1995: 129.
81　小亚细亚东部的巴苏尔土丘的早期青铜时代墓地出土了很多惊人发现，其中包括一套雕刻的早期赌博用的物件。
82　事实上，基本和 Andrew Sherratt（1996）预测的一样，也可参见 Wengrow 2011。在城市和高地社会融合之处，出现了第三种形态，既不像部落贵族制度，也不像平等主义城市。考古学家们发现库拉−阿拉克斯文化（Kura-Araxes）和南高加索文化就是这第三种形态，但是很难定义它们的聚落形态，因为差别太大。对于考古学家来说，确定南高加索文化的首要特征是其高度抛光的陶器，它们传播范围极广，从高加索山脉向南一直影响到约旦河谷。考虑到在这种传播广度下，制陶技术和制造工艺却惊人一致，说明存在工匠的迁徙，甚至存在整个社区的迁徙，迁至极远之地。这些离散的群体广泛地参与金属，尤其是铜的锻造和传播。他们也有一些特点鲜明的实践，例如使用可以移动的灶台，有时其上装饰有人脸，这些灶台上能架起有盖陶罐，用于炖或煲制食材：在以烘烤食物为主的区域，这显得有点怪异，因为这里用固定烤炉进行烘烤的古老实践可以追溯到新石器时代（参见 Wilkinson 2014，及其延伸参考文献）。
83　近期的研究认为印度河文明的衰落和主干河流泛滥区域的变化有关，这种变化随着季风周期的变化而产生。最明显的证据是克格尔河−哈克拉河（Ghaggar-Hakra）的干涸，这条河曾是印度河的一条主要支流。随着它的干涸，人群迁徙至印度河和旁遮普河的汇流处，在这片更易灌溉的区域定居，或者迁移至印度河−恒河平原，在其中仍受季风带影响的区域定居（Giosan et al. 2012）。
84　对于争论的梳理可参考 Green（2020），他认为印度河文明是一种平等主义的城市文明，不过他的论证和我们的稍有不同。
85　对印度河文明的概述及其主要遗址的描述，参见 Kenoyer 1998，Possehl 2002，Ratnagar 2016。
86　对青铜时代印度河流域远途商贸交易和文化交流的概述，参见 Ratnagar 2004 和 Wright 2010。
87　对印度河文明中文字的概述，参见 Possehl 1996；对多拉维腊街道招牌的介绍，参见 Subramanian 2010；对印度河文明中印章功能的讨论，参见 Frenez 2018。
88　See Jansen 1993.
89　Wright 2010: 107–10.
90　See Rissman 1988.
91　Kenoyer 1992; H. M.-L. Miller 2000; Vidale 2000.
92　"印度河文明是一个没有面孔的社会文化系统，在考古学记录中没有出现过任何杰出人物，不同于美索不达米亚和王朝时期的埃及。没有关于王权的任何表征，例如雕刻或者宫殿，也没有发现国家官僚系统的证据，没有任何国家性（stateness）的痕迹。"（Possehl 2002: 6）
93　Daniel Miller（1985）在这些点上极具洞见的讨论依然重要。
94　很多人对此进行过讨论，例如 Lamberg-Karlovsky 1999。有人认为，不应该通过种姓制度回溯青铜时代的印度河文明，这导致对南亚社会的呈现中人为造成的"无时间性"，因而陷入"东方主义"的泥沼。对于种姓制度及社会分层或者说种姓最早的文献记载出现在近一千年之后的《梨俱吠陀》中。从很多方面看来，这种自我否定的反对令人疑惑，因为基于种姓制度的社会系统自身会发展，就像阶级和封建制度经历了众多重要的结构转型一样。当然也有人明确支持使用种姓制度对印度河文明进行分析（最有名的分析是 Dumont 1972）。不过很明显，对此我们也不赞同，我们不认为青铜时代存在和后世一致的种姓制度、语言以及种族身份（在青铜时代和后世之间画等号是另一个错误，曾经阻碍了讨论的发展）。

95　有关这一点，参见 Vidale（2010）对摩亨佐达罗及其考古记录的重要讨论。

96　哈拉帕最令人瞠目结舌的一点是几乎没有武器，但是正如 Corke（2005）所说，在其他青铜时代的文明中（例如埃及、中国、美索不达米亚），武器也多见于墓葬而不是聚落中，因此他认为：武器比较少见也可能是印度河流域的墓葬遗迹太少的结果。他也指出，尽管如此，并没有证据显示在印度河文明中，武器被用来树立权威（与美索不达米亚相比），或是被用作"精英身份的重要构成"。确凿无疑的一点是，印度河文明中并没有对武器的赞颂，也没有使用武器的人。

97　很明显，部分原因在于那种将"发明"民主的功劳归于所谓"西方"的意图，但是部分原因在于学界自身也是极端等级化的，很多学者很少或从未有机会真正进行民主决议，因此很难想象其他人是民主的。

98　Gombrich 1988: 49–50, 110 ff. See also Muhlenberg and Paine 1996: 35–6.

99　所有这类例子都存在类似早期印度"民主"遭遇的争议。最早的文献材料，《吠陀经》，认为社会完全由乡村构成，并认为君主制是唯一可行的治理方式——尽管一些印度研究者发现了早期民主制度的痕迹（Sharma 1968）。不过到公元前 5 世纪的佛陀时代，恒河流域孕育出城邦、小型共和国和联邦国家，其中很多（"加纳-僧伽"）是通过战士阶层男性集会进行治理的。像麦加斯梯尼（Megasthenes）这样的希腊旅行者将之描述为民主制度，因为希腊的民主制与之基本类似，但是现在的学者却在争论它们究竟有多民主。一切争论的根源就在于他们认为"民主"是一种非凡的历史突破，而不是一种历史中存在的自治习惯（例如参见 Sharan 1983 和 Thapar 1984；感谢 Matthew Milligan 向我们指明相关文献材料，如何解读则由我们文责自负）。

100　对塞卡原则的讨论，参见 Geertz and Geertz 1978 和 Warren 1993。

101　Lansing 1991。

102　正如 Wengrow 2015 所指出的。

103　Possehl 2002: *passim*; Vidale 2010.

104　独立城市直到 17 世纪和 18 世纪才在欧洲被完全废除，这是现代民族国家兴起的一个后果。到 20 世纪，欧洲帝国以及现代国际体系的建立继续清洗着世界其他角落残存的独立城市的所有痕迹。

105　Bagley 1999。

106　Steinke and Ching 2014。

107　有趣的是，几个最小的城市出现在河南，即后期王朝的中心地带。王城岗，一个和商之前富有神话色彩的夏朝有关的城市，城墙包围的城市面积大约只有 30 公顷。参见 Liu and Chen 2012: 222。

108　Ibid.: *passim*; Renfrew and Liu 2018.

109　有些学者起初认为龙山时代是一个高度萨满化的时代，将之与后来出现的盘古开天辟地的神话时代相关联，因为他们相信有神力的人能穿行天地之间。也有些学者最初将龙山时代和万国的传说相关联。万国时代是一个夏商周三代之前诸国林立的时代。参见 Chang 1999。

110　Jaang et al. 2018.

111 He 2013: 269.
112 Ibid.
113 He 2018.

第九章　视而不见

1 阿兹特兰的准确位置已无从知晓。不同证据链显示，说纳瓦特尔语（墨西加/阿兹特克人的语言）的人群在南迁之前，广泛分布在城市和乡村。很可能在墨西哥盆地北部托尔特克人的首都图拉，他们和很多属于不同族群、说不同语言的人住在一起（Smith 1984）。
2 三个城邦的政治联盟：特诺奇蒂特兰、特斯科科、特拉科潘（Tlacopan）。
3 墨西加国王宣称和库尔瓦坎（Culhuacan）城邦的托尔特克统治者有部分血缘关系，在迁徙的过程中曾在库尔瓦坎短暂停留，由此得族称库尔瓦-墨西加；参见 Sahlins 2017。
4 Stuart 2000.
5 See Taube 1986; 1992.
6 已发表的对其人口的估计，最多高达 20 万人，最少低至 7.5 万人（Millon 1976: 212）。不过截至目前最充分的计算在 10 万人，这个人口规模出现在该城被霍拉尔潘-梅特佩克（Xolalpan–Metepec）人占领的阶段，大致在公元 350 年到 600 年。在当时，大部分人口，不论贫富，都住在精美的石木砌筑的公寓小区中，我们下面就会讨论到这一点。
7 事实上，很可能特奥蒂瓦坎曾使用某种形式的书写体系，但是我们能找到的只是零星的几个或者几组符号，反复出现在墙面绘画和罐面装饰上，用来对画中人物做说明。或许将来它们能够为一些亟待解决的问题提供答案，展现建造特奥蒂瓦坎城的社会的状况，但是目前这些符号依然无从解读。学者们甚至连这些符号究竟是用来说明个体、集体还是出生地都无法确定。最新的也是充满争议的讨论，参见 Taube 2000，Headrick 2007，Domenici 2018。当然，特奥蒂瓦坎的居民们也很可能在其他媒介上写下过很多文字，只是这些媒介不易保存，例如后来阿兹特克人使用的脆弱的芦苇或树皮纸（amatl）。
8 特奥蒂瓦坎还有来自遥远的韦拉克鲁斯和瓦哈卡（Oaxaca）的移民，这些移民有自己的住宅区和自己的传统工艺。我们或许应该想象城市里的很多区域是"恰帕斯城""尤卡坦城"等。参见 Manzanilla 2015。
9 有关球场在古典玛雅时期城市的宇宙观和政治中的重要性，参见 Miller and Houston 1987。
10 See Taube 1986.
11 值得一提的是，考古学家兼艺术史学家 Henri Frankfort（1948；1951）提出过类似的观点，他认为埃及和美索不达米亚这两种文明类型是平行发展的，但在一些方面彼此对立。也参见 Wengrow 2010。
12 Pasztory 1988: 50; and see also Pasztory 1992; 1997.
13 Millon 1976; 1988: 112；也参见 Cowgill 1997: 155–6。这一方面最新的争论，参见 Froese, Gershenson and Manzanilla 2014。
14 Sharer 2003; Ashmore 2015.
15 参见 Stuart 2000；Braswell (ed.) 2003；Martin 2001；对特奥蒂瓦坎城中的玛雅壁画前

所未有的新发现，参见 Sugiyama et al. 2019。
16 将库克船长视为罗诺神的例子，参见 Sahlins 1985。有人说埃尔南·科尔特斯于 1519 年的到来也与此相似，是羽蛇神的第二次降临，随即科尔特斯就试图让当地人相信他是羽蛇神——阿兹特克曾经和未来的国王，尽管大部分当代历史学家认为他和蒙特祖马不过是耍花招，根本没人真的上当。其他例子以及"陌生人-王"这个普遍现象，参见 Sahlins 2008 以及 Graeber and Sahlins 2017。
17 对科潘的胡纳尔墓（Hunal Tomb）中的一位成年男性遗骸所做的化学分析显示，这位墓主人是亚克库毛（K'inich Yax K'uk Mo'），他是玛雅王朝的奠基者，来自佩滕地区中部。
18 Cf. Cowgill 2013. 后来的西班牙入侵者也扮演着类似角色，例如臭名昭著的努尼奥·贝尔特兰·德古斯曼（Nuño Beltrán de Guzmán，约 1490—1558），他起家于西班牙宫廷，是查理五世的护卫，后来在墨西哥西北部建立城市，成为一代开朝暴君。
19 惊人的是，在 5 世纪同时存在两个托兰，一个在奇琴伊察，一个在图拉，关于如何理解两者之间的联系，学者们尚未达成共识。（参见 Kowalski and Kristan-Graham 2017）
20 Millon 1964.
21 Plunket and Uruñuela 2005; see also Nichols 2016.
22 Froese, Gershenson and Manzanilla 2014.
23 Carballo et al.（2019: 109）指出，我们对特奥蒂瓦坎早期扩张阶段的住宅建筑理解极为有限。留下的证据显示这些建筑很不规整，也很矮小，建在柱子上而不是石质地基上。也可参见 Smith et al. 2017。
24 See Manzanilla 2017.
25 或许可以说，在自然灾害之后大量人员流离失所的背景下，这整件事带上了强烈的千禧年意味; cf. Paulinyi 1981: 334。
26 Pasztory 1997:73–138. 有关不同建设阶段的更多新研究，用了相关的碳同位素测定法，参见 S. Sugiyama and Castro 2007 以及 N. Sugiyama et al. 2013。
27 Sugiyama 2005. 对人类遗骸及其来源的细致研究，参见 White, Price and Longstaffe 2007 以及 White et al. 2002。
28 Cowgill 1997: 155.
29 See Cowgill 2015: 145–6.
30 Sugiyama and Castro 2007. Froese et al.（2014: 3）指出，太阳和月亮金字塔可能被当作"大型公共产品，和为大部分民众建造的大规模公共住宅一致"。
31 Carballo et al. 2019; cf. Smith et al. 2017.
32 Pasztory（1992: 287）观察到，"在美索不达米亚历史上，从来没有平民住上过这种房子"。不过我们马上就会谈到，特奥蒂瓦坎的公共住宅并非我们之前以为的孤例。
33 See Manzanilla 1993; 1996.
34 Millon 1976: 215.
35 Manzanilla 1993.
36 Froese et al. 2014: 4–5; cf. Headrick 2007: 105–6, fig. 6.3; Arnauld, Manzanilla and Smith (eds) 2012. 大部分三庙合一的地区神坛都集中在亡灵大道沿线，其他的则分布在城市的其他住宅区。
37 泄露秘密的细节包括眼花缭乱的对比色，对有机形态的破碎化处理和叠加，以及万花筒一般密集的几何纹样。
38 闻名遐迩的是在特潘蒂特拉（Tepantitla）地区的公寓楼中发现的壁画，这些壁画展

39 图中零星出现的文字使图像复杂难解，这些文字标识出特殊的群体或个体，但究竟指什么尚不清楚；Domenici 2018。
40 Manzanilla 2015.
41 基于 Richard Blanton（1998; Blanton et al. 1996）的论述，Domenici（2018: 50–51）建构出了一个似是而非的发展过程，他认为，在公民行使责任的过程中以及自治街坊争取利益的过程中，对立慢慢滋生，开始出现某些私有化形式，消解了早期的集体精神和"协同共作的意识形态"。
42 正如历史学家 Zoltán Paulinyi（1981: 315–16）所指出的。
43 Mann 2005: 124.
44 有一个极其重要但又有些离经叛道的例子，参见 Lane F. Fargher 及其同事们的著作，下面我们也会引用。
45 Cortés 1928 [1520]: 51.
46 这一点参见 Isaac 1983。
47 Crosby 1986; Diamond 1997.
48 在 16 世纪的墨西加城邦（或称 altepetl），这些被称为 calpolli 的城区享有相当大的自治权。这些城区在理想情况下对称分布，有互惠待遇和义务。整个城区运作的基础是每个城区践行自治的义务，按照份额呈送贡品，按照比例服劳役，并按照协定为高层政治职能机构提供职能人员，包括为位于都城的 tlatoani（国王，字面意为"首席发言人"）内阁输送工作人员。每个公职人员都按照职能分有份地，以支撑在职人员的生活，任期一满就必须交回。这为没有世袭产业的人提供了掌权的机会。城区在城外也存在。在乡村和小城镇，城区更像扩展的亲缘团体。而在城中，城区依照行政要求划分，每个城区都有相应的费、税、役的义务；有时城区也会按照族群或职业划分，或是按共同的宗教义务甚至起源神话等进行划分。Calpolli 和英文中的 "neighbourhood" 很像，在现代学者的论述中变得模糊不清，可以被用来指涉各种各样的社会形态和单位，参见 Lockhart 1985，Fargher et al. 2010，Smith 2012: 135–6 and passim。
49 塞万提斯·德萨拉萨尔对新西班牙的文学书写，参见 González González 2014；在 Fargher, Heredia Espinoza and Blanton 2010: 236 中有更多讨论。
50 Nuttall 1921: 67.
51 Ibid.: 88–9.
52 如果这有点令人难以置信，我们只好请读者想想，迭戈·穆尼奥斯·卡马戈的名著《特拉斯卡拉历史》的 1585 年手稿实际上包含三个部分：一个部分是西班牙语写的文本，另两个部分是配以西班牙语和纳瓦特尔语的象形文字——该手稿消失了两个世纪之久，并且在 1795 年对中美洲文献的汇总中也不见踪迹。它最终再现于 19 世纪，在 William Hunter 博士赠予格拉斯哥大学的个人收藏中，其影印本直至 1981 年才出版。
53 感谢布宜诺斯艾利斯世界虚拟图书馆（Biblioteca Virtual Universal）的慷慨，使读者能够阅读萨拉萨尔《新西班牙编年史》的电子版文本，http://www.cervantesvirtual.com/obra-visor/cronica-de-la-nueva-espana--0/html/。
54 小希科腾卡特尔，也叫希科腾卡特尔·阿克萨亚卡特尔（Xicotencatl Axayacatl），最初在西班牙殖民者文献和特拉斯卡拉文献中都以叛徒的面目出现。据 Ross Hassig（2001）所说，直至墨西哥宣布独立之后，他才以反抗西班牙人的本土斗士形象重获声名。

55 这一段话是我们从西班牙文转译而来的，我们不知道哪里能找到授权出版的英译本。顺便一提，老希科腾卡特尔碰巧说对了：在攻下特诺奇蒂特兰之后不久，特拉斯卡拉就失去了特权与豁免权，被西班牙人奴役，沦为西班牙的贡品来源地之一。

56 Hassig（2001: 3032）用标准化叙事总结了这个过程，主要参照了 Bernal Díaz del Castillo。他也分析了西班牙人处决小希科腾卡特尔背后的种种可能原因，小希科腾卡特尔被绞死时年仅 37 岁。

57 坎迪亚洪克，一个耶稣会士心目中有史以来最聪明的人之一，可能在谈话间从法国人那里了解到琉善思想精华的只言片语，大受震撼，并在后来的辩论中有所征引，这种可能性在有些学者看来无异于天方夜谭。

58 参见 Lockhart, Berdan and Anderson 1986；有关纳瓦特尔传统中的直言不讳和政治修辞，参见 Lockhart 1985: 474。

59 MacLachlan（1991: xii and n.12）在这一方面的表现非常典型，他认为特拉斯卡拉议事会成员们（假想的）通过"令人赞叹的调试"接近欧洲精神，完全出于本地人在帝国统治下对自身利益的考量。

60 对于在这些事情上学术观点的转变，Lockhart（1985）的讨论仍然很有参考价值。

61 例如，围绕所谓"影响之争"（Influence Debate）的学术争论，我们下一章将会触及，这个争论来自这一想法：认为长屋联盟（易洛魁六族联盟）的结构是美国宪法的参考模型之一。

62 Motolinía 1914 [1541]: 227. 即使我们无法在萨拉萨尔、莫托利尼亚的文本及其他史书之间建立直接联系，我们基本也能确认，截至 16 世纪 40 年代，有一定数量的既说纳瓦特尔语也说西班牙语的人生活在像特拉斯卡拉这样的大都市，并彼此交流自己荣耀近祖的事迹和言论。

63 Gibson 1952; and see also Fargher, Heredia Espinoza and Blanton 2010: 238–9.

64 有关奇奇梅克，也可参见 Sahlins 2017，及其延伸参考文献。

65 Balsera 2008.

66 Fargher et al. 2011.

第十章　为何国家没有起源

1 列维-斯特劳斯（Lévi-Strauss 1987）将西北海岸社会称为"家屋"社会（house societies），即围绕贵族家户组织亲属制度的社会。贵族家户是头衔和传家宝的拥有者（也拥有奴隶，拥有仆从的忠诚）。这种安排在英雄社会中似乎普遍更加典型；阿斯兰土丘的宫殿，我们在第八章介绍过，更像是家屋社会贵族家户的复杂版本。这里可以直接联系到韦伯所说的以"世袭家产制"（patrimonial）和"僧侣俸禄制"（prebendal）为形式的治理，在这种治理下，整个王国或帝国都被想象为一个皇室家户的延伸。

2 在行动团体或任何自觉维持成员间平等的群体中也很容易看到这一点，在没有正式权力的场合，手握不匹配权力的非正式的小团体几乎总是会通过操弄对不同信息的获取渠道来行使权力。如果有意识地预先排除这种可能，确保所有人了解重要信息的渠道畅通，就只能借助个人魅力来行使权力了。

3 这个定义在欧洲有着悠久的影响，这也是中世纪英国能够从 13 世纪起就通过选举来选出议会代表的原因，但是从来没有人将此与"民主"挂钩（当时民主是个非常负面的词）。直到非常晚近，从 19 世纪晚期开始，托马斯·潘恩（Thomas Paine）等人才提出"代议制民主"的想法，认为从政治精英们博人眼球的相互竞争中权衡利弊做出选择的权利是政治自由的本质，而非其反面。

4　忽略了主权的定义都不怎么通行。假设有人认为"国家"（statehood）的本质是有至少三个行政等级的治理体系并由职业官僚运作，那么根据这个定义，欧盟、联合国以及国际货币基金组织都是"国家"，这就很愚蠢。它们通常都不被看作国家，正因为它们都没有主权，也没有宣示主权。

5　当然，这也不是说它们未曾对领土主权提出过宏大的主张，只不过对古代文献和考古材料的谨慎分析显示，这些声明常常是空洞无物的；参见 Richardson 2012。

6　有关亚欧大陆西部"早期青铜时代城市及其周边"，参见 Sherratt 1997: 457–70；相关更普遍的研究，见 Scott（2017: 219–56）对"野蛮人的黄金时代"的反思。

7　这种类型类似于韦伯著名的"卡里斯玛常规化"概念，其中，那些超凡魅力的特质明显建立在彻底叛离传统观念和行为的基础之上的"宗教领袖"，他们的愿景一代代逐渐变得官僚化。韦伯认为，这是理解宗教革新内在张力的关键。

8　Nash 1978: 356, citing Soustelle (1962), citing Bernardino de Sahagún's *Historia general de las cosas de Nueva España*.

9　Dodds Pennock（2017: 152–3）讨论了一则发生在 1427 年的颇具启发性的故事，当时，到特帕内克（Tepanec）赴宴的阿兹特克人被特帕内克统治者马克斯特拉（Maxtla）要求打扮成女人模样，以此羞辱他们和他们的统治者，因为特帕内克人在科约阿坎（Coyoacan）市场上强奸了阿兹特克女性，而阿兹特克人近期为此展开的复仇行动失败了。两年后，情况彻底反转，阿兹特克军队攻破阿兹卡波察尔科（Atzcapotzalco）并将马克斯特拉祭神。

10　例如，贝尔纳尔·迪亚兹的回忆录（Maudslay 英译本）有一节关于"对蒙特祖马暴政的控诉"（Complaints of Montezuma's tyranny），其中记录道："但是他们（地方酋长）说，如果他们的妻女长得漂亮，蒙特祖马的收税官就会带走并强奸她们，这些人在整个说托托纳克语的土地上都是这样做的。"也参见 Townsend 2006 和 Gómez-Cano 2010: 156。

11　Dodds Pennock（2008）将公开的宗教暴力实践放在更大的阿兹特克性别、生命力和献祭观念之下讨论。也参见 Clendinnen 1991。

12　See Wolf 1999: 133–96; Smith 2012.

13　有关印加帝国及其考古遗存的综述，参见 Morris and van Hagen 2011 和 D'Altroy 2015。

14　Murra 1982.

15　本章后面还会继续讨论艾鲁制度，这是一种持有土地的群体，由跨越了家户的继嗣关系绑定在一起。其最初的功能是管理村落内部以及偶尔管理村落之间劳动力的再分配，以避免每个家户孤军奋战。由艾鲁团体承担的任务通常是周期性的，不是单一家户能独立承担的：例如清理田地、收割、管理沟渠和水库、运输、修筑桥梁及其他建筑。重要的是，艾鲁组织也是一个家庭维系体系，为那些无力获取生命周期仪式用品（例如葬礼上的玉米酒）的家庭或新婚夫妇等提供支持。参见 Murra 1956, Godoy 1986, Salomon 2004。

16　Gose 1996; 2016.

17　See Kolata 1992; 1997.

18　Silverblatt 1987; and cf. Gose 2000.

19　Urton and Brezine 2005.

20　Hyland 2016.
21　Hyland 2017.
22　Clendinnen 1987.
23　早期殖民时代的玛雅文献，例如《方士秘录》，几乎无一例外将西班牙人看作令人厌恶的强盗而非事实上的统治政府，玛雅贵族反叛势力则依然构成真正的统治，他们不断进行斗争，争夺影响力。这似乎被殖民者们完全忽视了（Edmonson 1982）。
24　勘测雨林地貌的新技术（LiDAR）显示出还有许多未解之谜，这使专家们最近对玛雅人口的推测三倍于原来的数字；参见 Canuto et al. 2018。
25　See Martin and Grube 2000; Martin 2020.
26　对玛雅统治者如何从早期萨满力量形式不断发展这一过程的尝试性重构，参见 Freidel and Schele 1988。
27　在缺少确凿证据的情况下，对于崩溃的理论解释倾向于顺着研究者所处时代的政治关切展开。在冷战期间，很多欧美的玛雅学者似乎假定了某种阶级冲突或农民起义的存在；自 20 世纪 90 年代起，理论家们则倾向于认为主因在于各种生态危机。
28　Ringle 2004；也参见 Lincoln 1994。这种解释依然争议甚多［参见 Braswell (ed.) 2012］，但是如果总体是对的，就算只是大致正确，也能够呼应 Graeber and Sahlins 2017 所描述的王权从"神"（divine）到"圣"（sacred）的转变，甚或是"逆向神圣化"（adverse sacralisation）。
29　Kowaleski 2003.
30　有关基切（K'iche）的类似过程，参见 Frauke Sachse 的"尚武一朝——玛雅高地的后古典时代"（The Martial Dynasties – the Postclassic in the Maya Highlands），收录于 Grube et al. (eds) 2001: 356–71。
31　Kubler 1962.
32　克鲁伯（Kroeber 1944: 761）的宏大结论如下："我在对各类现象的分析中没有看到任何真正的规律，没有任何循环的、周期性重复的或是必然的东西。没有证据证明，每个文化中都必须发展出使其达至繁荣的结构，文化也并非在繁荣之后必然衰败，没有复兴的机会。"他也没有能够找到文化成就和治理体系之间的相关性。
33　在欧洲大陆，有一种被称为"原史"（proto-history）的学问，这种学问被用来描述诸如斯基泰人、色雷斯人和凯尔特人这类族群，他们经由希腊或罗马殖民者的书写而进入历史，又在学者的目光转向别处时淡出历史。
34　阿蒙神妻，例如阿曼尼尔迪斯一世（Amenirdis I）和舍佩努佩特二世（Shepenupet II），在扮演包括"神之手"的仪式性角色外，还有义务协助男性创世神阴阳和合的过程，因此，在仪式中，可以想象她们处于男性神的从属地位，而在现实中，她们则掌管上埃及的经济，并在宫廷中运筹帷幄。从她们坐落于卡纳克（Karnak）和哈布城（Medinet Habu）的灵堂的绝佳位置可以判断，这种圣俗组合构成了某种非常有效的现实政治（realpolitik）。
35　参见 Shaw ed. 2000: 330–69 里由 John Taylor 撰写的"第三中间期"（The Third Intermediate Period）一章，尤其是第 360—362 页；也见 Ayad 2009。
36　Schneider 2008: 184.
37　例如在《牛津古埃及历史》（The Oxford History of Ancient Egypt, Shaw ed. 2000）中，相关章节被定名为"中王国文艺复兴（约前 2055—前 1655 年）"［Middle Kingdom Renaissance (c. 2055–1650 BC)］。
38　一个实用的总结见 Pool 2007。

39 Rosenwig 2017. 同样，这幅图景也可能随着在塔巴斯哥和韦拉克鲁斯等地应用 LiDAR 技术而有戏剧性变化，在我们写作的同期，这项新应用已经在进行了。
40 See Rosenwig 2010.
41 对个体差异和个人审美的关注在奥尔梅克雕塑的另一个主要类型中也十分明显——圣洛伦佐存在大量此类雕塑的记录。它们刻画了具有非同寻常特征的人类形象，包括驼背、侏儒、白化病以及基于对流产胎儿的观察刻画的形象；参见 Tate 2012。
42 See Drucker 1981; Clark 1997; Hill and Clark 2001.
43 See Miller and Houston 1987.
44 Hill and Clark 2001. 相比于奥尔梅克、玛雅和阿兹特克的城市，特奥蒂瓦坎的治理更多基于集体原则，城里也没有官办球类比赛的竞技场，在这种背景下，很难说是偶然的兴致所致。将公共球场排除在市政规划之外，这必然是经过深思熟虑的选择，因为特奥蒂瓦坎的很多居民必定非常熟悉这类奇观，而且就像我们在第九章中所见，城中几乎所有其他方面都是精准布局、准确定位的。球类竞技出现在特奥蒂瓦坎时，情况极其不同，其差别之大，使人们不禁揣测这是一种有意识的颠转，颠倒了在瓦哈卡和玛雅低地那些周边其他帝国中的经典想法（回想一下，人们常常游走于这些区域间，非常熟悉邻居的行为）。

证据来自特奥蒂瓦坎一处装修精良的房子的室内壁画，这幅壁画被称为"特潘蒂特拉"，其中画着神明，也有已知最早的人类用脚、手和棍棒玩球的形象，类似于足球、篮球和曲棍球（参见 Uriarte 2006）。这些都有悖于贵族规范。这些画面都发生在街道场景中，大量参与者被画成同样大小。与这些场景相关的还有反复出现的睡莲符号，这是一种强力致幻剂。可能我们此处所见对特奥蒂瓦坎而言是非同寻常的，也可能我们只是窥见了整个中美洲普通人常玩的游戏，这种生活在等级更加森严的政体中基本见不到。
45 Clendinnen 1991: 144.
46 Wilk（2004）非常有启发地比较了奥尔梅克文化域的张力和诸如世界小姐和宇宙小姐等现代选美的文化／政治影响，从这个角度看，这种比较恰如其分。格尔茨创造了"剧场国家"（1980）这一概念来描述巴厘岛王国，他指出，整个朝贡机制基本是为了组织奇观性的仪式而设立，而不是相反。他的论点有显著问题，尤其是从巴厘岛女性的角度看。但是，这种类比依然是有益的，特别是考虑到著名的巴厘岛斗鸡最初的功能（任何一个人类学一年级学生都熟知）；斗鸡刚开始是由宫廷推动并参与的，是一种使人负债的方式，常常导致欠债者将妻子儿女送入宫廷充当奴隶或妃嫔，或是转卖到国外。（Graeber 2011: 157–8, 413 n.88）
47 正如我们在第八章中所见。
48 See Conklin and Quilter (eds) 2008.
49 See Isbell 2008.
50 See Quilter 2002; Castillo Butters 2005.
51 See Weismantel 2013.
52 这些正是由人类学家 Carlo Severi（2015）在其"奇美拉原则"（chimera principle）的经典分析中所研究的那种高度复杂的形象。
53 Burger 2011; Torres 2008. 查文德万塔尔的石雕似乎致力于将神志状态转瞬即逝的变化体验变得永久。查文艺术中典型的动物母题，例如猫、蛇和冕雕，事实上早在1 000多年前就出现在棉纺织物和珠串上，当时就已经在高地和沿海地区广泛流传。有趣的是，晚期保存更完好的织物显示，即便在查文权力的顶峰时期，沿海社会崇奉的明显是女性神明（Burger 1993）。而在查文德万塔尔，幸存下来的人物雕像中似乎见不到女性的身影。

54 Rick 2017.
55 See Burger 2008.
56 See Weismantel 2013.
57 对纳奇兹神圣王权比较细致的讨论和完整的参考文献，参见 Graeber and Sahlins 2017: 390–98 中格雷伯撰写的"关于神圣王权政治的说明"（Notes on the Politics of Divine Kingship）一章。
58 Cited in Graeber, ibid. p. 394.
59 Lorenz 1997.
60 See Gerth and Wright Mills (eds) 1946: pp. 233–4.
61 Brown 1990: 3, quoting John Swanton's *Indian Tribes of the Lower Mississippi Valley and Adjacent Coast of the Gulf of Mexico* (1911) (Bureau of American Ethnology, Bulletin 43).
62 对此类皇家"功业"的出色综述，可参见 de Heusch 1982，因击倒自己臣民而闻名的是干达人（Ganda）的国王姆特萨（Mutesa），他在收到大卫·列文斯通（David Livingstone）礼赠的来复枪后，为了震慑大卫而开枪随意射击自己的臣民。但是，这并非特例，参见 Simonse 1992; 2005。
63 Graeber and Sahlins 2017: 129.
64 Crazzolara 1951: 139.
65 Reported in Diedrich Westermann's *Shilluk People: their Language and Folklore* (1911). Philadelphia: Board of Foreign Missions of the United Presbyterian Church of North America, p. 175.
66 Graeber and Sahlins 2017: 96, 100–101, 130.
67 下一章中我们会讨论这种可能性。
68 事实上，我们在这里有点虚伪，这并非一个思想实验：大村的遗迹位于现在考古学家们所说的亚当斯县（Adams County）的祖国遗址（Fatherland Site），已经被发掘过，著名的发掘发生于 20 世纪 60 年代和 70 年代早期，由司徒·内策尔（Stu Neitzel）在几段田野作业季节中分段进行。在被废弃的几百年中，遗址被圣凯瑟琳湾（St Catherine Creek）带来的近 25 厘米的崩积泥所覆盖，因此在发掘之初，人们不得不用重型机械（推土机）将泥块移走。这极大影响了泥层下的考古遗址，同时抹除了关键证据。内策尔（Neitzel 1965; 1972）报告中的内容与我们上述描述大致相同；毫无疑问，更加精细和现代的考古技术在考古重建中效果要好得多。（cf. Brown 1990）
69 其实，早期在土丘 C（Mound C）——很可能是纳奇神庙所在地——周边的发掘确实发现了 20 个墓葬，其中有来自法国的和本地生产的明器；但是这些发掘工作很粗糙，没有系统的文件存档，而研究者可能把这些明器的年代算到了神庙最后被使用的阶段，也就是被拆毁前夕，当时"大太阳"的力量无疑已经大幅减弱了（参见 Brown 1990: 3; Neitzel 1965，其中记录了 Moreau B. C. Chambers 在 1930 年的发现）。
70 埃及学家将第一和第二王朝称为"早王朝"（Early Dynastic）时期，而"旧王国"（Old Kingdom）从第三王朝才开始，这有点混乱。
71 See Dickson 2006; Morris 2007; Campbell (ed.) 2014; Graeber and Sahlins 2017: 443–4, with further references.
72 对后面的这种可能性以及对前面阐释的综述，参见 Moorey 1977；还有一种观点认为它们是真正的皇家墓葬，参见 Marchesi 2004。

73 Campbell 2014.

74 Cf. Campbell 2009.

75 尽管可能并非唯一的墓葬群，因为埃及早期统治者们偶尔会把祖先的尸身分开，埋葬在不同的地方，以广泛传播其丧葬信仰，参见 Wengrow 1996: 226–8。

76 Wengrow 1996: 245–58; Bestock 2008; see also Morris 2007; 2014.

77 Macy Roth 2002.

78 Maurice Bloch（2008）曾发现，与之类似，早期国家几乎无一例外都有大规模随机屠杀的暴力阶段，其最终结果是这些国家"瓦解"了普通家户的仪式生活，以至于直至国家倾覆，这些家户也难以重构往昔的仪式生活。他指出，正是在这样的困局中，普世宗教诞生了。

79 其结果之一是在埃及领土周边造就了一系列"无主之地"。例如，早期与埃及紧密相连的苏丹土地及人口被政治性地切割出来，这个过程就伴随着对埃及南部新边界附近的领土进行人口清理，并摧毁努比亚曾经主要的权力机制：被考古学家称为"A 群体"（A-Group）。这一切发生在一场暴力支配行动中，被记录于尼罗河第二瀑布（Second Cataract）附近的格贝尔·谢赫·苏莱曼（Gebel Sheikh Suleiman）岩画中。因此，事实上，我们找到了一对镜像——发生于新埃及政体中心的极端仪式性杀戮（在统治者薨逝的场合）和发生于或者说记录于其领土边疆的基础性暴力；Baines 2003; Wengrow 2006: *passim*。

80 这一点参见 Lehner 2015。

81 Wengrow et al. 2014.

82 Jones et al. 2014. 新石器时代的墓葬通常坐落在尼罗河谷干旱的边缘地带（那里干到足以天然保证尸体长时间不腐烂），有时甚至拓展至沙漠边沿。这些墓葬貌似没有坚固的结构，常常坐落在大型公墓中，也有证据显示人们记得这些墓，会不断重访，也会在一段时期之后重新利用同一块墓地；参见 Wengrow 2006: 41–71; Wengrow et al. 2014。

83 确实，很早以前埃及学家们就注意到，后期王权的某些因素"过早"出现在艺术中，例如，著名的下埃及红王冠（Red Crown）出现在一个陶器上，而几乎在这个陶器出现之后的 1 000 年，红白王冠才结合在一起成为埃及统一的官方标志；国王手持权杖重击敌人这个标准化的主题突然出现在希拉孔波利斯一个彩绘墓葬中，比纳尔迈调色板早 500 年；如此等等。更多例子和参考文献见 Baines 1995。

84 晚近的尼罗特人偏向严格的父系制度，事实上，这并没有将女性完全排除在重要职位之外，不过女性通常需要表现得像男性一样才能担任要职。例如，在努尔人中，一个没有男性后代的"公牛"，亦即村落领袖，完全可以宣布自己的女儿是男性，这样女儿就能继承职位，甚至娶一个女性为妻，并成为这位妻子孩子的父亲。可能并非巧合的是，在埃及历史上，占据要职的女性通常也可以宣布自己为男性（一个著名的例外是阿蒙神妻，我们在本章讨论过）。

85 See Wengrow 2006: Chapters One, Four and Five; Kemp 2006; Teeter (ed.) 2011. 这些"原王国"的人口数目纯属推测，因为史前大型聚落的古代居住区域以及墓葬，陷于现代耕作体系和泛滥平原之下，不可考证了。

86 See Friedman 2008; 2011.

87 See Wengrow 2006: 92–8.

88 Ibid.: 142–6.

89 在各种生命周期仪式中纳入大规模玉米酒宴饮，这事实上并非印加人的发明，而可以追溯到蒂亚瓦纳科的扩张，蒂亚瓦纳科位于查文（其仪式宴饮非常不同）和印加之间；参见 Goldstein 2003。
90 See Murra 1956: 20–37.
91 Wengrow 2006: 95, 160–63, 239–45, with further references.
92 Lehner 2015.
93 See also Roth 1991.
94 在纪念性建筑和船员行动中的象征性联系，也可能是现实联系，还体现在青铜时代晚期位于黎巴嫩比布鲁斯（朱拜勒的古称）的神庙中。比布鲁斯是一个港口城市，与埃及有着密切的贸易和文化联系（参见 Wengrow 2010b: 156）；关于如何将驾船出海的团队技能转化为处理厚重石料建材的技能的民族志描述，出现在例如 John Layard 有关美拉尼西亚岛屿的经典民族志《马勒库拉的石人》(*Stone Men of Malekula*, 1942, London: Chatto and Windus）中。
95 生产线的类比受益于刘易斯·芒福德（Lewis Mumford）著名的"巨型机器"（megamachine）讨论，他指出，最早的复杂机器事实上是人构成的机器。如埃瑞克·威廉姆斯（Eric Williams）等学者很早就指出的，典型的工厂系统中劳工的"理性化"，事实上最早发生在 17 世纪和 18 世纪的奴隶种植园。不过近来也有人提出，那个时代的船舶，不论是商船还是军舰，貌似都是重要的实验场，因为一旦出海，船上就形成了一个少见的环境，其中聚集着大量人员，被分配了不同任务，完全听从一个人指挥。
96 正如女性主义理论家所指出的那样（例如 Noddings 1984）。
97 这里有必要回顾一下，在有些旧王国时期埃及高官的坟墓中，我们发现他们最看重的头衔不仅是军事的、行政的或是宗教的职位，还包括"国王挚爱之人""宫廷美甲师总管"等头衔（Strudwick 1985）。
98 对比 Baines 1997; 2003; Kolata 1997。
99 关于埃及和美索不达米亚王权的不同形式，参见 Frankfort 1948 和 Wengrow 2010a；在极个别的例外情况下，美索不达米亚国王似乎宣示过自己的神圣或近乎神圣的身份，参见 Piotr Michalowski 和 Irene Winter 的文章（Brisch ed. 2008），他们都强调这种宣示的例外性和模糊性。
100 这种情况一直延续到美索不达米亚晚期历史中：当汉谟拉比在公元前 18 世纪竖起刻有他著名律法的石碑时，这似乎是无可非议的主权行为，律法规定了在国王治下如何使用暴力，凭空创造了一个新秩序；但是，事实上，这些光鲜的谕旨从未被系统推行过。巴比伦臣民沿用了此前大杂烩式的传统律法和实践。而且，正如石碑上的装饰框架所表明的，汉谟拉比是以太阳神沙玛什（Shamash）的名义颁布律法的，参见 Yoffee 2005: 104–12。
101 此处我们可以进一步对比美索不达米亚，其早期治理的明确特征就是行政，但全无规律可循的宇宙是神明的寓居之所，这些神明的行动往往出人意料，并且常常造成人世的混乱［就像《圣经》中的雅威（Yahweh）］，Jacobsen 1976。
102 主权和竞争性政治主导人世、行政等级被投射到宇宙中的其他政权，应该也包括许多展现出类似对宇宙轮回的迷恋的南亚社会，以及中世纪欧洲，其中教堂和天使等级的形象似乎保留了对古罗马旧法律-官僚秩序的记忆。
103 Martin and Grube 2000: 20; Martin 2020.
104 See Bagley 1999.
105 Shaughnessy 1989.
106 新王朝之前的埃及很少进行占卜，占卜在印加系统中的角色也比较模糊。正如高斯

（Gose 1996: 2）所解释的，在印加，神谕性的展演和当权国王的个人权威之间事实上是矛盾的。相反，他们围绕皇室先祖的木乃伊或其塑像展演，这提供了少数表达来自地下的（也是潜在具有颠覆性的）声音的场合，这种方式不能挑战统治者的绝对主权和无上权威。同样，在文艺复兴时期，为国王或王后占星通常被视为叛国行为。玛雅国王用放血和掷石子来占卜，但这并不处于国家事务的中心。

107 Yuan and Flad 2005. 在不识字的人中，普遍用动物器官进行占卜。
108 See Keightley 1999.
109 Shaughnessy 1999.
110 商代中国可谓"宇宙政体"（galactic polity）的典范，这个概念由人类学家斯坦利·坦拜亚（Stanley Tambiah 1973）提出，是东南亚晚期历史上最普遍的政治形态，其主权汇于中心，向外渐弱，在一些地方密布，而在另外一些地方消退；边缘地带的一些统治者或贵族可能宣称是帝国的一部分，甚至宣称是帝国开国之君的遥远后代，而在位的皇帝却从未听闻过此事。我们可以将这种主权的外向扩散和另外一种宏观政治结构做对比，后者最早出现于中东，逐步蔓延至欧亚的大部分地区。截然相反的关于"治理"组成结构的观念直接相遇，充满张力，制造出广阔的边疆地带，将官僚统治（不论是中国、印度还是罗马）和游牧民族的英雄政治分离开来，后者持续不断对前者造成威胁，这里参见 Lattimore 1962 和 Scott 2017。
111 旧王国时期对这一王家主题最明确的呈现见于阿布希尔（Abusir）的萨胡拉祭祀庙中遗存的浮雕，参见 Baines 1997。
112 Baines 1999.
113 See Seidlmayer 1990; Moreno García 2014.
114 英译来自 Seidlmayer 1990: 118–21。令人十分震撼的是，从这里可知，省长宣扬自己不仅保障了人民健康，而且满足了开展完整社会生活的基本需求：维持完整家庭和举办体面葬礼的资源，不用被迫离开家园流落他乡的保障。
115 Dunbar 1996: 102; Diamond 2012: 11. 这种假设被我们在第八章开头所讨论的那种"规模压力"理论奉若圭臬，同时，进化心理学的某个分支（参见 Dunbar 2010）也认为，随着社会规模扩大，超过了面对面交往的规模，官僚制就随之而来，解决了信息储存和管理的行政难题。根据这一理论，当人类大脑存储和调用信息（例如，有关商品或劳力的流动的信息）的天然能力告竭，官僚制就能够发挥"外置符号存储"功能。我们必须知道，这些假想绝对没有什么经验证据可以支撑，却深刻影响了"官僚制起源"解释的重建。
116 有趣的是，19 世纪马达加斯加梅里纳王国（Merina kingdom）的档案记录也差不多如此：用父权制术语来说，王国被认为就是皇室诸官职，其后代们的身份来自为国王提供的服务，而国王通常被想象为一个孩童，所有人都是他的保姆。记录中关于进出宫廷滋养统治者的物品有大量精确的细节，但是关于经济事务则一片空白（参见 Graeber, 'The People as Nursemaids of the King,' in Graeber and Sahlins 2017）。
117 Akkermans (ed.) 1996.
118 See Schmandt-Besserat 1992.
119 奇怪的是，在萨比阿比亚德土丘极少发现这类印章，可能因为印章是用木头之类的不易保存的材料制成；我们这里所说的石质或其他材料的小型印章，在同一时期〔"新石器时代晚期"或"哈拉夫"（Halaf）时期〕美索不达米亚北部遗址中则随处可见。
120 Akkermans and Verhoeven 1995; Wengrow 1996.
121 也有种声音认为，这是因为村落中一部分人在放牧时节会赶着畜群到附近山坡放牧

(一种叫作季节性迁移放牧的实践)，不在村里。这种解释未免太简单，也没什么意义，因为还有老人、配偶、亲属以及后代等被留在村落中，或是照料产业，或是汇报问题。

122 See Wengrow 2010a: Chapter Four.

123 Wengrow 1998: 790–92; 2001.

124 这当然有点讽刺意味，因为在旧的社会进化论框架下展开工作的考古学家，很久以来都认为乌拜德社会一定以某种"复杂酋长制"的形式构建起来，仅仅是因为从时间序列上说，这些社会处于早期农耕聚落和早期城市（被认为是"国家诞生"的序曲）之间。现在看来，这种论证的逻辑循环十分明显，因为考古学证据和其相应阶段并不符合。

125 Murra 1956: 156.

126 尤其参见 Salomon 2004。连带着可以观察到，在英国中世纪的村落中，市场体系也是如此运作的，尽管没有这么正式：各种主要往来都是信用往来，每 6 个月到一年进行一次集体算账，以把所有债务和信用结算清零（Graeber 2011: 327）。

127 Salomon 2004: 269; Hyland 2016. 很可能结绳记账的技术结合陶制符号和印章一起在史前美索不达米亚被使用过，就像那些被制作得形状规整并印有图案或符号的一块块垂挂的穿孔陶土所表明的那样。（Wengrow 1998: 787）

128 See Wernke 2006: 180–81, with further references.

129 有关组织方式和劳役安排，参见 Hyland 2016。

130 John Victor Murra 在权威著作《印加帝国的经济组织》（*The Economic Organization of the Inca State*，1956）中引用了西班牙文献，其中谈到当地充满仇恨的人和德不配位的人被提拔至要职；邻居反目成仇；负债者被驱逐离乡——当然并不能确定这在多大程度上是西班牙殖民的后果，也参见 Rowe 1982。

131 关于这一点，可以参见本书作者之一所著的 *Debt: The First 5000 Years*（Graeber 2011），也可以参见 Hudson 2018。

132 Von Dassow 2011: 208.

133 Murra（1956: 228）总结说，社会主义式的印加帝国的幻象，是"把艾鲁的功能归功于国家"的结果。"无行为能力之人的安全是由古老的、前印加时代的体系所提供的，此体系保证社区所有人自动拥有对公共财产、剩余价值以及互惠劳动服务的权力。"他接着说，"在大规模霜冻和干旱的情况下，国家可能会发放些许补贴，不过相关记载出现得较晚，而且数量较少，相较而言，有大量记载记录了为军事、宫廷、教堂和行政目的动用储备。"这可能有点夸大其词，因为印加也从其占领的某些国家继承了行政结构和社会保障机制，因此事实上肯定是每个地方有差异的（和 S. Rockefeller 的私人通信）。

134 例如，有关美索不达米亚早期王朝军事组织的季节变化，参见 Richardson（2012）以及 Schrakamp（2010）；有关古典玛雅的季节性战争，参见 Tuerenhout（2002）；更多案例和讨论可以参见 Neumann et al. eds. 2014; Meller and Schefik 2015。

135 詹姆斯·斯科特（Scott 2017: 15）在其著作《作茧自缚》（*Against the Grain*）的开篇有相似观察："在世界很多地区，即便在强盛的年代，国家也只是一个季节性的组织。在东南亚地区，当每年的季风到来时，国家权力的辐射能力便会收缩，几乎退回到王室的宫墙以内。虽然在大多数正统历史书写内，国家的自我形象位居中心地位，但我们仍要认识到，自最早期国家出现后的数千年中，国家并非一个常数，而是一种变量——在人类生活的大部分历史中，一路走来跌跌撞撞。"（中译文引自詹姆斯·斯科特：《作茧自缚：人类早期国家的深层历史》，田雷译，中国政法大学出版社，2022，第 17 页。)

136 可能被一种幻象所鼓舞,这种幻象对很多宣称手握专断权力的人而言很常见,即,杀掉臣民在某种意义上等同于给予其生命。

137 在一本很精彩但被低估的书《支配与抵抗艺术》(*Domination and the Arts of Resistance*, 1990)中,詹姆斯·斯科特提出,只要一群人拥有压倒其他人的权力,例如一个群体被分为领主和农奴、主人和奴隶、高阶序者和不可碰触者后,双方都会按照预期行动,就好像他们共谋假造了历史记录。就是说:总有一种"官方版本"的现实,例如种植园主扮演慈父般的角色,将奴隶们的利益时时放在心上。但是,无论主人还是奴隶,没人相信这些,并"私下"(offstage)认为这些明显荒谬绝伦,只是支配群体坚持认为臣服者们和自己相融洽,尤其是在所谓的公共事件中。在某种意义上,这是权力最纯粹的表达:一种强迫被支配之人假装承认"二加二等于五"或者"法老是神"的能力。结果,这种版本的现实被历史记录在案,被后世铭记于心,这就是"官方剧本"(official transcript)。

138 Abrams 1977.

139 See also Wengrow 2010a.

140 例如,正如 Mary Harris(1997)所指出的;这里也可以回想一下查文、古典玛雅遗迹和其他前哥伦布时代政权中的中心化知识体系,这个体系依赖于整个大陆范围内的数学体系,起初用绳子和绳索进行计算,因此归根结底可以说是建立在编织技术之上的(Clark 2004);在村庄中沿用千年的精密纺织技术是在城市中发明楔形文字数学的先声,回荡在整个美索不达米亚前陶器传统的形式和装饰中(Wengrow 2001)。

141 Renfrew 1972.

142 一套被考古学家广泛应用于整个岛屿的编年系统,从"前宫殿"(Pre-palatial)到"原宫殿"(Proto-palatial)、"新宫殿"等。

143 Whitelaw 2004.

144 See Davis 1995.

145 Preziosi and Hitchcock 1999.

146 此处我们要提到,阿瑟·埃文斯将 20 世纪初在克诺索斯发掘出的壁画人物中的一位认定为"祭司-国王",这令他臭名昭著(这一点参见 S. Sherratt 2000)。事实上,埃文斯用来拼凑这个形象的不同墙面绘画碎片来自不同的考古地层,根本不属于同一个人物(他最初也这么认为,后来改变了主意)。现在甚至连这个祭司-国王的性别都受到了艺术史研究者们的质疑。但更基本的问题是,为什么所有人都希冀抓住单独一个戴高大羽帽的或身为男性的人物,来作为王权的证据,而与此同时,数量众多的大部分米诺斯图像艺术都指向相反的方向?我们等下继续这个话题。简言之,克诺索斯的祭司-国王也不是一个强大的王座竞争者,跟我们在第八章中提到的印度河流域青铜时代的摩亨佐达罗城中那与世隔绝的国王差不多。

147 Younger 2016.

148 埃文斯写道:"确凿无疑,在米诺斯文明盛期,不论在统治中加入了多少男性元素,宗教的印迹依然反映着社会发展过程中更古老的母权阶段。"(转引自 Schoep 2018: 21)

149 对早期克里特经由黎巴嫩从埃及进口物品及其与女性仪式关系的详细讨论,参见 Wengrow 2010b。

150 Voutsaki 1997.

151 宫殿只要求上贡某些特殊物品,例如亚麻、羊毛和金属,这些物品在宫廷作坊中被制成更加特殊的物件,主要包括精纺织物、马车、武器以及芳香精油。其他主要工业生产，例如陶器生产，在行政记录中则完全缺失。参见 Whitelaw 2001。
152　See Bennett 2001; S. Sherratt 2001.
153　Kilian 1988.
154　Rehak 2002.
155　Groenewegen-Frankfort 1951.

第十一章　回到起点

1　正如字面意义所言，因为不事耕作（未开化，uncultivated），孟德斯鸠简洁明了地说："这些人拥有巨大自由；因为他们不耕种大地，他们不受束缚：他们是行者和浪客……"［《论法的精神》（*Spirit of the Laws*, 18: 14）中"不耕种土地之人的政治状态"（Of the political State of the People who do not cultivate the Land）］。
2　Lovejoy and Boas 1965.
3　Scott 2017: 129–30.
4　Ibid.: 135.
5　Ibid.: 253.
6　Sahlins and Service 1960.
7　我们最接近历史比较的领域是经济：大约从 1917 年延续至 1991 年的社会主义阵营在其巅峰时期涵括了世界上相当数量的土地和人口。有人可能会认为，这个阵营从未真正独立于更大的资本主义世界体系，仅仅是国家资本主义的一种亚类型。
8　我们这里所列举的例子在《债：5000 年债务史》（*Debt: The First 5000 Years*, Graeber 2011）的第九章中有更详尽的讨论，其中大体上用物质性（黄金或白银）等价物和各种抽象（非物质）信用货币形式之间的交替变化描述了此类协同变迁。
9　对卡霍基亚的概述，见 Pauketat 2009。
10　Williams 1990.
11　Severi（2015）讨论了北美原住民使用象形书写系统的证据，并分析了为何将其视为"口述"社会在很多方面是极具误导性的。
12　JR (1645–6) 30: 47; see also Delâge 1993: 74.
13　Carr et al. 2008.
14　Knight 2001; 2006.
15　Sherwood and Kidder 2011.
16　"古风时代的测量单位似乎延续至阿登纳时期……但是林地人采用了一套不同的测量体系和几何形态……这部分起源于形成期的中美洲（Formative Mesoamerica）……这个体系使用了较短的标准度量单位（1.544 米）来进行排列组合，不过除此以外保留了很多传统计数和运算……而且，正如霍普韦尔土方建筑显示的，在各种标准宏单元（Standard Macro Unit）的堆积中，对三角形的依赖被正方矩阵和方圆组合所取代。"（Clark 2004: 205，及其延伸参考文献）
17　Yerkes 2005: 245.
18　专家们称之为 Pax Hopewelliana；相关概述以及作为战利品的头颅等偶发例外情况，参见 Seeman 1988。
19　See Carr and Case (eds) 2005; Case and Carr (eds) 2008: *passim*.
20　当今的学者们在霍普韦尔中部区域的"三城联盟"联合体中找到了至少 9 个氏族：熊、犬、猫、猛禽、浣熊、驼鹿、河狸、非肉食性鸟类和狐狸。这大致对应着依然生活于这片区域的中部阿尔冈昆人中曾被记录过的那些最大的氏族（Carr 2005; Thomas et al. 2005: 339–40）。

21　可以想象，这曾引发争议，但是我们这里追随有详尽记录支撑的观点，见 Carr and Case (eds) 2005，及其延伸参考文献。

22　DeBoer 1997: 232：" 我认为霍普韦尔土方工程遗址是仪式中心，在此举办各种活动，包括丧葬仪式以及其他诸如盛宴、沿堤道竞走比赛等'竞技'，还有舞蹈、赌博等活动，定期在没有什么永久居民的中心区域上演。"关于葬礼，参见 Seeman 1979。

23　参见 Coon（2009）有关南北差异的论述；他也指出，在南方，大部分墓穴是集体墓穴，不可区分，而且珍宝和尸体是分开埋葬的，无法认定和具体个人之间的联系。艺术展示着身穿戏服扮演怪物的人物，而不是像霍普韦尔人那样头戴羽冠的人物。这一切都显示着在南方意识形态中有一种更加自觉的平等主义，或者至少是反英雄主义。有关萨满和地上神龛遗址之间的对应，参见 DeBoer 1997；有关性别和官职，参见 Field, Goldberg and Lee 2005 和 Rodrigues 2005。Carr（参见 Carr and Case 2005: 112）推测，南北差异可能反映了后来父系大湖区阿尔冈昆人的祖先和母系东南社会［克里人（Cree）、切罗基人、乔克托人等］之间的差异；但是墓葬所反映的结构似乎更加极端：在南部，除了一些主持葬礼的男性祭司，所有主要的官职似乎都掌控在女性手中。Rodrigues（2005）对骨骼遗迹的分析显示，更令人咋舌的差别是，在南部 " 女性还会从事通常由美洲原住民男性从事的维修和生计相关活动，例如打造燧石工具和进行狩猎的奔跑。相反，男性参与加工植物食品，这在刻板印象中被认为是女性的活动"（Carr 语，参见 Case and Carr eds 2008: 248）。惊人的是，这些发现并没有得到广泛讨论。

24　有关堤道，参见 Lepper 1997。

25　正如我们在第四章讨论过的，在位于密西西比河下游的波弗蒂角，狩猎-采集者的仪式性中心几乎在 2 000 年前就已经通过类似的广泛网络调集物品和材料了，与此同时，中心也通过这个网络向四面八方传播各种非物质形式的商品和知识；但是，波弗蒂角与霍普韦尔有着不同的风格，专注于唯一的中心，丧葬仪式或聚落形态等社会机制的传播范围不够清晰。

26　从公元前 3500 年到前 3200 年，在埃及首个以领土为基础的王国诞生之前，也有类似规模的文化传播，但却有着迥异风格；这通常在文献中被称为政治统一前的"文化统一"，尽管事实上这种在尼罗河河谷和三角洲之间的统一似乎大部分体现在丧葬仪式以及相关的个人展示形式方面（Wengrow 2006: 38, 89）。

27　Seeman 2004: 58–61。

28　有关通路更具体的讨论见 Braun（1986）。

29　DeBoer 1997.

30　Hudson 1976: passim. 纽约城的居民们可能会有兴趣知道，百老汇最初是一条印第安人的道路，起始于阿斯特广场，这个广场曾是盘踞在曼哈顿的三个原住民族共享的长曲棍球（lacrosse）球场。

31　有关响尾蛇大道、土丘以及卡霍基亚的起源，见 Baires 2014, 2015；有关卡霍基亚最初作为朝圣之地，见 Skousen 2016。

32　"昌基"似乎是模仿一种流行的名为"圈与矛"（Hoop and Pole）的儿童游戏而来的。对"昌基"游戏的起源及其后来功能的讨论，参见 DeBoer 1993，以及 Pauketat 2009 的第四章。

33　一位后来的观察者这样记录乔克托人："他们最钟爱的昌基游戏……他们从早到晚都

在玩，并且乐此不疲地下注豪赌；在此你可能会看到一个野蛮人拿着他所有的皮毛过来豪赌，然后输得精光；接着再赌上他的烟斗、首饰和装饰；最后赌上他的毯子和衣装，甚至他的所有武器，毕竟他们回到家借杆枪自我了断也很常见。"（Romans, 转引自 Swanton 1931: 156–7）在欧洲人到来之时，这类极端竞技似乎演变为一种杠杆平衡的机制，因为几乎没有人能常居榜首，那些赌上了自己的人也不会永不翻身。

34 Pauketat 2009: 20. 有关卡霍基亚的文献汗牛充栋。除了我们所引用的概述，也可以参考 Alt 2018, Byers 2006, Emerson 1997a, Fowler 1997, Milner 1998, Pauketat 1994, 2004, 以及 Emerson and Lewis 1991 和 Pauketat and Emerson (eds) 1997 中的文章；有关环境背景，可参考 Benson et al. 2009 和 Woods 2004。

35 Emerson et al. 2018.

36 Smith 1992: 17.

37 Emerson 1997a; 1997b: 187; cf. Alt 2018. Pauketat et al.（2015: 446）将这个过程叫作"乡村化"。

38 Betzenhauser and Pauketat 2019. 正如 Emerson（1997b）指出的，在 1050 年到 1200 年之间，通过设立他所谓的"市民节点"（civic nodes），监管也延伸到了乡村，这似乎扮演了仪式和管理的双重角色；也见 Pauketat et al. 2015: 446–7。

39 最初中央墓穴被认定为两位男性的墓穴，周围环绕着侍从，但是现在，Emerson et al.（2016）指出了这片沉积层的复杂性，它位于被考古学家们称为 72 号土丘（Mound 72）的坟冢内，在大广场偏南的位置。

40 据 Fowler et al.（1999）报告，这些乱葬坑中全是女性，但事实上，情况更复杂；参见 Ambrose et al. 2003，Thompson et al. 2015。

41 Knight 1986; 1989; Knight et al. 2011; Pauketat 2009: Chapter Four. 对鸟人符号的不同解读，见 Emerson et al. 2016。

42 Emerson 2007; 2012.

43 围绕卡霍基亚崩溃的准确原因存在激烈争论。对各种看法的概括，见 Emerson and Headman 2014; Kelly 2008, 及其延伸参考文献。

44 See Cobb and Butler 2002.

45 想了解围绕后一个问题的各种观点，可比较 Holt 2009, Pauketat 2007，还可参见 Milner 1998。

46 有关卡霍基亚的这一方面，见 Smith 1992 和 Pauketat 2013。

47 Cf. Pauketat et al. 2015: 452.

48 La Flesche 1921: 62–3; Rollings 1992: 28; Edwards 2010: 17.

49 See King 2003.

50 King 2003; 2004; 2007; Cobb and King 2005.

51 In Clayton et al. (eds) 1993: 92–3.

52 正如 Ethridge 2010 所指出的。

53 Ibid.: 33–7, 74–7. 在 18 世纪，东南部出现的本土共和政府也设想与自然保持一定联系，但是这并非天人合一，归根结底，这是一种战争关系。植物是人类的同盟，而动物是敌人；捕杀猎物后不举行正确的仪式过程，就是违背战争法则，这将导致动物复仇，把疾病传染给人类社区。但是同时，人们，尤其是男人，倾向于把狩猎事业理解为代表个人自由的一种理想。

54 Ibid.: 82–3.

55 这个观点是 Waskelov 和 Dumas 提出来的，不过他们未曾公开发表；Ethridge（2010:

83–4）以及 Stern（2017: 33）对此有引用和讨论，不过我们认为，这种观点完全是一种倒退，这种观点认为，在面临欧洲人入侵带来的灾难时，"建立新的有凝聚力的社区以及……孕育更加平等的基于共识的社会结构"之后，才有了新的宇宙论，其象征是四角绕圈的方形，代表作为宇宙的议会，是对"新现实"的适应。但是，如果没有某种宇宙论表达，怎么可能形成一种自觉的平等主义理念并被应用呢？

56　Fogelson 1984. 正如 Fogelson 指出的，我们也将看到，虽然切罗基祭司逐渐被个体疗愈师代替，但他们到 17 世纪依然存在。很难不把这样的传说看作对真实历史事件某种程度的投射：例如埃托瓦后来被并入切罗基的领土。

57　咖啡本身最早在埃塞俄比亚或也门被种植；在美洲相对应的饮品被叫作"黑饮料"，可追溯至霍普韦尔时代，当时被用于仪式中，浓度非常高（Hudson 1979, Crown et al. 2012）。有关克里克的日常集会，见 Hahn 2004 和 Fairbanks 1979。

58　Brebeuf in *JR* 10: 219.

59　当然，软性毒品在欧洲的出现，在很多方面也是当时世界经济崛起的基础（最初建立在香料贸易上，而后建立在毒品、军火和奴隶贸易上），这些软性毒品在欧洲集中于新的工作领域，因此有所不同。相较而言，在中世纪，几乎人人天天都使用诸如红酒或啤酒这类轻度致幻剂，这些软性毒品的使用标志着工作与休闲的分离，例如饮用咖啡和茶，尤其是混合蔗糖饮用，还有烟草，用以促进工作，而在周末饮用烈酒（见 Goodman, Lovejoy and Sherratt eds 1995 中的多篇）。

60　阿登纳-霍普韦尔是否属于我们所谓的"一阶政权"尚不明晰；正如我们所指出的，从很多方面来说，它更近似大规模好客区、文化区、交互作用圈或文明。此前这在世界其他地方都很常见。

61　见 Kehoe（2007）对欧塞奇和卡霍基亚考古学中的民族史数据展开的比较研究（也见 Hall 1997），二者的具体关系在考古学看来并不清晰，但是，Robert Cook（2017）最近在古堡起源问题上有了突破，古堡位于俄亥俄中部密西西比区域，与卡霍基亚腹地人群有互动（尤其参见 pp. 141–2, 162–3）。

62　La Flesche 1930: 530; Rollings 1992: 29–30; Bailey and La Flesche 1995: 6062.

63　La Flesche 1921: 51.

64　Rollings 1992: 38; Edwards 2010.

65　La Flesche（1921: 48–9）写道："在对欧塞奇部落经年累月的研究过程中，从如今尚在人世的小长老中的一些老成员那里了解到，那些深入钻研自然和生命奥义的旧日老人，不仅传下来了按部就班的仪式，还传下来了传统故事，讲述着这些先知如何深思熟虑进行商讨。让今天的小长老瞠目结舌的一个故事，讲述了那些人是如何从研究自然的学者逐渐演化成一个被称为 Nohozhinga 或小长老的有系统的组织。随着时间的推移，这个组织扎根于一位因仁慈与慷慨而深受其人民爱戴之人的家中……从那时起，杰出之人就把款待小长老视为一种荣耀。"

66　La Flesche 1939: 34.

67　同上，注释 1；也见 Burns 2004: 37–8, 362。Burns 自己有部分欧塞奇血统，也是作为欧塞奇人被抚养大的。令我们惊讶的是，原住民作者对于对话的双向性这一可能通常非常开放，而欧洲历史学家或是有欧洲血统的美洲人，通常会将这种迹象视为荒诞不经的，并迅速就此打住。

68　Parker 1916: 17。有趣的是，有些早期材料，例如乔赛亚·克拉克（Josiah Clark）的记录，将后来的人物阿朵达罗霍称为"国王"，有时也称为"联盟主行政官"（载于 Henige 1999: 134–5）。

69　值得注意的是，亚瑟·帕克（Arthur Parker）将他当时所见的易洛魁巫师描述为本质上有力量将自己变形为可怕怪兽，同时能够通过心灵感应术发号施令让别人听令于自己的人（Parker 1912: 27–8 n.2; cf. Smith 1888; Dennis 1993: 90–94; Shimony 1961: 261–88; 1970; Tooker 1964: 117–20）。Mann 也强调这种制度设计的政治性质："易洛魁思想最接近欧洲巫术之处是，都普遍厌恶偷偷摸摸使用（魔咒）来欺骗别人，使之既非自愿也非自主地行动。"（Mann 2000: 318; cf. Graeber 1996 指出了马达加斯加一个类似例子，也集中于爱情巫术。）

70　具体而言，我们这里考虑的是罗伯特·罗维和皮埃尔·克拉斯特提出的观点，这些观点在前面的章节中多有讨论。

71　例如，长屋人也自称是被人数众多的敌人"阿第伦达克"（Adirondaks，吃树皮的人）征服而后逃跑的奴隶的后裔（Holm 2002: 160）。征服和暴动在这里并非全新的概念。

72　Trigger 1990: 136–7.

73　Ibid.: 137.

74　Freminin Wallace（1958: 235）："易洛魁人很可能只有唯一的神——梦。他们臣服于梦境，精确按照梦中指令行事。塞内卡人（Tsonnontouens）比其他人更迷信于此；从这一点来说他们的宗教是一种道德考量，无论他们认为自己在梦中做了些什么，他们都相信自己绝对应该立即执行。其他民族把观察梦境视为最重要之事，而易洛魁人因比自己的邻居更加虔诚而闻名，他们会因为错过解读一个梦境而认为自己铸成大错，愧疚不已。人们只谈论梦，其他都不谈，他们脑海中都是梦……有些人会旅行至魁北克，走过 150 个联盟，只为了得到梦中在此买到的一只狗……" Wallace 认为，这是易洛魁社会重视个体自由和自主及其斯多葛主义造成的心理后果。也参见 Blau 1963 和 Graeber 2001: 136–9。

75　较早的日期是根据基础文本中所记载的日食或月食推测出来的（Mann and Fields 1997; cf. Henige 1999; Snow 1991; Atkins 2002; Starna 2008）。

76　相关考古学解释的基本状况，见 Tuck 1978，Bamann et al. 1992，Engelbrecht 2003，Birch 2015。有关安大略玉米种植的起源，参见 Johansen and Mann 2000: 119–20。

77　Mann and Fields 1997: 122–3; Johansen and Mann 2000: 278–9.

78　见第六章。

79　Morgan 1851; Beauchamp 1907; Fenton 1949; 1998; Tooker 1978. 专门论述女性角色的参见：Brown 1970; Tooker 1984; Mann 1997; 1998; 2000.

80　Jamieson 1992: 74.

81　In Noble 1985: 133, cf. 1978: 161. 关于应该多认真地看待传教士有关措哈利森的主张，依然有争议：例如，Trigger（1985: 223）坚持认为，措哈利森只是一个非同寻常的杰出战争首领，但是人类学家的意见一边倒地认为中立者就是一个"简单酋邦"。

82　Noble 1985: 134–42.

83　Parker 1919: 16, 30–32.

84　Lahontan 1990 [1703]: 122–4.

85　这个故事更多的细节见 Mann 2000: 146–52。

第十二章　结　论

1　有时他也会用"*illud tempus*"这个表述，出现在很多著作中，其中有 Eliade 1959。

2　Hocart 1954: 77; see also Hocart 1969 [1927]; 1970 [1936].

3   仔细想，大部分我们所谓默认的自由权（freedoms），例如"言论自由""追求幸福"，根本不是真正的**社会**自由，你可以自由地说任何你想说的，但是如果没有人在乎或倾听，就毫无意义。同样，你可以怎么快乐怎么来，但是如果你的快乐建立在别人的痛苦之上，这也没什么意义。可以说，被默认为自由权的东西，通常建立在卢梭《论不平等》的第二部分打造的幻象上：一种孤立的人类生活的幻象。
4   这一点参见 Graeber and Sahlins 2017: *passim*。
5   Harari 2014: 133.
6   Scarry 1985.
7   Kelly 2000.
8   See Haas and Piscitelli 2013.
9   Patterson 1982.
10 进一步的讨论见 Graeber 2011: 198–201 及其中所引文献。
11 有人或许会把这些公开的酷刑想象为野蛮混乱的行动，但事实上将一个囚犯献祭，这是少数几个需要有官衔之人发号施令的场合，命令要求冷静有序地行动，并禁止性交。以上讨论见 Trigger 1976: 68–75。
12 在大约 5 个世纪的时间，遍布北美洲东部的人类遗骸几乎没有展现出任何创伤、剥头皮及其他形式的人际暴力的证据（Milner et al. 2013）。在更早或更晚的时期都有人际暴力和战争的证据，后期最著名的案例是在乌鸦湾（Crow Creek）发掘出的乱葬坑以及一个奥尼奥塔村落的公墓，其中有大量折磨的痕迹，这两处遗址大致出现在 700 年前。这些证据解释了大约数十年、最多不过百年的高度地方化的社会历史。绝对没有任何理由相信，这整个区域在数千年之间都存在霍布斯意义上的那种状态，就像当代暴力研究理论家温和地假定的那样。
13 Delâge 1993: 65–6.
14 See Merrick 1991.
15 在 Crumley（1995）的一篇文章中（这篇文章毫无疑问影响深远，但依然值得更大的影响力），她指出在考古学解释中，迫切需要出现在社会复杂性的等级模式以外的替代解释。正如她指出的，考古学记录中有充分证据证明，复杂且高度结构化的社会和生态体系的发展并不总是遵从等级制原则。"等级制"是从认知科学中借来的，这是个被她引入来解释其他类型体系的无所不包的术语。我们在本书中关注的很多社会，从新石器时代晚期的猛犸象猎人到 16 世纪易洛魁人不断变动的联盟和盟邦，都可以用这些术语来描述（如果我们采用系统理论的语言），因为这些社会中权力以灵活的方式弥散或分流在不同社会元素中、不同整合规模上或同一个社会一年中的不同时段。

参考文献

Abrams, Philip. 1977. 'Notes on the difficulty of studying the State.' *Journal of Historical Sociology* 1 (1): 58–89.
Acemoğlu, Daron and James Robinson. 2009. 'Foundations of societal inequality.' *Science* 326: 678–9.
Adams, Robert McCormick. 1981. *Heartland of Cities: Surveys of Ancient Settlement and Land Use on the Central Floodplain of the Euphrates*. Chicago and London: University of Chicago Press.
Akkermans, Peter M. M. G. (ed.). 1996. *Tell Sabi Abyad: Late Neolithic Settlement. Report on the Excavations of the University of Amsterdam (1988) and the National Museum of Antiquities Leiden (1991–1993) in Syria*. Istanbul: Nederlands Historisch-Archaeologisch Instituut te Istanbul.
Akkermans, Peter M. M. G. and Mark Verhoeven. 1995. 'An image of complexity: the burnt village at Late Neolithic Sabi Abyad, Syria.' *American Journal of Archaeology* 99 (1): 5–32.
Albert, Bruce. 1989. 'Yanomami "violence": inclusive fitness or ethnographer's representation?' *Current Anthropology* 30 (5): 637–40.
Alfani, Guido and Roberta Frigeni. 2016. 'Inequality (un)perceived: the emergence of a discourse on economic inequality from the Middle Ages to the age of Revolution.' *Journal of European Economic History* 45 (1): 21–66.
Algaze, Guillermo. 1993. *The Uruk World System: The Dynamics of Expansion of Early Mesopotamian Civilization*. Chicago: University of Chicago Press.
Allan, Peter. 1966. 'Baron Lahontan.' Master's thesis, University of British Columbia.
Allsen, Thomas T. 2016. *The Royal Hunt in Eurasian History*. Philadelphia: University of Pennsylvania Press.
Alt, Susan. M. 2018. *Cahokia's Complexities*. Tuscaloosa: University of Alabama Press.
Ambrose, Stanley H., Jane Buikstra and Harold W. Krueger (2003). 'Status and gender differences in diet at Mound 72, Cahokia, revealed by isotopic analysis of bone.' *Journal of Anthropological Archaeology 22 (3): 217–26.*
Ames, Kenneth M. 1995. 'Chiefly power and household production on the Northwest Coast.' In T. Douglas Price and Gary M. Feinman (eds), *Foundations of Social Inequality*. New York: Plenum Press, pp. 155–87.
——. 2001. 'Slaves, chiefs and labour on the northern Northwest Coast.' *World Archaeology* 33 (1): 1–17.
——. 2008. 'Slavery, household production and demography on the southern Northwest Coast: cables, tacking and ropewalks.' In Catherine M. Cameron (ed.), *Invisible Citizens: Captives and their Consequences*. Salt Lake City: University of Utah Press, pp. 138–58.
Ames, Kenneth M. and Herbert D. G. Maschner. 1999. *Peoples of the Northwest Coast*. London: Thames and Hudson.
Anderson, Benedict. 1991. *Imagined Communities: Reflections on the Origin and Spread of Nationalism*. London: Verso.
Angelbeck, Bill and Colin Grier. 2012. 'Anarchism and the archaeology of anarchic societies: resistance to centralization in the Coast Salish Region of the Pacific Northwest Coast.'

Current Anthropology 53 (5): 547–87.
Anthony, David. W. 2007. *The Horse, the Wheel, and Language: How Bronze-Age Riders from the Steppes Shaped the Modern World.* Princeton, NJ and Oxford: Princeton University Press.
—. (ed.) 2010. *The Lost World of Old Europe: the Danube Valley 5000–3500 bc.* Princeton, NJ and Oxford: Princeton University Press.
Arbuckle, Benjamin S. 2013. 'The late adoption of cattle and pig husbandry in Neolithic Central Turkey.' *Journal of Archaeological Science* 40: 1805–15.
Arbuckle, Benjamin S. and Cheryl Makarewicz. 2009. 'The early management of cattle (*Bos taurus*) in Neolithic Central Anatolia.' *Antiquity* 83 (321): 669–86.
Arnauld, Charlotte M., Linda Manzanilla and Michael E. Smith (eds). 2012. *The Neighborhood as a Social and Spatial Unit in Mesoamerican Cities.* Tucson: University of Arizona Press.
Arnold, Jeanne E. 1995. 'Transportation, innovation and social complexity among maritime hunter-gatherer societies.' *American Anthropologist* 97 (4): 733–47.
Arroyo-Kalin, Manuel. 2010. 'The Amazonian Formative: crop domestication and anthropogenic soils.' *Diversity* 2: 473–504.
Ascher, Marcia. 2004. *Mathematics Elsewhere: An Exploration of Ideas Across Cultures.* Princeton, NJ: Princeton University Press.
Asher-Greve, Julia M. 2013. 'Women and agency: a survey from Late Uruk to the end of Ur Ⅲ.' In Crawford (ed.), pp. 359–77.
Ashmore, Wendy. 2015. 'Contingent acts of remembrance: royal ancestors of Classic Maya Copan and Quirigua.' *Ancient Mesoamerica* 26: 213–31.
Asouti, Eleni. 2006. 'Beyond the Pre-Pottery Neolithic-B interaction sphere.' *Journal of World Prehistory* 20: 87–126.
Asouti, Eleni and Dorian Q. Fuller. 2013. 'A contextual approach to the emergence of agriculture in Southwest Asia: reconstructing early Neolithic plant-food production.' *Current Anthropology* 54 (3): 299–345.
Asouti, Eleni and Ceren Kabukcu. 2014. 'Holocene semi-arid oak woodlands in the Irano-Anatolian region of Southwest Asia: natural or anthropogenic?' *Quaternary Science Reviews* 90: 158–82.
Asouti, Eleni et al. 2015. 'Early Holocene woodland vegetation and human impacts in the arid zone of the southern Levant.' *The Holocene* 25 (10): 1565–80.
Atkins, Sandra Erin. 2002. 'The Formation of the League of the Haudenosaunee (Iroquois): Interpreting the Archaeological Record through the Oral Narrative Gayanashagowa.' Master's thesis, Trent University.
Atran, Scott. 1986. 'Hamula organisation and Masha'a tenure in Palestine.' *Man* (N.S.) 21 (2): 271–95.
Aubert, M. et al. 2014. 'Pleistocene cave art from Sulawesi, Indonesia.' *Nature* 514: 223–7.
—. 2018. 'Palaeolithic cave art in Borneo.' *Nature* 564: 254–7.
—. 2019. 'Earliest hunting scene in prehistoric art.' *Nature* 576: 442–5.
Ayad, Mariam F. 2009. *God's Wife, God's Servant: The God's Wife of Amun (c.740–525 bc).* London and New York: Routledge.
Baden-Powell, Baden Henry. 1896. *The Indian Village Community.* London, New York, Bombay: Longmans, Green and Co.
Bagley, Robert. 1999. 'Shang archaeology.' In Loewe and Shaughnessy (eds), pp. 124–231.
Bahrani, Zeinab. 2002. 'Performativity and the image: narrative, representation and the Uruk vase.' In E. Ehrenberg (ed.), *Leaving No Stones Unturned: Essays on the Ancient Near East and Egypt in Honor of Donald P. Hansen.* Winona Lake, Indiana: Eisenbrauns, pp. 15–22.
Bailey, Douglass W. 2010. 'The figurines of Old Europe.' In Anthony (ed.), pp. 112–27.
—. 2017. 'Southeast European Neolithic figurines: beyond context, interpretation, and meaning.' In Insoll (ed.), pp. 823–50.
Bailey, Garrick and Francis La Flesche. 1995. *The Osages and the Invisible World. From the Works of Francis La Flesche.* Norman and London: University of Oklahoma Press.
Bailey, Geoff N. and Nicky J. Milner. 2002. 'Coastal hunter-gatherers and social evolution: marginal or central?' In *Before Farming: The Archaeology of Old World Hunter-Gatherers*

3–4 (1): 1–15.
Bailey, Geoff N. and Nicholas C. Flemming. 2008. 'Archaeology of the continental shelf: marine resources, submerged landscapes and underwater archaeology.' *Quaternary Science Reviews* 27: 2153–65.
Baines, John. 1995. 'Origins of Egyptian kingship.' In D. O'Connor and D. Silverman (eds), *Ancient Egyptian Kingship*. Leiden, New York and Cologne: Brill, pp. 95–156.
—. 1997. 'Kingship before literature: the world of the king in the Old Kingdom.' In R. Gundlach and C. Raedler (eds), *Selbstverständnis und Realität: Akten des Symposiums zur ägyptischen Königsideologie Mainz 15–17.6.1995*. Wiesbaden: Harrassowitz, pp. 125–86.
—. 1999. 'Forerunners of narrative biographies.' In A. Leahy and J. Tait (eds), *Studies on Ancient Egypt in Honour of H.S. Smith*. London: Egypt Exploration Society, pp. 23–37.
—. 2003. 'Early definitions of the Egyptian world and its surroundings.' In T. F. Potts, M. Roaf and D. Stein (eds), *Culture through Objects: Ancient Near Eastern Studies in Honour of P. R. S. Moorey*. Oxford: Griffith Institute, pp. 27–57.
Baires, Sarah E. 2014. 'Cahokia's Rattlesnake Causeway.' *Midcontinental Journal of Archaeology* 39 (2): 145–62.
—. 2015. 'The role of water in the emergence of the pre-Columbian Native American City.' *Wiley Interdisciplinary Reviews* 2 (5): 489–503.
Bakhtin, Mikhail M. (transl. H. Iswolsky). 1993 [1940]. *Rabelais and His World*. Bloomington: Indiana University Press.
Balsera, Viviana Díaz. 2008. 'Celebrating the rise of a new sun: the Tlaxcalans conquer Jerusalem in 1539.' *Estudios de cultura Nahuatl* 39: 311–30.
Bamann, Susan et al. 1992. 'Iroquoian archaeology.' *Annual Review of Anthropology* 21: 435–60.
Bánffy, Eszter. 2017. 'Neolithic Eastern and Central Europe.' In Insoll (ed.), pp. 705–28.
Barber, Elizabeth. J. W. 1991. *Prehistoric Textiles*. Princeton, NJ: Princeton University Press.
—. *Women's Work: The First 20,000 Years*. New York: W. W. Norton.
Barjamovic, Gojko. 2003. 'Civic institutions and self-government in Southern Mesopotamia in the mid-first millennium bc.' In J. G. Dercksen (ed.), *Assyria and Beyond: Studies Presented to M. T. Larsen*. Leiden, Istanbul: NINO, pp. 47–98.
Barruel, Abbé. 1799. *Memoirs Illustrating the History of Jacobinism*, vol. 3: *The Anti-Social Conspiracy*. New York: Isaac Collins.
Barry, Herbert, Irvin. L. Child and Margaret. K. Bacon. 1959. 'Relation of child training to subsistence economy.' *American Anthropologist* 61: 51–63.
Bartash, Vitali. 2015. 'Children in institutional households of Late Uruk period Mesopotamia.' *Zeitschrift für Assyriologie* 105 (2): 131–8.
Basile, Paola. 1997. 'Lahontan et l'évolution moderne du mythe du "bon savage".' Master's thesis, McGill University.
Bateson, Gregory. 1935. 'Culture Contact and Schismogenesis.' *Man* 35: 178–83.
—. 1936. *Naven. A Survey of the Problems Suggested by a Composite Picture of the Culture of a New Guinea Tribe Drawn from Three Points of View*. Cambridge: Cambridge University Press.
Bean, Lowell J. and Thomas C. Blackburn. 1976. *Native Californians: A Theoretical Retrospective*. Socorro, NM: Ballena Press.
Beauchamp, William M. 1907. *Civil, Religious, and Mourning Councils and Ceremonies of Adoption of the New York Indians*. New York State Museum Bulletin 113. Albany, NY: New York State Education Department.
Beidelman, Thomas. O. 1971. 'Nuer priests and prophets: charisma, authority and power among the Nuer.' In T. O. Beidelman (ed.), *The Translation of Culture: Essays to E.E. Evans-Pritchard*. London: Tavistock, pp. 375–415.
Belcher, Ellen. 2014. 'Embodiment of the Halaf: Sixth Millennium Figurines in Northern Mesopotamia.' PhD dissertation, Columbia University, New York.
Bell, Ellen E., Marcello Canuto and Robert J. Sharer (eds). 2004. *Understanding Early Classic Copan*. Philadelphia: University of Pennsylvania Museum, pp. 191–212.
Bellwood, Peter. 2005. *First Farmers: The Origins of Agricultural Societies*. Malden, MA and

Oxford: Blackwell.
Bellwood, Peter and Colin Renfrew (eds). 2002. *Explaining the Farming/Language Dispersal Hypothesis.* Cambridge: McDonald Institute for Archaeological Research.
Benedict, Ruth. 1934. *Patterns of Culture.* London: Routledge.
Bennett, John. 2001. 'Agency and bureaucracy: thoughts on the nature and extent of administration in Bronze Age Pylos.' In Voutsaki and Killen (eds), pp. 25–37.
Benson, Larry, Timothy R. Pauketat and Edwin Cook. 2009. 'Cahokia's boom and bust in the context of climate change.' *American Antiquity* 74: 467–83.
Berkhofer, Robert F. 1978a. 'White conceptions of Indians.' In William C. Sturtevant and Bruce G. Trigger (eds), *Handbook of North American Indians*, vol. 15: *Northeast*. Washington: Smithsonian Institution Press, pp. 522–47.
—. 1978b. *The White Man's Indian: Images of the American Indian from Columbus to the Present.* New York: Knopf.
Berrin, Kathleen (ed.). 1988. *Feathered Serpents and Flowering Trees: Reconstructing the Murals of Teotihuacan.* San Francisco: Fine Ars Museums of San Francisco.
Berrin, Kathleen and Esther Pasztory (eds). 1993. *Teotihuacan: Art from the City of the Gods.* London: Thames and Hudson.
Bestock, Laurel D. 2008. 'The Early Dynastic funerary enclosures of Abydos.' *Archéo-Nil* 18: 43–59.
Bettinger, Robert L. 2015. *Orderly Anarchy: Sociopolitical Evolution in Aboriginal California.* Berkeley: University of California Press.
Bettinger, Robert L. and Martin A. Baumhoff. 1982. 'The Numic spread: Great Basin cultures in competition.' *American Antiquity* 47: 485–503.
Betts, Christopher J. 1984. 'Early Deism in France: from the so-called "Deistes" of Lyon (1564) to Voltaire's "Lettres Philosophiques" (1734).' *International Archives of the History of Ideas.* Leiden: Martinus Nijhoff Publishers.
Betzenhauser, Alleen and Timothy R. Pauketat. 2019. 'Elements of Cahokian neighborhoods.' *Archaeological Papers of the American Anthropological Association* 30: 133–47.
Biocca, Ettore and Helena Valero. 1965. *Yanoáma: dal racconto di una donna rapita dagli Indi.* Bari: Leonardo da Vinci.
Birch, Jennifer. 2015. 'Current research on the historical development of Northern Iroquoian societies.' *Journal of Archaeological Research* 23: 263–323.
Bird, Douglas W. et al. 2019. 'Variability in the organization and size of hunter-gatherer groups: foragers do not live in small-scale societies.' *Journal of Human Evolution* 131: 96–108.
Blackburn, Carole. 2000. *Harvest of Souls: The Jesuit Missions and Colonialism in North America, 1632–1650.* Montreal and Kingston: McGill-Queen's University Press.
Blackburn, Thomas C. 1976. 'Ceremonial integration and social interaction in Aboriginal California.' In Bean and Blackburn, pp. 225–44.
Blanton, Richard E. 1998. 'Beyond centralization: steps toward a theory of egalitarian behaviour in archaic states.' In G. A. Feinman and J. Marcus (eds), *Archaic States*. Santa Fe: School of American Research, pp. 135–72.
Blanton, Richard E., Gary Feinman, Stephen A. Kowalewski and Peter N. Peregrine. 1996. 'A dual-processual theory for the evolution of Mesoamerican civilization.' *Current Anthropology* 37 (1): 1–14.
Blanton, Richard and Lane Fargher. 2008. *Collective Action in the Formation of Pre-Modern States.* New York: Springer.
Blau, Harold. 1963. 'Dream guessing: a comparative analysis.' *Ethnohistory* 10: 233–49.
Bloch, Maurice. 1977. 'The past and the present in the present.' *Man* (N.S.) 12 (2): 278–92.
—. 2008. 'Why religion is nothing special but is central.' *Philosophical Transactions of the Royal Society B* 363: 2055–61.
—. 2013. *In and Out of Each Other's Bodies: Theory of Mind, Evolution, Truth, and the Nature of the Social.* Boulder, CO: Paradigm.
Boas, Franz and George Hunt. 1905. *Kwakiutl Texts.* Publications of the Jesup North Pacific Expedition, vol. 3. Leiden: Brill.

Boehm, Christopher. 1999. *Hierarchy in the Forest: The Evolution of Egalitarian Behaviour.* Cambridge, MA: Harvard University Press.

Bogaard, Amy. 2005. '"Garden agriculture" and the nature of early farming in Europe and the Near East.' *World Archaeology* 37 (2): 177–96.

Bogaard, Amy et al. 2014. 'Locating land use at Neolithic Çatalhöyük, Turkey: the implications of 87SR/86SR signatures in plants and sheep tooth sequences.' *Archaeometry* 56 (5): 860–77.

Boivin, Nicole, Dorian Q. Fuller and Alison Crowther. 2012. 'Old World globalization and the Columbian exchange: comparison and contrast.' *World Archaeology* 44 (3): 452–69.

Boivin, Nicole et al. 2016. 'Ecological consequences of human niche construction: examining long-term anthropogenic shaping of global species distributions.' *Proceedings of the National Academy of Sciences* 113: 6388–96.

Bookchin, Murray 1982. *The Ecology of Freedom.* Palo Alto: Cheshire Books.

—1992. *Urbanization Without Cities: The Rise and Decline of Citizenship.* Montreal and New York: Black Rose Books.

Bowles, Samuel and Jung-Kyoo Choi. 2013. 'Coevolution of farming and private property during the early Holocene.' *Proceedings of the National Academy of Sciences* 110 (22): 8830–35.

Braidwood, Robert. 1957. *Prehistoric Men.* Chicago: Natural History Museum Press.

Braswell, Geoffrey E. (ed.). 2003. *The Maya and Teotihuacan: Reinterpreting Early Classic Interaction.* Austin: University of Texas Press.

—. 2012. *The Ancient Maya of Mexico: Reinterpreting the Past of the Northern Maya Lowlands.* Sheffield: Equinox.

Braun, David P. 1986. 'Midwestern Hopewellian exchange and supralocation interaction.' In Colin Renfrew and John. F. Cherry (eds), *Peer Polity Interaction and Socio-Political Change.* Cambridge and New York: Cambridge University Press, pp. 117–26.

Brightman, Robert. 1999. 'Traditions of subversion and the subversion of tradition: cultural criticism in Maidu clown performances.' *American Anthropologist* 101 (2): 272–87.

Brisch, Nicole (ed.). 2008. *Religion and Power: Divine Kingship in the Ancient World and Beyond.* Chicago: Chicago University Press.

Broodbank, Cyprian. 2014. *The Making of the Middle Sea: A History of the Mediterranean from the Beginning to the Emergence of the Classical World.* London: Thames and Hudson.

Brown, James A. 1990. 'Archaeology confronts history at the Natchez temple.' *Southwestern Archaeology* 9 (1): 1–10.

Brown, Judith K. 1970. 'Economic organization and the position of women among the Iroquois.' *Ethnohistory* 17 (3–4): 151–67.

Brown, Philip C. 2006. 'Arable land as commons: land reallocation in early modern Japan.' *Social Science History* 30 (3): 431–61.

Bryan, Kirk. 1929. 'Flood-water farming.' *Geographical Review* 19 (3): 444–56.

Buckley, Thomas. 2002. *Standing Ground: Yurok Indian Spirituality, 1850–1990.* Berkeley: University of California Press.

Buikstra, Jane E. et al. 2004. 'Tombs from the Copan Acropolis: a life history approach.' In E. E. Bell et al. (eds.), pp. 185–205.

Burger, Richard. L. 2003. 'The Chavin Horizon: chimera or socioeconomic metamorphosis.' In Don S. Rice (ed.), *Latin American Horizons.* Washington: Dumbarton Oaks, pp. 41–82.

—. 2008. 'Chavín de Huántar and its sphere of influence.' In H. Silverman and W. Isbell (eds), *Handbook of South American Archaeology.* New York: Springer, pp. 681–703.

—. 2011. 'What kind of hallucinogenic snuff was used at Chavín de Huántar? An iconographic identification.' *Journal of Andean Archaeology* 31 (2): 123–40.

Burke, Peter. 2009. *Popular Culture in Early Modern Europe.* Farnham, Surrey: Ashgate.

Burns, Louis F. 2004. *A History of the Osage People.* Tuscaloosa: University of Alabama Press.

Byers, A. Martin. 2006. *Cahokia: A World Renewal Cult Heterarchy.* Gainsville: University Press of Florida.

Caillois, R. (transl. M. Barash). 2001 [1939]. *Man and the Sacred.* Glencoe: University of Illinois

Press.
Campbell, Roderick. 2009. 'Towards a networks and boundaries approach to early complex polities: the Late Shang Case.' *Current Anthropology* 50 (6): 821–48.
—. 2014. 'Transformations of violence: on humanity and inhumanity in early China.' In Campbell (ed.), pp. 94–118.
—. (ed.) 2014. *Violence and Civilization: Studies of Social Violence in History and Prehistory.* Oxford: Oxbow.
Canetti, Elias. 1962. *Crowds and Power.* London: Gollancz.
Cannadine, David. 2001. *Ornamentalism: How the British Saw their Empire.* London: Penguin.
Canuto, Marcello et al. 2018. 'Ancient lowland Maya complexity as revealed by airborne laser scanning of northern Guatemala.' *Science* 361 (6409): eaau0137.
Capriles, José. 2019. 'Persistent Early to Middle Holocene tropical foraging in southwestern Amazonia.' *Science Advances* 5 (4): eaav5449.
Carballo, David M. et al. 2019. 'New research at Teotihuacan's Tlajinga district, 2012–2015.' *Ancient Mesoamerica* 30: 95–113.
Carbonell, Eudald and Marina Mosquera. 2006. 'The emergence of a symbolic behaviour: the sepulchral pit of Sima de los Huesos, Sierra de Atapuerca, Burgos, Spain.' *Comptes Rendus Palevol* 5 (1–2): 155–60.
Carr, Christopher. 2005. 'The tripartite ceremonial alliance among Scioto Hopewellian communities and the question of social ranking.' In Case and Carr (eds), pp. 258–338.
Carr, Christopher and D. Troy Case. 2005. *Gathering Hopewell: Society, Ritual, and Ritual Interaction.* New York: Kluwer Academic.
Carr, Christopher et al. 2008. 'The functions and meanings of Ohio Hopewell ceremonial artifacts in ethnohistorical perspective.' In Case and Carr (eds), pp. 501–21.
Case, D. Troy and Christopher Carr (eds), 2008. *The Scioto Hopewell and their Neighbors: Bioarchaeological Documentation and Cultural Understanding.* Berlin: Springer.
Castillo Butters, Luis Jaime. 2005. 'Las Señoras de San José de Moro: Rituales funerarios de mujeres de élite en la costa norte del Perú.' In *Divina y humana. La mujer en los antiguos Perú y México.* Lima: Ministerio de Educación, pp. 18–29.
Cervantes de Salazar, Franciso. 1914. *Crónica de la Nueva España.* Madrid: The Hispanic Society of America.
Chadwick, H. M. 1926. *The Heroic Age.* Cambridge: Cambridge University Press.
Chagnon, Napoleon. 1968. *Yanomamö: The Fierce People.* New York; London: Holt, Rinehart and Winston.
—. 1970. 'Ecological and adaptive aspects of California shell money.' *UCLA Archaeological Survey Annual Report* 12:1–25.
—. 1988. 'Life histories, blood revenge, and warfare in a tribal population.' *Science* 239 (4843): 985–92.
—. 1990. 'Reply to Albert.' *Current Anthropology* 31 (1): 49–53.
Chang, Kwang-chih. 1999. 'China on the eve of the historical period.' In Loewe and Shaughnessy (eds), pp. 37–73.
Chapman, John. 2010. 'Houses, households, villages, and proto-cities in Southeastern Europe.' In Anthony (ed.), pp. 74–89.
Chapman, John and Bisserka Gaydarska. 2003. 'The provision of salt to Tripolye mega-Sites.' In Aleksey Korvin-Piotrovsky, Vladimir Kruts and Sergei M. Rizhov (eds), *Tripolye Settlements-Giants.* Kiev: Institute of Archaeology, pp. 203–11.
Chapman, John, Bisserka Gaydarska and Duncan Hale. 2016. 'Nebelivka: assembly houses, ditches, and social structure.' In Müller et al. (eds), pp. 117–32.
Charles, Douglas and Jane E. Buikstra (eds). 2006. *Recreating Hopewell.* Gainesville: University Press of Florida.
Charlevoix, Pirre Francois Xavier de. 1944 [1744]. *Journal d'un voyage fait par ordre du roi dans l'Amérique septentrionnale.* Édition critique par Pierre Berthiaume. 2 vols. Bibliothèque du Nouveau Monde. Montreal: Les Presses de l'Université de Montréal.
Chase, Alexander W. 1873. 'Indian mounds and relics on the coast of Oregon.' *American*

Journal of Science and Arts 7 (31): 26–32.
Chase-Dunn, Christopher K. and Kelly Marie Mann. 1998. *The Wintu and Their Neighbors: A Very Small World System.* Tucson: University of Arizona Press.
Chiappelli, Fredi (ed.). 1976. *First Images of America: The Impact of the New World on the Old.* Berkeley: University of California Press.
Childe, V. G. 1936. *Man Makes Himself.* London: Watts.
——. 1950. 'The urban revolution.' *Town Planning Review* 21: 3–17.
Chinard, Gilbert. 1911. *L'Exotisme Américain dans la littérature française au XVIe siècle.* Paris: Hachette.
——. 1913. *L'Amérique et le rêve exotique dans la littérature française au XVIIe et au XVIIIe siècle.* Paris: Hachette.
——. (ed.) 1931. 'Introduction.' *Dialogues curieux entre l'auteur et un sauvage de bons sens qui a voyagé, et Mémoires de l'Amérique septentrionale by Lahontan, Louis Armand de Lom d'Arce.* Baltimore: Johns Hopkins University Press.
Christie, Agatha. 1936. *Murder in Mesopotamia.* London: Collins.
Clark, John E. 1997. 'The arts of government in Early Mesoamerica.' *Annual Review of Anthropology* 26: 211–34.
——. 2004. 'Surrounding the sacred: geometry and design of early mound groups as meaning and function.' In Jon L. Gibson and Philip J. Carr (eds), *Signs of Power: The Rise of Complexity in the Southeast.* Tuscaloosa: University of Alabama Press, pp. 162–213.
Clarke, David. L. 1973. 'Archaeology: the loss of innocence.' *Antiquity* 43: 6–18.
——. 1978. *Mesolithic Europe: The Economic Basis.* London: Duckworth.
Clastres, Pierre. 1987 [1974]. *Society Against the State: Essays in Political Anthropology.* New York: Zone Books.
Clayton, Lawrence A., Vernon J. Knight and Edward C. Moore. 1993. *The De Soto Chronicles: The Expedition of Hernando de Soto to North America in 1539–1543.* Tuscaloosa: University of Alabama Press.
Clement, Charles R. et al. 2015. 'The domestication of Amazonia before European conquest.' *Proceedings of the Royal Society B* 282: 20150813.
Clendinnen, Inga. 1987. *Ambivalent Conquests: Maya and Spaniard in Yucatan, 1517–1570.* Cambridge: Cambridge University Press.
——. 1991. *Aztecs: An Interpretation.* Cambridge: Cambridge University Press.
Cobb, Charles R. and Brian M. Butler. 2002. 'The Vacant Quarter revisited: Late Mississippian abandonment of the Lower Ohio Valley.' *American Antiquity* 67 (4): 625–41.
Cobb, Charles R. and Adam King. 2005. 'Re-Inventing Mississippian tradition at Etowah, Georgia.' *Journal of Archaeological Method and Theory* 12 (3): 167–93.
Codere, Helen. 1950. *Fighting with Property: A Study of Kwakiutl Potlatching and Warfare, 1792–1930.* New York: J. J. Augustin.
Colas, Pierre. R. 2011. 'Writing in space: glottographic and semasiographic notation at Teotihuacan.' *Ancient Mesoamerica* 22 (1): 13–25.
Colledge, Sue, James Conolly and Stephen Shennan. 2004. 'Archaeobotanical evidence for the spread of farming in the eastern Mediterranean.' *Current Anthropology* 45 (4): 35–58.
——. 2005. 'The evolution of Neolithic farming from SW Asian Origins to NW European limits.' *European Journal of Archaeology* 8 (2): 137–56.
Colledge, Sue and James Conolly (eds). 2007. *The Origins and Spread of Domestic Plants in Southwest Asia and Europe.* Walnut Creek, CA: Left Coast Press.
Conklin, William J. and Jeffrey Quilter (eds). 2008. *Chavín: Art, Architecture, and Culture.* Los Angeles: Cotsen Institute of Archaeology.
Cook, Jill. 2015. 'Was bedeutet ein Name? Ein Rückblick auf die Ursprünge, Geschichte und Unangemessenheit des Begriffs *Venusfigur.*' *Zeitschrift für niedersächsische Archäologie* 66: 43–72.
Cook, Robert A. 2017. *Continuity and Change in the Native American Village: Multicultural Origins and Descendants of the Fort Ancient Culture.* Cambridge: Cambridge University Press.
Coon, Matthew S. 2009. 'Variation in Ohio Hopewell political economies.' *American Antiquity*

74 (1): 49–76.
Cork, Edward. 2005. 'Peaceful Harappans? Reviewing the evidence for the absence of warfare in the Indus Civilization of north-west India and Pakistan (c.2500–1900 bc).' *Antiquity* 79 (304): 411–23.
Cortés, Hernando. 1928. *Five Letters, 1519–1526*. London: Routledge.
Costa, Luiz. 2017. *The Owners of Kinship: Asymmetrical Relations in Indigenous Amazonia*. Chicago: HAU Books.
Costa, Luiz and Carlos Fausto. 2019. 'The enemy, the unwilling guest, and the jaguar host: an Amazonian story.' *L'Homme* (231–2): 195–226.
Coudart, Anick. 1998. *Architecture et Société Néolithique*. Paris: Éditions de la Maison des Sciences de l'Homme.
Coupland, Gary, Kathlyn Stewart and Katherine Patton. 2010. 'Do you ever get tired of salmon? Evidence for extreme salmon specialization at Prince Rupert Harbour, British Columbia.' *Journal of Anthropological Archaeology* 29: 189–207.
Cowgill, George L. 1997. 'State and society at Teotihuacan, Mexico.' *Annual Review of Anthropology* 26: 129–61.
—. 2003. 'Teotihuacan and early classic interaction: a perspective from outside the Maya region.' In Braswell (ed.), pp. 315–35.
—. 2008. 'An update on Teotihuacan.' *Antiquity* 82: 962–75.
—. 2015. *Ancient Teotihuacan. Early Urbanism in Central Mexico*. Cambridge: Cambridge University Press.
Crawford, Harriet (ed.). 2013. *The Sumerian World*. Abingdon; New York: Routledge.
Crazzolara, Joseph Pasquale. 1951. *The Lwoo, Part II: Lwoo Traditions*. Verona: Missioni Africane.
Crema, Enrico R. 2013. 'Cycles of change in Jomon settlement: a case study from eastern Tokyo Bay.' *Antiquity* 87 (338): 1169–81.
Cro, Stelio. 1990. *The Noble Savage: Allegory of Freedom*. Waterloo, Ontario: Wilfred Laurier University Press.
Crosby, Alfred. W. 1972. *The Columbian Exchange: Biological and Cultural Consequences of 1492*. Westport, CT: Greenwood Press.
—.1986. *Ecological Imperialism: The Biological Expansion of Europe, 900-1900 bc*. Cambridge: Cambridge University Press.
Croucher, Karina. 2012. *Death and Dying in the Neolithic Near East*. Oxford: Oxford University Press.
—. 2017. 'Keeping the dead close: grief and bereavement in the treatment of skulls from the Neolithic Middle East.' *Mortality* 23 (2): 103–20.
Crown, Patricia L. et al. 2012. 'Ritual Black Drink consumption at Cahokia.' *Proceedings of the National Academy of Sciences of the United States* 109 (35): 13944–9.
Crumley, Carole. 1995. 'Heterarchy and the analysis of complex societies.' *Archaeological Papers of the American Anthropological Association* 6 (1): 1–5.
Crüsemann, Nicola et al. (eds). 2019. *Uruk: City of the Ancient World*. Los Angeles: The J. Paul Getty Museum.
Cunliffe, Barry (ed.). 1998. *Prehistoric Europe: An Illustrated History*. Oxford: Oxford University Press.
Cushing, Frank Hamilton. 1896. 'Exploration of the ancient key dwellers' remains on the Gulf Coast of Florida.' *Proceedings of the American Philosophical Society* 35: 329–448.
Cushner, Nicholas P. 2006. *Why Have You Come Here? The Jesuits and the First Evangelization of Native America*. Oxford: Oxford University Press.
Dalley, Stephanie. 2000. *Myths from Mesopotamia: Creation, The Flood, Gilgamesh, and Others*. Oxford: Oxford University Press.
D'Altroy, Terence N. 2015. *The Incas* (2nd edn). Chichester: Wiley-Blackwell.
Davis, E. N. 1995. 'Art and politics in the Aegean: the missing ruler.' In Paul Rehak (ed.), *The Role of the Ruler in the Prehistoric Aegean* (Aegaeum 11). Liège: University of Liège, pp. 11–20.

Day, John W. et al. 2007. 'Emergence of complex societies after sea level stabilized.' *EOS* 88 (15): 169–76.
De Waal, Frans. 2000. *Chimpanzee Politics: Power and Sex Among Apes*. Baltimore: Johns Hopkins University Press.
DeBoer, Warren R. 1993. 'Like a rolling stone: the Chunkey game and political organization in Eastern North America.' *Southeastern Archaeology* 12: 83–92.
—. 1997. 'Ceremonial centers from the Cayapas to Chillicothe.' *Cambridge Archaeological Journal* 7: 225–53.
—. 2001. 'Of dice and women: gambling and exchange in Native North America.' *Journal of Archaeological Method and Theory* 8 (3): 215–68.
Deino, Alan L. et al. 2018. 'Chronology of the Acheulean to Middle Stone transition in eastern Africa.' *Science* 360 (6384): 95–8.
Delâge, Denys (transl. Jane Brierley). 1993. *Bitter Feast: Amerindians and Europeans in Northeastern North America, 1600–64*. Vancouver: UBC Press.
Denevan, William M. 1992. *The Native Population of the Americas in 1492*. Wisconsin: University of Wisconsin Press.
Denham, Timothy et al. 2003. 'Origins of agriculture at Kuk Swamp in the highlands of New Guinea.' *Science* 301 (5630): 189–93.
Dennis, Matthew. 1993. *Cultivating a Landscape of Peace: Iroquois-European Encounters in Seventeenth-Century America*. Ithaca, NY: Cornell University Press.
Descola, Philippe. 1994. 'Pourquoi les Indiens d'Amazonie n'ont-ils pas domestiqué le pécari? Généalogie des objets et anthropologie de l' objectivation.' In Bruno Latour and Pierre Lemonnier (eds), *De la préhistoire aux missiles balistiques: L'intelligence sociale des techniques*. Paris: La Découverte, pp. 329–44.
—. 2005. *Par-delà nature et culture*. Paris: Éditions Gallimard.
Detienne, Marcel. 1994. *The Gardens of Adonis. Spices in Greek Mythology*. Princeton, NJ: Princeton University Press.
Diamond, Jared. 1987. 'The worst mistake in the history of the human race.' *Discover Magazine* (May 1987).
—. 1997. *Guns, Germs and Steel: The Fates of Human Societies*. New York; London: W. W. Norton.
—. 2012. *The World Until Yesterday: What Can We Learn from Traditional Societies?* London: Allen Lane.
Dickason, Olive Patricia. 1984. *The Myth of the Savage and the Beginnings of French Colonialism in the Americas*. Alberta: University of Alberta Press.
Dickson, D. Bruce. 2006. 'Public transcripts expressed in theatres of cruelty: the Royal Graves at Ur in Mesopotamia.' *Cambridge Archaeological Journal* 16 (2): 123–44.
Dietrich, Laura et al. 2019. 'Cereal processing at Early Neolithic Göbekli Tepe, southeastern Turkey.' *PLoS ONE* 14 (5): e0215214.
Dietrich, O., L. Dietrich and J. Notroff. 2019. 'Anthropomorphic imagery at Göbekli Tepe.' In J. Becker, C. Beuger and B. Müller-Neuhof (eds), *Human Iconography and Symbolic Meaning in Near Eastern Prehistory*. Vienna: Austrian Academy of Sciences, pp. 151–66.
Dietrich, Olivier, Manfred Heun, Jens Notroff and Klaus Schmidt. 2012. 'The role of cult and feasting in the emergence of Neolithic communities. New evidence from Göbekli Tepe, south-eastern Turkey.' *Antiquity* 86 (333): 674–95.
Dodds Pennock, Caroline. 2008. *Bonds of Blood: Gender, Lifecycle, and Sacrifice in Aztec Culture*. New York: Palgrave Macmillan.
—. 2017. 'Gender and Aztec life cycles.' In D. L. Nichols and E. Rodríguez-Algería (eds), *The Oxford Handbook of the Aztecs*. Oxford: Oxford University Press, pp. 387–98.
Domenici, Davide. 2018. 'Beyond dichotomies: Teotihuacan and the Mesoamerican urban tradition.' In D. Domenici and N. Marchetti (eds), *Urbanized Landscapes in Early Syro-Mesopotamia and Prehispanic Mesoamerica*. Wiesbaden: Harrassowitz Verlag, pp. *35–70*.
Donald, Leland. 1997. *Aboriginal Slavery on the Northwest Coast of North America*. Berkeley: University of California Press.
—. 2003. 'The Northwest Coast as a study area: natural, prehistoric, and ethnographic issues.'

In G. G. Coupland, R. G. Matson, and Q. Mackie (eds), *Emerging from the Mist: Studies in Northwest Coast Culture History.* Vancouver: UBC Press, pp. 289–327.
Douglas, Mary. 1966. *Purity and Danger: An Analysis of Concepts of Pollution and Taboo.* London: Routledge.
Driver, Harold. E. 1938. 'Culture element distributions Ⅷ: The reliability of culture element data.' *Anthropological Records* 1: 205–20.
—. 1962. 'The contribution of A. L. Kroeber to culture area theory and practice.' *Indiana University Publications in Anthropology and Linguistics* (Memoir 18).
Drucker, Philip. 1981. 'On the nature of Olmec polity.' In Elizabeth P. Benson (ed.), *The Olmec and Their Neighbors: Essays in Memory of Matthew W. Stirling.* Washington: Dumbarton Oaks, pp. 29–47.
Du Bois, Cora. 1935. 'Wintu Ethnography.' *University of California Publications in American Archaeology and Ethnology* 36 (1): 1–142. Berkeley: University of California Press.
Duchet, Michèle. 1995. *Anthropologie et histoire au siècle des Lumières.* Paris: A. Michel.
Dumont, Louis. 1972. *Homo Hierarchicus: The Caste System and its Implications.* London: Weidenfeld and Nicolson.
—. 1992. *Essays on Individualism: Modern Ideology in Anthropological Perspective.* Chicago: University of Chicago Press.
Dunbar, Robin I. M. 1988. *Primate Social Systems.* London and Sydney: Croom Helm.
—. 1992. 'Neocortex size as a constraint on group size in primates.' *Journal of Human Evolution* 20: 469–93.
—. 1996. *Grooming, Gossip, and the Evolution of Language.* London: Faber and Faber.
—. 2010. *How Many Friends Does One Person Need? Dunbar's Number and Other Evolutionary Quirks.* Cambridge, MA: Harvard University Press.
Dunbar, Robin I. M., Clive Gamble and John A. K. Gowlett (eds). 2014. *Lucy to Language: The Benchmark Papers.* Oxford: Oxford University Press.
Durkheim, Émile. 1915 [1912]. *The Elementary Forms of Religious Life.* London: Allen and Unwin.
Eastman, Charles A. 1937. *Indian Boyhood.* Boston: Little, Brown and Company.
Edinborough, Kevan et al. 2017. 'Radiocarbon test for demographic events in written and oral history.' *PNAS* 114 (47): 12436–41.
Edmonson, Munro S. 1982. *The Ancient Future of the Itza: The Book of Chilam Balam of Tizimin.* Austin: University of Texas Press.
Edwards, Tai S. 2010. 'Osage Gender: Continuity, Change, and Colonization, 1720s-1870s.' Doctoral dissertation, University of Kansas.
Eliade, Mircea. 1959. *The Sacred and the Profane: The Nature of Religion.* New York: Harcourt, Brace.
Elias, Norbert. 1969. *The Court Society.* Oxford: Blackwell.
Ellingson, Ter. 2001. *The Myth of the Noble Savage.* Berkeley: University of California Press.
Emerson, Thomas. 1997a. *Cahokia and the Archaeology of Power.* Tuscaloosa: University of Alabama Press.
—. 1997b. 'Reflections from the countryside on Cahokian hegemony.' In Pauketat and Emerson (eds), pp. 167–89.
—. 2007. 'Cahokia and the evidence for Late Pre-Columbian war in the North American midcontinent.' In R. J. Chacon and R. G. Mendoza (eds), *North American Indigenous Warfare and Ritual Violence.* Tucson: University of Arizona Press, pp. 129–48.
—. 2012. 'Cahokia interaction and ethnogenesis in the northern Midcontinent.' In Timothy R. Pauketat (ed.), *The Oxford Handbook of North American Archaeology.* Oxford: Oxford University Press, pp. 398–409.
Emerson, Thomas E. and R. Barry Lewis (eds). 1991. *Cahokia and the Hinterlands: Middle Mississippian Cultures of The Midwest.* Urbana: University of Illinois Press.
Emerson, Thomas. E. and Kristin. M. Hedman. 2014. 'The dangers of diversity: the consolidation and dissolution of Cahokia, Native America's first urban polity.' In Ronald K. Faulseit (ed.), *Beyond Collapse: Archaeological Perspectives on Resilience, Revitalization, and*

Transformation in Complex Societies. Carbondale: Center for Archaeological Investigations, Southern Illinois University Press, Occasional Paper no. 42, pp. 147–75.

Emerson, Thomas et al. 2016. 'Paradigms lost: reconfiguring Cahokia's Mound 72 Beaded Burial.' *American Antiquity* 81 (3): 405–25.

Emerson, Thomas E., Brad H. Koldeho and Tamira K. Brennan (eds). 2018. *Revealing Greater Cahokia, North America's First Native City: Rediscovery and Large-Scale Excavations of the East St. Louis Precinct*. Studies in Archaeology 12. Urbana: Illinois State Archaeological Survey, University of Illinois.

Enajero, Samuel. 2015. *Collective Institutions in Industrialized Nations*. New York: Page.

Engelbrecht, William. 2003. *Iroquoia: The Development of a Native World*. Syracuse, NY: Syracuse University Press.

Englund, Robert K. 1988. 'Administrative timekeeping in ancient Mesopotamia.' *Journal of the Economic and Social History of the Orient* 31 (2): 121–85.

—. 1998. 'Texts from the Late Uruk period.' In J. Bauer, R. K. Englund and M. Krebernik (eds), *Mesopotamien. Späturuk-Zeit und Frühdynastische Zeit*. Göttingen: Vandenhoeck and Ruprecht.

—. 2009. 'The smell of the cage.' *Cuneiform Digital Library* 4.

Erdal, Yilmaz. 2015. 'Bone or flesh: defleshing and post-depositional treatments at Körtik Tepe (Southeastern Anatolia, PPNA Period).' *European Journal of Archaeology* 18 (1): 4–32.

Erickson, Clark L. 2008. 'Amazonia: the historical ecology of a domesticated landscape.' In H. Silverman and W. Isbell (eds), *Handbook of South American Archaeology*. New York: Springer, pp. 157–83.

Erlandson, Jon et al. 2007. 'The Kelp Highway hypothesis: marine ecology, the coastal migration theory, and the peopling of the Americas.' *The Journal of Island and Coastal Archaeology* 2 (2): 161–74.

Ethridge, Robbie. 2010. *From Chicaza to Chickasaw: The European Invasion and the Transformation of the Mississippian World, 1540–1715*. Chapel Hill: University of North Carolina Press.

Étienne, Louis. 1871. 'Un Roman socialiste d'autrefois.' *Revue des deux mondes*, 15 Juillet.

Eyre, Christopher J. 1999. 'The village economy in Pharaonic Egypt.' In Alan K. Bowman and Eugene Rogan (eds), *Proceedings of the British Academy, 96: Agriculture in Egypt from Pharaonic to Modern Times*. Oxford: Oxford University Press, pp. 33–60.

Fairbairn, Andrew et al. 2006. 'Seasonality (Çatalhöyük East).' In Ian Hodder (ed.), *Çatalhöyük Perspectives: Themes from the 1995–9 Seasons*. Cambridge: McDonald Institute Monographs, British Institute of Archaeology at Ankara, pp. 93–108.

Fairbanks, Charles. 1979. 'The function of Black Drink among the Creeks.' In C. Hudson (ed.), pp. 120–49.

Fargher, Lane, Richard E. Blanton and Verenice Y. Heredia Espinoza. 2010. 'Egalitarian ideology and political power in prehispanic Central Mexico: the case of Tlaxcalan.' *Latin American Antiquity* 21 (3): 227–51.

Fargher, Lane, Verenice Y. Heredia Espinoza and Richard E. Blanton. 2011. 'Alternative pathways to power in late Postclassic Highland Mesoamerica.' *Journal of Anthropological Archaeology* 30: 306–26.

Fargher, Lane et al. 2011. 'Tlaxcallan: the archaeology of an ancient republic in the New World.' *Antiquity* 85: 172–86.

Fausto, Carlo. 1999. 'Of enemies and pets: warfare and shamanism in Amazonia.' *American Ethnologist* 26 (4): 933–56.

—. 2008. 'Too many owners: mastery and ownership in Amazonia.' *Mana* 14 (2): 329–66.

Fausto, Carlo and Eduardo G. Neves. 2009. 'Was there ever a Neolithic in the Neo-tropics? Plant familiarization and biodiversity in the Amazon.' *Antiquity* 92 (366): 1604–18.

Federici, Silvia. 1998. *Caliban and the Witch*. New York: Autonomedia.

Fenton, William N. 1949. 'Seth Newhouse's traditional history and constitution of the Iroquois Confederacy.' *Proceedings of the American Philosophical Society* 93 (2): 141–58.

—. 1998. *The Great Law and the Longhouse: A Political History of the Iroquois Confederacy*.

Norman: University of Oklahoma Press, 1998.
Ferguson, R. Brian. 1989. 'Do Yanomamo killers have more kids?' *American Ethnologist* 16 (3): 564–5.
Ferguson, R. Brian and Neil L. Whitehead. 1992. *War in the Tribal Zone: Expanding States and Indigenous Warfare*. Santa Fe: School for Advanced Research.
Field, Stephanie, Anne Goldberg and Tina Lee. 2005. 'Gender, status, and ethnicity in the Scioto, Miami, and Northeastern Ohio Hopewellian regions, as evidenced by mortuary practices.' In Carr and Case (eds), pp. 386–404.
Fischer, Claude S. 1977. 'Comment on Mayhew and Levinger's "Size and the density of interaction in human aggregates".' *American Journal of Sociology* 83 (2): 452–5.
Fitzhugh, William W. 1985. *Cultures in Contact: the Impact of European Contacts on Native American Cultural Institutions A.D. 1000–1800*. Washington: Smithsonian Institution Press.
Flannery, Kent and Joyce Marcus. 2012. *The Creation of Inequality: How our Prehistoric Ancestors Set the Stage for Monarchy, Slavery, and Empire*. Cambridge, MA: Harvard University Press.
Fleming Daniel. E. 2009. *Democracy's Ancient Ancestors: Mari and Early Collective Governance*. Cambridge: Cambridge University Press.
Fletcher, Alice C. and Francis La Flesche. 1911. 'The Omaha tribe.' *Twenty-seventh Annual Report of the Bureau of American Ethnology*, 1905–6. Washington: Bureau of American Ethnology, pp. 17–654.
Fletcher, Roland. 1995. *The Limits of Settlement Growth: A Theoretical Outline*. Cambridge: Cambridge University Press.
Flew, Antony. 1989. *An Introduction to Western Philosophy: Ideas and Argument from Plato to Popper*. London: Thames and Hudson.
Fogelson, Raymond D. 1984. 'Who were the Aní-Kutání? An excursion into Cherokee historical thought.' *Ethnohistory* 31 (3): 255–63.
Formicola, Vincenzo. 2007. 'From the Sungir children to the Romito dwarf: aspects of the Upper Palaeolithic funerary landscape.' *Current Anthropology* 48: 446–53.
Foster, Benjamin. 1981. 'A new look at the Sumerian temple state.' *Journal of the Economic and Social History of the Orient* 24 (3): 225–41.
Fowler, Melvin. L. 1997. *The Cahokia Atlas: A Historical Atlas of Cahokia Archaeology*. Urbana: University of Illinois Press.
Fowler, Melvin L. et al. 1999. *The Mound 72 Area: Dedicated and Sacred Space in Early Cahokia*. Reports of Investigation no. 54. Springfield: Illinois State Museum.
Frangipane, Marcella. 2006. 'The Arslantepe "Royal Tomb": new funerary customs and political changes in the Upper Euphrates valley at the beginning of the third millennium bc.' In G. Bartoloni and M. G. Benedettini (eds), *Buried Among the Living*. Rome: Università degli studi di Roma 'La Sapienza', pp. 169–94.
—. 2012. 'Fourth millennium Arslantepe: the development of a centralized society without urbanization.' *Origini* 34: 19–40.
Frankfort, Henri. 1948. *Kingship and the Gods: A Study of Ancient Near Eastern Religion as the Integration of Society and Nature*. Chicago: Chicago University Press.
—. 1951. *The Birth of Civilization in the Near East*. Bloomington: Indiana University Press.
Franklin, Benjamin. 1961 [1753]. Letter to Peter Collinson, 9 May 1753. In Leonard W. Labaree (ed.), *The Papers of Benjamin Franklin*. New Haven, CT and London: Yale University Press, vol. 4, pp. 481–3.
Franks, C. E. S. 2002. 'In search of the savage *Sauvage*: an exploration into North America's political cultures.' *The American Review of Canadian Studies* 32 (4): 547–80.
Frazer, James G. 1911 [1890]. *The Dying God* (book 3 of *The Golden Bough: A Study in Magic and Religion*) (3rd edn). London: Macmillan.
Freidel, David A. and Linda Schele. 1988. 'Kingship in the Late Preclassic Maya Lowlands: the instruments and places of ritual power.' *American Anthropologist* 90 (3): 547–67.
Frenez, Dennys. 2018. 'Private person or public persona? Use and significance of standard Indus seals as markers of formal socio-economic identities.' In D. Frenez et al. (eds), *Walking

with the Unicorn: Social Organization and Material Culture in Ancient South Asia. Oxford: Archaeopress, pp. 166–93.
Friedman, Renée F. 2008. 'Excavating Egypt's early kings: recent discoveries in the elite cemetery at Hierakonpolis.' In B. Midant-Reynes and Y. Tristant (eds), *Egypt at its Origins 2. Proceedings of the International Conference Origin of the State. Predynastic and Early Dynastic Egypt, Toulouse, 5th–8th September 2005*. Orientalia Lovaniensia Analecta 172. Leuven: Peeters, pp. 1157–94.
—. 2011. 'Hierakonpolis.' In Teeter (ed.), pp. 33–44.
Froese, Tom, Carlos Gershenson and Linda R. Manzanilla. 2014. 'Can government be self-organized? A mathematical model of the collective social organization of ancient Teotihuacan, Central Mexico.' *PLoS ONE* 9 (10): e109966.
Fukuyama, Francis. 2011. *The Origins of Political Order: From Prehuman Times to the French Revolution*. London: Profile.
Fuller, Dorian Q. 2007. 'Contrasting patterns in crop domestication and domestication rates: recent archaeobotanical insights from the Old World.' *Annals of Botany* 100: 903–9.
—. 2010. 'An emerging paradigm shift in the origins of agriculture.' *General Anthropology* 17 (2): 8–12.
Fuller, Dorian Q. and Robin G. Allaby. 2010. 'Seed dispersal and crop domestication: shattering, germination and seasonality in evolution under cultivation.' In L. Ostergaard (ed.), *Fruit Development and Seed Dispersal* (Annual Plant Reviews vol. 38). Oxford: Wiley-Blackwell, pp. 238–95.
Fuller, Dorian Q. et al. 2010. 'Domestication as innovation: the entanglement of techniques, technology and chance in the domestication of cereal crops.' *World Archaeology* 42 (1): 13–28.
Fuller, Dorian Q. and Leilani Lucas. 2017. 'Adapting crops, landscapes, and food choices: Patterns in the dispersal of domesticated plants across Eurasia.' In N. Boivin et al. (eds), *Complexity: Species Movements in the Holocene*. Cambridge: Cambridge University Press, pp. 304–31.
Furholt, Martin. 2018. 'Massive migrations? The impact of arecent DNA studies on our view of third millennium Europe.' *European Journal of Archaeology* 21 (2): 159–91.
Gage, Matilda Joslyn. 1893. *Woman, Church, and State. A Historical Account of the Status of Woman through the Christian Ages: with Reminiscences of Matriarchate*. Chicago: C. H. Kerr.
Gardner, Peter M. 1991. 'Foragers' pursuit of individual autonomy.' *Current Anthropology* 32: 543–72.
Garth, Thomas R. Jr. 1976. 'Emphasis on industriousness among the Atsugewi.' In Bean and Blackburn, pp. 337–54.
Geertz, Clifford 1980. *Negara: The Theatre State in Nineteenth-Century Bali*. Princeton, NJ: Princeton University Press.
—. 2001. 'Life among the anthros.' *New York Review of Books* 48 (2): 18–22.
Geertz, Hildred and Clifford Geertz. 1978. *Kinship in Bali*. Chicago: Chicago University Press.
Gelb, Ignace J. 1973. 'Prisoners of war in early Mesopotamia.' *Journal of Near Eastern Studies* 32 (1/2): 70–98.
Gell, Alfred. 1993. *Wrapping in Images: Tattooing in Polynesia*. Oxford: Clarendon Press.
Georgescu-Roegen, Nicholas. 1976. *Energy and Economic Myths: Institutional and Analytical Economic Essays*. New York: Pergamon.
Gerth, Hans H. and C. Wright Mills (eds). 1946. *From Max Weber: Essays in Sociology*. New York: Oxford University Press.
Gibson, Charles. 1952. *Tlaxcala in the Sixteenth Century*. New Haven, CT and London: Yale University Press.
Gibson, Jon L. 2000. *Ancient Mounds of Poverty Point: Place of Rings*. Gainesville: University Press of Florida.
Gibson, Jon. L. and Philip J. Carr. 2004. 'Big mounds, big rings, big power.' In J. L. Gibson and P. J. Carr (eds), *Signs of Power: The Rise of Complexity in the Southeast*. Tuscaloosa: University of Alabama Press, pp. 1–9.

Gimbutas, Marija. 1982. *The Goddesses and Gods of Old Europe.* London: Thames and Hudson.
Giosan, Liviu et al. 2012. 'Fluvial landscapes of the Harappan civilization.' *PNAS*: E1688–E1694.
Godoy, Ricardo A. 1986. 'The fiscal role of the Andean Ayllu.' *Man* (N.S.) 21 (4): 723–41.
Goldman, Irving. 1975. *The Mouth of Heaven: An Introduction to Kwakiutl Religious Thought.* New York: John Wiley and Sons.
Goldschmidt, Walter. 1951. 'Ethics and the structure of society: an ethnological contribution to the sociology of knowledge.' *American Anthropologist* 53 (4): 506–24.
Goldstein, Paul S. 2003. 'From stew-eaters to maize-drinkers: the *Chicha* economy and Tiwanaku.' In Tamara L. Bray (ed.), *The Archaeology and Politics of Food and Feasting in Early States and Empires.* New York: Plenum, pp. 143–71.
Golitko, Mark and Lawrence H. Keeley. 2007. 'Beating ploughshares back into swords: warfare in the Linearbandkeramik.' *Antiquity* 81: 332–42.
Golla, Susan. 1987. ' "He has a name": History and Social Structure among the Indians of Western Vancouver Island.' PhD. dissertation, Columbia University.
Golson, Jack. et al. (eds). 2017. *Ten Thousand Years of Cultivation at Kuk Swamp in the Highlands of Papua New Guinea.* Acton, ACT: Australian National University Press.
Gombrich, Richard F. 1988. *Theravāda Buddhism. A Social History from Ancient Benares to Modern Colombo.* London and New York: Routledge.
Gómez-Cano, Grisel. 2010. *The Return to Caotlicue: Goddesses and War-ladies in Mexican Folklore.* Bloomington, Indiana: XLibris.
González González, Enrique. 2014. 'A humanist in the New World: Francisco Cervantes de Salazar (*c.*1514–75).' In L. Dietz et al. (eds), *Neo-Latin and the Humanities: Essays in Honour of Charles E. Fantazzi.* Toronto: Center for Reformation and Renaissance Studies, pp. 235–57.
Goodman, Jordan, Paul E. Lovejoy and Andrew G. Sherratt (eds). 1995. *Consuming Habits: Drugs in Anthropology and History.* London and New York: Routledge.
Gose, Peter. 1996. 'Oracles, divine kingship, and political representation in the Inka State.' *Ethnohistory* 43 (1): 1–32.
—. 2000. 'The state as a chosen woman: brideservice and the feeding of tributaries in the Inka Empire.' *American Anthropologist* 102 (1): 84–97.
—. 2016. 'Mountains, kurakas and mummies: transformations in indigenous Andean sovereignty.' *Población & Sociedad* 23 (2): 9–34.
Gough, Kathleen. 1971. 'Nuer Kinship: a re-examination.' In T. O. Beidelman (ed.), *The Translation of Culture.* London: Tavistock, pp. 79–122.
Graeber, David. 1996. 'Love magic and political morality in Central Madagascar, 1875–1990.' *Gender & History* 8 (3): 416–39.
—. 2001. *Toward an Anthropological Theory of Value: The False Coin of Our Own Dreams.* New York: Palgrave.
—. 2006. 'Turning modes of production inside out: or, why capitalism is a transformation of slavery.' *Critique of Anthropology* 26 (1): 61–85.
—. 2007a. *Possibilities: Essays on Hierarchy, Rebellion, and Desire.* Oakland, CA: AK Press.
—. 2007b. 'There never was a West: or, democracy emerges from the spaces in between.' In Graeber 2007a, pp. 329–74.
—. 2011. *Debt: The First 5,000 Years.* New York: Melville House.
Graeber, David and Marshall Sahlins. 2017. *On Kings.* Chicago: HAU Books.
Graffigny, Françoise de. 1747. *Lettres d'une Péruvienne.* Paris: A. Peine. (English translation by Jonathan Mallason. 2009. *Letters of a Peruvian Woman.* Oxford: Oxford University Press.)
Green, Adam S. 2020. 'Killing the priest-king: addressing egalitarianism in the Indus civilization.' *Journal of Archaeological Research.* https://doi.org/10.1007/s10814-020-09147-9
Green, Richard. E., Johannes Krause et al. 2010. 'A draft sequence of the Neanderthal genome.' *Science* 328: 710–22.
Gresky, Julia, Juliane Haelm and Lee Clare. 2017. 'Modified human crania from Göbekli Tepe

provide evidence for a new form of Neolithic skull cult.' *Science Advances* 3: e1700564.

Grier, Colin. 2017. 'Expanding notions of hunter-gatherer diversity: identifying core organizational principles and practices in Coast Salish Societies of the Northwest Coast of North America.' In Graeme Warren and Bill Finlayson (eds), *The Diversity of Hunter-Gatherer Pasts*. Oxford: Oxbow Press, pp. 16–33.

Grinde, Donald A. 1977. *The Iroquois and the Founding of the American Nation*. San Francisco: Indian Historian Press.

Groenewegen-Frankfort, Henriette. 1951. *Arrest and Movement: An Essay on Space and Time in the Representational Art of the Ancient Near East*. London: Faber and Faber.

Gron, Kurt J. et al. 2018. 'A meeting in the forest: hunters and farmers at the Coneybury "Anomaly", Wiltshire.' *Proceedings of the Prehistoric Society* 84: 111–44.

Grube, Nikolai, Eva Eggebrecht and Matthias Seidel (eds). 2001. *Maya: Divine Kings of the Rainforest*. Cologne: Könemann.

Haak, Wolfgang et al. 2005. 'Ancient DNA from the first European farmers in 7,500-year-old Neolithic sites.' *Science* 310: 1016–18.

—. 2010. 'Ancient DNA from European early Neolithic farmers reveals their Near Eastern affinities.' *PLoS Biology* 8: 1–16.

—. 2015. 'Massive migration from the steppe was a source for Indo-European languages in Europe.' *Nature* 522: 207–11.

Haas, Jonathan and Matthew Piscitelli. 2013. 'The prehistory of warfare: Misled by ethnography.' In Douglas P. Fry (ed.), *War, Peace, and Human Nature: The Convergence of Evolutionary and Cultural Views*. New York: Oxford University Press, pp. 168–90.

Habu, Junko. 2004. *Ancient Jomon of Japan*. Cambridge: Cambridge University Press.

Habu, Junko and Clare Fawcett. 2008. 'Science or narratives? Multiple interpretations of the Sannai Maruyama site, Japan.' In Junko Habu, Clare Fawcett and John M. Matsunaga (eds), *Evaluating Multiple Narratives: Beyond Nationalist, Colonialist, Imperialist Archaeologies*. New York: Springer, pp. 91–117.

Haddon, Alfred. C. and W. H. R. Rivers. 1902. 'A method of recording string figures and tricks.' *Man* 109: 146–53.

Hahn, Steven C. 2004. *The Invention of the Creek Nation, 1670–1763*. Lincoln: University of Nebraska Press.

Hajda, Yvonne P. 2005. 'Slavery in the Greater Lower Columbia region.' *Ethnohistory* 64 (1): 1–17.

Haklay, Gil and Avi Gopher. 2020. 'Geometry and architectural planning at Göbekli Tepe, Turkey.' *Cambridge Archaeological Journal* 30 (2): 343–57.

Hall, Anthony J. 2003. *The American Empire and the Fourth World*. Montreal and Kingston: McGill-Queen's University Press.

Hall, Robert L. 1997. *An Archaeology of the Soul: North American Indian Belief and Ritual*. Chicago: University of Illinois Press.

Halligan, Jessi J., Michael R. Waters et al. 2016. 'Pre-Clovis occupation 14,550 years ago at the Page-Ladson site, Florida, and the peopling of the Americas.' *Scientific Advances* 2 (5): e1600375.

Hamilton, Marcus et al. 2007. 'The complex structure of hunter-gatherer social networks.' *Proceedings of the Royal Society B* 274: 2195–2202.

Harari, Yuval N. 2014. *Sapiens: A Brief History of Humankind*. London: Harvill Secker.

Harris, David R. (ed.). 1996. *The Origins and Spread of Agriculture and Pastoralism in Eurasia*. London: UCL Press.

Harris, Mary. 1997. *Common Threads: Women, Mathematics, and Work*. Stoke on Trent: Trentham.

Harvati, Katerina et al. 2019. 'Apidima cave fossils provide earliest evidence of Homo sapiens in Eurasia.' *Nature* 571: 500–504.

Harvey, David. 2012. *Rebel Cities: From the Right to the City to the Urban Revolution*. London and New York: Verso.

Harvey, David Allen. 2012. *The French Enlightenment and its Others: The Mandarin, the*

Savage, and the Invention of the Human Sciences. London: Palgrave.
Hassett, Brenna R. and Haluk Sağlamtimur. 2018. 'Radical "royals"? New evidence from Başur Höyük for radical burial practices in the transition to early states in Mesopotamia.' *Antiquity* 92: 640–54.
Hassig, Ross. 2001. 'Xicotencatl: rethinking an indigenous Mexican hero.' *Estudios de cultura náhuatl* 32: 29–49.
Havard, Gilles (transl. Phyllis Aronoff and Howard Scott). 2001. *The Great Peace of Montreal of 1701: French-Native Diplomacy in the Seventeenth Century*. Montreal: McGill-Queen's University Press.
Hayden, Brian. 1990. 'Nimrods, piscators, pluckers, and planters: the emergence of food production.' *Journal of Anthropological Archaeology* 9: 31–69.
—. 2014. *The Power of Feasts*. Cambridge: Cambridge University Press.
He, Nu. 2013. 'The Longshan period site of Taosi in Southern Shanxi Province.' In A. P. Underhill (ed.), *A Companion to Chinese Archaeology*. Chichester: Wiley, pp. 255–78.
—. 2018. 'Taosi: an archaeological example of urbanization as a political center in prehistoric China.' *Archaeological Research in Asia* 14: 20–32.
Headrick, Annabeth. 2007. *The Teotihuacan Trinity: The Sociopolitical Structure of an Ancient Mesoamerican City*. Austin: University of Texas Press.
Healy, George R. 1958. 'The French Jesuits and the idea of the noble savage.' *William and Mary Quarterly* 15: 143–67.
Heard, Joseph Norman. 1977. 'The Assimilation of Captives on the American Frontier in the Eighteenth and Nineteenth Centuries.' Doctoral thesis, Louisiana State University: LSU Digital Commons.
Heckenberger Michael J. et al. 2008. 'Pre-Columbian urbanism, anthropogenic landscapes, and the future of the Amazon.' *Science* 321: 1214–17.
Heckenberger Michael J. and Eduardo G. Neves. 2009. 'Amazonian archaeology.' *Annual Review of Anthropolology* 38: 251–66.
Helwig, Barbara. 2012. 'An age of heroes? Some thoughts on Early Bronze Age funerary customs in northern Mesopotamia.' In H. Niehr et al. (eds), *(Re-)constructing Funerary Rituals in the Ancient Near East*. Wiesbaden: Harrassowitz, pp. 47–58.
Henige, David. 1999. 'Can a myth be astronomically dated?' *American Indian Culture and Research Journal* 23 (4): 127–57.
de Heusch, Luc (transl. Roy Willis). 1982. *The Drunken King, or the Origin of the State*. Bloomington: Indiana University Press.
Hill, Kim et al. 2011. 'Co-residence patterns in hunter-gatherer societies show unique human social structure.' *Science* 331: 1286–9.
Hill, Warren and John E. Clark. 2001. 'Sports, gambling, and government: America's first social compact?' *American Anthropologist* 103 (2): 331–45.
Hillman, Gordon C. and Stuart Davies. 1990. 'Measured domestication rates in wild wheats and barley under primitive cultivation, and their archaeological implications.' *Journal of World Prehistory* 4 (2): 157–222.
Hobbes, Thomas. 1651. *Leviathan: Or the Matter, Forme and Power of a Commonwealth, Ecclesiasticall and Civil*. London: Andrew Crooke.
Hocart, Arthur. M. 1954. *Social Origins*. London: Watts.
—. 1969 [1927]. *Kingship*. London: Oxford University Press.
—. 1970 [1936]. *Kings and Councillors*: *An Essay in the Comparative Anatomy of Human Society*. Chicago: University of Chicago Press.
Hodder, Ian. 2003. 'The lady and the seed: some thoughts on the role of agriculture in the Neolithic Revolution.' In Mehmet Özdoğan, Harald Hauptmann and Nezih Başgelen (eds), *From Villages to Cities: Early Villages in the Near East – Studies Presented to Ufuk Esin*. Istanbul: Arkeoloji ve Sanat Yayinlari, pp. 155–61.
—. 2004. 'Women and men at Çatalhöyük.' *Scientific American* 290 (1): 76–83.
—. 2006. *Çatalhöyük. The Leopard's Tale. Revealing the Mysteries of Turkey's Ancient 'Town'*. London: Thames and Hudson.

Hodder, Ian and Craig Cessford. 2004. 'Daily practice and social memory at Çatalhöyük.' *American Antiquity* 69 (1): 17–40.
Hodgen, Margaret Trabue. 1964. *Early Anthropology in the Sixteenth and Seventeenth Centuries.* Philadelphia: University of Pennsylvania Press.
Hoffmann, Dirk et al. 2018. 'U-Th dating of carbonate crusts reveals Neanderthal origin of Iberian cave art.' *Science* 359 (6378): 912–15.
Holdaway, Simon J. and Willeke Wendrich (eds). 2017. *The Desert Fayum Reinvestigated: The Early to Mid-Holocene Landscape Archaeology of the Fayum North Shore, Egypt.* Los Angeles: UCLA Cotsen Institute of Archaeology.
Holm, Tom. 2002. 'American Indian warfare: the cycles of conflict and the militarization of Native North America.' In Philip J. Deloria and Neal Salisbury (eds), *A Companion to American Indian History.* Oxford: Blackwell, pp. 154–72.
Holt, Julie Zimmerman. 2009. 'Rethinking the Ramey state: was Cahokia the center of a theater state?' *American Antiquity* 74 (2): 231–54.
Hornborg, Alf. 2005. 'Ethnogenesis, regional interaction, and ecology in prehistoric Amazonia: toward a systems perspective.' *Current Anthropology* 46 (4): 589–620.
Hornborg, Alf and Jonathan D. Hill (eds). 2011. *Ethnicity in Amazonia: Reconstructing Past Identities from Archaeology, Linguistics, and Ethnohistory.* Boulder: University Press of Colorado.
Hrdy, Sarah Blaffer. 2009. *Mothers and Others: The Evolutionary Origins of Mutual Understanding.* Cambridge, MA: Harvard University Press.
Hudson, Charles. 1976. *The Southeastern Indians.* Knoxville: University of Tennessee Press.
—. (ed.) 1979. *Black Drink: A Native American Tea.* Athens: University of Georgia Press.
Hudson, Michael. 2018. *And Forgive Them Their Debts: Lending, Foreclosure, and Redemption from Bronze Age Finance to the Jubilee Year.* Dresden: ISLET-Verlag.
Hudson, Michael and Baruch A. Levine (eds). 1996. *Privatization in the Ancient Near East and the Classical World.* Cambridge, MA: Peabody Museum of Archaeology and Ethnology.
Humphrey, Louise and Chris Stringer. 2018. *Our Human Story.* London: Natural History Museum.
Hunter, Graeme. 1989. 'The fate of Thomas Hobbes.' *Studia Leibnitiana* 21 (1): 5–20.
Hutchinson, Sharon. 1996. *Nuer Dilemmas: Coping with Money, War, and the State.* Berkeley: University of California Press.
Hyland, Sabine. 2016. 'How khipus indicated labour contributions in an Andean village: An explanation of colour banding, seriation and ethno-categories.' *Journal of Material Culture* 21 (4): 490–509.
—. 2017. 'Writing with twisted cords: the inscriptive capacity of Andean *khipus.*' *Current Anthropology* 58 (3): 412–19.
Iakovleva, Lioudmila. 2015. 'The architecture of mammoth bone circular dwellings of the Upper Palaeolithic settlements in Central and Eastern Europe and their socio-symbolic meanings.' *Quaternary International* 359–60: 324–34.
Ingold, Tim, David Riches and James Woodburn (eds). 1998. *Hunters and Gatherers 1: History, Evolution and Social Change.* Oxford: Berg.
Insoll, Timothy (ed.). 2017. *The Oxford Handbook of Prehistoric Figurines.* Oxford: Oxford University Press.
Isaac, Barry. L. 1983. 'The Aztec "Flowery War": a geopolitical explanation.' *Journal of Anthropological Research* 39 (4): 415–32.
Isakhan, Benjamin. 2011. 'What is so "primitive" about "primitive democracy"? Comparing the ancient Middle East and classical Athens.' In B. Isakhan and S. Stockwell (eds), *The Secret History of Democracy.* London: Palgrave Macmillan, pp. 19–34.
Isbell, William H. 2008. 'Wari and Tiwanaku: international identities in the Central Andean Middle Horizon.' In H. Silverman and W. H. Isbell (eds), *The Handbook of South American Archaeology.* New York: Springer, pp. 731–59.
Jacobs, Jane. 1969. *The Economy of Cities.* New York: Knopf Doubleday.
Jacobs, Ken. 1995. 'Returning to Oleni' ostrov: social, economic, and skeletal dimensions of a

Boreal Forest Mesolithic cemetery.' *Journal of Anthropological Archaeology* 14 (4): 359–403.
Jacobsen, Thorkild. 1943. 'Primitive democracy in ancient Mesopotamia.' *Journal of Near Eastern Studies* 2 (3): 159–72.
—. 1976. *The Treasures of Darkness: A History of Mesopotamian Religion.* New Haven, CT and London: Yale University Press.
James, Hannah V. A. and Michael D. Petraglia. 2005. 'Modern human origins and the evolution of behaviour in the Later Pleistocene record of South Asia.' *Current Anthropology* 46: 3–27.
Jamieson, Susan M. 1992. 'Regional interaction and Ontario Iroquois evolution.' *Canadian Journal of Archaeology/Journal Canadien d'Archéologie* 16: 70–88.
Jansen, Michael. 1993. 'Mohenjo-daro, type site of the earliest urbanization process in South Asia; ten years of research at Mohenjo-daro Pakistan and an attempt at a synopsis.' In A. Parpola and P. Koskikallio (eds), *South Asian Archaeology*. Helsinki: Suomalainen Tiedeakatemia, pp. 263–80.
Jaubert, Jacques et al. 2016. 'Early Neanderthal constructions deep in Bruniquel Cave in southwestern France.' *Nature* 534: 111–15.
Jeunesse, C. 1997. *Pratiques funéraires au néolithique ancien: Sépultures et nécropoles danubiennes 5500–4900 av. J.-C.* Paris: Errance.
Johansen, Bruce E. 1982. *Forgotten Founders: Benjamin Franklin, the Iroquois, and the Rationale for the American Revolution*. Ipswich, MA: Gambit, Inc.
—. 1998. *Debating Democracy: Native American Legacy of Freedom*. Santa Fe: Clear Light Publishers.
Johansen, Bruce Elliot and Barbara Alice Mann (eds). 2000. *Encyclopedia of the Haudenosaunee (Iroquois Confederacy)*. Westport, CT: Greenwood Press.
Johnson, Douglas. 1997. *Nuer Prophets: A History of Prophecy from the Upper Nile in the Nineteenth and Twentieth Centuries.* Oxford: Clarendon Press.
Johnson, Gregory A. 1982. 'Organizational structure and scalar stress.' In Colin Renfrew, Michael Rowlands and Barbara A. Segraves-Whallon (eds), *Theory and Explanation in Archaeology*. New York: Academic Press, pp. 389–421.
Jones, Jana et al. 2014. 'Evidence for prehistoric origins of Egyptian mummification in Late Neolithic burials.' *PLoS ONE* 9 (8): e103608.
Jones, Martin et al. 2011. 'Food globalization in prehistory.' *World Archaeology* 43 (4): 665–75.
Jordan, Peter et al. 2016. 'Modelling the diffusion of pottery technologies across Afro-Eurasia: emerging insights and future research.' *Antiquity* 90 (351): 590–603.
Jorgensen, Joseph G. 1980. *Western Indians: Comparative Environments, Languages and Cultures of 172 Western American Indian Tribes.* San Francisco: W. H. Freeman and Co.
Jung, Carl G. 1958. *The Undiscovered Self.* Boston: Little, Brown and Co.
Kan, Sergei (ed.). 2001. *Strangers to Relatives: The Adoption and Naming of Anthropologists in North America.* Lincoln: University of Nebraska Press.
Kanjou, Youssef et al. 2013. 'Early human decapitation, 11,700–10,700 cal BP, within the Pre-Pottery Neolithic village of Tell Qaramel, North Syria.' *International Journal of Osteoarchaeology* 25 (5): 743–52.
Karahashi, Fumi. 2016. 'Women and land in the Presargonic Lagaš Corpus.' In B. Lyon and C. Michel (eds), *The Role of Women in Work and Society in the Ancient Near East.* Boston and Berlin: De Gruyter, pp. 57–70.
Karsten, Per and Bo Knarrström. 2001. 'Tågerup – fifteen hundred years of Mesolithic occupation in western Scania, Sweden: a preliminary view.' *European Journal of Archaeology* 4 (2): 165–74.
Kashina, E. and A. Zhulnikov. 2011. 'Rods with elk heads: symbols in ritual context.' *Estonian Journal of Archaeology* 15: 18–31.
Kavanagh, Thomas M. 1994. 'Reading the moment and the moment of Reading in Graffigny's *Lettres d'une Péruvienne.*' *Modern Language Quarterly* 55 (2): 125–47.
Kehoe, Alice Beck. 2007. 'Osage texts and Cahokia data.' In F. Kent Reilly III and James F. Garber (eds), *Ancient Objects and Sacred Realms: Interpretations of Mississippian*

Iconography. Austin: University of Texas Press, pp. 246–62.
Keightley, David N. 1999. 'The Shang: China's first historical dynasty.' In M. Loewe and E. L. Shaughnessy (eds), pp. 232–91.
Kelly, John E. 2008. 'Contemplating Cahokia's collapse.' In Jim A. Railey and Richard Martin Reycraft (eds), *Global Perspectives on the Collapse of Complex Systems*. Anthropological Papers no. 8. Albuquerque: Maxwell Museum of Anthropology.
Kelly, Raymond C. 2000. *Warless Societies and the Origins of War*. Ann Arbor: University of Michigan Press.
Kelly, Robert L. 2013. *The Lifeways of Hunter-Gatherers: The Foraging Spectrum*. Cambridge: Cambridge University Press.
Kemp, Barry. 2006. *Ancient Egypt: Anatomy of a Civilization* (2nd edn). London: Routledge.
Kenoyer, J. M. 1992. 'Harappan craft specialization and the question of urban segregation and stratification.' *The Eastern Anthropologist* 45 (1–2): 39–54.
—. 1998. *Ancient Cities of the Indus Valley*. Karachi: Oxford University Press.
Kerig, T. 2003. 'Von Gräbern und Stämmen: Zur Interpretation bandkeramischer Erdwerke.' In U. Veit, T. L. Kienlin, C. Kümmel et al. (eds), *Spuren und Botschaften: Interpretationen materieller Kultur*. Münster: Waxmann, pp. 225–44.
Kidder, Tristram R. 2018. 'Poverty Point.' In Timothy R. Pauketat (ed.), *The Oxford Handbook of North American Archaeology*. Oxford: Oxford University Press, pp. 464–9.
Kilian, Klaus. 1988. 'The emergence of wanax ideology in the Mycenaean palaces.' *Oxford Journal of Archaeology* 7 (3): 291–302.
King, Adam. 2003. *Etowah: The Political History of a Chiefdom Capital*. Tuscaloosa: University of Alabama Press.
—. 2004. 'Power and the sacred: Mound C and the Etowah chiefdom.' In Richard F. Townsend and Robert V. Sharp (eds), *Hero, Hawk, and Open Hand: American Indian Art of the Ancient Midwest and South*. New Haven, CT: The Art Institute of Chicago, pp. 151–65.
—. 2007. 'Mound C and the Southeastern ceremonial complex in the history of the Etowah site.' In A. King (ed.), *Southeastern Ceremonial Complex Chronology, Content, Context*. Tuscaloosa, University of Alabama Press, pp. 107–33.
Kirch, Patrick V. 1990. 'Specialization and exchange in the Lapita Complex of Oceania (1600–500 B.C.).' *Asian Perspectives* 29 (2): 117–33.
Kirleis, Wiebke and Marta Dal Corso. 2016. 'Trypillian subsistence economy: animal and plant exploitation.' In Müller et al. (eds), pp. 195–206.
Knight, Chris. 1991. *Blood Relations. Menstruation and the Origins of Culture*. New Haven, CT and London: Yale University Press.
Knight, Vernon J. Jr. 1986. 'The institutional organization of Mississippian religion.' *American Antiquity* 51: 675–87.
—. 1989. 'Some speculations on Mississippian monsters.' In Patricia Galloway (ed.), *The Southeastern Ceremonial Complex: Artifacts and Analysis*. Lincoln: University of Nebraska Press, pp. 205–10.
—. 2001. 'Feasting and the emergence of platform mound ceremonialism in Eastern North America.' In Michael Dietler and Brian Hayden (eds), *Feasts: Archaeological and Ethnographic Perspectives on Food, Politics and Power*. Washington: Smithsonian Institution Press, pp. 311–33.
—. 2006. 'Symbolism of Mississippian mounds.' In Gregory A. Waselkov, Peter H. Wood and Tom Hatley (eds), *Powhatan's Mantle: Indians in the Colonial Southeast* (revised and expanded edn). Lincoln: Nebraska University Press, pp. 421–34.
Kobayashi, Tatsuo. 2004. *Jomon Reflections: Forager Life and Culture in the Prehistoric Japanese Archipelago*. Oxford: Oxbow.
Koch, Alexander et al. 2019. 'Earth system impacts of the European arrival and Great Dying in the Americas after 1492.' *Quaternary Science Reviews* 207 (1): 13–36.
Köksal-Schmidt, Çiğdem and Klaus Schmidt. 2010. 'The Göbekli Tepe "Totem Pole." A first discussion of an autumn 2010 discovery (PPN, Southeastern Turkey).' *Neo-Lithics* 1 (10): 74–6.

Kolata, Alan. 1992. 'In the realm of the Four Quarters.' In Alvin M. Josephy (ed.), *America in 1492*. New York: Knopf, pp. 215–47.
—. 1997. 'Of kings and capitals: principles of authority and the nature of cities in the Native Andean state.' In D. L. Nichols and T. H. Charlton (eds), *The Archaeology of City States: Cross-Cultural Approaches*. Washington: Smithsonian Institution Press, pp. 245–54.
Kononenko, Nina et al. 2016. 'Detecting early tattooing in the Pacific region through experimental usewear and residue analyses of obsidian tools.' *Journal of Archaeological Science*, Reports 8: 147–63.
Kopenawa, Davi and Bruce Albert. 2013. *The Falling Sky: Words of a Yanomami Shaman*. London and Cambridge, MA: The Belknap Press of Harvard University Press.
Kornienko, Tatiana V. 2015. 'On the problem of human sacrifice in Northern Mesopotamia in the Pre-Pottery Neolithic.' *Archaeology, Ethnology and Anthropology of Eurasia* 43 (3): 42–9.
Kowaleski, Jeff. 2003. 'Evidence for the functions and meanings of some northern Maya palaces.' In J. J. Christie (ed.), *Maya Palaces and Elite Residences*. Austin: University of Texas Press, pp. 204–52.
Kristiansen, Kristian. 1993. 'The strength of the past and its great might: an essay on the use of the past.' *Journal of European Archaeology* 1 (1): 3–32.
Kroeber, Alfred L. 1925. *Handbook of the Indians of California*. Bureau of American Ethnology Bulletin 78. Washington: Smithsonian Institution.
—. 1944. *Configurations of Cultural Growth*. Berkeley: University of California Press.
Kubler, George. 1962. *The Shape of Time. Remarks on the History of Things*. New Haven, CT and London: Yale University Press.
Kuijt, Ian. 1996. 'Negotiating equality through ritual: a consideration of Late Natufian and Prepottery Neolithic A period mortuary practices.' *Journal of Anthropological Archaeology* 15: 313–36.
Kuper, Rudoplh and Stefan Kroepelin. 2006. 'Climate-controlled Holocene occupation in the Sahara: motor of Africa's evolution'. *Science* 313: 803–7.
La Flesche, Francis. 1921. 'The Osage tribe: rite of the chiefs: sayings of the ancient men.' *Thirty-sixth Annual Report of the Bureau of American Ethnology* (1914–15), pp. 35–604. Washington.
—. 1930. 'The Osage tribe: rite of the Wa-xo'-be.' *Forty-fifth Annual Report of the Bureau of American Ethnology* (1927–28), pp. 529–833. Washington.
—. 1939. *War Ceremony and Peace Ceremony of the Osage Indians*. Bureau of American Ethnology Bulletin 101. Washington: US Government.
Lagrou, Els. 2009. *Arte Indígena no Brasil: Agência, Alteridade e Relação*. Belo Horizonte: C/ Arte.
Lahontan, Louis Armand de Lom d'Arce (ed. Réal Ouellet and Alain Beaulieu). 1990 [1702a]. *Mémoires de l'Amérique septentrionale, ou la suite des voyages de Mr. le Baron de Lahontan*. Montreal: Presses de l'Université de Montréal.
—. (ed. Réal Ouellet and Alain Beaulieu). 1990 [1702b]. *Nouveaux Voyages de Mr. Le Baron de Lahontan, dans l'Amérique Septentrionale*. Montreal: Presses de l'Université de Montréal.
—. (ed. Réal Ouellet and Alain Beaulieu). 1990 [1703]. *Supplément aux Voyages du Baron de Lahontan, ou l'on trouve des dialogues curieux entre l'auteur et un sauvage de bon sens qui a voyagé*. Montreal: Presses de l'Université de Montréal.
—. 1735. *New Voyages to North America Giving a Full Account of the Customs, Commerce, Religion, and Strange Opinions of the Savages of That Country, With Political Remarks upon the Courts of Portugal and Denmark, and the Present State of the Commerce of Those Countries*. London: J. Walthoe.
Lang, Caroline et al. 2013. 'Gazelle behaviour and human presence at early Neolithic Göbekli Tepe, south-east Anatolia.' *World Archaeology* 45: 410–29.
Langley, Michelle C., Christopher Clarkson and Sean Ulm. 2008. 'Behavioural complexity in Eurasian Neanderthal populations: a chronological examination of the archaeological evidence.' *Cambridge Archaeological Journal* 18 (3): 289–307.
Lansing, J. Stephen. 1991. *Priests and Programmers: Technologies of Power in the Engineered*

Landscapes of Bali. Princeton, NJ: Princeton University Press.
Larson, Greger. et al. 2007. 'Ancient DNA, pig domestication, and the spread of the Neolithic into Europe.' *Proceedings of the National Academy of Sciences* 104: 15276–81.
Larsson, Lars. 1990. 'The Mesolithic of southern Scandinavia.' *Journal of World Prehistory* 4 (3): 257–309.
Lattas, Andrew. 2006. 'The utopian promise of government.' *The Journal of the Royal Anthropological Institute* 12 (1): 129–50.
Lattimore, Owen. 1962. *Studies in Frontier History*. Collected Papers 1929–58. London: Oxford University Press.
Lazarovici, Cornelia-Magda. 2010. 'Cucuteni ceramics: technology, typology, evolution, and aesthetics.' In Anthony (ed.). pp. 128–61.
Le Guin, Ursula K. 1993 [1973]. *The Ones Who Walk Away from Omelas*. Mankato, MN: Creative Education.
Leach, Edmund. 1976. *Culture and Communication*. Cambridge: Cambridge University Press.
Leacock, Eleanor. 1978. 'Women's status in egalitarian society: implications for social evolution.' *Current Anthropology* 19: 247–76.
Lee, Richard B. and Irven DeVore (eds). 1968. *Man the Hunter*. Chicago: Aldine.
Lehner, Mark. 2015. 'Labor and the pyramids. The Heit el-Ghurab "workers town" at Giza.' In Steinkeller and Hudson (eds), pp. 397–522.
Lepper, Bradley T. 1995. 'Tracking Ohio's Great Hopewell Road.' *Archaeology* 48 (6): 52–6.
Lesure, Richard. 1998. 'The constitution of inequality in Yurok society.' *Journal of California and Great Basin Anthropology* 20 (2): 171–94.
Lévi-Strauss, Claude. 1963. 'Do dual organizations exist?' In C. Lévi-Strauss, *Structural Anthropology*. Harmondsworth: Penguin, pp. 132–63.
—. 1966. *The Savage Mind*. Chicago: University of Chicago Press.
—. 1967 [1944]. 'The social and psychological aspects of chieftainship in a primitive tribe: the Nambikwara of northwestern Mato Grosso.' In R. Cohen and J. Middleton (eds), *Comparative Political Systems*. Austin and London: University of Texas Press, pp. 45–62.
—. 1982 [1976]. *The Way of the Masks*. Seattle: University of Washington Press.
—. 1987. *Anthropology and Myth: Lectures 1951–1982*. Oxford: Blackwell.
Levy, Philip A. 1996. 'Exemplars of taking liberties: the Iroquois influence thesis and the problem of evidence.' *William and Mary Quarterly* 53 (3): 587–604.
Li, Jaang, Zhouyong Sun, Jing Shao and Min Li. 2018. 'When peripheries were centres: a preliminary study of the Shimao-centred polity in the loess highland, China.' *Antiquity* 92 (364): 1008–22.
Lightfoot, Kent G. and Otis Parrish. 2009. *Californian Indians and their Environment*. Berkeley: University of California Press.
Lincoln, Charles K. 1994. 'Structural and philological evidence for divine kingship at Chichén Itzá, Yucatan, México.' In Hanns J. Prem (ed.), *Hidden Among the Hills*. Acta Mesoamericana, vol. 7. Möckmühl: Verlag von Flemming, pp. 164–96.
Lipson, M. et al. 2017. 'Parallel palaeogenomic transects reveal complex genetic history of early European farmers.' *Nature* 551: 368–72.
Liu, Li and Xingcan Chen. 2012. *The Archaeology of China: From the Late Paleolithic to the Early Bronze Age*. Cambridge: Cambridge University Press.
Liverani, Mario (ed. and transl. Z. Bahrani and M. Van De Mieroop). 1998. *Uruk. The First City*. Sheffield: Equinox.
Lockhart, James. 1985. 'Some Nahua concepts in postconquest guise.' *History of European Ideas* 6 (4): 465–82.
Lockhart, James, Frances Berdan and Arthur J. O. Anderson. 1986. *The Tlaxcalan Actas: A Compendium of the Records of the Cabildo of Tlaxcala (1545–1627)*. Salt Lake City: University of Utah Press.
Loeb, Edwin M. 1931. 'The religious organizations of North-Central California and Tierra del Fuego.' *American Anthropologist* 33 (4): 517–56.
Loewe, Michael and Edward. L. Shaughnessy (eds). 1999. *The Cambridge History of Ancient*

China. Cambridge: Cambridge University Press.
Lombardo, Umberto et al. 2020. 'Early Holocene crop cultivation and landscape modification in Amazonia.' *Nature* 581 (2020): 190–93.
Lorenz, Karl G. 1997. 'A re-examination of Natchez sociopolitical complexity: a view from the grand village and beyond.' *Southeastern Archaeology* 16 (2): 97–112.
Lovejoy, Arthur O. and George Boas. 1935. *Primitivism and Related Ideas in Antiquity*. Baltimore: Johns Hopkins University Press.
Lowie, Robert H. 1928. 'Incorporeal property in primitive society.' *Yale Law Journal* 37 (5): 551–63.
—. 1948. 'Some aspects of political organisation among the American Aborigines.' *Journal of the Royal Anthropological Institute of Great Britain and Ireland* 78: 11–24.
McBrearty, Sally and Alison S. Brooks. 2000. 'The revolution that wasn't: a new interpretation of the origin of modern human behaviour.' *Journal of Human Evolution* 39: 453–563.
MacCormack, Carol P. and Marilyn Strathern (eds). 1980. *Nature, Culture, and Gender*. Cambridge: Cambridge University Press.
McGregor, Gaile. 1988. *The Noble Savage in the New World Garden: Notes Toward a Syntactics of Place*. Toronto: University of Toronto Press.
McIntosh, Roderick. 2005. *Ancient Middle Niger: Urbanism and the Self-Organizing Past*. Cambridge: Cambridge University Press.
McIntosh, Susan Keech. 2009. *Beyond Chiefdoms: Pathways to Complexity in Africa*. Cambridge: Cambridge University Press.
MacLachlan, Colin M. 1991. *Spain's Empire in the New World: The Role of Ideas in Institutional and Social Change*. Berkeley: University of California Press.
MacLeod, William C. 1928. 'Economic aspects of indigenous American slavery.' *American Anthropologist* 30 (4): 632–50.
—. 1929. 'The origin of servile labor groups.' *American Anthropologist* 31 (1): 89–113.
MacPherson, C. B. 1962. *The Political Theory of Possessive Individualism*. Oxford: Oxford University Press.
Madgwick, Richard et al. 2019. 'Multi-isotope analysis reveals that feasts in the Stonehenge environs and across Wessex drew people and animals from throughout Britain.' *Science Advances* 5 (3): eaau6078.
Maeda, Osamu et al. 2016. 'Narrowing the harvest: increasing sickle investment and the rise of domesticated cereal agriculture in the Fertile Crescent.' *Quaternary Science Reviews* 145: 226–37.
Maine, Henry Sumner. 1893 [1875]. *Lectures on the Early History of Institutions*. London: John Murray.
Malinowski, Bronisław. 1922. *Argonauts of the Western Pacific: An Account of Native Enterprise and Adventure in the Archipelagoes of Melanesian New Guinea*. London: Routledge.
Mann, Barbara Alice. 1997. 'The lynx in time: Haudenosaunee women's traditions and history.' *American Indian Quarterly* 21 (3): 423–50.
—. 1998. 'Haudenosaunee (Iroquois) women, legal and political status.' In Bruce Elliott Johansen (ed.), *The Encyclopedia of Native American Legal Tradition*. Westport, CT: Greenwood Press, pp. 112–31.
—. 2000. *Iroquoian Women: The Gantowisas*. New York: Peter Lang.
—. 2001. 'Are you delusional? Kandiaronk on Christianity.' In B. A. Mann (ed.), *Native American Speakers of the Eastern Woodlands: Selected Speeches and Critical Analysis*. Westport, CT: Greenwood Press, pp. 35–82.
Mann, Barbara A. and Jerry L. Fields. 1997. 'A sign in the sky: dating the League of the Haudenosaunee.' *American Indian Culture and Research Journal* 21 (2): 105–63.
Mann, Charles C. 2005. *1491: The Americas before Columbus*. London: Granta.
Mann, Michael. 1986. *The Sources of Social Power*, vol. 1: *A History of Power from the Beginning to ad 1760*. Cambridge: Cambridge University Press.
Manning, Joseph G. 2003. *Land and Power in Ptolemaic Egypt: The Structure of Land Tenure*. Cambridge: Cambridge University Press.

Manzanilla, Linda R. 1993. 'Daily life in Teotihuacan apartment compounds.' In Berrin and Pasztory (eds), pp. 90–99.
—. 1996. 'Corporate groups and domestic activities at Teotihuacan.' *Latin American Antiquity* 7 (3): 228–46.
—. 2015. 'Cooperation and tensions in multi-ethnic corporate societies using Teotihuacan, Central Mexico, as a case study.' *Proceedings of the National Academy of Sciences* 112 (30): 9210–15.
—. 2017. 'Discussion: the subsistence of the Teotihuacan metropolis.' *Archaeological and Anthropological Sciences* 9: 133–40.
Manzura, Igor. 2005. 'Steps to the steppe: or, how the North Pontic region was colonised.' *Oxford Journal of Archaeology* 24 (4): 313–38.
Marchesi, Gianni. 2004. 'Who was buried in the royal tombs of Ur? The epigraphic and textual data.' *Orientalia* 73 (2): 153–97.
Marean, Curtis. W. 2014. 'The origins and significance of coastal resource use in Africa and Western Eurasia.' *Journal of Human Evolution* 77: 17–40.
Martin, Simon. 2001. 'The power in the west: the Maya and Teotihuacan.' In Grube et al. (eds), pp. 98–113.
—. 2020. *Ancient Maya Politics: A Political Anthropology of the Classic Period 150–900 CE.* Cambridge: Cambridge University Press.
Martin, Simon and Nikolai Grube. 2000. *Chronicle of the Maya Kings and Queens: Deciphering the Dynasties of the Ancient Maya.* London: Thames and Hudson.
Matar, Nabil. 2009. *Europe Through Arab Eyes, 1578–1727.* New York: Columbia University Press.
Matsui, Akira and Masaaki Kanehara. 2006. 'The question of prehistoric plant husbandry during the Jomon period in Japan.' *World Archaeology* 38 (2): 259–73.
Matthews, Wendy. 2005. 'Micromorphological and microstratigraphic traces of uses and concepts of space.' In Ian Hodder (ed.), *Inhabiting Çatalhöyük: Reports from the 1995–1999 Seasons.* Cambridge: McDonald Institute for Archaeological Research, British Institute of Archaeology at Ankara, pp. 355–98.
Mauss, Marcel. 1968–9. *Oeuvres*, vols 1–3. Paris: Éditions de Minuit.
—. 2016 [1925]. *The Gift* (expanded edn, selected, annotated and transl. Jane I. Guyer). Chicago: HAU Books.
Mauss, Marcel and Henri Beuchat. 1979 [1904–5]. *Seasonal Variations of the Eskimo: A Study in Social Morphology.* London: Routledge.
Maybury-Lewis, David (ed.). 1979. *Dialectical Societies: The Gê and Bororo of Central Brazil.* Cambridge, MA: Harvard University Press.
Meek, Ronald. 1976. *Social Sciences and the Ignoble Savage.* Cambridge: Cambridge University Press.
Meillassoux, Claude (transl. Alide Dasnois). 1996. *The Anthropology of Slavery: The Womb of Iron and Gold.* Chicago: University of Chicago Press.
Mellaart, James. 1967. *Çatal Hüyük: A Neolithic Town in Anatolia.* London: Thames and Hudson.
Mellars, Paul et al. (eds). 2007. *Rethinking the Human Revolution: New Behavioural and Biological Perspectives on the Origin and Dispersal of Modern Humans.* Cambridge: McDonald Institute.
Meller, Harald and Michael Schefik. 2015. *Krieg: Eine Archäologische Spurensuche.* Halle (Saale): Landesmuseum für Vorgeschichte.
Menotti, Francesco and Aleksey G. Korvin-Piotrovskiy (eds). 2012. *The Tripolye Culture. Giant-Settlements in Ukraine. Formation, Development and Decline.* Oxford: Oxbow Books.
Merrick, Jeffrey. 1991. 'Patriarchalism and constitutionalism in eighteenth-century parliamentary discourse.' *Studies in Eighteenth-Century Culture* 20: 317–30.
Meskell, Lynn, Carolyn Nakamura, Rachel King and Shahina Farid. 2008. 'Figured lifeworlds and depositional practices at Çatalhöyük.' *Cambridge Archaeological Journal* 18 (2): 139–61.

Mieroop, Marc Van De. 1989. 'Women in the economy of Sumer.' In B. S. Lesko (ed.), *Women's Earliest Records: Western Asia and Egypt*. Atlanta, GA: Scholars Press, pp. 53–66.

—. 1997. *The Ancient Mesopotamian City*. Oxford: Oxford University Press.

—. 1999. 'The government of an ancient Mesopotamian city: what we know and why we know so little.' In K. Watanabe (ed.), *Priests and Officials in the Ancient Near East*. Heidelberg: Universitätsverlag C. Winter, pp. 139–61.

—. 2013. 'Democracy and the rule of law, the assembly, and the first law code.' In Crawford (ed.), pp. 277–89.

Migliano, Andrea et al. 2017. 'Characterization of hunter-gatherer networks and implications for cumulative culture.' *Nature Human Behaviour* 1 (2): 43.

Miller, Daniel. 1985. 'Ideology and the Harappan civilization.' *Journal of Anthropological Archaeology* 4: 34–71.

Miller, Heather. M. L. 2000. 'Reassessing the urban structure of Harappa: evidence from craft production distribution.' *South Asian Archaeology* (1997), pp. 207–47.

Miller, Joaquin. 1873. *Life Amongst the Modocs: Unwritten History*. London: Richard Bentley and Son.

Miller, Mary Ellen and Stephen D. Houston. 1987. 'The classic Maya ballgame and its architectural setting.' *RES* 14: 47–65.

Millon, René. 1964. 'The Teotihuacan mapping project.' *American Antiquity* 29 (3): 345–52.

—. 1970. 'Teotihuacan: completion of map of giant ancient city in the Valley of Mexico.' *Science* 170: 1077–82.

—. 1976. 'Social relations at ancient Teotihuacan.' In E. Wolf (ed.), *The Valley of Mexico: Studies in Pre-Hispanic Ecology and Society*. Albuquerque: University of New Mexico Press, pp. 205–48.

—. 1988. 'Where do they all come from? The provenance of the Wagner murals at Teotihuacan.' In Berrin (ed.), pp. 16–43.

—. 1993. 'The place where time began: an archaeologist's interpretation of what happened in Teotihuacan history.' In Berrin and Pasztory (eds), pp. 16–43.

Milner, George R. 1998. *The Cahokia Chiefdom: The Archaeology of a Mississippian Society*. Washington: Smithsonian Institution Press.

Milner, George R., George Chaplin and Emily Zavodny. 2013. 'Conflict and societal change in Late Prehistoric Eastern North America.' *Evolutionary Anthropology* 22 (3): 96–102.

Mitchell, Donald. 1985. 'A demographic profile of Northwest Coast slavery.' In M. Thompson, M. T. Garcia and F. J. Kense (eds), *Status, Structure and Stratification: Current Archaeological Reconstructions*. Calgary, Alberta: Archaeological Association of the University of Calgary, pp. 227–36.

Mithen, Steven. J. 2003. *After the Ice: A Global Human History 20,000–5000 bc*. London: Weidenfeld and Nicolson.

Mittnik, Alissa et al. 2016. 'A molecular approach to the sexing of the triple burial at the Upper Paleolithic site of Dolní Věstonice.' *PLoS ONE* 11 (10): e0163019.

Moore, Andrew M. T. and Gordon C. Hillman. 1992. 'The Pleistocene to Holocene transition and human economy in Southwest Asia: the impact of the Younger Dryas.' *American Antiquity* 57 (3): 482–94.

Moorey, P. R. S. 1964. 'The "Plano-Convex Building" at Kish and Early Mesopotamian Palaces.' *Iraq* 26 (2): 83–98.

—. 1977. 'What do we know about the people buried in the royal cemetery?' *Expedition* 20 (1): 24–40.

Moreno García, Juan Carlos. 2014. 'Recent developments in the social and economic history of Ancient Egypt.' *Journal of Ancient Near Eastern History* 1 (2): 231–61.

Morgan, Lewis Henry. 1851. *League of the Ho-de-no-sau-nee, or Iroquois*. New York: Dodd, Mead and Co.

—. 1877. *Ancient Society, or Researches in the Lines of Human Progress, from Savagery through Barbarism to Civilization*. New York: Henry Holt and Co.

Morphy, Howard. 1991. *Ancestral Connections: Art and an Aboriginal System of Knowledge*.

Chicago: University of Chicago Press.
Morris, Craig and Adriana von Hagen. 2011. *The Incas: Lords of the Four Quarters*. London: Thames and Hudson.
Morris, Ellen. 2007. 'Sacrifice for the state: First Dynasty royal funerals and the rites at Macramallah's triangle.' In Nicola Laneri (ed.), *Performing Death: Social Analysis of Funerary Traditions in the Ancient Near East and Mediterranean*. Chicago: Oriental Institute of Chicago, pp. 15–38.
—. 2014. '(Un)dying loyalty: meditations on retainer sacrifice in ancient Egypt and elsewhere.' In Campbell (ed.), pp. 61–93.
Morris, Ian. 2015. *Foragers, Farmers, and Fossil Fuels: How Human Values Evolve*. Princeton, NJ: Princeton University Press.
Moss, Madonna. 1993. 'Shellfish, gender, and status on the Northwest Coast: reconciling archaeological, ethnographic, and ethnohistorical records of the Tlingit.' *American Anthropologist* 95 (3): 631–52.
Motolinía, Fr. Toribio de Benavente. 1914 [1541]. *Historia de los Indios de la Neuva España*. Barcelona: Herederos de Juan Gili.
Muhlberger, Steven and Phil Pain. 1996. 'Democracy's place in world history.' *Journal of World History* 4 (1): 23–45.
Müller, Johannes. 2016. 'Human structure, social space: what we can learn from Trypyllia.' In Müller et al. (eds), pp. 301–4.
Müller, Johannes et al. 2016. 'Chronology and demography: how many people lived in a megasite.' In Müller et al. (eds), pp. 133–70.
Müller, Johannes, Knut Rassmann and Mykhailo Videiko (eds). 2016. *Trypillia Mega-Sites and European Prehistory, 4100–3400 BCE*. London and New York: Routledge.
Murdock, George P. 1937. 'Comparative data on the division of labour by sex.' *Social Forces* 15: 551–3.
Murdock, George P. and Caterina Provost. 1973. 'Factors in the division of labour by sex: a cross-cultural analysis.' *Ethnology* 12: 203–26.
Murra, John Victor. 1956. *The Economic Organization of the Inca State*. Chicago: Department of Anthropology. PhD dissertation, republished as *The Economic Organization of the Inka State* by JAI Press, Stamford, CT 1980).
—. 1982. 'The Mit'a obligations of ethnic groups to the Inka state.' In G. Collier, R. Rosaldo and J. Wirth (eds), *The Inca and Aztec States, 1400–1800*. New York: Academic Press, pp. 237–62.
Muthu, Sankar. 2003. *Enlightenment Against Empire*. Princeton, NJ: Princeton University Press.
Nabokov, Peter. 1996. 'Native views of history.' In Bruce G. Trigger and Wilcomb E. Washburn (eds), *The Cambridge History of the Native Peoples of the Americas*. Cambridge: Cambridge University Press, pp. 1–60.
Nash, June. 1978. 'The Aztecs and the ideology of male dominance.' *Signs* 4 (2): 349–62.
Nebbia, Marco et al. 2018. 'The making of Chalcolithic assembly places: Trypillia megasites as materialized consensus among equal strangers?' *World Archaeology* 50: 41–61.
Neitzel, Robert S. 1965. *Archaeology of the Fatherland Site: The Grand Village of the Natchez*. New York: American Museum of Natural History.
—. 1972. *The Grand Village of the Natchez Revisited: Excavations at the Fatherland Site, Adams County, Mississippi*. New York: American Museum of Natural History.
Neumann, Hans et al. 2014. *Krieg und Frieden im Alten Vorderasien*. Münster: Ugarit-Verlag.
Nichols, Deborah L. 2016. 'Teotihuacan.' *Journal of Archaeological Research* 24: 1–74.
Nieboer, Herman J. 1900. *Slavery as an Industrial System: Ethnological Researches*. The Hague: Martinus Nijhoff.
Nilsson Stutz, L. 2010. 'A Baltic way of death? A tentative exploration of identity in Mesolithic cemetery practices.' In Å.M. Larsson and L. Papmehl-Dufay (eds), *Uniting Sea II; Stone Age Societies in the Baltic Sea Region*. Borgholm: Uppsala University.
Nisbet, Robert A. 1966. *The Sociological Tradition*. London: Heineman.
Nissen, Hans. 2002. 'Uruk: key site of the period and key site of the problem.' In N. Postgate

(ed.), *Artefacts of Complexity: Tracking the Uruk in the Near East.* London: British School of Archaeology in Iraq, pp. 1–16.
Nissen, Hans, Peter Damerow and Robert Englund. 1993. *Archaic Bookkeeping: Early Writing and Techniques of Economic Administration in the Ancient Near East.* Chicago: University of Chicago Press.
Noble, William C. 1978. 'The Neutral Indians.' In William Englebrecht and Donald Grayson (eds), *Essays in Northeastern Anthropology in Memory of Marian E. White.* Occasional publication in Northeastern Anthropology 5. Department of Anthropology, Franklin Pierce College, Rindge, pp. 152–64.
—. 1985. 'Tsouharissen's chiefdom: an early historic 17th Century Neutral Iroquoian ranked society.' *Canadian Journal of Archaeology/Journal Canadien d'Archéologie* 9 (2): 131–46.
Noddings, Nel. 1984. *Caring: A Feminine Approach to Ethics and Moral Education.* Berkeley: University of California Press.
Notroff, Jens, Oliver Dietrich and Klaus Schmidt. 2016. 'Gathering of the dead? The early Neolithic sanctuaries at Göbekli Tepe, southeastern Turkey.' In Colin Renfrew, Michael J. Boyd and Iain Morley (eds), *Death Rituals, Social Order, and the Archaeology of Immortality in the Ancient World.* Cambridge: Cambridge University Press, pp. 65–81.
Nussbaum, Martha. 2011. *Creating Capabilities: The Human Development Approach.* Cambridge, MA: Harvard University Press.
Nuttall, Zelia. 1921. 'Francisco Cervantes de Salazar. Biographical notes.' *Journal de la Société des Américanistes* 13 (1): 59–90.
O'Curry, Eugene. 1873. *On the Manners and Customs of the Ancient Irish.* London: Williams and Norgate.
O'Meara, Walter. 1968. *Daughters of the Country.* New York: Harcourt, Brace.
O'Shea, John and Marek Zvelebil. 1984. 'Oleneostrovski Mogilnik: reconstructing the social and economic organization of prehistoric foragers in Northern Russia.' *Journal of Anthropological Archaeology* 3: 1–40.
Oates, Joan et al. 2007. 'Early Mesopotamian urbanism: a new view from the north.' *Antiquity* 81 (313): 585–600.
Ohlrau, René et al. 2016. 'Living on the edge? Carrying capacities of Trypillian settlements in the Buh-Dnipro Interfluve.' In Müller et al. (eds), 2016, pp. 207–20.
Oppenheim, A. Leo. 1977. *Ancient Mesopotamia: Portrait of a Dead Civilization.* Chicago and London: University of Chicago Press.
Ostrom, Elinor. 1990. *Governing the Commons: The Evolution of Institutions for Collective Action.* Cambridge: Cambridge University Press.
Ott, Sandra. 1981. *The Circle of Mountains: A Basque Shepherding Community.* Oxford: Clarendon Press.
Ouellet, Réal. 1990. 'Jésuites et philosophes lecteurs de Lahontan.' *Saggi e ricerche di letteratura francese* 29: 119–64.
—. 1995. 'A la découverte de Lahontan.' *Dix-Huitième Siècle* 27: 323–33.
Owen, Linda R. 1994. 'Gender, crafts, and the reconstruction of tool use.' *Helinium* 34: 186–200.
—. 1996. 'Der Gebrauch von Pflanzen in Jungpaläolithikum Mitteleuropas.' *Ethnographisch-Archäologische Zeitschrift* 37: 119–46.
Özbek Metin. 1988. 'Culte des cranes humains a Çayönü.' *Anatolica* 15: 127–37.
—. 1992. 'The human remains at Çayönü.' *American Journal of Archaeology* 96 (2): 374.
Özkaya, Vecihi and Aytaç Coşkun. 2009. 'Körtik Tepe, a new Pre-Pottery Neolithic A site in south-eastern Anatolia.' *Antiquity* 83 (320).
Pagden, Anthony. 1982. *The Fall of Natural Man: The American Indian and the Origins of Comparative Ethnology.* Cambridge: Cambridge University Press.
—. 1983. 'The savage critic: some European images of the primitive.' *The Yearbook of English Studies* 13 (Colonial and Imperial Themes special number): 32–45.
—. 1993. *European Encounters with the New World: From Renaissance to Romanticism.* New Haven, CT and London: Yale University Press.

Parker, Arthur C. 1912. *The Code of Handsome Lake, the Seneca Prophet.* New York State Museum Bulletin 163, Education Department Bulletin 530. Albany: University of the State of New York.
—. 1916. *The Constitution of the Five Nations, or the Iroquois Book of the Great Law.* New York State Museum Bulletin 184. Albany: University of the State of New York.
—. 1919. *The Life of General Ely S. Parker, Last Grand Sachem of the Iroquois and General Grant's Military Secretary.* Buffalo Historical Society Publications 23. Buffalo, NY: Buffalo Historical Society.
Parker Pearson, Mike (and the Stonehenge Riverside Project). 2012. *Stonehenge: Exploring the Greatest Stone Age Mystery.* London: Simon and Schuster.
Pärssinen, Martti et al. 2009. 'Pre-Columbian geometric earthworks in the upper Purús: a complex society in western Amazonia.' *Antiquity* 83: 1084–95.
Pascoe, Bruce. 2014. *Dark Emu: Aboriginal Australia and the Birth of Agriculture.* London: Scribe.
Pasztory, Esther. 1988. 'A reinterpretation of Teotihuacan and its mural painting tradition.' In Berrin (ed.), pp. 45–77.
—. 1992. 'Abstraction and the rise of a utopian state at Teotihuacan.' In J. C. Berlo (ed.), *Art, Ideology, and the City of Teotihuacan.* Washington: Dumbarton Oaks Research Library and Collection, pp. 281–320.
—. 1997. *Teotihuacan. An Experiment in Living.* Norman: University of Oklahoma Press.
Patterson, Orlando. 1982. *Slavery and Social Death: A Comparative Study.* Cambridge, MA: Harvard University Press.
Pauketat, Timothy R. 1994. *The Ascent of Chiefs: Cahokia and Mississippian Politics in Native North America.* Tuscaloosa: University of Alabama Press.
—. 2004. *Ancient Cahokia and the Mississippians.* Cambridge: Cambridge University Press.
—. 2007. *Chiefdoms and Other Archaeological Delusions.* Lanham, MD: AltaMira Press.
—. 2009. *Cahokia: Ancient America's Great City on the Mississippi.* Penguin Library of American Indian History. New York: Viking.
—. 2013. *An Archaeology of the Cosmos: Rethinking Agency and Religion in Ancient Times.* London: Routledge.
Pauketat, Timothy R. and Thomas E. Emerson (eds). 1997. *Cahokia: Domination and Ideology in the Mississippian World.* Lincoln: University of Nebraska Press.
Pauketat, Timothy R., Susan M. Alt and Jeffery D. Kruchten. 2015. 'City of earth and wood: New Cahokia and its material-historical implications.' In Norman Yoffee (ed.), *The Cambridge World History.* Cambridge: Cambridge University Press, pp. 437–54.
Paulinyi, Zoltán. 1981. 'Capitals in pre-Aztec Central Mexico.' *Acta Orientalia Academiae Scientiarum Hungaricae* 35 (2/3): 315–50.
Pearson, Jessica et al. 2013. 'Food and social complexity at Çayönü Tepesi, southeastern Anatolia: stable isotope evidence of differentiation in diet according to burial practice and sex in the early Neolithic.' *Journal of Anthropological Archaeology* 32 (2): 180–89.
Pennington, B. et al. 2016. 'Emergence of civilization, changes in fluviodeltaic style and nutrient redistribution forced by Holocene seal-level rise.' *Geoarchaeology* 31: 194–210.
Peters, Joris et al. 2017. 'The emergence of livestock husbandry in Early Neolithic Anatolia.' In U. Albarella et al. (eds), *The Oxford Handbook of Zooarchaeology.* Oxford: Oxford University Press, pp. 247–65.
Peterson, Jane. 2016. 'Woman's share in Neolithic society: a view from the Southern Levant.' *Near Eastern Archaeology* 79 (3): 132–9.
Pettitt, Paul. 2011. *The Palaeolithic Origins of Human Burial.* London: Routledge.
Pfaffenberger, Bryan. 1988. 'Fetishised objects and humanised nature: towards an anthropology of technology.' *Man* (N.S.) 23 (2): 236–52.
Piccaluga, Giulia. 1977. 'Adonis, i cacciatori falliti e l'avvento dell'agricoltura.' In Bruno Gentili and Giuseppe Paioni (eds), *Il mito greco.* Rome: Edizioni dell'Ateneo, Bizzarri, pp. 33–48.
Pilling, Arnold R. 1989. 'Yurok Aristocracy and "Great Houses".' *American Indian Quarterly*

13 (4): 421–36.
Pinette, Susan. 2006. 'The importance of the literary: Lahontan's dialogues and primitivist thought.' *Prose Studies* 28 (1): 41–53.
Pinker, Steven. 2012. *The Better Angels of Our Nature: A History of Violence and Humanity.* London: Penguin.
—. 2018. *Enlightenment Now: The Case for Science, Reason, Humanism and Progress.* London: Allen Lane.
Piperno, Dolores R. 2011. 'The origins of plant cultivation and domestication in the new world tropics: patterns, process, and new developments.' *Current Anthropology* 52 (4): 453–70.
Plunket, Patricia and Gabriela Uruñuela. 2005. 'Recent research in Puebla prehistory.' *Journal of Archaeological Research* 13 (2): 89–127.
—. 2006. 'Social and cultural consequences of a late Holocene eruption of Popocatépetl in central Mexico.' *Quarternary International* 151 (1): 19–28.
Pomeau, René. 1967. *Voyages et lumières dans la littérature française du XVI-IIe siècle.* SVEC LVII 22: 1269–89.
Pool, Christopher A. 2007. *Olmec Archaeology and Early Mesoamerica.* Cambridge: Cambridge University Press.
Possehl, G. L. 1996. *Indus Age: The Writing System.* Philadelphia: University of Pennsylvania Press.
—. 2002. *The Indus Civilization: A Contemporary Perspective.* Walnut Creek, CA: AltaMira Press.
Postgate, Nicholas. 1992. *Early Mesopotamia: Society and Economy at the Dawn of History.* London: Routledge.
Pournelle, Jennifer. 2003. *Marshland of Cities: Deltaic Landscapes and the Evolution of Mesopotamian Civilization.* San Diego: University of California.
Powell, Adam, Shennan Stephen and Mark G. Thomas. 2009. 'Late Pleistocene demography and the appearance of modern human behaviour.' *Science* 324: 1298–301.
Powell, Marvin A (ed.). 1987. *Labor in the Ancient Near East.* New Haven, CT: American Oriental Society.
Powers, Stephen. 1877. *Tribes of California.* Washington: Government Printing Office.
Prendergast, Amy L., Alexander J. E. Pryor, Hazel Reade and Rhiannon E. Stevens. 2018. 'Seasonal records of palaeoenvironmental change and resource use from archaeological assemblages.' *Journal of Archaeological Science*: Reports 21.
Preziosi, Donald and Louise A. Hitchcock. 1999. *Aegean Art and Architecture.* Oxford: Oxford University Press.
Provinse, John. 1937. 'Plains Indian culture.' In Fred Eggan (ed.), *Social Anthropology of North American Tribes.* Chicago: University of Chicago Press.
Pryor, Alexander J. E. et al. 2020. 'The chronology and function of a new circular mammoth-bone structure at Kostenki 11.' *Antiquity* 94 (374): 323–41.
Quilter, Jeffrey. 2002. 'Moche politics, religion, and warfare.' *Journal of World Prehistory* 16 (2): 145–95.
Ranere, Anthony J. et al. 2009. 'The cultural and chronological context of early Holocene maize and squash domestication in the Central Balsas River Valley, Mexico.' *Proceedings of the National Academy of Sciences* 106 (13): 5014.
Ratnagar, Shereen. 2004. *Trading Encounters: From the Euphrates to the Indus in the Bronze Age.* New Delhi: Oxford University Press.
—. 2016. *Harappan Archaeology: Early State Perspectives.* Delhi: Primus Books.
Redding, Richard W. 1998. 'Ancestral pigs: a New (Guinea) model for pig domestication in the Middle East.' *MASCA Research Papers in Science and Archaeology* 15: 65–76.
Rehak, Paul. 2002. 'Imag(in)ing a women's world in Bronze Age Greece.' In Nancy Sorkin Rabinowitz and Lisa Auanger (eds), *Among Women from the Homosocial to the Homoerotic in the Ancient World.* Austin: University of Texas Press, pp. 34–59.
Reich, David, Richard E. Green et al. 2010. 'Genetic history of an archaic hominin group from Denisova Cave in Siberia.' *Nature* 468 (7327): 1053.

Renfrew, Colin. 1972. *The Emergence of Civilization: The Cyclades and the Aegean in the Third Millennium BC.* London: Methuen.
—. 1987. *Archaeology and Language: The Puzzle of Indo-European Origins.* Cambridge: Cambridge University Press.
—. 2007. *Prehistory: The Making of the Human Mind.* London: Weidenfeld and Nicolson.
Renfrew, Colin and Bin Liu. 2018. 'The emergence of complex society in China: the case of Liangzhu.' *Antiquity* 92 (364): 975–90.
Renger, Johannes M. 1995. 'Institutional, communal, and individual ownership or possession of arable land in ancient Mesopotamia from the end of the fourth to the end of the first millennium bc.' *Chicago-Kent Law Review* 71 (1): 269–319.
Reynolds, Natasha and Felix Riede. 2019. 'House of cards: cultural taxonomy and the study of the European Upper Palaeolithic.' *Antiquity* 371: 1350–58.
Richardson, Seth. 2012. 'Early Mesopotamia: the presumptive state.' *Past and Present* 215: 3–49.
Richerson, Peter J. and Robert Boyd. 2001. 'Institutional evolution in the Holocene: the rise of complex societies.' *Proceedings of the British Academy* 110: 197–234.
Richerson, Peter J., Robert Boyd and Robert L. Bettinger. 2001. 'Was agriculture impossible during the Pleistocene but mandatory during the Holocene? A climate change hypothesis.' *American Antiquity* 66 (3): 387–411.
Richter, Daniel K. 1972. 'Lahontan dans l'Encyclopédie et ses suites.' In Jacques Proust (ed.), *Recherches nouvelles sur quelques écrivains des Lumières.* Geneva: Librairie Droz, pp. 163–200.
—. 1992. *The Ordeal of the Longhouse: The Peoples of the Iroquois League in the Era of European Colonization.* Chapel Hill: University of North Carolina Press.
Rick, John W. 2017. 'The nature of ritual space at Chavín de Huántar.' In Silvana Rosenfeld and Stefanie L. Bautista (eds), *Rituals of the Past: Prehispanic and Colonial Case Studies in Andean Archaeology.* Boulder: University Press of Colorado, pp. 21–50.
Ringle, William A. 2004. 'On the political organization of Chichen Itza.' *Ancient Mesoamerica* 15: 167–218.
Rissman, Paul. 1988. 'Public displays and private values: a guide to buried wealth in Harappan archaeology.' *World Archaeology* 20: 209–28.
Ritchie, Morgan, Dana Lepofsky et al. 2016. 'Beyond culture history: Coast Salish settlement patterning and demography in the Fraser Valley, bc.' *Journal of Anthropological Archaeology* 43: 140–54.
Rodrigues, Teresa. 2005. 'Gender and social differentiation within the Turner Population, Ohio, as evidenced by activity-induced musculoskeletal stress markers.' In Carr and Case (eds), pp. 405–27.
Roebroeks, Wil et al. 2000. *Hunters of the Golden Age: The Mid-Upper Palaeolithic of Eurasia 30,000–20,00 BP.* Leiden: University of Leiden Press.
Rollings, Willard H. 1992. *The Osage: An Ethnohistorical Study of Hegemony on the Prairie-Plains.* Columbia: University of Missouri Press.
Roosevelt, Anna. 2013. 'The Amazon and the Anthropocene: 13,000 years of human influence in a tropical rainforest.' *Anthropocene* 4: 69–87.
Rosenwig, Robert M. 2010. *The Beginnings of Mesoamerican Civilization: Inter-Regional Interaction and the Olmec.* Cambridge: Cambridge University Press.
—. 2017. 'Olmec globalization: a Mesoamerican archipelago of complexity.' In Tamar Hodos (ed.), *The Routledge Handbook of Archaeology and Globalization.* London: Routledge, pp. 177–93.
Roth, Anne Macy. 1991. *Egyptian Phyles in the Old Kingdom: The Evolution of a System of Social Organization.* Chicago: Oriental Institute.
—. 2002. 'The meaning of menial labour: "servant statues" in Old Kingdom serdabs.' *Journal of the American Research Center in Egypt* 39: 103–21.
Rousseau, Jean-Jacques (transl. Maurice Cranston). 1984 [1754]. *A Discourse on Inequality.* London: Penguin.

Rowe, John. 1982. 'Inca policies and institutions relating to cultural unification of the Empire.' In G. A. Collier, R. I. Rosaldo and J. D. Wirth (eds), *The Inca and Aztec States, 1400–1800*. New York: Academic, pp. 93–117.

Rowley-Conwy, Peter. 2001. 'Time, change, and the archaeology of hunter-gatherers: how original is the "Original Affluent Society"?' In P. R. Rowley-Conwy, R. Layton and C. Panter-Brick (eds), *Hunter-Gatherers: An Interdisciplinary Perspective*. Cambridge: Cambridge University Press, pp. 39–72.

Sablin, Mikhail, Natasha Reynolds et al. (in preparation). 'The Epigravettian site of Yudinovo, Russia: mammoth bone structures as ritualized middens.'

Sagard, Gabriel. 1939 [1632]. *Le Grand Voyage du Pays des Hurons*. Paris: Denys Moreau.

Sahlins, Marshall. 1968. 'Notes on the Original Affluent Society.' In Lee and DeVore (eds), pp. 85–9.

—. 1985. *Islands of History*. Chicago: Chicago University Press.

—. 1996. 'The sadness of sweetness: the native anthropology of western cosmology.' *Current Anthropology* 37 (3): 395–428.

—. 1999. 'Two or three things I know about culture.' *Journal of the Royal Anthropological Institute* 5 (3): 399–421.

—. 2004. *Apologies to Thucydides*. Chicago: University of Chicago Press.

—. 2008. 'The stranger-king, or, elementary forms of political life.' *Indonesia and the Malay World* 36 (105): 177–99.

—. 2017 [1972]. *Stone Age Economics*. Abingdon and New York: Routledge.

—. 2017. 'The stranger-kingship of the Mexica.' In Graeber and Sahlins, pp. 223–48.

Sahlins, Marshall D. and Elman R. Service. 1960. *Evolution and Culture*. Ann Arbor: University of Michigan Press.

Saller, Richard P. 1984. '*Familia, domus*, and the Roman conception of the family.' *Phoenix* 38 (4): 336–55.

Salomon, Frank. 2004. *The Cord Keepers. Khipus and Cultural Life in a Peruvian Village*. Durham, NC and London: Duke University Press.

Sanday, Peggy R. 1981. *Female Power and Male Dominance: On the Origins of Sexual Inequality*. Cambridge: Cambridge University Press.

—. 2002. *Women at the Center: Life in a Modern Matriarchy*. Ithaca, NY: Cornell University Press.

Santana, Jonathan et al. 2012. 'Crania with mutilated facial skeletons: a new ritual treatment in an early Pre-Pottery Neolithic B cranial cache at Tell Qarassa North (South Syria).' *American Journal of Physical Anthropology* 149: 205–16.

Santos-Granero, Fernando. 2009. *Vital Enemies: Slavery, Predation, and the Amerindian Political Economy of Life*. Austin: University of Texas Press.

Sassaman, Kenneth E. 2005. 'Poverty Point as structure, event, process.' *Journal of Archaeological Method and Theory* 12 (4): 335–64.

—. (ed.). 2008. 'The New Archaic.' *The Society for American Archaeology: Archaeological Record* 8 (5), Special Issue.

—. 2010. *The Eastern Archaic, Historicized*. Lanham, MD: AltaMira Press.

Sassaman, Kenneth E. and Michael J. Heckenberger. 2004. 'Roots of the theocratic Formative in the Archaic Southeast.' In G. Crothers (ed.), *Hunter-Gatherers in Theory and Archaeology*. Carbondale: Center for Archaeological Investigations, Southern Illinois University Press, pp. 423–44.

Sayre, Gordon M. 1997. *Les Sauvages Américains: Representations of Native Americans in French and English Colonial Literature*. Chapel Hill: University of North Carolina Press.

Scarry, Elaine. 1985. *The Body in Pain: The Making and Unmaking of the World*. Oxford: Oxford University Press.

Scerri, Eleanor M. L. 2017. 'The North African Middle Stone Age and its place in recent human evolution.' *Evolutionary Anthropology* 26 (3): 119–35.

Scerri, Eleanor M. L., Mark G. Thomas et al. 2018. 'Did our species evolve in subdivided populations across Africa, and why does it matter?' *Trends in Ecology & Evolution* 33 (8):

582–94.
Scheffler, Thomas. 2003. '"Fertile Crescent", "Orient", "Middle East": the changing mental maps of Southwest Asia.' *European Review of History* 10 (2): 253–72.
Scheidel, Walter. 2017. *The Great Leveller: Violence and the History of Inequality from the Stone Age to the Twenty-First Century.* Princeton, NJ: Princeton University Press.
Schirmer, Wulf. 1990. 'Some aspects of building at the "aceramic-neolithic" settlement of Çayönü Tepesi.' *World Archaeology* 21 (3): 363–87.
Schlanger, Nathan. 2006. *Marcel Mauss: Techniques, Technology, and Civilisation.* New York and Oxford: Durkheim Press/Berghahn Books.
Schmandt-Besserat, Denise. 1992. *Before Writing.* Austin: University of Texas Press.
Schmidt, Isabell and Andreas Zimmermann. 2019. 'Population dynamics and socio-spatial organization of the Aurignacian: scalable quantitative demographic data for western and central Europe.' *PLoS ONE* 14 (2): e0211562.
Schmidt, Klaus. 1998. 'Frühneolithische Silexdolche.' In Güven Arsebük et al. (eds), *Light on Top of the Black Hill. Studies Presented to Halet Çambel.* Istanbul: Yeni, pp. 681–92.
——. 2006. *Sie bauten die ersten Tempel. Das rätselhafte Heiligtum der Steinzeitjäger.* Munich: C. H. Beck.
Schmidt, Morgan J. et al. 2014. 'Dark earths and the human built landscape in Amazonia: a widespread pattern of anthrosol formation.' *Journal of Archaeological Science* 42: 152–65.
Schnapp, Alain. 1996. *The Discovery of the Past: The Origins of Archaeology.* London: British Museum Press.
Schneider, Thomas. 2008. 'Periodizing Egyptian history: Manetho, convention, and beyond.' In Klaus-Peter Adam (ed.), *Historiographie in der Antike.* Berlin and New York: De Gruyter, pp. 183–97.
Schoep, Ilse. 2008. 'Building the labyrinth: Arthur Evans and the construction of Minoan civlisation.' *American Journal of Archaeology* 122 (1): 5–32.
Schor, Juliet B. 1991. *The Overworked American: The Unexpected Decline of Leisure.* New York: Basic Books.
Schrakamp, I. 2010. *Krieger und Waffen im frühen Mesopotamien. Organisation und Bewaffnung des Militärs in frühdynastischer und sargonischer Zeit.* Marburg: Philipps-Universität.
Schulting, Rick J. 2006. 'Antlers, bone pins and flint blades: the Mesolithic cemeteries of Téviec and Hoëdic, Brittany.' *Antiquity* 70 (268): 335–50.
Schulting, Rick J. and Michael P. Richards. 2001. 'Dating women and becoming farmers: new palaeodietary and AMS dating evidence from the Breton Mesolithic cemeteries of Téviec and Hoëdic.' *Journal of Anthropological Archaeology* 20: 314–44.
Schulting, Rick J. and Linda Fibiger (eds). 2012. *Sticks, Stones, and Broken Bones: Neolithic Violence in a European Perspective.* Oxford: Oxford University Press.
Schultz, James W. 1935. *My Life as an Indian.* Boston: Houghton Mifflin Company.
Scott, James C. 1990. *Domination and the Arts of Resistance.* New Haven, CT and London: Yale University Press.
——. 2009. *The Art of Not Being Governed: An Anarchist History of Upland Southeast Asia.* New Haven, CT and London: Yale University Press.
——. 2017. *Against the Grain: A Deep History of the Earliest States.* New Haven, CT and London: Yale University Press.
Seeman, Mark F. 1979. 'Feasting with the dead: Ohio Hopewell charnel house ritual as a context for redistribution.' In David S. Brose and N'omi B. Greber (eds), *Hopewell Archaeology: The Chillicothe Conference.* Kent, Ohio: Kent State University Press, pp. 39–46.
——. 1988. 'Ohio Hopewell trophy-skull artifacts as evidence for competition in Middle Woodland societies circa 50 B.C.–A.D. 350.' *American Antiquity* 53 (3): 565–77.
——. 2004. 'Hopewell art in Hopewell places.' In Richard F. Townsend and Robert V. Sharp (eds), *Hero, Hawk, and Open Hand: American Indian Art of the Ancient Midwest and South.* New Haven, CT and London: Yale University Press, pp. 57–71.
Seidimayer, Stephan J. 2000. 'The First Intermediate Period (c.2160–2055 bc).' in I. Shaw (ed.), pp. 118–47.

Seligman, Adam B., Robert P. Welier, Michael J. Puett and Bennett Simon. 2008. *Ritual and its Consequences: An Essay on the Limits of Sincerity.* Oxford: Oxford University Press.
Sen, Amartya. 2001. *Development as Freedom.* Oxford: Oxford University Press.
Servet, Jean-Michel. 1981. 'Primitive order and archaic trade. Part I.' *Economy and Society* 10 (4): 423–50.
—. 1982. 'Primitive order and archaic trade. Part II.' *Economy and Society* 11 (1): 22–59.
Severi, Carlo (transl. Janet Lloyd, Foreword by David Graeber). 2015. *The Chimera Principle: An Anthropology of Memory and Imagination.* Chicago: HAU Books.
Shady Solis, Ruth, Jonathan Haas and Winifred Creamer. 2001. 'Dating Caral, a Preceramic site in the Supe Valley on the central coast of Peru.' *Science* 292 (5517): 723–6.
Sharan, M. K. 1983. 'Origin of republics in India with special reference to the Yaudheya tribe.' In B. N. Mukherjee et al. (eds), *Sri Dinesacandrika – Studies in Indology.* Delhi: Sundeep Prakashan, pp. 241–52.
Sharer, Robert J. 2003. 'Founding events and Teotihuacan connections at Copán, Honduras.' In Braswell (ed.), pp. 143–65.
Sharma, J. P. 1968. *Republics in Ancient India, 1500 B.C. to 500 B.C.* Leiden: Brill.
Shaughnessy, Edward. L. 1989. 'Historical geography and the extent of the earliest Chinese kingdom.' *Asia Minor* (2) 2: 1–22.
—. 1999. 'Western Zhou history.' In Loewe and Shaughnessy (eds), pp. 288–351.
Shaw, Ian (ed.). 2000. *The Oxford History of Ancient Egypt.* Oxford: Oxford University Press.
Shennan, Stephen. 2009. 'Evolutionary demography and the population history of the European Early Neolithic.' *Human Biology* 81: 339–55.
—. 2018. *The First Farmers of Europe: An Evolutionary Perspective.* Cambridge: Cambridge University Press.
Shennan, Stephen and Kevan Edinborough. 2006. 'Prehistoric population history: from the Late Glacial to the Late Neolithic in Central and Northern Europe.' *Journal of Archaeological Science* 34: 1339–45.
Shennan, Stephen et al. 2013. 'Regional population collapse followed initial agriculture booms in mid-Holocene Europe.' *Nature* 4: 1–8.
Sheppard, Peter J. 2011. 'Lapita colonization across the Near/Remote Oceania boundary.' *Current Anthropology* 52 (6): 799–840.
Sherratt, Andrew. 1980. 'Water, soil and seasonality in early cereal cultivation.' *World Archaeology* 11: 313–30.
—. 1995. 'Reviving the grand narrative: archaeology and long-term change.' *Journal of European Archaeology* 3 (1): 1–32.
—. 1997. *Economy and Society in Prehistoric Europe. Changing Perspectives.* Edinburgh: Edinburgh University Press.
—. 1999. 'Cash crops before cash: organic consumables and trade.' In Chris Gosden and John G. Hather (eds), *The Prehistory of Food: Appetites for Change.* London: Routledge, pp. 13–34.
—. 2004. 'Fractal farmers: patterns of Neolithic origins and dispersal.' In C. Scarre et al. (eds), *Explaining Social Change: Studies in Honour of Colin Renfrew.* Cambridge: McDonald Institute, pp. 53–63.
—. 2007. 'Diverse origins: regional contributions to the genesis of farming.' In Colledge and Conolly (eds), pp. 1–20.
Sherratt, Susan. 2000. *Arthur Evans, Knossos, and the Priest-King.* Oxford: Ashmolean Museum.
—. 2001. 'Potemkin palaces and route-based economies.' In Voutsaki and Killen (eds), pp. 214–38.
Sherwood, Sarah C. and Tristam R. Kidder. 2011. 'The DaVincis of dirt: geoarchaeological perspectives on Native American mound building in the Mississippi River basin.' *Journal of Anthropological Archaeology* 30: 69–87.
Shimony, Annemarie. 1961. *Conservatism Among the Six Nations Iroquois Reservation.* Yale University Publications in Anthropology 65. New Haven, CT and London: Yale University Press.
—. 1970. 'Iroquois witchcraft at Six Nations.' In Deward E. Walker, Jr (ed.), *Systems of*

Witchcraft and Sorcery. Moscow, ID: Anthropological Monographs of the University of Idaho, pp. 239–65.

Shipton, Ceri et al. 2018. '78,000-year-old record of Middle and Later Stone Age innovation in an East African tropical forest.' *Nature Communications* 9: 1832.

Shklar, Judith. 1964. 'Rousseau's images of authority.' *The American Political Science Review* 58 (4): 919–32.

Shumilovskikh, Lyudmila S., Elena Novenko and Thomas Giesecke. 2017. 'Long-term dynamics of the East European forest-steppe ecotone.' *Journal of Vegetation Science* 29 (3): 416–26.

Sikora, Martin et al. 2017. 'Ancient genomes show social and reproductive behavior of early Upper Paleolithic foragers.' *Science* 358 (6363): 659–62.

Silver, Morris. 2015. 'Reinstating classical Athens: the production of public order in an ancient community.' *Journal on European History of Law* 1: 3–17.

Silverblatt, Irene. 1987. *Moon, Sun and Witches: Gender Ideologies and Class in Inca and Colonial Peru*. Princeton, NJ: Princeton University Press.

Silverman, Eric K. 2001. *Masculinity, Motherhood, and Mockery: Psychoanalyzing Culture and the Iatmul Naven Rite in New Guinea*. Ann Arbor: University of Michigan Press.

Simonse, Simon. 1992. *Kings of Disaster: Dualism, Centralism, and the Scapegoat-king in Southeastern Sudan*. Leiden: Brill.

—. 2005. 'Tragedy, ritual and power in Nilotic regicide: the regicidal dramas of the Eastern Nilotes of Sudan in contemporary perspective.' In D. Quigley (ed.), *The Character of Kingship*. Oxford: Berg, pp. 67–100.

Sioui, Georges. 1972. 'A la réflexion des Blancs d'Amérique du Nord et autres étrangers.' *Recherches amérindiennes au Quebec* 2 (4–5): 65–8.

—. 1992. *For an Amerindian Autohistory: An Essay on the Foundations of a Social Ethic*. Montreal: McGill-Queen's University Press.

—. 1999. *Huron-Wendat. The Heritage of the Circle*. Vancouver: British Columbia University Press.

Sipilä, Joonäs and Antti Lahelma. 2006. 'War as a paradigmatic phenomenon: endemic violence and the Finnish Subneolithic.' In T. Pollard and I. Banks (eds), *Studies in the Archaeology of Conflict*. Leiden: Brill, pp. 189–209.

Skoglund, Pontus et al. 2016. 'Genomic insights into the peopling of the Southwest Pacific.' *Nature* 538 (7626): 510–13.

Skousen, B. Jacob. 2016. 'Pilgrimage and the Construction of Cahokia: A View from the Emerald Site'. Doctoral dissertation, University of Illinois at Urbana-Champaign.

Slon, Viviane et al. 2014. 'The plastered skulls from the Pre-Pottery Neolithic B Site of Yiftahel (Israel) – a computed tomography-cased analysis.' *PLoS ONE* 9 (2): e89242.

Smith, Bruce D. 1992. 'Mississippian elites and solar alignments: a reflection of managerial necessity, or levers of social inequality?' In A. W. Barker and T. R. Pauketat (eds), *Lords of the Southeast: Social Inequality and the Native Elites of Southeastern North America*. Washington: Archaeological Papers of the American Anthropological Association, pp 11–30.

—. 2001. 'Low-level food production.' *Journal of Archaeological Research* 9 (1): 1–43.

Smith, De Cost. 1888. 'Witchcraft and demonism of the modern Iroquois.' *The Journal of American Folklore* 1 (3): 184–94.

Smith, Michael E. 1984. 'The Aztlan migrations of the Nahuatl chronicles: myth or history?' *Ethnohistory* 31 (3): 153–86.

—. 2012. *The Aztecs* (3rd edn). Oxford: Wiley-Blackwell.

—. 2015. 'Neighborhood formation in semi-urban settlements.' *Journal of Urbanism* 8 (2): 173–98.

—. 2019. 'Energized crowding and the generative role of settlement aggregation and urbanization.' In Attila Gyucha (ed.), *Coming Together: Comparative Approaches to Population Aggregation and Early Urbanization*. New York: SUNY Press, pp. 37–58.

Smith, Michael. E. et al. 2017. 'The Teotihuacan anomaly: the historical trajectory of urban design in ancient Central Mexico.' *Open Archaeology* 3: 175–93.

—. 2019. 'Apartment compounds, households, and population in the ancient city of Teotihuacan,

Mexico.' *Ancient Mesoamerica* 1–20. doi:10.1017/S0956536118000573.
Snow, Dean. 1991. 'Dating the emergence of the League of the Iroquois: a reconsideration of the documentary evidence.' In Nancy-Anne McClure Zeller (ed.), *A Beautiful and Fruitful Place: Selected Rensselaerswijck Seminar Papers*. Albany, NY: New Netherland Publishing, pp. 139–43.
Soffer, Olga. 1985. *The Upper Palaeolithic of the Central Russian Plain*. London: Academic Press.
Soffer, Olga, James M. Adovasio and David C. Hyland. 2000. 'Textiles, basketry, gender and status in the Upper Paleolithic.' *Current Anthropology* 41 (4): 511–37.
Soustelle, Jacques. 1962. *The Daily Life of the Aztecs on the Eve of the Spanish Conquest*. New York: Macmillan.
Sperber, Dan. 2005. *Explaining Culture: A Naturalistic Approach*. Oxford: Blackwell.
Spier, Leslie. 1930. *Klamath Ethnography*. Berkeley: University of California Press.
Spott, Robert and Alfred L. Kroeber. 1942. 'Yurok narratives.' *University of California Publications in American Archaeology and Ethnology* 35 (9): 143–256.
Spretnak, Charlene. 2011. 'Anatomy of a backlash: concerning the work of Marija Gimbutas.' *Journal of Archaeomythology* 7: 25–51.
Spriggs, Matthew. 1995. 'The Lapita culture and Austronesian prehistory in Oceania.' In Peter Bellwood et al. (eds), *The Austronesians: Historical and Comparative Perspectives*. Canberra: ANU Press, pp. 112–33.
—. 1997. *The Island Melanesians*. Oxford: Blackwell.
Starna, William A. 2008. 'Retrospecting the origins of the League of the Iroquois.' *Proceedings of the American Philosophical Society* 152 (3): 279–321.
Steckley, John. 1981 'Kandiaronk: a man called Rat.' In J. Steckley, *Untold Tales: Four Seventeenth-Century Hurons*. Toronto: Associated Heritage Publishing, pp. 41–52.
—. 2014. *The Eighteenth-Century Wyandot: A Clan-Based Study*. Waterloo, Ontario: Wilfrid Laurier University Press.
Steinke, Kyle and Dora C. Y. Ching (eds). 2014. *Art and Archaeology of the Erligang Civilization*. Princeton, NJ: Princeton University Press.
Steinkeller, Piotr. 2015. 'The employment of labour on national building projects in the Ur III period.' In Steinkeller and Hudson (eds), pp. 137–236.
Steinkeller, Piotr and Michael Hudson (eds). 2015. *Labor in the Ancient World*. Dresden: ISLET-Verlag.
Stern, Jessica Yirush. 2017. *The Lives in Objects: Native Americans, British Colonists, and Cultures of Labor and Exchange in the Southeast*. Chapel Hill: University of North Carolina Press.
Stevens, Chris and Dorian Q. Fuller. 2012. 'Did Neolithic farming fail? The case for a Bronze Age agricultural revolution in the British Isles.' *Antiquity* 86 (333): 707–22.
Stone, Elizabeth C. and Paul Zimansky. 1995. 'The tapestry of power in a Mesopotamian city.' *Scientific American* 272 (4): 118–23.
Stordeur, Danielle. 2000. 'Jerf el Ahmar et l'émergence du Néolithique au Proche-Orient.' In Jean Guilaine (ed.), *Premiers paysans du monde: Naissances des agricultures, Séminaire du Collège de France*. Paris: Errance, pp. 33–60.
Straus, Lawrence G. 1977. 'The Upper Palaeolithic cave site of Altamira (Santander, Spain).' *Quaternaria* 19: 135–48.
Straus, Lawrence. G. et al. (eds). 1990. *Humans at the End of the Ice Age: The Archaeology of the Pleistocene-Holocene Transition*. New York and London: Plenum Press.
Strehlow, T. G. H. 1947. *Aranda Traditions*. Carlton: Melbourne University Press.
Strudwick, Nigel. 1985. *The Administration of Egypt in the Old Kingdom: The Highest Titles and their Holders*. London: KPI.
Stuart, David. 2000. 'The arrival of strangers: Teotihuacan and Tollan in Classic Maya history.' In D. Carrasco, L. Jones and S. Sessions (eds), *Mesoamerica's Classic Heritage: From Teotihuacan to Aztecs*. Boulder: University Press of Colorado, pp. 465–513.
Styring, A. et al. 2017. 'Isotope evidence for agricultural extensification reveals how the world's

first cities were fed.' *Nature Plants* 3: 17076.
Subramanian T. S. 2010. 'The rise and fall of a Harappan city.' *Frontline* 27 (12).
Sugiyama, Nawa et al. 2019. 'Artistas mayas en Teotihuacan?' *Arqueología Mexicana* 24 (142): 8.
Sugiyama, Nawa, Saburo Sugiyama and Alejandro G. Sarabia. 2013. 'Inside the Sun Pyramid at Teotihuacan, Mexico: 2008–2011 excavations and preliminary results.' *Latin American Antiquity* 24 (4): 403–32.
Sugiyama, Saburo. 2005. *Human Sacrifice, Militarism, and Rulership: Materialization of State Ideology at the Feathered Serpent Pyramid, Teotihuacan*. Cambridge: Cambridge University Press.
Sugiyama, Saburo and Rubén Cabrera Castro. 2007. 'The Moon Pyramid project and the Teotihuacan state polity.' *Ancient Mesoamerica* 18: 109–25.
Suttles, Wayne. 1968. 'Coping with abundance.' In Lee and DeVore (eds), pp. 56–68.
Swanton, John Reed. 1931. 'Source material for the social and ceremonial life of the Choctaw Indians.' Bureau of American Ethnology Bulletin 103: 1–282.
Takahashi, Ryuzaburo and Leo Aoi Hosoya. 2003. 'Nut exploitation in Jomon society.' In S. L. R. Mason and J. G. Hather (eds), *Hunter-Gatherer Archaeobotany: Perspectives from the Northern Temperate Zone*. London: Institute of Archaeology, pp. 146–55.
Tambiah, Stanley J. 1973. 'The galactic polity in Southeast Asia.' In S. J. Tambiah, *Culture, Thought, and Social Action*. Cambridge, MA: Harvard University Press, pp. 3–31.
Tate, Carolyn E. 2012. *Reconsidering Olmec Visual Culture: The Unborn, Women, and Creation*. Austin: University of Texas Press.
Taube, Karl. A. 1986. 'The Teotihuacan cave of origin: the iconography and architecture of emergence mythology in Mesoamerica and the American Southwest.' *RES: Anthropology and Aesthetics* 12: 51–82.
—. 1992. 'The temple of Quetzalcoatl and the cult of sacred war at Teotihuacan.' *Anthropology and Aesthetics* 21: 53–87.
—. 2000. 'The writing system of ancient Teotihuacan.' *Ancient America*, vol. 1. Bardarsville, NC: Center for Ancient American Studies.
Teeter, Emily (ed.). 2011. *Before the Pyramids: The Origins of Egyptian Civilization*. Chicago: Oriental Institute.
Teschler-Nicola, M. et al. 1996. 'Anthropologische Spurensicherung – Die traumatischen und postmortalen Veränderungen an den linearbandkeramischen Skelettresten von Asparn/Schletz.' In H. Windl (ed.), *Rätsel um Gewalt und Tod vor 7.000 Jahren. Eine Spurensicherung*. Asparn: Katalog des Niederösterreichischen Landesmuseum, pp. 47–64.
Testart, Alain. 1982. 'The significance of food storage among hunter-gatherers.' *Current Anthropology* 23 (5): 523–37.
—. 2008. 'Des crânes et des vautours ou la guerre oubliée.' *Paléorient* 34 (1): 33–58.
Thapar, Romila. 1984. *From Lineage to State: Social Formations in the Mid-First Millennium BC in the Ganga Valley*. Oxford: Oxford University Press.
Thomas, Chad R., Christopher Carr and Cynthia Keller. 2005. 'Animaltotemic clans of Ohio Hopewellian peoples.' In Carr and Case (eds), pp. 339–85.
Thomas, Keith. 1978. *Religion and the Decline of Magic. Studies in Popular Beliefs in Sixteenth- and Seventeenth-Century England*. Harmondsworth: Penguin.
Thompson, Andrew et al. 2015. 'New dental and isotope evidence of biological distance and place of origin for mass burial groups at Cahokia's Mound 72.' *American Journal of Physical Anthropology* 158: 341–57.
Thwaites, Reuben Gold (ed.). 1896–1901. *The Jesuit Relations and Allied Documents: Travels and Explorations of the Jesuit Missionaries in New France, 1610–1791*. 73 vols. Cleveland, OH: Burrows Brothers.
Tilley, Lorna. 2015. 'Accommodating difference in the prehistoric past: revisiting the case of Romito 2 from a bioarchaeology of care perspective.' *International Journal of Paleopathology* 8: 64–74.
Tisserand, Roger. 1936. *Les Concurrents de J.-J. Rousseau à l'Académie de Dijon pour le prix de 1754*. Paris: Boivin.

Tooker, Elisabeth. 1964. *An Ethnography of the Huron Indians, 1615–1649*. Washington: Bureau of Ethnology, Bulletin number 190.
—. 1971. 'Clans and moieties in North America.' *Current Anthropology* 12 (3): 357–76.
—. 1978. 'The League of the Iroquois: its history, politics, and ritual.' In Bruce G. Trigger (ed.), *Handbook of North American Indians*, vol. 15: *Northeast*. Washington: Smithsonian Press, pp. 418–41.
—. 1984. 'Women in Iroquois society.' In M. K. Foster, J. Campisi and M. Mithun (eds), *Extending the Rafters: Interdisciplinary Approaches to Iroquoian Studies*. Albany: State University of New York Press, pp. 109–23.
—. 1988. 'The United States Constitution and the Iroquois League.' *Ethnohistory* 35: 305–36.
—. 1990. 'Rejoinder to Johansen.' *Ethnohistory* 37: 291–7.
Torres, Constantino Manuel. 2008. 'Chavín's psychoactive pharmacopoeia: the iconographic evidence.' In Conklin and Quilter (eds), pp. 237–57.
Townsend, Camilla. 2006. 'What in the world have you done to me, my lover? Sex, servitude, and politics among the pre-Conquest Nahuas as seen in the Cantares Mexicanos.' *The Americas* 62 (3): 349–89.
Trautmann, Thomas R. 1992. 'The revolution in ethnological time.' *Man* 27 (2): 379–97.
Treherne, Paul. 1995. 'The warrior's beauty: the masculine body and self-identity in Bronze Age Europe.' *Journal of European Archaeology* 3 (1): 105–44.
Trigger, Bruce G. 1976. *The Children of Aataentsic: A History of the Huron People to 1660*. Montreal: McGill-Queen's University Press.
—. 1985. *Natives and Newcomers: Canada's 'Heroic Age' Reconsidered*. Montreal: McGill-Queen's University Press.
—. 1990. 'Maintaining economic equality in opposition to complexity: an Iroquoian case study.' In S. Upham (ed.), *The Evolution of Political Systems: Sociopolitics in Small-Scale Sedentary Societies*. Cambridge: Cambridge University Press, pp. 119–45.
—. 2006. *A History of Archaeological Thought* (2nd edn). Cambridge: Cambridge University Press.
Trinkaus, Erik. 2018. 'An abundance of developmental anomalies and abnormalities in Pleistocene people.' *PNAS* 115 (47): 11941–6.
Trinkaus, Erik and Alexandra P. Buzhilova. 2018. 'Diversity and differential disposal of the dead at Sunghir.' *Antiquity* 92 (361): 7–21.
Trouillot, Michel-Rolph. 2003. 'Anthropology and the savage slot: the poetics and politics of otherness.' In M. R. Trouillot, *Global Transformations: Anthropology and the Modern World*. New York: Palgrave Macmillan, pp. 7–28.
Tuck, James A. 1978. 'Northern Iroquoian prehistory.' In Bruce G. Trigger (ed.), *Handbook of North American Indians*, vol. 15: *Northeast*. Washington: Smithsonian Press, pp. 322–33.
Tuerenhout, Dirk Van. 2002. 'Maya warfare: sources and interpretations.' *Civilisations* 50: 129–52.
Tully, James. 1994. 'Aboriginal property and Western theory: recovering a middle ground.' *Social Philosophy and Policy* 11 (2): 153–80.
Turnbull, Colin M. 1982. 'The ritualization of potential conflict between the sexes in Mbuti.' In Eleanor B. Leacock and Richard B. Lee (eds), *Politics and History in Band Societies*. Cambridge: Cambridge University Press, pp. 133–55.
Turner, Nancy J. and Dawn C. Loewen. 1998. 'The original "free trade": exchange of botanical products and associated plant knowledge in Northwestern North America.' *Anthropologica* 40 (1): 49–70.
Turner, Victor. 1969. *The Ritual Process: Structure and Anti-Structure*. Chicago: Aldine.
Tushingham, Shannon and Robert L. Bettinger. 2013. 'Why foragers choose acorns before salmon: storage, mobility, and risk in Aboriginal California.' *Journal of Anthropological Archaeology* 32 (4): 527–37.
Tylor, Edward. B. 1879. 'Remarks on the geographical distribution of games.' *Journal of the Anthropological Institute* 9 (1): 26.
Underhill, Anne P. et al. 2008. 'Changes in regional settlement patterns and the development

of complex societies in southeastern Shandong, China.' *Journal of Anthropological Archaeology* 27 (1): 1–29.
Ur, Jason. 2014. 'Households and the emergence of cities in Ancient Mesopotamia.' *Cambridge Archaeological Journal* 24: 249–68.
Uriarte, María Teresa. 2016. 'The Teotihuacan ballgame and the beginning of time.' *Ancient Mesoamerica* 17 (1): 17–38.
Urton, Gary and Carrie J. Brezine. 2005. 'Khipu accounting in ancient Peru.' *Science* 309 (5737): 1065–7.
Ussher, James. 1650. *The Annals of the Old and New Testament with the Synchronisms of Heathen Story to the Destruction of Hierusalem by the Romanes*. London: J. Crook and G. Bedell.
Valentine, B. et al. 2015. 'Evidence for patterns of selective urban migration in the Greater Indus Valley (2600–1900 bc): a lead and strontium isotope mortuary analysis.' *PLoS ONE* 10 (4): e0123103.
van der Velde, Pieter. 1990. 'Banderamik social inequality: A case study.' *Germania* 68: 19–38.
Vanhaeren, Marian and Francesco D'Errico. 2005. 'Grave goods from the Saint-Germain-de-la-Rivière burial: evidence for social inequality in the Upper Palaeolithic.' *Journal of Anthropological Archaeology* 24: 117–34.
Vayda, Andrew P. 1967. 'Pomo trade feasts.' In G. Dalton (ed.), *Tribal and Peasant Economies*. Garden City, NY: Natural History Press, pp. 495–500.
Veil, Stephan., K. et al. 2012. 'A 14,000-year-old amber elk and the origins of northern European art.' *Antiquity* 86: 660–63.
Vennum, Jr, Thomas. 1988. *Wild Rice and the Ojibway People*. St Paul: Minnesota History Society Press.
Vidale, Massimo. 2000. *The Archaeology of Indus Crafts: Indus Craftspeople and Why We Study Them*. Rome: IsIAO.
—. 2010. 'Aspects of palace life at Mohenjo-Daro.' *South Asian Studies* 26 (1): 59–76.
—. 2013. 'T-Shaped pillars and Mesolithic "chiefdoms" in the prehistory of Southern Eurasia: a preliminary note.' In Dennys Frenez and Maurizio Tosi (eds), *South Asian Archaeology 2007. Proceedings of the 19th International Conference of the European Association of South Asian Archaeology*. Oxford: BAR, pp. 51–8.
Videiko, Mikhail. 1996. 'Die Grossiedlungen der Tripol'e-Kultur in der Ukraine.' *Eurasia Antiqua* 1: 45–80.
Viner, Sarah et al. 2010. 'Cattle mobility in prehistoric Britain: strontium isotope analysis of cattle teeth from Durrington Walls (Wiltshire, Britain).' *Journal of Archaeological Science* 37: 2812–20.
Von Dassow, Eva. 2011. 'Freedom in ancient Near Eastern societies.' In Karen Radner and Eleanor Robson (eds), *The Oxford Handbook of Cuneiform Culture*. Oxford: Oxford University Press, pp. 205–28.
Voutsaki, Sofia. 1997. 'The creation of value and prestige in the Aegean Late Bronze Age.' *Journal of European Archaeology* 5 (2): 34–52.
Voutsaki, Sofia and John Killen (eds). 2001. *Economy and Politics in the Mycenaean Palatial States*. Cambridge: Cambridge Philological Society.
Walens, Stanley. 1981. *Feasting with Cannibals: An Essay on Kwakiutl Cosmology*. Princeton, NJ: Princeton University Press.
Wallace, Anthony F. C. 1956. 'Revitalization movements.' *American Anthropologist* 58 (2): 264–81.
—. 1958. 'Dreams and the wishes of the soul: a type of psychoanalytic theory among the seventeenth century Iroquois.' *American Anthropologist* (N.S.) 60 (2): 234–48.
Warren, Carol. 1993. *Adat and Dinas: Balinese Communities in the Indonesian State*. Kuala Lumpur: Oxford University Press.
Weber, Max (transl. Talcott Parsons). 1930 [1905]. *The Protestant Ethic and the Spirit of Capitalism*. London: Unwin.
Weismantel, Mary. 2013. 'Inhuman eyes: looking at Chavín de Huantar.' In Christopher Watts (ed.), *Relational Archaeologies: Humans, Animals, Things*. London: Routledge, pp. 21–41.

Wengrow, David. 1998. 'The changing face of clay: continuity and change in the transition from village to urban life in the Near East.' *Antiquity* 72: 783–95.
—. 2001. 'The evolution of simplicity: aesthetic labour and social change in the Neolithic Near East.' *World Archaeology* 33 (2): 168–88.
—. 2003. 'Interpreting animal art in the prehistoric Near East.' In T. Potts, M. Roaf and D. Stein (eds), *Culture through Objects. Ancient Near Eastern Studies in Honour of P. R. S. Moorey*. Oxford: Griffith Institute, pp. 139–60.
—. 2006. *The Archaeology of Early Egypt: Social Transformations in North-East Africa, 10,000 to 2650 bc*. Cambridge: Cambridge University Press.
—. 2008. 'Prehistories of commodity branding.' *Current Anthropology* 49 (1): 7–34.
—. 2010a. *What Makes Civilization? The Ancient Near East and the Future of the West*. Oxford: Oxford University Press.
—. 2010b. 'The voyages of Europa: ritual and trade in the Eastern Mediterranean, c.2300–1850 bc.' In William A. Parkinson and Michael L. Galaty (eds), *Archaic State Interaction: The Eastern Mediterranean in the Bronze Age*. Santa Fe: School for Advanced Research Press, pp. 141–60.
—. 2011. 'Archival and sacrificial economies in Bronze Age Eurasia: an interactionist approach to the hoarding of metals.' In T. Wilkinson, D. J. Bennet and S. Sherratt (eds), *Interweaving Worlds*. Oxford: Oxbow Books, pp. 135–44.
—. 2015. 'Cities before the State in early Eurasia' (the Jack Goody Lecture). Halle: Max Planck Institute for Social Anthropology.
Wengrow, David et al. 2014. 'Cultural convergence in the Neolithic of the Nile Valley: a prehistoric perspective on Egypt's place in Africa.' *Antiquity* 88: 95–111.
Wengrow, David and David Graeber. 2015. 'Farewell to the childhood of man: ritual, seasonality, and the origins of inequality' (the 2014 Henry Myers Lecture). *Journal of the Royal Anthropological Institute* 21 (3): 597–619.
—. 2018. 'Many seasons ago: slavery and its rejection among foragers on the Pacific Coast of North America.' *American Anthropologist* 120 (2): 237–49.
Wernke, Stephen. 2006. 'The politics of community and Inka statecraft in the Colca Valley, Peru.' *Latin American Antiquity* 17 (2): 177–208.
White, Christine, T. Douglas Price and Fred J. Longstaffe. 2007. 'Residential histories of the human sacrifices at the Moon Pyramid, Teotihuacan: evidence from oxygen and strontium isotopes.' *Ancient Mesoamerica* 18 (1): 159–72.
White, Christine D. et al. 2002. 'Geographic identities of the sacrificial victims from the Feathered Serpent Pyramid, Teotihuacan: implications for the nature of state power.' *Latin American Antiquity* 13 (2): 217–36.
—. 2008. 'The Teotihuacan dream: an isotopic study of economic organization and immigration.' *Ontario Archaeology* 85–8: 279–97.
White, Randall. 1985. *Upper Palaeolithic Land Use in the Périgord: A Topographical Approach to Subsistence and Settlement*. Oxford: British Archaeological Reports.
—. 1999. 'Intégrer la complexité sociale et opérationnelle: la construction matérielle de l'identité sociale à Sungir.' In M. Julien et al. (eds), *Préhistoire d'os: recueil d'études sur l'industrie osseuse préhistorique offert à Henriette Camps-Faber*. Aix-en-Provence: L'Université de Provence, pp. 319–31.
White, Richard. 1991. *The Middle Ground: Indians, Empires, and Republics in the Great Lakes Region, 1650–1815*. Cambridge: Cambridge University Press.
Whitelaw, Todd. 2001. 'Reading between the tablets: assessing Mycenaean palatial involvement in ceramic production and consumption.' In Voutsaki and Killen (eds), pp. 51–79.
—. 2004. 'Estimating the population of Neopalatial Knossos.' In Gerald Cadogan, Eleni Hatzaki and Antonis Vasilakis (eds), *Knossos: Palace, City, State*. London: The British School at Athens, pp. 147–58.
Widmer, Randolph J. 1988. *The Evolution of the Calusa: A Nonagricultural Chiefdom on the Southwest Florida Coast*. Tuscaloosa and London: University of Alabama Press.
Wild, Eva. M. et al. 2004. 'Neolithic massacres: local skirmishes or general warfare in Europe?'

Radiocarbon 46: 377–85.
Wilk, Richard. 2004. 'Miss Universe, the Olmec and the Valley of Oaxaca.' *Journal of Social Archaeology* 4 (1): 81–98.
Wilkinson, Toby. 2014. 'The Early Transcaucasian phenomenon in structural-systemic perspective: cuisine, craft and economy.' *Paléorient* 40 (2): 203–29.
Wilkinson, Tony J. 2010. 'The Tell: social archaeology and territorial space.' In D. Bolger and L. Maguire (eds), *The Development of Pre-state Communities in the Ancient Near East: Studies in Honour of Edgar Peltenburg.* Oxford: Oxbow, pp. 55–62.
Will, Manuel, Nicholas J. Conard and Christian A. Tryon. 2019. 'Timing and trajectory of cultural evolution on the African continent 200,000–30,000 years ago.' In Y. Sahle et al. (eds), *Modern Human Origins and Dispersal.* Tübingen: Kerns Verlag, pp. 25–72.
Willcox, George. 2005. 'The distribution, natural habitats and availability of wild cereals in relation to their domestication in the Near East: multiple events, multiple centres.' *Vegetation History and Archaeobotany* 14: 534–41.
—. 2007. 'The adoption of farming and the beginnings of the Neolithic in the Euphrates valley: cereal exploitation between the 12th and 8th millennia cal. bc.' In Colledge and Conolly (eds), pp. 21–36.
—. 2012. 'Searching for the origins of arable weeds in the Near East.' *Vegetation History and Archaeobotany* 21 (2): 163–7.
Willcox, G., Sandra Fornite and Linda Herveux. 2008. 'Early Holocene cultivation before domestication in northern Syria.' *Vegetation History and Archaeobotany* 17: 313–25.
Williams, Stephen. 1990. 'The Vacant Quarter and other late events in the Lower Valley.' In D. H. Dye (ed.), *Towns and Temples Along the Mississippi.* Tuscaloosa: University of Alabama Press, pp. 170–80.
Wills, John H. 1970. 'Speaking arenas of ancient Mesopotamia.' *Quarterly Journal of Speech* 56 (4): 398–405.
Wissler, Clark. H. 1922. *The American Indian.* New York: Douglas C. McMurtrie.
—. 1927. 'The culture-area concept in social anthropology.' *American Journal of Sociology* 32 (6): 881–91.
Wolf, Eric. R. 1982. *Europe and the People Without History.* Berkeley: University of California Press.
—. 1999. *Envisioning Power: Ideologies of Dominance and Crisis.* Berkeley: University of California Press.
Wood, Andrée. R. 1992. 'The detection, removal, storage, and species identification of prehistoric blood residues from Çayönü.' *American Journal of Archaeology* 96 (2): 374.
Woodburn, James. 1982. 'Egalitarian societies.' *Man* (N.S.) 17: 431–51.
—. 1988. 'African hunter-gatherer social organization: is it best understood as a product of encapsulation?' In T. Ingold, D. Riches and J. Woodburn (eds), *Hunters and Gatherers*, vol. 1: *History Evolution and Social Change.* Oxford: Berg, pp. 43–64.
—. 2005. 'Egalitarian societies revisited.' In T. Widlok and W. G. Tadesse (eds), *Property and Equality*, vol. 1: *Ritualisation, Sharing, Egalitarianism.* New York: Berghahn Books, pp. 18–31.
Woods, William I. 2004. 'Population nucleation, intensive agriculture, and environmental degradation: the Cahokia example.' *Agriculture and Human Values* 21: 255–61.
Woods, William I. et al. (eds). 2009. *Amazonian Dark Earths: Wim Sombroak's Vision.* Dordrecht and London: Springer.
Wright, Emily et al. 2014. 'Age and season of pig slaughter at Late Neolithic Durrington Walls (Wiltshire, UK) as detected through a new system for recording tooth wear.' *Journal of Archaeological Science* 52: 497–514.
Wright, Katherine I. 2007. 'Women and the emergence of urban society in Mesopotamia.' In S. Hamilton and R. D. Whitehouse (eds), *Archaeology and Women: Ancient and Modern Issues.* Walnut Creek, CA: Left Coast Press, pp. 199–245.
Wright, Katherine I. et al. 2008. 'Stone bead technologies and early craft specialization: insights from two Neolithic Sites in eastern Jordan.' *Levant* 40 (2): 131–65.

Wright, Rita P. 2010. *The Ancient Indus: Urbanism, Economy, and Society.* New York: Cambridge University Press.

Yen, Douglas. E. 1995. 'The development of Sahul agriculture with Australia as bystander.' *Antiquity* 69 (265): 831–47.

Yerkes, Richard W. 2005. 'Bone chemistry, body parts, and growth marks: evaluating Ohio Hopewell and Cahokia Mississippian seasonality, subsistence, ritual, and feasting.' *American Antiquity* 70 (2): 241–65.

Yoffee, Norman. 1995. 'The political economy of early Mesopotamian states.' *Annual Review of Anthropology* 24: 281–311.

—. 2005. *Myths of the Archaic State: Evolution of the Earliest Cities, States, and Civilizations.* Cambridge: Cambridge University Press.

Younger, John. 2016. 'Minoan women.' In S. L. Budin and J. M. Turfa (eds), *Women in Antiquity: Real Women Across the Ancient World.* London and New York: Routledge, pp. 573–94.

Yuan, Jing and Rowan Flad. 2005. 'New zooarchaeological evidence for changes in Shang Dynasty animal sacrifice.' *Journal of Anthropological Archaeology* 24 (3): 252–70.

Zagarell, Allen. 1986. 'Trade, women, class, and society in Ancient Western Asia.' *Current Anthropology* 27 (5): 415–30.

Zedeño, María Nieves. 2008. 'Bundled worlds: the roles and interactions of complex objects from the North American Plains.' *Journal of Archaeological Method and Theory* 15: 362–78.

Zeder, Melinda A. and Brian Hesse. 2000. 'The initial domestication of goats (*Capra hircus*) in the Zagros Mountains 10,000 years ago.' *Science* 287: 2254–7.

Zheltova, Maria N. 2015. 'Kostenki 4: Gravettian of the east – not Eastern Gravettian.' *Quaternary International* 359–60: 362–71.

Zhilin, Mikhail et al. 2018. 'Early art in the Urals: new research on the wooden sculpture from Shigir.' *Antiquity* 92 (362): 334–50.

Zvelebil, Marek. 2006. 'Mobility, contact, and exchange in the Baltic Sea basin, 6000–2000 bc.' *Journal of Anthropological Archaeology* 25: 178–92.

译后记

张 帆

2021年夏天,我接到出版方的翻译邀请,随邮件而至的是一本极其厚重的著作——体量厚重,尚未定稿出版的英文书稿有700多页;分量厚重,这是天才人类学家大卫·格雷伯在2020年9月突然离世前与考古学家大卫·温格罗合作的最后一本遗著。

思虑再三,我接受了邀请。之所以犹豫,固然是因为对年轻教师而言,翻译作品并不能"积工分",但更重要的是出版社希望尽快翻译出版以飨读者,翻译时间紧、难度大,恐辜负了众多喜爱和跟随两位"大卫"的读者。于是我找到了当时刚从北大社会学系硕士毕业,即将进入法国国立东方语言文明学院(INALCO)进行博士深造的张雨欣,她在法国社会理论,尤其是结构主义理论上有所耕耘。我们很快被这本书中的图景"蛊惑",一拍即合,于2021年7月着手翻译。

在写作中,二"大卫"密切合作,于十年间不断交流碰撞。在翻译中,二"张"也相互配合,从2021年7月着手翻译到2023年1月提交全文译稿的一年半中,我们各自负责其中六章的翻译工作,并阅读对方的译文、互相校对,以统一书中前后出现的人名、地名、专有名词以及特定概念,并保证译文风格的一致性。格雷伯与温格罗在本书中的写作风格直接而有力。本书的翻译力求将原作的力量呈现给中文读者。这意味着一方面,翻译要忠实于原文,将其合乎原意地转译为流畅的汉语;另一方面,不能由于译文的冗长而使其丧失锐度和力度。我们努力在这二者之间寻求平衡,在此基础上,在能更符合中文节奏与语言习惯之处做了进一步调整。

原著中处理和分析的考古学、人类学材料，涉及长时段历史中世界各个区域的文明进程，有较多世界考古学相关名称与词汇，也有两位作者独创或借用自其他领域的概念。我们在翻译的过程中不断探索学习，共同商榷，在必要的时候，我也曾邮件咨询过温格罗教授。2022年秋季学期，我在"人类学理论"的课上和选课的研究生们共同逐字逐句阅读和对照了原著和译稿，在此特别感谢参加这门课的同学。同时也要感谢先后接手这本译作的王彦华、曹彧、倪谦谦三位编辑，感谢她们对译稿做的润色修改。尽管如此，一年半的时光对于这个厚重文本而言，依然过于仓促。如有不足、不当甚至错讹之处，敬请读者批评指正，以供未来完善译文。

在一年半的翻译过程中，我们享受互相交流、学习探索的时光，虽遇到过具体的困难，常常停下推敲，但也体会着合作中互相信任、互相支持的愉快。翻译的另一重愉快与激情当然来自原作本身。当人类学在今天被困于个体心灵治疗、社会问题挖掘、异域体验拓展等日常琐碎中时，两位大卫振聋发聩，让人类学者重新定位自己的学科，重新认识其使命：去和那些奠定整个现代社会的不言自明的前提交手，去清理关于人类历史最根深蒂固的神话，指出人类命运本来丰富、复杂也精彩的可能性。

出版后记

本书脱胎自人类学家大卫·格雷伯和考古学家大卫·温格罗历时十年的思想碰撞，是一部充满创新洞见的大胆之作。它直接挑战了《人类简史》等大历史畅销书背后的人类演化观。在两位作者看来，关于智人如何进化、文明如何崛起、国家秩序如何确立这一整套我们耳熟能详的线性历史叙事，实则只是一个现代版本的起源神话，并非事实本身。而它背后隐含的许多预设，如西方中心的进步观、不平等是现代文明无法规避的代价等，其实正阻碍着我们从根本上破解人类今日面临的困局。

为此，作者们尝试摆脱概念桎梏，从更富于人性也更贴近复杂历史现实的角度重新书写我们的祖先。他们首先从源头拆解了这套社会发展阶段论，将其追溯至启蒙时期美洲原住民对欧洲的批判，以及欧洲人做出的保守反击。随后，他们借助考古学、人类学等学科最新的细分领域研究成果，重新审视了"自然状态""农业革命""国家起源"等传统大历史中所谓的关键节点，带我们看到在主流叙事脉络的遮蔽之下，人类其实有过怎样多元和流动的社会组织形态，历史的道路又有过多少分岔与并行。在他们笔下，那些曾被置于进化序列上"落后"位置的人，不再是刻板印象式的初民，为客观规律所摆布，而是拥有自主性与能动性的"政治动物"，能够自由地试验和放弃不同的制度形式；而我们步入现代民族国家（和所谓文明）的过程，恰恰是丧失这种自由与灵活性的过程。重新发现人类本就拥有的诸多可能性，或许能赋予我们新的思想资源，去想象一个更具希望的未来。

这部书有着宏大的架构和丰富的内容，对读者而言将是一场迷人的智识挑战。而作为出版方，编校成书的过程无异于另一重挑战。受编者水平所限，书中如有错讹之处，还望广大读者指正。

图书在版编目（CIP）数据

人类新史：一次改写人类命运的尝试 /（美）大卫·格雷伯,（英）大卫·温格罗著；张帆, 张雨欣译. -- 北京：九州出版社, 2024.6（2024.11 重印）

ISBN 978-7-5225-2794-9

Ⅰ.①人… Ⅱ.①大… ②大… ③张… ④张… Ⅲ.①文化人类学—研究 Ⅳ.① C958

中国国家版本馆 CIP 数据核字 (2024) 第 071660 号

Copyright © David Graeber and David Wengrow
All rights reserved including the rights of reproduction in whole or in part in any form.

著作权合同登记号：01-2024-2001
审图号：GS（2023）4448 号

人类新史：一次改写人类命运的尝试

作　　者	［美］大卫·格雷伯　［英］大卫·温格罗 著
	张　帆　张雨欣 译
责任编辑	周　春
出版发行	九州出版社
地　　址	北京市西城区阜外大街甲 35 号（100037）
发行电话	（010）68992190/3/5/6
网　　址	www.jiuzhoupress.com
印　　刷	河北中科印刷科技发展有限公司
开　　本	655 毫米 ×1000 毫米　16 开
印　　张	35
字　　数	580 千字
版　　次	2024 年 6 月第 1 版
印　　次	2024 年 11 月第 2 次印刷
书　　号	ISBN 978-7-5225-2794-9
定　　价	128.00 元

★ 版权所有　侵权必究 ★

《人类新史》新在何处？

1. 作者的问题意识经历了怎样的转变？如何从探究"社会不平等"的起源转向了探究"社会不平等的起源"这个问题的起源？
2. 我们所熟知的人类历史演化故事是怎样的？在作者看来，它们有哪些潜在的问题？
3. 社会进化阶段论最初是如何出现的，又经历了怎样的演变？美洲原住民对欧洲殖民者的批判，怎样影响了这一进程？
4. 根据作者的分析，启蒙思想中有哪些方面可能借鉴了北美原住民的思想传统？
5. 在传统历史的描述中，最早的人类社会（狩猎-采集者社会）是什么样子的？它多大程度上借鉴了对布须曼人等非洲觅食者的刻板印象？新涌现的旧石器时代考古证据，怎样推翻了这种描述？
6. 作者是如何综合考古证据、民族志记录与人类学理论来论证人类早期社会的季节性模式的？这种模式在今天还能找到什么痕迹？
7. 为什么作者呼吁搁置"平等主义"这个概念，它存在哪些问题？为什么将我们通常所说的"平等社会"称作"自由社会"更合适？
8. 我们今天所理解的私有财产概念，与罗马法有着怎样的渊源？这种对产权的定义，与亚马孙等社会对产权的定义有什么显著区别？
9. 加拿大西北海岸和加利福尼亚两个相邻区域的社会有着怎样不同的组织方式和精神气质？为什么传统上对环境条件和生产方式的分析，不足以解释这种差异？作者是怎样用"分裂演化"的概念来解释它们的？为什么说文化是"拒绝的结构"？

10. 为什么说不存在通常所说的"农业革命"？在作者的描述中，谷物的驯化和传播呈现出怎样一种偶然的过程？

11. 早期的狩猎采集者如何灵活地选择又放弃农业，进而维持一种"自由生态"？他们如何与早期的农耕社区共存？为什么说农业"首先是一种匮乏经济"？

12. 在传统理论的描述中，社会规模的扩大是如何导向社会不平等的？本书作者是怎样反驳这种观点的？书中列举的诸多早期城市文明，如何以没有统治者的方式组织起来？

13. 美洲的著名城邦特奥蒂瓦坎，是怎样从极权统治转向社会民主探索的？这种社会发展之路上的"倒退"还能在哪些其他例子中找到？应该以什么样的新眼光去看待这些社会的选择？

14. 传统历史怎样讲述科尔特斯征服阿兹特克帝国的故事？特拉斯卡拉人在其中扮演了怎样的角色？作者对特拉斯卡拉议事会民主决策过程的新发现，如何改写了这个经典故事？

15. 为何在作者看来，寻找"国家的起源"是一种徒劳？他们引入的"主权—官僚制—竞争性政治"的支配三原则理论，怎样重构了这个问题，又有了什么新发现？作者是怎么用这种模型去分析我们熟悉的埃及王国的？

16. 为什么作者认为支配是自下而上出现的？它是如何从小家庭层面发展起来，进而在社会层面扎根的？父权制在其中扮演了怎样的角色？为什么说暴力与关爱（照料）的结合至关重要？

17. 作者所说的三种基本自由——迁徙的自由、不服从的自由、创造或改变社会关系的自由——之间存在怎样的关联？它们为何重要，在今天又受到了怎样的制约？

18. 为什么作者认为历史上的许多重要突破，并不来自概念性的变革，而是来自人们日常生活中的玩乐和实验？

本书推荐

因为借力于数十年来人类学和考古学的最新研究成果,此书无疑是对启蒙运动后通行的社会进化理论的一次空前严重的挑战。书中虽然还有不少可以商榷的地方,但作者探索真理的非凡勇气和热忱,他们深厚的专业修养和殷切的社会关怀,都能使我们在阅读中时时感到欲罢不能,感到大有教益。尤其是,透过本书关于人类在进入农业社会之前普遍处于"和谐共生"状态的史实揭示,我们还有可能感悟到启蒙时代出现的"文明"概念的那个长期受到遮蔽的本义。

——高毅,北京大学历史学系教授

如何用新的眼光看待人类的过去,这是作者写作此书的主旨和目标。通过对人类历史演化中一些基本问题的考察,作者在起源性的追寻中努力破除现有的成见,提出自己的新解。阅读此书,将会扩展人们的视野,激发起我们的深思,如何重塑我们的世界,探寻未来社会变革的可能路径。

——李宏图,复旦大学历史学系教授

本书的原创性和学术野心令人印象深刻。格雷伯和温格罗挑战的不只是霍布斯和卢梭,更是现代文明史上的标准历史叙事,而他们论证过程中的复杂度和严谨性让人不能不肃然起敬。这本书不仅给了那些"没有历史的人"以应有的声音,而且启发我们深入思考何为善恶、何为人类。

——李钧鹏,华中师范大学社会学院教授,
International Sociology Reviews 主编

《人类新史》摧毁了众多学科的根基——原始人神话。当代人类学和考古学研究证明,人类的黎明时代有着惊人的复杂性、灵活性、自由度、思辨力。启蒙思想家为当代社会科学所构想的原始人,在历史和逻辑上都不可能存在过。《人类新史》或许标志着社会科学的新起点。

——梁永佳,浙江大学求是特聘教授

大卫·格雷伯的著作总能带来意想不到的东西,搅得学界不得安宁。这次回到他的本行,不出意料地又给大家讲述了一个全新的有关人类起源的故事。每次阅读格雷伯,都是一次智识上的重大挑战。

——梁捷,上海财经大学副教授

这是一部颇具勇气的作品。两位作者本着人文精神,挑战了传统大历史叙事中的一些基本参照系。书中呼唤的对人性与文明的新理解,值得我们深入思考。

——施展,大观学者,
上海外国语大学全球文明史研究所教授

本书是人类学家大卫·格雷伯和考古学家大卫·温格罗思想碰撞的结晶,他们利用考古学和人类学的开创性研究,带领我们重新审视人类文明和世界历史,从根本上改变了我们对人类文明起源的理解。

他们抛弃过去占主导地位的那种宏大叙事，利用清晰、有力、有趣、丰富的考古学和民族志的细节，提供了一系列崭新而且引人入胜的见解，揭示了我们过去对人类历史理解存在的极大的误区。在优美而且通俗易懂的散文式的描述中，人类多种形式的存在和进化的故事徐徐地展现在读者的眼前。

——王笛，澳门大学人文学院历史系教授

这是一场迷人的探寻，引导我们重新思考人类能力的本质，重新思考我们自己历史上最值得骄傲的时刻，以及我们与原住民社会的文化和被淡忘的原住民知识分子之间的互动，还有对他们的亏欠。兼具挑战性和启发性。

——［美］诺姆·乔姆斯基，知名语言学家、哲学家及社会活动家

大卫·格雷伯和大卫·温格罗不满足于对人类历史上的重大问题给出不同的回答，而是坚持对我们提出的问题本身展开革命性思考。其结果是：对"前现代"土著生活所代表的丰富、有趣、反思和实验的主题展开了一套令人眼花缭乱的、原创的和令人信服的叙事，以及对人类学和考古学思想史的一次富有挑战性的改写。《人类新史》应当成为所有关于这类宏大主题的后续作品的起点。那些日后登上此船（"二大卫号"）起航的人，将有两位无与伦比的领航员。

——［美］詹姆斯·C.斯科特，耶鲁大学政治学和人类学斯特林荣休教授、《弱者的武器》《支配与抵抗艺术》作者

这不是一本书，而是一场思想盛宴。书中没有一个章节不在（玩世不恭地）颠覆根深蒂固的思想信念。它既有深度，又轻巧地打破常

规，言之有据，值得一读。

——［美］纳西姆·尼古拉斯·塔勒布，
《黑天鹅》《反脆弱》作者

《人类新史》是对一切事物的彻底修正，将我们从关于人类过去的熟悉故事中解放出来，那些故事常常被用来限制我们对人类未来的想象。与之相对，格雷伯和温格罗告诉我们，人类最重要的是其创造性，从一开始就如此，因此，关于我们曾经如何存在、应当如何存在、未来如何存在，都不该只有一种方式。贯穿本书的另一股强大的潮流是对原住民观点的重新认识，看到其对欧洲思想的巨大影响，是对非殖民化全球历史的宝贵贡献。

——［美］丽贝卡·索尔尼特，《爱说教的男人》作者

引人入胜，发人深省，极具开创性。本书将引发未来多年的辩论。

——［荷］鲁特格尔·布雷格曼，《人类的善意》
《现实主义者的乌托邦》作者

《人类新史》综合了许多近期的学术成果，举重若轻地推翻了关于过去的陈旧和过时的假设，焕新了我们的思想和精神资源，并奇迹般地揭示出未来的开放性。这是我近年来读过的最振奋人心的书。

——［印］潘卡吉·米什拉，《苦厄的终结》作者

格雷伯和温格罗"调试了"关于人类深层历史的陈词滥调，开启了我们对未来可能性的思考。没有比这更重要、更及时的项目了。

——［美］杰伦·拉尼尔，《虚拟现实：万象的新开端》
《互联网冲击》作者

重写初民世界的历史

陈嘉映 首都师范大学哲学系特聘教授

我曾推荐本书作者之一大卫·格雷伯的《毫无意义的工作》，现在又来推荐他与大卫·温格罗合写的这部《人类新史》(The Dawn of Everything: A New History of Humanity)。

最早的人类社会是狩猎-采集社会，它们是一些规模很小、四处漂泊的游群，获得物只够勉强糊口。约 1.2 万年前，最后一次冰期结束，世界上少数几个地方发展出动植物驯化的技术，出现了定居的农耕社会。生产力提高了，基于剩余产品，出现了城市、阶级分化、中央集权、文字。这些要素构成了我们所熟悉的文明。我心目中的初民世界大致是这个样子的，我猜想大多数读者的想法跟我相似。

这本书挑战了这幅我熟悉的画面。根据考古学近年来的研究，狩猎-采集者（觅食者）能够拥有大量的剩余获得物，拥有技术高超的工匠，进行大规模的合作，建造宏大的公共建筑，例如哥贝克力石阵、波弗蒂角的大型土方建筑。动植物驯化独立起源于世界上的 15~20 个地区，而不是一个或三四个源头。定居并非源自农业，"早在以谷物为膳食主体之前很久，中东地区的人们就已经开始在永久性村庄定居了"（第 202 页）。在获得生活资料方面，农业一开始并没有显示出什么优势，初民掌握农耕技术之后往往又放弃掉，返回觅食的生活方式，因为这种生活往往更为自由轻松。我们认为觅食生活格外贫苦，更多是因为当人类学这个学科建立起来并开始研究初民社会的时候，觅食者差不多都被排挤到没人愿意居住的贫瘠地带去了，但即使如此，"在像纳米比亚或博茨瓦纳等地相当荒凉的沙漠环境中，觅食者们也可以轻轻松松地养活群体中的每个人，而且每周还有三到五天可以投入闲谈、争论、游戏、跳舞或旅行这些舒展人性的娱乐活动中"（第119页）。实际上，农业出现以后的大部分时间里，人的劳动时间越来越长，生活变得越来越辛苦。工业革命使情况变得更糟。直到最近百余年，这种趋势才得以扭转，在"发达地区"，人类劳动逐渐减轻，生活不再那么辛苦。（第118页）不平等的社会结构并非起源于农业。佛罗里达原住民卡卢萨人以渔猎为生，他们有国王，国王拥有生杀予夺的权力。反过来，农业以及建基于农业的早期城市也并不意味着必然出现阶级分化。"数量惊人的早期城市完全没有固化的阶级差异，而是按照强有力的平等主义原则组织起来的。"（第4页）"根本没有理由相信小规模群体里最可能人人平等——或者反过来，也没有理由相信大规模群体就必须有国王、总统甚至官僚制度。"（第10页）坐落在墨西哥谷中的特奥蒂瓦坎，从公元前100年延续到公元600年，极盛时期，居民人口达到10万，种种迹象表明，这里并没有自上而下的统治。特奥蒂瓦坎发掘出数以千计的雕刻、壁画，大到宏伟的石雕，小到巴掌大的陶像，其中找不到一幅以击打、捆绑等方式支配下属的统治者形象，这差不多表明，这座历史悠久的巨大城市"在权力顶峰时期设法实现了没有最高统治者的自治"（第286页）。同时，从各种考古证据推测，这里几乎没有赤贫人口，"许多市民所享受的生活标准，是城市史上任何其他城市社区都难以企及的，包括我们自己的社会"（第297页）。

作者整体上挑战游群、酋邦、部落、国家这一关于人类发展四阶段的流行观念，仿佛"人类社会可以按照发展阶段来排列，每个阶段都有自己典型的技术和组织形态"(第4页)。实际上,"不存在人类社会的'原始'形态"(第71页)。单说狩猎-采集的生产方式,就对应多种多样的政治组织形式。很可能,人类在过去约4万年中的大部分时间都穿梭于不同的社会组织形式。组织多样性的一个重要来源是分裂演化:通过有意区别于他者来营造特定的自身认同。美洲西北海岸社会浮夸炫耀成风,而他们的邻居,加利福尼亚北部的采猎者,则像清教徒那般简朴自律。文化具有拒斥结构,即使一种技术能够带来明显的收益,一个族群为了自己的族群认同仍然可能拒不采纳,"社会通过互相借鉴而生存,但它们通过拒绝而非接受借鉴来自我界定"(第151页)。

本书对"初民社会"的传统观念提出质疑("初民"不是这本书采用的概念,我为了简便把尚无文字的人类统称为"初民"),依据的首先是近几十年的考古-历史研究新成果,尤其是美洲考古的成果。近几十年来,美洲考古的新成果最多。但更重要的原因在于,亚欧大陆一直互相交通、影响,很难确定哪个地区可以提供独立的参照,借以修正我们对初民社会的传统观念,"唯一真正的例外是美洲"(第390页),它提供了一个真正的参照系。也因此,我们很难用熟悉的概念来谈论哥伦布到来之前的美洲。例如曾存在几个巨大的、贯通整个北美洲的氏族网络。我们也许可以多多少少用国家这样的概念来概括古埃及、希腊城邦和中国的商王朝、周王朝,但无论如何也无法把北美洲的这类氏族网络称作"国家"。

对美洲社会的新近研究不仅为我们考察初民社会提供了参照系,而且,有大量的资料表明,美洲原住民的观念也曾直接影响了启蒙时代的欧洲思想。我们都知道"新大陆"赠予旧世界不少新事物——玉米、番茄、辣椒,但美洲初民的生活方式和思想观念则过于质朴和原始,不大可能反哺欧洲的"先进"思想。但依作者的刻画,美洲原住民广泛拥有对公共事务进行公开讨论的习俗，北美洲的克里克人城镇里的成年男子每天聚集起来，"花费大量时间争论政治，秉持理性辩论的精神"，酋长的职责无非看管公共谷仓、召集民众集会。（第409页）他们的社会-政治思考丰富而独特，跟西方殖民者交往之后，他们往往对西方生活方式提出一针见血的批判。殖民者随后把他们的观念传递到了欧洲。启蒙思想家常常设想的"自然状态"，几乎都受到美洲原住民生活状态的影响，甚至社会进化理论一开始也恰是西方人针对原住民批评的自我辩护式的回应。自由、平等这些最典型的"西方观念"，其近代形态也是在美洲初民的影响下形成的，而不是直接来自希腊和基督教——实际上，像平等这一观念的现代形态几乎不见于欧洲传统，"没有证据显示在哥伦布时代之前，拉丁词语 *aequalitas*（平等）或 *inaequalitas*（不平等）或它们对应的英语、法语、西班牙语、德语或意大利语词，曾被用来描述社会关系"。（第28页）

像很多读书人一样，我对考古学感兴趣，愿了解考古学的新进展。不过，本书怀有更深远的宗旨。本书研究的是初民社会，但如书名所示，本书的宏愿是重新书写人类的历史，至少为这种重新书写打下基础。这本书的作者最早考虑的主题是不平等的起源，但他们很快发现，这是个不成立的论题。简单说来，人类社会并非起源于平等状态，从一开始，有些社会就采用了平等的建制，有些社会则否。而且，核心问题不在于财富的平等分配，而在于财富是否能够转变为权力。美洲新法兰西地区的温达特人在经济上是不平等的，富裕的温达特人占有更多的土地、农产品、"珠宝"，然而，在那里，财富不能转变为权力，没有人因为贫穷而必须听命于富人。当然，他们的"财产"观念与我们的也不尽相同：人占有，并不只意味着他可以享用、支配甚至挥霍；某物属于你，在很大程度上意味着你有照料之责。

作者的基本结论是，人追求的首先是自由或自主性，而不是平等。"平等在这里是自由的直接延伸；事实上，平等是自由的表达。"（第39页）于是，这本书所设想的主题从平等转变为自由——"这本书主要关乎自由"，即，探讨这样一种可能性：初民社会的组织不像传统观念认为的那样是由生态决定的，"人类比通常以为的更加可能集体决定自身命运"（第179页）。上面提到的分裂演化便是社会自我决定的一个突出例证。作者所讲的自由包含三项主要内容：迁徙自由，不服从他人命令的自由，塑造全新社会现实的自由或在不同社会现实之间来回切换的自由。从这三项自由看，我们不敢说自己胜于初民。实际上，作者从根本上质疑以欧洲为代表的现代生活优于初民的生活。据作者提供的资料，"殖民者被原住民社会俘虏或收养后，在有机会选择自己希望生活的地方时，几乎无一例外地选择留在原住民社会那里"——最主要的原因是他们在那里体验到强劲的社会纽带。（第17、18页）

本书的多数结论都不是作者首次提出的。作者从前人，尤其是其他初民社会研究者——往往是非主流研究者——那里引来这些结论。考古学是个日新月异的领域，新发现、新研究、新结论层出不穷，颠覆或至少强烈挑战了我们对初民社会的很多刻板观念。这本书的宗旨是在综述新成果的基础上提出一套相对系统的新见解。但不消说，这些新见解本身也很少是结论性的。考古学不是数学，它的大多数结论——无论从前的、现在的还是将来的——都含有大比例的猜测成分。特奥蒂瓦坎考古研究提供的线索引人入胜，让人不禁希望能跟进今后的研究成果，但我们恐怕无法指望哪一天能够确切了解这个城市的真实建制和社会生活。这一点，身为科学研究者，作者自不讳言：目前所掌握的材料"依然太过稀少和模糊"（第436页），很多论点往往只是"尝试揣测一二"（第296页）。我个人对书中的很多尝试性的结论存疑。早期城市当真遵循的是平等主义原则吗？真的会有一个庞大的社会系统，像作者所描述的霍普韦尔文明那样，在几百年间不曾经历战争吗？从阿斯兰土丘的遗迹能够推论出英雄社会在边缘反抗城市平等主义吗？复杂社会当真可以摆脱任何形式的官僚体制吗？要回答这些问题，现有的考古证据仍然太过零星，太过不确定。而且，我个人会认为，即使考古证据变得更加确定和系统，能够为我们勾画出更可靠的初民社会样貌，对我们系统理解人类生活方式和社会建制仍只能起到辅助作用。更为根本的是对平等、自由、国家等等基本社会-政治观念进行系统思考。本书的确对不少基本的社会-政治概念——平等、自由、自然状态、国家、主权、政治权力的基础——进行了探讨，这些探讨颇有新意，但只是初步的。

当然，我们大概也不可能期待这些任务都由一本书来承担。在我看来，这本书已经够有冲击力了。大多数社会-政治理论主要参照的是几个主要文明体的历史，尤其是欧洲人所熟悉的文明体。再加上理论构造难以避免的简约化，今人的社会-政治思考日益局限于在几个基本套路之中打转。我完全赞同作者，我们有必要跳出这些狭隘的套路，更多看到既有生活方式和社会-政治体制的偶然性，从而不再拘囿于这些方式和体制，而去了解和探究它们之外的多种多样的可能性。也许，无论在哪个社会里都不可能把财富和权力完全隔绝开来，但我们至少可以而且应当防止财富和权力顺顺溜溜地互相转换、互相增生。即使大规模群体需要某种科层管理，这也并不意味着现代官僚体制理所当然。我相信这本书为重新思考这些基本事绪提供了重要的参考。

"人类新史"何以可能？

王铭铭 北京大学社会学系教授

1754年，让-雅克·卢梭在其杰作《论人类不平等的起源和基础》中称，最初的人生活在"自然状态"下，无不平等现象存在，对不平等也没什么感觉。不平等是随着文明而到来的。文明先表现为人的能力的开发和思想的进步，接着表现为私有制和法律的建立。前者使其成为可能，后者使之稳定和合法。

做人类学，追求在文化上返璞归真，不免要受"自然状态"意象的魅惑。恐怕正是因此，大师列维-斯特劳斯（Claude Lévi-Strauss）才追认卢梭为"人的科学的奠基人"[1]。

必须承认，卢梭的人类史叙述，简直就是古老的伊甸园神话的近代版本。它假设人原本童真，自在地享受着幸福生活。人之恶，不是本性的花果，而是来自他们不慎吃了人身之外分辨善恶树的果子。这个果子给人智力上的进步，使人脱离了他们原来的天真无邪状态，进入了需要"他律"来加以规范的相争时代。

神话的翻译，总是有新的针对性，卢梭借此回应了霍布斯1651年在所著《利维坦》中提出的政治哲学观点。霍布斯认为，人生性好斗，"自然人"（即人类学家笔下的"原始人""蒙昧人"）的习性是最好的说明。文明的主要机制是司法，这机制含有不平等属性，但这机制是为了止息所有人对所有人的战争而设的，有其合理性。而卢梭则认为,"为人为权利所认可的伦理上的不平等,只要它和生理上的不平等不相称,就违反了自然权力"[2]。

"自然状态"是则政治寓言。然而,两个多世纪以来,它却被当成人类史的真知延伸着……

堕落抑或进步

以卢梭传人自居的列维-斯特劳斯的"冷热"之分[3]便是我们熟悉的例子。列氏区分了因人口数量有限和功能模式的机械,"其内部环境只达到历史温度的零度"的原始"冷社会",与新石器时代出现的为导出变化和动力,不断"强调它们的种姓和阶级区分"的"热社会"[4]。

在列氏之前,考古学家柴尔德(Gordon Childe)从20世纪30年代起积累的一系列成果,则无疑构成了使卢梭得以在新时代"显灵"的媒介。

柴尔德广搜物质文明史证据,证明人最初是觅食者(狩猎-采集者),不会生产他们为了生存而需要吃的东西。到了新石器时代,人才驯化了某些动植物。这恰如我国思想家梁启超在相近时期所形容的,人"从渔猎到游牧,从游牧到耕稼"[5]。而柴尔德称,这一进程启动了"农业革命"(或"新石器时代革命"),使我们的祖先成为制造食物的农牧人。基于这一"革命"的成果,"城市革命"才得以在某些地方爆发。"城市革命"不简单是梁氏笔下"耕稼到工商"的物质生活转型,因为,自它爆发后,人迈上了文明的不归路:与仅需觅食、没有不平等的初民相对照,农牧人和城市人因居住密度得以提高,产生了区分社会等级的需要。他们因文明进步而离其"自然状态"越来越远,相互之间的等级鸿沟日益加深。[6]

对柴尔德而言，平等和不平等是对比类型，二者有历史的先后关系：平等的觅食者在先，不平等的农牧人和城市人在后，如果说在先者是"野蛮人"，在后者是"文明人"，那么也可以说，为了生活，后者比前者要面对更多不公。

柴尔德的考古学物质文明"革命论"，与既存思想有关。17 世纪之后的漫长岁月里，西方知识人持续信奉进化史观，他们还围绕着这一史观进行着"派斗"。他们一派将我们身后的历史当作所有不幸的来源，视"自然状态"为理想，另一派则视不平等为文明的必要不幸，相信如果没有不平等的力量控制，性本恶的人便没有仁义可言；一派怀恋"原始无政府状态"，以其为价值，否定数千年文明史的不平等性，由此制造和维系某种业已成为全球习俗信仰的"政治正确"，另一派或对文明的必要不幸有所认知，或对此失去知觉，沉浸于对于文明进程的反复伸张中。

在柴尔德叙述形成之前，"人的科学"业已围绕"原始社会"是否有不平等现象这一问题产生着分歧。

这个行当的英格兰奠基者泰勒（Edward Tylor），把原始人描绘成能在思想上区分上下等次的存在者（他认为，在没有酋长的时代，人们也会有酋长的意象，否则他们就连祭祀也不会有了），而其苏格兰奠基者史密斯（W. Robertson Smith），则把同一类人描绘成按一定自然节律享受着集体欢愉的"仁者"。[7]

当柴尔德酝酿着有关"文明曙光"的考古学论著之时，英吉利海峡两岸的人类学家们也正各自进行着与不平等的起源有关的研究。西岸的人类学家们在自然的美拉尼西亚岛民和无政府的非洲部落人寻觅着相对平等的原始社会，而东岸自称为社会学家和民族学家的法兰西学派则致力于赋予这一类社会和与之相近的美洲印第安人社会某种等级复杂性。不久之后，在海峡的一边，无政府而有秩序的努尔人形象突现,十多年后,在另一边,则兴许是因其提出者与其导师一样虽是"卢梭在精神气质上的传人"但"作为政治哲学家,他更像霍布斯"[8],"阶序人"冒了头。此外,作为二者的交流的产物,西岸在此前则也曾出现一种颇为中庸善变的"钟摆理论"。

人类学解释的多样化,本可减缓柴尔德那个直截了当的考古学解释的传播速度。然而同一时期,不少人类学家出于对"最早的人"的状况之兴趣,对俾格米人、布须曼人等狩猎采集者展开了集中的田野调查。由于与"自然状态"的意象紧密勾连着,这些研究搭了流行概念的便车,成功地出了圈。随后,它们使人相信,由于人类在95%的历史时间里都生活在觅食者的状态中,因而,当代世界的边缘人(狩猎采集者)才是旧石器时代的核心人。这类研究使"真正的原始社会"(觅食者社会)重新成为众多人类学经典案例(这些多半描述的是农牧社会或有一定农牧因素的社会)的反例,由此挤兑了对食物生产社会所做的研究,使人类学家本已形成的复杂性理论被边缘化了。

专业研究本由细枝末节构成,即使它们会引出话语波澜,也不见得会有太大冲击。更易于引起热捧的,是那些反复涌现的人类大历史。写这类史书的作者,如当今的戴蒙德(Jared Diamond)和福山(Francis Fukuyama),本都博学好问且富批判精神,可一旦触及"人类的童年",却都瞬间变得不假思索。在流行故事中讲述流行故事,他们将觅食者描绘成不分差序、人人平等者。

这些作为对人类历史普遍进程之叙述的故事到底是真的吗?专家们懒得归纳出普遍历史加以解答,而那些爱好归纳的"大师",则持续制造着卢梭思想的变体。

由此,人类大历史在堕落论和进步论之间长期摇摆,这使得本可风情万种的历史科学变得极端乏味。

更令人郁闷的是,这些乏味的归纳往往因能迎合占支配地位的

"传说"而产生极其可怖的政治观念形态影响。

人性与历史

受人文科学表述危机煎熬的知识分子很多，但身在资本主义大都市伦敦的人类学家大卫·格雷伯和考古学家大卫·温格罗，却可谓是少数有刨根问底决心和能力的佼佼者。十多年来，他们出于共有的理论志趣和社会关怀紧密合作，费心汇总近几十年来考古学、人类学等学科积累的证据，努力以之证明人类史的堕落论和进步论的荒谬。最终，在格雷伯年仅 59 岁（2020 年）遗憾地过早谢世之前，他们合作完成了一部名为 *The Dawn of Everything: A New History of Humanity* 的杰作[9]。在书中，他们对人类社会在过去三万年来的变迁提出了彻底不同的解释。

主标题中的"Dawn"比较好理解，是指黎明、曙光、萌芽、开端，常被考古学家用来形容文明（不平等）的起源。"Everything"貌似万物的意思，其实恐怕是指"我们祖先全部的人性"，包括其无辜和邪恶、平等和不平等、冷与热的"复合本性"。

副标题的意思相对直白，指的是与既有的人类大历史的旧史叙述截然不同的新史叙述。

合起来，这个书名总的意思是，作者将通过新史求索，证实两百多年来学者用人性的一部分来充当人性的全部的做法是错误的。在作者看来，如果非得历史地追溯人性，那么，我们便先要认识到，并不存在单面人性。从一开始，人便具有人性的丰富性。那种将人性之一面当作先发的全部人性（如，自然人或野性人的人性），并将人性另一面当作后发的晚期的全部人性（如，文明人的人性）的做法，大错特错。那些用由简到繁、由童年到成年等直线模式来理解过去的做法，也大错特错。

受过阿伯纳·科恩（Abner Cohen）"双面人"（利己的功利人与利他的象征人的人性双重性）理论[10]的影响，在思索"The Dawn of Everything"的深意时，我甚至想，"双面人的起源"似乎是个合适的翻译。然而，两位作者用的原词却是"Everything"，他们不愿局限于"双面"，而选择了"一切"。个中原因估计是，他们不想高估科恩的贡献。比起他们的前辈，格雷伯和温格罗雄心更大，他们致力于借助科学研究得出的证据，勾勒出一幅破天荒的人类历史进程图景，他们有志于指出，这一图景比那些被信以为真的乏味历史有更丰富的可能性。

冰河时代的文明

因受旧史的持续影响，当下仍有不少人相信，至公元前15000年，世界仍停滞在无继承权的状态中。而格雷伯和温格罗则在其著第三、四章引用不少考古发现纠正了这个看法。

据两位才俊，一项在俄罗斯境内展开的考古学发现表明，早在冰河时代，亡者的随葬品已包含显示身份地位的宝物。在西欧旧石器时代晚期的许多墓葬中，也出土了标识死者"伟大性"的燧石、鹿角、贝壳制饰品。这些宝物和饰品的材料来自远方，死者可能生前已对之长期占有，过世后，仍拥有它们。

冰河时代宝石、贝壳或其他装饰品远距离流动的事实，必然被受亚当·斯密思想影响的学者解释为人之市场交换本性的显现。而如两位才俊指出的，纠结市场经济在"自然人"那里是不是存在毫无意义。应认识到，在没有市场的社会，有突出价值的物品也已长途跋涉，其流动构成了某种"远距离交互作用圈"。在这类"作用圈"中，我们所理解的"不平等"也在起着作用。不过，这类作用与产权和司法关系不大，而是社会性的。此社会性含有利他性这重要的一面。但与此同时，它也含有亲属性和超亲属性的差序。旧石器时代晚期墓葬考古证实，很早以前，宝物继承权和"大人物"发挥社会作用的时间起点，都比我们想象的要早很多。由于他们用来自远方的珍品为象征，"装饰"自己的"伟大性"，因而，客观上他们对于社会性的视野拓展也起到了重要作用。

另外，有考古学证据表明，迟至旧石器时代晚期，已经有不少具有纪念性的公共建筑被建造起来。例如，1995 年在土耳其安纳托利亚发现的哥贝克力石阵，断代为 12000 年前冰河时代临结束之时。这些石阵中有 T 型石碑，高达数米，刻有人类、动物和其他图案。它们显然是公共纪念性的，在等级上超越了个人和小群体。而据分析，它们是为大规模节日庆典建造的，它们一用完，便失去公共纪念性，其间隙处随即新添建了民居，这些民居似乎扮演了私侵略公的角色。

不愿割舍旧史的人一定会以为，冰河时期壮观的墓葬和纪念性建筑的存在，说明那时已出现了源于农业革命的等级社会。格雷伯和温格罗则引用证据指出，这些墓葬和建筑的主人，并不是农人或牧人。它们分布极为零散，显然与狩猎采集者群体的定期集会有关。在两位才俊看来，这进而表明，人类的冰河时代祖先确以小游群为单位觅食，但他们在野生食物丰盛的季节，也会汇集起来，在一些像后来的城市那样的地方聚会，并借机与远方来客交换矿物、海贝、动物皮毛等。

此情此景令人不禁想起 20 世纪初法国大师莫斯（Marcel Mauss）在其弟子的配合下对爱斯摩人（因纽特人）展开的季节社会形态学研究。[11] 如格雷伯和温格罗在其著第五章重点讨论的，据莫斯，因纽特人生活在冬夏两季构成的年度周期中。冬天冰天雪地，夏天春暖花开，两季可觅得的食物在质和量上都各有不同。顺其自然，因纽特人的社会结构也随季节的变化而变化：夏季，他们生活在家长制的小游群下，实行等级制；冬季，他们则共同居住的新建的大房子里，形成大群体，并实行利他集体主义制度。

格雷伯和温格罗引用了莫斯，并举出众多民族志证据证实这位前辈的判断：所谓"最早"的人类社会，形态并不单一，若说它有结构，那么，结构必定有两种，而不是一种。社会结构总是随着季节变化而摇摆于等级与利他平等之间。如果觅食或不生产食物是人类最早的生活方式，那么，在这种生活方式下，也是存在等级的（尽管这也只是早期社会生活的一面）。

也就是说，不平等与农业革命本无关，在此之前，它早已作为构成因素存在于原始游群中。

"不被统治的艺术"

由平等面和不平等面构成的复合性是人类本性吗？为了绕开人性论的陷阱，格雷伯和温格罗回避了这个问题，但他们强调，复合性自古而然，倘若复合的两面可以用来概括人类历史中此消彼长的"一切"（这正是"Everything"一词之所指），那么，它们在这部历史的已知开端便同时存在了。即使是在"城市革命"爆发之后，这种有些像合二为一的"性格"，也持续相互竞赛，在社会中此起彼伏，构成历史的动态特征。

长期以来，人们深信，"城市革命"是"农业革命"的自然结果，后者导致了人口聚居和社会复杂化，是不平等及其合法化的关键阶段。然而，格雷伯和温格罗在其著的后半部分中指出，有大量考古学证据表明，南北半球诸古文明中的城市，有的是为季节性集会（礼仪）的需要而建立的，含有大量仪式典礼（祭祀）成分，有的确是为了维系和展演不平等的阶级秩序而建设的，但即使这些也很快被平等主义空间格局所替代。

也有大量民族志记述表明，在所谓"原始民族"中，存在着许多充满政治意识的智者。他们具有高超的智力，用以思考被误以为是卢梭们才能感知和"解答"的问题。他们更早地提出了于21世纪到来之前不久才被杰出的美国政治人类学家詹姆斯·斯科特（James Scott）形容为"不被统治的艺术"的哲学[12]。

格雷伯和温格罗以科学研究的准则要求自身，他们不满足于戏说，而用专章引用大量证据证实，17世纪中叶起欧洲法律和政治思想家之所以能开始琢磨"平等"一词的含义，并将之与没有"一切"（如政府机构、文字、宗教、私有财产或其他区分阶级的手段）的社会联系在一起，并不是因为他们是这个词的发明者。他们本来争论的焦点是"自由"与"互助"到底哪个重要，他们之所以能想到"平等"，是因为他们中有一些人直接或间接接触到了美洲原住民为了确保其自由意志不屈服于其他人而创设的哲学和制度。包括卢梭在内的思想家，有相当多便正是在印第安哲学家的影响下才提出他们的观点的。

在"原始社会"中，既然有深入思考着政治的哲学家存在，那么，这些社会便必然有可能发展出相应的机制。莫斯笔下家长制和集体利他主义在因纽特人中季节性的轮替，可能正是这类机制的原型。有这样的机制，人类即使到了被旧史界定为"奴隶制"的时期，也有可能干预文明进程，比如，废止奴隶制和战争。这不仅在部落社会发生过，在城市革命之后也有节奏地涌现着。它没有一劳永逸地带来和平，但足以表明，我们既往对历史的想象与原始人的神话（这正是"原始哲学"的主要内容）差不多。

思索卢梭的启迪，列维-斯特劳斯早就言表了以下心得：

> 如果可以相信《论人类不平等的起源和基础》的论述，即随着社会的出现而发生一个三重的过程（从自然到文化，从感觉到认识，从兽性到人性），那也只能是通过把一种促使人（即使在其原始的状态下）去克服这三个障碍的基本能力归因于人。[13]

在其后半生，列氏致力于印第安神话研究，他暗示，这些神话含有一种"野性思维"，在文化、认识、人性从自然、感觉、兽性分离出来之后，它会将文明进程转述成"障碍"，并持续以艺术等形式，展现其所拥有的克服障碍的"基本能力"。

对格雷伯和温格罗而言，这一"能力"在人类史中表现为"不被统治的艺术"，它的存在表明，文明并没有使不平等变得稳定。

何以改写（改变）人类史？

两位作者中，格雷伯以对官僚制和资本主义的批判闻名于世，也是当代最活跃的社会活动家之一。在其人生的最后时光与其密切合作的考古学家温格罗也是一位杰出学者，他著有《何以文明？古代近东与西方的未来》[14]，这是一本充满思想灵性的考古学专著。

一些年前，我有幸与两位才俊结识，暗自把他们认作同道。我们共同为莫斯思想所深深吸引，不约而同地求索着年鉴派文明论的当代价值。我在一些文章里推介和运用了这一文明论，指出，它基于广泛的民族志和古史研究,在抽象层次上破除了启蒙和反启蒙的文野分界,以社会之"仁"达成了对原始与文明的贯通。我特别关注到莫斯有关作为"超社会的社会"的文明之主张。我欣喜地看到,这一主张在有关人类新史的这部杰作中被落到了考古学和民族志的实处。在其人类新史的叙述中,格雷伯和温格罗巧妙地使互助、"交互作用圈"及仪式在以万年计的"老社会"中反复涌现,发挥其包容他者的作用。他们强调指出,我们最好把文明看作是来自整体的人,是人性的、"自然的",也最好将它与一般考古学和历史学中的"文明古国"独有遗产相区分。

两位作者的人类新史,除了令我想起格雷伯的导师萨林斯(Marshall Sahlins)对"西方人性幻象"的揭示[15],还令我想起许多别的,如科恩的"双面人",及"过程人类学"导师利奇(Edmund Leach)的"钟摆"[16]。我深信,"双面人"和"钟摆"之说,本已为我们消解列维-斯特劳斯的冷社会(即顽固地抵制历史变化的"神话社会")与热社会(即不断求新的"历史社会")之分及暗藏它背后的卢梭"自然"和"不自然"之分做了准备,而这似乎也正是格雷伯和温格罗所想完成的使命。

然而,两位才俊志向高远,他们要"change the course of human history",其中"change"一语双关,既指改写,又指改变。他们之所以要引申莫斯的文明论,是因为他们要用它来止息堕落论和进步论之争及作为其余音的左右派之争。他们用有力的话语指出,无论身处哪个观念形态阵营,学者只要还在寻找以不平等或差序为特征的文明之起源,便会制造出伪历史。带着这一告诫,他们实践了一种新史,在这一新史中,社会复杂性与人同时产生,它在冰河时代之后的漫长岁月里存在于各种交互作用中。其中,不同秩序和体系的仪式"作用圈"是首要的,兼备"互助圈"和"互通有无圈",它的历史远比既往学者认定为界定着文明、城市、国家、文字、阶级、哲学的大传统古老，而后者——可以在其中找到原型。同样重要的是，这一"交互作用圈"曾被不少启蒙思想家说成是非西方的、传统的，但它的本质是全人类的。穿越于古今自他之间的文明风情万种，但差异之异下流淌着一个统一性，这个统一性同样是文明，是不可数的文明，是 humanity（人性、人类、人文等）一词的含义。

专注于不同区域之研究的考古学和人类学研究者，一定能在书中找到不少对数据的引据和解释的"不准确"之处；习惯于用旧史来限制事实发挥启迪作用的学者，一定也能在书中找到不少令人生疑的观点。然而，这些都难以否定两位才俊人类新史叙述的知识和思想价值。

自"二重证据法"[17]提出以来，我们有了对文献、出土文物、民族志、神话学、民俗学等等证据的追求。在各种"三重证据法"框架下，这一人类新史叙述所用证据，都仅属于二三类的，不是文字记载这一首类。对于把文字当珍宝的国人而言，这不仅不够吸引人，而且问题多多。但正是这样一部著作给了我们上了一堂重要的课：做文明史，不能只收罗所有可能得到的"证据"，用以证明自我民族的古史特殊性；我们尚需展望世界，不仅要有比较，而且还要与我们的"异类"（如卢梭笔下的"自然状态"下的人）达成某种同理心，承认文明在他们中同样存在。如果说缺乏这种同理心是堕落论和进步论历史观的问题之源，那么也可以说，它同样也是受这类史观影响的文明自我主义学术的问题之源。

不知从何时起，我们不少人东施效颦，模仿起现代西学的当代主义，我们中有些即使以"历史人类学家"自称，也往往将历史视野限定在作为"帝制晚期"的"当代的黎明时分"。殊不知，一个半世纪前人类学兴起时，经验、归纳的"科学"已等同于人类史，而格雷伯和温格罗通过人类学与考古学的结合表明，人类学如果是某种历史，那么，这种历史便既是"当代的"（它回应当代问题），又远超"当代的黎明时分"。

格雷伯在一个几乎以民族志为一切的社会人类学传统（伦敦经济学院人类学系）中工作，温格罗则在一个曾致力于结合民族志、人文地理学、民族学和生物人类学的人类学系隔壁（伦敦大学学院考古学研究所，柴尔德曾是该所所长）工作。前者早已有志于通过拓深人类学的历史深度，使其思想抵达"史前"，后者能从前者那里感知到当代问题对于考古学家的重要性及知识分子对它们应有的态度，然其专长为古史研究。

在人类学社会科学化的一百年后，这对学术搭档致力于通过考察历史中的持久现象（这些既包括物质和文化的结合现象，又包括诸如"作用圈"之类的社会机制）复兴人类学的综合性，这特别值得称道。

格雷伯和温格罗本亦可对历史时间性的更新做出更重要的理论贡献，但他们精力集中于汇总证据，难以更多思考季节社会形态学在这方面的启迪。旧史的主要问题来自其对"周期性时间"与累积性的"历史时间"的二分。二元对立主义使我们误以为，线性时间属于"自然系"，周期性时间属于"文化系"，为了科学地研究过去，我们必须以前者为客观。过于迷信客观，我们未曾想到历史可以如季节那样展开。在我看来，格雷伯和温格罗已表明，对历史做季节循环式的理解是可能的。遗憾的是，他们未能足够理论地指出，人性既是复合的，历史便不可能单线。它或许更像冬夏的"冷热"轮替，而由于轮替的两方既可分又"互渗"，原始冷神话有文明热历史的温度，文明热历史也有原始冷神话的冰爽，二者之间的过渡，如冬天之后的春天，夏天之后的秋天。难道不正是这样的"周期性时间"，既更符合

"一治一乱"的规律，又更能给深信"人类平等及人类一体的观念，的确一天比一天认得真切，而且事实上确也着着向上进行"[18]的我们以希望吗？

1 ［法］列维-斯特劳斯：《结构人类学》第二卷，俞宣孟、谢维扬、白信才译，上海译文出版社，1999，第38—49页。
2 ［法］卢梭：《论人类不平等的起源和基础》，高煜译，2009，第164—165页。
3 ［法］列维-斯特劳斯：《结构人类学》第二卷，第3—37页。
4 ［法］列维-斯特劳斯：《结构人类学》第二卷，第32—33页。
5 梁启超：《中国历史研究法》，上海古籍出版社，1998，第142页。
6 ［美］柴尔德：《人创造了自身》，安家瑗、余敬东译，上海三联书店，2008。
7 王铭铭：祭祀理论：从泰勒到史密斯再到弗雷泽，《人类学研究》［梁永佳主编］，第17辑，商务印书馆，2023，第3—51页。
8 ［美］萨林斯：《时期时代经济学》［修订版］，张经纬、郑少雄、张帆译，生活·读书·新知三联书店，2019，第204页。
9 David Graeber and David Wengrow, *The Dawn of Everything: A New History of Humanity*, New York: Farrar, Strauss and Giroux, 2021.
10 Abner Cohen, *Two Dimensional Man*, London: Routledge and Kegan Paul, 1974.
11 ［法］莫斯：《社会学与人类学》，佘碧平译，上海译文出版社，2014，第421—504页。
12 ［美］斯科特：《逃避被统治的艺术：东南亚高地的无政府主义历史》，王晓毅译，生活·读书·新知三联书店，2016。
13 ［法］列维-斯特劳斯：《结构人类学》第二卷，第43页。
14 David Wengrow, *What Makes Civilization: The Ancient Near East and the Future of the West*, Oxford: Oxford University Press, 2010.
15 ［美］萨林斯：《人性的西方幻象》，王铭铭编选，赵丙祥、胡宗泽、罗杨译，生活·读书·新知三联书店，2019。
16 Edmund Leach, *Political Systems of Highland Burma*, London: Athlone, 1964.
17 王国维：名堂庙寝通考，《王国维论学集》，傅杰编校，云南人民出版社，2008，第79—91页。
18 梁启超：《中国历史研究法》，第142—143页。

打开历史的新可能

周雪光 斯坦福大学社会学系教授

《人类新史》中文版与读者见面，可喜可贺。这本书反思和批判了近几个世纪以来以欧洲为中心的人类文明史叙事，重新审视了人类演化史。按照作者的说法，"在某种程度上，这本书所做的就是汇总考古学、人类学和其他兄弟学科中积累的证据；这些证据指向一个对人类社会在过去3万年中如何发展的全新解释"（第3页）。作者有宏大的抱负：将散落各处的专题研究碎片拼合为一个完整的图景，以便"恢复我们祖先全部的人性"，这"是一场追寻真问题的探险"（第22—23页）。

这不是夸张之言。本书两位作者为此付出了洪荒之力。就学术背景来看，人类学家大卫·格雷伯与考古学家大卫·温格罗合作撰写本书是极佳的匹配：一方面从纵的角度审视考古学的研究发现，另一方面从横的方向考察世界上不同区域、族群的社会文化和组织方式，从而得以描绘出人类历史上波澜壮阔的多方向实践的画面。作者提出，知识界有关人类演化史的认识有极大谬误，特别是关于不平等根源的讨论，这种讨论将现有的国家权力和政治秩序视为社会演进之必然。实际上，人类在数万年历史上有过各种实践探索，存在各种发展的可能性，而今天实现的主权国家和自上而下的组织方式，既不是唯一的，也不是必然的。本书从主题立论到想象空间，从观念到史实，从破到立，都极具原创性，在我们对人类演化和未来走向认识上，激发出宽广想象空间、思考和希望。

本书开篇引用分析心理学家荣格所言："我们正生活在基本原则与象征发生巨大转变的'诸神蜕变'的关头，恰逢希腊人所说的凯若斯——对的时机。"这本书正是诞生于这样一个历史和学术大背景之下。在 20 世纪和 21 世纪之交的几十年中，全球经历了风起云涌的巨变，随冷战结束而来的全球化浪潮一度推动国界退却、地球变平、世界走向地球村。然而，全球的不平等问题却在加剧，从国内到国际引发了一系列重大的政治和社会运动，例如 2011 年开始的"占领"运动。"占领"运动蔓延北美和欧洲各国，本书作者之一格雷伯即是该运动的重要领导者。

在全球巨变的关口，人类也在重新认识自己。近几十年来，一系列全球视野下的人类历史研究作品应运而生。从"历史的终结"（福山）到"文明间冲突"（亨廷顿），从经济与地理环境（戴蒙德）到智人的演化（赫拉利），从"地球扁平"（弗里德曼）到社会不平等（皮凯蒂、盖勒），在思想界掀起一道又一道波澜。[1]

《人类新史》堪称这一时代反思浪潮中的里程碑作品。作者有鲜明的学术使命："要开始理解摆在我们面前的新信息，仅仅靠汇编和筛选大量资料是不够的，还需要概念上的转变。"（第 4 页）破与立的两条主线彼此呼应，贯穿全书始终：一方面，从思想观念上全面挑战以欧洲为中心的人类演化史叙事；另一方面，借助新近的考古学和人类学研究发现，揭示出远古以来人类实践的各种自由，以及大规模、多样化、多方向的探索。作者指出，人类发展的路途上充满了各种可能性，只因历史过程中一些要素的偶然结合，我们才陷入了某种单一组织形式和等级秩序。因此，今天的社会主流的组织方式——等级制组织及由此产生的不平等——并不是历史发展的必然，与社会规模和组织复杂程度并无因果关系，而是当时偶然选择所致。换言之，人类社会比我们通常以为的更有可能选择不同的组织，摆脱等级制，给人们更多自由平等的空间。

这部人类"新"史，始于对欧洲思想界长期关注的"人类不平等的起源"这一主题的批判。作者指出，在法国启蒙运动思想家卢梭的影响下，按照物质水平划分社会发展阶段逐渐成为一种看待历史的默认视角。这种观念认为，人类历史上经历了狩猎采集时代、农耕时代、都市时代等等。早期的狩猎采集时代以小群体和平等关系为特点。随着我们进入农业社会，人口集聚，社会规模扩大，层级组织出现，由此产生了不平等。依此逻辑，社会不平等是随社会规模扩大、组织方式复杂而来的自然过程。这一社会演化阶段论的思想，构成了当代人类演化历史的叙事主题，并不断得到强化，成为当代神话。

本书开篇即提出一个颠覆性命题：我们需要面对的真问题不是"社会不平等的起因是什么？"，而是"关于社会不平等起因这一问题的起因是什么？"在18世纪的卢梭时代，法国社会的阶层分化明显，且广为接受，长久以来并没有受到质疑。那么，不平等的观念在当时从何而来？作者提出，回答这一问题不仅要着眼于法国，还要看法国在更大的世界中所处的位置。社会不平等观念的出现，与欧洲突然融入全球经济体后的经历有密切关联。17世纪早期，平等与不平等的术语在自然法理论的影响下才开始进入人们的视野。而自然法理论又主要来自欧洲发现美洲大陆后，人们围绕其中涉及的道德和法律问题而展开的争论。作者引用早期传教士纪事、游记，以及当事人的文字记载展示了美洲殖民地的"知识分子"（即有争论抽象概念习惯的人们）对法国社会和自身社会的看法，引出了对殖民者社会中的自由和平等问题的批判，因此诱发了欧洲思想家对个体自由与政治平等的理想。换言之，那些被视为人类基本价值——自由、平等、民主——的观念不是欧洲思想界的创造，而是欧洲人随着殖民活动与边远地区人们接触，受到当地人特别是北美原住民思想的启发而来的。殖民经历和不同文化间的交流，打破了基督教的桎梏，推动了欧洲启蒙主义思潮和随后的法国大革命。

作者进而提出，原住民对殖民者社会的批判，一方面引出了自由与平等的思想观念，另一方面也诱发了欧洲思想家对自身社会制度的辩护。"社会进化理论第一次在欧洲被明确提出，作为对原住民批判力量的直接回应。"（第53页）这一理论的核心即是卢梭的命题：随着狩猎-采集社会、农业社会、工业社会的演进，人群规模扩大，社会复杂化，产生私有制、等级和不平等，冲突暴力急剧增加，社会秩序失落。在霍布斯笔下的利维坦世界中，面对所有人对所有人的战争，需要国家强制机构来垄断暴力的正当使用权，建立社会秩序。这一命题为殖民宗主国的等级社会秩序提供了正当性辩护，并随着欧洲扩张而逐渐成为"广为接受"的人类历史叙事。作者认为，随后的人类知识为这一神话所左右，接受了不平等的必然性，对不平等现象只是在技术上提出修补和折中妥协的缓冲方案，而不是正视人类社会面临的根本性问题，从而忽略了历史的其他可能性。

如此来看，"卢梭呈现的更像是一则寓言，借以探究人类政治的一个基本悖论：为什么我们与生俱来的对自由的追求却总是一次又一次地引导我们'自发地走向不平等'"（第11页）。人类曾经走过了怎样的演变过程？在何时迷路、陷入了单一模式？这是本书试图回答的根本性问题。

为回答上述问题，作者着眼于近几十年来的考古资料和人类学研究成果，重新解读人类发展过程。以往的史学界大多关注上古以来亚欧大陆的历史。作者特别强调人类的远古历史即史前史和亚欧大陆以外边缘地带的社会组织和活动，因为这些早期实践中蕴含了人类对社会基本组织形式的各种尝试。在这一视角下，他们用丰富的史料、深入的学术分析和犀利的争辩风格，从以下几个方面来挑战社会进化阶段的神话。

第一，作者提出，以前的研究忽略了前农业社会、旧石器和中石器时代的狩猎-采集者的社会实践。新近的考古发现显示，前农业的狩猎-采集世界的组织形式，不局限于平等主义的小群体，而是充斥着各种大胆的社会实验：随季节不同而变化的组织形式和领导风格；不同区域间的不同文化和组织方式，不同生产方式（觅食-耕种）的实验和轮用。在作者看来，"如果人类真的在过去约4万年中的大部分时间都穿梭于不同的社会组织形式，建立起等级制度然后又将其毁弃，那么其影响是十分深远的"（第97页）。各种仪式、狂欢节中庄严与狂欢间的转换都展示了人们尝试不同组织形式的努力。这反映了人类社会很早就具有了政治自觉和制度灵活性，而不是社会进化论中描述的线性发展轨迹。

第二，作者反对觅食到农业的进化阶段论。他们用大量考古发现来说明，狩猎-采集社会与农业社会并存，不同组织形式的农业活动并存。走入农业社会不是人类演化的必然阶段。例如，在北美西部地区"前"农业社会不同文化群体的尝试中，有些群体熟悉种植技术但拒绝使用农业生产方式，或者在不同的生产方式间穿梭轮作。农业时代也不意味着私有财产的诞生和不平等的不可逆的进程：许多早期农业社区没有等级制度或阶级分化，而是按照强有力的平等主义原则组织起来的。作者的判断是，这些群体是在自觉地做出政治决定，是基于价值判断而选择了组织方式。

第三，作者进一步提出，即使人类历史上出现大规模集聚的定居点和城市，也不一定意味着自上而下的统治结构。作者提供了世界各地的远古证据，从美索不达米亚、印度河谷、乌克兰、中国到美洲社会，这些地区人口稠密，居住集中，但长时期没有国家行政统治。早期城市也不是单一模式的，而是有着多样化呈现，包括缺失精英阶层、存在自下而上的参与过程等各种组织形态。

这些方面指向了一个重要结论：考古和人类学的新近发现与欧洲思想界关于狩猎采集—农业—工业的进化阶段论并不吻合。人类社会的规模并不必然走向等级结构或强制国家，复杂社会不一定意味着近代国家的统治形式。人类历史上曾有过丰富的、多方向的社会实践。然而，在历史演变中，这些多样性、多变性和灵活性逐渐消失，陷入单一固化的模式和秩序中。我们需要回答的问题是，为什么其他可能性被逐渐关闭，陷入今天的单一统治模式中而无法自拔？"真正的待解之谜，不是什么时候第一次出现了酋长甚或国王与女王，而是什么时候人们不再能够对他们一笑置之。"（第115页）

作者特别强调"自由"在人类演变过程中的决定性作用。"并非作为抽象理想或形式原则的'自由'（类似'自由、平等、博爱！'的语境）。……［而是］可以付诸实践的社会自由的基本形式：①迁离所在环境的自由；②无视或不服从他人命令的自由；③塑造全新社会现实，或在不同社会现实之间来回切换的自由。"（第434页）在本书的讨论中，这三种自由的主题反复出现，而平等是自由的延伸。

随着书中展示的时空变迁和考古学与人类学的研究发现，一个关于人类历史演变的新的叙事逐渐浮出。作者在各章多处的讨论中埋下伏笔，依据对史料的解读和自己的理念，做出大胆的推测："一个重要的因素似乎是人类社会逐渐分化为所谓的'文化区'，也就是说，相邻群体开始了参照彼此定义自己的过程，典型做法是夸大彼此的差异。身份本身逐渐被视为一种价值，由此开启了文化分裂演化的进程。"(第435页)在这个过程中,"大多数人的社会世界变得越来越狭隘,他们的生命与激情越来越囿于文化、阶级和语言的边界。"(第108页)而"那错误或许就始于人们不再能这样自由地去想象和践行其他社会存在形式的那一刻,错误严重到今天的有些人觉得这样一种自由在人类历史上的大部分阶段根本不曾存在或无人行使。"(第433页)

私有财产、等级制度逐渐固化是这一过程的重要环节。作者注意到,在人类历史上,私有财产与神圣之物有密切相似之处,即两者都具有排他、占有和不能自由分享的特点。在这个意义上,私有财产的起源与神圣之物的概念一样古老,与人类自身的存在一样古老,关键在于它最终如何控制了人类事务中的许多其他方面?(第141页)作者将注意力引向家庭中的支配关系:家庭组织中的慈善和庇护关系导致了内部的权力和支配关系,一些群体随之被剥夺自由,由此强化了父亲的权力,即父权制。尤其是当奴隶进入家庭时,他们丧失了社会关系和自由,成为地位不平等的特殊群体,既被支配又被庇护。"等级制和财产或许来自神圣之物的概念,但最残酷的剥削形式源自最为亲密的社会关系:作为被扭曲的养育、爱与照护。当然了,这些都不起源于政府。"(第180页)这一父权所有制与罗马法、成人礼等人类文化仪式结合为一体。在这个转变至固化的过程中,家与国间的关系扮演了重要角色。"在旧制度法国与罗马帝国这两个例子中,家户和王国有着共同的服从模式,彼此互为参照。父权制家庭成为国王绝对权力的样板,反之亦然。"(第442页)作者援引史坦纳的研究,提出了一个重要命题,即人类丧失自由的渊源,不是来自宗教的启示,而是随慈善而来的依附和支配关系。

概而言之,作者展示的人类演化史脉络大致如下:史前和农业社会的人类富有创造性、多样性和灵活性,在不同方向加以尝试。在人类演变过程中，随着文化区的分化、奴隶制被引入家庭结构，导致三种基本自由逐渐丧失。父权将慈善与财产结合起来，通过法律和思维方式的转变，使社会走向等级制度的固化。在这些过程中，支配三原则（主权、行政、竞争性政治），以及建立其上的一阶政体或二阶政体支配形式逐渐凸显。这些支配原则在历史上的偶然结合导致了现代国家单一模式的悲剧。近代以来，既得利益维护者塑造了国家起源的神话。作者在此大声呼吁，倡导人类自主掌握自己的命运，认识到人类拥有的巨大能动性和创造力，重新探索社会组织形式的其他可能性。

这本著作提出的一系列颠覆性命题、思想逻辑和史料证据，对以欧洲为中心的思想传统带来巨大冲击。可以说，本书的中心思想是针对所有阻碍自由的政治设施的挑战，呼唤人们打开想象的空间，勇于探索极端不同的政治制度设置（radically different political arrangements）。在写作风格上，这本书具有鲜明的特点：面向公共领域的同时兼顾学术性，叙述与争辩、理论与证据、猜测推理与考古资料结合交融。一路上，作者与其他学说交锋争辩，时常自设对手，边辩边行，既毫不留情地抨击已有的思想或学术偏见，又坦然承认自己研究的局限性和暂驻性，大声地将自己的推测以及背后的思路逻辑告诉读者。文中语言灵动鲜活，既有石破天惊的发问，又有缜密的逻辑推理，既有犀利痛快的争辩，又有细致的证据审视，是难得一见的创造之作。

这本书出版后即在西方公共领域中得到极大关注，各大报刊如《纽约时报》(The New York Times)、《大西洋月刊》(The Atlantic) 等均有书评讨论。[2] 一方面赞誉之声四起，盛赞作者的想象力和冲击力；另一方面也引起诸多争论。例如，美国公共领域中的书评杂志《纽约书评》(The New York Review of Books, 2021年12月16日) 发表了纽约大学哲学与法学教授、文化理论家阿皮亚 (Kwame Anthony Appiah) 的长篇书评。[3] 阿皮亚在肯定该书的原创性的同时,对其中的史料使用和论证逻辑诸方面提出了一系列批评,引起了作者的回应和书评者的再回应。[4]

作者持有鲜明的立场和倾向性,并且坦然承认,因为研究跨越的历史尺度,"我们所使用的证据本质上是极为失衡的"(第379页)。文中引用不同领域、跨越数万年且时常残缺不全的考古资料,以及依据散落各处的人类学研究工作,来理解诠释全球各地特别是边缘区域的原住民社会的组织形式和活动、象征符号和文化意义。在这个过程中,作者进行了大胆且富有想象力的解读、猜测和推理。阅读中,一方面可以感受到鲜活思想的直面冲击,时有眼前一亮之惊喜,另一方面在面对书中的解释和例证时,也令人不时想到其他的可能解释或有待澄清的问题。

我们不妨以书中一章为例,具体感受一下作者的研究风格。第五章"多季之前"在本书中是承上启下的环节,着眼于狩猎-采集时代到农业时代的转变之际,文化分化的进程和等级制度的出现及固化,蕴含了全书中心思想的线索。作者首先提出为什么出现不同的文化区这一问题,从语言的区域分化,追溯到思想史上关于文化特质凝聚和传播的机制,强调"文化实际上是拒绝的结构(structures of refusal)"(第150页),引出了如下命题:文化区的分化来自人们有意识的行为取向,基于政治考量和价值判断的选择。随后,作者分析了北美洲西北海岸与加利福尼亚地区两个文化区之间不同生产方式和精神气质的出现。他们借用韦伯的视角来审视这两个文化区中展示的不同精神取向:加利福尼亚北部觅食者的精神是一系列道德律令,培育人们的禁欲行为;与此相反,西北海岸社会因乐于炫耀而久负盛名,体现在

"夸富宴"的节日活动上。

这是为什么呢？作者引入"分裂演化"的机制加以解释，特别是奴隶制在两个地区间存在与缺失所扮演的角色。西北海岸的社会生产方式中广泛使用奴隶制。来自战俘的奴隶失去了任何法律意义上的社会身份，没有社会关系、没有自由。社会中因此产生了不同类型的群体：贵族、战士、平民、仆从等。这些群体间存在占有、支配和照护的关系，导致了不平等社会结构的不断再生产和固化。与此相对的是，加利福尼亚群体拒绝奴隶制，他们的决定不是利益最大化的理性选择，而是在伦理和政治意涵上对社会正当秩序有不同理解，从而采纳了不同的生产方式。

我们从这一章的叙述讨论中，可以看到作者使用了各种证据来论证自己的命题。有些证据读来很是翔实，如这两个地区的不同生产方式和文化习惯，建立在已有的细致研究工作上。而在另外一些方面，特别是有关"为什么"出现这些差异的解释，因为远古之遥，没有书写记录，细节不清，因果难辨。在这一方面，作者展现了理论解读的想象力，用大胆猜测与推理将零散资料连缀起来，赋予其意义并加以解析。例如，作者从"亚马孙人的所有权概念"立论，从"当地人视角"来解析在当地文化背景下家庭中引入奴隶带来的特定意义，即占有与照料兼而有之的两重性，以此来推测随之而来的支配关系变化和群体间的不平等地位。这一文化解释微妙贴切，眼光独到，读来令人耳目一新。

当然，作者的理论思想不无可商榷之处。例如，文中多处引用"分裂演化机制"来说明不同文化区的产生和分化，具体表现为人们在社会心理和文化上通过强调与相邻人群的不同来定义自己的倾向。这一理论不无道理，但不是唯一的道理。社会学家齐美尔（Georg Simmel）提出的竞争性同构机制，展示了相反的可能性，即不同群体在竞争中模仿对方而导致结构趋同的倾向。如何检验和评估多重机制、多重解释，是社会科学领域中的重要课题。

再如，书中反复涉及支配结构与规模之间的关系。在已有文献中，功能主义理论提出，规模导致组织的分化，分化遵循特有的组织原则，以满足相应的功能需要。作者批评道，这一思路将已有的制度合理化。作者的批评也是社会科学主流的看法。然而，规模的扩大和复杂化，事实上提出了新的组织问题和压力，诱发出对不同组织方式的尝试和在不同方向上的演变，从而最终形成了特定的利益分化和途径依赖。换言之，即使我们接受了作者关于数万年来人类历史上早期的平等状态和多样性组织实践等的发现，人类又在多大程度上可以和如何摆脱近一两千年来所形成的文化和制度上的途径依赖呢？这仍然是一个有待回答的问题。

世界正在经历巨变，从现有的体制危机到大疫情的冲击，从各国边界的伸缩到新技术的未来空间，人类社会正进入一个充满高度不确定性和崭新可能性的时代。在此时此地读此书此主题，可谓恰逢其时。大胆的设想、不同方向的探索与严肃的学术争论，正是作者倡导的返回"自由"的第一步。我在阅读时不时联想到法国社会学家布迪厄（Pierre Bourdieu）在《论国家》[5]一书中提出的观点：历史进程具有封闭可能性的作用，即历史事件一旦发生，则随之关闭了其他可能的演变路径。近代国家对象征暴力的垄断进而塑造了国家神话，强化了历史目的论倾向。学术研究的任务是重新打开历史的可能性。这本书正是在从事这一使命。毫无疑问，这本书中的思路、观点和论据有待思想界和学术界的讨论和争辩，在各种证据面前对其加以评估、检验、修订甚至推翻。如作者所言，人类具有积极探索的自主性，重新获得这种自由是人类的希望，而希望带来动力。这本书的意义在于它打开了一个新的窗口，给我们带来新的想象空间、希望和动力。

1. ［美］弗朗西斯·福山：《历史的终结与最后的人》，陈高华译，孟凡礼校，广西师范大学出版社，2014；［美］塞缪尔·亨廷顿：《文明的冲突与世界秩序的重建》，周琪、刘绯等译，新华出版社，2010；［美］贾雷德·戴蒙德：《枪炮、病菌与钢铁：人类社会的命运》，谢延光译，上海译文出版社，2006；［以］尤瓦尔·赫拉利：《人类简史：从动物到上帝》，林俊宏译，中信出版社，2014；［美］托马斯·弗里德曼：《世界是平的：21世纪简史》，何帆、肖莹莹等译，湖南科学技术出版社，2008；［法］托马斯·皮凯蒂：《21世纪资本论》，巴曙松译，中信出版社，2014；［美］奥戴德·盖勒：《人类之旅：财富与不平等的起源》，余江译，中信出版社，2022。

2. Jennifer Schuessler: "What if Everything You Learned About Human History Is Wrong?", *The New York Times*, Oct. 31, 2021. https://www.nytimes.com/2021/10/31/arts/dawn-of-everything-graeber-wengrow.html; William Deresiewicz: "Human History Gets a Rewrite", *The Atlantic*, November 2021 Issue. https://www.theatlantic.com/magazine/archive/2021/11/graeber-wengrow-dawn-of-everything-history-humanity/620177/.

3. Kwame Anthony Appiah: "Digging for Utopia", *The New York Review of Books*, December 16, 2021 Issue. https://www.nybooks.com/articles/2021/12/16/david-graeber-digging-for-utopia/.

4. David Wengrow: "The Roots of Inequality: An Exchange" (In respond to: "Digging for Utopia"), *The New York Review of Books*, January 13, 2022 Issue. https://www.nybooks.com/articles/2022/01/13/the-roots-of-inequality-an-exchange/.

5. ［法］皮埃尔·布迪厄：《论国家：法兰西公学院课程（1989—1992）》，贾云译，生活·读书·新知三联书店，2023。

《人类新史》推荐，兼纪念大卫·格雷伯

张笑宇 亚洲图书奖得主，"文明三部曲"作者

学者们经常追忆过往年代思想家的丰功伟绩，倾尽全力逐字逐句研究他们的著作，从中发掘对当下的模糊教诲，与此同时却对与我们同时代的侪辈们过分苛责，评头论足。大约因为距离足够近，过分清楚他作为一个人的脾性与弱点，由此牵连到他的著作也不能赢得恰当的评价，恰如耶稣说过的，本乡人眼中无先知。但是当我第一次读到大卫·格雷伯的书时，我就意识到不能用世俗庸论的眼光评价此人。就其头脑之敏锐与问题意识之惊世骇俗，这个人就是属于我们这个时代的卢梭。这个评价从我第一次阅读他的作品开始到今天都没有变更过。很可惜，若他没有因为可能由新冠疫情引发的胰腺炎于2020年去世，他还将为我们奉献多少在这个时代真正能启迪心智、打开视野的作品！

大卫·格雷伯是当代资本主义学术界的叛逆者。他出生于纽约的一个工人阶级犹太家庭，父亲曾经参加过西班牙内战，母亲则为国际妇女服装工人联盟出演戏剧。格雷伯曾就读于帕切斯学院和芝加哥大学，1996年获得博士学位，1998年成为耶鲁大学助理教授。他因为政治激进主义的态度引发很多非议。2005年，耶鲁大学人类学系不再续签他的合同。据他自己说，这是因为他支持了一位耶鲁大学研究生雇员和学生组织（GESO，系代表耶鲁大学研究生和后勤服务人员

的工会机构）成员的缘故。此后，格雷伯被迫前往英国，成为"学术流浪汉"。

大卫·格雷伯是 2011 年"占领华尔街"运动的深度参与者和发起人之一。有许多人说他是"我们是那 99%"（We are the 99%）口号的提出者，但真相并非如此。真相是，他对人类民主社群的想象，直接启发了"占领华尔街"的组织形式。格雷伯于 2011 年夏天创建了"流程小组"（Process Group），这是一种鼓励所有人参与其中、直接发言和投票表决的"小民主"聚会形式。每周六，他带领人们在曼哈顿下东区汤普金斯广场公园的哈瑞奎师那树（Hare Krishna Tree，1966 年起美国哈瑞奎师那运动的发起处）下组织集会，自由谈话，引导人们大胆发表自己的观点，让他们享受被人倾听的快乐。这种集会不预设议程，不指定发言人，大家在夜风中席地而坐，花整晚整晚的时间相互交谈，从陌生人变成朋友，想象可能出现的新世界。其实，"占领华尔街"运动的第一场集会就是这么发生的。大家决定占用纽约祖科蒂公园，大家决定在此过夜并建立占领区，大家决定轮流值班，白天再回来继续做出贡献。由此引发了前后 59 天的"占领华尔街"运动。我们可以说，这一切的起点，正是大卫·格雷伯本人的信念，和他探索人类以小社团为单位自发组织民主运动的可能性——"人类的想象力顽固地拒绝消亡。但当足够多的人同时摆脱集体想象力加于他们的桎梏时，我们有关政治的一切可能或不可能的最深刻假设都会在一夜之内崩溃。"

这并不是格雷伯一生中唯一参与的政治实践。2011 年以后，他还多次前往叙利亚的库尔德人控制区采访，关注库尔德工人党（PKK）等组织领导的左翼自治运动。库尔德人是活跃于伊拉克北部、叙利亚东北和土耳其东南的一个少数民族，他们在历史上曾长期受到高压统治与迫害，也曾多次试图争取独立，但没有成功。2012 年以后，由于伊拉克战争引发的地缘政治效应，库尔德工人党控制了叙利亚东北的罗贾瓦地区，实现了半自治状态。其精神领袖、被土耳其人终身监禁的阿卜杜拉·奥贾兰，受布克钦、沃勒斯坦和汉娜·阿伦特的影响，主张在库尔德控制区建立一种"民主联邦主义"社会，由当地公社的理事会实行直接民主，放弃私有财产，实施布克钦倡导的社会生态学，实现妇女解放。在多次访问 PKK 控制区后，格雷伯认为这是"自 1930 年西班牙无政府主义运动以来最激动人心的政治实验"，库尔德人拥护激进的生态主义、民主和妇女权利，坚持性别平等，三分之二的公职由女性担任，"只用 AK47 就打退了伊斯兰国的进攻"。直到去世前一年，他仍在为 PKK 发声。

2013 年，格雷伯在《罢工！》杂志上发表文章"论狗屁工作的现象"，立刻引发狂潮，短时间内就赢得了过百万点击，甚至导致了网站崩溃。随后，格雷伯征集了数百份邮件和反馈，并把这些案例整理成《狗屁工作》（中译本为《毫无意义的工作》）一书。此书一经出版，便成为畅销书。在书中，他直接援引读者反馈，指出有五类工作毫无意义，也就是奴仆（接待员、行政助理、迎宾员）、打手（游说集团、公司律师、电话推销员、公关专家）、大力胶（临时修复工作，例如修 bug 的程序员，通知乘客行李丢失却解决不了的机场员工）、打钩者（纯粹执行文书工作，但不起实际作用的人）和监工（许多中层管理人员）。导致这些狗屁工作出现的原因是"管理封建主义"，换句话说，老板付这些员工钱不是因为他们的工作多重要，而是希望通过雇用下属来感觉自己很重要。格雷伯说，这对当代打工人造成了"深刻的心理暴力"。

也许许多中国读者朋友也是因为这本书或者"狗屁工作"这个概念接触到了格雷伯，并且由此领会到他的思维之敏锐与头脑之犀利。不过，格雷伯也承认，这本书是由一时兴起的一个念头扩充而成的，他对"狗屁工作"进行了大概的描述和分类，但并未能深刻地揭示其本质。所以，要说它能代表大卫·格雷伯的深刻洞见，那确实还是差了一点。如果你真的想要领略他以翔实的历史和人类学研究文献奉上的既震撼人心又发人深省的理论著作（也许不是那么理论化的理论著作），那么还是要阅读他与考古学家大卫·温格罗合著的这本《人类新史》（原书名直译作"万物的黎明"）。

我坚持说，大卫·格雷伯是我们这个时代的卢梭。这不仅因为他的文笔生动幽默又优美流畅，也不仅因为他坚持政治激进主义的信念，而且也因为，这本《人类新史》确实可以推进我们对平等主义、社会契约和人民民主的理解，正如让-雅克·卢梭的两部雄文《论人类不平等的起源与基础》和《社会契约论》一样。

社会契约从思想上可追溯到希伯来文明关于上帝与人立约的观念。在中世纪，犹太教、新教或伊斯兰教社区也有立约以确定或维系社群规范的共同生活实践。但是，我们一般意义上说的"社会契约"，指的是关于国家权威合法性何以形成的一种政治哲学理论。简单说来，国家既然要求个人明确或默示地放弃一些自由并服从其权威，那么它也一定相应地给了个人某些东西。这个交易内容，一般称之为社会契约。这一观念传统中的著名理论家包括胡果·格劳秀斯、托马斯·霍布斯、塞缪尔·普芬道夫、约翰·洛克、让-雅克·卢梭和伊曼努尔·康德。他们中多数人大名鼎鼎，为中国读者朋友所熟知，我就不必一一详细介绍了。

为人所熟知的社会契约理论家多生活在启蒙年代前后，他们用以论证社会契约的理论资源，一般还包括"自然法"。"自然法"是深植于古希腊罗马政治哲学与法哲学的一种理论传统。古代思想家们相信，在不同社区或民族约定而成的习俗之外，还存在着对一切理性人都适用的文明规范，这种规范被称为"自然法"。它在位阶上高于某一个统治者或政权制定的人定法，因此是我们批判现实政治秩序所可以参考的正义标准。故而，它也成为社会契约理论的重要思想资源之一：既然国家统治的合法性需要通过社会契约来论证，那么就理应存在一个比主权国家更高的正义或合法性源泉，基于这个源泉，我们才能判定一项社会契约是否正当，以及建立在这种契约关系之上的国家公权是否正当。

社会契约理论家们讨论"自然法"时，往往还伴随的一个主题就是"自然状态"。既然国家的合法性源泉来自社会契约，那么人类在进入社会契约之前，从理论上讲就应该经历过一个尚无人定法约束，却有"自然权利/自然正当"存在的状态。这一状态下的"自然权利/自然正当"就是我们签订社会契约的规范依据，这一状态也就是"自然状态"。不同理论家有不同的自然状态假设，霍布斯认为自然状态是一切人对一切人的战争，因而人类贫困且残忍。卢梭则认为自然状态下的人们有自爱心和怜悯心，自由而快乐地生活。

但是，18世纪以后，随着人类知识体系在现代科学原则指引下的极大扩张，"自然法"学说的论证方式渐渐被抛弃，启蒙时代的许多思想家对人类"自然状态"的设想，也被更晚近的人类学与考古学推翻。当考古学家证实霍布斯或卢梭的"自然状态"在很大程度上是想象建构时，当现代科学揭示自然界生物的生长规律由演化论、细胞增殖、遗传信息传递，乃至基因复制与变异主导发生时，法哲学、政治哲学和伦理学对"自然法"这一术语的使用，是否还能与人类认知的进步相匹配呢？这构成了近两百年来"自然法学说"衰落和语义转换的时代背景。18世纪以后的法律实证主义不相信有一种明确的、高于合法当局权威的正义标准来评判一部法律究竟合不合法。只要法律是由合法当局制定的，它就是法律。而当代学者也提出，所谓"自然法",只是因为在人类历史上经过不断重复的实践,在发展成话语结构的过程中,它们本来的社会起源被我们遗忘,以至于看起来像是自然形成的一样。简单说来,"自然"本质上也是人为的约定俗成,只是这些约定俗成太源远流长、太理所当然,所以看起来像是自然法则一样。

这种理论发展看起来似乎更符合现代学术研究的认知,但总会引起思考者们的不服气。因为无论古今中外,人们对正义的朴素要求经常与当局者随意制定的法律相龃龉,这是一个常常为我们体感可确知的事实,也是伦理学与政治哲学常常反思的重大主题。倘若没有这种广泛而强烈的吁求正义的情感,《窦娥冤》或者《杨乃武与小白菜》就不会反复被传唱改编;倘若权力本身就是划定行为边界的唯一合法来源,我们也就不必进行伦理学与政治哲学思考了。就我所知的政治哲学界,其实直到今天还不断有人在探索,有没有可能在"自然法"与"自然状态"已经被现代考古学或自然科学所解构的前提下,保留"自然权利"与"社会契约"理论中正当而有价值的部分,为我们的政治改革与进步提供必要的可参照标准呢?

大卫·格雷伯与大卫·温格罗合撰的这本《人类新史》以思想史领域内绝大多数研究者都没有想到的方式,颠覆了我们传统上设想过的所有努力方向。

《人类新史》的开头是一个典型的卢梭式问题,结尾则是一个典型的霍布斯式问题。这个卢梭式问题可被表述为"我们如何能够讨论不平等的起源",而这个霍布斯式问题则可被表述为"国家如何诞生"。然而,格雷伯的回答既不卢梭,也不霍布斯。毋宁说,他是以与前两者完全不同的方式回答这两个问题的,也正因此,他把我们对于这些问题的理解,带到了全然不同的新高度上。

格雷伯指出，霍布斯和卢梭对"自然状态"的探讨，和基于此发展的对人类历史宏大叙事的讨论，都是十分有害的。因为这类讨论假设了一个先入为主的判断：人类文明的发展史经历了一个从非政治世界到政治世界的过程。在社会契约理论家那里，"自然状态"下的人类是非政治的，签订社会契约后的人类才进入了政治世界。换句话说，人类才有了关于统治与被统治、权利与义务、共同生活与个体自由、自治与政府权威等一系列的概念。18世纪以后的考古学者和历史学者尽管不再把社会契约理论家的"自然状态"当真，但是他们在解释人类历史演进时，仍然相信存在某种分野，比如国家诞生前的人类社会是非政治的，或者农业革命发生前的人类社会是非政治的。总而言之，学者们依然保留了某种天生预设，那就是在某个时间点后，我们这个物种关于共同生活的理念和实践发生了巨大的变化。

格雷伯说，这种想法是错误的。人类的"政治性"很可能一直没有发生根本变化，史前时代的智人虽然没有"民主""权威"这类的术语来描述政治现象，但他们关于自治或权威的实践之丰富多样，却一点也不输给"文明开化"后的人类。远古人类或美洲部落的集体生活也并不符合我们的刻板印象，他们既不是生活在无忧无虑的田园牧歌之中，也不是生活在愚昧、堕落、残忍的父权制部落里。毋宁说，没有任何一种政体模式（假设我们可以用"政体"来描述部落的权力分配方式的话）可以形容所有的史前人类，不同社群所采取的不同政体全然不同，甚至同一社群在不同季节都可能采取截然不同的政体，其丰富性和可能性甚至大大超过现代社会。简而言之，人类的政治生活自古至今都有无限的可能性，不必古希腊赋予我们，或者思想家启蒙我们，只要我们打破被旧知识和刻板印象束缚的想象力，睁眼去看那多姿多彩的现实。

甚或我们关于技术进步的观点很可能也是有问题的。例如，就农业革命而言，我们当然都可以同意说这是对人类历史产生巨大影响的技术进步，但是过去的考古学家都把这一技术飞跃解释为理性生存策略的延展。简单说来，就是远古人类通过捕猎和采集的觅食收获是不稳定的、不丰裕的，而培育农作物得到的能量收益更稳定，因此农业革命发生了。就像我们可以在许多博物馆的介绍或者大量有关史前史的书籍中可以读到的那样："一个人终其一生都在追捕动物，只为猎杀它们为食，或者毕生在浆果丛之间忙忙碌碌，像只真正的动物一样活着。"

但是，人类学研究业已证明，这些叙事全然错误。即便是在纳米比亚或者博茨瓦纳那样荒凉的沙漠环境中，采集觅食者也可以轻松养活社群中的每个人，甚至每周还有三五天可以闲谈、争论、游戏、跳舞或旅行。假设原始人真的采取了理性主义策略，也就是最大化能量获取，那么他们只需要遵循简单的"结果主义"策略来培育农作物，农业革命也会提前数千年发生。换句话说，只要原始人收集种子，培育作物，看到什么产量高就去种什么，或者用怎样的种植方式能收获更多食物就采取怎样的种植方式，那么人类把自然界的种子驯化成我们熟知的作物，可能只需要两百年的时间，而不是像我们真实历史中发生的，这一切的发生足足等了三千年。

为什么会这样？这是因为——与很多人设想的恰恰相反——原始人类非常清楚农业技术进步的代价是什么，也非常清楚他们自己想要的是什么。正如尤瓦尔·赫拉利所说，农业革命是一场诱惑，是小麦对人类的欺骗，因为小麦的生长环境太苛刻，所以人需要耗费大量的时间精力去照料它们。这正是技术进步的巨大代价：疲惫、不得休息、失去闲暇。而原始人类也非常清楚自己想要什么：闲暇。比起用内卷的方式获得超出所需的食物储备，他们宁可选择躺平，从事舒展人性的娱乐。如果内卷使得技术进步提早到来，却让我陷入不得闲暇的劳作状态，那就让人类的技术进步见鬼去吧！——这不是少数原始人的自私自利，而是我们绝大多数祖先在历史长河中的主流选择。他们花了三千年的时间"躺平"，而不是花二百年提前展开农业革命，这才是人类文明展开自己画卷的方式。

政体或独裁或民主、贸易或存在或不存在、生活或奢侈或简朴、信仰或虔诚或自由，在漫长的史前文明时代，这一切可能性都是同时存在的。没有什么是必然的，没有什么是注定要发生的。甚至国家也是如此。这正是本书最后部分讨论的"霍布斯问题"。简言之，格雷伯认为，国家暴力机器带来的支配关系，科层制对社会的精细化管理，这些在万物黎明时刻看起来都不是那么注定要成为历史的必然进程。它们只是在某个小地方由某一小撮人所实施的某一种社会管理方式，但与此同时在其他地区和时代，也有着远远不同的其他管理方式存在。不需要主权政府就能发展出庞大而瑰丽的文明，不需要集权制度也可以治理丰富而复杂的城市，这都是人类历史上确凿发生过的事情，然而我们却把它们都遗忘掉，甚至认为完全不可能。

《人类新史》好像要讨论社会契约理论家们讨论过很多遍的旧话题，但是读完之后我才发现，格雷伯讨论这些话题的方式是全新的。他不再使用被古典哲学和基督教高度塑造过的"自然状态"和"自然法"叙事，而是以人类学视角为我们还原了这样一幅图景：就共同生活、政治行动和平等主义而言，人类自始至终就有无限的可能性，无限的丰富多彩。这不是一种"自然权利"，而是一种"自然能力"（这当然不是格雷伯使用的术语，而是我个人的归纳），只要我们没有忘记它，我们就始终可能给自己的生活、给我们的世界带来巨大的改变。当我们面临现存政治经济结构导致的巨大不公，当我们迫于人上人的强大压力而被迫承认我们不想承认的现实，只要我们知道历史永远允许可能性的存在，那么哪怕启蒙时代已然过去，我们依然可以从中汲取巨大的勇气。

　　自然，读完这本书，我们的疑问也许并没有终结，也许反而变得更多：如果人类的共同生活本来有如此之多的可能性，是什么让它们收敛到如此枯燥乏味的主权国家和科层制管理之上呢？如果我们的先祖在历史上尝试过那么多平等主义和直接民主的自治方式，又是什么让我们把它们都遗忘掉呢？是否有这样的可能，从国家和科层制诞生的第一天起，掌握文字书写的精英祭祀阶层就与暴力机器达成了隐秘的同盟，导致那些关于平等和自由的丰富社会实践没有被记录下来，而关于军事征服的荣耀篇章却充斥了史书，进而塑造了我们关于人类文明演化史的印象和记忆呢？有没有可能，我们关心的大部分关于技术进步和文明演进的叙事也都是一场场诱惑，在这些游戏中，只有少数英雄得到了荣华富贵，而绝大多数人被裹挟着，丧失了闲暇时光与舒展人性的可能性？

　　我们本来有太多问题要问，有太多疑惑期待大卫·格雷伯的回答，但他已于2020年永远地离开了我们。我十分尊重的一位学界前辈对此半开玩笑的感叹是，或许他的书泄漏了太多天机，上帝还不想让我们现在就知晓我们真正的处境。我并不为格雷伯感到惋惜，因为他短暂的一生已经活得比我们许多人的两三辈子加起来还要精彩。我为我们大多数普通人感到惋惜，因为历史中的绝大多数时间是"垃圾时光"，乏味无聊，令人昏昏提不起兴趣，唯有极少数的高光时刻，革命性的言论和行动才能提振我们的士气，令我们耳目一新，重新打量我们的这个世界。所以，在"垃圾时光"到来之际，让我们读书吧。在一位本该点亮高光时刻的天才逝去之际，让我们读他的书吧。让我们在黑暗中点亮万种可能性之光，等待下一个黎明的到来。